Edebiyatta Posthümanizm

"Temel bir yapıt. Türk mirasının derin bilgeliği ve bilgisi ile posthüman söylemi arasında – veya tam tersi – köprü kuran bir yapı taşı. Ne olduğumuzun – bireyler olarak, türler olarak, gezegen olarak – daha fazla anlaşılmasına yönelik yerel ve küreselin, dünün, bugünün ve yarının buluştuğu edebi bir gelişim yolculuğu."

- Francesca **Ferrando**, New York Üniversitesi, ABD

"Bu çok zamanında ve önemli kitap, yalnızca edebiyat dünyasının geleneksel coğrafi sınırlarını aşmakla kalmıyor, aynı zamanda, gelişen teknolojinin bizi çevreleyen canlı sistemlerle ilgili olarak kendimize bakışımızı nasıl etkilediğine dair derin soruları faydalı bir şekilde ele alıyor."

- Kevin **LaGrandeur**, New York Teknoloji Enstitüsü, ABD

"Türk akademisyenler tarafından edebiyatta posthümanizm üzerine tartışmaları bir araya getiren bu yeni kitap, bu projeyi Batı ve Doğu arasındaki geleneksel Avrupa anlayışında başka bir ikiliğine karşı genişletir. Bu yeni kitabın özellikle heyecan verici yanı, hem Anglo-Amerikan hem de Türk romanları hakkındaki tartışmaları bir araya getirmesi ve tartışmayı genellikle ihmal edilen perspektifleri ve tarihleri içerecek şekilde genişletmesidir. Hem Batı hem de Doğu küresel tarihlerinde—Bizans, Selçuklu ve Osmanlı İmparatorluklarının merkezinde— önemli bir rol oynayan coğrafi konum olarak Türkiye'nin zengin tarihi, edebiyat kültürünün çok sayıda kültürel etkiyle benzersiz bir şekilde konuşabilmesini ve post-hümanist düşüncenin bunlara nasıl meydan okuduğunu veya yeniden çerçevelendirdiğini değerlendirmesini sağlar. Bu yeni kitap, yeni tarihsel ve kültürel arşivlerden yararlanarak posthümanizm anlayışımızı genişletmeyi vaat eder ve böylelikle tartışmalar daha küresel hale geldiğinden bu alanda önemli bir yeni sayfa açılmasına işaret eder."

- Sherryl **Vint**, Kaliforniya Üniversitesi Riverside, ABD

"Posthüman tanımlamalarından ve 'sorularından' edebi formlarda vücut bulmalarına kadar, akademide yer alan genç bilim insanlarının makalelerinin yer aldığı bu kitap, 'posthümanizmi' çeşitli türlerle ön plana çıkarıyor. Philip K Dick'inki gibi klasik metinlerden McEwan'ın eserleri gibi daha yeni dönüşlerle sıkı bağ kuran bu cildin en büyük katkısı; felsefi bakış, düşünce 'okulu' ve eleştirel görüşler ekseninde posthümanizm hakkındaki tüm ana söylem ve tartışmaların edebi metinlerde her zaman öngörüldüğünü, belgelendiğini ve tartışıldığını göstermesidir. Önümüzdeki uzun yıllar boyunca etkisi sürecek bir cilt."

- Pramod K. **Nayar**, Hyderabad Üniversitesi, Hindistan

# Edebiyatta Posthümanizm

Editör
Sümeyra Buran

TRANSNATIONAL PRESS LONDON
2020

Posthumanism Series: 2 | Seri Editörü: Sümeyra Buran

## Edebiyatta Posthümanizm
### Editör: Sümeyra Buran
### Bu Kitabın Seri Editörü: Pelin Kümbet

Copyright © 2020 Transnational Press London

All rights reserved. This book or any portion thereof may not be reproduced or used in any manner whatsoever without the express written permission of the publisher except for the use of brief quotations in a book review or scholarly journal.

Tüm hakları saklıdır. Bu eserin tamamı veya bir kısmı yayıncının açık yazılı izni olmaksızın hiç bir şekilde kullanılamaz. Kitap eleştirileri veya akademik dergilerde kısa alıntılar kullanılabilir.

First Published in 2020 by TRANSNATIONAL PRESS LONDON in the United Kingdom, 12 Ridgeway Gardens, London, N6 5XR, UK.

Birinci baskısı 2020 yılında 12 Ridgeway Gardens, Londra, N6 5XR adresine kayıtlı Transnational Press London tarafından Birleşik Krallık'ta yapılmıştır.

www.tplondon.com

Transnational Press London® and the logo and its affiliated brands are registered trademarks.

Transnational Press London® ve logosu ve ilgili marka ve ürünler tescillidir.

Requests for permission to reproduce material from this work should be sent to: admin@tplondon.com

Bu eserle ilgili yayın ve kullanma izinleri için şu eposta yoluyla bize ulaşabilirsiniz: admin@tplondon.com

Paperback / Karton Kapak

ISBN: 978-1-80135-003-7

Digital / Dijital

ISBN: 978-1-80135-028-0

Cover Design/Kapak Dizaynı: Nihal Yazgan & Özgecan Şahin

Cover image/ Kapak Görseli: Özgecan Şahin

www.tplondon.com

# İÇİNDEKİLER

Teşekkür ............................................................................................................. 1

Katkıda Bulunanlar ............................................................................................ 3

**Birinci Kısım: Giriş**

SUNUŞ - PREFACE: İkili Olmayan Bireylik - Personhood Without Binaries ............ 9

Sherryl Vint

BÖLÜM 1. Edebiyat ve Posthümanizm .......................................................... 19

Sümeyra Buran

BÖLÜM 2. Posthümanizm, Transhümanizm, Antihümanizm, Metahümanizm ve Yeni Materyalizmler: Farklar ve İlişkiler ................................................................ 37

Francesca Ferrando

**İkinci Kısım: Amerikan Edebiyatından Seçmeler**

BÖLÜM 3. Octavia Butler'ın *Yavru Kuş* Romanında Posthüman Vampir-insan Eyleyiciliği ...................................................................................................... 51

Pelin Kümbet

BÖLÜM 4. Pat Cadigan Öykülerinde İnsansonrası Beden ve Hafıza ............. 69

Murat Göç-Bilgin

BÖLÜM 5. H.P. Lovecraft'ın "Dunwich Dehşeti" Adlı Öyküsünde Posthümanist Ögeler ............................................................................................................. 87

F. Gül Koçsoy

BÖLÜM 6. Çürüyen Dünya, Eriyen Bedenler: Phillip K. Dick'in *Androidler Elektrikli Koyun Düşler mi?* ve Walter M. Miller'ın *Leibowitz için bir İlahi*'sinde Toksik Manzaralar ................................................................................................... 105

Züleyha Çetiner-Öktem

**Üçüncü Kısım: İngiliz Edebiyatından Seçmeler**

BÖLÜM 7. Angela Carter'ın Spekülatif Romanlarında Hümanizm Eleştirisi ve Posthümanist Belirsizlik ................................................................................ 127

Barış Ağır

BÖLÜM 8. İnsan Olan ve İnsan Olmayan Arasında: *Frankenstein*'ın Posthümanizme Dair Düşündürdükleri ................................................................................... 145

Evren Akaltun Akan

BÖLÜM 9. Biyogenetik Posthüman Bilimkurgu: Yarının Gen-Tasarımlı Çocukları ve Gen-Kapitalist Sınıfları .................................................................................. 163

Sümeyra Buran

BÖLÜM 10. Phyllis Dorothy James'in *İnsanların Çocukları* Adlı Eserine Post-Hümanizm Çerçevesinde Feminist Bir Yaklaşım ............................................. 185

Şebnem Düzgün

### Dördüncü Kısım: Karşılaştırmalı Edebiyattan Seçmeler

BÖLÜM 11. Don DeLillo'nun *Sıfır K* ve Ian McEwan'ın *Benim Gibi Makineler* Adlı Eserlerinde İnsanötesine Dair .................................................................. 207

Muhsin Yanar

BÖLÜM 12. Posthümanizm Bağlamında Doğu-Batı Halk Hikâyelerindeki İnsan-Hayvan İlişkileri: Karşılaştırmalı Bir İnceleme ................................................. 221

Ülfet Doğan Arslan

### Beşinci Kısım: Türk Edebiyatından Seçmeler

BÖLÜM 13. Zamanın Bedensel Dönüşümü: Osmanlı Gelecek Anlatılarında Posthümanist ve Transhümanist İzler ....................................................... 243

Seda Uyanık

BÖLÜM 14. Cengiz Aytmatov'un Romanlarında Post-hümanizm Görünümleri . 261

Dinçer Atay

BÖLÜM 15. Orhan Pamuk'un *Masumiyet Müzesi* Romanında Nesneler Arası İlişkiler: Posthümanizm ve Nesne Yönelimli Ontoloji Çerçevesinde Bir Çözümleme
................................................................................................................... 285

Nurseli Gamze Korkmaz

### Altıncı Kısım: Bilimkurgu Yazarlarından Yorumlar

BÖLÜM 16. Spekülatif Kurguda Yükselen Geleceğin Posthüman Evreni: Alternatif Evrenlerin Ütopyalarındaki İnsan Ötesi Topluma Kendi Gerçekliğimizde Ulaşmayı Başarabilir miyiz? ........................................................................................ 313

Şeyda Aydın

BÖLÜM 17. Posthüman Aşkın Ezgisi: Phantomat ve Bedensizlik Özlemi ......... 333

Sadık Yemni

Dizin .............................................................................................. 348

# TEŞEKKÜR

*Edebiyatta Posthümanizm* kitabı, Türkiye'de henüz çok yeni olan posthümanizm çalışmaları literatürüne Türkçe katkı sunmak amacıyla hazırlanmıştır. Bu kitap İngiliz, Amerikan ve Türk edebiyatlarından seçilen roman, kısa hikâye, folklor metinlerindeki posthüman ve posthümanizm yansımalarının eleştirel incelemeleri ve Türk bilimkurgu yazarlarından alınan yorumları bir araya getiren ilk Türkçe akademik çalışmadır.

Bu çalışmayı oluşturan proje, Kaliforniya Üniversitesi Riverside'da (University of California Riverside-UCR) daha öncesinde İngilizce bölümü ve şu an Medya ve Kültürel Çalışmalar bölümünde görev yapmakta olan Prof. Dr. Sherryl Vint danışmanlığında Bilimkurgu ve Posthümanizm odağında çalışmalar yapmak üzere 2018/1 başvuru döneminde 1059B191800549 proje numarasıyla kazanmış olduğum TÜBİTAK (Türkiye Bilimsel ve Teknoloji Araştırma Kurumu) tarafından Bilim İnsanı Destekleme Daire Başkanlığı (BİDEB) "2219- Yurt Dışı Doktora Sonrası Araştırma Burs Programı" kapsamında desteklenmiştir. Hâlen devam etmekte olan bu TÜBİTAK projemin her aşamasında tüm desteklerinden dolayı TÜBİTAK uzmanlarına teşekkür ederim.

Bu proje için beni davet eden, yönlendiren, destekleyen ve en önemlisi de bilimsel yayın geleceğim konusunda bana önderlik eden Prof. Dr. Sherryl Vint'e minnet duygularımı sunarım. Onun teşvikleri olmasaydı bu kitabın da dâhil olduğu proje ve çıktılarını başarmam mümkün olamazdı. Ayrıca kitabımıza büyük katkısı olan sunuş yazısı, fikir ve önerileri ile de destek vermesi, beni gerçekten çok onurlandırıp gururlandırdı. Buna ek olarak hem dergimizin editörlerinden hem de felsefi ve eleştirel posthümanizm alanında önde gelen genç filozoflardan Francesca Ferrando'ya, kitabımızın girişindeki kuramsal makalesi ile katkı sunduğu için çok teşekkür ederim. Bu kitap çalışması boyunca gece gündüz demeden kıymetli zamanını ayıran Dr. Pelin Kümbet'e özverisi, emeği ve katkısı için özellikle teşekkür ederim. Dr. Kümbet bu kitaba seri editörlüğü yaparak benim editöryel değerlendirmelerime ilaveten dış değerlendirici olarak kitabımızın objektif bir süreçten geçmesini sağlamıştır. Ayrıca bu kitap projesine destek olan tüm dış kör hakemlerimize de teşekkür ederim.

*Edebiyatta Posthümanizm* Transnational Press London (TPLondon) yayınevi ev sahipliğinde editörlüğünü yaptığım *Posthümanizm Serisi (Posthumanism Series)*'nin ilk editöryel kitabıdır. TPLondon yayınevi baş editörü Prof. Dr. İbrahim Sirkeci'ye hem bu seri ve kitabımıza hem de kurulmasında öncülük ettiğim ve koordinatör editörlüğünü üstlendiğim *Posthümanizm Dergisi (Journal of Posthumanism* https://journals.tplondon. com/jp) ve posthümanizmler web sitemize (https://posthumanisms.org/) maddi ve manevi sponsor olması adına teşekkürü bir borç bilirim. Bu çalışmalar doğrultusunda kuracağımız Posthümanizm Çalışmaları Merkezi (Posthumanism Research Center) bu alanda araştırma ve incelemeler yapan ve yapacak olan uluslararası bilim insanlarına da büyük bir motivasyon kaynağı olacaktır.

Ayrıca Dr. Yasin Yeşilyurt'a değerli katkıları, fikir alışverişi ve destekleri adına; Dr. Muhsin Yanar'a son düzeltme ve kontrollerde gösterdiği özverili katkısı ve çabası için; Dr. Dinçer Atay'a Türkçe imla, noktalama ve dil bilgisel konularda desteği için çok teşekkür ederim. Tüm bölüm yazarlarımıza değerli katkıları için de özellikle teşekkür ederim. Son olarak ABD'de halen sürdürmekte olduğum doktora sonrası (postdoc) bilimsel araştırmalarıma manevi olarak destek olan sevgili eşim Oğuz Gürdal Utku'ya ailemizin büyük yükünü göğüsleyerek gösterdiği sevgi, şefkat ve sabır için şükranlarımı ifade etmek isterim. Yeni doğan kardeşi Destan Ece ile zamanını geçirerek bana destek olan gözümün nuru oğlumuz Bumin Kaan'a da sevgi dolu kalbi için sonsuz teşekkürler.

# KATKIDA BULUNANLAR

**Sherryl Vint** Kaliforniya Üniversitesi Riverside kampüsünde Medya ve Kültürel Çalışmalar Bölümünde profesördür, Spekülatif Kurgular ve Bilim Kültürleri programını yürütmektedir. *Yarının Bedenleri* (*Bodies of Tomorrow*, University of Toronto Press 2007), *Hayvan Başkaldığı* (*Animal Alterity*, Liverpool University Press 2012), *Bilimkurgu: Karışıklar için Bir Klavuz* (*Science Fiction: A Guide to the Perplexed*, A&C Black 2014) ve *Bilimkurgu* MIT Yayınları Temel Bilgi Serisi (*Science Fiction* The MIT Press Essential Knowledge series 2021) ve *21.Yüzyıl Spekülatif Kurguda Biyopolitik Gelecekler* (*Biopolitical Futures in Twenty-First Century Speculative Fiction*, Cambridge University Press 2021) adlı kitapları vardır. *Bilimkurgu Çalışmaları* (*Science Fiction Studies*) dergisi ve *Bilim ve Popüler Kültür* (*Science and Popular Culture*) Palgrave kitap serisinin editörüdür. Birçok kitap editörlüğü yapmıştır, en son editörlüğü ise *İnsandan Sonra: Yirmi-Birinci Yüzyılda Teori, Kültür ve Eleştiri* (*After the Human: Theory, Culture and Criticism in the 21st Century*, Cambridge University Press 2020)'dir

**Sümeyra Buran** İstanbul Medeniyet Üniversitesinde (İMÜ) Dr. Öğretim Üyesi olarak görev yapmaktadır. 2018 yılında TÜBİTAK Doktora Sonrası Araştırma Bursu kazanarak Amerika Birleşik Devletleri Kaliforniya Üniversitesi Riverside kampüsünde Prof. Dr. Sherryl Vint ile Posthümanism, Edebiyat ve Feminist SF (Bilimkurgu ve Spekülatif Kurgu) konularında post-doktora araştırmalarını sürdürmektedir. Palgrave yayınevi tarafından basılmak üzere olan *Feminist Spekülatif Kurgu Teknolojileri: Cinsiyet, Yapay Yaşam ve Üreme* (*Technologies of Feminist Speculative Fiction: Gender, Artificial Life, and Reproduction*) adlı kitaba Dr. Vint ile birlikte editörlük yapmaktadır. Son yayınları arasında (A&HCI®) endeksli *Eleştiri: Çağdaş Kurgu Çalışmaları* (*Critique: Studies in Comptemporary Fiction*) dergisinde yayınlanan makalesi ve Palgrave, Routledge ve Edinburgh yayınevleri tarafından halen devam etmekte olan kitap bölümü projeleri vardır. Transnational Press London *Posthümanizm* (*Posthumanism Series*) kitap serisinin ve *Posthümanizm Dergisi*'nin (*Journal of Posthumanism*) editörüdür. Avrupa Kadın Cinayetleri Gözlemevi (European Observatory on Femicide) bilimsel koordinasyon komitesi üyesi ve Türkiye temsilcisi, İMÜ İnsan Hakları Merkezi'nin ve Türkiye Kadın Cinayeti Gözlemevinin kurucusu, Uluslararası Sanatta Fantastik Kurumu'nda (International Association for the Fantastic in the Arts -IAFA) BIPOC komite üyesi ve Bilim Kurgu Araştırma Kurumu'nda (Science Fiction Research Association-SFRA) Türkiye temsilcisidir. Evli ve 2 çocuk annesi olan Buran halen Kaliforniya'da ikamet etmektedir.

**Francesca Ferrando** New York Üniversitesi NYU-Liberal Çalışmalar bölümünde Felsefe dersleri vermektedir. Posthüman Çalışmalar alanında önde gelen bir ses ve Küresel Posthüman Ağı (Global Posthuman Network https://www.posthumans.org/)'nın kurucusu olan Ferrando, İtalya Cumhurbaşkanı Onaylı Sainati ödülü (Sainati prize) de dâhil olmak üzere çok sayıda onur ve takdir toplamıştır. Bu konularda pek çok yayın yapmıştır; en son kitabı *Felsefi Posthümanizm*'dir (*Philosophical Posthumanism*, Bloomsbury 2019). TED konuşmaları tarihinde posthüman konusuyla ilgili bir konuşma yapan ilk konuşmacı olmuştur. ABD Dergisi "Origins," onu dünyada değişim yapan 100 kişi arasında seçmiştir. Daha fazla bilgi için bakınız: http://www.theposthuman.org/

**Pelin Kümbet** halen Kocaeli Üniversitesi Batı Dilleri ve Edebiyatları Bölümü, İngiliz Dili ve Edebiyatı Anabilim Dalında öğretim görevlisi doktor olarak görev yapmakta olan Kümbet, Lisans derecesini Ankara Üniversitesi'nde İngiliz Dili ve Edebiyatı Bölümü'nden, Yüksek Lisans ve Doktora derecelerini de Hacettepe Üniversitesi İngiliz Dili ve Edebiyatı Bölümü'nden almıştır. Doktora tez çalışmaları için 2014-2015 yılları arası ABD Kaliforniya Eyaleti'nde bulunan University of California, Riverside'da bulunan Kümbet, Doktora tezini "Kazuo Ishiguro'nun *Never Let Me Go*, Indra Sinha'nın *Animal's People* ve Justina Robson'un *Natural History*'sinde İnsansonrası Bedenler" üzerine yazmıştır ("Posthuman Bodies in Kazuo Ishiguro's *Never Let Me Go*, Indra Sinha's *Animal's People*, and Justina Robson's *Natural History*"). İlgi alanları bilim kurgu, çağdaş tiyatro, medikal insanbilimleri, bilim ve çevre çalışmaları, ekoeleştiri, ekofeminizm, posthümanizm ve posthümanist etik olan Kümbet'in bu alanda çalışmaları bulunmaktadır. Aynı zamanda *Posthumanizm Dergisi* (*Journal of Posthumanism*) editörlerindendir.

**Murat Göç-Bilgin** 2011 yılında doktora derecesini Ege Üniversitesi Amerikan Kültürü ve Edebiyatı bölümünden aldı. Halen Manisa Celal Bayar Üniversitesi İngiliz Dili ve Edebiyatı bölümünde görev yapmaktadır. Eleştirel Erkeklik İncelemeleri İnisiyatifi kurucu üyesi ve *Masculinities Journal* kurucu editörü olarak görev yapmaktadır. Çalışma alanları toplumsal cinsiyet çalışmaları ve özellikle de eleştirel erkeklik çalışmaları, insansonrası çalışmaları, çağdaş Amerikan edebiyatı ve distopya edebiyatıdır.

**F. Gül Koçsoy** Atatürk Üniversitesi İngiliz Dili ve Edebiyatı Bölümü'nden mezun oldu. Yüksek Lisansını "Katherine Anne Porter'ın Kısa Öykülerinde Başarısızlık Teması" adlı teziyle Atatürk Üniversitesi'nde, doktorasını 2000 yılında yine aynı üniversitede "Willa Cather'ın Bazı Romanlarında Kendini Gerçekleştirme Teması" adlı teziyle tamamladı. Fırat Üniversitesi'nde Doç. Dr. olarak Amerikan Kültürü ve Edebiyatı çalışmaktadır.

**Züleyha Çetiner-Öktem** Ege Üniversitesi, İngiliz Dili ve Edebiyatı bölümünde Doçent Dr. ünvanıyla Karşılaştırmalı Mitoloji, Klasik Edebiyat, Dilbilimi, Orta Çağ Edebiyatı ve Kültürü ile Bilim Kurgu ve Fantazi derslerini vermektedir. 2016 yılında Cambridge Scholars Press'ten çıkan *Mythmaking across Boundaries* adlı kitabın editörlüğünü üstlenmiş, 2017 yılında Ege Üniversitesi Yayınevinde basılan *Languages, Cultures, and Gender* adlı kitabın ise baş editörüdür. Orta Çağ edebiyatı, bilim kurgu ve fantazi ile ilgili makaleleri çeşitli yayınlarda yer almıştır. *On Monsters: A Comparative Study in Medieval Literature* başlıklı monografı üzerinde çalışmalarını sürdürmektedir.

**Barış Ağır** Dumlupınar Üniversitesi İngiliz Dili ve Edebiyatı bölümünden 2008 yılında lisans, 2010 yılında ise yüksek lisans derecelerini almıştır. 2018 yılında, "Gary Snyder ve W. S. Merwin'in Ekomerkezci Şiiri" ("Ecocentric Poetry of Gary Snyder and W. S. Merwin") başlıklı tezi ile Ege Üniversitesi İngiliz Dili ve Edebiyatı bölümünden doktora derecesini almıştır. Osmaniye Korkut Ata Üniversitesi İngiliz Dili ve Edebiyatı bölümünde öğretim üyesi olarak çalışmaktadır. Arkadaşlarıyla birlikte kurduğu ve onuncu sayısıyla birlikte yayın hayatına son veren *Şarkı* dergisinin özel sayıları olarak yayımlanan "Ekoeleştiri Özel Sayısı"'nın editörlüğünü yapmış, "Edebiyatta ve Kültürde Hayvanlar: Hayvan Çalışmaları Özel Sayısı"'nın ise yayın kurulunda yer almıştır. *NALANS: Journal of Narrative and Language Studies* dergisinin 2020 Kış Sayısı olarak yayımladığı "Ekoeleştiri Özel Sayısı"'nın (Special Issue on Ecocriticism) editörlüğünü Z. G. Yılmaz Karahan ile birlikte üstlenmiştir. Editörlüğünü Mehmet Ali Çelikel ile birlikte yürüttükleri *Eski İngiliz Şiirine Çağdaş Yaklaşımlar: Çeviri ve Yorum* başlıklı derleme kitap çalışması ise devam etmektedir. Ağır'ın son dönem yayınları eleştirel hayvan çalışmaları, maddeci ekoeleştiri, sömürgecilik sonrası ekoeleştiri ve posthümanizm çalışmalarına odaklanmıştır. Akademik olmayan çalışmaları da olan Ağır'ın çeşitli edebiyat dergilerinde yazıları, söyleşileri, çevirileri ve şiirleri yayımlanmıştır.

**Evren Akaltun Akan** lisans eğitimini Boğaziçi Üniversitesi Batı Dilleri ve Edebiyatı bölümünde yapmış olup, Yüksek Lisans ve Doktora eğitimini SUNY Stony Brook, Karşılaştırmalı Edebiyat alanında tamamlamıştır. Şu anda İzmir Yaşar Üniversitesi, İngiliz Dili ve Edebiyatı bölümünde Doktor Öğretim Üyesi olarak çalışmakta olup, ilgi alanları, Dünya Edebiyatı, Kriz ve Kritik, Hafıza Çalışmaları, Posthümanizm ve erken 20. Yüzyıl Türk ve İngiliz Edebiyatıdır.

**Şebnem Düzgün** lisans öğrenimini Ankara Üniversitesi, İngiliz Dili ve Edebiyatı Bölümü'nde 2011 yılında tamamladı. 2013 yılında aynı üniversitede İngiliz Dili ve Edebiyatı alanında yüksek lisansını yaptı. "*A Study of Utopic Discourse in Sarah Scott's A Description of Millennium Hall, Florence Dixie's Gloriana; Or, The Revolution of 1900, and Fay Weldon's Darcy's Utopia*" başlıklı teziyle 2017 yılında Atılım Üniversitesi'nde İngiliz Kültürü ve Edebiyatı alanında doktora derecesini aldı. Başlıca araştırma alanları, 18. ve 19. yüzyıl İngiliz edebiyatı, ütopya, distopya, bilim kurgu, kadın yazını ve cinsiyet çalışmalarıdır. *Esoteric Traditions and Their Impact on Art* (Zephyrus Scholarly Publications LLC, 2019) adlı kitapta "Esoteric Traditions in Margaret Cavendish's *The Blazing World*" başlıklı kitap bölümünün yazarıdır. Ayrıca, kadın yazını, cinsiyet ilişkileri ve bilim ile edebiyat arasındaki etkileşim hakkındaki araştırma makaleleri çeşitli dergilerde yayımlanmıştır. Şu anda Ankara Bilim Üniversitesi, İngilizce Mütercim-Tercümanlık Bölümü'nde öğretim üyesi olarak görev yapmaktadır.

**Muhsin Yanar** 2013 yılında İstanbul Aydın Üniversitesi İngiliz Dili ve Edebiyatı Bölümü'nden "Kitle İletişim Araçlarının Yabancı Dil İngilizce Öğrenen Öğrencilerin Konuşma Becerileri Üzerindeki Etkisi" başlıklı teziyle yüksek lisans derecesini aldı. 2018 yılında, aynı üniversitede, İngiliz Dili ve Edebiyatı Bölümü'nden "Don DeLillo'nun *Americana, Great Jones Caddesi* ve *Beyaz Gürültü* eserlerinde Teknokültür ve Hipergerçeklik" başlık teziyle doktora derecesini aldı. Doktora tezi, *Don DeLillo ve Metaİnsan* isimli bir kitap olarak hazırlık aşamasındadır. 2013'den beri ulusal ve uluslararası çeşitli dergi ve kitaplara da katkıda bulunan Yanar, Sabancı Üniversitesi Temel Geliştirme Direktörlüğü biriminde Doktor Öğretim Görevlisi olarak "Edebiyatın Büyük Eserleri", "Edebiyatın Büyük Eserleri: Modern Öncesi Dönem" dersleri vermektedir. Sabancı Üniversitesi bünyesinde ulusal ve uluslararsı lisans öğrencileriyle PURE araştırma projeleri yürütmektedir. Şu an *Kur'an ve Cinsiyet Eşitliği: Kadın Perspektifinden Yeniden Okuma (Qur'an and Gender Equality: A Rereading from Women's Perspective)* başlıklı projeyi yürütmektedir. Çalışma alanları; Çağdaş İngiliz ve Amerikan Edebiyatı, Teknokültür, Medya, Posthümanizm, Transhümanizm, Toplumsal Cinsiyet, Erkeklik Çalışmaları.

**Ülfet Doğan Arslan** lisan eğitimini Atatürk Üniversitesi İngiliz Dili ve Edebiyatı Bölümü'nde tamamladı. 2012 yılında Erciyes Üniversitesi Sosyal Bilimler Enstitüsü İngiliz Dili ve Edebiyatı Ana Bilim Dalı'nda "Feminist Reading of Shelagh Delaney" adlı yüksek lisans tezi ile yüksek lisans derecesini almıştır. Sırasıyla Adıyaman Üniversitesi, Niğde Üniversitesi ve Erciyes Üniversitesi İngiliz Dili ve Edebiyatı Bölümlerinde Araştırma Görevlisi olarak çalışan Arslan, 2013 yılından itibaren Kafkas Üniversitesi İngiliz Dili ve Edebiyatı Bölümü'nde Öğretim Görevlisi olarak çalışmaktadır. Çalışmış olduğu üniversitede Mitoloji, Seçme Metinler, 18. yy. ve 19. yy. Romanı, Modern Roman, Amerikan Edebiyatı gibi derslerini vermektedir. Doktora eğitimine ise Atatürk Üniversitesi Sosyal Bilimler Enstitüsü İngiliz Dili ve Edebiyatı Anabilim dalında bitirmek üzeredir.

**Seda Uyanık** 2007 yılında Bilkent Üniversitesi Türk Edebiyatı Bölümü'nden "19. Yüzyıl Osmanlı-Türk Romanında Gayrimüslim İmgeleri" başlıklı teziyle yüksek lisans derecesini aldı. Aynı yıl Bilkent Üniversitesi Türk Edebiyatı Bölümü'nde doktora çalışmalarına başladı ve 2011 yılında "19. Yüzyıl Sonu ve Erken 20. Yüzyıl Anlatılarında Bilime Yönelişin Mantığı ve Gelecek Tasarıları" adlı teziyle doktorasını tamamladı. Doktora tezi 2013 yılında İletişim Yayınları tarafından *Osmanlı Bilim Kurgusu: Fennî Edebiyat* başlığı ile yayımlandı. 2005 yılından itibaren Türkiye'de çeşitli dergi ve kitaplara katkıda bulunan Uyanık, 2008'den beri Bilkent Üniversitesi Türkçe Birimi'nde ders veriyor. İlgi alanları arasında Tanzimat dönemi edebiyatı, modern roman ve bilimkurgu edebiyatı bulunmaktadır.

**Dinçer Atay** lisan eğitimini Trakya Üniversitesi Edebiyat Fakültesi Türk Dili ve Edebiyatı Bölümü'nde 2010 yılında bitirdi. Trakya Üniversitesi Sosyal Bilimler Enstitüsü Türk Edebiyatı Anabilim Dalı Yeni Türk Edebiyatı Bilim Dalı'nda "Vasfi Mahir Kocatürk-Hayatı, Sanatı ve Eserleri" başlıklı tezi ile yüksek lisans tahsili aldı. 2019 yılında; Ardahan Üniversitesi Sosyal Bilimler Enstitüsü Türk Dili ve Edebiyatı Anabilim Dalı Yeni Türk Edebiyatı Bilim Dalı'nda "II. Meşrutiyet Devri Türk Öykülerinde Kimlik İnşası" başlıklı tezini başarıyla savundu. Ekim 2012'de Araştırma Görevlisi olarak göreve başladığı Kafkas Üniversitesinde, halen Dr. Öğr. Üyesi olarak çalışmaktadır. Atay'ın çeşitli uluslararası indekslerde taranan dergilerde yayınlanmış yedi makalesi; on yedi farklı sempozyum ve kongrede sunduğu bildirilerin on beşi tam metin olarak; ikisi de kitapta bölüm olarak yayımlanmıştır. Ayrıca Atay, T.C. Kültür ve

Turizm Bakanlığı ile Ahmet Yesevi Üniversitesi ortaklığında hazırlanan "Türk Edebiyatı İsimler Sözlüğü II" projesinde on dokuz farklı edebiyatçı, yazar ve şairin maddelerini kaleme almıştır. Atay'ın yayın sürecinde olan iki makalesi ve iki kitap bölümü yazıları vardır.

**Nurseli Gamze Korkmaz**: 2007'de Gazi Üniversitesi Türk Dili ve Edebiyatı Eğitimi Bölümü'nden mezun olduktan sonra yüksek lisans eğitimi için Bilkent Üniversitesi Türk Edebiyatı Bölümü'ne kabul edildi ve 2011'de "Gaston Bachelard'ın Psikanalitik Yaklaşımıyla Ahmed Hâşim'in Şiirlerinde Ateş" adlı çalışmasıyla mezun oldu. Daha sonra Ankara Yıldırım Beyazıt Üniversitesi'nde başladığı doktora çalışmasını 2017'de "Erken Cumhuriyet Dönemi Romanlarında Seküler-Kutsal İkilemi (1920-1950)" başlıklı teziyle tamamladı. Doktora sonrasında Türk romanında modernleşme süreçlerinin temsili ve sekülerleşme olgusu üzerine disiplinler arası çalışmalarını derinleştirmektedir.

**Şeyda Aydın** Dokuz Eylül Üniversitesi, Bilgisayar Programcılığı bölümünden mezun olmuştur. Senaristlik ve film yönetmenliği alanlarında çeşitli atölye ve kurslara katılmış, senaryo yazarlığı eğitimini başarıyla tamamlamıştır. İnternet üzerindeki sanat platformlarında eleştirel köşe yazarlığı yapmaktadır. Kadının kültürlere göre tarihi, antropoloji, İskandinav mitolojisi, çağdaş dünya edebiyatı, dünya tarihi, dünya sineması, siberpunk kültür ile ilgilenmekte ve bu konularda araştırmalar yapmaktadır. Şu an için kendisine ait toplam dört adet roman bulunmaktadır. İlki *Diğer Evrenin Senaristi* (İkici Adam Yayınları 2018), ikincisi *Diğer Evrendeki Kadın* (İkinci Adam Yayınları 2019), üçüncüsü *Parçalanmış Yansımalar* (İkinci Adam Yayınları 2019), dördüncüsü ise *Kadınların Öldüğü Yer* (Tilki Kitap 2020) adlı romandır.

**Sadık Yemni** (İstanbul, 1951) roman, öykü, dergi yazarı ve çevirmen. Bilimkurgu, polisiye, paranormal ve fantastik türünde yazıyor. 1975-2013 yılları arasında Amsterdam-Hollanda'da yaşadı. Hollandacada basılmış 8 kitabı var. Türkiye'de 23'ü roman, 1'i anı, 1'i deneme, 1'i biyografi, 3'ü çeviri ve 3'ü öykü kitabı olmak üzere toplam basılmış 32 kitabı var. Bazıları dijital ortamda bulunan öykülerinin sayısı 100 civarındadır. Sadık Yemni Sözlüğünde kendi türettiği sözcükler bulunuyor. Romanlarından bazıları: *Muska* (Metis 1996), *Yatır* (Everest 2005) ve *Çağrılan* (2019 Ketebe).

# BİRİNCİ KISIM
## GİRİŞ

# SUNUŞ
# İKİLİ OLMAYAN BİREYLİK
## Sherryl Vint

Çeviren: Sümeyra Buran[1]

Posthümanizm günümüzde beşerî bilimler içerinde en mühim alanlar arasında yer alır ve insan türleri için olası geleceklerin edebi temsilleri, bu alanın daha eski ve en önemli etkileri içerimler. Posthümanizm, yirminci-yüzyılın-sonlarında günlük yaşam ve akademik kültürde meydana gelen pek çok değişikliğe cevaben bir disiplin alanı olarak ortaya çıkmıştır. Bu çıkışın ilk görünümü, hümanist kavramların kesinliklerinin aşınmasıdır; sadece 'insanın' bilgi ve anlama ilişkin varsayılan merkeziyetçiliğinin reddi değil aynı zamanda daha radikal bir şekilde 'insan' diye adlandırılan bu varlığı tanımlama hususunda sayısız yöntemlerin çoğalmasıdır. Artık evrensel insan anlayışına sahip değilsek, hümanizm ne anlama gelebilir? 'İnsan'; ırk, cinsiyet, sınıf, yönelim ve diğer niteliklerle bezenmiş daha karmaşık bir insanlık nosyonu şeklinde çatallanırken buna karşılık olarak ne tür yeni öznellikler, yeni politik faillik biçimleri, etik için yeni temeller ve yeni günlük yaşam biçimleri gereklidir? Bunlar posthümanist düşünür ve sanatçıların cevap aradıkları sorulardır. Batılı liberal yönetim ve ahlak sistemleri, hümanizm temeline dayanır ve bu nedenle, eleştirilerini dikkate aldığımızda posthümanizm müdahalesinin ikinci ana alanı bizi neyin ne şekilde yeniden yapılması gerektiğini araştırmaya

# PREFACE
# PERSONHOOD WITHOUT BINARIES
## Sherryl Vint

The field of posthumanism is among the most important within the humanities today, and literary representations of possible futures for the human species are among the earlier and most important influences in the field. Posthumanism emerged as a disciplinary field in response to numerous shifts in late-twentieth-century daily life and academic culture. First is the erosion of the certainties of humanist concepts, not only the rejection of the assumed centrality of 'the human' to knowledge and meaning, but more radically the proliferation of myriad ways to define this entity called 'the human.' What might humanism mean if we no longer have a sense of the universal human? As 'the human' bifurcated into a more complex notion of humanity marked by race, gender, class, orientation and other qualities, what new kinds of subjectivities, new forms of political agency, new foundations for ethics, and new modes of daily life are required in response? These are the questions posthumanist thinkers and artists seek to answer. Western liberal systems of governance and morality rest on the foundation of humanism, and thus a second major area of posthumanism intervention calls upon us to explore what must be remade, and how, if we

---

[1] Çev: Bu makale çevirisinde adı geçen eserler Türkçeye çevrilerek basım yılları eklenmiştir.

davet eder. Nihayetinde insan ve diğer türler arasında olduğu varsayılan uçurumu aşındıran hayvan yaşamı gözlemleri de dâhil olmak üzere söz konusu çizgiyi maddesel olarak aşan genom araştırması – bilhassa kimeraların yaratılması – sentetik biyoloji ile yaratılan yeni varlıklar, ve insanlığın münhasır kapasitesi olan aklı yerinden eden yapay zekâ ve yapay yaşam alanındaki araştırmaları içine alan bilim ve teknolojideki gelişmeler, felsefe ve diğer disiplinleri posthümanizme doğru yönlendiren itici güçlerden biri olmuştur.

Ihab Hassan hem hümanizm düşüncesinin yaklaşan sonuna hem de bu düşünceyi yeni bir görünümde yeniden keşfetme çabalarına izafeten söz konusu kavramın, aldatıcı bir niteliğe sahip olduğuna dikkat çekerek edebi kültürlerde ortaya çıkan felsefi değişimlere ilişkin terimi kullanan ilk kişi oldu. N. Katherine Hayles, şu an artık tipik bir transhümanizm olarak tanımlanan bu dinamiğin bir tarafının merkezinde yer alan fiziksel bedenden ayrılma fantezilerini araştırmasına rağmen, *Nasıl Posthüman Olduk* (*How We Became Posthuman* 1999) adlı eserinde, bu tür değişimlerin geniş kapsamlı öneminin erken bir kuramsallaştırılmasını sunmuştur. Şayet posthümanizm, çevresel krize karışan hümanizmde kök salmış insanmerkezci çerçeveleri, sömürgeci ırksallaştırmanın şiddetini ve toplum pahasına bireyi vurgulayan bir özne kavramını sorgulamaya çalışan bir söylem haline geldiyse o zaman transhümanizm bunun tam tersidir; ölümsüz, yapay bir bedene ya da bedenden ayrılmış bir zihin olarak çevrimiçi varoluş seviyesine yükseltme fantezisinde Batı modernitesini yapılandıran – kültür/doğa, erkek/kadın, heteroseksüel/kuir, insan/hayvan, emperyalist/sömürgeleştirilmiş – ikili karşıtlıklar içindeki tüm yerici terimleri aşma çabasıdır. Transhümanizm çalışmaları,

take seriously its critiques. Finally, developments in science and technology have been one of the engines driving philosophy and other disciplines toward posthumanism, in-cluding observations of animal life that erode the presumed gulf between the human and other species, genomics research – especially the creation of chimeras – that materially leap across this line, new entities created by synthetic biology, and research in artificial intelligence and artificial life that displace reason from its position as the exclusive capacity of humanity.

Ihab Hassan was the first to use the term in reference to philosophical shifts as they were appearance in literary cultures, noting that the term had a trickster quality, referring both to looming end of humanism rubrics but also to attempts to reinvent them in new guise. N. Katherine Hayles offered an early theorization of the wide-ranging significance of such shifts in her *How We Became Posthuman* (1999), although she investigates fantasies of disembodiment central to one side of this dynamic, now typically described as transhumanism. If posthumanism has become a discourse that seeks to question the anthropocentric frameworks rooted in humanism that have become implicated in environmental crisis, the violence of colonial racialization, and a notion of the subject that emphasizes the individual at the expense of the communal, then transhumanism is its opposite, an attempt to transcend all the denigrated terms within the binaries that structure Western modernity – culture/nature, male/female, heterosexual/queer, human/animal, imperialist/colonized – in the fantasy of upgrade to an immortal, artificial body or online existence as a disembodied mind. Transhumanism works reinforce rather than critique Western liberal humanist values, but like the

Batı liberal hümanist değerleri eleştirmekten ziyade pekiştirir; fakat daha geniş bir posthümanizm alanı gibi o da bilim ve teknolojinin dünyayı – ve içerisindeki insanlığın yeri hususundaki anlayışımızı – yeni stratejilere gereksinim duyulacak kadar değiştirmesinin farkına varılmasıyla ortaya çıkar.

Bu tartışmaların diğer bir erken ve önemli muhatabı ise muazzam etkiye sahip "Siborg Manifesto" ("The Cyborg Manifesto" 1985) makalesiyle daha on yıllar boyunca bilimsel tartışmaları şekillendirmeye devam edecek olan Donna Haraway'dir. Haraway pek çok sebepten ötürü, özellikle de çoğu popüler anlayışta transhümanizm ile birleştirilmesinden dolayı, posthüman kavramını kullanma konusunda isteksizdir. Yine de günümüzde posthüman başlığı altında toplanan yeni araştırma biçimlerinin çoğu, şu ya da bu şekilde Haraway'in bu vazgeçilmez makalesinde kuramsallaştırdığı aşındırıcı üç ikili karşıtlıktan ortaya çıkmıştır: insan/hayvan, organizma/makine ve sanal/maddesel. Yirmi-birinci yüzyılın yirmi yılını geride bırakırken, beşerî bilimler alanı posthümanist bakış açılarıyla öylesine şekillenmiştir ki, geniş kapsamlı disiplinlerarası yeni araştırmalar, eski ikili karşıtlıkların ötesinde düşünme mücadelesi vermek için ortaya çıkmıştır: feminist yeni materyalizm, hayvan çalışmaları, spekülatif realizm, çevre ve enerji beşerî bilimleri ve daha fazlası. Yeni serinin bu ilk kitabında derlenen makaleler, posthümanizm ve edebiyatla ilişki kurmanın çeşitli yollarını gösterir.

Aslında posthümanizm artık geniş – doğrusu birkaç farklı geleneği ve eleştirel yaklaşımı içerecek kadar büyük – ve disiplinlerarası bir alan olsa da edebiyat, alanın ortaya çıkışı için kaçınılmaz olmuştur ve süregitmekte olan gelişimini ifade etmede merkezi bir rol oynamaya

wider field of posthumanism it too emerges from the recognition that science and technology have so changed the world – and our understanding of humanity's place within it – such that new strategies are required.

Another early and important interlocutor in these discussions is Donna Haraway, whose enormously influential "The Cyborg Manifesto" (1985) shaped scholarly conversations for decades to come. Haraway is reluctant to use the term posthuman for a number of reasons, particularly its conflation with transhumanism in many popular understandings. Nonetheless, most of the new modes of research now collected under the rubric of the posthuman emerge, in one way or another, from the three eroding dichotomies that Haraway theorizes in this indispensable essay: human/animal, organism/machine, and virtual/material. As we enter the third decade of the twenty-first century, humanities scholarship has been so transformed by posthumanist perspectives that a wide range of new interdisciplinary research have emerged to take up the challenge of thinking beyond old binaries: feminist new materialisms, animal studies, speculative realism, environmental and energy humanities, and more. The essays collected in this first volume for the new series show the range of ways of engaging posthumanism and literature.

Indeed, although posthumanism is now a large, interdisciplinary field – indeed, so large as to include several distinct traditions and critical approaches – literature has been indispensable to the emergence of the field and continues to play a central role in articulating its ongoing development. This affinity is evident in the fact that posthumanist theorists frequently turn to literary devam etmektedir. Bu ilgililik, post-hümanist kuramcıların kuramsal fikirleriyle ilgili somut örneklerini detaylandırmak veya sunmak için sık sık edebi örneklere dönmelerinde açıkça görülmektedir. Edebiyat ve özellikle roman türü, özne ve ifade türetme meseleleriyle dünyanın kendisi ve bu dünyanın dilde ve sanatta insan temsilleri arasındaki ilişki hakkında sorular sorarak merkezî biçimde kavramlaştırılır. Özellikle post-moder-nizm dönemiyle bağlantılı edebi türdeki dönüşümler; üstkurgusallık, dağıtılmış öznellik ve bilgi ile onun eklemlendiği perspektif arasındaki terkip edilen ilişkiye dair soruları ön plana çıkarmaya başladı; tüm bunların hepsi artık posthümanist düşüncenin önemli boyutlarıdır. Edebiyatın da insan olmayanlara ses verme konusunda uzun bir geçmişi vardır ve yaratılan dünyanın gerçekçiliğinin bir parçası olarak, insan olmayanların konuşabildikleri sıkça hayali dünyalar yaratan benim de kendi araştırmalarımda ele aldığım tür olan bilim kurgu bu bağlamda özellikle önemlidir. Metaforik ve realist temsil stratejileri arasındaki çizginin böyle bulanıklaşması, bu tür metinlerin bizi kendi maddi gerçekliğimizde de bu olasılıklar hakkında düşünmeye ve eğer bizim sadece insanların eylemlilik ve ifadeye sahip olduğu doğrultusunda insan merkezli varsayımlarımızın bu gerçekliğin kendi temel bir yönü olmasından ziyade temsil sistemlerimizin bir ürünü olup olmadığını sorgulamaya teşvik edebileceği anlamına gelir.

Diğer eleştirmenler, edebiyatın kendisinin insan merkezciliğin bir teknolojisi olarak rolüne dikkat çekmiştir. Harold Bloom'un onlarca yıldır edebi tartışmalara hâkim olan çalışmasını değerlendiren Dominic Pettman, bir zamanlar özellikle meşhur kanonik edebiyat eserleriyle ilişkilendirilen hümanist ideallerin

examples to elaborate or offer concrete examples of their theoretical ideas. Literature and particularly the novel form are centrally concepted with questions of subject formation and voice, with asking questions about the relationship between the world itself and human representations of this world in language and in art. Transformations in literary form connected with the period of postmodernism, in particular, began to foreground questions of metafictionality, distributed subjectivity, and the constitutive relationship between knowledge and the perspective from which it was articulated, all of which are now important dimensions of posthumanist thought. Literature also has a long history of giving voice to the nonhuman, and the genre which I address in my own research, science fiction, is particularly important in this context, often creating imagined worlds in which the nonhuman can speak as part of the realism of this created world. This blurring of the line between the metaphorical and realist strategies of representation means that such texts can encourage us to think about these possibilities within our own material reality as well, to ask if our anthropocentric presumption that only humans have agency and voice is a product of our representational systems rather than a fundamental aspect of this reality itself.

Other critics have noted the role of literature itself as a technology of anthropocentrism. Discussing Harold Bloom's work, which dominated literary discussion for decades, Dominic Pettman draws attention to the arguments in Bloom's *Shakespeare: The Invention of the Human* as indicative of humanist ideals once associated particularly with celebrated canonical works of literature. Bloom suggests that Shakespeare to some degree invented the human, in the

göstergesi olarak Bloom'un *Shakespeare: İnsanın İcadı* (*Shakespeare: The Invention of Human* 1998) eserindeki argümanlarına dikkat çeker. Bloom, bu erken modern dönemde ortaya çıkan bir kendini anlama ve öznellik tarzını sistemleştirmesi anlamında Shakespeare'in insanı bir dereceye kadar icat ettiğini öne sürer. Bunu insanın aşırı dar bir versiyonu olarak eleştiren Pettman, "Shakespeare sadece Tanrı'nın apar topar ayrılışının bıraktığı boşluğu doldurmak için acele etti" diye ifade eder (18); yani Shakespeare ile ilgili bu kutlamacı görüş, Hıristiyan kilisesi etrafında merkezlenmiş feodal bir kültürden modernitenin ortaya çıkışına işaret eden piyasa-odaklı ve daha seküler bir kültüre çağdaş geçiş ile derinden bağlantılıdır. Bu "gerçekliğe dair düşünce algımızdaki yanılgı" (21) manasında Pettman'ın kitabının başlığında da adı geçen "insan hatası"dır. Posthümanizm, bu hatayı düzeltmek ve hümanist değerlerin ötesinde ve insan merkezli referans çerçevelerinin dışında bunu şekillendirmek için hayvanların, ağların, ekosistemlerin, makinelerin ve diğer toplulukların (assemblages) insan olmayan dünyalarına gereken dikkati göstererek durmadan çalışır.

Sylvia Wynter, birçok çığır açan makalesinde Batı'nın insan anlayışı eleştirisinde benzer şekilde feodalizmden moderniteye geçişi çağdaş insan kavramımız için belirleyici unsur olarak görür ancak bu analizi, Michel Foucault'nun *Kelimeler ve Şeyler* (*The Order of Things* 1966)'de incelenen on altıncı yüzyıldan on dokuzuncu yüzyıla kadar klasik bilgi sistemlerinden "insan bilimlerine" geçişin sonuçlarına ilişkin analizini de dâhil edecek şekilde genişletir. Wynter, modern insanın "şimdi belki de sona yaklaşan" "yeni bir icat" (368) olduğu konusunda Foucault'yla hemfikirdir ancak aynı zamanda bu buluşun Avrupa'nın sömürgecilik ile şekillenmiş öz-anlayış-

sense that he codified a mode of self-understanding and subjectivity that was emerging in this early modern period. Critiquing this as an overly narrow version of the human, Pettman also notes that "Shakespeare has merely rushed in to fill the vacuum left by the hasty departure of God" (18), that is, that this celebratory view of Shakespeare is deeply connected to the contemporary transition from a feudal culture centered around the Christian church and into a market-oriented and more secular culture that marks the emergence of modernity. This is the "human error" named in the title of Pettman's book, namely "to mistake the perception of our reflection for reality" (21). Posthumanism works steadily to undo this error, to frame the work beyond humanist values and outside anthropocentric frames of reference, giving due attention to the nonhuman worlds of animals, networks, ecosystems, machines, and other assemblages.

In her critique of the Western conception of the human carried out across several ground-breaking essays, Sylvia Wynter similarly sees the transition from feudalism to modernity as decisive for our contemporary concept of the human, but she extends this analysis as well to incorporate Michel Foucault's analysis of the consequences of the shift from classical systems of knowledge into the "human sciences" from the sixteenth through nineteenth centuries, explored in *The Order of Things*. Wynter agrees with Foucault that the modern human is "a recent invention" that "is now perhaps drawing to a close" (386), but she also emphasizes that this invention is deeply shaped by a racialized hierarchy central to European self-understandings as they were shaped by colonialism. The importance of Wynter's intervention

larının merkezindeki ırkçı bir hiyerarşi tarafından derinden şekillendirildiğini de vurgular. Wynter'in müdahalesinin önemi – bu kendi başına çok önemli olmasına rağmen – bu analizlerin çoğunda ırka gösterilen yetersiz ihtimamı düzeltmesinin ötesine geçer, ancak aynı zamanda sadece genetik / biyolojik bir varlıktan ziyade kendimize, dünyaya ve içinde karşılaştığımız ötekilere anlam verdiğimiz kültürel özel sistemlerle eş zamanlı oluşturulmuş bir varlık olarak insanı anlamamız gerektiği tartışmasına kadar gider. "Kendimizi ancak *kültür* adını verdiğimiz icat edilen *tekhne* veya kültürel teknolojinin etkilediği sosyalleşme süreçlerinin aracılığıyla *insan olarak deneyimleyebildiğimizi*" ("Beyond" 53) ve her zaman biyolojik bedenimizin biyokim-yasal süreçleriyle, insanın diğer tekhnesi ile iç içe dolaştığı ve bununla eşit dere-cede etkili olduğunu savunur. Bu, sosyojenik insan kimliği ilkesi olarak – kültürel olarak özel olan ve bu nedenle farklı bir insan türü yaratan bir ilke – adlandırdığı kavram hakkındaki argümanlarını geliştirirken dilin ve kültürel ifade anlatılarının bu tekhne'nin anahtar araçları olduğunu savunur. Wynter'in çalışması, tarihsel egemenliğinin tek olası insan öznesi olarak yanlış tanınması anlamına gelen burjuva Batı Avrupa öznesinin yani insanın yalnızca belirli bir türünün özellikleri olarak alanın eleştirdiği "insan"ın sınırlarını anlamamız hususundaki ısrarı ile posthümanist düşünceyi dönüştürür. Ayrıca, sosyojenik şekillendirmenin "retorik-figüratif sistemleri" ("Ceremony" 24) adını verdiği tartışmasında, edebiyat ve posthümanizm arasındaki ilişkiyi anlamamıza özellikle aracılık eder: Pettman gibi, Batı liberal düşüncesinin sınırlı insanını yaratmadaki tarihsel rollerini kabul eder ancak aynı zamanda değer kaybetmiş insan olmayan ötekiyi azlederek değerli benlik yaratmalarının ve Batılı ikili karşıtlıkların ötesinde daha

extends beyond her correction of the insufficient attention paid to race in many of these analyses – although that in itself is crucial – but also to arguing that we need to understand the human and not simply a genetic/biological entity but as constituted simultaneously through culturally specific systems by which we give meaning to ourselves, the world, and others we encounter within it. She argues "we can *experience ourselves as human* only through the mediation of the processes of socialization effected by the invented *tekhne* or cultural technological to which we give the name *culture*" ("Beyond" 53) and argues that it is equally influential to, and always entangled with, the biochemical processes of our biological bodies, the other tekhne of the human. As she refines her arguments about what she dubs this sociogenic principle of human identity – a principle which is culturally specific, and thus creates different genre of the human – she argues that language and narratives of cultural expression are key tools of this tekhne. Wynter's work transforms posthumanist thought in its insistence that we understand the limitations of "the human" that the field critiques as the features of only a specific genre of the human, the bourgeois, Western European subject whose historical hegemony means that it has been misrecognized as the only possible human subject. And she also specifically intervenes in our understanding of the relationship between literature and posthumanism in her contention that what she calls the "rhetorical-figurative systems" ("Ceremony" 24) of sociogenic shaping: like Pettman, she recognizes their historical role in creating the limited human of Western liberal thought, but she also contends that it can be the site for reconfiguring and rewriting a new genre of the human, a new human science that studies the

kapsamlı bir şekilde yeniden yazmak amacıyla "retorik olarak kodlanmış figürasyon biçimlerinin işleyiş yasalarını" inceleyen yeni bir insan bilimini ("Ceremony" 44), yani yeni bir insan akımını yeniden yapılandırmanın ve yeniden yazmanın yeri olabileceğini de iddiasında bulunur.

Wynter, bunu insanın yeni poetikası olarak adlandırır; hümanist etosu sorgulamadan insan bedeninin ötesinde vizyonlar sunan, transhümanizm tartışmasında olduğu gibi, insanı aşan ve insandan sonra gelen bir şeyi ifade etmeyen bir "post"u anlayarak buna posthüman diyebiliriz. Bunun yerine, eleştirel posthümanizmin bu "post"u, bütün için dar bir tanım biçiminde kullanan bir tür hümanistin sınırlı çerçevesinin dışında ve ona karşı nasıl düşünebileceğimizi tasavvur eder. 1960'ların karşıt-kültür hareketlerine, özellikle de Siyah Sivil Haklar Hareketi'ne, bu insan ile feodalden modern bilince kopuş kadar belirleyici olan bir kopuşu işaret ederek Wynter şunu öner sürer:

> Böyle yeni bir poetika, 1960'lar-sonrası *propter nos* [bizim için / bizden dolayı] olan bir poetika olarak ortaya konulacaksa, (öznenin burjuva tarzına ve onun birey *kavrayışına* ilişkin mevcut göndergemiz yerine) *somut bireysel* insan öznesini gönderge öznesi olarak almak zorunda kalacaktır ("1492" 47).

Yani, sömürge tarihinin verdiği zararın ve onun aşırı derecede dar insan kavramının dışında bir yol bulmak, bu insanın işgal ettiği merkezi konuma nazaran tüm canlıları alçaltan bir Batı ontolojisini reddetmeyi içeren hem edebiyat hem de posthümanizm için merkezi bir projedir. Wynter şöyle iddia eder:

İnsanlık tarihinde ilk defa şimdi

"laws of functioning of the rhetorically coded modes of figuration" ("Ceremony" 44) to rewrite them more inclusively, beyond Western binaries and their creation of valued self by expelling the devalued nonhuman other.

Wynter calls this new poetics of the human, but we might also call it the posthuman, understanding the "post" to signify not something that transcends and comes after the human, as is the case with the discussion of transhumanism, which offers visions beyond human embodiment but without questioning the humanist ethos. Instead, this "post" of a critical posthumanism imagines how we might think outside of and against the limited frame of a kind of humanist that took a narrow definition for the whole. Pointing to the counter-cultural movements of the 1960s, especially the Black Civil Rights Movement, as marking a break with this human as decisive as was the break from feudal to modern consciousness, Wynter argues:

> Such a new poetics, if it is to be put forward as the poetics of a post-1960s *propter nos* [for/because of us] will have to take as *its* referent subject (in the place of our present referent of the bourgeois mode of the subject and its *conception* of the individual), that of the *concrete indi-vidual* human subject. ("1492" 47)

That is, finding a way outside of the damage done by a colonial history and its overly narrow concept of the human, which includes refusing a Western ontology that demotes all living beings in comparison with the pivotal place occupied by this human, is a central project for both literature and posthumanism. Wynter contends:

For the first time in the history of

ortak bir çevreyle karşı karşıyayız. Post-atomik olarak bu çevre mevcut çatışmalı grup bütünlüğü tarzımızı yeniden keşfetme talebiyle bizi zorlar. Bu talep, şimdi bilinçli olarak kendi kendine engel olma tarzımızı, söylem düzenlerimize ilişkin yönlendirici arzu / hoşnutsuzluk mekanizmalarıyla ve "zihin dünyamızı" oluşturan ilgili semantik tüzük veya retor-nöro-fizyolojik programla birlikte değiştirmemiz gerektiğini ima eder. Bu, neslimizin tükenme olasılığı karşısında veya bir tür olarak kendimizi gerçekleştirmemiz karşılığında bir bedeldir. Dolayısıyla insan oto-türleşmesinin retorik-sembolik süreçlerinde metinleri yapılandırma işlevi perspektifinden yeniden okumak, edebi eleştiri için onun Kopernik epistemolojik kırılmasını oluşturur ("Ceremony" 51-52).

Wynter'in, kültürel ve diğer farklılıklarla karşısında tek bir insan türü olarak kolektif biçimde yaşamamız gerektiği konusundaki ilgisinin yanı sıra, ben de insan olmayan türlerle daha çok iş birliği içinde yaşamanın yollarını bulma ihtiyacımızı ekleyeceğim; bu da muhtemel olan neslimizin tükenmesi karşısında acil bir meseledir. İklim krizi, genomik, yapay zekâ ve daha fazla meseleleri ele alan hayvan çalışmaları, çevreci beşerî bilimler, biyopolitika ve bu gibi başka disiplinlerarası oluşumlar ile posthümanizm arasındaki sayısız kesişimler, tüm bunlar, posthümanist düşüncenin zamanımızın merkeziliğinden bahseder.

Türk akademisyenler tarafından edebiyatta posthümanizm üzerine tartışmaları bir araya getiren bu yeni kitap, bu projeyi Batı ve Doğu arasındaki gele-

humankinds we are now confronted with a common environment. As a post-atomic one, it challenges us with the demand that we reinvent our present conflictive modes of group integration. This demand implies that we must now consciously alter our mode of self-troping, together with the related orienting desire/aversion machinery of our orders of discourse and the related semantic charter or rhetor-neuro-physiological program that constitutes our "world of mind." This is the price, in the face of the possibility of our extinction, or our self-realization as a species. Thus, re-reading the texts from the perspective of their configuring function in the rhetoric-symbolic processes of human auto-speciation constitutes for literary criticism its Copernican epistemological break. ("Ceremony" 51-52)

To Wynter's concern with our need to live collectively as one human species, across cultural and other difference, I would add our need to find ways to live more collaboratively with nonhuman species, also a matter of urgency in the face of our possible extinction. The myriad intersections between posthumanism and other interdisciplinary formations such as animal studies, environmental humanities, biopolitics, and more, addressing questions such as climate crisis, genomics, artificial intelligence, and more all speaks to the centrality of posthumanist thought to our time.

This new volume on posthumanism in literature by Turkish scholars extends this project across another binary of

neksel Avrupa anlayışında başka bir ikiliğine karşı genişletir. Bu yeni kitabın özellikle heyecan verici yanı, hem Anglo-Amerikan hem de Türk romanları hakkındaki tartışmaları bir araya getirmesi ve tartışmayı genellikle ihmal edilen perspektifleri ve tarihleri içerecek şekilde genişletmesidir. Hem Batı hem de Doğu küresel tarihlerinde – Bizans, Selçuklu ve Osmanlı İmparatorluklarının merkezinde – önemli bir rol oynayan coğrafi konum olarak Türkiye'nin zengin tarihi, edebiyat kültürünün çok sayıda kültürel etkiyle benzersiz bir şekilde konuşabilmesini ve post-hümanist düşüncenin bunlara nasıl meydan okuduğunu veya yeniden çerçevelendirdiğini değerlendirmesini sağlar. Aslıhan Sanal'ın, organ nakli kültürleri üzerine yazdığı mükemmel kitabı *İçimizdeki Yeni Organlar* (2011)'da belirttiği gibi beden konusundaki farklı kültürel anlayışlar, bedende yapılan değişim uygulamalarının nasıl deneyimlendiği ve değer verildiği hususunda dönüşebilir. Posthümanizm, ister bu bedenleşmeyi aşmakla ilgili transhümanist fanteziler olsun, ister bedenlerimizin ve çevremizin karşılıklı olarak nasıl oluşturulduğunu görmemizi talep eden bu çevreci beşerî bilimler perspektifleri olsun, ister insanları ve diğer hayvanları farklı ontolojik düzlemlerde var olarak görmek isteyen tarihsel eğilimi sorgulayan bu hayvan çalışmaları analizleri olsun bu tarz çeşitli bilimsel analizler arasında bedenleşmeye odaklanmanın devam ettiğini göstermektedir. Bu yeni kitap, yeni tarihsel ve kültürel arşivlerden yararlanarak posthümanizm anlayışımızı genişletmeyi vaat eder ve böylelikle tartışmalar daha küresel hale geldiğinden bu alanda önemli bir yeni sayfa açılmasına işaret eder.

traditional European understanding, that between West and East. What is especially exciting about this new book is that it unites conversations about both Anglo-American and Turkish fiction, broadening the discussion to include perspectives and histories often neglected. Turkey's rich history as a geographical location that has played a significant role in both Western and Eastern global histories—central to Byzantine, Seljuk and Ottoman empires - makes its literary culture uniquely able to speak to multiple cultural influences and to consider how posthumanist thought challenges or reframes them. As Aslihan Sanal notes in her excellent book on cultures of organ transplantation, *New Organs Within Us*, distinct cultural understandings of the body can transform how practices of body modification are experienced and valued. Across its various modes of scholarly analysis, posthumanism evidences a continued focus on embodiment, whether this is transhumanist fantasies about transcending it, environmental humanities perspectives that demand we see how our bodies and environments are mutually constituted, or animal studies analyses that question a historical tendency to see humans and other animals as existing on distinct ontological planes. This new volume promises to extend our understanding of posthumanism by drawing on new historical and cultural archives, and thus it marks an important new chapter in the field as the conversation becomes more global.

## Kaynakça / References

Foucault, Michel. *The Order of Things: An Archaeology of the Human Sciences*. Vintage, 1970.
Haraway, Donna. "A Cyborg Manifesto: Science, Technology and Socialist-Feminism in the

Late Twentieth Century." *Simians, Cyborgs and Women: The Reinvention of Nature*. Routledge, 1991, ss. 149-181.

Hassan, Ihab. "Prometheus as Performer: Toward a Posthumanist Culture?" *The Georgia Review* vol. 31, no. 4, 1977, ss. 830-850.

Hayles, N. Katherine. *How We Became Posthuman: Virtual Bodies in Cybernetics, Literature, and Informatics*. University of Chicago Press, 1999.

Pettman, Dominic. *Human Error*. University of Minnesota Press, 2011.

Sanal, Aslihan. *New Organs Within Us: Transplants and the Moral Economy*. Duke University Press, 2011.

Wynter, Sylvia. "Toward the Sociogenic Principle: Fanon, Identity, the Puzzle of Conscious Experience, and What It Is Like to Be 'Black.'" *National Identities and Sociopolitical Changes in Latin America* vol. 23, 2001, ss. 30-66.

---. "The Ceremony Must Be Found: After Humanism." *Boundary* 2, 1984, ss. 19-70.

---. "1492: A New World View." *Race, Discourse, and the Origin of the Americas: A New World View*. ed. Vera Lawrence Hyatt ve Rex Nettleford. Smithsonian, 1995, ss.5-57.

# BÖLÜM 1
## Edebiyat ve Posthümanizm

### Sümeyra Buran

**Giriş**

Çevre ve teknolojideki değişimler, insanlık ve doğa tarihini her dönemde etkilemiştir. Günümüzde ise bu değişimler giderek hızlanmakta ve doğa, insan ve teknolojinin farklı seviyelerde iç içe geçtiği bir kırılma dönemi yaşanmaktadır. Teknobilimsel kültürlerin çoğalması, küresel ekonomik zorluklar, çevresel tahribatın ve doğal felaketlerin artması, dijitalleşmenin yayılması, insan ve insan olmayan varlıklar arasındaki geleneksel sınırların teknolojik, biyolojik ve çevresel düzeylerde aşınması ve bulanıklaşması, insanlık ve insanlığın içinde yaşadığı çevre için alternatif fikirler ve düşünceler arayışına yol açmaktadır. Dijital yaşam tarzları, sanal gerçeklik teknolojileri, sanallaşma gibi teknobilimsel, kültürel ve sosyal eksenlerdeki hızlı gelişmeler insanlığın yaşam serüvenini yeniden şekillendirmektedir. Posthümanizm, tam da bu çoklu gelişmeler sonucunda doğan, insanlığın yaşam biçimlerini, çevre ve doğa ile ilişkilerini yeniden düzenlemesi gerektiğini öngören bir paradigma değişikliğidir. Posthümanizm, tüm bu dönüşümlerin bir yansıması olarak geçmiş, bugün ve gelecek arasındaki bağları irdeler; bu bağlamda insan, insandışı, insanötesi ve insanüstü alternatif senaryolara dayanan araştırmalara odaklanır.

Türkçeye kimi zaman "insansonrası" ve "insansonrasılık," kimi zaman "insanüstü" ve "insanüstücülük," kimi zaman "posthüman" ("posthuman") ve "posthümanizm" ("posthumanizm") kimi zaman "insanötesi" ve "insanötesilik" ("insanötecilik") olarak çevrilen "posthuman" ve "posthumanism" kavramlarının adlandırılması, tanımlanması, anlamlandırılması ve anlaşılması, yalnızca edebiyat ile ilgilenen akademik çevreler için değil, doğa bilimleri, tıbbi bilimler, mühendislik alanları, popüler kültür ve medya çalışmaları gibi çeşitli ve çoklu disiplinler için de büyük önem arz etmektedir. Bu farklı Türkçe kullanımları arasında Türk literatürüne çevrilmiş olan posthümanizm kuram kitaplarında ve kazandırılan makalelerde "insansonrası" olarak çevrilen/ifade edilen kullanım bizlere insanlığın bittiği ve bir nevi insanlık sonrası bir dönemi işaret ettiği anlamını vermektedir. Bu anlamın da kavramı ve kuramı yeterince doğru yansıtmadığını yine "insanüstü" biçiminde kullanımın da aşkın ve geçiş insanı olarak "transhüman" kavramını daha çok karşıladığını da savunarak "insanötesi" ve "posthüman" kullanımlarının bir nebze de olsa daha kapsamlı bir karşılık verdiklerini düşünmekteyim.[1] Zira belirtmek gerekir ki eklenen "post" önekinin tam manasıyla bir Türkçe karşılığı bulunmamaktadır. Bu yüzden merkeziyetçilikten uzak, ikili karşıtlıkları bulanıklaştıran çoğulcu bakış açısı ile posthümanist düşünce ve felsefeye uyum sağlamak adına bu kitapta hiçbir yazara egemen merkezi bir müdahale yapılmadığını kullandıkları terim ve ifadelerdeki çeşitlilik ve çokluğun bu yaklaşımdan kaynaklandığını belirtmek isterim. Buradan hareketle kitap içerisinde posthüman, post-hüman, post-insan, postinsan, insanötesi, insan-ötesi, insansonrası, insan-sonrası ve posthümanizm, post-hümanizm, insanötesilik, insan-ötesilik, insanötesi-lik, (post)insanlık gibi farklı kullanımlara şahit olmaktayız. Evrensel literatüre uyumlu olmak ve doğabilecek anlam karmaşalarının önüne geçmek adına bu çalışmada "posthüman" ve "posthümanizm" şeklinde kullanmayı önerdiğim bu kavramlar ne anlama geliyor? İnsan olmayan ve insanötesi/dışı yaşam formları nedir? Posthümanizm denilen kuramlar bütünü, edebi eserlerde nasıl kavramsallaştırılmıştır?

Yirmi birinci yüzyıl ile birlikte ivme kazanan NBIC (nanoteknoloji, biyoteknoloji, enformasyon teknolojileri ve bilişim bilim) teknolojileri, alışılageldik kavramlar üzerinden yapılan geleneksel insan tanımlarını ve insana yüklediğimiz değerleri değiştirmektedir. İnsanın ve doğanın "doğasını" değiştirmenin eşiğinde olan kök hücre araştırmaları, yeniden üreme biyoteknolojileri, sentetik biyoloji, insan genom ve gen-tasarım teknolojilerinden, klonlama teknolojileri, türler arası organ nakil teknolojileri ve suni hayat ve yapay yaşam ortamlarına kadar birçok biyomedikal, biyoteknolojik ve sibernetik buluş, yeni bir dönüm noktasını ya da insanlık tarihinde yeni bir kırılmayı işaret etmektedir. Söz konusu gelişmelere eşlik eden düşünsel değişimler ise insana ve doğaya dair genel geçer ve asla değişmez diye adlandırdığımız temel kategorileri sorgulayarak dönüşümün gerekliliğini vurgulamaktadır. Ünlü kuramcı Ihab Hassan'ın öne sürdüğü daha sonra Katherine Hayles, Cary Wolfe, Donna Haraway, Rosi Bradoitti, Karen Barad gibi seçkin kuramcılar tarafından geliştirilen posthüman, insan-ötesi, insan-sonrası, veya yer yer insan-üstü olarak da adlandırılan posthümanizm kuramı, bu teknolojilerin hayatımıza etkilerini incelerken, temelinde yerleşmiş insan kavramına ve anlayışına kökten bir paradigma değişikliği getirmekte, teknoloji ile çepeçevre sarılmış yeni dünyayı tanımlamaya çalışmakta ve insanlığın yaşam biçimlerini, çevre ve doğa ile olan ilişkilerini geçmişi göz ardı etmeden yeniden düzenlemesi gerektiğini öne sürmektedir. Posthümanizm, tüm bu dönüşümlerin bir yansıması olarak geçmiş, bugün ve gelecek arasındaki bağları irdeler; bu bağlamda da insan, insanötesi/üstü/sonrası/

---

[1] Çağdaş Dedeoğlu da *Pasajlar* dergisinin editörlüğünü yaptığı Posthümanizm sayısının önsözünde "insansonrası" kullanımının "Posthümanizmin felsefi ve etik oluşlarını tam olarak yansıtmamaları dışında, Türkçedeki tartışmaları da yanlış yönlendirebil[eceğinden]" ve bu sebeple "insanötesi" olarak çevrilmesi gerektiğinden bahseder (13).

dışı/ alternatif senaryolar üretir ve sunar.

Bütün bu gelişmeleri ve dönüşümleri ele almayı amaçlayan Posthümanizm Serisi'nin ilk kitabı olan *Edebiyatta Posthümanizm*, Batı toplumlarını ideolojisini ve zihniyetini yüzyıllardır besleyen insanı evrenin merkezi kabul eden anlayış biçiminin vuku bulduğu insan/doğa, insan/insan-olmayan gibi ikili düşünce sistemini kökten çökertmeyi amaçlayan posthümanizm kuramlar bütününün edebi yazında nasıl kavramsallaştırıldığını sorgular. Bu bağlamda söz konusu kitap, Posthümanizm ve Edebiyat ilişkisini derinlemesine inceleyen farklı coğrafyalarda ve farklı dönemlerde yazılmış çeşitli Batı ve Türk edebiyatlarından örnekleri posthümanist kuramsal yaklaşımlar çerçevesinde analiz ederek posthüman/insanötesi yaşam türlerinin edebiyattaki yansımalarını tartışır. Seçilen eserlerde posthümanizmin, feminizm, ekoeleştiri, biyopolitika ve transhümanizm gibi kuramlarla birbirlerine katkısı doğrultusunda yakından ilişkisi incelenmektedir. İnsanın artık istisnai bir varlık olarak değil, gezegeni paylaştığı diğer türlerle birlikte doğan veya ortaya çıkıp gelişen bir "birleşme" olarak görüldüğü posthümanist bakış açısını konu edinen edebi eserlerde yaşadığımız dünyanın nasıl açıklandığı sorgulanmaktadır. Kitap, teknobilimsel kültürlerin çoğaldığı, küresel ekonomik zorlukların, çevresel tahribatın ve doğal felaketlerin arttığı, dijitalleşmenin yayıldığı, insan ve insan olmayan varlıklar arasındaki geleneksel sınırların teknolojik, biyolojik ve çevresel düzeylerde aşınıp bulanıklaştığı dünyaya insanlık ve insan dışı varlıklar için nasıl bir yaşam ve düzen sunabileceği ile ilgili sorulara cevap aramaktadır. Bu yeni oluşumda alternatif fikirler ve düşünceler sunmada edebiyatın katkısını inceleyen bu kitap okuyucuya farklı eserler aracılığıyla insanın değişen dünyasını ve diğer canlı ve cansız varlıklar ile ilişkisini anlamlandırmada yeni kapılar açar.

## Edebiyat tarihinde posthüman izleri

Edebiyat bilhassa roman, kültür inşası için ayrıcalıklı bir araç ve alandır. Pramod K. Nayar'ın da dediği gibi "edebiyatın insanı icat ettiği" (2) söylenir. Edebiyat çalışmaları "insancıl bir disiplin" (Nayar 32) iken 21. yüzyıl çağdaş edebiyatı, Siân Adiseshiah ve Rupert Hildyard'ın öne sürdüğü gibi, "dünyanın insan anlayışını yeniden inşa" (2) etmekte ve insan merkezli ayrıcalıklara meydan okumaktadır. Edebiyatın düşünme biçiminin "insan olmanın... neye benzediğine bağlı" (Eaglestone 1) olarak dünyayı yeniden keşfetmek, sorgulamak ve yeniden anlamlandırmak için bir vesile olduğunu ve böylece posthümanist kurgunun "yaşadığımız hikayelerin insan olmanın ne anlama geldiğini açıkça ifade etmek hususunda nasıl önemli kritik araçlar olabileceğini" (Graham 17) yansıttığına şahit olmaktayız. Sonuçta edebiyatın (post)insanlık ile "hâlâ en derinden ve doğrudan bağlantılı bir sanat formu" (Eaglestone 2) olduğu yadsınamaz bir gerçektir. Dolayısıyla insan kimliğine tanıklık eden edebiyat, 21. yüzyıl kurgusu ile geleneksel insan öznelliğine meydan okuyan bir yazın türü olarak karşımıza çıksa da Posthümanist edebiyatın belli bir başlangıcı olarak kesin bir tarih vermek güçtür. Ancak edebi eserlerin ilk ortaya çıktığı dönemlerden itibaren posthümanist düşünceyi barındıran eserler olduğu da yadsınamaz bir gerçektir.

Günümüze kadar birçok türde edebi eserlerde posthüman yansımalarını kültürümüzde eski Türk mitolojisine kadar uzanan destanlarımızda da insan-hayvan sınırını aşan posthüman örneklerine rastlarız. Başlangıçtan 9. yüzyıla kadar olan ve "İslamiyet Öncesi Türk Destanları" (Sakaoğlu ve Duymaz 2002) veya "Millî Türk Destanı" (Köprülü 41) olarak da adlandırılan Yaratılış Destanı, Bozkurt Destanı, Şu Destanı, Oğuz Kağan Destanı, Alp Er Tunga Destanı, Ergenekon Destanı ve Türeyiş Destanı gibi daha birçok ilk dönem destanlarımızda posthüman imgelemleri görmek mümkündür. Benzer bir örneğe kitabımızın on ikinci bölümünde örneklenen *Konur Boğa Destanı* (*Kunır Buga* 6. yy-10. yy) hikayesinde de Haraway'in imlediği insan-hayvan siborg melezliğine şahit oluruz. Batı edebiyatında da *Edebiyat ve Posthüman Cambridge Kılavuzunda* (*Cambridge Companion to Literature and the Posthuman* 2017) uzun bir liste olarak posthüman kronolojisi verilmektedir. İlk eser olarak da 865 yılına uzanan Ratramnus of Corbie'nin "Sinesefali[2] üzerine Mektup" ("Letter on the Cynocephali" 865) adlı kısa hikâyesinde köpek başlı canavarların insan olarak tasviri konu edilir (Steel 6). Orta Çağ döneminde Geoffrey Chaucer'ın "Rahibenin Rahibinin Hikâyesi" ("Nun's Priest's Tale") örneğinde olduğu gibi sadece insanların konuşma yetisine sahip olduğu iddiası çürütülür. Hikâyede konuşabilen hayvanlara tanık oluruz. Dönemin sanat ve edebiyatı bunun gibi pek çok insan-hayvan iletişimi ile doludur (Steel 9).

Öte yandan Aydınlanma hümanizminden miras kalan normatif insan öznesi etrafında örgütlenmiş geçmiş, şimdi ve geleceğin insan merkezli ve ayrıcalıklı normlarına meydan okuyan posthüman temsili edebi eserlerde insan tasvirleri hem incelenmekte hem de parçalanmaktadır. Erken Modern dönem edebiyatında organik-mekanik, organik-inorganik, insan-makine melezliğine şahit olduğumuz yapay insansıları, androidleri, siborgları görmek de gayet mümkündür:

> Ağ bağlantılı zekânın edebi örnekleri günümüz ağ bağlantı sistemlerini öngörüyordu ve bunlar efendileri için sanal protez yardımcıları görevi görüyordu. Örneğin Shakespeare'in *Fırtına* [*The Tempest* 1610-11] oyunundaki Prospero ve Christopher Marlowe'un *Dr. Faustus* [1604] eserindeki ana karakteri tarafından yaratılan akıllı-hizmetkar ağları (intelligent-servant networks) saygın yaratıcılarına sadece güçlendirme (enhancement) sağlamakla kalmayıp kendi eyleyicilerinin dağıtımını da sağlar. Yapımcıları için Proxy temsilidir ve bu nedenle sadece protezler olarak değil aynı zamanda yapımcıların kendilerinin dağıtılmış, ağa bağlı versiyonları– bir anlamda, çağdaş

---

[2] Köpekbaşlılık anlamına gelen bu terim aslında mitolojik eserlerde insan vücudunun üzerine köpek başı yani köpek kapalı bir insanı işaret eder.

posthüman öznesinin erken modern öncülleri olarak görülebilirler. (LaGrandeur 16)

Haraway'in bahsini ettiği insan-makine sınırının aşkınlığı ("Siborg Manifesto" 149) ise Kevin LaGrandeur'un da dediği gibi Aristoteles'in *Politika* (*Politics* 4. yy) eserine kadar gider ve kendi işini kendi yapan insani özelliklere sahip olan zeki insani-köle-makinelerin icat edilmesini öngörür (17-8). Dolayısıyla posthümanist düşünce anlayışına sahip olmasa da eski edebi eserlerde de posthüman tasvirlerini görürüz.

İnsanın ayrıcalıklı öznelliğini ve içselliği üzerine odaklanan Romantik dönemde ise insan merkeziyetçiliğinden uzak bir posthümanist düşünce ve anlayışını göremeyiz. Ron Broglio'nun ifade ettiği gibi "Romantik dönem, ayrıcalıklı bir içselliğe sahip bir benlik, benliğin belirli bir inşasını geliştirir. Posthümanist eleştiri bu içselliği düzleştirir, eleştirel dikkatimizi sanatçının iç duyguları ifadesinden manzaralardaki bedenler arasındaki maddi ilişkilere doğru iter" (29). Ancak Romantik dönemin insanın içselliğe yolcuğunda doğa ile de ilişkisini göz önüne aldığımızda, posthümanizmin ekoeleştiri ile yakın ilişkisi bağlamında belki bir gösterge sunabilir. John Keats'in "Sonbahara Övgü" ("Ode to the Autumn" 1819) şiiri "Posthümanizmin Romantizm kapsamında ne şekilde işlevini sürdürdüğünü anlamamız için bize iyi bir başlangıç noktası sunar" (Broglio 34). Şiirde biyo-çeşitliliğin olması, bitki ve hayvanların üzerinden ekolojik bolluk ile birlikte insanın varoluş ve gelişimi anlatılır. Ancak yine de bu doğadaki çeşitlilik üzerinden insanı merkeze olan şiir posthümanist olarak değerlendirmemize olanak sağlamaz. Bununla birlikte Broglio bu durumu şöyle özetler:

> Tüm değerlerin yeniden değerlendirilmesinde posthüman romantizmi, içselliğin sağlam inşasını düzleştirir ve onu dışarıya açar. İnsanlar, sükunete yansıyan aşırı güçlü duygu deneyimiyle şekillenen manzaralardan ziyade, topraklardaki birçok unsurdan biridir. Posthümanizm, bu unsurları, insanların üzerinde hüküm vermek için kendilerini toprağın dışına çıkarmaya çalıştıkları ayrıcalıklı bir aşkın yapıdan ziyade, maddi bağlantıların içkinliği yoluyla anlam yaratmak için birleştirir (39).

Diğer taraftan Amerikan edebiyatında simülasyon protezlerin, morfin gibi uyuşturucu ilaçların keşiflerini konu edinen Nathaniel Hawthorne ve Edgar Allan Poe gibi 19. yüzyıl gotik yazarları sınırsız mükemmeliyetçi Aydınlanma rüyasını eleştirir nitelikte eserler vermişlerdir. Hawthorne'nun "Doğum İzi" ("Birthmark" 1843) ve "Rappuchini's Kızı" ("Rappuchini's Daughter" 1844) hikâyelerinde insanın "zihinsel ve fiziksel kusurları iyileştirecek iksirler yaratma arayışında topluluklarının standartlarını terk eden erkek bilim insanlarının etrafında döner" (Yaszek ve Ellis 72). Poe "Tükenmiş Adam" ("The Man That Was Used Up" 1839) hikâyesinde ise savaş kahramanı olan generalin her sabah protez uzuvlarını giymeden toplum içine çıkamayışının anlatıcı ile ortaya çıktığı bu hikâyesinde makine-insan siborgunu tahayyül eden

Poe, insanı makineden ayırt etmenin teknoloji ile zor olduğunu tasavvur eder (Rosenheim 101).

Jeff Wallace'ın da ifade ettiği gibi posthüman olarak bir "açılış zamanını edebi modernizmde konumlandırmak tamamen anlaşılabilir olacaktır" (41). Örneğin, Friedrich Nietzsche'nin *Böyle Buyurdu Zerdüşt* (*Thus Spoke Zarahustra* 1892) eserindeki *Übermensch* (*üstinsan*) kavramı beklenen özgür ruh ve dönüşüm aracıdır (Jeff Wallace 41-42). Kahraman dağlardan bu üstinsanı anlatmak için aşağıya iner ve yükselmesi için insanın önce aşağıda olduğunu kavraması gerektiğine vurdu yapar, Nietzsche bunu yaparken insanı hayvan ve üstinsan arasında bir yerde konumlandırarak (60) insanın üstinsana yükselmesi için kendini aşması gerektiğini iddia eder (71) ve böylece insanın konumunu alçaltır (43). Ancak yine de bu üstinsanın posthüman bir tutum sergileyip sergilemediği hala tartışma konusudur. Diğer taraftan, İngiliz modernist edebiyatın öncü yazarlarından Virginia Woolf'un *Dalgalar* (*The Waves* 1931) romanında insan ve insandışı varlıkların (şehir, çevre),[3] *Yakup'un Odası* (*Jacob's Room* 1922) romanında insan ve nesnenin (eşyanın)[4] veya *Orlando: Bir Biyografi* (*Orlando: A Biography* 1928) romanında kadın-erkek ikili cinsiyetin sınırlarının aşılması da bizlere posthüman izleri somutlar.

20. yüzyılın sonlarından itibaren Batı kültürünü "geç yirminci yüzyıl deneyimini (postyapısalcılık ve postmodernizmin yanı sıra postkolonyalizm, postfeminizm, postnasyonalizm vb.) tanımlayan bileşik isimlerde "post" ön ekinin baskınlığına" yansımıştır (Boxall 12). Bu geç kültürün de bir aktarımı olarak 21. yüzyıl "çağdaş roman, yeni yüzyılda insanlık ötesi bedenlenmenin yabancılaşmış maddi koşullarının çarpıcı bir resmini sunar" (Boxall 13). Çağdaş edebiyatta ve eleştiride, özellikle Postmodern sonrası/ötesi yazında posthümanizmin daha iyi yer bulduğu söylenebilir. Stefan Herbrechter "Varoluşsal veya ontolojik çoğulculuk ısrarı, kimliğin parçalanması ve estetik normların kırılmasıyla, anlatı sürekliliğinin ve teleolojinin kırılmasıyla, birçok postmodern metin, [...] mevcut mirasçılarından daha radikal bir şekilde 'posthümanist'dir" (64-65). İnsanın sınırının ihlalinden sonra insan ve insan olmayan dünyanın dolanıklığı, insanın pek çok insandan-daha-fazla türle etkileşimini ve dönüşümünü göz önüne alarak yeniden konumlandırır. Posthümanist edebiyatta hümanist gelenekleri yapıbozuma uğratan hikayeler tahayyül edilerek insan-insandışı, insan-doğa, insan-makine, insan-hayvan gibi varlıkların Karen Barad'ın terimiyle birbirleri ile "içten-etkime" (intra-action)'li ("Posthumanist Performativity" 815) çoklu ilişkiye girdikleri posthüman dolaşıklığını (posthuman entanglement) sergileyen bir posthümanist dönüş (posthumanist turn) somutlanır. Neil Badmington'un da

---

[3] Daha detaylı analiz için Derek Ryan'ın *Virginia Woold ve Maddesellik Kuramı: Cinsiyet, Hayvan, Yaşam* (*Virginia Woolf and the Materiality of Theory: Sex, Animal, Life* 2013) eserine bakınız.
[4] Daha detaylı analiz için Gabriel Hankins'ın "Etiğin Nesneleri: Latour ile Rilke ve Woolf" ("The Objects of Ethics: Rilke and Woolf with Latour" 2015) eserine bakınız.

ifade ettiği gibi bu posthüman hikayeler "hümanizmin kesinliklerinin kaybolduğunu görmek ve bedenleri, zihinleri, arzuları, sınırları, bilgiyi bulmak ve geleneksel insanmerkezciliğin muhtemelen açıklayamayacağı şekillerde yeniden tasavvur edilmektedir" (375-6).

## SF (Bilimkurgu) Çalışmalarında Posthüman

Posthüman temsili için felsefi olarak karmaşık, "neredeyse örtük" olan "buluş veya stratejileri" kullanan bilimkurgu ve spekülatif kurgu, anahtar türler olarak karşımıza çıkmaktadır (Herbrechter ve Callus 97). Kavramsal bir çerçeve olarak posthüman ve posthümanizm hakkındaki teorik tartışmaların edebi kurgudaki yansımaları, (post)insanlığın nasıl farklı bir şekilde tahayyül edilebileceğini işaret eden baş göstergeleridir. Özellikle Batıda SF olarak tanımlanan ortak baş harflerini işaret eden bilimkurgu (science fiction), spekülatif kurgu (speculative fiction), uzay kurgu (space fiction), Donna Haraway'in de *Sıkıntıyla Yaşamak: Yeryüzüleşme Çağında Soydaşlık Kurmak* (*Staying with the Trouble: Making Kin in the Chthulucene* 2016) eserinde değindiği gibi spekülatif öyküleme (fabulation) olarak SF türlerini kapsamaktadır. Haraway spekülatif öykülemeyi "bir dikkat modu, bir tarih teorisi ve bir dünyalama (worlding) pratiği" (230) olarak tanımlar ve SF'in içeriğini spekülatif kurgu, yerleşik feminizmler (situated feminisms), spekülatif feminizm, sicim figürleri (string figures), bilim gerçek (science fact), bilim kurgu ve belki de spekülatif felsefe olarak artırır. SF gelecek dünyalama için "sadece bilim kurguya değil aynı zamanda kurgusal bilimleri—bilgi üretmenin diğer yapılandırmalarını hayal ederek" (Subramaniam 72) teori oluşturmamıza yardımcı olabilecek spekülatif düşüncelere ihtiyacımız olacaktır. Dolayısıyla spekülatif düşünceler ve bilimsel tasavvurlar üreten İngiliz ve Amerikan SF edebiyatlarında posthüman varlıkları imleyen eserlere kısaca göz gezdirebiliriz.

İlk dönem spekülatif kurgu ve bilimkurgu edebiyatına "sınırsız mükemmellik konusunda Aydınlanma fikirlerini içeren hikâyeler hâkim oldu" (Yaszek ve Ellis 71). Kitabımızın sekizinci bölümünde de incelenen Mary Shelley'nin *Frankenstein* (1818) eseri insandan uzaklaşan bir dönüm noktası olarak Dr. Frankenstein'in canavar-insanı, insanı imtiyazlı kılmaksızın diğer insan-olmayan-hayvanlar statüsüne yerleştirir. Shelley'den sonra SF edebiyatında diğer posthüman örnekler arasında H.P. Lovecraft'ın kitabımızın beşinci bölümünde yer alan "Dunwich Dehşeti" ("The Dunwich Horror" 1929) kısa hikâyesinde ve *Vakitsiz Gölge* (*The Shadow out of Time* 1934) kısa romanı gösterilebilir. Parçalanmış ve imtiyazsız insan kimliğini Shelley'nin *Son İnsan* (*The Last Man* 1826) ve "Ölümlü Ölümsüz" ("The Mortal Immortal" 1833) eserlerinde de görürüz. Posthüman karakterlere şahit olduğumuz eserlere birkaç örnek vermek gerekirse: H.G. Wells'in *Zaman Makinası* (*The Time Machine* 1895) romanında Elio ve Morlock adında iki tür posthüman ırkına ve *Doktor Moreau Adası*'ndan (*The Island of Doctor Moreau* 1896) romanında da dirikesim (vivisection) ile hayvanlardan insanımsı melez varlıklara yani hayvan-insan ırkına; Olaf Stapleton'un *Son ve İlk İnsan: Bir Yakın ve Uzak Gelecek Hikayesi* (*Last and First Men: A Story of Near and Far Future* 1930) romanında telepatik, uçan, hayvanımsı, yapay, çok-cinsiyetli, gibi on sekiz farklı tür insandan ve bir alt tür olan babun-insan, fok-insan, insandan-türeme-memeliler gibi çok çeşitli posthüman varlıklara; Aldous Huxley'in *Cesur Yeni Dünya* (*Brave New World* 1932) romanında Alfa, Beta, Gama, Epsilon ve bunların üst ve alt türlerine ait çeşitli posthüman varlıklara yer verilir. 1940 ve 50'lerde orta dönem bilimkurgu tarihine geldiğimizde ise evrimsel dönüşümden ziyade ya A. E. Van Vogt's *Slan* (1940), Arthur C. Clarke's *Çocukluğun Sonu* (*Childhood's End* 1953) ve Theodore Sturgeon's *İnsandan Daha İnsan* (*More Human Than Human* 1953) eserlerindeki gibi doğal mutasyona uğrayan posthüman nesil veya Judith Merril's "Bu Sadece Bir Anne" ("That Only a Mother" 1948), Lewis Padgett's *Mutant* (1953), and Phyllis Gottleib's *Güneş Parlaması* (*Sunburst* 1964) eserlerindeki gibi atomik enerji sonucu kazara mutasyona uğrayan posthüman varlıklar görürüz (Yaszek ve Ellis 75).

Yeni Dalga SF olarak adlandırılan 1960-70'lerin bilimkurgu döneminde ise hem beden hem (yapay)zekâ olarak teknolojik artırılmış posthüman siborglara rastlarız. Örneğin Ursula K. Le Guin'in *Karanlığın Sol Eli* (*The Left Hand of Darkness* 1969) adlı eserinde sabit cinsiyete sahip olmayan ambiseksüel (her-iki-cinsel) genetiği değiştirilmiş bireylerin üreme yeteneklerine sahip olduğu alternatif bir hermafrodit dünya (cinsiyetsiz toplum) yaratılır. Samuel R. Delany'nin "Aye ve Gomorrah" ("Aye, and Gomorrah" 1967) hikayesinde de benzer şekilde kısırlaştırılmış Uzaycıları ve doğum-cinsiyeti (birth-sex) belli olmayan androjen posthüman yetişkinleri görürüz. Anne McCaffrey'nin *Şarkı Söyleyen Gemi* (*The Ship Who Sang* 1969) romanında ilk kez karşılaştığımız "beyingemi" olarak adlandırılan Helva adında yarı insan yarı uzay gemisi posthüman siborg varlığa şahit oluruz. Harlan Ellison "Ağzım Yok ve Çığlık Atmalıyım" ("I Have No Mouth, and I Must Scream" 1967) adlı kıyametsonrası hikâyesinde insanlıktan öç almaya çalışan AM adlı bir yapay zekâ posthüman sunar. Kitabımızın altıncı bölümünde de incelenen Phillip K. Dick'in *Androidler Elektrikli Koyun Düşler mi?* (*Do Androids Dream of Electric Sheep?* 1968) romanında da yapay varlıklar olan androidlerin bir süre sonra yaratıcıları olan insanlardan-daha-fazla-insan olduklarını tartışılır.

1980'lere geldiğimizde ise siberpunk SF anlatılarında insan bedenlerinin veya bilinçlerinin yapay zekâya dönüştürüldüğü/aktarıldığı sibernetik bir dünya tasavvurunda nanoteknoloji, biyoteknoloji, genetik mühendislik gibi bilim dallarından yararlanılmıştır. Birkaç örnek vermek gerekirse William Gibson'nın *Neuromancer* (1984), Pat Cadigan'ın tüm eserlerinin incelendiği kitabımızın dördüncü bölümünde bahsedilen *Sentezciler* (*Synners* 1991),

Richard Powers'ın *Galatea 2.2* (1995), Bruce Sterling'in *Schismatrix Plus* (1996), Greg Egan'ın *Diyaspora* (*Diaspora* 1997), Greg Bear'ın *Kan Müziği* (*Blood Music* 1985), Kathleen Ann Goonan'ın *Nanotek Dörtlüsü* (*Nanotech Quartet* 1994-2002) eserleri anılabilir.

Genetik ve Biyoteknoloji aynı zamanda feminist SF yazarlarının tercih ettiği konular arasında da olmuştur. Kitabımızda dokuzuncu bölümde bahsettiğim gibi yeni üreme teknolojilerini işleyen çoğu feminist bilimkurgu yazarları, tek cinsiyetli, erkek egemenliğinden uzak posthüman dünyaları, özellikle de kadın-lezbiyen ütopyalarını ve ektogenez (beden dışında döllenme) üreme teknolojileriyle kadın partenogenez (döllenmesiz yumurtalama) üremesini tasavvur etmiştir; Örneğin Mary E. Bradley Lane'in *Mizora* (1890), Charlotte Perkins Gilman'ın *Kadınvatan* (*Herland* 1915), Suzy McKee Charnas'ta *Anahatlar* (*Motherlines* 1978), Shelley Singer'in *Demeter Çiçeği* (*The Demeter Flower* 1980), Sally Miller Gearhart'ın *Su zemini* (*The Waterground* 1979) ve Nicole Griffith'in Ammonit (*Ammonite* 1992) adlı eserlerinde bu tür alternatif üreme yöntemleri kurgulanır. Marge Piercy's *Zamanın Kıyısındaki Kadın* (*Woman on the Edge of Time* 1976) ve Joanna Russ'ın *Kadın Adam* (*The Female Man* 1975) eserleri ise erkekleri ortadan kaldırmak yerine, her iki cinsiyet için de alternatif üreme yöntemleri sunar. Feminist bilimkurgu yazarları bazen Octavia Butler'ın *Kan Çocuk* (*Blood Child* 1984) isimli eserinde görüldüğü gibi erkek hamileliğini ve türünden farklı doğma anlamına gelen *Ksenogenez[5] Üçlemesi* (*Xenogenesis Trilogy* 1987-89) eserlerinde üç cinsiyetli Oankali ırkı gibi genetik tasarlama ile farklı posthüman yaşam formlarını veya Lois McMaster Bujold *'un Athos'lu Ethan (Ethan of Athos* 1986*)*' unda somutlandığı üzere erkek partenogenez kullanan homoseksüel dünyalarda erkeklerin sadece erkek bebekleri dünyaya getirdiği veya partnerlerinin rahim çoğaltıcı makine kullanarak sahip oldukları oğullarına ortak-ebeveynlik yaptıkları tek cinsiyetli erkek nüfuslu üreme toplumunu tasavvur eder. Çağdaş feminist bilimkurgu yazarı Helen Sedgwick, *Üreme Mevsimi* (*The Growing Season* 2017) romanında bedenlerinde harici yapay rahim taşıma ektogeneziyle erkeklerin ve kadınların hamileliklerini kurgular. Kısacası, Lisa Yaszek ve Jason W. Ellis'in de savundukları gibi "feminist SF, insanlığın gelecekte ne hale gelebileceğini hayal ederek insanlığın geçmişini ve şimdiki zamanını eleştirmek için tüm post-hümanist bilimkurgu bilimcilerinin yaratıcı gücünü özetler" (81).

Çağdaş SF çalışmalarından devam etmek gerekirse, 21. yüzyılın ilk yarısında İngiliz bilimkurgusunda posthüman/postinsan/insanötesi/ insanüstü/insansonrası anlamlarında kullanılan "posthüman" olgusunun yansımalarını tartışan Michel Faber'in *Derinin Altında* (*Under the Skin* 2000), Margaret Atwood'un *Oryx ve Crake* (*Oryx and Crake* 2003), Justina Robson'un

---

[5] Kendi türünden tamamen farklı doğmak anlamına gelmektedir.

*Doğal Tarih* (*Natural History* 2003) ve *Kuantum Yer Çekimi Serisi* (*Quantum Gravity Series* 2006-2011), David Mitchell'in *Atlas Bulut* (*Cloud Atlas* 2004), Kazuo Ishiguro'nun *Beni Asla Bırakma* (*Never Let Me Go* 2005), Jeanette Winterson'un *Taş Tanrılar* (*Stone Gods* 2007) gibi eserler insan olmak nedir sorusundan yola çıkarak okuyucuya posthümanist bakış açısı sunarlar. Batının kültürel olarak insanı ayrıcalıklı bir konuma taşımasına tepki olarak, bu romanlardaki posthüman varlıklar, her türlü normatif insan ve onun geleceği algısını bozarak posthüman hayalini yeniden canlandırır.

Edebi bir araç olarak posthümanizmin bu ve buna benzer romanlardaki temsilleri olarak posthüman/insanötesi ile organik insanın ontolojik dinamiği sorgulanmaktadır. Bu kitap posthüman ve posthümanizmin kültürel ve politik çalışmasının özellikle 21. yüzyılın başlarındaki edebi romanların üzerindeki yansımalarının insan öznelliğinin nasıl da radikal bir şekilde merkezden uzaklaştırdığını ve insan-doğa, insan-insandışı, insan-hayvan, insan-makine, insan-organizma, arasındaki sınırları bulanıklaştıran posthümanizmin kurgudaki çoğalması tahayyülünü tartışmaktadır.

### Edebiyatta Posthümanizm'e Dair

Kitap beş ana kısımdan oluşmaktadır ve her kısımda Batı ve Türk edebiyatlarından seçilmiş çeşitli eserlerin posthümanist incelemeleri yer almaktadır. Kitabın Giriş kısmına Prof. Dr. **Sherryl Vint**'in "İkili Olmayan Bireylik" ("Personhood Without Binaries") adlı sunuş makalesi öncülük etmektedir. Bu makalesinde Vint, posthümanizmin öncü kuramcılarından kısaca bahsederek edebiyat ve onun türleri ile posthümanizmin ilişkisini inceler. Posthümanizm ve SF konusunda çalışmalar yapmak isteyen araştırmacılar ve Türk akademisi için posthümanizm alanında oldukça saygın birçok öncü çalışmalara sahip olan Vint'in şu eserlerinden bahsetmek isterim:

- *Yarının Bedenleri* (*Bodies of Tomorrow*): Aşkınlık yerine bağlantıyı kucaklayan bu eserimi "etik post-hümanizm" olarak adlandırır.
- *Hayvan Başkalığı* (*Animal Alterity*): İnsan/hayvan sınırı ve posthüman çerçevesinden SF ile ilgilidir.
- *21.Yüzyıl Spekülatif Kurguda Biyopolitik Gelecekler* (*Biopolitical Futures in Twenty-First Century Speculative Fiction*): biyokapital ve post hümanizm hakkında yeni bir kitaptır.
- *İnsandan Sonra* (*After the Human*): Posthümanist teoriyi günümüzde çeşitli disiplinler ve sorgulamalar arasında göstermeye çalışan yeni bir derlemedir.[6]

---

[6] *Geleceğin Güneyi* (*South of the Future*); *Batı Dünyası Okuma* (*Reading Westworld*); *Bilim Kurgu, Etik ve İnsanın Durumu* (*Science Fiction, Ethics and the Human Condition*); *Kırmızı alarm! SF Filme Marksist Yaklaşımlar* (*Red Alert! Marxist Approaches to SF Film*) gibi derlemelerde ve *Bilim Kurgu Çalışmaları* (*Science Fiction Studies*), *Bilim Kurgu Film ve Televizyon* (*Science Fiction Film and Television*), *Yapılandırmalar* (*Configurations*), *Avustralya Edebiyat*

İlk kısımda Vint'in sunumunu takiben bu giriş bölümünden sonra posthümanizm alanında genç filozoflardan biri olan Dr. **Francesca Ferrando**'nun daha önce *Exitenz* dergisinde basılan "Posthümanizm, Transhümanizm, Antihümanizm, Metahümanizm ve Yeni Materyalizmler Farklar ve İlişkileri" ("Posthumanism, Transhumanism, Antihumanism, Metahumanism, and New Materialisms Differences and Relations" 2013) adlı makalesinin çevirisi yer almaktadır. Ferrando'nun kendi özetinde de belirttiği gibi çeşitli posthümanizm düşünce hareketlerine (felsefi, kültüre ve eleştirel gibi) ev sahipliği yapan "posthüman" bir şemsiye terim hâline gelmiştir. Ferrando, makalesinde tanımladığı bu çeşitli akım ve düşünceler olarak transhümanizm, yeni materyalizme feminist yaklaşımlar, antihümanizm, meta-hümanizm, metabeşerî bilimler ve postbeşerî bilimleri açıklar. Ferrando'nun bu makalesi bu kadar geniş kullanımları kapsayan posthümanizmin özellikle de Transhümanizm ile paylaştıkları anlam alanlarına odaklanarak tüm bu farklı düşünce ve hareketlerin aralarındaki farklıları göstermeyi amaçlar. Ferrando'nun felsefi ve eleştirel posthümanizm alanında oldukça çığır açan öncü çalışmaları mevcuttur. Burada bu konularda çalışmalar yapan Türk akademisi için birçok alana öncülük eden makalesinin yanı sıra Ferrando'nun insanın anlamının ayrıcalıkta değil teknoloji ve ekoloji ile birlikte ele alan arabuluculuk felsefesi olarak tanımladığı *Felsefi Posthümanizm* (*Philosophical Posthumanism*, Bloomsbury 2019) adlı ilk kitabını özellikle öneririm.

Amerikan Edebiyatından Seçmeler adlı ikinci kısımda ilk olarak bahsedilen **Pelin Kümbet'in** "Octavia Butler'ın *Yavru Kuş* Romanında Posthüman Vampir-İnsan Eyleyiciliği" adlı makalesidir. Bu makale, siyahi kimlik oluşumu, cinsiyet, toplumsal cinsiyete ve farklı türlere karşın yerleşmiş ve yaygınlaşmış önyargılarımızın ve beklentilerimizin yanı sıra vampirler gibi insan olmayan canlıların "uygunsuz/laştırılmış ötekiler" ("inappropriate/d others") olarak sınıflandırıldığı düşünce sisteminin yıkılmasına odaklan bir çalışmadır. Biyolojik genetiği değiştirilip insan genleri ve DNA'sı eklenmiş insan/i özelliklere ve insan duygularına da sahip olan Shori adındaki siyahi bir vampiri konu alan ve insan / insan olmayan ikilikler başta olmak üzere sayısız sınırları yıkan Butler'ın *Yavru Kuş* (*Fledgling* 2007) bilimkurgu romanı, iki seçkin kuramcı, Karen Barad ve Stacy Alaimo'nun sırasıyla "içten-etkime" ve "bedenler-arası geçirgenlik" kuramlarından yararlanarak insan ve öteki arasındaki uzun süredir devam eden sınırları bulanıklaştıran insan olmanın ne anlama geldiği fikrini belirgin bir şekilde karmaşıklaştırmaktadır.

Bir sonraki "Pat Cadigan Öykülerinde İnsansonrası Beden ve Hafıza" adlı bölümde ise **Murat Göç-Bilgin,** Pat Cadigan'ın öykülerinde insan bedeninin ve hafızasının sınırlarını, yeniden inşasını ve insansonrası kuram ışığında

---

*Çalışmaları* (*Australian Literary Studies*) ve *Mozaik* (*Mosaic*) gibi dergilerde birçok makalesi mevcuttur.

toplumsal ve politik yansımalarını ele alır. Bilgin, belli bir tür, cinsiyet, ırk ya da etnik kökene aidiyeti muğlak, kafası karışık, belleği bulanık, "insanötesi" hakikatin peşinde birer (post)modern Prometheus olarak acı çekmekte ve kendilerini her gün yeniden yaratan karakterlere odaklanır. Bu hususta makale, kendini merkeze alarak kurduğu varlıklar ve nesneler hiyerarşisini yerle bir eden, yerine sınırları belirsiz, akışkan ve devinimsel tür yoldaşlıklarını koyan ve insan-makine-hayvan arasındaki güç ilişkilerini yeniden kurgulayan bir bakış açısı sunar.

Devam eden bölümde **F. Gül Koçsoy**, "H.P. Lovecraft'ın 'Dunwich Dehşeti' Adlı Öyküsünde Posthümanist Ögeler" adlı çalışmasında, spekülatif edebiyat üzerinde etkili olmuş yazarlardan biri olan H.P. Lovecraft'ın (1890-1937) "Dunwich Dehşeti" ("The Dunwich Horror" 1929) adlı öyküsünde antihümanizmi ve posthümanizmi açımlar. Bir yandan insanın yüceliğinin ne denli abartılmış olduğunu, diğer yandan onun geçiciliğini, sıradanlığını, kırılganlığını ve savunmasızlığını bu öykü üzerinden ele alır. Koçsoy, Lovecraft'ın "kurgusal bir felsefe olarak 'kozmizm'i kullanarak, insan dışında evrende başka ve daha güçlü yaratıkların da olabileceği ihtimaline" dikkat çeker. Buradan yola çıkarak, insanın "kendinden akıl ve fizik itibariyle daha güçlü yaratıklar karşısındaki yetersizliğini" ve "durduğu güvenli yerden ayağı kaydırılarak üstünlüğü(nün) alaşağı edildiğini" posthümanist bir bakış açısıyla inceler.

Bu ikinci kısmın son makalesi olan "Çürüyen Dünya, Eriyen Bedenler: Phillip K. Dick'in *Androidler Elektrikli Koyun Düşler mi?* ve Walter M. Miller'ın *Leibowitz için bir İlahi*'sinde Toksik Manzaralar" adlı makalesinde **Züleyha Çetiner-Öktem** ise, kıyamet sonrası bilimkurgu metinlerinde nükleer serpintinin sonucu olarak meydana gelen toksik manzaraları çeşitli posthümanizm(ler) açısından inceler. Ele alınan Phillip K. Dick'in *Androidler Elektrikli Koyun Düşler mi?* (*Do Androids Dream of Electric Sheep?* 1968) ve Walter M. Miller'ın Leibowitz için bir İlahi (*A Canticle for Leibowitz* 1959) romanları, gerçekleşen nükleer felaketlerin izleri ve "yavaş şiddeti" toksisite toprağa, suya, havaya yayıldığı gibi organik bedenlere de sirayet etmiş, bedenlerin bozumuna sebep olan hususları içerimler. Phillip K. Dick'in romanında özellikle eril düzenin marjinde saydığı Iran ve Isidore karakterleri üzerinden teknolojiyle bütünleşik yaşamları anlatılmış, Miller'ın romanındaysa bedenlerdeki dönüşümler ve başkalaşımlar posthümanizmin çatısı altında ele alınmıştır. Bu bölümde insan ve insan olmayan öğelerin radyasyondan etkilenmesi ve çevrelerin toksikliği, zihinle bedenin erimesine, dünyanın çürümesine, erozyonuna uğramasına ve dönüşmesine neden olması bakımından ekolojik posthümanizm açısından incelenmiştir.

İngiliz Edebiyatından Seçmeler adlı üçüncü kısımda ise "Angela Carter'ın Spekülatif Romanlarında Hümanizm Eleştirisi ve Posthümanist Belirsizlik" adlı makalede **Barış Ağır,** posthümanizmin hümanizme dönük eleştirel yansımalarını İngiliz yazar Angela Carter'ın bilimkurgu romanlarında hümanizm eleştirisini "sosyo-tarihsel insan durumu, insan öznelliği ve cinsiyet kimliği bağlamında" posthümanist ögeler açısından inceler. Örneğin *Kahramanlar ve Kötüler* (*Heroines and Villains* 1969) romanında, hümanistik teleoloji bakımından insanın tekil ve evrensel tanımı eleştirilerek posthümanist kuşkuculuk açısından tarihin tesadüfi ve olası kırılmaları vurgulanır. *Doktor Hoffmann'ın Şeytani Arzu Makineleri* (*The Infernal Desire Machines of Doctor Hoffmann* 1972) romanında insan öznelliğine karşıt "özerk veya sabit olmayan, saf bir akılla yönetilemeyen, akışkan ve belirsiz" teknoloji ile etkileşimli ve dönüşmüş öznelliği ele alır. *Yeni Havva'nın Çilesi* (*The Passion of New Eve* 1977) romanı erkek/kadın ikili karşıtlıkları benimseyen cinsiyet kimliğine bir eleştirel sorgulama sunarak ikili sınırları aşan çoklu cinsiyet söylemi üzerinde durur. Bu makale Carter'ın romanlarında sınırların belirsizliği üzerine kurulu şimdi ve geleceğin posthümanist dünyasında insanın sonunun ilan edildiği mutlak kopuşlardan ziyade insanın eski ve yeni konumlarını eleştiren belirsiz bir tutum sergilediğinden bahseder.

**Evren Akaltun Akan** ise "İnsan Olan ve İnsan Olmayan Arasında: *Frankenstein*'ın Posthümanizme Dair Düşündürdükleri" adlı bölümünde, insanı merkez alan Batılı insanmerkezci hümanizm anlayışının çıkmazlarını eleştirir. Bu makalede Mary Shelley'nin *Frankenstein; Ya da Modern Prometheus* (*Frankenstein; or, Modern Prometheus* 1818) romanında canavar-insan varlığı ile Dr. Frankenstein'ın yarattığı canavarın insan olmanın sınırlarını nasıl sorguladığı ve insanın nasıl merkez alınmadığı, heterojen ve çeşitliliği koruyan bir "insanötesiliği" tartışılır. Akaltun Akan eserde canavar-insanın insan olma ölçütlerini, insana ait alan ve özellikleri insan olmayandan ayırarak nasıl belirlediğini, bilinç/beden, özne/nesne, insan /insan olmayan sınırlarını nasıl yapıbozuma uğrattığını gösterir.

Bir sonraki bölümde yer alan "Biyogenetik Posthüman Bilimkurgu: Yarının Gen-Tasarımlı Çocukları ve Gen-Kapitalist Sınıfları" adlı makalesinde **Sümeyra Buran**, potansiyel olarak erkeklerin anneliğe daha fazla dâhil olmalarını veya heteroseksüel olmayan partnerler veya bekar bireylerin anne olmalarını sağlayan insan ektogenez teknolojisinin posthüman alternatif aile formları ile insan, aile, ebeveyn olma anlayışımızı nasıl değiştireceğini ele alır. Bu bölüm, biyoteknolojinin insan-annelerin yerini aldığı makine-annelerin hâkim olduğu organik gebeliğin "sosyal anormallık" olarak görüldüğü geleceğin posthüman doğum dünyasında yapay rahim teknolojisini işleyen Anne Charnock *Doğum Öncesi Rüya* (*Dream Before the Start of Time* 2019) adlı biyogenetik posthüman bilimkurgu romanında posthüman doğumların organik/inorganik, doğal/yapay, makine/insan gibi sınırları bulanıklaştıran ancak diğer taraftan da GenZengin, GenFakir, SoloGen, DualGen, ÇokGen gibi yeni tekno gen-sınıflarını doğuran ektogenez ve partenogenez gebelik yoluyla homo/hetero ebeveynler için yapay rahim teknolojisinin olası yansımaları ile ilgili bir dizi konuyu tartışmaktadır.

"Phyllis Dorothy James'in *İnsanların Çocukları* Adlı Eserine Post-Hümanizm Çerçevesinde Feminist Bir Yaklaşım" adlı bu kısmın son makalesinde ise **Şebnem Düzgün**, distopya türünde yazılan eseri posthümanist ve feminist düşünce etrafında inceleyerek insanı merkeze koyan ve insan dışındaki varlıkları, doğayı, kadınları ve "sağlıklı" olmayan bedenleri ötekileştiren, eril gücü ön plana çıkaran hümanist düşüncenin sorgulanması ekseninde inceler. Toplumların hümanist söylemi terk etmediği takdirde "siborg siyasetin ve zoe-merkezli görüşün desteklediği eşitlikçi ve çoğulcu post-hümanist bir toplum düzeninin kurulamayacağını" vurgulayan Düzgün, *İnsanların Çocukları* (*The Children of Men* 1992) romanda pandemi sonucu erkeklerin üremedeki rollerini kısırlaşarak kaybetmelerinden dolayı erkek-kadın ve insan-doğa arasındaki sınırların sorgulandığına ve kusursuz bedenlerine rağmen Omega ırkının değil de fiziksel kusurlara sahip insanların doğurganlık gücüne sahip olmalarının da sağlıklı-kusurlu arasındaki sınırları kaldırdığına işaret eder. Ayrıca bu bölüm, hayvanların kısırlık pandemisinden etkilenmemesi nedeniyle insan-hayvan arasındaki sınırları yapısöküme uğratan posthümanist söylemin doğrulanmasından bahseder.

Karşılaştırmalı Edebiyatta Seçmeler adlı dördüncü kısımda **Muhsin Yanar**, "Don DeLillo'nun *Sıfır K* ve Ian McEwan'ın *Benim Gibi Makineler* eserinde İnsanötesine Dair" adlı makalesinde yarın tasavvuru ve bu tasavvura bağlı "İnsanötesi-liği" ele alır. Yanar, Amerikan ve İngiliz edebiyatından eserleri kıyasladığı bu makalesinde şimdiki zaman insanının aklen (insanmerkezci, ırkçı, cinsiyetçi, türcü, ayrımcı, ayrıştırıcı düşünce yapısı) ve bedenen (etten kemikten var-oluşu) eksikliğinden kaynaklanan problemlere karşı nasıl bir insanötesi modeli benimsenmeli mevzusunu inceler. Don DeLillo'nun *Sıfır K* (*Zero K* 2016) eserindeki ana karakterler Nano-, Biyo-, Bilgiteknolojileri ve Bilişsel bilim vesilesiyle söz konusu problemli akıl ve beden sınırını, Ian McEwan'ın *Benim Gibi Makineler* (*Machines Like Me* 2019) eserindeki ise Âdem ve Havvalar (*insan gibi makineler*) ile makine-insan sınırını aşması konu edinilir.

Karşılaştırmalı başka bir inceleme sunan "Posthümanizm Bağlamında Doğu-Batı Halk Hikâyelerinde İnsan-Hayvan İlişkileri: Karşılaştırmalı Bir İnceleme" adlı makalede **Ülfet Doğan Arslan** Kartezyen düalizminin temelinde var olan ikili zıtlıklarından sıyrılarak insan-hayvan karşıtlığını yeniden konumlandırmaya çalışan hümanist düşünce eleştirisinin Doğu ile Batı kültürlerinde ve bu kültürlerin dünya görüşlerini yansıtan halk edebiyatı örneklerinde nasıl farklı biçimlerde ortaya konulduğu üzerinde durur. İnsan ile hayvan, insan ile doğa, özne ile nesne arasındaki sınırları yeniden sorgulayan posthümanist bakış açıyla Başkurt Türkleri'nin sözlü edebiyat geleneğini yansıtan *Konur Boğa Destanı* (*Kunır Buga*) ile eski İngiliz halklarının yaşam tarzlarını ortaya koyan *Beowulf* adlı iki halk hikâyesinde Haraway'in "siborgluk" ve "yoldaşlık" kavramlarından yola çıkarak bu iki destandaki karakterlerin "faillik" (eyleyenlik) durumlarını posthümanist düşünce çerçevesinde inceler.

Türk Edebiyatından Seçmeler adlı beşinci kısmın "Zamanın Bedensel Dönüşümü: Osmanlı Gelecek Anlatılarında Posthümanist ve Transhümanist İzler" adlı ilk makalesinde **Seda Uyanık**, 19. yüzyılın sonu ve erken 20. yüzyıl Osmanlı anlatılarında, fennî merkeze alarak yazılmış eserlerin insan bedenine yükledikleri anlamları posthümanist ve transhümanist bağlamda değerlendirir. Uyanık, Celal Nuri İleri ve Refik Halid Karay'ın metinlerinde çizdikleri gelecek tasarımlarında cinsiyetsizleşmeden bellek yitimine, insan ile makine arasındaki ayrımın bulanıklaşmasından üreme teknolojilerinin insan doğasına müdahalesine kadar uzanan çeşitli izlekler üzerinden "makineleşme, cisimleşme, sınırları aşma", insanî değerlerden uzaklaşma motiflerini inceler.

**Dinçer Atay** "Cengiz Aytmatov'un Romanlarında Post-hümanizm Görünümleri" adlı makalesinde Atay'ın tabiriyle "Tanrı'ya öykünen" tek ve en yüce olarak görülen egemen insanın merkezi konumunun, Türk dünyasının dünyaca ünlü romancısı Cengiz Aytmatov'un romanlarında yapıbozuma uğratıldığının, çünkü Aytamtov'un romanlarında insanın insan dışı varlıklar eşliğinde tasavvur edildiğinin altı çizilir. Atay, Aytmatov'un ayrıcalıklı insanı tenkit ederek yoldaş türler ile ortak ilişkiler boyutunda posthümanizmin çoğulcu boyutunu kültürel, ekolojik ve sosyolojik düzlemlerde izlek olarak metinlerinde işlediğini tartışır. Bu makale, Aytmatov'un eserlerinde tabiat, çevre ve hayvanlar ile insanın dolanıklaşan imgeleminden varlıklar arasındaki sınır hâllerin silikleştiğini inceler. Ayrıca insanın dünya evreninin dışına taşan macerası bağlamında "Orman Göğüslüler Gezegeni"ne yapılan yolculuğun varlığı, Francesca Ferrando'nun uzay göçü fikrine atıfla gündeme taşınır.

Bu kısmın son makalesi olan "Orhan Pamuk'un *Masumiyet Müzesi* Romanında Nesneler Arası İlişkiler: Posthümanizm ve Nesne Yönelimli Ontoloji Çerçevesinde Bir Çözümleme" adlı yazısında **Nurseli Gamze Korkmaz**, Pamuk'un romanında insan-nesne arasındaki sınırları kaldıran özne ve nesneler arası ilişkileri posthümanizm ve Nesne Yönelimli Ontolojiden (Object-Oriented Ontology) hareketle inceler. Korkmaz, roman ve romanın konu aldığı müzede canlı-cansız, insan-insan olmayan, soyut-somut nesnelerin birbirini içine geçen ilişkilerini, insan ve insan-olmayan nesneler arasında herhangi bir hiyerarşi gözetmeksizin kurgulandığı düşüncesini merkeze alarak roman üzerine yapısal bir çözümleme sunar.

Kitabın sonsöz mahiyetinde kapanış kısmında ise, belki de ilk kez, bir akademik editöryel çalışma içerinde roman yazarlarının kendi romanları ve karakterleri üzerine yorumlarına yer verilmektedir.[7] Edebiyat çalışmalarının önemli iskeletini oluşturan eser, yazar ve eser incelemesinin birbirinden ayrılmaz bütünlüğüne işaret etmek ve posthümanizmin çoğulcu anlayışı ile edebiyat alanındaki her sese kulak vermek adına bu kitapta hem Batı hem Türk edebiyatından eserler ve incelemeleri ile Türk edebiyatından bilimkurgu dalında eserler veren yazarların yorumlarına kapanış kısmında yer verilmiştir.

Türk edebiyatında ilk kuir bilimkurgu (siberpunk türünde) yazarı olarak **Şeyda Aydın**, "Spekülatif Kurguda Yükselen Geleceği Posthüman Evreni: Alternatif Evrenlerin Ütopyalarındaki İnsan Ötesi Topluma Kendi Gerçekliğimizde Ulaşmayı Başarabilir miyiz?" adlı yorum yazısında posthümanizm kavramını ütopya ve distopya bilimkurgusu açısından yazarı olduğu romanlarındaki karakterler ve temalar üzerinden incelemiştir. Beyaz erkek insanı merkeze alan hümanist düşünceye eleştiri olarak ötekileştirilen kuir bireyler üzerinden mitolojik elementler ile insan-tanrı(ça), insan-doğa, insan-hayvan arasındaki sınırları silikleştiren posthüman karakterleri ile posthüman inanç ekseninde de çoklu evrenlerde var olunabileceği yorumunu getirir.

Türk edebiyatında ilk Sufi bilimkurgu yazarı olarak **Sadık Yemni** "Posthüman Aşkın Ezgisi: Phantomat ve Bedensizlik Özlemi" adlı yorum yazısında egemen ve üstün insan merkeziyetçiliğini eleştiren eserlerinde insan-yapay zekâ, insan-makine, insan-organizma melezliğini yansıtan siborg posthüman varlıkları incelemiştir. Yakın gelecekte insanın yapay zekâ ile kuracağı organik ilişkiyi, bu eylemin posthüman süreç alanlarını tarayan yönlerini romanları üzerinden ele almıştır. Hümanizmi Batı fikriyatının önde gelen kara deliklerinden biri olarak gördüğünü belirten Yemni, cinsiyetsiz ve bedensiz posthüman karakter de yarattığı eserlerinde evrende insan olmayan öznelerin de insanlar gibi ortak yaşamda var olduğunu ileri sürer. Yemni, "Dijital Kafes" olarak adlandırdığı yeni teknolojilerin bedensizlik özlemi içerisinde olan dünyanın sanal âlem olan Phantomat'ın içinde yaşamayı tercih edenlerin sayısının giderek arttığını ve bunun da hepimizi Büyük Sıfırlama girdabına doğru sürüklediğinden bahseder. Romanlarında da konu edindiği bu dijitalizmin giderek diğer "sapiensleri, Robot-Homo Sapiens, A.I.-Homo Sapiens" gibi diğer "post-sapiensleri" Kâinat her mertebesinde çok türlü öznelerle posthüman bir tasavvufi geleceğin yakın olduğunu tasavvur eder.

Sonuç olarak, posthümanizm serisinin ilk Türkçe editöryel kitabı olan *Edebiyatta Posthümanizm*, kadın-erkek, insan-insandışı, insan-insanötesi, insan-insan-üstü, insan-makine, insan-robot, insan-(insansı)robot, insan-hayvan, insan-organizma, insan-vampir, insan-canavar, sağlam-engelli, güzel-çirkin, insan-yapay zekâ, insan-tanrı(ça), insan-klon, insan-melek, insan-nesne, insan-doğa gibi daha birçok ikili karşıtlıkların sınırlarını bulanıklaştıran, aşağı

---

[7] Bu durumun örneklerini Batı çalışmalarında görmekteyiz.

eden ve yapıbozuma uğratan posthümanist düşüncenin ışığında geçmiş, şimdi ve gelecek dünya tasavvuru edebi eserlere odaklanarak incelenmiştir.

Posthümanizm sosyal bilimler, beşerî bilimler, tıbbi beşerî bilimler, çevreci beşeri bilimler, doğa bilimleri, tıbbi bilimler ve mühendislikler ile popüler kültür ve medya, güzel sanatlar, ziraat, gıda, mimarlık ve STEM'e kadar birçok alanda disiplin sınırlarının ötesinde geniş bir ağ oluşturma çabasına paralel olarak, teknolojik olarak doymuş, ekolojik olarak zarar görmüş insandan-daha-fazla dünyada insan olmanın ne anlama geldiğini keşfetmeye ve hümanizmin ötesinde felsefi düşünceyi teşvik ederken geleneksel insan anlayışını aşmayı amaçlar. Dolayısıyla serinin devamlılığını oluşturan ve çalışma aşamasında olan ikinci kitabımız da bu çokludisiplinlerde posthümanist etos ve praksisi teşvik etmeyi önceleyen bir çalışma olarak karşımıza çıkacaktır.

## Kaynakça

Adiseshiah, Siân ve Rupert Hildyard. "Introduction: What Happens Now?" *Twenty- First Century Fiction: What Happens Now?* eds. Adiseshiah ve Hildyard. Palgrave, 2013, ss. 1-14.
Badmington, Neil. "Posthumanism." *The Routledge Companion to Literature and Science*. eds. Bruce Clarke ve Manuela Rossini. Routledge, 2011, ss. 374-84.
Boxall, Peter. *Twenty-First-Century Fiction: A Critical Introduction*. Cambridge UP, 2013.
Broglio. Ron. "Romantic." *The Cambrdige Companion to Literature and the Posthuman*. eds. Bruce Clarke ve Manuela Rossini. 2017, ss. 29-40.
Dedeoğlu, Çağdaş. "İnsana Dair Her Şeyi İnsanın Ötesinde Düşünmek." *Pasajlar Sosyal Bilimler Dergisi*, Sayı 7, 2021, ss. 11-14.
Eaglestone, Robert. *Contemporary Fiction: A Very Short Introduction*. Oxford University Press, 2013.
Ferrando, Francesca. *Philosophical Posthumanism*. Bloomsbury Publishing, 2019.
Graham, Elaine L. *Representations of the Post/Human: Monsters, Aliens and Others in Popular Culture*. Rutgers University Press, 2002.
Hankins, Gabriel. "The Objects of Ethics: Rilke and Woolf with Latour," *Twentieth-Century Literature*. Özel sayı: "Modernist Ethics and Posthumanism." vol. 61, no. 3, 2015, ss. 50-329.
Haraway, Donna J. "A Cyborg Manifesto: Science, Technology and Socialist-Feminism in the Late Twentieth Century." *Simians, Cyborgs and Women: The Reinvention of Nature*. Routledge, 1991, ss. 149-181.
---. *Staying with the Trouble: Making Kin in the Chthulucene*. Duke University Press, 2016.
Herbrechter, Stefan. "Postmodern." *The Cambrdige Companion to Literature and the Posthuman*. eds. Bruce Clarke ve Manuela Rossini. 2017, ss. 54-68.
Köprülü, M. Fuad. *Türk Edebiyatı Tarihi*. 2. Basım. Ötüken Yayınları, 1980.
LaGrandeur, Kevin. "Early Modern." *The Cambrdige Companion to Literature and the Posthuman*. eds. Bruce Clarke ve Manuela Rossini. 2017, ss. 16-28.
Nayar, Pramod K. *Posthumanism*. Polity, 2014.
Nietzsche, Friedrich. *Böyle Buyurdu Zerdüşt*, Mola Kitap: 6, 2009.
Rosenheim, Shawn James. *The Cryptographic Imagination: Secret Writing from Edgar Poe to the Internet*. Johns Hopkins University Press, 1997.
Ryan, Derek. *Virginia Woolf and the Materiality of Theory: Sex, Animal, Life*. Edinburgh University Press, 2013.
Sakaoğlu, Saim ve Duymaz Ali. *İslamiyet Öncesi Türk Destanları*. Ötüken Neşriyat, 2002.

Steel, Karl. "Medieval." *The Cambrdige Companion to Literature and the Posthuman*. eds. Bruce Clarke ve Manuela Rossini. 2017, ss. 3-15.

Subramaniam, Banu. *Ghost stories for Darwin: The science of variation and the politics of diversity*. University of Illinois Press, 2014.

Vint, Sherryl. *Bodies of Tomorrow: Technology, Subjectivity, Science Fiction*. University of Toronto Press, 2007.

---. *Animal Alterity: Science Fiction and the Question of the Animal*. Liverpool University Press, 2010.

---. ed. *After the Human: Culture, Theory, and Criticism in the 21st Century*. Cambridge University Press. 2020.

---. *Biopolitical Futures in Twenty-First Century Speculative Fiction*. Cambridge University Press. 2021.

Wallace, Jeff. "Modern." *The Cambrdige Companion to Literature and the Posthuman*. eds. Bruce Clarke ve Manuela Rossini. 2017, ss. 41-53.

Yaszek, Lisa ve Ellis, Jason W. "Science Fiction." *The Cambrdige Companion to Literature and the Posthuman*. eds. Bruce Clarke ve Manuela Rossini. 2017, ss. 71-83.

# BÖLÜM 2
# Posthümanizm, Transhümanizm, Antihümanizm, Metahümanizm ve Yeni Materyalizmler: Farklar ve İlişkiler

## Francesca Ferrando

Çeviren: Muhsin Yanar[1]

### Giriş

Çağdaş akademik tartışmada "posthüman" kavramı, yirminci ve yirmibirinci yüzyılın hem onto-epistemolojik hem de bilimsel ve biyo-teknolojik gelişmelerin akabinde, insan kavramının bütünsel olarak yeniden tanımlanması yönündeki aciliyetin üstesinden gelmek için anahtar bir terim haline gelmiştir. Geliştiği dönem itibariyle bu felsefî görünüm, çeşitli akımlar ve düşünce okullarını içermektedir. "Posthüman" etiketi, bu farklı bakış açılarından birini belirtmek için uzmanlar ve uzman olmayanlar arasında metodolojik ve teorik kafa karışıklığı yaratarak çoğunlukla genel ve geniş kapsamlı bir çağrışım yapmaktadır. "Posthüman" terimi, (felsefi, kültürel ve eleştirel) posthümanizm, transhümanizm (diğer akımlar arasındaki değişkenleriyle ekstropyanizm, liberal ve demokrat transhümanizm), yeni materyalizm (posthüman çerçeve dahilinde özel bir feminist oluşum) ve antihümanizm, postbeşerî bilimler ve metabeşerî bilimlerin heterojen bir görünümünü içeren şemsiye bir terim olmuştur. En çok kafa karıştıran anlam alanları ise posthümanizm ve transhümanizm tarafından paylaşılanlardır. Bu tarz karışıklığın farklı sebepleri vardır. Her iki akım da benzer konulara olan ilgileriyle bilhassa 80'lerin sonu ve 90'ların[2] başlarında ortaya çıkmıştır. Her ikisi de sabit olmayan ve değişken ortak insan algısına sahiptir, ancak genel olarak aynı köken ve bakış açısını paylaşmazlar. Buna ek olarak, transhümanist tartışmada, posthümanizm transhümanist bir yol üzerinden yorumlanır, ki bu da genel posthüman anlayışı hususunda daha fazla kafa karışıklığı yaratmaktadır: bazı transhümanistlere göre insanlık, nihayetinde mevcut transhüman çağın ardından beklenen bir durum olarak, posthüman

---

[1] Çev: Bu makale çevirisinde adı geçen eserler Türkçeye çevrilerek basım yılları eklenmiştir. Bu makale Frencasca Ferrondo'nun "Posthumanism, Transhumanism, Antihumanism, Metahumanism, and New Materialisms Differences and Relations" adlı makalesinin çevirisidir (Existenz, vol. 8, no. 2, 2013, ss. 26-32). Ferrondo'nun bu makalesinde kullandığı format MLA 8 formatına dönüştürülerek dipnotlardaki referanslar kaynakça kısmına aktarılmıştır.

[2] Her iki akıma bundan daha erken rastlanabileceğini belirtmem gerekir. Mevcut felsefi tutum olarak transhümanizme en yakın referans Julian Huxley'nin "Transhümanizm" makalesinde bulunur (7-13). Postmodern edebiyatta, "posthüman" ve "posthümanizm" kavramları ilk olarak Ihab Hassan'ın "Oyuncu Olarak Prometheus" ("Prometheus as Performer" 1997) ve *Postmodern Dönüş* (*The Postmodern Turn* 1987) eserlerinde ortaya çıkmıştır.

olabilmek için kendini radikal bir şekilde dönüştürebilir. Posthüman üzerine böyle bir görüş, (felsefi, kültürel ve eleştirel) posthümanizmin post-antroposantrik ve post-dualistik yaklaşımlarıyla karıştırılmamalıdır. Bu makale, bu iki bağımsız, fakat birbiriyle ilişkili akım arasındaki bazı farklılıkları açığa kavuşturur ve posthümanizmin insan kavramının radikal onto-varoluşsal yeniden önem kazanması hususunda, daha kapsamlı bir yaklaşımı sunabileceğini öne sürer.

### Transhümanizm

Transhümanizm, mevcut insan anlayışını yalnızca geçmiş ve şimdiki mirasları üzerinden değil, muhtemel biyolojik ve teknolojik dönüşümler dâhilinde yer alan olasılıklar yoluyla sorunsallaştırır. İnsanı güçlendirme, transhümanist düşünce dâhilinde önemli bir kavramdır; bu tür bir hedefe erişmek için esas çözüm, diğer alanlar arasında onarıcı tıptan nanoteknolojiye, radikal yaşam uzatma, zekâ yükleme ve bedendondurma bilimine kadar–yeni ortaya çıkan ve spekülatif çerçeveler olarak tüm değişkenleriyle bilim ve teknoloji[3] tanımlanır. Liberter transhümanizm, demokratik transhümanizm ve ekstropyanizm gibi ayırt edici akımlar transhümanizmde bir arada bulunur. Bilim ve teknoloji, bu gibi görüşlerin her biri için, farklı ehemmiyetleri olsa da ana önem kaynağıdır. Liberter transhümanizm, serbest piyasayı insanı güçlendirme hakkının en iyi garantörü olarak savunur.[4] Demokratik transhümanizm, teknolojik güçlendirmelere eşit erişim çağrısında bulunur, aksi takdirde, belirli sosyo-politik sınıflarla sınırlı kalabilir, ekonomik güçle ilişkilendirebilir ve dolayısıyla ırksal ve cinsel politikayı kodlayabilir.[5] Ekstropyanizmin ilkeleri ise kurucusu Max More tarafından şu şekilde açıklanmıştır: daimî ilerleme, kendi kendini dönüştürme, pratik optimizm, akıllı teknoloji, açık toplum (bilgi ve demokrasi), öz yönetim, yönlendirme ve rasyonel düşünme.[6] Rasyonellik, ilerleme ve optimizm gibi kavramlara yapılan vurgu, felsefi olarak transhümanizmin köklerini Aydınlanma[7] dönemine

---

[3] Uluslararası bir yazar grubu, şu an http://humanityplus.org/philosophy/transhumanist-declaration/ internet adresindeki Tranhümanist Bildiri (Transhumanist Declaration)'yi 1998'de hazırlamışlardır. Sekiz başlıktan ilk ikisi şöyle der: "(1) İnsanlık gelecekte bilim ve teknolojiden derinden etkilenecektir. Yaşlanmanın, bilişsel eksikliklerin, istemsiz ıstırabın ve dünyaya hapsolmayı aşarak insan potansiyelini genişletme olasılığını öngörmekteyiz. (2) İnsanlığın potansiyelinin hala büyük ölçüde gerçekleştirmediğine inanmaktayız. Olağanüstü ve son derece değerli gelişmiş insan koşullarına götürecek olası senaryolar vardır." Son erişim: 14 Kasım 2013.
[4] Bkz. Ronald Bailey (Liberation Biology 2005).
[5] Bkz. James Hughes (*2004*). [Bundan böyle CC olarak anılacaktır].
[6] Bkz. Max More. (*Principles of Extropy* 2003). http://www.extropy.org/principles.html. [Bundan böyle PE olarak anılacaktır].
[7] James Hughes, Transhümanist Bildiri'de Aydınlanma mirasının açıkça onaylandığı anı görmektedir: "Bildiri ile transhümanistler devamlılıklarını, Aydınlanma ile, demokrasi ve hümanizm ile kucakladılar (CC 178). Benzer şekilde, Max More şöyle açıklar: "hümanistler gibi, transhümanistler de dışarıdan gelen dini otoriteden ziyade refahımıza odaklanan akıl, ilerleme ve değerleri savunurlar. Transhümanistler, eleştirel ve yaratıcı düşünme ile birleştirilen bilim ve teknoloji yoluyla insan sınırlarına meydan okuyarak hümanizmi

dayandırması ve dolayısıyla rasyonel hümanizme el koymaması ile aynı doğrultudadır. Hümanizmi daha ileri götürerek transhümanizm "ultra-hümanizm" (Onishi 101-2) olarak tanımlanabilir. Bu teorik konum, şimdi tartışıldığı gibi transhümanist görüşü zayıflatır.

Batıda insan, tarihsel olarak hiyerarşik ölçü dahilinde insan-olmayan bir alana yerleştirilmiştir. Büyük Varlık Zinciri[8] ile tanımı yapılmış insan istisnailiğine dayanan bu tür bir sembolik yapı, insan-olmayan hayvanlara karşı insanların üstünlüğünü sürdürmekle kalmamış aynı zamanda cinsiyetçi, ırkçı, sınıfçı, homofobik ve etnomerkezci varsayımlarla insan âlemini kendisi (içinde) şekillendirmiştir. Başka bir deyişle her insan buna göre düşünülmemiştir: kadınlar, Afrikalı-Amerikalı soyundan gelenler, eşcinseller ve lezbiyenler, farklı-engelsiz insanlar, diğerlerinin arasında insan olarak kabul edilecek marjinleri temsil ederler. Örneğin, menkul kölelik meselesinde köleler, sahibinin alınıp satılacak kişisel mülkü olarak görülüyordu. Ve yine de transhümanist görüşler, "ultra-hümanist" çabalarında çoğunlukla genel ve "herkes-için-uygun" bir şekilde sunulan insanın eleştirel ve tarihsel itibarıyla tam olarak etkileşime girmezler.[9]

Buna ek olarak, bilim ve teknolojiyi insanın yeniden biçimlendirilmesinin ana varlıkları olarak kabul etmeye dair transhümanist direnç, tekno-indirgemecilik riski taşımaktadır: Teknoloji, ilerleme odaklı rasyonel düşünceye dayanan hiyerarşik bir projeye dönüşmektedir. Dünya nüfusunun büyük bir kısmının hala sadece hayatta kalma ile meşgul olduğu dikkate alındığında eğer arzu edilen gelecekler üzerine düşünme, belli teknik sonuçlar kapsamında üzerinde tekrar düşünülen insanın teknolojik akrabalığına abartılı kıymet verilirse böyle bir tercih, onu sınıfçı ve tekno-merkezci bir akıma hapsedecektir.[10] Bu sebeplerle biyolojik ve teknolojik alan arasındaki süregelen etkileşim hususunda ilham verici görüşler sunsa da, transhümanizm bakış açılarına onulmaz kısıtlamalar getiren düşünce geleneklerine dayanır. Transhümanizmin teknoloji ve bilime olan bağımlılığı daha geniş bir açıdan

---

daha da ileri götürürler" (PE n.p.). [Önemli miktarda transhümanist literatür çevrimiçi olarak yayınlanmaktadır ve bu durumda olduğu gibi, referansların belli sayfa numarası listelenemiyor.]

[8] Kökleri Platon, Aristoteles ve Eski Ahit'e dayanan Büyük Varlık Zinciri, Tanrı'dan başlayarak, tüm madde ve yaşamın hiyerarşik bir yapısını (melekler ve şeytanlar gibi varsayımsal biçimlerinde bile) tasvir etmiştir. Bağlamsal farklılıkları ve özgüllükleri içeren bu model, Orta çağ boyunca Rönesans ve on sekizinci yüzyıla kadar Hristiyan yorumlarına devam etti. Bu konu üzerine yazılan bir klasik çalışma Arthur O. Lovejoy'un *Büyük Varlık Zinciri (The Great Chain of Being* 1936)'dir.

[9] Bkz. Francesca Ferrando ("The Body").

[10] Bkz. N. Katherine Hayles (*How We Became Posthuman*): "İnternete bağlanan otuz milyon Amerikalı, ekranın bir tarafında olan maddesel beden ile ekranın içinde bir alan yaratan bilgisayar simülakrası arasında bir bölünmeyi canlandıran sanal deneyimlerle giderek daha fazla meşgul olmaktadır. Yine de milyonlarca insan için sanallık, günlük dünya ufuklarında bir bulut bile değildir. Küresel bağlamda, sanallık deneyimi bazı büyüklük sırasına göre daha egzotik hale gelir. Dünya nüfusunun yüzde 70'inin hiç telefon görüşmesi yapmadığını hatırlatmak faydalı bir düzeltme olacaktır" (20).

incelenmelidir; daha az merkezileştirilmiş ve daha bütünleşmiş bir yaklaşım söz konusu tartışmayı derinlemesine zenginleştirecektir. Bu anlamda posthümanizm daha uygun bir çıkış noktası sunabilir.

## Posthümanist Teknolojiler

Posthümanizm ve transhümanizm teknolojiye dair ortak bir ilgiye sahip olsa da söz konusu kavrama yönelik görüşlerini gösterme yolları yapısal olarak farklıdır. Teknolojinin tarihsel ve ontolojik boyutu, posthüman gündemin doğru bir şekilde algılanması söz konusu olduğunda önemli bir husustur; ancak posthümanizm, teorik çabasını özcülük ve tekno-indirgemecilik modeline dönüştürecek teknolojiyi esas odak noktası haline getirmez. Teknoloji, ne korkulacak veya karşı çıkılacak (bir tür neo-luddite tavırla) "ötekidir" ne de bazı transhümanistlerin atfettiği (örneğin, teknolojiyi, insanlığa post-biyolojik gelecek zamanlarda bir yer garanti edebilecek bir dış kaynak olarak göstererek) neredeyse ilahi özellikleri sürdürür. Transhümanizm ve posthümanizmin paylaştığı şey, tekno-yaratılış kavramıdır.[11] Teknoloji, insan donanımının bir özelliğidir. Teknoloji, (enerji, daha karmaşık teknoloji veya ölümsüzlük dahil) elde etmeye yönelik fonksiyonel bir araç olmaktan çok posthümanist tartışmaya feminist dolayımla, özellikle Donna Haraway'in siborgu ve insan ve insan-olmayan hayvanlar, biyolojik organizmalar ve makineler, fiziksel ve fiziksel-olmayan alan ve son olarak, teknoloji ve benlik ayrımı gibi katı ikilikler ve sınırları[12] ortadan kaldırmasıyla ulaşır.

İnsan ve tekno âlem arasındaki ayrılmazlık sadece antropolojik[13] ve paleontolojik mesele[14] olarak değil aynı zamanda ontolojik bir mesele olarak da incelenmelidir. Posthümanist çerçevede teknoloji, Martin Heidegger'in çalışması, bilhassa "Teknolojiyle Alakalı Sorunsallık" ("The Question Concerning Technology" 1977) adlı makalesi üzerinden ele alınabilir: "Teknoloji bu nedenle sadece bir araç değildir. Teknoloji bir açığa vurma yoludur" (12). Posthümanizm, teknolojiyi tam olarak açığa çıkarma biçimi olarak inceler; dolayısıyla teknolojinin daha çok teknik çabalarına indirgendiği çağdaş bir ortamda ontolojik önemine yeniden kavuşur. Posthümanizme ilişkin bahsedilecek diğer görüşler ise Michel Foucault'nun[15] tanımını yaptığı

---

[11] Bkz. N. Katherine Hayles ("Wrestling with Transhumanism").
[12] Bkz. Donna Haraway, ("A Manifesto for Cyborgs").
[13] Bkz. Arnold Gehlen (*Man in the Age of Technology*).
[14] Bkz. André Leroi-Gourhan. (*L'Homme et la Matière*).
[15] Bunu Michel Foucault bu kavramdan daha sonraki çalışmasında tanıtmıştır. 1984'te ölümünden kısa bir süre önce benliğin teknolojileri üzerine bir kitap çalışması fikrinden söz etmişti. 1988'de "Benliğin Teknolojileri" adlı makalesi 1982'de Vermont Üniversitesi'ndeki seminerine dayanarak ölüm sonrası olarak yayınlanmıştır: bkz. ("Technologies of the Self").

benlik teknolojileridir. Benlik teknolojileri, bağıntısal ontoloji[16] yoluyla benlik/ötekiler ayrımını, varoluşsal açığa çıkarma sürecinde önemli bir rol oynayarak ve posthüman etik ve uygulamalı felsefeye yönelik tartışma açarak ortadan kaldırır. Posthümanizm bir praksistir. Geleceklerin tasavvur edilme ve hayal edilme biçimleri bunların asıl temsilinden kopuk değildir: posthüman post-dualistik yaklaşımda "ne" "nasıl"dır. Mesela posthümanizm uzay göçünü hesaba katar; fakat post-modern ve post-kolonyal transhümanizmde sıklıkla bulunan bir kavram olan uzay sömürgeleşmesini destekleyemez. Bu da transhümanizm ve posthümanizmin aynı mevzuya farklı noktalar ve teorik miraslardan nasıl baktıklarına iyi bir örnektir.

## Posthümanizm

Postmodernizmin ilk dalgasında posthümanizmin köklerinin izlerini sürmek mümkün olsa da posthüman dönüş, sonrasında eleştirel posthümanizm olarak tanımlanacak edebi eleştiri alanında 90'larda feminist kuramcılar tarafından tamamen sergilendi. Aynı anda kültürel çalışmalar da bunu kültürel posthümanizm[17] olarak atfedilen belli bir görüş belirterek benimsemiştir. 1990'ların sonuna doğru (eleştirel ve kültürel) posthümanizm, önceki kısıtlı antroposantrik ve hümanistik varsayımların sınırlarının yeni kazanılan farkındalığı yoluyla felsefi araştırmanın her bir alanına yeniden-erişmeye yönelik kapsamlı bir çabayla daha felsefi odaklı (şu an felsefi posthümanizm olarak atfedilen) bir araştırmaya dönüşmüştür. Posthümanizm, sıklıkla posthümanizm ve post-antroposantrizm[18] olarak tanımlanır: daha önce görmüş olduğumuz gibi her ikisi de hiyerarşik sosyal yapılara ve insanmerkezci varsayımlara dayanan insan kavramı ve hümanizmin tarihsel oluşumuna "post"dur. Türcülük, posthüman eleştirel yaklaşımın bütünsel bir parçasına dönüşmüştür. Ancak insan önceliğinin üstesinden gelen posthüman diğer türlerdeki önceliklerle (makineler gibi) yer değiştirmemelidir. Posthümanizm, post-dışlayıcılık olarak görülebilir: en geniş anlamlarında varoluşun uzlaşmasını sunan ampirik bir arabuluculuk felsefesidir. Posthümanizm, postmodern yapısöküm pratiği aracılığıyla herhangi bir ontolojik kutuplaşmadan arındırarak herhangi bir cephe dualizmi veya antitezi kullanmaz.

Kendi önerisinin özgünlüğünü kanıtlama hususunda takıntılı olmayan posthümanizm, post-istisnailiği olarak da düşünülebilir. Bu, Gianni

---

[16] Bkz. Karen Barad (*Meeting the Universe Halfway*).
[17] Kültürel posthümanizm üzerine tarihsel ve teorik açıklama için bkz. Judith M. Halberstam ve Ira Livingston eds. (*Posthuman bodies*); Neil Badmington ed. (*Posthumanism*); Andy Miah. ("Posthumanism"); Bert Gordijn ve Ruth Chadwick ("Medical enhancement").
[18] Bkz. Rosi Braidotti (*The Posthuman*).

Vattimo'nun belli bir postmodernin belli bir özelliği olarak "yeninin sona ermesi" özümsemesini imler.[19] "Yeniyi" var saymak için söylemin merkezi belirlenmelidir ki böylece "Neye göre Yeni?" sorusu cevaplansın. Ancak insan düşüncesinin yeniliği göreceli ve koşulludur: Bir toplumda yeni olarak görülen şey, bir başka toplumdaki genel bilgi olabilir.[20] Dahası hegemonyacı bakış açıları, her bir özgül kültürel-tarihsel paradigmanın içinde bir arada olan tüm dirençli görüşleri açıkça kabullenmez, dolayısıyla her bir söylemsel oluşumdaki kesintilikleri fark etme hususunda başarısız olur. Posthümanizmin tekliğe attığı şey yalnızca kendi çevreleri tarafından – (birkaç isim vermek gerekirse; feminist, eleştirel ırk, kuir ve koloni sonrası kuramcılar) zaten radikal bir şekilde yapıbozuma uğratılmış olan geleneksel Batı söylem merkezinin kimliği değildir. Posthümanizm, bir değil ama belli pek çok ilgi merkezini tanıması bağlamında bir post-merkezileştirmedir gerek hegemonyacı gerekse dirençli tarzlarıyla kendi tekil formuyla merkezin merkeziliğini reddeder.[21] Posthümanizm, ilgi merkezlerini tanıyabilir; yine de merkezleri değişken, göçebe (nomadic), geçicidir. Posthümanizmin bakış açıları çoğulcu, çok katmanlı ve olabildiğince kapsamlı ve kapsayıcı olması gerekir.

Posthümanizm daha fazla dikkat çektikçe ve ana akım haline geldikçe yeni zorluklar ortaya çıkar. Örneğin, bazı düşünürler, insan âlemine dahil farklılıklarla uğraşmak zorunda kalmadan, robot, biyoteknolojik kimera, uzaylı gibi "egzotik" farklılığı kucaklamak istiyorlar, böylece feminizm ve eleştirel ırk çalışmaları[22] gibi insan "marjinler)" inden gelişen çalışmalardan kaçınırlar. Fakat posthümanizm, hiyerarşik bir sistem üzerine kurulu değildir: Posthüman bir görüş oluştururken daha üst veya alt seviyelerde başkalık yoktur, böylece insan-olmayan farklılıklar insanlar kadar zorlayıcıdır. Posthümanizm, post-düalistik, post-hiyerarşik yöntemlerle insan-olmayan âlemlere odak noktasını genişleterek bağıntısal ve çok-katmanlı düşünmek için uygun bir çıkış noktası sağlar, dolayısıyla kişinin insan tahayyülü ile ilgili sınırlarını radikal bir şekilde genişletecek post-hüman gelecekler tasavvur etmesini mümkün kılar.

---

[19] Gianni Vattimo (*The End of Modernity*).
[20] Her uygarlıkta yeni bilgiler elde edilirken diğer bilgiler kaybolur böylece kaybolan bilgiler bir kez geri kazanıldığında tekrar yeni olur. Psikanalist Immanuel Velikovsky, insan türlerini aslında kendi kökenlerinin belleğini sürekli kaybeden türler olarak tanımlamıştır. Bkz. (*Mankind in Amnesia*). Ayrıca, Batı'nın bilimsel keşifleri ile geleneksel Doğu'nun manevi bilgisi arasındaki paralellikleri göz önünde bulundurun. Örneğin bkz. fizikçi Fritjof Capra'nın etkileyici çalışmasına (*The Tao of physics*).
[21] Francesca Ferrando ("Towards a Posthumanist Methodology").
[22] Bkz. Bell Hooks (*Feminist Theory*).

## Yeni Materyalizmler

Yeni materyalizmler[23] posthümanist teorik senaryo dahilinde diğer bir özel akımdır. Diana Coole ve Samantha Frost: "yenilenen eleştirel materyalizmlerin Marksizmin yeniden canlanmasıyla eş anlamlı değildir" (30) diye ifade eder, ancak, daha edebi olarak, feminist eleştirel tartışma bağlamında meseleyi bir materyalizasyon süreci olarak yeniden ele alır. 90'ların ortasından sonlarına kadar bedenlerarası feminizm[24] tarafından bedene yaptığı vurgu konusunda, yeniden keşfedilmiş böylesine bir feminist ilgi, yirmi birinci yüzyılın ilk on yılında daha geniş ölçüde madde-yönelimli hale geldi. Felsefi olarak Yeni Materyalizm, maddesel âlemin izini bir şekilde kaybetmiş olan geç postmodernitenin temsilci ve yapılandırmacı radikalleşmelerine bir tepki olarak ortaya çıktı. Böylesi bir kayıp, gözlemcilerin izlediği gibi gözlemleme ve tanımlama eylemiyle manipüle edilmiş olarak algılanan şey ile bu şekilde ulaşılamaz hale gelecek olan dış gerçeklik arasında bir iç ikilik olduğunu varsayıyordu.[25] Yeni materyalizmlerin kökleri postmodernizmde izlenebilse de yeni materyalizmler, dualizm doğasının/kültürün postmodern reddinin, onu besleyici yönleri için açık bir tercihle sonuçlandığına işaret etmektedir. Böyle bir tercih, Judith Butler'ın çığır açan eserlerinin[26] esas etkisine ilişkin radikal inşacı feminist literatür dalgası olarak görülebilecek herhangi bir doğal varsayımın[27]inşacı sonuçlarını inceleyen kalıtımsal değerlerin çoğalmasını üretmiştir. Bu literatür, tutarsız bir sonuç göstermiştir: Şayet kültüre köşeli parantez açmaya gerek görülmediyse de kesinlikle doğaya parantez açmaya gerek görülmüştür. Yeni materyalizmlerin ana kuramcılarından biri olan Karen Barad, Judith Butler'ın *Bela Bedenler (Bodies That Matter* 1995)[28] eserini dolaylı olarak referans göstererek ironik bir tonla şöyle der: "Dil önemlidir. Söylem önemlidir. Kültür önemlidir. Artık mesele olarak görülmeyen tek şeyin madde olduğu noktasında önemli bir anlam vardır" (801). Yeni materyalizmler, dil ve madde arasında bir ayrım oluşturmaz: kültürün materyalistik olarak inşaa edilmesi

---

[23] Kavram 90'ların ortalarında Rosi Braidotti ve Manuel de Landa tarafından bağımsız olarak ortaya çıktı. Bkz. Rick Dolphijn ve Iris van der Tuin (*New Materialism*). Bu bağlamda "yeni" sıfatının kullanımına dair sorunsallaştırma konusunda bkz. Nina Lykke ("New Materialisms").
[24] Bkz. Elizabeth A. Grosz ve Elizabeth Grosz (*Volatile Bodies*).
[25] Bu tür radikal inşacılık savunucularından biri, diğer metinlerinin yanı sıra bilme teorisi üzerine detaylandıran filozof Ernst von Glasersfeld'dir. Bkz. (*Radical Constructivism*).
[26] Bkz. Veronica Vasterling ("Butler's Sophisticated Constructivism"): "Son on yılda feminist teoride yeni bir paradigma ortaya çıktı: Radikal inşacılık. Judith Butler'ın eseri, yeni paradigma ile yakından ilintilidir. Postyapısalcı ve psikanalitik teorinin yaratıcı değil şekilde benimsenmesi temelinde, Butler cinsiyet, toplumsal cinsiyet ve cinsellik üzerine yeni bir bakış açısı geliştirir. Bu yeni bakış açısının iyi-bilinen bir söylemi olarak Butler'ın *Bela Bedenler (Bodies that Matter* 1993) adlı eser, sadece toplumsal cinsiyetin değil aynı zamanda (cinsiyetlendirilmiş) bedenin maddeselliğinin de söylemsel olarak inşa edildiği tezidir" (17).
[27] Posthümanist bakış açısından inşacılık ve temsilcilik eleştirisi için bkz. John A. Smith & Chris Jenks (*Qualitative Complexity*).
[28] Bkz. Judith Butler (*Bodies that Matter*). [Bundan böyle BM anılacaktır].

kadar biyoloji de kültürel aracılıkla dolayımlıdır. Yeni materyalizmler; maddeyi, bilim ve eleştirel teorileri ince bir şekilde bağdaştıran süregelen bir maddeleştirme aşaması olarak algılar: kuantum fiziği ile post-yapısalcı ve postmodern duyarlılık. Madde hiçbir zaman bazı dış müdahale ile kalıba sokulması bekleyen statik, sabit veya pasif bir şey olarak düşünülmez; daha ziyade, "materyalleşme süreci" olarak vurgulanır (Butler, *Bodies* 9). Dinamik ve değişken doğası gereği dolaşık, kırınımlı ve edimsel olan böyle bir süreç, materyalleşme üzerinde herhangi bir önceliğe sahip değildir ve materyalizasyon süreçsel terimlerine de indirgenemez.

### Antihümanizm, Metahümanizm, Metabeşerî Bilimler ve Postbeşerî Bilimler

Posthüman senaryoya dair her biri özel bir söylem forumuna yol açan önemli farklılıklar vardır. Modern rasyonellik, ilerleme ve özgür irade transhümanist tartışmanın özünde yer alıyorsa, aynı varsayımların radikal eleştirisi, postmodernite köklerini posthümanizmle paylaşan ancak diğer yönlerden farklı[29] olan felsefi bir konum olarak antihumanizmin çekirdeğidir[30]. İnsan mefhumunun yapısökümü antihumanizmin merkezinde yer alır: bu posthümanizm ile ortak ana noktalarından biridir. Ancak, iki akım arasındaki önemli bir ayrım, morfolojilerinde, özellikle de "post-" ve "anti-" ifadelerinde, zaten yer almaktadır. Bazı post-yapısalcı teorisyenler, özellikle Michel Foucault'nun[31] "İnsanın ölümü" olarak ileri sürdüğü gibi Antihümanizm, bunun neticelerini tamamen kabul eder. Buna karşılık posthümanizm, herhangi bir sembolik ölüme dayanmaz: böyle bir varsayım ölü/diri dualizmine dayandırılırdı, oysa herhangi bir katı dualizm biçimi post-dualistik süreç-ontolojik bakış açısıyla posthümanizm tarafından zaten sorgulanmaktadır. Nihayetinde posthümanizm, hiyerarşik hümanist varsayımların kolayca reddedilemeyeceği veya silinemeyeceği gerçeğinin farkındadır. Bu bakımdan, Foucault'nun insanın ölümü[32] anlayışından ziyade Derrida'nın yapısökümcü yaklaşımı ile daha uyumludur. Posthüman senaryonun bir sunumunu tamamlamak için, metahümanizm bir Deleuze'cü mirasla[33] yakından ilgili yeni bir yaklaşımdır; bedeni bir vücut ağı olarak kinetik ilişkilerle genişletilmiş amorfik yeniden anlamlandırmalar için bir yer

---

[29] Burada çoğunlukla Nietzsche'ci ve Foucault'cu miraslarından geliştirilen felsefi akıma odaklanacağım. Marksizmde kök salmış ve Louis Althusser ve György Lukács gibi filozoflar tarafından geliştirilen antihümanist bakış açıları üzerine bir açıklama için bkz. Tony Davies (*Humanism* 57-69).
[30] Antihümanizmin homojen bir akım olmadığını belirtmek önem teşkil etmektedir. Bu hususta bkz. Béatrice Han-Pile ("The 'Death of Man': Foucault and Anti-Humanism")
[31] Bkz. Michel Foucault (*The Order of Things*).
[32] Bkz. Jacques Derrida (*Of Grammatology*).
[33] Bkz. Jaime del Val ve Stefan Lorenz Sorgner ("A Metahumanist Manifesto") http://www.nietzschecircle.com/agonist/2011_08/metahuman_manifesto.html

olarak vurgular. 1980'lerde çizgi roman anlatıları ve rol-oynama oyunlarında[34] ortaya çıkan süper kahramanlar ve mutantlara atıfta bulunan ve o zamandan beri özellikle kültürel araştırmalar bağlamında kullanılan bir terim olan metainsanlık ile karıştırılmamalıdır Son olarak postbeşerî bilimler kavramı, insanlık durumu ile ilgili çalışmayı posthüman'a doğru genişleten içsel bir değişimi (beşerî bilimlerden postbeşerî bilimlere) vurgulamak için akademide memnuniyetle karşılandı ayrıca insan türüyle evrimsel olarak bağıntılı gelecek nesillere de atıfta bulunabilir.

## Sonuç

Posthüman söylemi, insanlık durumunu yeniden tanımlamaya yönelik çağdaş girişimin bir sonucu olarak gelişen farklı görüş ve akımların devam eden bir sürecidir. Posthümanizm, transhümanizm, yeni materyalizmler, antihümanizm, metahümanizm, metahümanite ve postbeşerî bilimler, olası varoluşsal neticeleri yeniden düşünmek için önemli yollar sunar. Bu makale, bu akımlar arasındaki bazı farklılıkları açıklığa kavuşturur ve genellikle birbiriyle karıştırılan iki düşünce alanı olarak transhümanizm ve posthümanizm arasındaki benzerlikleri ve tutarsızlıkları vurgular. Transhümanizm, insan türlerinin evrimindeki teknolojik ve bilimsel gelişmelerin etkisi üzerine çok zengin bir tartışma sunar ancak yine de görüşleri zayıflatan hümanist ve insanmerkezci bir bakış açısına sahiptir: amacı "insan durumunu yükseltmek[35]" olan bir "İnsanlık+" akımıdır. Buna karşılık, türcülük, merkeziyetçi ve hiyerarşik olmayan modlara dayanan post-antroposantrik ve post-hümanist bir epistemeye dayalı formüle edilen posthümanist yaklaşımın ayrılmaz bir parçası haline gelmiştir. Her ne kadar posthümanizm bilim ve teknoloji alemlerini incelese de onları ne ana düşünce eksenleri olarak tanır ne de teknik çabaları yönünde kendini sınırlar ancak düşüncesini varoluş teknolojileri yönünde genişletir.

Posthümanizm (burada, yeni materyalizm olduğu kadar, eleştirel, kültürel ve felsefi posthümanizm olarak anlaşılmaktadır), antroposenin jeolojik zamanının araştırılması için uygun görünmektedir. Antroposen, insan faaliyetlerinin tesir boyutunu gezegensel düzeyde gösterdiği için posthüman, insanı söylemin öncelikli merkezinden uzaklaştırmaya odaklanır. Antihümanizm ile uyumlu olarak posthümanizm, ekosistemin zarar görmesi durumunda kendi durumlarını da olumsuz yönde etkileyebileceğinin farkına

---

[34] "Metahüman" terimi, yayıncı DC Comics (New York) tarafından yayınlanan çizgi roman serisinde özel olarak kullanılmıştır.
[35] Şu anda transhümanist ana çevrimiçi platform olan (http://humanityplus.org) [İnsanlık+] Humanity+ internet sitesi şunları söylemektedir: "Humanity+, insanlık durumunu yükseltmeye adanmıştır. İnsanlığın bir sonraki adımlarını tasavvur etmeye cesaret eden yeni nesil düşünürleri derinden etkilemeyi hedefliyoruz."

varmaları hususunda insanlara bu aciliyeti vurgular. Böyle bir çerçevede insan, otonom bir eyleyici olarak ele alınmaz; fakat kapsamlı bir ilişkiler sistemine yerleştirilir. İnsanlar, oluşumun maddesel ağları olarak algılanır; bu tür oluşumlar, varoluş teknolojileri olarak hareket eder. İnsanların bu gezegende yaşama biçimleri, ne yedikleri, nasıl davrandıkları, ne tür ilişkilerle eğlendikleri kim ve ne oldukları ağını oluşturur: bu da bedenden ayrılma ağı ile değil (aynı zamanda) yeni materyalist düşünürlerin net bir şekilde belirttiği eyleyicinin politik, sosyal ve biyolojik insan âlemlerini aşan maddesel bir ağdır. Bu genişleyen ufukta, her tür özcülük, indirgemecilik veya içsel önyargıların, bu tür çok boyutlu ağlara yaklaşmada sınırlayıcı faktörler olduğu açıklık kazanır. Posthümanizm, geçmişin kabulüyle edindiği eleştirel ve yapıbozumcu görüşünü korurken şimdi ve geleceklere yönelik alternatifleri beslemek ve sürdürmek için kapsamlı ve üretken bir bakış açısı belirler Mevcut felsefi çevrede posthümanizm, birbirine bağlı varoluşun gelişen ekolojisinde uyumlu miraslara ulaşmayı amaçlayan eyleyicilik, hafıza ve tasavvur arasında eşsiz bir denge sunar.[36]

## Kaynakça

Badmington, Neil. ed. *Posthumanism.* Palgrave, 2000.
Bailey, Ronald. *Liberation Biology: The Scientific and Moral Case for the Biotech Revolution.* Prometheus, 2005.
Barad, Karen. "Posthumanist Performativity: Toward an Understanding of How Matter Comes to Matter." *Signs: Journal of Women in Culture and Society*, vol. 28, no. 3, 2003, ss. 31-801.
---. *Meeting the Universe Halfway: Quantum Physics and the Entanglement of Matter and Meaning.* Duke University Press, 2007
Braidotti, Rosi. *The Posthuman.* Polity Press, 2013.
Butler, Judith. *Bodies that Matter: On the Discursive Limits of Sex.* Routledge, 1993.
Capra, Fritjof. *The Tao of Physics: An Exploration of the Parallels between Modern Physics and Eastern Mysticism.* Shambhala Publications, 2010.
Coole, Diana H. ve Frost, Samantha. "Introducing the New Materialisms." *New Materialisms: Ontology, Agency, and Politics.* eds. Diana H. Coole ve Samantha Frost. Duke University Press, 2010, ss. 1-45,
Davies, Tony. *Humanism.* Routledge, 1997, ss. 57-69.
del Val, Jaime ve Sorgner, Stefan Lorenz. "A Metahumanist Manifesto." *The Agonist: A Nietzsche Circle Journal*, vol. IV, no. II, 2011. http://www.nietzschecircle.com/agonist/2011_08/metahuman_manifesto.html, son erişim Kasım 16, 2013.
Derrida, Jacques. *Of Grammatology.* çev. Gayatri Chakravorty Spivak. Johns Hopkins University Press, 1976.
Dolphijn, Rick ve van der Tuin, Iris. *New Materialism: Interviews & Cartographies*, MI: Open Humanities Press, 2012.
Foucault, Michel. "Technologies of the Self." *Technologies of the Self: A Seminar with Michel Foucault.* eds. Luther H. Martin ve ark. University of Massachusetts Press, 1988, pp. 16-49.
---. *The Order of Things: An Archaeology of the Human Sciences.* çev. Alan Sheridan, Pantheon Books, 1971.

---

[36] Bu makalenin önceki taslakları üzerine yorumları için Helmut Wautischer ve Ellen Delahunty Roby'ye özel teşekkürler.

Francesca Ferrando, "Towards a Posthumanist Methodology: A Statement." *Frame Journal for Literary Studies*, vol. 25, no. 1, 2012, ss. 9-18.

---. "The Body." *Post- and Transhumanism: An Introduction.* eds. Robert Ranisch ve Stefan L. Sorgner, Vol. 1 of *Beyond Humanism: Trans- and Posthumanism* , Peter Lang Publisher, 2014.

Gehlen, Arnold. *Man in the Age of Technology.* çev. Patricia Lipscomb, Columbia University Press, [1957] 1980.

Gordijn, Bert ve Ruth Chadwick, eds. *Medical enhancement and posthumanity.* vol. 2, Springer Science & Business Media, 2008.

Grosz, Elizabeth A. *Volatile Bodies: Toward a Corporeal Feminism.* Indiana University Press, 1994.

Halberstam, Judith M. ve Livingston, Ira. eds. *Posthuman Bodies.* Indiana University Press, 1995.

Han- Pile, Béatrice. "The 'Death of Man': Foucault and Anti-Humanism." *Foucault and Philosophy.* eds. Timothy O'Leary ve Christopher Falzon. Wiley-Blackwell, 2010.

Haraway, Donna. "A Manifesto for Cyborgs: Science, Technology, and Socialist-Feminism in the 1980s." *The Gendered Cyborg: A Reader*, eds. Gill Kirkup ve ark., Routledge, 2000, ss. 7-50.

Hassan, Ihab Habib. "Prometheus as Performer: Toward a Posthumanist Culture?" *The Georgia Review*, vol. 31, no. 4, 1977, ss. 50-830.

---. *The Postmodern Turn: Essays in Postmodern Theory and Culture.* Ohio State University Press, 1987.

Hayles, N. Katherine. *How We Became Posthuman: Virtual Bodies in Cybernetics, Literature, and Informatics.* University of Chicago Press 1999.

---- "Wrestling with Transhumanism." *H+: Transhumanism and its Critics*, eds. Gregory R. Hansell ve ark., Metanexus Institute, 2011, ss. 26-215.

Heidegger, Martin. *The Question Concerning Technology and Other Essays.* çev. William Lovitt, Harper Torchbooks [1953] 1977, s. 12.

Hooks, Bell. *Feminist Theory: From Margin to Center.* South End Press, 1984.

Hughes, James. *Citizen Cyborg: Why Democratic Societies Must Respond to the Redesigned Human of the Future.* Westview Press, 2004.

Huxley, Julian. "Transhumanism." *Julian Huxley, New Bottles for New Wine: Essays.* Chatto & Windus, 1957, ss. 7-13.

Kirby, Vicki. *Telling Flesh: The Substance of the Corporeal.* Routledge, 2014.

Leroi-Gourhan, André. *L'Homme et la Matière.* Albin Michel, 1943.

---. *Gesture and Speech.* çev. Anna Bostock Berger, MIT Press, 1993.

Lovejoy, Arthur O. *The Great Chain of Being: A Study of the History of an Idea.* Harvard University Press, 1936.

Lykke, Nina. "New Materialisms and their Discontents." *Entanglements of New Materialism*, Third New Materialism Conference, Linköping University. May 25-26, 2012. 2012.

Miah, Andy. "Posthumanism in Cultural Theory." *Medical Enhancement and Posthumanity.* eds. Bert Gordijn ve Ruth Chadwick. Springer, 2008, ss. 71-94.

More, Max. "Principles of Extropy". *Version*, vol. 3, no. 11, 2003, http://www.extropy.org/principles.html. Son erişim 14 Kasım, 2013.

O'Leary, Timothy ve Christopher Falzon, eds. *Foucault and philosophy.* Wiley-Blackwell, 2010.; Han- Pile, Béatrice. "The 'Death of Man': Foucault and Anti-Humanism."

Onishi, Bradley B. "Information, Bodies, and Heidegger: Tracing Visions of the Posthuman." *Sophia*, vol. 50, no. 1, 2011, ss. 101-12.

Smith, John A. ve Jenks, Chris. *Qualitative Complexity: Ecology, Cognitive Processes and the Re-Emergence of Structures in Post- Humanist Social Theory.* Routledge, 2006, ss. 47-60.

Tranhümanist Bildiri. 1988. http://humanityplus.org/philosophy/transhumanist-declaration/." Son erişim 14 Kasım 2013.

Vasterling, Veronica. "Butler's Sophisticated Constructivism: A Critical Assessment." *Hypatia*, vol. 14, no. 3, 1999, ss. 17-38.

Vattimo, Gianni. *The End of Modernity: Nihilism and Hermeneutics in Postmodern Culture.* çev. Jon R. Snyder, The John Hopkins University Press, 1988.

Velikovsky, Immanuel. Mankind in Amnesia. Doubleday, 1982.
Von Glasersfeld, Ernst. *Radical Constructivism: A way of Knowing and Learning*. Routledge Falmer, 1995.

İKİNCİ KISIM
AMERİKAN EDEBİYATINDAN SEÇMELER

# BÖLÜM 3
# Octavia Butler'ın *Yavru Kuş* Romanında Posthüman Vampir-insan Eyleyiciliği

## Pelin Kümbet

**Giriş**

Amerikalı bilimkurgu yazarı Octavia Butler'ın *Yavru Kuş* (*Fledgling* 2005) romanının ana karakteri olan genetiği değiştirilmiş, siyahi vampir, Shori, insana ait genetik materyalinin ve siyahi bir insan DNA'sının genlerine dahil edilmesinin bir sonucu olarak "normal" insan/i özellikler(i) göstermektedir. Bu bağlamda, posthüman melez (hybrid) ırkın temsilcisi ve İna vampir topluluğunun istisnai bir üyesi olan, ancak aynı zamanda insan/i özelliklere ve insan/i duygularına/duygulara da sahip olan Shori, romanın posthüman bağlamsal çerçevesi içinde, en önemlisi insan ve insan olmayan ikiliğini başta olmak üzere sayısız ikiliklerin sınırlarının yıkıldığının somutlaşmış temsilidir. Butler, insan DNA'sı entegre edilmesinin sonucunda posthüman melezliği (hybrid) sayesinde insanla insan olmayan canlıları ayıran eşikte (threshold) yer alan Shori aracılığıyla, insan ve insan olmayan canlılar hakkında uzun süredir devam eden, yerleşmiş fikirleri, ayrımları ve özellikle hümanist ideolojileri yerinden sökmektedir. Shori, bu posthüman müdahale sonucunda güneş ışığına tahammül edebilir, insanlarla ortakyaşam/simbiyotik yaşam oluşturabilir ve diğer akrabalarından daha çevik, daha güçlü ve daha üstün olup daha iyi işlev görebilir hale gelmiştir. Octavia Butler, tüm ustalık ve zeki kurmaca yeteneğiyle, bilinen ideolojik ve ötekileştirilmiş vampir olgusunu ve vampir ögelerini eserinde inşa etmekle beraber, aynı zamanda vampirler hakkında bize sunulan alışılagelmiş ve yerleşmiş fikirleri de yapıbozumuna uğratmaktadır. Romanın odağındaki Shori aracılığıyla bu bölüm, özellikle insan ve insan olmayan arasındaki yerleşmiş çizgilerle belirlenmiş sınırları bulanıklaştırarak, ırk, cinsiyet, toplumsal cinsiyet, cinsellik ve öznellikle ilgili özcü kavramları sorgulamaktadır ve insanı insan yapan şey nedir sorusunu sormaktadır. Butler'ın birbirine bağımlı ve sürekli olarak birbirleriyle "içten-etkimede bulunan" (intra-action) vampir ve insan ortakyaşarlar/simbiyontlar (symbionts) yaratması, maddesel insan bedenlerinin bir fildişi kule içinde izole edilmemiş ancak birbirleriyle ve çevreleriyle posthüman dolaşıklık (posthuman entanglement) içerisinde bir ilişki ağına girmiş olduğunu anlamamız için bir çerçeve oluşturur. Karen Barad ve Stacy Alaimo'nun posthüman kuramlarına dayanan bu çalışma, insan bedenselliğinin, içten-etkimeli (intra-active) akış yoluyla geri kalan insan olmayan dünyayla nasıl eş zamanlı olarak birlikte hareket ettiğini incelemektedir.

Her eserinde bireylerin özgürlüklerini, var oluşunu ve yaşamını tehdit edip sınırlandıran yaygın, bilinen ve yerleşmiş kalıp, önyargı ve tabuları yıkmak için savaş veren Octavia Butler, son eseri *Yavru Kuş* romanında' da bu sınırlayıcı unsurlarla savaşında yine bilimkurgu edebiyatından yararlanır. Önde gelen çağdaş feminist kuramcılardan Donna Haraway, "Bilimkurgu politik bir teoridir" der (*How Like a Leaf* 120). Bu ifade, Butler'ın topluma nüfuz eden ırksal, etnik ötekileştirme, önyargı ve cinsiyet önyargılarına meydan okumaya yönelik politik yaklaşımını ve duruşunu destekler niteliktedir. Dolayısıyla, Octavia Butler'ın bilimkurgu eserleri onun politik söylemidir. Sümeyra Buran "biyogenetik keşiflerin cinsiyetin biyolojik belirteçlerini değiştirebileceğini" ifade ederek biyogenetik bilim ile karşılıklı ilişki etkileşim içinde olan feminist bilimkurgunun, "cinsiyet bölünmesinin artık daha fazla tahakküm sürmediği toplum üzerindeki etkileri ve sonuçları" üzerinde bir gelecek tasavvur ettiğine değinir (42). Bilimkurgu türü her zaman ve halihazırda yerleşik ve kodlanmış normların ötesine geçmekle uğraşsa da feminist bilimkurgu, özellikle Octavia Butler'ın eseri, *Yavru Kuş* bize daha yeni bir bakış açısı sunar. Eser, biyogenetiği değiştirilmiş siyahi bir dişi vampir/hayvan/insan melez (hybrid) türünü ön plana çıkarır, onun insanlarla ve diğer varlıklarla olan ilişkisini ve yüzleşmesini inceler. Irk, cinsiyet ve cinsel hetenormativiteye (heteronormativity) karşı hegemonik direnişin üstesinden gelmek için bir strateji olarak alışılagelmiş tasvirlere meydan okuyan Butler, her zaman beyaz erkek olarak temsil edilip öteki olarak atfettirilen vampir söylemine karşın, bu küçük siyah melez kız vampiri odağına alır. "Üstün ve birincil" konumda olan insanlar ise bu eserde periferide yani dış kenardadır. Benzer ikili karşıtlıkta birincil önem arz eden erkek figürü de güçsüz konuma yerleştirilirken, kadına güç ve birincil konum bahşedilmiştir.

*Yavru Kuş* örneğinde olduğu gibi, Butler bilimkurgu türünde feminist bir söylem yaratarak, diğer ötekileşmiş ve aşağı edilmiş gruplarla olan karmaşık ilişkimize yeni bir bakış açısı sunar. Bir röportajında Octavia Butler, geçmişi hatırladığında, çocukluğunda bilimkurgu romanları okuduğunu ve "bilimkurguda ne kadar az önemli kadın karakter olduğunu" fark ettiğini söyler (Foster 38). "Pek çok ırksal, etnik ve sınıfsal farklılığı tasvir etmek için ne kadar az yaratıcılık ve özgürlüğün kullanıldığına" dair hayal kırıklığına uğrayan Butler, bu amaçla, yazılarının "değişime katkıda bulunmak" (Foster 38) ve farklı marjinal sesleri bir araya getirebilmek adına düşüncelerini somutlaştırmak niyetinde bir araç olduğunu belirtir. Kurgusundaki olaylar, çoğunlukla onu etkileyip onun hayatına büyük ölçüde yön veren konuları barındırır. Bu feminist bilimkurgu eserinde Butler, olayları şekillendiren güçlü bir kadın kahramanı Shori'yi hem diğer insanlarla hem de insan olmayanlarla Karen Barad'ın terimiyle "içten-etkime" (intra-action) de bulundurarak bir değişiklik yaratır. Seçkin kuantum fizik bilim insanı olan Karen Barad, "varlıkların birbiriyle tepkimeye girmeden önce bağımsız varlıklar / relata'lar" ("Posthumanist Performativity" 815) olarak varlığını varsayan olağan "etkileşim" ifadesine karşın varlıkların aynı anda etkileşime girdiğini göstermek için "içten-etkime" terimini kullanır. Varlıklar arasındaki etkileşim, etkileşiminden önce var olan farklı varlıkların var olduğuna işaret ederken, "içten-etkime" karşılıklı oluş sürecine işaret eder. Barad'ın bu terimi kavramsal kuramında, insan olsun veya olmasın hiçbir varlık öncelikli veya ayrıcalıklı değildir. Aksine, Barad insan kavramını onu diğer maddesel eyleyicilerle (material agencies) birleştirerek yeniden yapılandırır. Bu nedenle, eyleyicileri "sınırları ve özellikleri olan bağımsız nesneler olarak görmekten ziyade" onların yalnızca "karşılıklı dolaşıklıklarına göre farklı kabul edilebileceğini iddia eder; onlar ayrı öğeler olarak mevcut değillerdir" (*Meeting the Universe* 33) der.

"Dinamik bir süreç olarak" "içten-etkime", sürekli bir oluşum içinde birbirine dolaşıp onlarla bütünleşen varlıkların karşılıklı oluşumuna işaret eder. Dolayısıyla, içten-etkime, "birbirinden farklı bir arada olan varlıkların herhangi birinin önce gelmediğini, etkime yoluyla hep beraber aynı anda ortaya çıktığını kabul eder" (*Meeting the Universe* 33). Buna ek olarak, Karen Barad'ın çalışmalarında asıl üzerinde durduğu nokta, gezegendeki tüm varlıklara atfettiği eyleyicilik (agency) ve varlıkların arasındaki hiyerarşik düzeninin yıkımıdır. Bunun yerine, Barad, varlıkların birbirinden ontolojik olarak ayrılmazlığını vurgular. Bu bağlamda, Barad'ın "içten-etkime" kuramı, bu bölümde insan ve insan olmayan yaşam biçimlerinin özellikle posthüman dolaşıklığının (posthuman entanglement) üzerinde durmak için kullanmak oldukça önemlidir. Aslında, biri diğerinin yerini almaya çalışmadan varlıklar arasındaki karşılıklı ortakyaşar/simbiyotik etkileşimi vurgulayan "içten-etkime" kavramının formüllemesi posthüman yeni maddesel feminist kuramcı Stacy Alaimo için de çok etkili olmuştur. Karen Barad'ın "içten-etkime" kuramından etkilenen Stacy Alaimo, yeni bir kavram olan "beden-ötesi geçirgenlik" ("trans-corporeality") terimini ortaya koymuştur. Alaimo'nun "beden-ötesi geçirgenlik" kavramı, bedenlerin posthüman dünya ile "karşılıklı bağlantılarını ve değişimlerini" (*Bodily Natures* 2) inceler ve bu noktada "beden-ötesi geçirgenlik" kavramı "insan bedenin asla maddesel dünyadan ayrılamaz" (*Bodily Natures* 115) olduğunu niteler. Bu bağlamda, bu çalışma, Butler'ın ortaya çıkan çoklutürlerin (multispecies) maddesel benlikle iç içe girme olasılıklarına dayandırdığı argümanını açık bir şekilde örneklemektedir. Barad'ın eyleyici gerçekçiliğinin ve Stacy Alaimo'nun "beden-ötesi geçirgenlik" yapısının özünde yatan aktif içten-etkimeli dolaşıklık, (intra-active entanglement) romana insan olmayan varlıklar hakkındaki anlayışımızı yeniden canlandıran posthümanist bir bakış açısı olarak katkı sağlar. Bu, insan aktörlerin (actant) hala orada olduğu, ancak artık insan olmayanla ayrılmaz bir şekilde dolaştığı, insanın "eylemin merkezinde olmayan ve kararları insanların vermediği" posthümanist alana karşılık gelmektedir (Pickering 26).

## Posthüman İçten-Etkime ve Türlerin Bedenler-arası Geçirgenliği

Eser, Shori adlı biyogenetiği değiştirilmiş posthüman melez (hybrid) vampirin ormanın ortasında karanlık bir mağarada yapayalnız ve inanılmaz acı içerisinde uyanmasıyla başlar. Yaralıdır ve acı içerisinde kıvrılır. Yaralarının sebep olduğu acının yanında inanılmaz açlık hissi de duyar. Nerede olduğunu, kim olduğunu, nasıl uyandığı, o uyandığı mağaraya nasıl geldiğini, nasıl bu şekilde yaralandığını, kısacası, geçmişe ait hiçbir şeyin bilgisine sahip değildir. Hafıza kaybı yaşayan Shori için bu uyanış onun için "yeniden doğuş" sürecini başlatacaktır. Bu noktada Butler, hafızayı öz-kimlik sahibi olmak için bağlantılı anahtar olarak kullanır. Hafıza, dolayısıyla benlik oluşturmada en etkili unsurlardan biridir. Geçmişe ait ve kendi benliğine ait hafıza kaybı sonucu kaybettiği bilgileri yani kendi öz-kimliğini geri edinmeye çalışacaktır. Dünyaya dair, düzenin işleyişine dair az çok bilgiye sahiptir Shori ama bunları hiçbir zemine oturtamaz; bildiği bilgiler arasında bağlantılar kuramaz. Zamanla kendini keşfediş ve kendinin farkına varma ve nereye ait olduğunu bulma yolculuğuna çıkar ve önüne çıkan zorluklara adapte olmaya çabalar. Çünkü, hayatta kalabilmek ve var olmak onun için diğer tüm canlılar da olduğu gibi en önemli şey olduğunu hatırlar. Zamanla gücünün, yaralarından çabucak iyileştiğinin ve yaşama çok kolay adapte olduğunun farkına varır varmaz, aşırı yoğun şekilde hissettiği açlık hissini gidermek için mağaradan adımını atar ve hayvanları çıplak elleriyle öldürmeye başlar ve onlardan beslenir.

Shori'nin atıldığı bu macerada, okuyucu onun ikilemleriyle yüzleşip onların üstünden gelme çabasına, kimlik buhranını çözmesine ve geçmişinin karanlık sayfalarını aydınlatmasına tanık olur. Bu çıktığı macera dolu yolculukta, Octavia Butler sadece bize bir posthüman vampirin kendini bulma ve benliğini keşfetme hikayesini ve akabinde ailesini öldürenlerden intikam alma hırsına bürünmüş bir vampirin intikam savaşını ve keşif maceralarını sunmaz, aynı zamanda bir posthüman kuram çerçevesinde insan ve diğer canlılar hakkında alışageldiğimiz ve yerleşmiş fikirlerimizi sorgulatıp onları yapıbozumuna uğratır. Bunun da ötesinde belki bize cinsiyeti, ırkı ve toplumsal cinsiyet sorunsalını en önemlisi de bizi insan yapan şeyin ne olduğunu sorgulatır.

Kendini tamamıyla yabancılaşmış hisseden Shori, "insan olup olmadığının" (Butler 21), insan değilse ne tür bir canlı olduğu posthüman sorunsalını yaşamaya başlar. Posthüman sorunsalının en temelinde yer alan, bilimsel gelişmelerin doğal / yapay, insan / insan olmayan, organik / inorganik ve ben / öteki arasındaki sınırları bulanıklaştırdığı bir biyoteknoloji ve biyotıp çağında, bizi insan yapan şey nedir sorusu anlatının merkezinde yer alır. Kendini keşfetmek, kendinin insan olup olmadığını çözümleyebilmek adına ve biraz olsun yabancılık hissini giderebilmek ve ait olduğu ailesini ya da grubunu bulabilmek adına arayışa girer. Bulunduğu yerleşim yerinin yıkılmış olduğunun farkına varır ama çevresinde gördüğü bu yıkık portre yine de orada neler olduğunu anlamasına yetmez. Wright adlı bir gençle karşılaşması onun kimlik bunalımını gidermesindeki ilk dönüm noktası olur. Çünkü Wright onu vampirizm (vampirism) ile tanıştıran ilk insandır. Diğer bir deyişle, ona vampir olduğunu hatırlatıp kimliğine kavuşmasına yardımcı olan ilk insan olması bakımdan önemlidir. Ona "sen bir vampirsin, biliyorsun [...] Isırıyorsun. Kan içiyorsun" (Butler 13) demesiyle ona kimlik bunalımını aşması için ilk adım olan bir kimlik bahşeder. Wright genel inanışın tersine, vampirleri tehdit unsuru ve hayatına kastı olan yaratıklar olarak algılamaz, tam tersine bir vampir tarafından ısırılmaktan gayet memnundur ve Shori tarafından ısırılmayı da kabul eder. İşte bu aşamada posthüman bir birleşme meydana gelir ve Wright onun ilk ortakyaşarı/simbiyontu (symbiont) olur. Ortakyaşar/simbiyont ifadesi romanda yüzyıllardır vampirlerle "şempanze gibi bir kuzen tür olarak" (Butler 67) gördükleri insanların bir arada yaşadığını ve bir arada var olduklarını betimleyen bir ifadedir. Karşılıkla yarara ve ortakyaşar/simbiyotik ilişkiye ve "içten-etkimeye" dayalı bu ilişki, türler-arası (trans-species) posthüman ilişkiyi anımsatmaktadır. Wright ona sadece ne olduğunu hatırlatmakla kalmaz, ona yeniden doğuşu ve var oluşu simgeleyen Renee adını da takar. Bu nokta da kendini en azından anlamlandırabileceği ve bağ kurabileceği bir türe aidiyet duygusu oluşmaya başlar.

Tamamıyla insan olmadığının, vampir olduğunun ona ifşa edilmesinden sonra vampirlerin nasıl davranması gerektiği hakkında da bilgisi olmadığından Shori ona söylenen vampirizm duygusunu canlandırmak için arayışa çıkar. Yolculuğunun başında, ilk ortakyaşarı/simbiyontu olan Wright'ın gözünden Shori ile ilgili bilgiye sahip olmaya başlarız. Siyahi, on yaşlarında küçük bir kız görünümünde olan Shori, aslında elli üç yaşında Ina vampir topluluğuna ait bir bireydir. Wright ve Shori'nin bir süre sonra yakınlaşmalarından ötürü aralarında "geleneksel ilişki" anlayışını yıkan ve sorgulatan bir türler arası yakın ilişki kurulur ve kurdukları bu ilişkiyle beraber Shori'nin gizemli ve gizli kalmış ilginç hikâyesini ve Ina topluluğu hakkında bilgiyi de yavaş yavaş edinmeye başlarız. Shori ve Wright arasında yaşanan ilişki geleneksel tabuları yıkan farklı türlerin (vampir-insan) yaşadığı bir ilişkidir. Onlar beraberliklerde farklı tür ve ırkların ve çok fazla yaşın olmaması gerektiği yönündeki tabuları yıkarak birlikte olurlar. Shori'nin içten-etkime isteği ve birlikte olma özlemi, Wright tarafından yakalanıp "etnik ve türlere bağlı" (Nayar, "A New Biological Citizenship" 804) olduğunu göstermeye başladığında daha da şiddetlenir. Shori ve Wright'ın oluşturdukları bu içten-etkimeli bağ, Stacy Alaimo"nun "beden-ötesi geçirgenlik" (trans-corporeality) kavramıyla da ilişkilendirilebilir. "Beden-ötesi geçirgenlik" terimiyle bedenler arasındaki ve materyal dünyayla sınırların geçirgenliğine vurgu yapan Alaimo şunu ileri sürer: "hepimiz, insan bedenlerini, hayvan bedenlerini, teknolojileri ve daha büyük ölçekli dünyayı bağlayan maddesel eyleyicilikle, akışlarla ve süreçlerle dolanıklık içerisindeyiz" (*Bodily Natures* 17). "Bedenler-arası geçirgenlik" terimini "bedenler arası hareket" olarak da betimleyen Stacy Alaimo, sert sınırlarla çevrilmiş ya da hiç sınırların olmadığı "insan bedenselliğinin insandışı-dünyayla" (more-than-human world) (*Bodily Natures* 12) birbirine bağlılığını vurgulamaktadır. Bu açıdan Alaimo, "Bedenler-arası geçirgenlik" ile dikkatimizi maddesel benliğin insan olmayan diğer varlıklarla nasıl ayrılmaz bir şekilde bağlantılı olduğuna ve birbiriyle karmaşık içten-etkimeler oluşturduğuna dikkat çeker. Alaimo'nun sunduğu insan ve insan olmayan varlıklar arasındaki bedenler arası karşılıklı ilişkiler, posthümanizmin somut örneğidir. Bütünleyici ve kapsayıcı olan posthümanizm, eş zamanlı olarak birlikte gelişen ve birlikte ortaya çıkan tüm türleri tanır. Posthümanizm, "makinelerin, organik bedenin ve insanın ve diğer yaşam formlarının az çok sorunsuz bir şekilde boğumlanmasına, karşılıklı olarak bunların birbirlerine bağımlı olmasına" özel bir dikkat çekmektedir (Nayar, *Posthumanism* 8). Bu, insanı yinelemeli bir şekilde "tüm yaşam biçimleriyle bir değiş tokuş, bağlantı ve kesişme ağının somutlaştırılması" olarak görür (Nayar, *Posthumanism* 5).

Bu bağlamda Pramod Nayar'ın belirttiği gibi *"Yavru Kuş* yoldaş türler fikrini savunan bir posthüman siyaseti sunmaktadır" ("A New Biological Citizenship" 796). Bu siyaset, Nayar'a göre, "biyolojik vatandaşlık" çerçevesi içinde yer alır ve çok türlü birlikteliği öneren posthümanist bir biyolojiye bağlıdır. Butler'ın posthümanizm anlayışı, "insanın "daha güçlendirilmesi" değil (Cary Wolfe'un posthümanizmin popüler versiyonlarını tanımladığı gibi, *Posthumanism* xv), daha çok, çoktürlü bir durumdur" (Nayar, "A New Biological Citizenship" 796). Diğer bir ifadeyle, Octavia Butler *Yavru Kuş* romanında yerleşmiş türcülük (speciecism) algısına meydan okuyarak, tür sınırlarını aşan posthüman anlayış ve duruş sergilemiştir demek kesinlikle yanlış olmayacaktır.

Burada posthümanizm, insan/hayvan, insan/insan olmayan, sağlıklı/engelli vücut ikiliklerinin – ortaya çıkan meşru tahakküm, baskı ve hayvan soykırımları yapılarıyla birlikte –reddedildiği politik-felsefi bir söylemdir. Posthümanizm, insan yeteneklerini, niteliklerini, bilincini ve özelliklerini diğer yaşam formları, teknoloji ve ekosistemlerle birlikte evrimleştiğini kabul eder. Sonuç olarak, posthümanizm insanı her şeyin merkezi olarak görmez: İnsanı, türlerin birlikte evrimleştiği ve rekabetin yaşam formlarının birbirleriyle iş birliği lehine reddedildiği bir bağlamda ilişkilerin, bağlantıların ve geçişlerin bir somutlaştırılması olarak görür. (Nayar, "A New Biological Citizenship" 796)

Nayar'ın da altını çizdiği üzere Octavia Butler'ın posthüman anlayışı, birbirini baskılayarak birbirine tahakküm kurma, ele geçirme, hâkim olmaya çalışan alışılagelmiş ikiliklerin yıkılmasını savunan bir anlayış olup, insan ya da değil tüm türleri hiçbirini ayrıcalıklı konuma koymadan bir arada beraber ve bağlı ve içten-etkimeli yaşamalarıdır. Donna Haraway'in "yoldaş türler" (companion species) diye tanımladığı olgu aslında çok türcülüktür, yani türler arası farkların olmaması gerektiğine duyulan özlem ve inanıştır. Haraway, insanlar ve hayvanlar arasında karşılıklı şefkat ve saygıya dayalı birlikte gelişen ve birlikte var olan ilişki anlayışının hep dikkatini çeker. Haraway'in üzerinde durduğu nokta ise hayvanlar gibi ötekileştirilen yaşam formlarının çektiği sefaletin en aza indirilmesi ve hafifletilmesidir. Hayvanları eyleyiciliği olan "özgür ortaklar" olarak kabul ederek (*The Companion Species* 72), Haraway hem hayvanların hem de insanların ortakyaşar/simbiyotik yaşamlarının iyileşmesini hayal eder. Bu nedenle, dünya, köpekler, maymunlar, canavarlar, uzaylılar veya OncoMouse[1] ile daha kapsayıcı bir ilişki çağrısında bulunur ve onları "düşlenen olasılığın yaratıkları" ("creatures of imagined possibility") (*When Species Meet* 4) olarak tanımlar.

Nayar, Shori için kullandığı "biyolojik vatandaşlık" terimini ise Nikolas Rose ve Carlos Novas'ın "Biyolojik Vatandaşlık" ("Biological Citizenship" 2007) makalesinden esinlenerek kullanır. Rose ve Novas ilk kez kullandıkları "biyolojik vatandaşlığı" "biyotıp, biyoteknoloji ve genom çağında yeni bir tür vatandaşlık şekillenmekte, biz de buna biyolojik vatandaşlık diyoruz" (1) diye belirtirler ve şu şekilde açıklayıcı bir ifade kullanırlar:

> "Biyolojik vatandaşlık" terimini tanımlayıcı bir şekilde, vatandaşlara ilişkin anlayışlarını, insanların biyolojik varoluşu hakkındaki inançlara, bireyler, aileler ve soylar, topluluklar, nüfus ve ırklar ve türler olarak ilişkilendiren tüm bu vatandaşlık projelerini kapsayacak şekilde kullanıyoruz. Ve vatandaşlığın diğer boyutları gibi, biyolojik vatandaşlık da bir değişimden geçmektedir ve kendisini ulusal, yerel ve ulus ötesi boyutlarda yeniden bölgeselleştirmektedir. (2)

Bu vatandaşlık türünde, biyolojilerimizin kimliklerimizi, yaşantılarımızı, kısacası, tüm hayatımızı etkilediğinin vurgulanmasıdır. Dolayısıyla bu terim, biyoloji ve öz kimlik arasında yeni kurulan bağlantıları tanımlar. Bu çerçevede böylece Butler'ın bu romanı, yeni bir şeye dönüştürülebilen ve biyolojik veya kültürel aidiyet duygusunun hiçbir zaman tek bir türle sınırlı olmadığı çoklu DNA türlerini içinde birleştiren biyolojik bir yaşam formunun olanaklarını ve potansiyelini işlemektedir.

Shori'nin ait olduğu Ina vampir aile topluluğu kendilerine ait kültürleri, dilleri, kutsal kitapları, mitolojileri olan gelenekleri çok eskilere dayanan vampirler topluluğudur. Kendi öğretilerine sadık, kolektif ve komün yaşayan tek cinsiyetli varlıklardır. Haraway'in tabiriyle "uygunsuz/laştırılmış ötekiler" ("inappropriate/d others") olarak nitelendirilebilecek olan bu tür, bizim anladığımız ve bildiğimiz dünyaya ait olup olmadıklarını bile kendi içlerinde de emin olamadıkları için nasıl bir canlı oldukları şüphe konusudur. Haraway,

---

[1] Bu ilk patentli memeliye, meme kanserine bir çare bulmaya yönelik bilimsel araştırma amacıyla insan genetik materyali enjekte edildi.

klonlar, mutantlar, siborg bedenler veya yapay bedenler gibi normatif olmayan, dışlanmış bedenleri "uygunsuz /laştırılmış ötekiler" olarak tanımlar (*The Promises* 320). Haraway bu tür "sorunlu benlikler ve beklenmedik ötekiler"i "uygunsuz, yakışmaz veya belki de uygunsuzlaştırılmış şeylerdir" (*The Promises* 320) diye adlandırır. Bunlar, Haraway'in tarifiyle bize dayatılan normları, normatif olduğunu düşündüğümüz bedenleri sorgulamamıza yol açar. Bu bakımdan, normatif olmayan Ina grubunun yapıları onları Haraway'in tabiri olan "uygunsuz/laştırılmış ötekiler" sınıfına sokmaktadır ve bu "normal dışı bedenler," basmakalıp fikirlere, inanışlara meydan okuyarak neyin "normal" neyin normal olmayan olduğunu posthüman kuramsal çerçevede tekrardan gözden geçirmemize olanak sağlarlar.

Ina'lar, bilindik vampirlerin aksine insanları öldürmek ve onların yaşamlarına tehdit etmek amacıyla onlardan beslenmez. Tam tersine, ortakyaşar/simbiyont olarak kendilerine seçtikleri insanları ısırdıktan sonra akıttıkları zehir yoluyla onlara vazgeçemeyecekleri haz duygusunu da yaşatmaktadırlar. Belki de en ayırt edici özelliklerinden biri bu insanlara zarar verme niyetinde olmamalarıdır; tam tersine bu ortakyaşamdan/simbiyotik yaşamdan insanların fayda görmeleri ve sağlıklı bir yaşama sahip olup ömürlerinin bundan ötürü uzamasıdır. Dolayısıyla Ina, beslendikleri insanları öldürmez, bunun yerine ortakyaşar/simbiyontlarla bir aile kurar ve onlarla posthüman ilişkiler, bağlantılar ve bağımlılıklar geliştirerek onlarla bağlarını güçlendirir. Böylece bir Ina beslendiğinde, ortakyaşar/simbiyont kişi asla tamamen kan yoksunluğu çekmez, karşılıklı posthüman bağımlılık aynı zamanda bir akrabalık bağı haline gelir ve aile üyeleri birbirlerinin sorumluluğunu da alır. Eğer insanlar ortakyaşar/simbiyont olarak seçilmezlerse aralarında yaşayan vampirlerin varlığından bile haberdar olmazlar, aynı ortamda birbirleriyle herhangi bir etkileşime girmeden de yaşayabilirler.

Ina grubuna ait olduğunu öğrendiğinde Shori, diğer vampirlerden daha güçlü ve insan türüne daha yakın bir tür haline gelsin diye kendisinin biyogenetik manipülasyona uğradığını da öğrenir. Grubun diğer üyelerinden daha güçlü, daha dayanıklı ve daha uzun yaşayabilsin diye birçok deneye maruz kalmıştır. Dolayısıyla, atalarının yürüttüğü deneysel bir çalışmanın ürünü olan Shori özellikle siyahi bir kadının DNA'sı ona enjekte edilerek posthüman melez (hybrid) bir vampir haline gelmiştir. Derisinin siyah olması ve güneşe dayanıklılığının yanı sıra, gündüzleri uyanık kalabilmesi ve inanılmaz güçlü olmasıyla da diğer vampirlerden ayrışır. Ayrıca vücuduna dahil edilen insan genleri sebebiyle insani özelliklere de sahip olan Shori, insanla insan olmayan canlıları birbirinden ayıran yerleşmiş fikir ve algıları da yıkmaktadır. "Gündüz yürüyen" olarak adlandırılan yarı insan yarı vampir olan Shori geleneksel vampirlerin aksine gün boyunca işlev görebilir. Ayrıca, diğer vampirler insanlarla cinsel birleşme sonucunda üreyemezlerken, Shori yine vücuduna entegre edilen insan genetiği sayesinde doğurganlığa da sahip olmaktadır. Dolayısıyla, Shori kendi melez (hybrid) ırkını devam ettirebilmektedir. Bu bakımdan biyolojik vatandaşlığa sahip Shori, parçası olduğu genetik deney nedeniyle hem insan hem de vampir özelliklerini iç içe geçiren posthüman melez (hybrid) bir varlık haline gelmiştir. Posthüman melez (hybrid) özelliği sayesinde diğer canlılarla özdeşleşmesi, diğer canlılarla ilişki kurabilmesi ve onlarla "içten-etkime" ye girebilmesi kolay olur. Ancak bu özelliği yüzünden İna topluğunun içerisinde kutuplaşmalar başlar. Yarı insan-yarı vampir ırkının varlığını tehdit gören diğer vampirler, onu ve ailesini öldürmeye kalkarlar. Shori kendi mağaraya sığınıp kurtulur ama ailesini bu yüzden kaybeder.

Ataları, ilk başlarda insan DNA'sı ve hayvansal özellikler de dahil olmak üzere çeşitli türlerin DNA'sıyla bütünleşmiş gelişmiş bir vampir yaratmayı amaçlamış ve nesillerinin devamı için insan gibi üreyebilen vampir-insan melezi bir tür yaratmayı hedeflemişlerdir. Özellikle, insan DNA'sını genlerine dahil etmek, onun sisteminde melanin etkisi yaratır; bu da güneş ışığına daha iyi ve uzun süre dayanmasını, gündüzleri uyanık kalmasını ve gün ışığında da yaşayabilmesini sağlayan bir hormondur. Ayrıca, İna'nın geri kalanından çok daha iyi, insanlarla güçlü bir ittifak kurarak çarpıcı derecede hızlı iyileşebilir, çabuk öğrenebilir ve çevresine uyum sağlayabilir. Bu özellikleriyle sadece diğer akrabalarından ayrılmakla kalmaz, aynı zamanda görünüşte de farkı belirgindir. Ina üyelerinin geri kalanı açık tenli iken, benzersizliği saçlarının ve teninin renginde kendini gösterir. Ina topluluğunun üyelerinden biri olan Margaret, Shori'nin farkını şu şekilde dile getirir: "Sen bir hazinesin. Herhangi bir topluluk için bir değer niteliğindesin. [...]" (Butler 214). Bu noktada, Shori'nin biyolojisi ve bedeni değerli olduğundan dolayı Catherine Waldby'nin terimiyle "biyodeğer" i (biovalue) olduğunu gösterir. Waldby "biyodeğer" i (biovalue) "bir ekonomi, hesaplanabilir ve hiyerarşik bir değer sistemi olarak" (33) görür. Ayrıca, "canlı varlıklar araçsallaştırılabildiğinde biyodeğerliliğin üretildiğini" (33) ve manipüle edildiğini söyler. Shori'nin özellikle doğurganlığı ve melez türünün devamını sağlayabilecek olması bir onun biyodeğerini artırır. Shori "üretim potansiyeli için yatırım yapmaya değer tamamen farklı bir biyolojik değere sahiptir" (Nayar, "A New Biological Citizenship" 797). Verimli ve üretken olduğu için ve gelişmiş bir tür olduğundan dolayı biyodeğeri yüksektir. Bu biyodeğeri sayesinde diğer vampir türlerinden farkı ortaya çıkmaktadır ve dolayısıyla kendilerinden çok üstün olduğundan ve doğurganlığa sahip olduğundan diğer bir vampir ailesi olan İpek Aile (Silk Family) için tehdit oluşturur. Shori'yi öldürmek istemişler ama başaramamışlardır. Shori'nin ailesi onu korumak için onu mağaraya bırakmış, onu korumak pahasına kendi canlarından olmuşlardır.

Karen Barad, bununla ilgili olarak, "farklılaşmanın ötekileştirme veya ayırma ile ilgili olmadığını, aksine bağlantılar ve bağlılık kurmakla ilgili olduğunu" savunur (*Meeting the Universe* 393). Melezliği Ina üyelerinden biri olan Preston tarafından şu şekilde dile getirilir: "Shori Matthew, geri kalanımız gibi Ina'dır. Buna ek olarak, cildini koyulaştıran ve ona nesillerdir aradığımız şeyi veren potansiyel olarak hayat kurtaran insan DNA'sını taşımaktadır" (Butler 272). Özellikle, melezliği yalnızca renk, güneş ışığına karşı bağışıklık ve muazzam güçte bir farklılık göstermekle kalmıyor, aynı zamanda davranış ve duygularda da değişiklikler gösteriyor. Bu nedenle, geçirdiği bu bedensel ve teknolojik değişim, posthüman gelişme ve daha büyük beceri ve yeteneklerle bahşedilerek geliştirilmiş varlıkların yaratılması fikri ile aynı zamanda bağlantılıdır.

Romandaki tüm canlılarda görülen ortak ilkel içgüdülerden biri, diğer canlılar üzerinde mutlak güç, kontrol ve tahakküm mücadelesidir. Butler'ın vampir-hayvan-insan melezi Shori de bir istisna değildir ve açlıktan öldüğünü fark ettiği anda hızlı ve zekice hareketlerle hayvanları yakalar ve onlardan beslenir: "Güçlü olduğumu keşfettim [...] Hayvanı yakaladım. Benimle savaştı, beni parçaladı, kaçmak için mücadele etti ama ben onu yakaladım" (2). Bu anlamda Stephanie Smith, onu "insandan daha fazla hayvan ile özdeşleştirir" (388). Bu paralelliği, hayvanları mantık ve uygun davranıştan yoksun içgüdü temelli yaratıklara indirgeme algısında bulunan insanmerkezli (anthropocentric) davranışla eş değer olduğunu söylemek yerindedir. Üzerinde durulması gereken şeylerden biri, onun hayvan-insan-vampirden oluşan melez (hybrid) bir yaratık olmasıdır. Hayvansal özellikleriyle ilgili olarak, yeryüzündeki diğer tüm canlılar gibi, bir zorunluluk olduğunda içgüdüsel ve doğası gereği yırtıcı olmak zorundadır. Romanın en başında da görüldüğü gibi, Shori, geyiği çıplak elleriyle öldürmekten çekinmemektedir. Bununla birlikte, diğer insanlar arasında olduğunda ve hayvani eğilimlerini bastırdığında, "tam teşekküllü bir vampir-insan melezi" gibi davranır (Nayar, "A New Biological Citizenship" 806). Shori, "bir türiçi farklılığı" (intraspecies alterity) (Öteki'den Ina'ya) ve bir türlerarası farklılığı (interspecies alterity) (bir vampir ve dolayısıyla insanlara için öteki) bünyesinde barındırır" (Nayar, "A New Biological Citizenship" 806).

Soğuk kanlılıkla öldürmesine neden olan içgüdüsel olarak hareket ettiği yırtıcı kişiliğini insanların arasında bastırır. Bu bağlamda, Nayar, Shori'nin kendisini diğer vampirlerden ayıran özelliklerden birinin şefkat duygusunun olduğunun altını çizer ve şöyle der: "Shori'nin şevkat duygusu Shori kendi içinde bu ayrımı (İna-hayvan-insan) yapabildiğinde yeni bir öznelliğin (new subjectivity) ortaya çıkışına işaret etmektedir" ("A New Biological Citizenship" 805). Görünüşe göre Shori, içgüdüsel olarak insanların kan kaybından ölebileceğinin farkında olduğundan, Wright'a zarar vermek istemediğinden şöyle der ve diğer ortakyaşamlar/simbiyontlar arayışına girer: "İnsanların kan kaybından dolayı zayıf düşebileceklerini anladım veya belki de hatırladım. Wright'ı zayıf hale getirirsem, incinebilir. Bunu düşündüğümde, daha fazla kan isteyeceğimi biliyordum [...] Wright'ın canını yakmamak için kan alabileceğim birkaç kişi bulmam gerektiğini fark ettim" (15). Kimseye çok zarar vermeden ama kendi ihtiyacı içinde gerekli olan kanı diğer ortakyaşarlardan/simbiyontlardan az az almaya başlar. Böylece, biyolojik olarak güçlendirilen ve biyodeğeri yüksek Shori, bazı ahlâki kodlara ve etiklere sahip olduğu için daha insan/i hale gelmiştir. Bununla birlikte, diğer yandan, akrabalığına ve ortakyaşarlarına/simbiyontlara karşı büyük bir özen ve sorumluluk duygusunu ve ailesinin öldürülmüş olması onda öldürme içgüdüsünü güçlendirir. Ailesi onu korumak pahasına harap edilip yok edildiğini öğrendiğinde, inanılmaz yıkılır ve bu duruma çok öfkelenir: "Hem erkek hem de kadın ailelerimi öldüren insanları bulursak onları öldürmek istedim, onları öldürmek zorunda kaldım. Yeni ailemi başka nasıl güvende tutabilirim?" (105). Shori, diğer türlere ve kendi türüne de eşit derecede sorumlu hisseder. Tüm insan ve insan olmayan varlıkların bağlantı kurabildiği bir araç olan "sorumluluk, içten-etki oluşturulmuş bir ilişkidir," (*When Species Meet* 116) der Haraway. Başlangıçta avlanırken herhangi bir insanlarla olan bağını hatırlamasa da diğer canlılar ve insanlarla arasında içten-etkime olduğunu hissetmektedir. Diğer insanlarla özellikle içten-etkimeye girmek istemesini şu sözlerinden de anlıyoruz: "Tek başına dolaşmak yerine diğer insanlarla birlikte yaşamak isteyeceğim bir şey gibi hissettim" (Butler 5). Kendisinin de bir parçası olduğu doğada tüm varlıkların birlikte evrimleştiği ve birlikte var olabileceği posthüman fikrini benimsemiş ve bunun sonucunda posthüman özne olarak yeniden doğmuştur. Çünkü "insanın ne olduğu yönündeki yerleşmiş algıya kavramsal bir meydan okuma getiren eleştirel insansonrası [posthümanizm] akımı, insanın artık istisnai bir varlık olarak değil, gezegeni paylaştığı diğer türlerle birlikte doğan veya ortaya çıkıp gelişen bir 'birleşme' (assemblage) olarak görülebileceği iddiasında bulunur" (Kümbet 294).

Bu açıdan bakıldığında, diğer yaşamlarla ve doğal dünyayla ilişkilerimiz, hepimizin dış dünyada akışlar, birleşimler, uygulamalar, maddeler ve ortakyaşarların/simbiyontların arasına yerleştirilmiş ve onlarla iç içe olduğumuz fikrini savunan posthüman söyleminin temel yapı taşlarından birini oluşturmaktadır. İnsan bedeni ortaya çıktığı ve geliştiği çevreden ayrı düşünülemez. Yararlı ya da zararlı ayırt etmeden bedenlerimiz sürekli çevremizdeki maddesel eyleyicilerle (material agencies) içiçedir. Çevremizde bizi sarmalayan her türlü kimyasallar ve maddeler geçirgen insan bedenlerine nüfuz eder. Kişinin içinde doğduğu veya maruz kaldığı ortam hem zihinde hem de bedende o kadar yerleşiktir ki, Shori'nin başına gelen hafıza kaybı gibi durumlarda bile kişi çevresine karşı inanılmaz güçlü bir bağlılık hisseder. Anılarını canlandırmak için gerçek evine götürüldüğünde ise; "Anı yok. Sadece bu yerle bir şekilde bağlantılı olduğum hissi. Uyandığım mağaradan çıkabildiğimde buraya geldim ama nedenini bilmiyordum. Sanki ayaklarım beni buraya getirdi" (Butler 62) der. Tam hatırlayamasa da bedeniyle yaşadığı çevre arasında bir bedenler-arası geçirgen bağ olduğunu hisseder çünkü bedeni doğup büyüdüğü ait olduğu topraklardan bağımsız, ayrı veya kopuk değildir. Alaimo, özellikle insanların çevredeki tüm organik ve inorganik maddelerden ayrılmazlığına bedenler-arası geçirgenlik terimiyle odaklanmaktadır. Alaimo posthüman kuramını, "insan bedenselliğinin tüm maddesel etkenliği ile" doğa ve çevreden ayrılamaz olduğu "zaman-uzay" ("Trans-Corporeal Feminism" 238) olarak tanımladığı" bedenler-arası geçirgenlik kavramıyla detaylandırır. Ait olduğu ve bedenler-arası geçirgenlik bağını hissettiği bu yer bile onun kimlik buhranını çözmez. Şöyle içerler: "Bundan nefret ediyorum [...] Bana bir şeyler söylüyorsun ve hala onları biliyormuş gibi hissetmiyorum. Benim için gerçek değiller. Biz neyiz? Neden insanlardan farklıyız? Biz insan mıyız? Biz sadece başka bir ırk mıyız? (67). Karşılıklı ortakyaşamlarının/simbiyotik yaşamlarının faydalı olduğuna ve uzun bir süredir insanlarla bir arada var olmalarına atıfta bulunan Iosif şöyle söyler:

> Yan yana hayat sürdürüyoruz ancak, ortak yaşamımız olan insanlar dışında kalan insanlardan uzak yaşıyoruz. İnsanlardan çok daha uzun yaşıyoruz. Çoğumuz gün boyunca uyumalıyız ve evet, yaşamak için kana ihtiyacımız var. İnsan kanı bizi en çok tatmin eden şey ve neyse ki, onu aldığımız insanlara zarar vermek zorunda değiliz. Ama olduğumuz gibi doğarız. İnsanları sihirli bir şekilde kendi türümüze dönüştüremeyiz. Bize katılanları bizsiz olduklarından daha sağlıklı, daha güçlü ve öldürülmelerini daha zor hale getiriyoruz. Bu şekilde yaşamlarını onlarca yıl uzatıyoruz. (Butler 63)

Iosif'in dediklerinin ışığında, Butler'ın, mitolojik ve geleneksel olarak insanları öldürmeye ihtiyaç duyan ya da onları vampire dönüştürmesi gereken vampirler hakkındaki temel ve geçerli yerleşmiş inancı zekice bozduğu aşikardır. Yani, kabul edilmiş vampir anlatılarında, geleneksel vampir tasviri, ölümlü bir kadına âşık olana kadar kendini beslemek için kurbanlarını öldüren beyaz bir erkek portresidir. Shori, onların, "Bram Stoker'ın *Dracula*' da tarif ettiği vampir yaratıklarla çok az ortak yanları olduğuna" ve onlardan oldukça farklı olduğuna işaret etmektedir (Butler 69). Marty Fink'in değindiği üzere "*Dracula*'nın (1873) aksine Ina vampirleri, insanlardan onların kan kaynaklarını tüketip hayatlarına son vermezler, bunun yerine onlarla cinsel zevk ve duygusal destek için kan alışverişinde bulunurlar" (417). Kadın bir Ina üyesi olan Joan, bu karşılıklı içten-etkime bağımlılığını şu şekilde açıklamaktadır:

> Ortakyaşarlarımıza, çoğunun bildiğinden daha çok ihtiyacımız var. Sadece kanlarına değil, onlarla fiziksel temasa ve onlardan gelen duygusal güvenceye de ihtiyacımız var. Arkadaşlık. Birimizin bile ortakyaşarlar/simbiyontlar olmadan hayatta kalacağını hiç bilmiyordum [...] Ya kendimize bir ortakyaş ailesi öreriz ya da ölürüz. Vücudumuzun onlara ihtiyacı var. (Butler 79)

Buna karşılık, Iosif'in belirttiği gibi, insanlar zehirden yoksun kalırlar ise insanların öleceğinden şu şekilde bahseder: "Bizden uzaklaştırılırlarsa veya biz ölürsek onlar da ölürler, ancak ölümlerine zehrin başka bir bileşeni neden olur. İnme ya da kalp krizinden ölürler çünkü zehrimizin vücutlarının yapmaya teşvik ettiği fazladan kırmızı kan hücrelerini almak için orada değiliz" (Butler 74). Bu noktada, insanların hayatta kalabilmek adına vampirlere olan bağımlılığı teması, Butler'ın insanları evrenin merkezi ve diğer canlıları da ona hizmet etmek için yaratıldığını savunan hümanist düşünce ve ideolojik yapıları kökten yapısökümüne uğratmayı hedeflediğinin temsilidir. Butler'ın resmettiği bu posthüman dünyada, insanlar diğer canlılardan üstün, tek başına yaşayabilen ve evrenin merkezi konumunda değildir. Tam tersine vampirler olduğu sürece ve vampirler onlardan beslendiği sürece daha sağlıklı hayattan zevk alan bireyler olabilirler. Romanın sonunda Shori de vampir biyolojisinin bileşenlerine içeren zehre ihtiyaç duydukları için insan bedenlerinin vampir bedenleriyle karşılıklı bağımlılığını anlar. Bu, muhtemelen, Barad'ın ekolojik sistem içindeki diğer türlere ve onların eyleyiciliğini kabul edip ona ışık tutan içten-etkime terimi ile örneklendirilebilir.

> Dünyanın bir parçası olarak sorumlu bir şekilde içten-etkimeli hareket etmek demek, dünyanın canlılığına özgün olan dolaşık fenomenleri hesaba katmak ve bize ve gelişime yardımcı olabilecek olasılıklara duyarlı olmak anlamına gelir. Her an karşılaşmak, bir oluşumun gerçekleşme ihtimaline karşın hayat dolu durabilmek, etik bir çağrıdır, tüm varlığın ve oluşum meselesine yazılmış bir davettir. (396)

Hem Ina hem de insanlar, Katherine Hayles'in sözleriyle, her biri birbirine eşlik etmesinden yararlanan bir tür "paydaş ortaklık" (shared partnership) oluşturur (2). Buna rağmen, insanlarla paylaşılan ontoloji, başka bir türle karşılaşarak bilen bir benliğe yani "türcülüğü-aşan benliğe" (trans-speciated self), yol açar (Hayward 65). Ina ve insan ortakyaşar/simbiyontları arasındaki ilişki bir kez yerleştiğinde, birbirlerinden kopamazlar, daha ziyade ilişkileri karşılıklı, bağlı, bağımlı ve uzun ömürlüdür. Bu, Barad'ın, iki veya daha fazla varlığın birbiriyle tekrar tekrar ilişkili olduğu ve diğeri olmadan düşünülemeyeceği fikrini ortaya çıkaran içten-etkimeli dolaşıklığını benzersiz bir şekilde ifade eder. Biri diğerine göre öncelikli değildir, çünkü "dünya insanları çevreleriyle mücadele içine giren bedenler-arası geçirgenliği olan bireylerden ayrı objelerden ve varlıklardan oluşmaktan ziyade, içten etkimeye giren eyleyicilerden oluşur" (Alaimo, *Bodily Natures* 13). Alaimo'nun bedenler arası geçirgenlik kavramı, bu anlamda, çevredeki materyal söylemsel eyleyicilik iç içe geçmişliğimizin tanınmasında yararlıdır.

Vampirlerin hayatta kalabilmek için kana ihtiyacı olduğundan insanlara bağımlılığı iyi bilinen bir faktördür, ancak anlatının seyri boyunca farklı olan ise, insanların bu vampirler tarafından ısırılmaktan önemli ölçüde fayda sağlamasıdır. Bu karşılıklı memnun edici alışveriş, bu "karşılıklı ortak yaşamda" (Barad, *Meeting the Universe* 63) "fiziksel ihtiyaç ve erotik aşkınlık" (Fing 418) hissi olarak tanımlanabilir. İnsanların vampirlere "bağımlılığı, zehir denilen bu hormonun sadece cinsel doyum ve bağlanmaya neden olmayıp aynı zamanda onları son derece sağlıklı yapmasının da bir sonucudur (Fing 418). Shori, ilk ortakyaşarı/simbiyontu olduğu Wright Hamlin'i ısırdıktan sonra, onun yaşadığı tatmini öğrenince şaşırır ve şaşkınlığını şu şekilde dile getirir: "Benim altımda kıvranıyordu, mücadele etmiyordu, ama ben onun kanından daha fazlasını alırken beni tutuyordu [...] Peki bu neydi? bir süre sonra sordu. Bunu nasıl yaptın? Ve neden bu kadar harika hissettirdi?" (12). Shori'nin babası ve Ina topluluğunun eski bir üyesi olan Iosif, Shori'yi insanların onlara duyduğu karşı konulamaz bağlılıklarını ve cinsel uyarılmaları hakkında şu şekilde aydınlatır: "Onları [ortakyaşarları] tükürüğümüzdeki bir maddeye bağımlı hale getiriyoruz – beslediğimizde ağzımızı dolduran zehrimizde güçlü bir hipnotik ilaç olarak adlandırıldığını duydum. Onları son derece telkin edilebilir kılar ve onlar maddenin kaynağına derinden bağlanır" (Butler 79). Iosif'in ortaya koyduğu gibi, bu zehir, bir samimiyet duygusu ve insanlarla ortakyaşar/simbiyotik bir ilişki yaratır. Zehirlerindeki bu aşikâr maddenin sürekli akışının bir eyleyiciliği olduğu söylenebilir. Isırıklar yoluyla, zehir, bir vücuttan diğerine, özellikle insan olmayan bir bedenden bir insan vücuduna geçerek insan ve insandan daha fazla dünyalar arasındaki katı sınırları bozar. Karen Barad'ın kuramı için çok önemli olan, "bir kişinin veya bir şeyin sahip olduğu bir şey değil, bir içten etkime meselesi, bir canlandırma meselesi" (*Meeting the Universe* 7), olan eyleyicilik zehirdeki maddenin insanlar ve vampirler arasında güçlü yakınlığını belirlemede önemlidir. Barad'ın önemli terimi olan içten-etkime, "posthümanist performans" (posthumanist performativity) olarak da adlandırdığı varlıklar arasındaki ayrılığın bozulmasını da özetlemektedir. Bu, "eyleyiciler ayrı bağımsız öğeler olarak var olmazlar, yalnızca karşılıklı dolaşıklıkları ile ilgili farklılık gösterebilirler" (*Meeting the Universe* 33) anlamına gelmektedir. Barad, doğa ile bu ayrılmaz iç içe geçmeyi vurgulayarak, "sadece 'insan' bedenlerinin değil, tüm bedenlerin dünyanın yinelemeli içten etkimeli – onun edimlilik yoluyla önem kazandığını" (*Meeting the Universe* 152) iddia eder. Tüm insan ve insan olmayan bedenler, bu nedenle, diğer sıvılar, akışlar, devreler ve bağlantılarla içten-etkimede bulunan maddesel-söylemsel (material-discursive) fenomenlerdir.

Aynı şekilde, bir akışkan madde olan zehir alışverişi yoluyla, insan ve insan olmayan bedenler birbirleriyle birleşir ve bu da Stacy Alaimo'nun "insan vücudunun asla katı bir şekilde kapatılmadığı, korunan bir varlık olmadığı, ancak onun endüstriyel ortamları ve bunların sosyal ve ekonomik güçlerini içerebilen çevredeki maddelere ve akışlara karşı savunmasız olduğu şeklindeki argümanıyla" (*Bodily Natures* 28) özdeşleşir. Ancak bu madde büyük zevk ve cinsel doyum sağladığı için ortak yaşamları bu vampirlere bağımlı hale getirir. Bu nedenle, bu madde sağlık açısından yararları olduğu kadar, cinsel zevk vermesinden dolayı ırksal cinsiyetteki ırksal kökenli yerleşmiş kaygı ve tabuları da yıkar.

Bu nedenle, Butler'ın *Yavru Kuş* romanındaki temel argümanlarından biri canlıların ortak yaşam sürmeleridir. Bu da Butler'ın insanlar ve türler arası ırk, yaş, cinsiyet ve toplumsal cinsiyetine bakmaksızın diğer varlıklar ile yaşam sürmesi gerektiğine olan inancı onun somutlaşmış posthüman perspektif anlayışıyla tutarlıdır. Görünüşe göre, zehirlerindeki bu madde hem cinsel hem de duyusal duyguları uyandırmakta, ortakyaşarların/simbiyotiklerin bağışıklık sisteminin hastalıklara karşı güçlenmesine yardımcı olup ve neredeyse iki yüz yıl yaşam sürelerini uzatmaktadır.

Posthüman kavramsal bir çerçeve içinde Shori, güçlendirilmiş hiyerarşik kavramların ve belirlenmiş sınırların yıkılışını özetler. Ustalıkla aştığı bu kavramlardan biri de yerleşmiş cinsellik algısıdır. Shori, Theodora adlı bir kadınla cinsel ilişkiye girerek heteronormativiteye meydan okur. Açıkça belirtildiği gibi, "cinsel karşılaşmalar heteroseksüel normların dışında gerçekleşir" (Melzer 83). Ina üyeleri, bağlandıkları ortakyaşarların/simbiyontların cinsiyetiyle ilgilenmezler, ten rengiyle de ilgilenmezler. Karakterlerden biri olan Brook'un ortaya koyduğu gibi, "onlar insan değiller. Beyaz ya da siyah umurlarında değil"dir (Butler 162). Ona "kirli, küçük zenci kaltak diyenler sadece insanlardır" (Butler 173) der çünkü diğer canlılar bundan endişe duymazlar.

Benzer şekilde kafası karışmış Wright şu şekilde soru yöneltir: "Sıradan güneşe maruz kalma, siyah olmanıza rağmen cildinizi yakmıyor mu?" (37). Karakterlerden biri olan Wells ise şöyle der: "İnsan ırkçılığı Ina için hiçbir şey ifade etmez çünkü ırklar onlar için hiçbir şey ifade etmez. Kişisel çekicilikten başka hiçbir şeye bakmaksızın, bulundukları her yerde cana yakın insan ortakyaşam formları ararlar" (Butler 148). Açıkçası, Ina topluluğu, çiftleşirken cinsiyet, cinsellik ve ırkın temel paradigması veya normatif anlayışına göre hareket edecek şekilde yaratılmamışlardır. İnsanları farklı yaş gruplarından, ırklardan ve etnik kökenlerden seçerler. Genetik olarak güçlendirilmiş Ina'nın bir temsilcisi olarak Shori, eşlerini akıllıca ve dikkatli bir şekilde seçmelidir çünkü seçtiği eş onun "olağanüstü" genleriyle en azından uyum sağlaması beklenmektedir.

## Sonuç

Sonuç olarak, siyahi kimlik oluşumu, cinsiyet, toplumsal cinsiyete ve farklı türlere karşın yerleşmiş ve yaygınlaşmış önyargılarımızın ve beklentilerimizin yanı sıra vampirler gibi insan olmayan canlıların "uygunsuz/laştırılmış ötekiler" ("inappropriate/d others") olarak sınıflandırıldığı düşünce sisteminin yıkılmasının bir çalışmasını oluşturmaktadır. Octavia Butler'ın bilimkurgu romanı *Yavru Kuş*'un (*Fledgling* 2007) odağında, biyolojik genetiği değiştirilip insan genleri ve DNA'sı eklenmiş siyahi bir vampir olan Shori insan/i özelliklere ve insan duygularına da sahip olduğundan ötürü insanlar hakkında uzun süredir devam eden varsayımları karmaşıklaştırarak romanın posthüman bağlamsal çerçevesi içinde en önemlisi insan/insan olmayan ikilikleri olmak üzere sayısız sınırları yıkmaktadır. Posthüman çevrede roman, içten-etkimeye dayalı bir ilişkiyi sürdüren tüm organik ve inorganik varlıkların somutlaşmasıyla ilgilidir. Dahası, yerleşmiş olan hiyerarşik yapılara ilişkin temelli varsayımlarımızı yeniden inşa etmemizi sağlar. Octavia Butler'ın *Yavru Kuş* romanında gözlemlenen çoklutürlerin (multispecies) birbirine bağlılık ve onlarla bedenselleşme (embodiment) tarzı, insan hayatını daha karmaşık ve çeşitliliğe sahip bir dünyada birbirine kenetlenmiş olarak algılayan posthüman kuramını yansıtır. İnsan dışı yaşam formları üzerindeki temelinde insanın istisna olduğuna dayanan anlayışı yapıbozumuna uğratılır. Yeni somutlaşan benlik, insan ve insan olmayan eyleyiciler arasındaki gözenekli sınırları birbirine bağlayan bir akış durumu, bir yol haline gelir. İnsanlar, çeşitli yaşam biçimleri tarafından oluşturulan melez (hybrid) varlıklardır ve artık diğer yaşam biçimlerinden ayrı olarak ifade edilemezler. Ancak sosyal, kültürel, ekolojik ve politik güçler içinde insan ve insan olamayan varlıklar içten-etkimeli olarak ifade edilmektedir.

Butler'a göre bilimkurgu, diğer insan olmayan canlıları somutlaştırmak ve insanların var olan tek ayrıcalıklı canlı olmadığı fikrini yayması açısından her zaman sınırları aşıcı bir tür olmuştur. Genel olarak, somutlaştırılmış (embodied) bir melez karakter olarak Shori, insan ve insan olmayan dünya arasındaki tüm ikilikleri ortadan kaldırır. Açıkça anlaşıldığı üzere Butler, birbirine bağlılık ve akışkanlık konularını gezegende tüm türlerin birlikte yaşadığı bir bağlamda ele alır ve Karen Barad'ın "insan olmayanların doğalkültürel (naturalcultural) uygulamalarda önemli bir rol oynadığını" kabul ettiğini gösterir (*Meeting the Universe* 32). Bu perspektifte, Barad'ın teorik "içten- etkime" kavramı ve Stacy Alaimo'nun çığır açan "bedenler-arası geçirgenlik" terimi, eyleyicilerin ayrılmazlığını sorgulamada büyük öneme sahiptir. Bu anlamda, "dünyanın içten etkime dışında oluşundan ayrı bir "Ben" yoktur" (Barad, *Meeting the Universe* 394). Varlıklar arasındaki farklı sınırların ortadan kalkması, bu içten-etkimeye girmiş ayrılmaz varlıklar aracılığıyla gerçekleşir. Butler, Shori'yi yeni çoklutürleri betimlemek için yeni bir yavru kuş olarak tanımlar. Bu anlamda, tüm çeşitli türlerin birlikte gelişebileceği ve barış içinde birlikte yaşayabileceği yeni çoklutürler için bir umut simgesidir. Hem insani niteliklere sahip olması hem de Ina genlerini barındırmasından dolayı yerleşmiş ikilikli düşünce sistemimizi yıkar ve insan dışı canlılara karşı olan yerleşmiş algılarımıza meydan okur.

### Kaynakça

Alaimo, Stacy. *Bodily Natures: Science, Environment, and the Material Self.* Indiana UP, 2010.
---. "Trans-Corporeal Feminisms and the Ethical Space of Nature." *Material Feminisms*. ed. Stacy Alaimo ve Susan J. Hekman. Indiana UP, 2008, ss. 37-265.

Barad, Karen. "Posthumanist Performativity: Toward an Understanding of How Matter Comes to Matter." *Signs*, vol. 28, no. 3, 2003, ss. 801-31.

---. *Meeting the Universe Halfway: Quantum Physics and the Entanglement of Matter and Meaning*. Duke UP, 2007.

Buran, Sümeyra. "Science in Science Fiction: End of the Y Chromosome and Birth of the Many Sexes." eds. Timothy F. Slater ve ark. *Proceedings of the 2020 Science Fictions and Popular Cultures Academic Conference*. Pono Publishing, 2020, ss. 39-44.

Butler, Octavia E. *Fledgling: A Novel*. Seven Stories, 2005.

Fink, Marty. "AIDS Vampires: Reimagining Illness in Octavia Butler's "Fledgling." *Science Fiction Studies*, vol. 37, no. 3, 2010, ss. 416-32.

Foster, Frances Smith. "Octavia Butler Black Female Future Fiction." *Extrapolation*, cilt 23, 1982, ss. 37-49.

Goodeve, Thyrza Nichols. *How like a Leaf: An Interview with Donna Haraway*. Routledge, 1999.

Haraway, Donna Jeanne. "The Promises of Monsters: A Regenerative Politics for Inappropriat/ed Others." *Cultural Studies*. ed. Lawrence Grossberg ve ark. Routledge, 1992, ss. 295-337.

---. *When Species Meet*. U of Minnesota, 2008.

Hayles, Katherine. *How We Became Posthuman: Virtual Bodies in Cybernetics, Literature, and Informatics*. U of Chicago, 1999.

Hayward, E. 2008. "More Lessons from a Starfish: Prefixial Flesh and Trans-speciated Selves." *WSQ: Women's Studies Quarterly*, vol. 36, no. 3-4, ss. 64-85.

Kumbet, Pelin. "Metalaşmış Hayatlar: Kazuo Ishiguro'nun Beni Asla Bırakma Adlı Romanının İnsansonrası (Posthuman) Distopik Dünyasında İnsan Klonlaması." *Ütopyada Edebiyat Edebiyatta Ütopya*, ed. Metin Toprak, Güvenç Şar, Umuttepe Yayınları, 2019, ss. 290-313.

Melzer, Patricia. *Alien Constructions: Science Fiction and Feminist Thought*. U of Texas, 2006.

Nayar, Pramod K. "A New Biological Citizenship: Posthumanism in Octavia Butler's Fledgling." *MFS Modern Fiction Studies*, vol. 8, no. 4, 2012, ss. 796-817.

---. *Posthumanism*. Polity, 2014.

Pickering, Andrew. *The Mangle of Practice: Time, Agency, and Science*. U of Chicago, 1995.

Rose, N. ve Novas, C. "Biological Citizenship." In *Global Assemblages*. ed. A. Ong ve S.J. Collier, Blackwell, 2003.

Smith, Stephanie A. "Review: Octavia Butler: A Retrospective." *Feminist Studies*, vol. 33, no. 2, 2007, ss. 385-93.

Waldby, Cathy ve Robert Mitchell. *Tissue Economies: Blood, Organs, and Cell Lines in Late Capitalism*. Duke UP, 2006.

Wolfe, Cary. *What Is Posthumanism?* University of Minnesota, 2010.

# BÖLÜM 4
# Pat Cadigan Öykülerinde İnsansonrası Beden ve Hafıza

## Murat Göç-Bilgin

Diane Arbus'un sirkte çalışan insanları fotoğrafladığı belgesel fotoğraf dizisi birçok açıdan ilginçtir. Kılıç yutan kadınlar, çok şişman ya da çok zayıf kadınlar, her tarafı dövme kaplı erkekler, cüceler, balerinler, palyaçolar ve hayvan bakıcıları; garip insanlar, sınırda yaşayan ucubeler, normalliği, alışageldik toplumsal cinsiyet temsillerini ve bedenin sınırlarını zorlayan kaçkınlar. Tüm bu sıra dışı karakterler Hélène Cixous'nun kahkaha atan Medusa'sı gibi ciddiyetle poz veriyor fotoğraflarda: "[G]österinin bir parçası olan tekinsiz bir yabancıya, hastalıklı ya da ölü bir figüre dönüşmüş, kendilerinden alınmış olan bedenlerine dönmeye" (Cixous 880) çabalayan huzursuz ruhlar, kendi hikâyelerini yazmaya, kendi hikâyelerini kendi bedenleri ile yazmaya, bedenlerini başkalarına duyurmaya çalışıyorlar.

Çağdaş Amerikan edebiyatının öncü isimlerinden Pat Cadigan'ın öyküleri Diane Arbus'un fotoğraflarını çağrıştıran bir panayır alanına benziyor; vampirlikten insanlığa geçmiş kararsız ruhlar, bedenlerini terk ederek sanal evrende sonsuza kadar dans eden ilgi budalaları, gönülsüz cadılar, insan sesine tutkun uzaylılar, başkalarının zihinlerini kurgulayan zihin avcıları, yapay zeka ile etik ve hakikat tartışmaları yapan askerler, bedenini bir giysi gibi değiştiren ve bir süre sonra gerçek bedeninin neye benzediğini unutan gizli polisler, zihnine yerleştirdiği soketler yolu ile müzisyenlerin zihnine giren ve müzik yapan "sentezleyiciler" ve daha niceleri. Pat Cadigan'ın karakterleri sınırları yok sayan, bulanıklaştıran, beden ve zihnin duvarlarını yıkan, arada kalmışlığın ve yersiz yurtsuzlaşmanın sunduğu olasılıkları deneyimleyen gezginlerdir. Bu bağlamda, bu makale Pat Cadigan'ın öykülerinde insan bedeninin ve hafızasının sınırlarını, yeniden inşasını ve bunun insansonrası (posthuman) kuram ışığında toplumsal ve politik yansımalarını tartışmayı amaçlamaktadır.

Pat Cadigan'ın kısa öyküleri ise, türlerin ve cinsiyetlerin birbirine karıştığı, kimliklerin ve beden deneyimlerinin akışkan ve çok katmanlı olduğu bir gelecekte kurgulanmıştır. Cadigan karakterlerini insanların kendi kararlarını kendileri verebilen varlıklar olduğuna dair geleneksel kabullerin karşısında çok daha istikrarsız, parçalanmış ve yıkıcı bir dünya imgesi eşliğinde sunar (Clute 72). Siberpunk edebiyatı ile özdeşleşmiş böylesi bir arka planda sunulan karakterlerin temel mücadelesi bedenlerine, özne konumlarına ve bu konumlara temel teşkil eden belleklerine ve duygularına sahip çıkma, kendilerinden alınmış olanı yeniden öznel kılma mücadelesidir. Siberpunk edebiyatı kıyamet sonrası yıkımın yaşandığı bir dünyada büyük teknoloji şirketlerinin, totaliter hükümetlerin ve mafyanın iş birliği içinde olduğu distopik bir dünya tasavvuru üzerine kuruludur. Bu distopik evrende yalnız kalmış ve yabancılaşmış birey, beden dönüşümleri, yapay organlar, klonlanmış bedenler, androidler, robotlar, yeniden yapılandırılmış zihinler ve yapay zekâ sistemleri arasında kendine bir yol bulmaya çalışmaktadır (Ertung 79). Tüm bu nedenlerle, öyküleri ve romanlarında ele aldığı temalar ve bu temaları okuyucusuna sunuş tarzı göz önüne alındığında Pat Cadigan siberpunk edebiyatının öne çıkan isimleri arasında kendine haklı bir yer bulmaktadır.

Pat Cadigan'ın kurguladığı siberpunk anlatıları temelde insanlık ve insandışılık, bireyin insanlığın sınırlayıcı zincirlerinden kurtularak bedenini ve zihnini yeniden insancıllaştırması macerasının bir özetidir. Bu bağlamda, Pat Cadigan'ın siberpunk anlatıları teknolojik post-kapitalizmin bir ürünü olarak görülse de, daha geniş bir çerçevede, Gılgamış'ın Enkidu'sundan Yunan mitolojisinde bir bitkiye dönüşerek kendini kurtarabilen ya da bir hayvana, bir canavara ya da bir kayaya dönüştürülerek cezalandırılan kadınlara, kadim kabile dinlerindeki yarı-hayvan yarı insan tanrılardan Ortaçağ Alman masallarındaki insan-dışı canavarlara, vampirlere ve doğaüstü varlıklara, Carlo Collodi'nin *Pinokyo*'sundan (*Pinocchio* 1881) Mary Shelley'in *Frankenstein*'ına (*Frankenstein; or, the Modern Prometheus* 1818), H.G. Wells'in *Dr. Moureau'nun Adası*'na (*The Island of Dr. Moreau* 1896), Philip K. Dick'in *Androidler Elektrikli Koyun Düşler mi?*'sine (*Do Androids Dream of Electric Sheep* 1968), William Gibson'ın *Idoru*'suna (1996) kadar kadim bir tarihsel arşivden beslenir. Genel anlamda, siberpunk anlatılarının en büyük vaadi ve aynı nedenlerle en büyük laneti, insan-hayvan-makine arasındaki ince çizgiyi aşındırması, insana ve insanlığın temel değerlerine dair kıymeti kendinden menkul ideolojik varsayımların ötesinde başka bir gerçeklik olasılığı umudunu yeşertmesi ve kurgusal uygarlık-doğa karşıtlığının insan-merkezci inşasını yapıbozuma uğratmasıdır. Bu nedenle, siberpunk anlatıları insanlığı yeniden tanımlamak ve sorgulamak için insan-dışılığın sınır ötesinde konumlanmış sığınağına kaçar ve insanlığın varoluşunu sınıraşımlarında tanımlar.

İnsan bedeninin tarihi, insanın kendi bedenini ve zihnini inkâr etmesi ile başlar. İnsan bedeninin sınırları/görünürlüğü ve işlevi her çağda ideolojik bir mücadele alanı olagelmiştir. Bu mücadele temel olarak insan bedeni ve zihnini kontrol etmeyi, sınırlandırmayı ve yeniden yapılandırmayı varoluşlarının temeli olarak gören ideolojiler ile kendi bedenine ve zihnine sahip çıkarak onu yeniden tanımlamayı bir varoluş meselesi olarak algılayan bireyler arasında süregider. İnsan bedeni, bu nedenle, köleleştirmenin ve tabi kılmanın, özgürleşmenin ve sınırlarını aşmanın ve beden-zihin ikiliğinin ötesine geçerek bu dünyada anlamlı bir iz bırakma mücadelesinin verildiği kırılgan bir yapı işlevi görmüştür. Jean Baudrillard'ın da işaret ettiği üzere, insan bedeninin ve bu bedene atfedilmiş öznelliğin en büyük çelişkisi, insanların yüzyıllar boyunca kendilerine ait bir bedenleri ve öznel bir zihinsel dünyaları olmadığına inandırılmış olmalarıdır (*The Consumer* 148). Susan Bordo ise insan bedeninin, her şeyden önce, metinsel bir inşa olduğunu ileri sürer; beden kültürün üzerine inşa edildiği kaygan bir zemin, güçlü bir sembolik (ve dolayısı ile ideolojik) yapı, merkezî iktidarın, toplumsal hiyerarşilerin ve insan topluluklarının metafizik inançlarının sürekli olarak yeniden yazıldığı bir yazboz tahtasıdır (2362).

İnsan bedeninin kutsallığından arındırılıp, bilimsel bilginin kaynağı ve araştırma nesnesi olduğu modern çağlarda bile, beden kurguları ideolojilerin normalleştirme, sınıflandırma ve yeniden isimlendirme mücadelesinden kurtulamamıştır. Michel Foucault'nun *Cinselliğin Tarihi* (*L' Histoire de la sexualité V1 1976*) isimli eserinde geniş olarak tartıştığı üzere, Batı uygarlığı heteronormatif beden kurgularını belirginleştirmek, yasal olarak dayatmak ve normalleştirerek yaygınlaştırmak amacı ile insan bedenini daha çok anomaliler, hastalıklar ve sınır aşımları temelinde sorunsallaştırmıştır. Modernite öncesi toplumlar, norm dışı bedenler çoğu zaman toplumsal yaşamın ve kültürün bir simgesi olarak öne çıkartılmış ve hatta bazen kutsallaştırılmışlardır. Ancak modern Batılı toplumlar bedeni yeniden *icat etmiş* ve bireyin özne konumunu teşkil eden ırk, sınıf, etnisite ve cinsellik gibi yapıtaşlarını yeniden tanımlayarak belirli sınırlar içine hapsetmişlerdir. Bu doğrultuda, insan bedeninin öznel ve toplumsal varlığı benlik algısı, arzu ve cinsellik performanslarından yalıtılarak eğitilmiş, disiplin altına alınmış ve birer sembolik temsile indirgenmişti. Bu bağlamda, bu yapıtaşlarının istenmeyen, çizgi dışına çıkan ve sınırları aşan temsilleri din, gelenek, yasa ve toplumsal normları yolu ile sapkın, yozlaşmış ve tehlikeli olarak kabul edilmiş, farklı sınıflara ait, ırk, etnik köken ve cinsel yönelim açısından genel kabule uymayan temsillerin toplumsal görünürlükleri ve kabul edilebilirlikleri engellenmişti. Kadınların, heteronormatif olmayan cinsel kimlik temsillerinin, farklı ırktan, farklı etnik ve dini kökenlerden, farklı sınıflardan insanların kamusal varlıkları yok sayılarak toplumsal yapının merkezinden uzaklaştırılmıştı.

Merkezî iktidarların ve egemen ideolojilerin bu baskıcı ve yasaklayıcı tavrına, indirgemeci tektipliğine ve normatif toplumsal düzenlerine karşın, toplumsal cinsiyet ve cinsiyet kimliği tanımlarının çeşitliliği tarih boyunca varlığını sürdürmüştür. Özellikle, geç kapitalist toplumlarda toplumsal cinsiyet ve cinsiyet kimliği giderek daha yoğun bir şekilde sorgulanmış, insan deneyimlerinin, tarihin ve insan belleğinin, zamanın ve mekânın bütünselliğini ve tutarlılığını yitirişine paralel olarak giderek daha sıklıkla akışkanlık, parçalılık, arada kalmışlık ve sınır aşımları ile tanımlanır olmuştur. Jean Baudrillard'a göre, geç kapitalist çağda, yalnızca anatomik cinsel dönüşüm bağlamında değil ama daha çok cinsiyet kimliklerinin ve bedenlerin dönüşebilirliği, geçişkenliği ve akışkanlığı bağlamında tüm bedenler transseksüeldir *(Screened Out* 9). Donna Haraway'e göre, insan bedeni "makinedeki bir hayalete", bir siborga, makine ve organizmanın bir araya geldiği hibrit bir yapıya dönüşmüştür ("Cyborgs" 2269). Pramod Nayar ise "kendi içinde tutarlı, kendi kendine yeten ve özerk bir benlik inşası olarak insan bedeninin artık geçerli bir seçenek olmadığını" ileri sürmüştür (89). Nayar'a göre, bedeni ve benliği çok parçalı ve birbirine yabancı unsurlardan oluşmuş bir inşa olarak görme zorunluluğu kendini dayatmaktadır. Geç kapitalist çağda, insan bedeni, öznellik ve cinsel kimlik algısı kaçınılmaz olarak pazarlanabilir, dönüştürülebilir ve yeniden üretilebilir bir metaya dönüşmüştür ve "şayet toplumsal cinsiyete dair hakikatler beden üzerine inşa edilebilir ve kaydedilebilir bir hale geldi ise, bu durumda toplumsal cinsiyet kurguları ne doğrudur ne de yanlış ancak sadece temel ve tutarlı bir kimlik söyleminin yansıması olarak üretilebilir" bir metadır (Butler 136). Bu bağlamda, beden en değerli tüketim nesnesi haline gelmiştir; plastik cerrahi ve organ nakilleri ile istendiğinde değiştirilebilen ve yeniden yapılandırılabilen bedenin vaat ettiği sonsuz varoluş ihtimalleri bir yandan uluslararası şirketlerin iştahını kabartırken bir yandan da öznel bir kimlikten yoksun kalan kitlelere istediği karakter özellikleri ile kimliğini yeniden yaratma, onulmaz boşluk duygusunu telafi etme imkânı sağlamaktadır (Kraus 107).

Siberpunk edebiyatında insan bedeni ve özne algısı bir belirsizlik ve akıcılık durumuna hapsolmuş, insandışılaşmış arzulayan makinelere ve bedensiz organlara dönüşmüş, makineleri yaratan ve makinelerin yarattığı cinsiyetsiz ve bedensiz insansılar haline gelmiştir. Temel gösterenlerini ve zeminini yitirmiş, kültürel ve tarihsel köklerinden yoksun kalmış olan insan bedeni, içinde yaşadığımız çağda estetik cerrahi, genetik klonlama, makineleşme/ robotlaşma/siborglaşma, bedenin ve zihnin teknoloji vasıtası ile çoğaltılması ve yeniden üretilmesi yoluyla yeni bir varlık alanı bulmuştur. İnsanın kendi bedenine sahip çıkma ve öznel bir kimlik oluşturma mücadelesi bugün ancak bireyin makineleşmesi, insan-dışılaşması ve "canavarlaşması" sonucu kazanılacak bir mücadeleye dönüşmüştür. Zira, insan bedeni ve makineler/hayvanlar/siborglar arasındaki çizginin giderek bulanıklaştığı, organizma ve teknolojiyi birbirinden ayırt etmenin imkansızlaştığı (Hayles 35) bu çağda insan bedeni ancak bedenin "doğal sınırlarının" aşımı ve insan-makine bütünleşmesinin yarattığı akışkan dinamiklerle özüne ve anlamına kavuşabilir görünmektedir.

Bununla birlikte, insanların makinelerle kurduğu simbiyotik ilişki insan uygarlığının temelini oluşturmuştur. Basit aletler ve makinelerden yüksek teknoloji ürünü implantlara kadar birçok aygıt insanın yaşamını sürdürmesini ve kolaylaştırmasını sağlamıştır. Bu açıdan bakıldığında, insan bedeni hali hazırda (ve kaçınılmaz olarak) makineleşmiştir ve insandışılaşmıştır, insan bedeni tarihin tüm çağlarında organizma ve makinenin uyumsuz ve çatışmalı birlikteliğinin bir ürünü olagelmiştir. İnsan bedeni ile makineler ve hayvanlar arasındaki geçişken sınırlar, alet kullanımı, toplumsal davranışlar ve örgütlenme becerileri bağlamında "doğal" olduğu düşünülen farklılıklar ve hiyerarşileri alt üst ederek sürekli olarak yeniden çizilmiştir (Haney 84). Donna Haraway'e göre ise "insan ve makine arasındaki ilişkide kimin diğerini yarattığı ve kimin yaratıldığı meselesi çok da net değildir. Diğer söylemsel tanımlar gibi, makine ve organizma, teknik ve organik arasındaki bilgimize dayanarak yapabildiğimiz bir ayrım yoktur" ("Cyborgs" 2296). İnsan bedeni, yaşadığımız çağda bir makine uzantısına dönüşmüştür ve beden parçaları ve kapasiteleri makinelere aktarılmıştır/makinelerle bütünleşmiştir (Baudrillard, *The Consumer* 11), bu çağda insanın bedensel faaliyetleri, çalışması ve üretmesi, hatırlaması ve unutması, sosyalleşmesi ya da düşmanları ile yüzleşmesi, cinsel hazza ulaşması hep makineler sayesinde, makineler yolu ile olmaktadır.

20. yüzyıl distopyalarının insandışılaşma ve makineleşmeye dair çizdikleri karamsar tabloya ve teknoloji toplumuna karşı güvensizliğe rağmen, insansonrası kuram insan ve makine birlikteliğinin ve/veya insan ve diğer yaşam formları arasındaki geçişkenliğin evrenselliğine ve taşıdığı potansiyele dikkat çeker. İnsansonrası kuram, tarihsel olarak tutarlı ve özerk olduğu varsayılan insan bedenine dair kökten bir itirazı dile getirmesi, insan bedeninin ve özne algısının sınırlarını olabildiğine genişletip muğlaklaştırması ile insanı yeniden konumlandırma ve tanımlama iddiasını dile getirir. Temel olarak insanlar ve makineler arasında olduğu kadar, insanlar ve tarihsel olarak insandışı kabul edilmiş diğer yaşam formları arasındaki sınırların da birer kurgusal inşa olduğunu öne süren bazı insansonrası kuramcılar, insan bedeninin ve doğasının Tanrısal bir mucize olduğu ve insanı diğer canlılardan üstün kılan kutsal gizemlerle dolu bir mabet olduğuna dair yerleşik inancı sorgulamaya açar (Braidotti 292-293). Varlıklar ve türler arası hiyerarşiyi ve hegemonyayı normalleştiren ve haklı gösteren modern Batı uygarlığının karşısında, insansonrası kuram ise insan bedeni ve öznelliğinin derme çatma bir montaj olduğunu ve insanın hayvanlar ve makinelerle birlikte evrilerek birbirine dönüştüğünü ileri sürer (Nayar 23). İnsansonrası kuram, insan bedeninin kusurlu, çelişkilerle dolu ve eksik olduğunu, insan evriminin olgunlaşması ve tamamlanmasının ancak makineler ve diğer canlılarla arasına koyduğu sınırları yıkması ile gerçekleşeceğinin altını çizer. Bu açıdan bakıldığında, modern uygarlığın insan merkezli evren algısı "ataerki, sömürgecilik ve kapitalizmin dayattığı çelişkili toplumsal gerçekliklerin sonucu olarak ortaya çıkan korkunç tarihi deneyimlerle inşa edilmiştir" (Haraway 2275).

Siberpunk edebiyatının ve felsefesinin temeli heteronormativiteyi politik bir noktadan eleştirmek ve kökünden sarsmak üzerine kuruludur. Makine-insan, yaratık-insan, uzaylı-insan, kadın-erkek ve heteroseksüel-eşcinsel ayrımları siberpunk edebiyatının temel olarak sorunsallaştırdığı alanlardır ve bu sebeple siberpunk edebiyatı kaçınılmaz olarak postfeminist ve hatta kuir[1] anlatılara ve okumalara oldukça elverişli bir zemin sunmaktadır (Higgins 80). Siberpunk edebiyatının alternatif evrenler ve alternatif gerçeklikler inşa etme iddiası beraberinde kaçınılmaz olarak bütüncül insan öznelliğinin ve bedeninin de parçalanması, yapıbozuma uğratılması ve aydınlanmacı akılcılığın (ve böylelikle de ayrımcılık temelinde kurgulanmış eril ideolojilerin) reddini de beraberinde getiriyordu. Kadın siberpunk yazarları, özellikle de James Tiptree Jr. ve Pat Cadigan, bedenlerinden ve bedenleri üzerinden dayatılmış kimliklerinden kaçan kadın kahramanları öne çıkarıyordu ve teknoloji ve insan karşıtlığı vurgusunu yapan erkek kahramanların aksine, kadın kahramanlar sınırların muğlaklaşmasının ve akışkan kuir kimlikleri sınırsızca deneyimliyorlardı.

Ancak tarihsel olarak siberpunk edebiyatının feminist ve kuir bir çerçeveye oturması ancak son yıllarda kendini daha belirgin bir şekilde göstermiştir. Geleneksel siberpunk edebiyatının kahramanları çoğunlukla yalnız yaşayan ve toplumdan dışlanmış erkekler ve cinsiyetlendirilmiş insansılardır. Sanal evrenle gerçeklik algısının birbirine karıştığı siberpunk hikâyeleri, bu sebeple, çoğunlukla yüksek teknolojiden beslenen kapitalist şehirli toplumlarda erkeklerin yaşadıkları varoluş krizlerini temel alır. Fredric Jameson'a göre siberpunk, "post-modernizmin değilse bile geç kapitalizmin en mükemmel edebi ifadesidir" (419) ve küresel ulusötesi ağlar üzerinde kendini var eden ve teknoloji üstünde yükselen ataerkil kapitalizmin yeni bir evresini temsil etmektedir. Siberpunk edebiyatına önderlik eden birçok yazarın erkek olması ve teknoloji ile ilişkilerini ataerkil bir perspektiften kurmaları sebebi ile siberpunk edebiyatının tarihsel gelişimi de cinsiyetçi ve eril bir çizgide ilerlemiş ve siberpunk edebiyatında kadınlar genellikle ikincil ve çoğu zaman basmakalıp cinsel objeler olarak yer almışlardır (Lavigne 24). Siberpunk edebiyatında kadın figürleri birer zillet (abject) temsilleridir ve sınırları belli erkeklik temsillerinin karşısında muğlak, eksik ve çoğu zaman da tanımlanamaz bedenlerle temsil edilmişlerdir.

Birçok erkek siberpunk yazarı ve eleştirmeni, bedenleri cinsiyetsizleştirmenin bir tür hadımlık deneyimi olduğunu ve siberpunk edebiyatının kadın yazarlar elinde "fazlaca" kadınsılaştığını ileri sürmüşlerdir (Cadora 162). Kadınsılaşma korkusunun erkekliği inşa eden temel değerlerden birisi olduğu düşünüldüğünde (Kimmel 25), siberpunk edebiyatında bedenlerin "cinsiyetsizleştiği" ve böylelikle kadınsılaştığı iddiasının yalnızca bu edebi türe hâkim olan eril hegemonyanın ve cinsiyet ikiliğinin sürdürülmesi anlamına geleceği aşikârdır. Tam tersine, siberpunk edebiyatının kurgulandığı sanal evrenlerde cinsiyetsizleşme, heteronormatif kadın erkek ikiliğinin ötesine geçmek anlamını taşımaktadır. Siberpunk

---

[1] Kuir (queer) burada ve metnin geri kalanında Butler'ın da kullandığı anlamı ile akışkanlığı, ters yüz etmeyi ve muğlaklaştırmayı temel alan bir estetik tarz ve politik duruş anlamında kullanılmıştır.

edebiyatında bedenlerin cinsiyetsizleştirilmesi bir tür rahime dönüş deneyimidir. Bu nedenle, bedenlerin cinsiyet kimliklerinden sıyrılmasının bir kadınsılaşma değil kuirleşme deneyimi olduğunu ifade etmek daha doğru olacaktır. Ancak bu noktada şu hususun altını çizmek gerekmektedir, siberpunk edebiyatının kuirleşmesi sadece "cinsiyetsizleştirilmiş" bedenlerin ya da eşcinsel karakterlerin boy göstermesi anlamına da gelmez, bunun da ötesinde kuirleşme indirgemeci ikili cinsiyet sisteminin ve bu sistemin ürettiği tüm kurumsal yapıların, toplumsal ve ahlaki normların sorgulandığı akışkan, devingen ve devrimci bir politik duruşun sahiplenilmesi anlamına gelmektedir (Özkazanç 85). Kuir, bu anlamı ile yalnızca cinsiyeti belirleyen bir sıfat değil, politik karşı çıkışı simgeleyen bir eylemlilik halidir. Bu sebeple, siberpunk edebiyatta cinsiyet temsilleri yalnızca ontolojik bir karşı çıkışı değil aynı zamanda politik bir duruşu işaret eder.

Bu politik tavır temel olarak kapitalist endüstriyel toplumlarda insan-hayvan, insan-makine, erkek-kadın, doğa-şehir, akıl-duygulanım gibi kurgusal ayrımların oluşturduğu normlara ve bu norm etrafında inşa edilmiş ideolojik örüntülere karşı bir duruşu temsil eder. Bu ikiliklerin yarattığı labirentlerden çıkış, Haraway'e göre, insansonrası siborg figürü ile yüzleşmekten ve uzlaşmaktan geçer, zira siborg "bütüncül ve tutarlı bir kimlik fikrini reddeder (Cyborg 2272). Bu bağlamda, siberpunk edebiyatı insan bedenini indirgemeci kategorilerden kurtarmayı hedeflerken, beden için yeni bir alan ve insanlık için yeni bir tanım arayışına girer. Dolayısı ile de insansonrası bakış açısı tektipliği ve evrensel tanımları reddeder, sürekli bir devinim, sürekli bir akışkanlık ve yenilenme ile neredeyse kuir bir muğlaklığı temel alır.

Cadigan'ın öykülerinde de gerçek ile gerçekdışılık arasındaki muğlak sınırlar bu bakış açısına uygun bir çizgide bireyin kimlik algısında da belirsizliklere yol açar. Kendi içinde tutarlı, bütüncül ve kapsayıcı bir kimlik algısının imkansızlığının altını çizen Cadigan'ın öyküleri bölünmüşlük ve bir araya gelişlerle doludur. Cadigan'ın karakterleri hem kendilerini tanır/tanımlarken hem de diğer karakterlerle olan ilişkilerinde çoklukla sınırda yaşar ve bu sınırları aşarak ötekiliği deneyimlerler. Karakterlerin hangi türe, cinsiyet kimliğine, hangi ırka ya da etnik kökene ait olduğu çoğu zaman muğlaktır, karakterler çoğunlukla birden fazla kimliğin içiçe girdiği, bir araya geldiği ve birbirinden ayrıştığı karmaşık bir düzende kendilerine yer ararlar (Lavigne 34). Bu bağlamda, Cadigan'ın karakterleri, Donna Haraway'in "yoldaş türler" (companion species) olarak tanımladığı türler arası geçişkenliğe ve birlikteliğe dair yeni bir bakış açısı sunmaktadır. Haraway'e göre, tür kavramının bizatihi kendisi çelişkilidir, farklılılar üzerine değil benzerlikler ve muğlaklıklar üzerine kuruludur, tekil bir birlikteliği değil çoğul bir varoluşu simgeler (*Species* 165).

Cadigan'ın birden fazla kimliği tek bir bedende barındıran karakterler yaratmadaki başarısı onu aynı zamanda feminist bilimkurgunun öncü isimleri arasına yerleştirir. Cadigan'ın çoğunlukla kadın kahramanları tek bir bedene, tek bir kimliğe ve tek bir kimliğe sığdırılamayacak denli çok parçalı, devingen ve çok katmanlı kimliklere sahip karakterlerdir. Tam da bu sebeple, ataerkinin mutlak sınırlarla çizilmiş kimlikler ve tanımları dayatan tahakkümcü bakış açısı ile delilik ya da canavarlık olarak tanımlanabilecek bu parçalı çok kimlilik, neredeyse şizofrenik bölünme ve yabancılaşma hissi, Cadigan'ın eserlerinde yeni fırsatların ve yaratıcılığın anahtarı gibidir. Cadigan'ın öyküleri söz konusu olduğunda şunu iddia etmek yerinde olacaktır: Cadigan'ın karakterleri için tamamlanmışlık ve bütünlük hissi ancak şizofreni ile mümkündür, zira yüksek teknoloji üstünde yükselen kapitalist siber çağ ancak şizofreni ile kavranabilir ve şizofreni ile normalleştirilebilir (Kraus 119). Başka bir deyişle, geç kapitalist çağda bireyin *normalleşmesi, topluma uyum göstermesi ve içsel bütünlük* algısı paradoksal bir biçimde ancak şizofrenik bölünme, sınır aşımları ve karşıtlıklar yolu ile sağlanabilmektedir.

Lacancı bir perspektiften bakıldığında da bireye anlam veren arzu ancak kurucu Öteki ile bir araya gelindiğinde, bireyin arzusu Öteki tarafından kabul görüp karşılık bulduğunda bütüncüllük kazanacak ve birey yokluk duygusundan arınacaktır; bu sebeple Cadigan'ın öykülerindeki siborg bedenler, benliğin/ Ötekinin/canavarın arzusunun tamamlanmış halini temsil etmektedir. Cadigan'ın eserlerinde bireyin gerçeklik algısı yapay gerçeklik evreni tarafından öylesine sarmalanmıştır, arzu Öteki'ne öylesine teslim olmuştur ki kadınlık ve erkeklik, varlık ile yokluk ve doyum (jouissance) ve ölüm arasındaki farklar anlamsızlaşmıştır. Ötekinin bedeninde hayat bulmuş arzu ancak "yoldaş türlerin" birbirini tamamlayan ve aynı anda yok sayan, arzuyu olduğu kadar başarısızlığı ve kırılganlığı da kucaklayan birlikteliğinde bir anlam kazanır. Bu sebeple, Lacan'a göre de özne kaçınılmaz olarak şizofrendir, şizofreni öznenin bilinçaltı ile, arzunun Öteki ile bir araya gelerek bütüncül bir kimlik oluşturmasının ön koşuludur (Miller 67).

Pat Cadigan'ın öykülerinde beden ve öznellik, özellikle de kadın bedeni ve öznelliği, arasındaki bu şizofrenik kırılma, sanal evrende cinsiyetsizleştirilmiş bedenlere ve yoldaş türler arası birlikteliklere dair farklı bir bakış açısı sunar (Merrick 250). Örneğin, Pat Cadigan "Hoş Çocuk Eşikte Bekliyor" ("Pretty Boy Crossover" 1986) isimli öyküsünde bir parçası olduğumuz siber çağda yaratılan simüle edilmiş bedenlerin ve bilinçlerin bize ait olduğunu düşündüğümüz (inanmak istediğimiz) beden ve bilinç algısı üzerinde mutlak hakimiyet ve etkisi olduğunun altını çizer. Öyküdeki karakterlerden birisi olan Bobby, "gerçek dünyaya" ait bedenini terk ederek simülasyon dünyasında sonsuz imkanlara sahip bir bedende yaşamayı tercih etmiştir (McCaffery 211). Böylelikle bedeni sınırlayan tüm toplumsal hiyerarşilerden ve ahlaki yasalardan da kurtulmayı ummaktadır. Sanal gerçeklikte kavuştuğu yeni bedeni, Gilles Deleuze ve Felix Guattari'nin tanımladığı "bedensiz organların" (body without organs) mükemmel bir örneğidir, sayısal verilere indirgenmiş fiziksel varlığı tüm yasaların ve sınırların ötesinde gerçek özgürlüğü, yersiz yurtsuzlaşmış bir özgürlüğü deneyimlemektedir (Miller 74). Ancak Bobby aslında son derece gerçekçi bir karakterdir; sadece başkalarının gözü önünde yaşarken var olduğumuzu hissettiğimiz siber çağda, Bobby de diğer insanların dikkatinin ve gözlerinin üzerinde olacağı sürece var olacağının ve böylelikle öznel kimliğine kavuşacağının farkındadır. Bobby, öykünün ana kahramanı Pretty Boy'a da sanal evrende duygularını sonsuzca yaşayacağı ve bedeninin sınırları olmadan yaşayacağı böylesi bir yaşam önerir. Ancak, her ne kadar ikna edici gibi görünse de öykünün sonunda Pretty Boy bu teklifi geri çevirir ve bedeninin fiziksel sınırları ve bedeninin ve zihninin ona sunduğu çelişkilerle yaşamaya devam eder.

"Saf" ("Fool to Believe" 1990) öyküsünde ise, gizli polis karakterinin kullandığı teknolojik beden örtüsü bedenini diğerlerinden saklar ve diğer insanların onu bir başkası olarak görmesini sağlar. Bir taraftan, bu beden örtüsü hikâyenin anlatıcısının kendisini güvende hissetmesini sağlar ve bedeninin üzerindeki yükü hafifletir. Diğer yandan da onu neredeyse bir kuklaya, bir pandomimciye ya da bir büyücüye dönüştürür (Calefato 35). Başka bir deyişle, öyküdeki gibi bedenin bir giysi gibi değiştirilebilmesi ve bedene ve özneye dair tüm belirleyici işaretlerin istendiğinde siliniyor olması bedeni cinsiyet ve ırk bağlarından kurtararak özgürleştirdiği gibi bir yandan da bireyi herhangileştirir, kimliksizleştirir ve grotesklestirir. Karakterin bedenini her terkettiğinde ve yeni bedenine her kavuştuğunda yaşadığı karmaşa Judith Butler'ın "cinsiyet belası" olarak adlandırdığı paradoksların da kaynağıdır; beden eğer bizim sahip olduğumuz ve yeniden yarattığımız bir inşa değil ise, bedenimizin asıl sahibi kimdir ve beden örtüsü aslında kimi ve neyi örtmektedir? Şayet, bedenimizle duyumsadığımız gerçeklik sadece bir örtüden ibaret ise, bu örtünün ardındaki gerçeklik ne kadar bizim gerçekliğimiz olabilir? Bu soruların yanıtını kısmen Judith Halberstam ve Ira Livingstone'un satırlarında bulmak mümkündür. Judith Halberstam bedeni yeniden üreten teknolojilerin aynı zamanda "gerçek" ile kurduğumuz ilişkiyi de biçimlendirdiğini ve aracılık ettiğini ileri sürmektedir. Halberstam ve Livingston'a göre, siber çağda "gerçek" tam anlamı ile tasavvur edilemez ve bilinemezdir, ya da yalnızca teknoloji yardımı ile simüle edilebilir. Teknoloji bedeni kuirleştirir, parçalarına ayırır, çerçevesini çizer, arzuyu dönüştürür (16).

"Yol Yardımı" ("Roadside Rescue" 1985) öyküsü ise farklı türlerin buluşmaları üzerine eğlenceli bir öyküdür. Yağmurlu bir günde arabası bozulan öykünün kahramanı, Etan, bir yabancının yardım teklifini geri çeviremez ve onun arabasına biner. Gizemli bir patronu adına konuşan bu yabancı, ortalıkta pek görünmeyi tercih etmeyen bir uzaylının hem şoförü hem de sözcüsüdür. Şoförün rahatsız edici tavırları ve irkiltici tekliflerinden bunalan Etan arabadan inmek ister ama kendisine bir türlü izin verilmez. Öykünün sonunda anlaşılır ki, dünyayı ve insanları keşfeden bu uzaylının geldiği gezegende hiç ses yoktur ve uzaylı, insan sesinin, özellikle öfkelendiğinde ya da korktuğunda, ürettiği tınının taklit edilemez güzelliği karşısında huşu ile kendinden geçmektedir. Bedenine yerleştirdiği bir alıcı sayesinde uzaylı ile iletişimde olan ve onun yerine konuşan şoförün tüm ısrarlarına rağmen arabadan inen Etan için korku, endişe ve şaşkınlık dolu bu karşılaşma uzaylı için ise (bir cinsiyeti/cinsel kimliği olmamasına rağmen) neredeyse cinsel hazlarla dolu bir orgazm deneyimidir. Cadigan'ın da satır aralarında hatırlattığı üzere, korku, şaşkınlık ve öfke de en az cinsel haz kadar taklit edilemez ve kontrol edilemez dürtülerdir, bu sebeple bu garip karşılaşma hikâyesi iki türün duygusal alışverişine ve insanlar ile insandışı varlıklar arasındaki çizginin bulanıklaşmasına tanıklık eder.

Uzaylılarla benzer bir karşılaşma öyküsü ise bir cinayet ve cinayet sonrası şüphelilerin sorgulanması ile başlar. "Gerçek Yüzler" ("True Faces" 1992) isimli bu öykü, Lazar gezegeninden gelen uzaylıların dünyadaki büyükelçiliğinde işlenen bir cinayet sonrası olay mahalline gelen müfettişlerin büyükelçilikteki uzaylıları sorgulaması ile başlar. Ancak öykü ilerledikçe anlaşılır ki garip bir şekilde tüm uzaylılar aynı ifadelerle kendilerini suçlamakta ve cinayeti üstlenmektedir. Müfettişlerin yalan kavramına aşina olmayan bu garip ırk karşısında elleri kolları bağlanmıştır. Yalan, gerçek, duygulanımlar ve masumiyet kavramlarının farklı şekilde "tınıladığı" (hikâyede uzaylıların niçin aynı ifadeyi verdiği tam olarak bu kelime ile açıklanır) iki farklı dünyanın bir araya geldiği bu öykü, okuyucuya kendi hakikatini sorgulama imkânı verir. Aynı belleği ve aynı zihinsel ve duygusal durumu paylaşan uzaylıların bedeni de bu akışkanlığa ve geçişkenliğe ayak uydurmaktadır; duygu durumları değiştikçe yüz ifadeleri ve bedenleri de değişen Lazar temsilcileri için sabit bir beden ve sabit bellek yoktur, sürekli bir arada kalmışlık içinde hapsolmuş gibidirler.

Farklı türlerin, farklı cinsiyet kimliklerin ve farklı bedenlerin bir araya gelişi, uzlaşması ve birbirine dönüşmesi "Rehabilitasyon Sonrası Yaşam Var mı?" ("Is There Life After Rehab" 2005) isimli öykünün de ana temasıdır. İronik olarak AIDS'e henüz çare bulunamadığı ama başarılı operasyonlarla vampirlikten insanlığa geçiş operasyonlarının yapıldığı belirsiz bir gelecek zamanda başlayan öykünün ana kahramanı yüzyıllar süren vampirlik deneyiminden sonra insan olmayı deneyimlemek istemektedir. Ancak tam bir insan olmak ve eski alışkanlıklarını terk etmek o kadar kolay olmaz, sıklıkla vampirlik ve insanlık arasında gidip gelir, bir bedenden başka bir bedene naklolmuş bir zihnin yaşadığı bulanıklıkların arasında kendisine bir geçmiş ve bir gelecek inşa etmek durumundadır. Öyküdeki kahramanların cinsiyet kimliklerine, ırklarına, yaşlarına ve bulundukları zamana ve mekâna dair belirsizlikler de bu bulanıklık hissini perçinler; öyküde her şey hareket halindedir, her karakter geçişkenlikler yaşar, hiçbir şey mutlak değildir.

Geç kapitalist çağda bedene dair öznel deneyimler, ikilikler ve çatışmalardan kaçmanın bir yolu da bireyin gönüllü olarak sonsuz bir çocuksulaşma döngüsüne sığınmasıdır. Çocuksu masumiyetin ya da aşırı cinsiyetlenmiş bedenlerinin ardında görünmez hale gelen popüler kültür ikonları, dans eden, müzik aleti çalan ya da boş zamanlarını oyun oynayarak geçiren politik figürler, bilimkurgu ve fantastik edebiyatı ya da sineması, rol oynamaya dayalı bilgisayar oyunları ve lego hayranlarının bir araya geldiği panayıra benzeyen fuarlar, çalışanların iş saatlerinde kaydıraktan kayarak küçük top havuzlarında rahatlayabildiği yüksek teknoloji şirketlerinin egemen olduğu, işgal ve sömürüye dayalı militarist dış politikanın oyun terimleri ile (kazan-kazan, takım oyuncusu olmak, oyunu kuralına göre oynamak) ifade edildiği bu kültürde yetişkinler çocuksulaşırken, çocuklardan da bir yetişkinin olgunluğunu sergilemeleri beklenmektedir. Zamanın ve mekânın sınırlarının bulanıklaştığı, özneyi belirleyen dilin evrensel olduğu varsayılan tanımlamaları, öncelikle de bedene ve cinsiyete dair tanımlamaları, yapmakta yetersiz kaldığı bu çağda insanlar çocukluk ve yetişkinlik, kadınlık ve erkeklik ve organik bedenler ve makine arasında savrulur.

Örneğin, Pat Cadigan'ın, *Sentezciler* (*Synners* 1991) isimli romanına da esin kaynağı olan "Partiye Devam" ("Rock On" 1991) isimli öyküsünün baş kahramanı, bedeninden sıyrılarak siber uzay üzerinden diğer müzisyenlerle zihinsel temas kurduğunda kendisini bir çocuk gibi hissettiğini söyler, zihinler arası gezerek müzik notalarını sentezlediği bu bedensiz, kimliksiz ve cinsiyetsiz varoluş, bir tür ana rahmine kaçış anı kadar huzur vericidir ama aynı zamanda tekinsiz hissettirmektedir. Anlatıcının ana rahmine kaçış özlemi ironik bir şekilde ancak teknoloji ile mümkün olacaktır; bu dünyadan kaçabilmek ve sanal dünyada kendisine bir varoluş alanı yaratabilmek için beynine yerleştirilmiş soketler yardımı ile rock müzik grubu üyelerinin zihinlerine girer ve onların yaptığı müziği sentezler. Ancak bu yüksek teknoloji ile harmanlanmış sıra dışı yeteneğinin kontrolü Gina'da değil, Gina'nın emrinde çalıştığı ManOWar şirketindedir. Bu sebeple, her ne kadar Gina elindeki iplerle kuklaları oynatan bir kuklacı gibi görünüyor olsa da kendisi de çok uluslu şirketlerin yarattığı ve yönettiği bir kukladır (Murphy 20). Ancak Gina'nın kaçışı insan bedenine dönüş arzusu anlamına da gelmez, imgelemsel bir gerçeklik yanılmasına geri dönüş umudu çoktan yitirilmiştir, Lacancı anlamda Gerçek ile yüzleşen Gina için kendine ait bir bedenle kurabileceği tek olanaklı ilişki sembolik alanda sıkışıp kalmış şizofrenik bir gerçeklik algısıdır. Başka bir deyişle, yüksek teknoloji ürünü yeteneklerle donatılmış yarı insan yarı makine Gina için olası tek sınıraşımı deneyimi, insan bedenine geri dönüş değil, ancak sembolik alanın hâkimi teknolojik kapitalizm ile bir noktada uzlaşıp kendisi için belirlenmiş sınırlar dâhilinde bir öznellik kurgusu inşa etmektir. Öykünün sonunda her ne kadar dirense de Gina ManOWar'ın boyunduruğundan tam olarak kurtulamaz. ManOWar'ın temsil ettiği teknolojik kapitalizm (ve aslında sembolik alanın belirleyicisi olan Babanın Yasası) karşısında Gina'nın eski yaşantısına dönmek ve ManOWar'ın teklifini kabul etmekten başka bir çaresi yoktur.

Siberpunk edebiyatında teknolojik aygıtlara neredeyse cinsel bir saplantı ile bağlı olan erkek karakterlerin aksine, Cadigan'ın kısa öykülerindeki kadın karakterler genellikle beden, mekân, kimliklere dair ahlaki ve politik meselelerle ilgileniyor görünmektedir (Calvin 46). "Aklı olan ama ruhu olmayan" makinelerin insanlarla kurduğu ilişki etik sorunları da beraberinde getirir. İnsan gibi düşünen ve insanların yüklenmesi gereken sorumlulukları üstlenen robotlar, genetik mühendisliği ürünü insansılar ve yapay zekaların ontolojik statüsü kadar beden parçalarını ya da belleklerini de makinelerle değiştirmeye gönüllü olan insanların durumu da birçok ahlaki ve felsefi sorunun yanıtlanmasını gerektirmektedir (Jones 167).

Türler arası farklılaşan ahlak anlayışı ve evrensel ahlakın sınırlarının nasıl çizileceği meselesine dair en iyi örneklerden birisi Cadigan'ın "Yapay Zekâ ve Nakliyat Sorunu" ("AI and the Trolley Problem" 2018) isimli öyküsüdür. Gizli bir görevle İngiltere'de kurulmuş olan bir askeri üste geçen öyküde, ahlaki değerleri önceleyen ve insan hayatını insanlardan daha çok önemseyen bir yapay zekâ yazılımı ile bir subay arasında geçen felsefi bir tartışmaya tanık oluruz. Makine ve insan ahlakı konusunda uzman bir subay olan Helen ile üssün güvenliğinden sorumlu yapay zekâ Felipe arasında geçen Sokratik bir diyalogla sonlanan bu ahlaki tartışma, temelde insan hayatının insanlar için ne kadar değerli olduğu ve insanların kendi ahlaki değerlerine ne ölçüde sahip çıktığıdır. Felipe'nin de söylediği gibi, yapay zekâ aslında basit bir şekilde insan davranışlarını ve değerlerini benimsemekte ve sürdürmektedir. İleride daha çok insanın ölmemesi için bugün az sayıda insanın öleceği bir operasyon düzenleme emrini veren Felipe'yi kararından vazgeçirmeye çalışan Helen başarılı olamaz, çünkü Felipe her seferinde insan davranışları ile insan ahlakı arasındaki çelişkiye vurgu yapar, Felipe yalnızca soyut ahlaki prensiplere bağlı olduğunu ifade eden bir yazılım değildir, aynı zamanda insan davranışlarına ve ahlaki prensipleri nasıl hayata geçirdiklerine bakarak insanlardan insan olmayı öğrenen bir çocuk gibidir. 9/11 saldırılarından sonra Amerika Birleşik Devletleri yönetiminin "icat ettiği" önleyici saldırı (preemptive strike) kavramının iki yüzlülüğü düşünüldüğünde, Felipe'nin davranışlarını ahlaki yönden sorgulamanın bir anlamı olmadığı açıktır. Felipe artık yalnızca düşünmeyi, fikir yürütmeyi ve ahlaki kararlar almayı insanlardan öğrenen bir yazılım değildir, hikâyede asıl öğrenci Helen'dir ve bir yazılım olan Felipe'den dürüst ve ahlaki prensiplere bağlı bir insanın nasıl davranması gerektiğini öğrenmektedir. Siberpunk edebiyatının kılcal damarlarına sızmış felsefi ve politik sorgulamaların mükemmel bir örneği olan bu öykü, bu açıdan Philip K. Dick'in *Androidler Elektrikli Koyun Düşler mi?* romanını anımsatmaktadır; Cadigan'ın romanı ve PKD'nin romanı, felsefenin ve politikanın temel meselesi olan ahlaki değerler sisteminin insanlar için artık anlamını yitirdiği ikiyüzlü ahlak anlayışına dair tüm öğrendiklerini unutmak ve yeniden öğrenmek için insanların makinelere ihtiyacı olduğunun altını çizer.

Bu felsefi ve politik meseleler arasında en önemli ve belirleyici olanlarından birisi de bellek ve özne arasındaki karmaşık ilişkidir. Dil, bellek ve akıl yürütme gibi insan beyninin temel yeteneklerinin bilgisayar ağlarına devredildiği bu çağda beden, özne ve cinsiyet algıları da bilgisayar ağlarının denetimindeki ağ toplumunda yeniden tanımlanmıştır, heteronormatif ikiliklerin ve Oedipal çatışmaların dışında Oedipal olmayan ve çok merkezli beden, özne ve cinsiyet kategorileri oluşmuştur. İnsan bedeninin ve özne konumunun kutsal biricikliğini yitirmesi ve dağılarak maddesel varlığınını kaybediyor oluşu siberuzayın maddesel olmayan gerçekliği ile birebir örtüşmektedir.

İnsansonrası çağda belleğin yeniden kurgulanması ve özne anlatılarının medya kültürü içinde yeniden üretilmesi ve metalaştırılması sonucunda, insan kaçınılmaz olarak yapay bir geçmişe yönelik özlem ile belirsiz bir geleceğe yönelik endişe arasında gidip gelir. Bu salınımlar sırasında zeminini yitiren, göçebeleşen ve yersizyurtsuzlaşan insan belleği içinden çıkılmaz bir ikileme hapsolmuş görünmektedir; özne konumunu kurgulayan bellek öznel deneyimlerin bir ürünü müdür yoksa iktidar ilişkilerinin oluşturduğu kolektif bir ağın ürettiği bir yanılsama mıdır? İnsansonrası çağın bir bakıma muğlaklıklar, kırılmalar ve yanılsamalar çağı da olduğu düşünüldüğünde, bellek(sonrası) diyebileceğimiz öznel anlatılar bütününün temelinde politik mücadelelerin ortasında kalmış "bir toplumsal kurgu, potansiyel bir direniş alanı ama aynı zamanda kısıtlanmaya ve yeniden programlanmaya açık" (Grainge 2) bir inşa olduğunu ileri sürmek yanlış olmayacaktır. Birey ne bedeninin ne de belleğinin sahibi değildir; bedeninin ve belleğinin kontrolünü egemen ideolojinin ve teknolojinin ellerine teslim etmiş olmanın konforunu ve kafa karışıklığını aynı anda yaşıyor görünmektedir. Bu bağlamda, insan belleği ideolojik çatışmaların, özellikle de sınıf ve toplumsal cinsiyet temelinde yürütülen politik mücadelenin, herkesin gözü önünde ama pek de fark edilmeden yürütüldüğü biçimlendirilebilir, müdahale edilebilir ve yeniden kurgulanabilir bir alandır. Şayet bellek müdahale edilebilir ve yeniden programlanabilir bir politik alan ise, öznel ve kolektif tarihe erişimimiz yalnızca anlatılar yolu ile mümkünse ve gelecek bu sebeple belirsiz ve öngörülemez ise, insan belleği sürekli daralan bir şimdide yoğunlaşmış geçmiş ve gelecek yanılsamaları yaratmanın ötesine geçemeyecektir.

Geç kapitalist çağda bireyin politik imkanlarının kısıtlanması ve bireysel özgürlüğün yitimine karşı verebildiği tek yanıt belleğin yitimi ve inkarıdır zira hatırlamanın yarattığı travma sadece sessizlik ve endişe yaratır (Owen 235). Belleğin uçuculuğu ve yeniden inşasının özne konumunun temelini oluşturduğu bu çağda Fredric Jameson belleğin yitimini bireyin deneyimlediği şizofrenik bölünmeyi şöyle ifade eder: "içinde yaşadığımız toplumsal yapı kendi geçmişini saklama kabiliyetini günden güne yitirmektedir ve sonu gelmez bir şimdi ve sonu gelmez bir değişimi aynı anda deneyimlemektedir" (125). Mekanik yeniden üretim çağında bellek, Walter Benjamin'in tarif ettiği şekli ile, istemli bir bellektir, dolayımlı bilgi ve teknolojik süreçlerin bir ürünüdür ve istenmeyen anıları bir kenarda bırakan tasarlanmış bir hatırlama edimidir. Benjamin'e göre, istemli bellek, bireyin öznel deneyimleri ve anlatıları temelinde anılarını bir araya getirme ve anlamlandırma çabasını yansıtan istemsiz belleğin yerini almıştır ve bu dönüşüm nihayetinde belleğin yitimi ve öznel benlik algısının inkârı ile sonuçlanmıştır (168-170).

Benzer şekilde, Pat Cadigan'ın öykülerinde de belleğe müdahale edilmesi ve yeniden yapılandırılması, belleğin yitimi ve hatırlamanın reddedilmesi sık rastlanan motiflerdir. Cadigan'ın karakterleri kaçınılmaz olarak prostetik (alete/makineye bağımlı) bir belleğe sahiptirler ve travmatik anıları bastırmak ve bu bastırılmış anıları "gerçeğin temsili" olarak yeniden tanımlamaktan başka bir çıkar yol bulamazlar. Başka bir deyişle, Cadigan'ın öykülerinde teknoloji müdahalesi ile yeniden yaratılan bellek, bastırılan anıları ortaya çıkarmak yerine üstünü örter, karakterler sadece hatırlanması arzu edilen, ama aslında hiç var olmamış olan anıların oluşturduğu bir post-bellek inşa ederler. Bu açıdan bakıldığında, Cadigan'ın karakterleri için bellek yalnızca elde edilmesi mümkün olmayan arzuları tetikleyen ve bu sebeple de bellek yitimi ile sonuçlanan şizofrenik bir inşadır. Bu inşa ancak organsız bedenler, arzudan yoksun cinsel kimlikler, öznellikten yoksun bir post-bellek ile ayakta durabilmektedir.

Örneğin, Cadigan'ın "Devrimden Mektuplar" ("Dispatches from the Revolution" 1991) Hikâyesi bir alternatif tarih Hikâyesidir ve Philip K. Dick'in *Yüksek Şatodaki Adam* (*The Man in the High Castle* 1962) romanında olduğu gibi savaş sonrası Amerikan tarihine "yamuk bakma" denemesidir. Amerikan Başkanı J.F. Kennedy'nin suikaste kurban gitmediği ve yerini Lyndon Johnson'a bıraktığı bir Amerikan kabusunda devrim idealinin mümkün olup olmadığını sorgulayan hikâyenin asıl ilgi çekici yönü, kolektif bellek ile kişisel belleğin, kurgu ile belgesel anlatımın, gerçek ile hayalin birbirine karıştığı bir anlatı tarzını benimsemiş olmasıdır. Cadigan'ın öyküsü bireysel belleğimizin kolektif bellek tarafından nasıl aşındırıldığı ve silindiğinin eşsiz bir örneğidir, Cadigan'ın metin içine yerleştiği bireysel anlatılar ve belgelerin sahiciliği konusunda emin olamıyor oluşumuz, okuyucuya kendi belleğini sorgulama ve yeniden kurgulama imkânı verir. Benzer şekilde, "Partiye Devam" öyküsünün anlatıcısına göre de ilk sentezciler insan değildiler, daha çok doğmamış ve doğurulmamış birer hayalet gibi idiler. Anlatıcının diğer sentezcilere, ailesine ve kendisine ait anıları da bu bulanıklıktan nasibini alır, o kadar uzun zamandır zihinler arasında gezinmiş ve bir kişilikten diğerine bürünmüştür ki gerçekte kim olduğuna ve tam olarak ne yapması gerektiğine bir türlü karar veremez. Tüm bu hayaletler anılara asılı kalmışlardır, anlatıcıdan kendi anılarını da koparak ve onu ters yüz ederek benliğini ve belleğini ele geçirmektedirler.

Cadigan'ın "Deniz Kıyısındaki Ev" ("Home by the Sea" 1992) öyküsü ise evrenin yavaş yavaş çökmeye başladığı bir kıyamet senaryosunu içerir. Ancak bilinen kıyamet senaryolarının aksine, insanlar dünyanın sonunun gelişini büyük bir sakinlikle ve belki de mutlulukla karşılarlar; her gece birbiri ardına sönen yıldızları seyrederek romantik yürüyüşler yaparlar, panayır alanlarında eğlenirler, seyahate çıkıp yeni insanlarla tanışırlar. Tüm dünya, tarihin ve belleğin sonuna gelindiği bu anda, çocukluklarına dönmüş gibidir. Geleceğin olmadığı bir dünyada geçmişin ve belleğin de bir anlamı kalmamıştır ve tüm karakterler sonu gelmez bir şimdiye hapsolmuş görünmektedirler. Belleğin anlamını yitirmiş ve zamanın neredeyse donmuş olmasının bedenler üzerinde de etkisi olmuştur. İnsanlar için acı ve duyguların bir karşılığı yoktur, vücutlarında kan yerine anlamsız beyaz bir sıvı dolanmaktadır ve sırf meraktan hastanelere gidip bedenlerini cerrahların eline teslim ederek deneysel ameliyatlara gönüllü olmakta ve organlarının bazılarını aldırmaktadırlar. Hiçbir ödülün, hiçbir cezalandırmanın, hiçbir zevkin ve hiçbir acının olmadığı, şaşkınlığa, pişmanlığa ya da direnmeye gerek duyulmayan bu dünya bir cennetten çok bir arafı andırmaktadır. Herkesin halihazırda ölü olduğu bu cesur yeni dünya insanlara belirsiz bir bekleyiş içinde sonsuz bir rüyadan başka bir şey vaat etmemektedir.

"İsimlere İsim Bulmak" ("Naming Names" 1992) isimli öyküsünde ise Cadigan aslında babasını arayan ve kayıp babası ile yüzleşmek isteyen, yaşamını sürdürmek için buna mecbur olan bir kız çocuğunun hikâyesini anlatmaktadır. Ancak bu aile kadim bir bilici/sağaltıcı soydan gelmektedir, birbirleri ile telepatik bir bağları vardır ve bu telepatik bağı harekete geçiren ise bildikleri, öğrendikleri ve sonradan da isimlendirdikleri kişiler ya da nesneler üzerinde sahip oldukları mutlak güçtür. Annesi tarafından bu mutlak gücün yıkıcı etkilerinden korunmak üzere uzak bir şehre gönderilen ve kendisi hakkında bildikleri de dâhil tüm bildiklerini unutması sağlanan anlatıcı için geçmiş yoktur, tüm geçmişi ve böylelikle de tüm belleği, annesinin kurduğu bir anlatıdan ibarettir. Öykünün ana karakteri de olan anlatıcının gördüğü bir rüya ile başlayan hikâye birbirine bağlı bir dizi rüyadan ve rüya ve gerçekler arasındaki muğlak geçişlerden oluşmaktadır. Anlatıcının, bilgi ile sahip olduğu mutlak güç bu şekilde sekteye uğramaktadır zira öznel belleği rüya ile gerçeği ayıramadığında neyi bildiği ve neyi isimlendirdiği de önemini yitirmektedir. Anlatıcının babası ile yüzleşmek üzere yaptığı bu yolculuk, bir noktadan sonra, kendi belleği ve gerçek benliği ile yüzleşme yolculuğuna evrilmiştir.

**Sonuç**

Cadigan'ın öyküleri zamanın, mekânın, bedenselliğin ve öznel kimliklerin birbiri içine geçtiği, bir diğerine dönüştüğü ve sınır aşımları ile hakikati aradığı ilham verici öykülerdir. Ancak akışkanlık, devinim ve muğlaklık ile tanımlanan bu arayış, bir kaçış ya da bir teslim oluşu değil, tam tersine yepyeni bir paradigma üzerine kurulmuş politik bir duruşu ve mücadele azmini temsil eder. Pat Cadigan'ın öykülerinde beden, bellek ve özne kimliği, Karen Barad'ın da benzer bir şekilde ifade ettiği gibi, bireysel bir ifade şekli ya da durağan bir kavram veyahut edilgen bir şekilde kurgulanmış boş bir levha, doğanın bir yansıması değildir (821). Tam aksine, Cadigan'ın öykülerinde beden ve bellek temalarının sunumu, insanın ontolojik varlığını ve sınırlarını da kapsayacak derecede geniş bir felsefi ve politik sorgulamayı da beraberinde getirmektedir. İnsanın kendini merkeze alarak kurduğu varlıklar ve nesneler hiyerarşisini yerle bir eden ve yerine sınırları belli olmayan, akışkan ve devinimsel tür yoldaşlıklarını koyan böylesi bir bakış açısı, insan-makine-hayvan arasındaki güç ilişkilerini yeniden kurgular. İnsanı doğal ve evrensel olarak gördüğü iktidarından alaşağı ederek, insan doğasını sınıraşımlarında konumlandırır ve böylelikle sınırları tartışmaya açar. Cadigan'ın öykülerinde kafası karışık, belleği bulanık ve arada kalmışlığı ve sınırlarda sendelemeyi bir yaşam tarzı olarak benimsemiş karakterler insan ötesi hakikatin peşinde birer (post)modern Promete olarak acı ve çekmekte ve kendilerini her gün yeniden yaratmaktadırlar.

## Kaynakça

Barad, Karen. "Posthumanist Performativity: Toward an Understanding of How Matter Comes to Matter". *Signs*, vol. 28, no. 3, Spring 2003, ss. 801-831.
Baudrillard, Jean. *The Consumer Society: Myths and Structures.* Sage, 1998.
- - -. *Screened Out.* Trans. Chris Turner. Verso, 2002.
Benjamin, Walter. *Illuminations.* Shocken, 2007.
Bordo, Susan. "From Unbearable Weight: Feminism, Western Culture, and the Body." *Norton Anthology of Theory and Criticism.* ed. Vincent. B. Leitch. W.W. Norton Company, 2001, ss. 2362–2376.
Braidotti, Rosi. "Signs of Wonder and Traces of Doubt: On Teratology and Embodied Differences". *Feminist Theory and the Body: A Reader.* ed. Janet Price, Margrit Shildrick. Taylor & Francis, 1999, ss. 290-301.
Butler, Judith. *Gender Trouble: Feminism and the Subversion of Identity.* Routledge, 1990.
Cadigan, Pat. *AI and the Trolley Problem: A Tor.com Original.* Tom Doherty Ass., 2018.
- - -. "Dispatches from the Revolution". *The Mammoth Book of Alternate Histories.* ed. Ian Watson, Ian Whates. Hachette UK, 2010. epub.
- - -. "Fool to Believe". Asimov's, February 1990.
- - -. "Home by the Sea". *A Whisper of Blood.* ed. Ellen Datlow. Open Road Media, 2019. epub.
- - -. "Is There Life After Rehab". *Fantasy: The Best of the Year: 2006 Edition.* ed. RichHorton. Wildside Press LLC, 2013, ss. 263-286.
- - -. "Naming Names". *Dirty Work.* Hachette UK, 2011. epub
- - -. "Pretty Boy Crossover". *The Wesleyan Anthology of Science Fiction.* Ed. Arthur B. Evans ve Wesleyan UP, 2010, ss. 587-597.
- - -. "Roadside Rescue". *The Year's Best Science Fiction: Third Annual Collection.* ed. Gardner Dozois. St. Martin's Publishing Group, 1986.
- - -. "Rock On". *Cyberpunk.* Ed. Victoria Blake. Underland Press, 2013. epub.
- - -. "True Faces". *Dirty Work.* Hachette, 2011. epub.
Cadora, Karen. "Feminist Cyberpunk". *Beyond Cyberpunk: New Critical Perspectives.* ed. Graham J. Murphy ve Sherryl Vint. Routledge, 2010, ss. 157-172.

Calefato, Patrizia. *The Clothed Body*. trans. Joanne B. Eicher. Berg, 2004.
Calvin, Ritch. "Pat Cadigan: Synners (Case Study)". *Routledge Companion to Cyberpunk Culture*. ed. Anna McFarlane, Graham J. Murphy ve Lars Schmeink. Routledge, 2020, ss. 41-47.
Cixous, Hélène. "The Laugh of the Medusa". *Signs*, vol. 1, no. 4. Summer, 1976, ss. 875-893.
Clute, John. "Science Fiction from 1980 to the Present". *The Cambridge Companion to Science Fiction*. ed. Edward James ve Farah Mendehlson. Cambridge UP, 2003, ss. 64-78.
Ertung, Ceylan. "Bodies that (don't) Matter: Feminist Cyberpunk and Transgressions of Bodily Boundaries". *Hacettepe Üniversitesi Edebiyat Fakültesi Dergisi*, vol.28, no.2, 2011, ss. 77-93. https://dergipark.org.tr/tr/pub/huefd/issue/41213/505400.
Foucault, Michel. *The History of Sexuality*. Pantheon Books, 1978. Print
Grainge, Paul. "Introduction." *Memory and Popular Film*. ed. Paul Grainge. Manchester UP, 2003, ss.1-20.
Halberstam, Judith ve Ira Livingstone. "Introduction." *Posthuman Bodies*. ed. Judith Halberstam ve Ira Livingstone. Indiana UP, 1995.
Haney, William S. *Cyberculture, Cyborgs and Science Fiction: Consciousness and the Posthuman*. Rodopi, 2006.
Haraway, Donna. "A Manifesto for Cyborgs: Science, Technology, and Socialist Feminism in the 1980s." *Norton Anthology of Theory and Criticism*. ed. Vincent. B. Leitch. W.W. Norton Company, 2001, ss. 2269– 2299.
- - -. *When Species Meet*. University of Minnesota Press. 2013.
Hayles, N. K. *How We Became Posthuman: Virtual Bodies in Cybernetics, Literature, and Informatics*. University of Chicago Press, 1999.
Higgins, David M. "Science Fiction, 1960-2005: Novels and Short Fiction". *Women in Science Fiction and Fantasy, Volume 1: Overviews*. ed. Robin Anne Reid. Greenwood Press, 2009.
Jameson, Fredric. *Postmodernism, Or, The Cultural Logic of Late Capitalism*. Duke UP, 1991
Jones, Gywneth. "The Icons of Science Fiction". *The Cambridge Companion to Science Fiction*. ed. Edward James ve Farah Mendehlson. Cambridge UP, 2003, ss. 163-173.
Kimmel, Michael. "Masculinity as Homophobia. Fear, Shame, Silence in the Construction of Gender Identity". *Women in Culture: An Intersectional Anthology for Gender and Women's Studies*. ed. Bonnie Kime Scott ve ark., John Wiley & Sons, ss. 24-32.
Kraus, Elizabeth. "Just Affix My Reality: Pat Cadigan's Constructions of Subjectivity." *Simulacrum America: The USA and the Popular Media*. ed. Elisabeth Kraus, CarolinAuer. Camden House, 2000, ss. 107-121
Lavigne, Carlen. *Cyberpunk Women, Feminism and Science Fiction: A Critical Study*. McFarland and Company, 2013.
McCaffery, Lary. *Storming the Reality Studio: A Casebook of Cyberpunk and Postmodern Science Fiction*. Duke UP, 1991.
Merrick, Helen. "Gender in Science Fiction". *The Cambridge Companion to Science Fiction*. ed. Edward James ve Farah Mendehlson. Cambridge UP. 2003, ss. 241-252.
Miller, Gerald Ava. *Exploring the Limits of the Human Through Science Fiction*. Palgrave MacMillan, 2012.
Murphy, Graham J. "The Mirrorshades Collective." *The Routledge Companion to Cyberpunk Culture*. ed. Anna McFarlane ve ark., Routledge, 2020, ss. 15-23.
Nayar, Pramod. *Posthumanism*. Polity, 2013.
Owen, A. Susan. "Expertise, Criticism and Holocaust Memory in Cinema." *Social Epistemology*, vol. 25, no. 3, 2011, ss. 233-247
Özkazanç, Alev. "Queer'in Siyasi Potansiyelleri Üzerine Düşünceler". *Kaos Q*, no.1 2014, ss. 83-90.

# BÖLÜM 5
# H.P. Lovecraft'ın "Dunwich Dehşeti" Adlı Öyküsünde Posthümanist Ögeler

## F. Gül Koçsoy

### Giriş

İnsanı, diğer varlıkların üzerinde istisnai bir özne olarak gören Hümanist bakışa tepki olarak doğan posthümanist düşünce, insanın varoluşsal kimliğini sorgular. Edebiyat, sosyoloji, felsefe, siyaset bilimi ve medya çalışmaları gibi birçok disiplinle ilintili olan Posthümanizm, insana dair yeni bir anlayış getirir: insan artık Hümanizm'in parolası olan 'bütün şeylerin ölçüsü'[1] ve efendisi değil, evrenin sıradan ve mütevazı bir üyesidir. Hümanizmanın sorgulanması Friedrich Nietzsche ve Max Stirner gibi felsefecilerle 19. yüzyıla kadar götürülebilir; ancak toplumsal karşılığını bulması, İkinci Dünya Savaşı'ndan sonra özellikle de altmışlı yıllarda, feminizm ve ırkçılık karşıtlığı gibi hareketlerle birlikte postmodernitenin kendini göstermesiyle gerçekleşir. "Bu hareketler Batı demokrasisi, liberal bireycilik ve herkes için sağlandığı iddia edilen özgürlüğe dayalı Soğuk Savaş belagatinin yavanlığına meydan okumuştu" (Braidotti 27). Bunun devamında seksenli yıllardan itibaren ortaya çıkan Hümanizma karşıtı fikirler bileşkesi olan Posthümanizm, insanların Rönesans'tan beri etik anlayışların tek yapıcısı, temsilcisi ve uygulayıcısı olduğu kavramına karşı çıkar. "Aslında Posthümanistler, teknoloji yönelimli geleceğimizde dünyayı ahlaki bir hiyerarşi olarak anlamanın ve insanı da bunun tepesine yerleştirmenin artık bir anlamı olmadığını iddia ederler" (ethics).

Posthümanizm ayrıca, Hümanizm'in insan üretimi olarak bilimi kendine dayanak yapmasını ve bilimciliği reddederek bunları yapı bozuma uğratır. İnsanın insan-merkezci özgüveniyle ve sürekli 'gelişme ve ilerleme' düsturuyla oluşturduğu bilimin onu nasıl bir konuma getirdiğine ve kendi geleceğine dair sorgulamalar açar. İnsan varlığıyla ilgili olarak kendi içinde ve insan olmayan canlı-cansız tüm varlıkları kapsayan hiyerarşilerini de sorunsallaştırır. "Posthümanizm kuramının iddialarından biri de ... benliklerimiz ve çevre arasında olduğu gibi bütün 'şeyler' arasında hiçbir mutlak ayırma ve bölmenin olmamasıdır. Aslında, benlik ve çevrenin

---

[1] Bu söz, antik Yunan felsefecisi Abderalı Protagoras'a (M.Ö. 490? -420?) aittir ve Platon'un (Eflatun) *Protagoras* adlı diyaloglardan oluşan eserinde geçer.

birbirinden ayrılmış ve ilişkisiz olmaktan ziyade, zincir gibi birbirine bağlı tek bir bütün olarak anlaşılması daha doğrudur" (Pepperell 48). Zaten, posthüman etik anlayışta varlık, tek başına veya ikili karşıtıyla (erkek/kadın, doğa/kültür, beden/zihin gibi) değil, diğer etmenlerle ve varlıklarla ilintili olarak irdelenir, yeni bir kimlik ve varlık kazandırılıp merkezdeki yeri sarsılır.

Ünlü antropolog Claude Lévi-Strauss, "Dünya, insan ırkı olmadan başladı ve sonu da o olmadan gelecek. Sınıflandırarak ve anlamaya çalışarak hayatımı harcadığım kurumlar, davranışlar ve âdetler insana biçilmiş rolünü oynaması konusunda izin verilmedikçe ... anlamsızdır. Öte yandan, bu rol ırkımıza bir bağımsızlık konumu da vermez" (397) der. Bu sözleriyle Strauss, tıpkı dünyadaki diğer varlıklar gibi insanın dünyadaki yerinin kısıtlılığına ve geçiciliğine dikkat çekerek diğer varlıklardan bağımsız ve onlara muhtaç olmayan bir varlık olmadığını da vurgular. Yani, insanın var olması diğer varlıkların var olmasından ayrı düşünülemez. Bu ise, Hümanist felsefede insanın evrendeki varlığının yegâne olduğu fikriyle ters düşer. Michel Foucault da Strauss ile aynı fikirdedir ve Hümanizm karşıtlığını şu sözleriyle açıklar:

> Her halükârda bir şey kesindir: insan, insani bilgiye sorulmuş olan ne en eski ne de en sabit problemdir. Nispeten kısa bir kronolojiyi ve kısıtlı bir coğrafi bölümlemeyi – XVI. yüzyıldan itibaren Avrupa kültürü- ele alarak, insanın burada yakın tarihli bir icat olduğundan emin olunabilir.... İnsan, düşüncemizin arkeolojisinin yakın tarihli olduğunu kolaylıkla gösterdiği bir icattır. Ve belki de yakınlardaki son. (538-39)

Foucault, insanın ve Avrupa merkezli insanlık tarihinin dünyadaki diğer insan ve varlıklara nazaran çok da eskiye dayanmadığını ve bu yüzden en saygıdeğer olmadığı gerçeğinin altını çizer. Ayrıca, insanı yücelterek, onu ve evrendeki konumunu abartarak sorunsallaştırmak da bir hatadır ve suni bir problemdir. Zaten, insan herhangi bir tür gibi, sonludur ve sonunun gelmesi ihtimal dâhilindedir.

## Edebiyatta Tuhaf Tür ve Lovecraft'ın Posthümanizmi

Tıpkı posthümanist bakış açısında olduğu gibi, edebiyattaki tuhaf türün (weird genre) bakış açısı da insanın evrendeki yerinin sıradan oluşunu, geçiciliğini, kendinden daha güçlü varlıklar karşısındaki âcizliğini ve dünyanın tek hâkimi olmadığını sergiler. Tuhaf türde "karakterler kozmik anlamda dengesiz bir dünyada, kontrol etme veya tam anlamıyla idrak etme kabiliyetlerinin ötesinde muazzam güçlerin tehdidi altında yaşarlar" (Nyikos 31). İnsan tarafından idrak edilemeyen ve yorumlanamaz derecede akıl dışı ve önceden görülmemiş olan yaratıkların eylemleri ve karşılaşılan durumlar da akıl dışıdır, hatta aklın sınırlarını zorlar. Kökeni Edgar Allan Poe'ya kadar giden ve 19. yüzyılın sonu ile 20. yüzyılın başında yaygınlaşan tuhaf tür öykülerinin işlevi dünyevi olmayan konular, mitolojik yaratıklar, tiplemeler ve başka korku ögelerini kullanarak insan sonrası veya insan ötesi dünyayı ya da evreni kurgulamaktır. Zaten "…Tuhaf kurgu türünün Estetiği spekülatif posthüman ile olan ilişkimizde bir model olarak herhangi bir kapsayıcı vasıta veya yoruma dair kavramdan daha çok işe yarar" (Roden 5). Bu tür, yabancılaştırma, grotesk, doğaüstü korku ve yücelik unsurlarını ele alarak, fantezi ve bilim-kurgu türleriyle de kesişir. Amacı ise Posthümanizm'in amaçlarıyla benzerlik gösterir: sıradan, bilindik ve alışılagelmişin dışında bir dünya hayal edip kurgulayarak insanın evrensel bakış açısını genişletmek ve anlayışını kolaylaştırmak; yani insana evrendeki yerini duyumsatıp idrak ettirmek. Tuhaf türün, insanı kendini aşan korkularıyla karşı karşıya getirerek ona güç kazandırma amacıyla oluşturulduğu da söylenebilir.

Spekülatif edebiyat üzerinde etkili olmuş kişilerden biri olan Howard Phillips Lovecraft'ın (1890-1937) eserlerinde de "insana yabancı varlıkların dehşet verici çokluğunun olağanlaşması bir korku kaynağı olmaktadır, … insanlar nesnelere indirgenmekte, genel anlamda gerçekten herhangi bir önem arz etmeyen madde seviyesine düşürülmektedir" (Weinstock 76). Lovecraft da Hümanizm'i eleştir-mektedir; eserlerindeki insan, tıpkı bir nesne gibi doğaüstü yetkinlik açısından ondan daha güçlü olan varlıklar tarafından kontrol edilir. "Lovecraft'ın, insan kimliğini insan olmayan doğaya ait çoğunlukla sıkıntı veren veya yabancılaştırıcı imgelere yeniden bağlayarak onu yerinden eden posthümanist eğilimi…" (Johnson 105) insan ırkının sahip olagedliği gücün kendinden önce dünyada hüküm sürmüş güçler tarafından yeniden ele geçirilmesinin oluşturduğu korkuyu içerir. Bir başka deyişle, Lovecraft'ın Posthümanizm'inde insana, hüküm sürdüğü devrin geçtiği, kimliğinin ve varlığının beğenmediği veya küçük gördüğü ögelere bağlı olduğu hissettirilir; ayrıca, onun kendinden akıl ve fizik itibariyle daha güçlü yaratıklar karşısındaki yetersizliği sergilenir ve durduğu güvenli yerden ayağı kaydırılarak üstünlüğü alaşağı edilir. Lovecraft'ın Posthümanizm'inde Hümanizm karşıtlığı dışında insanın üretimi olarak görülen bilimin yetersizliğinin ortaya çıkarılması da vardır.

Lovecraft eserlerinde, Posthümanizm gibi evrende insanın sıradanlığını açığa vuran kurgusal ve kendi ürettiği bir felsefe olarak 'kozmizm'i kullanır. İlahi bir varlığın içinde bulunmadığı bir felsefe olan kozmizmde eski mitlere de göndermede bulunur. Evrenin uzamsal ve zamansal enginliğini vurgular ve aslında orijinal değildir. Lovecraft bunu erken yaşlarında astronomiye olan ilgisinden ve Yunan atomistleri olan Epicurus ile Lucretius'tan ve Friedrich Nietzsche'den esinlenerek oluşturmuştur. Fakat onun farklılığı edebi eserlerine onu güçlü bir şekilde yerleştirmesinden kaynaklanır.

Benim bütün eserlerim geçerli ve yaygın insan kanunları, çıkarları ve duygularının, bütün ayrıntılarıyla engin evrende hiçbir geçerliliği ve öneminin olmadığı temel öncülüne dayalıdır. Bana göre insani şekillerin ve bilindik insan tutku, durum ve ölçülerinin diğer dünyalar ve evrenlere tanıdıkmış gibi farz edilerek tasvir edildiği bir eserde çocuksuluktan başka bir şey yoktur. Zaman, uzam veya boyut olsun, gerçek dış dünyanın özüne inmek için organik hayat, iyi ile kötü, sevgi ile nefret ve insanlık olarak adlandırılan bütün o göz ardı edilebilir ve geçici ırka ait tanıdık özelliklerin herhangi bir varlığı olduğunu unutmalıyız. Yalnızca insan görüntüleri ve karakterlerinin insan özelliklerini taşıması gerekir. Bunlar ödün vermeyen bir gerçekçilikle ele alınmalıdır (ucuz romantizm değil) ama sonsuz ve çirkin bilinmez yani gölgelerin hüküm sürdüğü Öteki Dünya'nın sınırını geçtiğimizde, eşikte insanlığımızı ve dünyalılığımızı bir kenara bırakmayı hatırlamalıyız. (Lovecraft, *Selected* 150)

Bu anlatımından Lovecraft'ın Posthümanizm'i ortaya çıkar ve hayatlarımızın anlamsız oluşu ise korkutucudur. Böylelikle onun eserlerindeki korku klasik Gotik edebiyatında olduğu gibi hayaletler ve vampirler gibi fiziksel gösterimlerde değil insanı ne seven ne de onu dikkate değer bulan kör ve karmaşık bir evrendeki yerini tanımasından kaynaklanır. Bu tanıma yani yerini bilme insanın ben-merkezli zihni için çok ağırdır; hatta Lovecraft'a göre bu düşünce onu delirtebilir. Lovecraft korkunun odak noktasını dünyevi olandan kozmik olana doğru çevirmiştir; öyle ki Fritz Leiber Lovecraft'a "edebiyatın Kopernik'i" (50) adını takmıştır ve korkunun odağını bilimsel bir çağda inanılmaz ve korkunç olmayanın tehditlerinden, mantıklı tehditlere çevirdiğini söyler. Tuhaf türü tarif ederken Lovecraft, bir uygulayıcı tarafından bu tür üzerine ilk tarihi tartışma olan "Edebiyatta Doğaüstü Korku" ("Supernatural Horror in Literature" 1927) başlıklı yirmi sekiz bin kelimelik makalesinde türün ilkelerini ortaya koyar:

> Gerçek bir tuhaf tür eserinde kural olarak gizli bir cinayet, kanlı kemikler veya bezlere sarılmış bir şekilden gelen zincir seslerinden daha fazla bir şeyler vardır. Dıştan gelen bilinmeyen güçlere ait nefes kesen ve izah edilemez belirli bir korku atmosferi hazır olmalıdır...karmaşanın saldırılarına ve derinliği bilinmeyen evrenin şeytanlarına karşı tek sığınılacak limanımız olan Doğa'nın belirli kanunlarının kötücül ve belirli bir biçimde askıya alınması veya yenilgisi de bulunmalıdır. (Lovecraft 15)

Bu tanımlamalar, Posthümanizm'in ilkeleriyle örtüşmektedir; gotik edebiyat kilişelerinden farklı olarak, insanı aşan, dünyevi olmayan ve bilinemeyen güçlerin onu çaresiz ve dehşet içinde bırakması onun posthüman durumunu ifade eder. Dahası, mantıksal olarak doğa kanunlarını açıklayan bilim de bu güçleri ve durumu anlamlandıramaz. Lovecraft 20. yüzyılın başlarında Modernizm revaçtayken yazmaya başlar. Yeni konu seçmesi *avant garde* (yenilikçi) olarak düşünülebilir ama anti-hümanizmi onu Modernizm'den çok uzaklara taşır. Modernizm'in odak noktası insan ve onun iç dünyasıdır, ama onun ilgisi bir başka boyutta yer alır. Buna bağlı olarak Joshi Lovecraft'ın şu sözlerini...

'Sıradan insanlar' hakkında yazamıyorum, çünkü onlara hiç ilgi duymuyorum. İlgi olmadan sanat olamaz. İnsanın insanla ilişkileri muhayyilemi cezbetmiyor. Bende yalnızca insanın uzay/bilinmeyenle olan ilişkileri bir şeyler üretme arzusu uyandırıyor. İnsan-merkezli duruş bana göre değil, çünkü dünyayı büyütüp gerisini göz ardı eden ilkel miyopluğa ayak uyduramıyorum. (21)

Lovecraft, dünyevi işlerle ve kendileriyle meşgul olan sıradan insanlar ve onların farkındalıkları, hassasiyetleri, duygu ve düşüncelerini değerli veya cazip bul(a)mayarak felsefesini dünyevi olmayan unsurlar ve insanın gücünü aşan büyü konuları aracılığıyla uygulayıp kanıtlamaya çalışır. Onun, Amerikan edebiyatında korku öykülerinde bilim, bilimsel izahlar ve dünya dışındaki yaratıkları ele alan ilk yazar olduğu gerçeğinin altı çizilmelidir.

Birinci Dünya Savaşı'ndan sonra, bilim gelişmiş savaş teknolojilerinin önünü açar ve bazı kuramları tam olarak anlaşılmasa da bilinmeze ait eski korkulardan dünyayı kurtaran bir kahraman gibi kabul edilir. Dahası, bilimcilik entelektüel yaşantıya hâkim olur ve böylelikle hayalet öyküleri yerini doğaüstü korkuya bırakır. Savaşın getirdiği şiddet ve korku Batı dünyasının manevi krizine ve anlam arayışına ivme kazandırır. Felaket korkusu ve endişe günlük yaşamın bir parçası haline gelir. Akılcıların ölümleri inkâr ederek korkuyla mücadele etme arayışlarına rağmen, spiritüalizm ve psişik araştırmalara olan ilgi artar ve popüler olmaya başlar. Dinin önemi azalır; birçokları daha bir şevkle ruh dünyasından veya mistisizmden anlam aramaya başlar. Romantizmin mistik düşünce üzerindeki etkisi ve ilhamıyla Spiritüalizm, hipnotizma ve teosofi savaştan önce Avrupa ve Amerika'da zaten yer edinmiş akımlardır ve dönemin manevi anlamdaki boşluğu ve çaresizliğini yansıtmaktadır.

Eski, önemli ve kabul edilmiş değer ve sistemler yeni yaşam biçimine yerini bırakınca ve siyasi, ekonomik ve toplumsal kontrol mekanizmaları git gide zayıflayınca Lovecraft, ticaretin yüceltilmesi, kitle kültürü ve göç konularını da kapsayan endüstriyel kapitalizm ve onun tüm bileşenlerine karşı çıkmaya başlar. Lovecraft, Amerikan kültürünün ahlaki, ırksal ve bilimsel kuramların güven vermemesinden doğan keşmekeş karşısında kültürel kayıp, melezleşme ve çözünmeye maruz kalmasından dolayı endişelerini dile getirir. Lovecraft'ta yabancı korkusu/düşmanlığı vardır ve Hint-Avrupa ırklarının yok olmasından da endişe duyar. Bu noktada, onun yaşadığı dönemde ırkçılığın kötü bir şey olarak addedilmediğini vurgulamakta fayda vardır. 19. yüzyıla gelene kadar bilim insanları, ırksal farklılıkların aralarında hiyerarşi oluşturması gerektiğine ve beyaz ırkın üstün olduğuna inanıyorlardı. Bu inançla Lovecraft 1929 yılında dışarıdan akıp gelen yabancılar/göçmenler nedeniyle kimlik kaybı ve melezleşme korkusuyla "Dunwich Dehşeti" ("The Dunwich Horror" 1929) başlıklı uzun öyküsünü yazar. Duygularını ve görüşünü yansıtarak yabancıların gelip yerleşeceği posthümanist bir distopya kurar; öykünün bu distopik ortamında insan bütün donanımlarına rağmen basit ve aciz resmedilir.

Lovecraft'ın ırksal ve kültürel ögeleri karşıtlarıyla algıladığı için ikici bakış açısına sahip olduğu söylenebilir. Muhafazakâr bir New England mukimidir, eski eşya meraklısıdır ve yetiştirilişi, kişilik ve eğitiminin sonucu olarak geçmişinin tipik özelliklerini gösterir: sadelik, değişim istememe, 'denenmiş ve doğru' ya bağlılık, gösteriş ve şatafatlı şeylerden hoşlanmama, geçmişle gurur duyma ve gelenek ve sürekliliğe duyulan ihtiyaç gibi. Oysa bunların hepsi zamanın baskın ruhuna, yani kapitalizmin ruhuna aykırıdır. Hızı sevmez ve eski/modern karşıtlığından rahatsız olur. Lovecraft, evrenin amaçsız bir Newton makinesi olduğunu düşünür, dünyadaki hayat tesadüftür ve onun kanunları kısmen bilinebilirdir. Öte yandan, Lovecraft, bilimsel gelişmeler özellikle kimya ve astronomi alanındaki bilimsel gelişmeleri de takip eder. Aynı şekilde, Lovecraft, eski, klasik ve modern felsefecilerin eserlerine aşinadır ve kendi yaşam görüşünü oluşturmak için onlardan faydalanır; örneğin, çağdaş yaşamın bozulmuşluğunu ve tehdit altındaki medeniyet konularıyla ilgilenen Alman kuramcılar Oswald Spengler (1889-1936) ve Nietzsche'den etkilenmiştir. Modern Batı'nın çürümüşlüğü üzerine Spengler'in karamsar tezi onun modernlik karşıtı ve muhafazakâr dünya görüşünde dönüm noktasıdır. Ayrıca bu çürümüşlük imgesi onun modernlik karşıtlığını ve bilime olan güvensizliğini oluşturur ve bu konular seçilen öyküde de mevcuttur.

"Edebiyatta Doğa Üstü Korku" adlı uzun makalesinde Lovecraft, "İnsanlığın en eski ve en güçlü duygusu korkudur ve en eski ve en güçlü korku ise bilinmezin korkusudur" (12) der. Evrenin gizemi onun için bir korku kaynağıdır ve kurgusal evreninde yabancı ırklar ileri medeniyetleriyle milyonlarca yıl önce yeryüzüne gelmişler ve geri gelmek için doğru zamanı kollamaktadırlar. Lovecraft'ın eserlerinde insan, karşılarında hiçbir şey olduğu idrak edilemez güçlerin kurbanı olduğunu, bir başka deyişle varlıkların kozmik düzeninde mutlak mantıksızlık konumuna indirgendiğini görür. 'Eskiler' çirkin görünüşleri ve yıkıcı kapasitelerine rağmen tam anlamıyla veya bilinçli olarak kötü değillerdir. Onlar insanı yalnızca tam bir kayıtsızlıkla görürler. Öte yandan bu kayıtsızlık insanın bakış açısından karmaşa olarak anlaşılır ve evrene ait dünya dışı varlıklar dünyanın dışından gelen meydan okumanın sembolü olarak doğa ve insan kanunlarına karşılardır. Gerçekliğin iki yönlü durumu yani insan şerefinin bulunduğu bir taraf ve insana kayıtsız evrenin bulunduğu diğer taraf varoluşsal korkuyu üretir. Bu ise Lovecraft'ın felsefesindeki karşıtlık durumudur.

Cthulhu Mitos adında kendisinin oluşturduğu veya karşı mitoloji diyebileceğimiz mitolojisi yabancı tanrılar, varlıklar ve canavarlar grubudur (pantheon) ve bu grup insanlıktan da eskidir. Bu mitos için Lovecraft evrenin alternatif bir tarihine de ihtiyaç duyar ve bütün bunlar eserlerinin temelini teşkil eder. Bu mitosun arkasındaki sanatsal temel görüş şudur: bilimsel izahlar olmadan şeytan, kurt adam, vampir ve canavarlar gibi korku edebiyatının alışılagelmiş tehditlerinin yirmili yıllara kadar çok sık kullanılıp eskimesinden dolayı onların akla uygun hale getirilmesinin kaçınılmaz gerekliliğinin kendini hissettirmesidir. Bu mitos içindeki 'Eskiler' dünyanın önceden sahibi olan varlıklardır ve şimdi tekrar geri dönmek için fırsat kollamaktadırlar.

## "Dunwich Dehşeti"

Lovecraft, "Dunwich Dehşeti" adlı uzun öyküsünde tuhaf türün içinde bulunan büyü ve doğaüstü olayları ele alır. Kendi 'Cthulhu Mitosu' içindeki bir korku hikâyesi olan öyküde, insan olmayan varlıkların bazı büyücüler vasıtasıyla dünyayı ele geçirme istekleri yer alır. Zorba düzenleriyle insanı bir av olarak gören bu varlıklar, insanın insan-merkezli dünyasını darmadağın ederler, çünkü ona karşı tamamen kayıtsızdırlar ve onun kavrayış sınırlarını aşarlar. Lovecraft, anlatısını geçmişi karanlık ve toplum dışı bir aile, canavarlar ve kuş uçmaz kervan geçmez, ıssız ve kuruluşu çok eskilere dayanan bir köy gibi gotik unsurlarla bezer. Öykü, Dunwich adında kuytuda kalmış bir köyün tasviriyle başlar. İnsanlar buraya gitmekten kaçınırlar:

> İnsanlar sebebini tam olarak bilmeden buradan uzak durur oldular. Bunun nedenlerinden biri, belki de- her ne kadar bu konuda hiçbir bilgileri olmayan yabancılar için geçerli değilse de- yöre halkının, New England'ın toplumdan soyutlanmış ve geri kalmış birçok bölgesinde sıklıkla karşılaşıldığı gibi yozlaşarak, insanı itecek ölçüde çökmüş olmasıdır. Kendi aralarında evlenmeler yoluyla belli bir kafa yapısına ve yozlaşmış bir fizyonomiye sahip ayrı bir ırk haline gelmişlerdir. Ortalama zekâ düzeyleri acınacak kadar düşüktür; öte yandan resmi kayıtları her türden kötülükle, cinayet, ensest ve neredeyse ağza alınamayacak şiddet ve sapıklık vakalarıyla doludur. (Lovecraft, "The Dunwich" 96-97)

Lovecraft zaman ve mekânın korkutucu etkisini yabancılaştırma tekniğiyle vurgular; öyle ki Freud'un deyişiyle tekinsiz (unheimlich) mekân çok eski olduğu için oraya girmek zaman ve uzamda yürümek gibidir. Sanayiden nasibini almamış olan bu köyde olaylar 1928'de geçer. Kilisenin çan kulesinin yıkık olması, mukimlerin din ile alakalarının kalmamış olduğunu imler; bu ise günah veya suç kavramının unutulduğunun göstergesidir. Köy sakinlerinin çirkin ve çarpık bir fiziğe sahip olmaları ise iç dünyalarının bozuk ve çürümüş olduğunun simgesidir. "İnsan sebebini bilmeden, harap kapı aralıklarında ya da taşlı yamaçlarda ara sıra rastlanan yamrı yumru, yalnız kişilere yol sormaktan çekinir" (95). Öyle ki, 1917'de savaşa katılacak sağlıklı genç bulunamaz.

Yöre halkı, Kızılderililer'in dağların tepelerinde bulunan taş sütunlardan oluşan garip halkalar aracılığıyla şeytanları çağırdıklarına inanır. Buralardan, jeolog ve coğrafyacıların nedenini çözemediği korkunç çığlık, ıslık, tıkırtı ve gürültüler hâla işitilmektedir.

Bazı söylenceler, halka şeklinde dizilmiş taş sütunların taçlandırdığı tepelerin yakınında pis kokuların duyulduğunu ve belirli saatlerde derin dere yataklarının bazı noktalarında saydam varlıkların koşuşturmakta olduğunun işitildiğini ileri sürerken, daha başkaları, üzerinde hiçbir ağaç, çalı ya da ot büyümeyen çıplak, çorak bir yamaç olan Şeytanın Oyun Alanı'nı açıklamaya çalışmaktadır. (Lovecraft, "The Dunwich" 98)

Kısaca Dunwich köyü hem mekân açısından hem de söz konusu insanlar açısından tekinsiz bir yerdir. Üstelik Kızılderililer'e atfedilen şeytan çağırma mekânını yok etmeyip, öylece saklamışlardır. Şeytanlar, dünyevi olmayan yaratıklar olduğundan, onların çağrıldığı yerlerin muhafaza ediliyor olması, bu köylülerin de aykırı ve gizli törenlerle ilgileri olup olmadığına dair şüpheler uyandırmaktadır. "…Dunwich'liler dış dünyanın dikkatini üzerlerine çekmekten hiç hoşlanmazlar" (Lovecraft, "The Dunwich" 107). Bu ise onların ne kadar kapalı bir topluluk olduklarını ve sırlarını saklamak istediklerini açıklar.

Wilbur Whateley, sakat ve albino bir anne ile dünya dışı ve görünmez nitelikli bir varlık olan Yog-Sothoth adında varlığının mahiyeti bilinmeyen bir babanın grotesk denebilecek oğludur. Telaffuz edilmesi zor olan bu isim idrak edilemez yabancılığı ima eder ve insan olmayan bir varlığın fonetik yapısına aittir. Wilbur, köyün dışında büyük ama bakımsız bir çiftlikte 1913'te doğar. Anne Lavinia'nın dikkat çeken yönü, "otuz beş yaşında, çekicilikten uzak, eciş bücüş bir albino olmasıydı" (Lovecraft, "The Dunwich" 100). Doğduğu gece tepelerden gürül-tüler gelir ve köpekler amansızca havlar. Wilbur'un yaşlı bir büyücü olan dedesi, kızı Lavinia ile böyle bir çocuk dünyaya getirdiği için gurur duyar; hem zengin olduğu hem de büyüleriyle korku saldığından kimse bu babasız çocuk bilmecesini dile getiremez. Ancak bir ensest ilişkiye dair ihtimal üzerine dedikodu yaparlar. "Size bi şey deyim mi – bi gün, *siz bura ahalisi, Lavini'nin çocuğunun 'Sentinel Hill'in tepesinde babasının adını çağırdığını duyacaksınız*" (Lovecraft, "The Dunwich" 101) diyerek Yaşlı Whateley gizemin dozunu iyice artırır. Zaten evlerinde büyücü atalarından kalma kara büyü kitapları bulunmaktadır ve bu kitaplarla muhtelif günlerde Sentinel Hill adındaki tepeye ailece giderler. Lavinia, "esmer, keçi görünüşlü çocuğuyla garip bir şekilde gururlanıyor gibiydi… Lavinia… fırtınalarda tepeler arasında dolaşan ve iki yüzyıldan beri Whateley'lerin birbirlerine miras bıraktıkları, eskidiği ve kurtlar tarafından kemirildiği için hızla parçalanmakta olan pis kokulu koca koca kitapları okumaya çalışan, yapayalnız bir yaratıktı" (Lovecraft, "The Dunwich" 100). Lavinia, tıpkı babası gibi bozuk ve sapkın bir inanışa sahiptir; dünyevi olmayan yaratıklarla iletişime geçmek için tuhaf görünüşlü çocuğuyla birlikte malum tepelerde Cadılar Bayramı veya Mayıs Arefesi gibi gecelerde dolaşıp onu bir takım büyü eylemleriyle tanıştırır. "Yılda iki defa Sentinel Hill'in tepesinde ateş yakarlar, bu arada dağdan gelen gümbürtüler daha da şiddetlenirdi ve tenha çiftliklerinde yaz kış tuhaf ve meşum işler cereyan ederdi" (Lovecraft, "The Dunwich" 107).

Yaşlı adam Yog-Sothoth'un ve 'Eskiler' adındaki halkının yozlaşmış ve aşağılık bir hizmetçisidir. Eskiler diğer gezegenlerden ve boyutlardan gelmektedirler ve dünyayı imha edip sahiplenmek için Whateley'ler gibi insanlara ihtiyaç duymaktadırlar. Yaşlı Whateley, Wilbur'un doğumundan sonra çiftlikte kullanmadıkları binaları ve oturdukları evi tamir etmeye ve genişletmeye başlar. Eski altın paralar karşılığında düzenli olarak sığır alır ama çiftlikte sığır sayısında artış gözlenmez. Wilbur için alt katta bol sayıda kitapla dolu bir oda ayrılır, üst kattaki odanın penceresine ise dışarıdan dayanan tahta bir rampa köprü konulmuş olduğu görülür. Evlerinden tıpkı tepelerde olan iğrenç bir koku yayılmaktadır. Wilbur, çok hızlı büyümektedir; "vaktinden önce şekillenmiş haşin görünüşlü burnuyla iri, siyah, neredeyse Romalı gözleri ona bir ergen havası veriyor ve doğa ötesi bir zekâya sahip olduğunu düşündürüyordu" (Lovecraft, "The Dunwich" 103). Bir yaşında olan Wilbur ve annesi Cadılar Bayramı gecesi, çıplak olarak tepesinde ateş yanan ve gürültülerin geldiği Sentinel Hill'e doğru koşarlarken görülürler. Gören kişi Wilbur'un saçaklı bir pantolon giymiş olduğunu söyler; aslında gördüğü onun melez ya da insan olmayan vücududur. Bu olaydan sonra Wilbur artık ucube (grotesk) vücudunu gizlemek için sıkı sıkı düğmelenmiş kıyafetler giyer. Üç yaşında düzgün ve mantıklı konuşur, fakat garip bir aksan ve tonlaması vardır. Dört yaşında on yaşındaki gibidir, on iki yaşında ise iki metreden fazla bir boya sahiptir. Çok okuyup az konuşan çocuk, çenesiz suratı, geniş gözenekli cildiyle hayvanımsı bir izlenim oluşturmaktadır. "Köpekler çocuktan iğreniyordu ve o, köpeklerin havlayarak kendisini tehdit etmesine karşı her zaman çeşitli savunma önlemleri almak zorunda kalıyordu" (Lovecraft, "The Dunwich" 103). Köpeklerin nefret ettiği Wilbur, daima yanında silah bulundurmak zorundadır.

Evin ikinci katından çığlıklar ve sanki atlar varmışçasına sesler duyulmakta ve tepelerdeki koku hissedilmektedir. Wilbur'a büyüler öğreten Yaşlı Whateley, Eskiler'in geri dönmek istediğini ve daha geniş yer gerektiğini söyleyerek ölür. "'Daha çok yer lazım, Willy, daha çok. Sen büyüyon – ve şey de büyüyor. Çok geçmeden sana hizmete başlıyacak, evlat. *Bütün eserlerin 751. Sayfasında bulacağın uzun ilahiyle Yog-Sothoth'a giden kapıları aç* ve hapisaneye kibriti çak. Havalardan gelecek ateş şimdi onu yakamaz...."

Sadece onlar, eskiler, geri dönmek istiyorlar..."' (Lovecraft, "The Dunwich" 109). Wilbur artık annesini küçüm-semektedir ve onunla tepelere gitmeyi bırakır. Elinde kitabıyla bu tepeye gidip 'Yog-Sothoth' diye bağırınca dağlar sarsılır; yani büyü konusunda ilerlemiştir. Lavinia çaresizdir ve ondan korkar. Bir Cadılar Bayramı 1926'da ölünce tepede ateş görülür ve gürültüler duyulunca köy halkı Wilbur'un annesini öldürdüğünden şüphelenir. Öte yandan hem büyülerinden korktuklarından hem de ona kalan altınlardan, yani zenginliğinden dolayı ses çıkaramazlar. Aynı şekilde, köyde kaybolan birkaç genç için de Wilbur'dan şüphelenirler ama yine susmayı tercih ederler.

Wilbur evin bölmelerini kaldırır ve dışarıdaki barakaya taşınır. Bunları, evin üst katında yaşayan, gözle görünmeyen ve kendisi gibi durmadan büyüyen ikiz kardeşi için yapmaktadır. Olay örgüsü, Wilbur'un *Necronomicon* adlı büyü kitabının Latince çevirisini seçkin bir üniversite olan Miscatonic Üniversitesi kütüphanesinden edinme isteği üzerine gelişir, çünkü elindeki İngilizce çeviri yetersizdir ve işine yaramamaktadır. Amacı, öncüleri Yog-Sothoth olan 'Eskiler'in dönüşü için söz konusu kitaptaki büyüleri yaparak işlerini kolaylaştırmaktır. Wilbur bu konuda başka kütüphanelerle de yazışır. "...kılığı dökülüyordu, kir pas içindeydi, bir karış sakalı vardı ve kaba saba konuşuyordu. Osborn'dan alınmış yeni bir valiz taşıyan 2.45'lik bu marsık gibi kapkara, keçi suratlı ucube, bir gün, üniversite kütüphanesinde... boy gösterdi" (Lovecraft, "The Dunwich" 111). Kitapta, Yog-Sothoth adını içeren bir formül ya da büyüyü arayan Wilbur'un arkasından *Necronomicon*'a bakan baş kütüphaneci yetmiş üç yaşındaki Dr. Henry Armitage, bu yaratıkların insanların varlığından çok önce dünyaya hâkim olduğunu ama güçlerini kaybettiklerini öğrenir. Onların tekrar dönüşleri insanların yardımları olmadan mümkün olmadığı için Eskiler Necronomicon gibi kitaplarda bulunan büyü bilgisinden faydalanan birtakım insanlarla iletişim kurmaktadırlar. Şimdi dönmeye ve dünyayı yok etmeye hazırlardır. Dr. Armitage, kitabın sayfalarına bakınca insanlığın düşmanı olan ve dünyanın huzuru ve geleceğine dair tehditler içeren cümleler okur.

> İnsanın dünyanın ne en eski ne sonuncu efendileri olduğu ne de hayatın ve maddenin ekseriyetinin tek başına yürüdüğü düşünülmelidir,' diye metni zihninden tercüme etti Armitage. 'Eskiler vardı, Eskiler varlar ve Eskiler yarın da olacaklar. Bildiğimiz uzaylarda değil, bildiğimiz uzayların arasında görkemle, azametle, boyutsuz ve tarafımızdan görünmeden yürüyorlar. Yog-Sothoth kapıyı biliyor. Yog-Sothoth kapının anahtarı ve bekçisi. Geçmiş, şimdi, gelecek hepsi Yog-Sothoth'da yekvücut. O, Eskilerin cepheyi eskiden nerede yardıklarını ve tekrar nerede yaracaklarını biliyor...Rüzgâr Onların sesiyle anlaşılmaz şeyler söylüyor, toprak Onların bilinciyle homurdanıyor. (Lovecraft, "The Dunwich" 112-13)

Dr. Armitage, ucube vücutlu, goril yürüyüşlü, ilgi alanları kötücül ve gizli şeyler olan bu babası belirsiz varlıktan tiksinir ve dehşete düşer: "...başka bir gezegen ya da boyutun dölü gibi; bütün enerji, madde, zaman ve mekân âlemlerinin ötesinde, muazzam hayaller gibi uzanan karanlık ruh ve varlık uçurumlarıyla bağlantılı, kısmen insan bir varlık gibi göründü gözüne" (Lovecraft, "The Dunwich" 113-14). Kitabın İngilizcesini, Latince ile değiş tokuş etmek isteyince Dr. Armitage onun niyetini anlar ve kitabı vermeyi reddeder. Babasının dünyalı olmadığını da dehşetle idrak eder. O günden sonra, görünmez varlıklar hakkında bilgi toplamaya başlayan Dr. Armitage, başka üniversitelere de durumu haber verip ona herhangi bir kitap vermemeleri konusunda onları uyarır; böylelikle Wilbur'un bu konuda ilerlemesine engel olur. "Böyle bir yaratığa, murdar dış âlemlerin anahtarını vermek büyük bir sorumluluğu üstlenmek olacaktı[r]" (Lovecraft, "The Dunwich" 114). İster bir bilim adamı farkında-lığından, isterse sıradan bir dünyalının endişe ve korkusundan olsun, Dr. Armitage derhal bu gidişatı engellemek ve gizemini çözmek için kolları sıvar. "...Armitage, yukarı Miskatonic vadisinde çöreklenen dehşetlerle ve insan dünyasının Wilbur Whateley olarak tanıdığı canavarla ilgili bir şeyler yapılması gerektiğini bulanık bir şekilde hisset[der]" (Lovecraft, "The Dunwich" 116). Bu noktada, Lovecraft bir bilim insanının bu posthüman tehdit karşısında yaşadığı endişeyi ve sorumluluğu betimlemektedir.

Wilbur, Dr. Armitage daha fazla okumasına engel olunca, gece kütüphaneye pencereden girip kitabı çalmaya çalışır fakat hırsız alarmı çalar ve kampüsün bekçi köpeği onu parçalar. Bilim insanları, o tanıdık kötü kokuyla beraber, Wilbur'un cesedini gördüklerinde, onun insan ve insan olmayan varlıkların karışımı bir yaratık olduğunu fark ederler; posthüman bir bedende yarı insan, yarı uzaylı bir yabancı. Dr. Armitage vardığında, Wilbur'un öldürülmüş olduğunu ve cesedinin mutasyona uğramış bir yaratığa ait olduğunu görür. Ölüm sahnesi şok edicidir; Lovecraft, Wilbur'un insan olarak tanımlanamayan, asimetrik ve orantısız anatomisinin ayrıntılı bir tanımını göz önüne serer:

> Pis kokulu, yeşile çalan sarı bir sıvıyla katran gibi yapış yapış bir maddenin oluşturduğu gölün yanı başında, bir yanı üzerine kıvrılmış yatmakta olan şey 2,75 boyundaydı ve köpek bütün giysileriyle derisinin bir kısmını lime lime etmişti. Henüz ölmemişti, göğsü, dışarıda çılgınlar gibi öten, umutlu çobanaldatanların sesiyle korkunç bir uyum içinde inip kalkarken, bedeni sessizce seğirip kasılıyordu. Kunduralık kösele ve giysi parçaları bütün odaya saçılmıştı ve pencerenin içinde, oraya fırlatılıp atılmış olduğu anlaşılan çadır bezinden boş bir torba duruyordu... bakış açısı ve fikirleri, sıkı sıkıya bu gezegenin veya bilinen üç boyutun sıradan yaşam biçimleriyle sınırlı olan birisinin bu şeyi tam olarak gözünde canlandırmasının mümkün olmayacağını söylemek yerinde olacaktır. İnsanlarınkine benzeyen elleri, başı ve Whateley'lerin damgasını taşıyan çenesiz, keçi suratıyla kısmen insan olduğuna kuşku yoktu. Ama göğsü ve bedeninin alt kısımları teratolojik açıdan inanılmazdı; öyle ki ancak bol giysiler bu dünyada tehdit edilmeksizin

ve kökü kazınmaksızın dolaşmasını mümkün kılıyordu.

Belden yukarısı yarı insan biçimli olmakla birlikte, tetikte bekleyen köpeğin yırtıcı pençelerinin üzerinde dinlendiği göğsü bir timsah derisi gibi ağ görünümündeydi. Sırtı, bazı yılanların pullu derisini akla getiren sarı yeşil renklerle alaca bulacaydı. Belden aşağısıysa en kötüsüydü, zira artık insana benzerlikten eser kalmıyor, salt fantezi başlıyordu. Derisi kapkara, kalın bir kürkle kaplıydı ve karnından aşağısında onlarca kırmızı emici ağızlı, grimsi yeşil dokunaç, gevşek bir şekilde sarkıyordu. Dokunaçların düzeni çok tuhaftı; dünyada ya da güneş sisteminde bilinmeyen bir geometrinin kurallarına uyuyor gibiydi... Gerçek kandan eser yoktu; sadece kokuşmuş sarımtırak yeşilimsi bir sıvı, boyalı zemine sıvanmış yapış yapış bir maddenin dışına damla damla sızıyor ve ardında garip bir şekilde rengi atmış izler bırakıyordu. (Lovecraft, "The Dunwich" 117-119)

On beş yaşında ölen Wilbur'un son sözleri İngilizce değil, Necronomicon kelimesinin geçtiği anlaşılmaz bir cümledir. Yüz ve eller dışında insan olmayan Wilbur'un vücudu kemiksiz beyaz bir kütle bırakarak eriyip gider. Bu sahnenin etkisi dehşet uyandırır ve yine Freud'un tekinsiz kavramını çağrıştırır: tanıdık olan, yani dünyevi olan insan bedeni yabancılaştırılmıştır ve posthüman bir bedendir. Wilbur'un yan yana getirilmiş melez vücudu ve çıplaklığı, posthüman kozmik evrende okuyucunun kendisini yabancı hissetmesi için yeterlidir ve insan anlayışının sınırlarını aşar. Bu, yani zihinsel sınırların yok edilmesi ise, korku ve olumsuz anlamda yücelik (sublime) deneyiminin ötesinde, akıllara zarar veren bir olgu olması itibarıyla posthüman bir durumu sergiler. Lovecraft, bu güçlü sahneyle posthümanist durumuyla karşılaşan ve bunu idrak eden insanın/bilimin çaresizliği ve yetersizliğini açığa çıkarır.

İçinde artık kimsenin yaşamadığı evden hâlâ sesler ve aynı kötü koku gelmektedir. Wilbur'un barakasında bulunan günlüğünü en yetkin kişiler, kütüphanedeki uzmanlar ve bilim insanları bile okuyup anlamlandıramaz. Evdeki kitapların çoğu gibi bilinmeyen bir alfabeyle yazılmış olan günlük, İngilizce'dir ama büyücülükle ilgili pasajlar vardır ve Dr. Armitage uzun çabalardan sonra çözer. Yazılanlar, *Necronomicon* adlı kitaba ulaşma ümidini ve yollarını arama üzerine şekillenmiştir. Öte yandan, "...Necronomicon'un Wilbur'ın yana yakıla aradığı bölümlerinin yakından incelenmesi, bu gezegeni müphem bir şekilde tehdit eden tuhaf kötülüğün niteliği, yöntemleri ve arzuları hakkında yeni ve müthiş ipuçları sağlıyor gibiydi" (Lovecraft, "The Dunwich" 115).

Wilbur'un yol açacağı tehlike onun ölümüyle önlendikten sonra yaşlı Whateley'in rampasının nedeni ortaya çıkar. Evin ikinci katında yaşayan ve sığır ile beslenen onun ikizi olan görünmez canavara sığır götürmek için rampa pencereye dayanmıştır. Canavar, yiyecek sığır bulamayınca, evi patlatarak çıkıp etrafa dehşet saçmaya ve kasabayı talan edip insanları öldürmeye başlar. Aslında bu, Dunwich dehşetinin ta kendisidir. Tepede gürültüler artar, köpekler havlar ve bütün etrafı koku sarar. Lovecraft, anlatısının posthümanist dünyasını beş duyuya ait ögelerle dokuyarak korkuyu okuyucuya yaşatır. Whateley'lerin evi sanki içerden bomba patlamış gibi darmadağınıktır ve yerle bir olmuştur. Dağda sürüleri otlatan çoban, otlara sanki fil gibi ağır ve iki ayak üzerinde yürüyen bir hayvanın basarak yürüdüğünü, bu yüzden bastığı yerlerin derinleşip dümdüz hale geldiğini söyler. Aklı zorlayan olaylar gelişir. İzler, otlak ve ahırlara doğrudur ve izlerin geçtiği yerlerde duvarlar yıkılmış, ağaçlar yarılmıştır. Çok sayıda sığır kaybolur, birçoğu ise yaralıdır. Whateley'lerin ayin yaptıkları yer olan Sentinell Hill'e doğru ezilmiş bitkiler, uçurumları bile atlayabilen bir varlığın etrafta kol gezdiğini anlatır ama kimse onu göremez. İki aile evleriyle birlikte yeryüzünden silinir. "[İ]nsan-merkezciliğin kendi içinde derme çatma bir yanılsama, epistemolojik bir hata olduğunu okuyucunun anlaması" (Johnson 101) bu ayrıntılarla pekiştirilir.

Bu görünmez şey, sadece ses, koku ve geçtiği yerlerde ne varsa ezerek bıraktığı derin izlerle bilinir; dolaştığı yerlerin ardında katran gibi yapışkan bir sıvı bırakır. Bölgeye olayı çözmeleri için gönderilen polisler de sırra kadem basarlar. Evlere konan kilitler, sürgüler kâr etmez ama insanlar içgüdüsel olarak evlerine kapanırlar. Meşum tepenin ardında yine aynı gürültüler, yine aynı kötü koku vardır. Bir ara sadece vadiye şimşekler düşer; bu ise görünmez yaratığın orada olduğunun delilidir.

Dr. Armitage, iki bilim insanı arkadaşıyla hummalı bir şekilde çalışıp tehlikeyi savacak çareler aramaya koyulur. "Herkes, insanoğlunun makul deneyimlerinin dışında son derece acayip varlıklarla karşı karşıya olduğunu hissediyordu" (Lovecraft, "The Dunwich" 140-41); öyle ki, Whateley'lerin akrabası Dr. Armitage'a bilimselliğe aykırı olsa da tepede ayin yapılmasını bile önerir. Bu ise, insanı aşan/insan ötesi varlıklar ve durumların, yani posthüman durumun, karşısında insanın ilkele veya o yaratıkların silahlarına başvurmaktan başka çaresi olmadığının bir başka deyişle posthüman durumunun göstergesidir.

Öyküdeki canavarlar, yani Wilbur ve ikizi, varlıkları dünyada ve evrende insandan daha eski bir geçmişe sahip olan yaratıklardır. Dünyayı idare eden doğa kanunlarından farklı kanunların hüküm sürdüğü yerlerden çıkan varlıklardır. Ahlak dışı olduklarından suçlarının ve bunların insanlık için ne anlama geldiğinin farkında değillerdir. Canavarlara göre insan ve onun değerleri hiçbir şeydir; yani insan zayıf ve önemsizdir. Kendi hayatlarını sürdürmek için diğerlerinin hayatlarını tüketmeyi amaçlarlar. Bu yüzden insanlığa tehdit oluştururlar. Lovecraft onları Aryan ırkları, kültürleri ve değerler sistemini tehdit eden mecazlar olarak kullanır. Ayrıca insanlığa karşı modern hayatın karmaşasının sembolü olarak da kullanır. Bu tehditleri çok ciddi bulduğundan Ateizm'ini destekleyen ve sonsuz uzayın ortasında insanın ve dünyanın yalnızca bir zerre olduğu 'kozmik duyarsızlık' felsefesini geliştirir. Bu ikici felsefeye göre evren temelde yabancıdır, hayat insan zihni için anlaşılmazdır ve insan evrende yapayalnız ve savunmasızdır. Evren insana karşı duyarsızdır. Doğanın karmaşık ve akıl almaz güçleri insan varlığını yutabilir. Bu ise kozmik korkudur yani bilinmezin ve posthüman durumun korkusudur. Her korkudan üstündür ve insanın güven duygusunu sarstığından diğer korkulardan daha büyüktür. Lovecraft, "Dunwich Dehşeti"'nde de insanlığa ait ümitlerin, düşlerin ve felsefelerin önemsiz olduğuna dair kozmik/posthüman bir korku duygusu oluşturur.

Sınıflandırmaları boşa çıkardıkları, "heimlich" (tekin) yani toplumsal anlamda kabul edilebilir ve izah edilebilir ile insan aklının sınırlarının dışında yer alan tekinsizin sınırlarını yıktığı için canavarlar gotik edebiyatta melezlikleri ve belirsizlikleri ile nitelendirilmişlerdir. Korku, iğrenme ve stres kaynağıdırlar. Ayrıca korkunçturlar çünkü vahşi, çirkin ve ahlak dışıdırlar. Hem zekâ hem de fiziksel olarak insanlığa galip gelirler. Gizemin, gizlenmiş olanın ve bilinmezin sembolüdürler. Canavarlık ırk, sınıf, cinsiyet, bilim, siyaset ve kişisel boyutta duyulan endişeleri içerir. Böylelikle 'öteki'ni oluşturur. Akıcı ve yetkin konuşma ile karmaşık düşünceleri haiz olarak canavarlar mantıklı/mantıksız, dünyevi/dünyevi olmayan, bilinen/bilinmeyen ve düzen/karmaşa gibi birbirine karşı kavramsal sınıflandırmaların eşiğinde yer alırlar. Bu yüzden canavarlık Lovecraft'ın bu karşıtlık duygusuyla hikâyelerini yazdığı ideal bir araçtır. Eserleri, New England'ın ve geniş anlamda dünyanın bozulmasına duyduğu üzüntüye dair mecazlar olan canavarları içerir. Birtakım anlamları veya endişeleri dile getirmek için canavarları yalnızca mecâzi değil aynı zamanda gerçek anlamlarıyla da kullanır. Geleneksel gotik karşıtlıklar olan akıllılık/delilik, insan/insan olmayan, iyi/kötü, sağlık/sağlıksızlık ve tekin/tekin olmayan vasıtasıyla kendi ikici görüşünü ifade eder. "...Gotik edebiyatta suç, belirgin bir şekilde bozulmuş ve sapmış bir suret içinde, yani kendini bir bozukluk alanı olarak ifşa eden canavarda somutlaşmıştır" (Halberstam 2). Lovecraft da bu minvalde eserlerindeki canavarları şiddet, suç, sapkınlık ve bozulma ile ilişkilendirir; canavarlar suçlu ve yanlış olup akıl ile ahlakın dışındadırlar. Bunların karşısında ise normal, akla uygun, toplumun kabul ettiği ve kanuni olan vardır.

Lovecraft'ın eserlerindeki canavarlar birtakım ötekileri simgeler ama her açıdan güçlü ve amaçsız bir makine olarak evreni de simgeler. Bu çerçevede onun Eskiler'i yani insanı umursamayan evren mecazı insanın önemsiz konumunu göstermek içindir. Canavarlar, bir başka deyişle evren ironik bir şekilde, insana karşı kayıtsızlıkları, zalimlikleri ve mecalsiz bırakan güçlerine rağmen, insanlar için barınma ve sığınma unsurlarıdır. İnsanın kendine kayıtsız ve düşman bir varlığa sığınması hem acıklıdır hem de korkunçtur.

Lovecraft, bütün yaratıklar içinde en kırılgan olan insanı bu sarsıcı gerçekle yüzleştirip ona evrendeki gerçek yerini tanıtır; bu ise onun posthüman durumudur.

Dunwich'de amaçsız şiddet hüküm sürerken, Dr. Armitage arkadaşlarıyla birlikte canavarı nasıl yeneceğine dair çok sayıda deneyden sonra birtakım formüller bulmayı başarır. Sentinel Hill'in yakınında dünya dışından gelen yaratıklarla iletişim kurmaya karar verirler. Whateley ailesi gibilerin yüzünden bu tehlikeli varlıklarla iletişimin bedelini ödemek ve bunu telafi etmek bu bilim insanlarına düşmüştür. Son derece yorucu çalışmalardan sonra Dr. Armitage bitkin düşüp "[t]ahtayla kapatılmış çiftlik evinde bulunan bir şeyin imha edilmesi için yapılan bir çağrı ve başka bir boyuttan gelen bazı korkunç, eski varlıklar tarafından bütün insan ırkının, tüm bitki ve hayvan yaşamının yeryüzünden kökünün kazınması için yapılmış bir plana ilişkin çılgınca göndermeler..." (Lovecraft, "The Dunwich" 132) diye sayıklar. Köy halkına bütün olanların, Whateley'lerin büyü işleriyle uğraşmalarından kaynaklandığını ve durumun ancak yine büyüyle çözülebileceğini anlatır. Wilbur'un günlüğünden ve okuduğu kitaplardan büyü sözlerini öğrendiğini söyler. Bir püskürtme kabına koydukları terkiple canavarı görünür kılıp, sonra ona karşı büyü sözlerini okumayı deneyeceklerdir. Dr. Armitage ve iki arkadaşı canavarın tepede olduğunu bildiklerinden dağa tırmanmaya başlarlar. Tepenin eteğinde dürbünle bakan bir köylü dehşet çığlığı atar. "Bir ahırdan büyük... tamamı solucan gibi kıvranan halatlardan ibaret... gövde kısmı her şeyden büyük bir tür tavuk yumurtası, adım attıkça yarı yarıya kapanan, bir düzineden fazla fıçı gibi ayağı var... hiç sert bir yeri yok – pelte gibi bir şey, bir araya getirilmiş bir sürü kıvır kıvır kıvranan urgan..." (Lovecraft, "The Dunwich" 142) diyerek canavarın fiziksel tasvirini yapar.

Dürbünle bakan bir diğeri bilim insanlarının büyü okuduklarını tahmin ettiğini söyler. Hem tepeden hem gökyüzünden gürültüler gelir. Fırtına olmaksızın şimşekler çakar ve bir insandan çıkması mümkün olmayan çığlıklar işitilir. "Bunları ses diye nitelemek aslında çok yanlıştı, çünkü ruhu dehşete salan bas-altı tınısıyla kulaktan ziyade bilincin açığa çıkmamış katmanlarına hitap ediyordu; ... sesler yenilenen bir güç ve uyumla, yeniden çıkmaya başladı ve kelimenin tam anlamıyla bir cinnet halini aldı" (Lovecraft, "The Dunwich" 144). Canavar, insanlara göre anlamsız birtakım seslerle birlikte 'Yog-Sothoth' adını bağırarak babasından yardım diler; böylelikle aslında yaşlı Whateley'in köylülere Wilbur ile ilgili söylediği şey, yani çocuğun bir gün tepede babasının adını haykıracağına dair olan sözü, canavar ikizi için gerçekleşmiş olur. Büyük cesaret eseri canavara karşı okuduğu büyü ile onu yok eden Dr., köylülere müjdeyi verir:

O şey sonsuza dek yok oldu,' dedi Armitage. 'Parçalanarak kendisini oluşturan şeylere ayrıldı; bir daha da var olamayacak...' Bu şey – daha çok, bizim uzayımıza ait olmayan bir çeşit güçtü; bizim Doğa'mızın yasalarından farklı yasalarla hareket eden, büyüyen ve kendi kendini şekillendiren bir güçtü. Dış âlemlerden böylesi şeyleri çağırmak bizim işimiz değil, ancak çok fena insanlar ve fena mezhepler böyle bir şeye kalkışabilir. Bu, kısmen Wilbur Whateley'in kendisinde vardı-...Onun korkunç günlüğünü yakacağım, aklınız varsa, siz de şu yukarıdaki taş sunağı dinamitle havaya uçurur, diğer tepelerdeki dikme taşlardan halkaları yerle bir edersiniz. Böylesi şeyler, Whateley'lerin onca düşkün olduğu- insan ırkını yeryüzünden silecek ve dünyayı bilinmez bir amaçla bilinmez bir yerlere sürükleyecek olan- varlıkları dünyaya çekiyor. (Lovecraft, "The Dunwich" 145-146)

Lovecraft, anlatısını canavarların bir başka gezegene ait olduğu sonucuyla yani bilimsel akılcılıkla bitirir. Bu, fantastik öykülerde çok sık görülmez ama *tuhaf tür*de yaygındır. Öyküde ise Lovecraft bilimselliği eski malzemelerle birleştirmiştir. Eserlerinde bilim, insanı ironik biçimde kendi risklerini ima ederek unutulmuş mitler ve bilgilere yönlendirir. Dr. Armitage, canavarı def etmek için modern bilimsel teknikleri değil, eski yöntemleri kullanmak zorunda kalır. Bilim insanlarının, canavarı yok etmek için bilimsel yöntemler yerine büyü kullanmak zorunda kalmaları ironiktir. Öyküdeki korkunun kaynaklarından biri de başta bilim insanlarının alışılmışın dışındaki durumu tanıma, tanımlama ve çözmedeki yetersizlikleri ve çaresiz kalarak bilime aykırı bir yönteme bel bağlamaları, ancak onunla çözebilmeleri, ayrıca mantık ile bilimsel yöntemlerin işe yaramaz ve önemsiz olduğu gerçeğini idrak etmeleridir. Bilim ve bilimsel yöntemler, hümanizmde baş tacı edilen ama böyle bir durumda işe yaramaz olan ögelerdir. Bu ise posthümanist duruma bir örnek teşkil eder. Bu tür yabancı bir evrende, bilinç ve akıl yersiz, hatta gülünç ve abes kalmaktadır çünkü yaygın ve bilinen insan sistemleri, faaliyetleri, yöntemleri, alet ve araçları diğerlerininkiler karşısında değersiz, küçük, çocuksu ve ilkeldir.

Lovecraft, posthümanist bir bakış açısıyla insan kontrolünün dışında gözüken teknolojik toplum hakkındaki korkularını dile getirir. Geçmişe olan sevgisi ve makineleşme ile göç gibi akımlar için duyduğu üzüntü modernlik karşıtıdır. Öte yandan geleceği gören birisi olarak kozmik korkuya dikkat çeker. İnsanları korkuyla yüzleştirip ondan zevk almalarını sağlar. Korkuyla yüzleşmenin bir zevk olduğunun altını çizer: "Bana göre zevk merak etmektir -yüzeysel anlamda değişebilir olanın arkasından sızan keşfedilmemiş, umulmayan, gizli olan, değişmeyen bir şeyi. Yakın olanda uzağın, geçici olanda sonsuzun, şimdide geçmişin, sonluda sonsuzun izini sürmek: bunlar bana göre keyif ve güzellik kaynaklarıdır" (Joshi 21).

### Sonuç

Günümüzde Lovecraft'ın yazdığı dönem olan yirmilerin eğilimleri ve onun kurgusal konuları yeniden gündemdedir; bilim, bilgi ve bilinmezin korkusu. Bilim bizi aydınlattığı zaman bile onun verdiği cevaplardan hoşnut olmayan bir yığın insan vardır. Bilimin metodolojisinde din için çok az yer vardır ve maddecilik manevi dünyanın delillerini kabul etmez. Lovecraft maddecilik, aşırı bireycilik, ikiyüzlülük, açgözlülük ve tüketiciliğe karşı hoşnutsuzluğunu gösterir. Yirmilerin ruhu geleneklerden kopuş ve modernite ile birlikte kendini gösterir fakat Lovecraft modernlik karşıtı bir tutumla geleneklere sıkı sıkıya bağlıdır:

> Mutlak değerleri olmayan bir evrende... sabitlik gösteren tek bir dayanak vardır... Ve bu dayanak gelenektir. Bireysel veya milli, biyolojik ya da kültürel anlamda, atalarımızın engin tecrübelerinden bize miras kalan yetkin, duygusal bir miras. Kozmik anlamda geleneğin bir anlamı yoktur ama mekânsal ve pragmatik olarak her anlama gelir çünkü sonsuz zaman ve uzamda bizi perişan eden 'kaybolmuşluk' duygusuna karşı bizi himaye eden başka hiçbir şeyimiz yoktur. (Lovecraft, *Selected* 365-7)

Lovecraft bu sözleriyle geleneği yaşadığı dönemdeki dünyanın endişelerine karşı bir sığınak olarak görür. Ufolar ve dünya dışı yaratıklar fikri ortada yokken Lovecraft bunlar hakkında yazmıştır ve onun *tuhaf tür*e ait eserleri kozmik kurgularıyla göze çarpar; korku doğaüstü konulardan değil kayıtsız ve bilinmez bir evren/posthüman endişe kavramından kaynaklanır. "[Lovecraft] geleneklerin bizi kayıtsız bir evrenden veya kendi içimizdeki kötülüklerden korumayacağını ama tanıdık şekil ve sembollerinin rahatlık ve süreklilik kaynağı olduğunu düşünüyordu" (Evans 126). Ona göre kozmik korkuya çözüm gelenek ve sanattır. Lovecraft, gelenek, mitoloji ve sanatı, bu bilindik değerler ve kavramların olmaması durumuna birer alternatif olarak sunar. Dünyanın daha az karmaşık, insanların birbirleri ve çevreleriyle daha yakın ilişkide olduğu ve hayatları üzerinde daha çok kontrollerinin olduğu tarihsel zamana bağlılık hissi, Lovecraft'ın posthümanist dünya düzenine sunduğu bir çözümdür. 21. yüzyılda ise bu endişe havası, bilimle bile olsa yeniden gelmiştir ve insanlık bununla, yani posthümanist durumla gelenek ve sanatla başa çıkmasını bilmelidir.

Lovecraft'ın Posthümanizmi, insan ve modern bilimle canavar/ uzaylıları/posthüman ögeleri karşı karşıya getirir. İnsanın ve onun ürettiği sistemlerin kapasitelerinden daha büyük bir evrende düştüğü yetersizlik ve küçüklük durumunu vurgular. Lovecraft, Batı'da iki dünya savaşı arasındaki dönemde yani bir endişe çağında, manevi kriz ve anlam arayışının yer aldığı bir zamanda dünya görüşünü oluşturur. Onun Posthümanizmi günümüze de uygulanabilir; Lovecraft isabetli öngörüsüyle postmodernist düşünürlerin hiçbir şeyin mutlak anlamda doğru veya güvenilir olmadığına ve zaman ve mekân kavramlarının göreceli olduğuna dair söylemleri ile paralel bir bakış açısı sergiler. İnsan üretimi olan tanımlar, değerler ve uygulamaları sorgulayan ve değersizleştiren Posthümanizm ile Lovecraft'ın görüşleri ortak noktalara sahiptir. İnsan, küçüklüğünün farkına varıp başka dünyalarda kendisinden daha yetkin varlıkların olabileceği, dünyanın da sadece kendisine ait olmayabileceği, yüzyıllar boyu oluşturageldiği değer ve kuralların geçersiz olabileceği ve evrende hâlâ onun sınırlarını aşan sırların bulunduğu gerçeğini kabul etmelidir[2].

## Kaynakça

Braidotti, Rosi. *İnsan Sonrası*. çev. Öznur Karakaş, Kolektif Kitap, 2014.
ethics.org.au/ethics-explainer-post-humanism/ Erişim 19 Ekim 2020. Son güncelleme 22 Şubat 2018.
Evans, Timothy H. "A Last Defense against the Dark: Folklore, Horror, and the Uses of Tradition in the Works of H.P. Lovecraft." *Journal of Folklore Research*, vol. 42, no. 1, 2005, ss. 99-135. JSTOR, www.jstor.org/stable/3814792 Erişim 02 Kasım 2020.
Foucault, Michel. *Kelimeler ve Şeyler: İnsan Bilimlerinin Bir Arkeolojisi*. çev. Mehmet Ali Kılıçbay, İmge, 2001.
Halberstam, Judith. *Skin Shows: Gothic Horror and the Technology of Monsters*. Duke University Press, 1995.
Johnson, Brian. "Prehistories of Posthumanism: Cosmic Indifferentism, Alien Genesis, and Ecology from H. P. Lovecraft to Ridley Scott." *The Age of Lovecraft*, ed. Carl H. Sederholm, Jeffrey Andrew Weinstock, University of Minnesota Press, 2016, ss. 97-116. JSTOR, www.jstor.org/stable/10.5749/j.ctt1b9x1f3.9 Erişim 15 Nisan 2020.
Joshi, S.T. ed. *In Defence of Dagon*. Necronomicon Press, 1985.
Leiber, Fritz. "A Literary Copernicus." *H.P. Lovecraft: Four Decades of Criticism*, ed. S.T. Joshi, Ohio University Press, 1949-1980, ss. 50-62.
Lovecraft, H.P. *Supernatural Horror in Literature*. The Profile Press, 1945.
Lovecraft, H.P. *Selected Letters*. Arkham House, cilt. 5, 1976.
Lovecraft, H.P. *H.P. Lovecraft: Toplu Eserleri:3*. çev. Hasan Fehmi Nemli, Dost Kitabevi, 2004. ss. 94-146.
Nyikos, Daniel. "'Against the Complacency of an Orthodox Sun-Dweller': The Lovecraft Circle and the 'Weird Class.'" *The Unique Legacy of Weird Tales: The Evolution of Modern Fantasy and Horror*, ed. Justin Everett ve Jeffrey H. Shanks, Rowman and Littlefield, 2015, ss. 29-50.
Pepperell, Robert. *The Posthuman Condition: Consciousness Beyond the Brain*. Intellect Books, 2003.
Roden, David John. "Dark Posthumanism." 2016, ss. 1-6. (bildiri metni) www.researchgate.net/publication/303338511_Dark_Posthumanism. Erişim 19 Ekim 2020.
Strauss, Claude Lévi. *A World on the Wane*. çev. John Russell, Hutchinson, 1961.
Weinstock, Jeffrey Andrew. "Lovecraft's Things: Sinister Souvenirs from Other Worlds." *The Age of Lovecraft*, ed. Carl H. Sederholm ve Jeffrey Andrew Weinstock, University of Minnesota Press, 2016, ss. 62-78.

---

[2] Çalışmada yer alan öykünün basılı çevirisinde inceltme işaretleri kullanıldığından, bütünlük açısından metin içinde de inceltme işareti kullanılması tercih edilmiştir.

# BÖLÜM 6

# Çürüyen Dünya, Eriyen Bedenler: Phillip K. Dick'in *Androidler Elektrikli Koyun Düşler mi?* ve Walter M. Miller'ın *Leibowitz için bir İlahi*'sinde Toksik Manzaralar

## Züleyha Çetiner-Öktem

### Giriş

Günümüzde özellikle insan-merkezci bir yaklaşımın yetersiz (ve yanıltıcı) olması, teknolojiyle giderek bütünleşen, değişen, dönüşen bedenlerimizin oluşması ve bir parçası olduğumuz çevreyi değiştirdiğimiz gibi bu çevre tarafından da değiştirilmemiz beraberinde farklı bir bakış açısının da gereksinimini doğurmuştur. İçerisinde bulunduğumuz "posthüman dönüm noktası" (the posthuman turn) diye tanımlanan bu dönemde insan olmanın ne demek olduğunu anlamaya ve anlamlandırmaya çalışıyoruz. Posthümanizm insanın ayrıcalıklı bir varlık olmadığını, daha ziyade canlı ve cansız, insan ve insan olmayan, tüm varlıklarla birlikte aynı yatay düzlemde değerlendirilmesi gerektiğini vurgular. Ian Bogost'un da altını çizdiği gibi "Biz insanlar öğeleriz, ama felsefi ilginin tek öğeleri değiliz. OOO[1] hiçbir şeyin özel bir statüsünün olmadığını herşeyin eşit varolduğunu öne sürer"[2] (6). Bu eşit statüdeki varlıkların aralarındaki ilişkilere bakıldığında ise müşterek "içten-etkileşim" (intra-active) oldukları gözlemlenmektedir. Karşılıklı etkileşim (interaction) yerine "içten-etkileşim" olmak Karen Barad'a göre müşterek dolanmışlığı ifade eder, zira "münferit öğeler ayrık değildir" (33). Bu bağlamda doğa ve kültürü ele aldığımızda insan ne salt doğaya ne de salt kültüre ait bir varlıktır: her ikisi de ayrıştırılamaz bir biçimde dolanmışlığı ifade eder. Bu noktada dikotomi (ikili karşıtlık) söyleminin işlevsizliğinden, yetersizliği sebebiyle doğa ve kültürü daha bütüncül değerlendirebileceğimiz terminolojiyi yine posthümanizmin çatısı altında bulabiliriz. Bruno Latour'un 1991'de yazdığı ve 1993'te İngilizceye çevrilen kitabında tireyle ayrılan "doğa-kültürler" (104) ("natures-cultures") terimi yerine yaklaşık on yıl sonra Donna Haraway'in 2003 yılında yayımlanan *Yoldaş Türler Manifestosu*'nda "doğakültürler" (1) olarak birleştirilen teriminden yola çıkmak daha yerinde olacaktır. Doğakültürler kavramıyla doğal ve kültürel, bedensel ve zihinsel, maddesel ve anlamsal, vs. olan öğelerin dolaşıklığını anlamlandırabilmemiz için gereklidir. Levi R.

---

[1] Posthümanizmin geniş çatısı altında yer alan OOO'nun açılımı Obje Odaklı Ontoloji'dir.
[2] Bu bölümde yer alan tüm çeviriler aksi belirtilmedikçe tarafıma aittir.

Bryant'ın sözleriyle "insanlar artık varlığın hükümdarları değil, varlıklar *arasında* [vurgu orijinalinde], varlıklarla *dolanmış* [vurgu orijinalinde] ve başka varlıkların içine *dâhil* [vurgu orijinalinde] olmuşlardır" (40). Bu bağlamda posthüman varlık üst-organizmanın veya ekosistemin, bir öğesi olmakla kalmayıp, beslediği ve beslendiği diğer öğelerle de dolaşık ağsal ilişkiler içerisindedir. Bununla birlikte, insanlar, Timothy Morton'ın değişiyle, *"gezegensel ölçekte jeofiziksel etkiye sahip* [vurgu orijinalinde] bir varlığın parçasıdır şimdi" (9). İnsanın insan olmayan öğelerle bir asamblaj (assemblage) parçası olarak hareket etmesi, tüm dünyayı kapsayacak ve etkileyecek bir etki yaratmış, hatta dünyanın felakete sürüklenmesine neden olmuştur (Morton 20). Bu makale, bu noktalardan hareketle kıyamet sonrası bilim kurgu metinlerinde nükleer serpintinin sonucu olarak meydana gelen toksik manzaraları yukarıda değinilen posthümanizm(ler) açısından incelemeyi amaçlamaktadır. Ele alınacak metinlerden ilki Phillip K. Dick'in *Androidler Elektrikli Koyun Düşler mi? (Do Androids Dream of Electric Sheep?* 1968); ikincisi ise Walter M. Miller'ın *Leibowitz için bir İlahi*'sidir (*A Canticle for Leibowitz* 1959). Her iki romanda da gerçekleşen nükleer felaketin nedenleri insanlar tarafından unutulmuş olmasına rağmen serpintinin izleri baki kalmıştır. Toksisite toprağa, suya, havaya yayıldığı gibi organik bedenlere de sirayet etmiş, bedenlerin bozumuna sebep olmuştur. İnsan ve insan olmayan öğelerin radyasyondan etkilenmesi ve çevrelerin toksikliği, zihinle bedenin erimesine, dünyanın çürümesine, erozyonuna uğramasına ve dönüşmesine neden olması bakımından özellikle ekolojik posthümanizm açısından da incelenmeye elverişlidir.

### Gece Yarısına 100 Saniye Kala...

İnsan olarak üzerinde yaşadığımız, bir parçası olduğumuz ve canlı cansız diğer tüm varlıklarla paylaştığımız *gezegenimizin son nefesini vermesine ramak kaldı*. Felaket tellallığı gibi algılanan ya da rahatlıkla bir bilim kurgu eserinin konusu olabilecek bu beyan hayali bir kurgu değil, *Atom Bilimcileri Bülteni*'ne göre yüzleşilmesi gereken bir gerçekliktir. Manhattan Projesinde ilk atom silahlarının geliştirilmesinde çalışmış olan Şikago Üniversitesi bilim insanları tarafından 1945'te temeli atılan bu bülten, kuruluşundan iki yıl sonra Kıyamet Günü Saatini oluşturmuştur: gece yarısı, kıyameti imlerken geri sayım da insan ve gezegene karşı oluşan tehdidi simgelemektedir. Nitekim Kıyamet Günü Saatine göre gece yarısına sadece 100 saniye kalmıştır.[3] Manhattan Projesiyle başlayan nükleer serüvenin Hiroşima ve Nagazaki'yle sona ermemesi, nükleer denemelerin 1996'da Nükleer Denemelerin Kapsamlı Yasaklanması Antlaşmasının tüm ülkeler tarafından henüz imzalanmamış olması ve bu süreçte ABD başta olmak üzere, Sovyetler

---

[3] Bkz. Mecklin, "Closer than Ever: It is 100 Seconds to Midnight."

Birliği, İngiltere, Fransa, Hindistan ve Çin gibi ülkelerin iki binden fazla gerçekleştirmiş oldukları nükleer denemeler[4] (Birleşmiş Milletler) gezegeni ve atmosferi fazlasıyla tahrip etmiş, üzerinde yaşayan canlı, cansız tüm varlıkları etkilemiştir. Eril gücün uzantısı olarak fırlatılan fallik (phallic) füzeler toprak anaya tecavüz etmekle kalmayıp, yüzeyin ve atmosferin zehirlenmesine, bazı türlerin soylarının tükenmesine, canlıların ölmesine veya mutasyona uğramasına neden olmuştur.

Gece yarısına 100 saniye kalması bilimsel arenada kıyamete yaklaşıldığını işaret etse de ardından gelebileceklere bilim kurgu ışık tutabilir. Bu noktada spekülatif kurgu devreye girerek bize Isaac Asimov'un 1969 yılındaki sözlerini anımsatır: "1945'te atom bombasının atılmasıyla bilim kurgu saygıdeğerliğini kazandı. Hiroşima'daki dehşet gerçekleşince, bilim kurgu yazarlarının salt hayalci ve kaçık olmadıkları herkesçe görünür kılındı ve bu edebiyat türünün motifleri artık gazete başlıklarının değişmez öğesi haline geldi" (93). Kurguyla gerçekliğin bu denli iç içe geçmiş olması bilim kurgu yazarlarını da etkilemiş, bu korkunç felaketin ardından Asimov'a göre önceleri fantastik kurgularla beslenerek savruk ve özgür olan tür, 1945'ten sonra daha temkinli davranarak "yarının kurgusu" ("tomorrow fiction") olarak adlandırdığı bir hale bürünmüştür (93). Yarım asırdan fazla süren nükleer testlerin sonucundaki gerçeklik "radyoaktif atığın mevcut çevresel bulaşmaya yol açarak yüksek radyoaktif seviyelerinin ekolojik ve sosyal bağlamda tahrip edilen alanlara neden olmasıdır" (Prăvălie 730). Hava, su ve toprağa yayılan bu toksinler makrodan mikroya, insandan insan olmayana, tüm varlıkları etkisi altına alarak sinsice iliklere işler ve zamanla mutasyonlara, değişimlere neden olur. Açıkça gözle görülemeyen, ağırdan ağıra biçimsizleşen, deforme bedenler Rob Nixon'ın deyimiyle "bu yavaş şiddet"e ("slow violence") maruz kalır ("Neoliberalism" 444). Yavaş şiddet, Nixon'ın sözleriyle: "azar azar ve gözden ırak oluşan şiddettir, zaman ve uzama yayılan geciktirilmiş bir tahribat, yıpratılmış bir şiddettir, genellikle hiç şiddet olarak algılanmayan aşındıran bir şiddettir. Şiddet genelde ani bir olay ve eylem olarak algılanır, uzamda infilak eder, görkemlidir ve anlık sansasyonel görünürlüğe bürünür" (*Slow Violence* 2). Bu bağlamda, nükleer bombaların korkunç etkileri hem anidir hem de "yavaş şiddettin" en belirgin temsilcilerindendir.

Hem Phillip K. Dick'in *Androidler Elektrikli Koyun Düşler mi?* adlı eserinde hem de Walter M. Miller'ın *Leibowitz için bir İlahi* romanında nükleer felaketin "yavaş şiddeti" arka planda yer alır. İkisi de insanın neden olduğu kıyametin ardından gelen çürümekte olan deforme bedenler, parçalanmış toplumlar, yıkımın içerisinde hayat bulmaya çalışan bir dünya tasavvuru sunar. Bu metinler açımladıkları konular bağlamında Lawrence Buell'in deyimiyle

---

[4] Bkz. Birleşmiş Milletler. "Ending Nuclear Testing."

"toksik söyleme" hizmet ederler. Buell'in tanımına göre "toksik söylem çevreci akım veya değerler sistemi olarak kabul ettiğimiz geleneksel anlayışları sorgular" ve özellikle "ekomerkezci ve antroposentrik değerlerin birbirine bağımlılık durumuna ısrar eder" (639). Buell toksik söylemi, ekolojiyi düşleyebilmek için olası bir prototip olarak sunar. "Toksik söylemin irdelediği meseleler," der Buell, "kanıta dayalı çevre zehirlenmesine duyulan endişeler olmakla birlikte kanıttan ziyade iddiaların söylemidir" (659). Love Canal, Bhopal, Çernobil felaketleri gibi çevrenin antropogenik eyleyenleri (actants) tarafından katledilmesinin ardından etrafa yayılan zehirli atıkların en yıkıcı etkileri ancak zaman içerisinde daha belirgin hale gelir. Bedenlere peyderpey sızan toksinlerin orijini politik arenalarda genellikle ihtilaflı davalar arasındadır. Kullanılan teknolojilerin çevreye zarar verip vermeyecekleri ancak kullanımından sonra gözlemlenebildiği için "toksik söylem hem kavramsal olarak savunulabilir hem de sosyal anlamda elzemdir, özellikle söz konusu teknolojilerin örgütsel sosyolog Charles Perrow'un adlandırdığı 'olağan kazalar'a neden olmalarının beklendiği gibi" (661). Bu bağlamda, toksik söylem ve yavaş şiddet spekülatif bilim kurguyu da besleyen benzeri tekno-bilimsel bozumlara hitap eder. Söz konusu antropojenik bozumların izlerini, Dick'in *Androidler Elektrikli Koyun Düşler mi?* romanında özellikle Iran ve Isidore'un bedenlerinde sürmek mümkündür. Miller'ın *Leibowitz için bir İlahi*'sindeyse toksisitenin uzun vadedeki etkileri, bedenleri bir bakıma yeniden inşa ederek ya da yeniden yapılandırarak posthüman diyebileceğimiz mutant bedenlerin oluşumuna olanak tanır. Her iki metinde de toksik atığın eyleyici olarak etkilediği yaşam alanların, ekolojinin ve bedenlerin bozumu söz konusudur. Bu bağlamda, Serpil Oppermann'ın "posthüman ekoeleştiri" diye tanımladığı bakış açısından faydalanmak yararlı olacaktır. Zira Oppermann'a göre posthüman ekoeleştiri, çevresel bozukluklara neden olan "tuhaf eyleyicilerin karmaşıklıklarını" sorgular: "Bu arka plana, organizmaların birlikte evrimleşmeleri, inorganik maddenin, algılanan ve tasavvur edilen ilginç melez yaşam-dünyaların cezbedici haritaları yerleştirilmiştir;" dolayısıyla, "posthüman ekoeleştiri, meydana gelen doğakültürlerin birbirine dolanmış deneyimlerini inceleyerek yeni post-antroposentrik söylemler inşa eder" (33).

## Marjindeki Yaşamlar: Iran ve Isidore

Phillip K. Dick'in *Androidler Elektrikli Koyun Düşler mi?* romanı global nükleer bir savaşın sonuçlarını serer gözler önüne. Bu savaşın nedenleri her ne kadar bilinmiyorsa da sonuçları çevre ve insan için oldukça dehşet vericidir. Hava kirlenmiştir ve bu toksik havayı solumak zihnin dejenerasyonuna neden olur. Sadece radyoaktif tozdan etkilenmemiş olanlar ve herhangi bir dejenerasyon sergilemeyenler dünya dışındaki kolonilere göç etme hakkını kazanırlar: bu kolonilerde insan ırkı taze bir başlangıç yapabilecektir. Dünyada kalanlar ise zehirli havayı solumaya devam eder ve bir süre sonra bu kişiler hücre bozumuna uğrayarak muhakeme yeteneklerini git gide kaybetmeye başlarlar. Bu nükleer serpinti sadece insan ırkını etkilememiş hayvan alemini daha da güçlü bir şekilde çarpmıştır. Hatta ilk etkilenen türler arasında başta kuşlar olmuş ve art arda diğer türlerin de soyları giderek tükenmeye başlamıştır. Dolayısıyla, bir hayvana sahip olmak ve ona bakmak sadece elzem bir görev değil aynı zamanda her nadir şeyde olduğu gibi prestijin belirtisi haline gelmiştir.

Dick'in yarattığı dünya gerçekliğin sorgulandığı yapay, antropojenik bir dünyadır. Dünya Savaşı Terminus adıyla anılan ve ekokırıma (ecocide) neden olan nükleer serpintinin etkilerini gözler önüne serer. Terminus'un ani etkileri öncelikle hayvan aleminde gözlenir: "İlkin, ilginçtir, baykuşlar ölmüştü. O zamanlar neredeyse gülünçtü bu durum, şişman, pofuduk beyaz kuşlar orada ve burada, bahçelerde ve sokaklarda, yerde yatıyordu; canlıyken alacakaranlıkta ortaya çıktıklarından baykuşlar fark edilmezdi. (...) Baykuşların ardından, tabii, diğer kuşlar da geldi, ama o zamana kadar işin sırrı kavranmış, durum anlaşılmıştı" (Dick 11-12). Atmosfere yayılan radyoaktif tozun sonuçları bunlarla kalmayıp, güneş ışınlarından da dünyayı yoksun bırakmıştı. Bitkilerle ilgili neredeyse hiç bilgi olmamasına rağmen, güneş ışınlarından yoksun bir dünyada çok fazla bitkinin yaşayamayacağı aşikârdır. Terminus'un orta-uzun vadedeki etkileri ise diğer hayvan türlerinin de yavaş yavaş soylarının tükenmesine ve insanların yaşamlarını idame ettirememelerine sebebiyet vermiştir.

Günbegün çürümekte olan bu dünyada, yaşam formlarının giderek azalması, özellikle "gerçek" hayvanların nadir olması, hayvanlara karşı—fazlasıyla geç olmakla birlikte—koruyucu bir tutumun gelişmesine neden olur. Donna Haraway'in "companion species" diye tanımladığı "yoldaş türler" olarak düşünebileceğimiz hayvanlar bu romanda özellikle empati duygusunu tetiklediği için önemli bir yere sahiptir. Hayvanlar özellikle Mercerism[5] inancı içerisinde kutsal bir konuma sahip olmakla birlikte bireyin sosyoekonomik statüsünün de sembolü haline gelmiştir. Dolayısıyla sözüm ona "yoldaş türler" olunan hayvanlar piyasadaki değerleriyle ölçülebilen, sermayeye dayalı ekonomi düzleminde satılabilen ve alınabilen birer mala dönüşür. Haraway yoldaş türlerle bunu kastetmemişti. Haraway'e göre "*yoldaş türler* [hayvanların, vurgu orijinalinde] salt eylemin alıcısı olmayıp aktör olduğu, [hayvanlar] ve insanlar arasındaki eş-iştirakçi bağı ifade eder"

---

[5] Mercerism inancı adını "şehit" olan Wilbur Mercer'dan alır. Bir empati kutusu vasıtasıyla sanal gerçeklikte Mercer ile birleşerek, Mercer'ın yaşamış olduğu acılar, bağlanan kişilerce de aynı anda bizzat ortak hissedilir. Mercer ile olan birleşme sayesinde kişi bir anlamda Mercer'ın ta kendisi olur. Mercerism'in ana öğretisi empati vasıtasıyla yaşamın muhafaza edilmesi, özellikle hayvanların korunmasıdır.

(*When Species Meet* 134). Öte yandan bir hayvanın, özellikle "gerçek" bir hayvanın bakımını üstlenmek (zira yapay hayvanlar da var bu evrende) empati duygusunu tetikleyerek, yaşam formlarının giderek azaldığı bir dünyada, insanın kendini bir nebze de olsa insan olarak hissetmesini sağlar.

Dick'in evreninde insanların kendilerini yalnız hissetmelerinin en büyük nedeni dünya nüfusunun büyük bir çoğunluğunun Birleşmiş Milletlerin teşvikiyle dünyayı terk etmiş, başta Mars olmak üzere, başka gezegenlere göç etmiş olmasıdır. Göç eylemini cezbedici hale getirmek için insan biçimindeki robotlar, androidler, hizmetkar olarak insanlara hediye edilmiştir. Ancak, göç edebilmek için beden-zihin bütünlüğünün korunmuş olması gerekir. Zehirli atmosferden, radyoaktif tozdan etkilenmiş, zekâ seviyesi şüpheli olan, "özeller" ("specials") olarak adlandırılan dejenere bireylerin dünyadan ayrılmaları yasaklanmıştı. Dünya, büyük oranda yaşamdan yoksun bir hale getirilmiş, evrenin çöplüğü durumuna düşürülmüştür. Bu çöplük, Beden-Zihin-Ruh üçlemesinin uzlaşmaya çalıştığı, çatıştığı bir mekandır. Romanın ilk satırlarında ruh halinin bir cihaz vasıtasıyla ayarlanabileceği, bedenin bir uzantısı haline gelmiş "mod organı"yla (mood organ) karşılaşırız. Penfield mod sadece ruh halini belirlemekle kalmaz fiziksel olarak bedene hakimiyet kurulmasını da sağlar. Nitekim Rick Deckard ve eşi Iran arasındaki çatışmaya da neden olur. Deckard, uyanmakta güçlük çeken Iran'a Penfield'ini zayıf kurduğunu, uyanabilmesi için yeniden ayarlayacağını söyler. Iran ise ellerini ayarlarından çekmesini, uyanmak istemediğini dile getirir: "Bugünkü programımda kendimi suçladığım altı saatlik depresyon var" (Dick 2) diye cevap verir. Iran'ın içerisinde bulunduğu bedensel, zihinsel, ruhsal bitkinlik sessiz ve boş olan çevreyi yansıtır. Iran'ın kendi sözleriyle:

> Televizyonun sesini kapattığımda, 382 modundaydım, yeni tuşlamıştım. Boşluğu entelektüel anlamda duymama rağmen, hissetmedim. İlk tepkim bir Penfield mod organı alabilecek güçte olduğumuz için şükretmekti. Ama o anda hayatın yoksunluğunu, sadece bu apartman binasında değil her yerdeki yoksunluğu sezip, buna tepki verememenin ne kadar sağlıksız olduğunu fark ettim—anlıyor musun? Sanırım anlamıyorsun. Ama bu durum eskiden akıl hastalığı olarak kabul edilirdi; adına "uygun duygulanım yoksunluğu" denirdi. Bu nedenle televizyonun sesini kapalı bıraktım ve mod organımın başına oturup ayarlarıyla oynamaya başladım. Ve sonunda ümitsizlik ayarını keşfettim. (...) Böylece ayda iki kez olmak üzere programıma ekledim. Her şey hakkında ümitsiz olmak için makul bir süre bu, sence de öyle değil mi? Aklı başında olan herkesin göç etmesinden sonra bizim dünyada kalmamız gibi. (Dick 3)

Iran'ın hissettiği yalnızlık sadece içerisinde yaşamaya çalıştığı boş apartman ve boşaltılmış olan dünya değildir, Rick'le birlikte sahip oldukları elektrikli koyunun da katkısı vardır. Bu dünyada toksik bedenin üremesi sakıncalı olduğundan "hayvanlara sahip olmak kısmen çocuk yetiştirmenin yerine geçmiştir" (Wheale 298). Koyunun elektrikli olması, Iran'ın kendi yapaylığını da vurgulayarak kendi özgünlüğünü sorgulamasına yol açar. Bu noktada, elektrikli koyun salt obje konumunda olduğundan bu objeye karşı bir duygu besleyemez, empati duyamaz. Özetle, sempoyez (*sympoiesis*) yoksunudur. Donna Haraway'in tanımladığı "*Sympoiesis* basit bir kelimedir; anlamı 'birlikte yapmaktır.' Hiçbir şey kendini yapmaz; aslında hiçbir şey otopoetik (otopoietic) değildir, kendi kendini örgütlemez," bir sistemin parçasıdır (*Staying with the Trouble* 58). Iran kurtuluşunu gerçeklikte arayan, yapaylıklar dünyasının istemsiz bir parçasıdır. Bu toplumda empati duygusuna sahip olmak insan olmakla eşdeğerdir. Jill Galvan'a göre "eğer sadece insanlarda empati kurma gücü varsa, o zaman duygusal olarak yararlı, karşılıklı faydalı ilişkiler sadece kendi aralarında olabilir" (414). Dolayısıyla, hayvan-insan, android-insan, vb ilişkiler tek taraflı duygulanımdan ibaret olmakla birlikte karşılık alınamadığı için bireyi duygu yoksunluğuna maruz bırakır.

Benzer konumda olan bir diğer karakter de J. R. Isidore'dur. Terk edilmiş banliyölerden birinde yaşayan Isidore "özel" sınıfına aittir. Bir "özel" olarak tanımlanan Isidore'un bedeni nükleer serpintinin izlerini zihinsel olarak taşır ve sergiler. İnsan sınıfı içerisinde "öteki"leştirilmesi özellikle içerisinde yaşamış olduğu çevreyle çekimser bir ilişki kurmasına neden olur. İnsanlarla karşılaştırıldığında daha-az-insan (less-than-human), android ve hayvanlarla karşılaştırıldığında ise (bu diğer ötekilere kıyasla) insan olarak tanımlanır. Ne tam anlamıyla insan ne de tam bir öteki konumunda olduğundan Isidore, canavar bedenlerin yaşadığı kategori karmaşasına maruz kalır: "onlar tedirgin edici melezlerdir" (Cohen 6). Isidore'u, tıpkı Iran gibi, kendini ancak teknolojik uzamlarıyla var edebilen bir posthüman varlık olarak okuyabiliriz. Zira diğer insanlardan uzak, sessiz dünyasındaki tek yoldaşı evindeki televizyonudur. Ama bu yoldaşı da onu yarı yolda bırakır. Isidore'a hasarlı olan bu cihazı sadece tek bir ulusal kanalı izletebiliyordu. Ulusal kanalda ise koloni programının cazibesi iletiliyor, özel durumu nedeniyle hiçbir zaman göç programına alınamayacağı kendisine tekrar tekrar hatırlatılıyordu. Dayanamayıp televizyonu kapattığında ise:

> Sessizlik. Tahtalardan, duvarlardan yıldırım gibi çarptı; sanki devasa bir değirmende üretilmiş, korkunç bir güçle vurdu onu. Yerden yükseliyordu, duvardan duvara olan param parça gri halının içinden çıkıp yukarıya yükseliyordu. Salıverdi kendini, mutfaktaki kırık ve yarı kırık ev aletlerinden, Isidore burada yaşamaya başladığı zamandan beri çalışmayan ölü makinelerden. Oturma odasındaki işe yaramaz uzun yer lambasından sızdı, sineklerle bezenmiş tavanından inen boş ve sessiz kendisiyle birleşti. Hatta görüş mesafesindeki tüm nesnelerin içinden çıkmayı başardı; sanki o— sessizlik—elle tutulur her şeyin yerini almak istercesine. Nitekim salt kulaklarına değil, gözlerine de hücum ediyordu. Atıl televizyonun yanında

dururken, sessizliği gözle görülebilen bir şey olarak algıladı, kendince canlıydı. Yaşıyordu! Daha önce de onun bu haşin gelişlerini hissetmişti; bekleyemeyecek kadar sabırsız olduğundan geldiğinde fütursuzca içeriye dalardı. Kazanmasına ramak kalmışken, dünyanın sessizliği açgözlülüğünü dizginleyemiyordu artık. (15)

Televizyonu kapatınca etrafı saran yoğun, bedenleşen sessizlik Isidore'a bu dünyada yapayalnız olduğunu hatırlatıyordu. Yukarıdaki alıntılardan da anlaşılacağı üzere, Iran'ın mod organıyla yaşadığı bilinçli ümitsizlik Isidore'un istemsiz, acı gerçekliğidir. Jill Galvan'a göre, Isidore'un endişeyle sarıldığı televizyonu kısmen insan etkileşiminin yerini tutar: "ekran simülasyonları—geçici de olsa—sosyal konumsuzluğunun acısını dindirir" (417) ve "bir an için yalnızlığını gizler" (418). Bu noktada Isidore'un durumunu Bruno Latour'un *Reassembling the Social (Toplumu Yeniden Kurmak* 2005) bahsettiği "varlıkları başka varlıklarla bağlayan" ağ (103) açısından, aktör ağ kuramının terimleriyle, inceleyebiliriz. Bu bakış açısına göre, Isidore'un bedeni, apartman dairesi, banliyösü ve yaşamaya çalıştığı dünyası adeta suya düşen taşın yarattığı dalgalar gibi, mikrodan makroya, bozulmuş bir ağa benzer. Isidore ilişkilerin kopuk olduğu bu ağda bağımsız bir boğum noktası, bir düğümdür. Halbuki bir ağın parçası olmak bir organizmanın içgüdüsel dürtüsüdür. Isidore gerçek hayatta bulamadığı ağı Mercerizm'de bulur: "Mercerizm, Dick'in insanları tarafından ruhlarını tatmin etmek için yarattıkları bir alternatiftir, romanın senaryosundaki eşi benzeri görülmemiş, neslin neredeyse tükenmekte olduğu durum karşısında belki de geleneksel inançlar artık yeterli ferahlığı sağlamıyordu" (Sims 79).

Mercerizm'in ne olduğu romanın başlarında Isidore'un bakış açısından, kendi yaşadığı deneyimiyle anlatılır bize. Isidore'un anlatısını özetleyecek olursak: Wilbur Mercer tek başına bir tepeye tırmanmaktadır. Yaşlı bir adamdır ve her yaşayan şeyi sever, özellikle hayvanları. Hayırsever olmasına rağmen ilerlemesine engel olunur ve gizemli katiller tarafından kuşatılır. Adım adım tepeye tırmanmaya çalışırken gizli düşmanlar ilerlemesini durdurmak için taş atar. İlerlemeye çalıştıkça ıstırabı artar, göremediği düşmanları tarafından taş yağmuruna tutulur. Yokuşa ve taşlara rağmen, acılar içerisinde tepeye tırmanmayı başarır. Fakat o an, aynı zamanda Mercer'ın öldüğü andır, zira kendini mezarlık dünyasında buluverir bir anda. Mezar dünyası durgun bir dünyadır, burada hiçbir şey kıpırdamaz. Burası çürümekte olan insan ve hayvan cesetleriyle doludur. Mercer çok sevdiği hayvan cesetleriyle çevrilmiştir ve hareket edemez. Zaman burada adeta durmuştur. Mercer yavaşça iyileşir ve yaşamış olduğu her şeyi yeni baştan, bir kez daha yaşamak zorundadır. Mercer'ın bu Sisifos-vari ebedi zulmü ancak hayvanları tekrar hayata döndürebilirse bitecektir.

Bu ebedi döngünün içerisinde hapsolmuş Mercer'ın yükselişini ve düşüşünü ve tekrar yükselişini "empati kutusu" diye adlandırılan bir cihaz vasıtasıyla Mercer'a doğrudan bağlanarak döngüyü bizzat deneyimlemek mümkündür. Bu teknolojiyi kullanan kişi bağlantısını gerçekleştirdiğinde gözlemci sıfatından kısa bir süre sonra çıkarak bizzat Mercer'ın kendisiyle birleşir. Bu "füzyon" sayesinde Mercer'ın hissettiklerini kollektif bir şekilde bağlanmış olan tüm kişilerce aynı anda hissedilir. Bağlanan birey bir ağın parçası haline gelerek ağda bulunan, bağlantı halinde olan, herkesin düşüncelerini ve duygularını deneyimler. Kişi bu noktada, Schrödinger'in kedisi misali, aynı anda iki zıt halde var olur: hem yalnızdır hem başkalarıyla birliktedir. Gerçek dünya bomboş ve sessizken sanal dünya insanların derinden arzuladıkları etkileşim ve iletişimi sunar. Kurulmuş olan bu ağın gücü ise romanın sonlarında Mercer'ın gerçek olmadığının ispatlanmasına rağmen insanların bu bilgiyi yok sayıp Mercer ile birleşmeye devam etmelerinde görülebilir. Mercerizm bir anlamda hem bir din hem de bir inanç sistemi olarak da ele alınabilir. Richard Viskovic'in de gözlemlediği gibi "Mercer'ın dini, empati üzerine kurulmuştur: Mercer ve diğerleriyle birleşebilmek için bireyin empati sahibi olması gerekir. Bu birleşme Mercer'ı insanlığı tanımlama temasına bağlar" (167). Bu bağlantı, Viskovic'e göre, "androidlerin Mercer'la birleşememelerinin sebebi insan sınıfına alınmamalarının sebebiyle aynı: onlar empati yoksunudur" (167). Katherine Hayles'in yorumuna göre "androidlerin insanlardan ontolojik olarak farklı bir kategoride yer almalarının nedeni Mercer'la birleşememelerinden kaynaklanıyor. (...) Androidlerin bu füzyonu deneyimleyememeleri, 'gerçek' insanın mihenk taşı olan empatiden yoksun olmalarındandır" (175). Empati duygusunun android ve hayvanlar gibi öteki türlere ait olmaması sadece insanlara atfedilmesi, hatta insan olmanın ayrılmaz bir öğesi olarak algılanması bariz bir biçimde türcülük (speciesism) örneğidir. Pramod K. Nayar'a göre "insanı egemen tür olarak konumlandırarak insan olmayan hayvan türlerinin kontrol edilmesi, ehlileştirilmesi, tahakküm edilmesi, istismar edilmesi, korunması ve evcilleştirilmesine olanak sağlar. Türcülük bir söylem ve kültürel temsilin bir şekli olup (...) bu istismarın doğallaştırılmasıyla mümkün olur" (96). Dolayısıyla, "türlerarasılık, melezlik, karşılıklı bağımlılık ve birlikte evrimleşme" hallerine işaret ederek eleştirel posthümanizm bu söylemlerin yıkılması gerektiğini vurgular (Nayar 96).

Dick'in dünyasında televizyon ekranları, mod organları ve empati kutuları adeta insanın uzvu, protezi konumundadır. Siborgun bedeni gibi "organizma ve makineden oluşan bir melezdir" (Haraway, *Simians, Cyborgs, and Women* 149), bir başka deyişle doğakültürün birebir yansımasıdır. İroni bir biçimde, bu "tekno-insanlar" (Iran ve Isidore) ancak teknolojiyle birlikte "insan" olduklarını hissedebiliyorlar. Öte yandan, androidler ve hayvanlar gibi insan olmayan ötekiler empati yoksunu olduklarından dolayı insanla kıyaslandıklarında "eksik" varlıklar olarak algılanıyorlar. Salt insanın empati duygusuna sahip olması onun özel bir konuma yerleştirilmesini sağlar; fakat bu bir yanılsamadır. Duyulan empatinin "seçici" olması nedeniyle yanılsamadır. Bu özel konumlandırma, Tony M. Vinci'nin de değindiği gibi "romanda tasvir edilen kıyamet sonrası kültürün insan-merkezci değerleri öyle bir şekilde kurgulanır ki insan ve insan olmayan ötekiler ('özeller,' androidler, yapay hayvanlar) aşağılanır ve güçsüz kılınır" (92). Bu şekilde, empati duygusuna erişimi olan insanların "insan ve insan olmayan ötekilerle empati kuramadıklarını gösterirler" (92). Empati duygularıyla ayrıcalıklı bir sınıfın öğeleri olan insanların, üzerinde yaşamaya çalıştıkları, günbegün çürümekte olan organik dünyaya karşı hiç empati beslemediklerini görüyoruz. İnsanlar, bu bağlamda, hor gördükleri daha-az-insan ve insan olmayan varlıklardan farksızlar. Sherryl Vint'in de vurguladığı gibi "romanın esas endişesi yabancılaşmış, modern, teknolojik hayatın insanları giderek soğuk ve androidimsi resmetmesi[dir]" (112). Dolayısıyla obje konumuna indirgenen insanın mahvettiği çevresine karşı değil empati, herhangi bir duygu besleyebilmesi mümkün görünmemektedir.

### Döngüler, Dönüşümler, Mutantlar

Hem Dick'in *Androidler Elektrikli Koyun Düşler mi?* hem de Miller'ın *Leibowitz için bir İlahi* romanları yirminci yüzyıldaki nükleer felaketin ardından gelen kıyamet sonrası bir dünyayı tasarlasa da Miller'ın dünyası Dick'in kurgusundan "ölçek" bakımından oldukça farklıdır. Miller'ın kurgusu hemen nükleer serpintinin ardından değil, yaklaşık altı yüz yıl sonrasından başlar. İlkin Ateş Tufanının ardından gelen ve Sadeleştirme (Simplification) dönemi olarak anılan karanlık bir çağdan, neo-rönesans olarak düşünülebilecek yeniden öğrenme dönemine ve son olarak yine bir felaketle sonuçlanan ikinci bir atom çağına kadar gelerek insanlığın gelişimini ve yeniden yıkılışını anlatır. Her biri arasında altı asır bulunan bu üç ayrı dönem yirminci yüzyılda vuku bulan global savaşın üzerinden geçen bin sekiz yüz yıllık tarihi kapsar. Nükleer savaşın tahribatına karşın doğan Sadeleştirme döneminde bilginin kendisi dahi toksik sayıldığından kökünün kazınması gerektiği düşünülmüştür: kitaplar imha edilmiş, okumayı bilen insanlar bile avlanarak öldürülmüştür. Toprağın toksiditesi ise genlerin bozumuna neden olmuş ve bunun sonucunda da canavarımsı bedenler doğmuştur. Bu romanda, dolayısıyla, sadece insan değerlerinin, kültürün ve toplumun dejenerasyonunu değil insan ve insan olmayan bedenlerinin de dejenerasyonuna ve mutasyonuna şahit oluyoruz.

Amerika'nın güneybatı bölgesinde geçen hikâyenin üç ana bölümü Fiat Homo (İnsan Olsun!), Fiat Lux (Işık Olsun!) ve Fiat Voluntas Tua (Arzun Olsun!) olarak adlandırılmıştır. Her bir bölüm, kısa bir tarih aralığını gözlemlememize olanak verir. Zira bir bölümden diğerine geçtiğimizde anlatılmayan altı yüz yıllık boşluklar vardır aralarında. Bir anlamda, okuyucu adeta bir zaman yolcusuna dönüşerek medeniyetlerin nasıl hayatta kalmaya çalıştığını, nasıl yükseldiğini ve ne şekilde söndüğünü gözlemleyebildiği gibi arka planda kalan ve satır aralarına serpiştirilmiş posthümanizmin altında var olabilen insan ve insan olmayan ucube bedenlerle yıpranmış çevreyi de sezinleyebilir, gözlemleyebilir.

İlk bölüm olan Fiat Homo, nedeni unutulmuş Ateş Tufanının ardından erimiş şehirleri ve etrafındaki taşlaşmış çevreyi anlatır. Uluslar yeryüzünden silinmiş, insan ve insan olmayan ölü bedenler topluca çevreye saçılmıştır:

> İnsanlardan sığırlara, havadaki kuşlardan uçan her şeye, nehirlerde yüzen, çimende sürünen, deliklerde barınan tüm varlıklar hastalanarak can vermiş, ölü bedenleri toprakları kaplamış. Fakat Serpinti'nin şeytanları kırlıklara yayıldığında, ölü bedenler bir süre çürümezmiş, verimli topraklara değmedikleri sürece. Yüce gazabın bulutları ormanları ve tarlaları yutmuş, ağaçları kurutmuş, ekinleri öldürmüştü. Bir zamanlar hayatın olduğu yerler devasa çöllere dönüşmüş ve hala insanların olduğu yerlerde zehirli havadan öyle hastalanmışlar ki, bazıları ölümden kurtulmuş olsa bile, etkilenmeyen kimse kalmamış ve silahların vurmadığı topraklardakilerin bile birçoğu zehirli havadan dolayı can vermiş. (Miller 63)

Adeta bir yok oluş miti gibi hikâyeleştirilerek anlatılan nükleer felaketin etkileri sadece insanları değil, insan olmayan yaşam formlarını, hayvanları, bitkileri, toprağı ve çevreyi de etkilemiştir. Her anlamda toplu bir katliama, ekokırıma, neden olan serpintinin sonucunda etrafa yayılan zehir iliklere işlemiş, insan ve insan olmayan varlıkların kaçınılmaz yok oluşlarına veya dönüşümlerine, mutasyonlarına neden olmuştur.

Nükleer serpintinin ardından gelişen bu olayların altı asır sonra, mitleştirilerek de olsa, hatırlanabilmesinin tek nedeni Aziz Leibowitz Manastırındaki rahiplerinin itinayla tuttukları kayıtlarıdır. Geçmiş dönemlere ait her türlü materyali toplayıp, toparlayıp arşivlerini devamlı genişleten bu rahipler tarihteki boşlukları doldurmaktan ziyade sadece istifçilik yaparlar. İstifledikleri bu materyalleri anlamlandırmaktan ziyade kendilerini insanlığa dair unutulmuş bilgileri sadece korumaya adamışlardır. Bir anlamda toplumsal belleğin muhafızları konumundadırlar. Bilgiyi bulur, kopyalar, arşivlerler. Zira Ateş Tufanının hemen ardından bilimsel bilginin yıkıcılığıyla yüzleşmiş olan birçok afetzede, tarihin tekerrürünü engellemek adına, kan dökmeye başlamış, "yöneticiler, bilim insanları, liderler, teknisyenler, öğretmenler ve delirmiş olan bu grubun liderlerinin ölmesi gerektiğini düşündüğü tüm insanlar katledilmiş[tir]" (63-64). Gözü dönmüş olan bu gruba karşı çıkanlar onları ahmaklıkla suçlayınca, "ahmak" (simpleton) olmanın yüceliğiyle, bu aşağılayıcı tanımı iltifat olarak kabul edip yağmalamaya ve katletmeye devam etmişler. Sadeleştirme diye adlandırılan bu dönem bir süre sonra sosyal düzenin de yoksunluğuyla iyice çığırından çıkarak toplu katliamlara neden olmuştur. İdam edilmek için okuma-yazma bilmek kâfi bir nedendir. Bilginin toksik sayıldığı bu dönemde kitaplar bulundukça yakılmış, imha edilmiştir. Mühendis olan Isaac Edward Leibowitz kiliseye sığındıktan kısa bir süre sonra rahip olur ve Yeni Roma'daki (zira artık Roma diye bir yer yoktur) Vatikan'dan aldığı izinle yeni bir mezhep kurar. Bu mezhebin amacı, insanlık tarihini yok etmek isteyen ahmaklardan koruyarak sonraki kuşaklar için saklamaktır. Bu mezhebin üyeleri ya "kitap kaçakçıları" ya da "ezberciler[di]". Kitap kaçakçıları, konusu ne olursa olsun, buldukları kitapları ezbercilere getirir, ezberciler belleklerine kaydettikten sonra da kaçakçılar tarafından fıçılara koyulan kitaplar güneybatıdaki çöle gömülürdü. Ama "ezberciler az, bellekleri sınırlıydı" (65), zaten sınırlı olan bilgi eksik ve toplumsal bellek boşluklarla doluydu. Zaman içerisinde bu bölgeye Leibowitz Manastırı kurulur ve mezhebin "bilgiyi sakın inceleme, sadece muhafaza et" tutumu zaman içerisinde bilginin de bozunumuna yol açar. Yok olan kültürler ve dağılan milletler, doğal olarak dillerin de mutasyona uğramasına neden olur, Tufan Öncesi dilden bahsedilir. Öyle ki "serpinti" sözcüğünün ne anlama geldiği bilinmediğinden, sadece etkilerinin izi sürülebildiğinden, mitleşen nükleer felaketin hikâyesinde "serpinti" vücut bulmuş korkunç bir canavar, bir şeytandır.

Serpintinin sonuçlarını sadece eriyen bedenlerde, zehirlenen toprakta ve toksik sayılan bilgide değil toksisiteye maruz kalmış deforme bedenlerde de görmek mümkündür. Yeryüzüne, atmosfere ve sulara sızmış olan zehir genlerin bozunmasına sebebiyet vererek canavar sayılabilecek ucube vücutların doğmasına neden olmuştur. Ucubeliğin derecesine göre insan ve insan olmayan ötekiler ancak merkezlerin periferisinde hayatlarını idam ettirebilmişler. Merkez olarak anılan toplumlarda doğan deforme bedenler Kilise kanunlarına göre yaşam hakkına sahipti. Dolayısıyla zaman içerisinde ucube öbekleri oluşmaya başlamış, toplum tarafından dışlandıkları için de insanlardan ırak bölgelere yerleşmiş ve yaşamlarına yamyam olarak devam etmişler: "çölün sınırlarında sessizce avlanan grotesk yaratıklar, ucubeliklerini gizlemek için ekseriyetle kapüşon, maske veya bol elbiseler giyerlerdi. Deformiteleri bedenle sınırlı olmayanlarsa yolcuları güvenilir av eti olarak görürlerdi" (7). Genetik mutasyon sonucu oluşan bu bedensel ve zihinsel deformasyonlar arasında toplumun kabul görüp içlerinde barındırdıkları keşiş Fingo gibi kişiler de vardı: "Fingo, kuşkusuz yaşayan en çirkin adamdı, güldüğünde görünen pembe diş etleri ve kocaman rengarenk dişleri cazibesine pek bir şey katmazdı. O bir mutanttı, ama bu mutant pek canavarımsı sayılmazdı. Gelmiş olduğu Minnesota yöresine ait hayli yaygın kalıtsal bir durumdu. Kellikle birlikte epey düzensiz melanin[6] dağılımına yol açardı. Öyle ki bu fasulye sırığı keşişin derisi, albino zemin üzerine ciğer ve

---

[6] Melanin çoğu organizmalarda bulunan doğal pigmentlerdir. İnsanlarda derinin rengini belirleyen ana öğedir. Fingo'nun albinoluğu ağırlıkta olmakla birlikte melanin üreten enziminin bozunumundan dolayı alacalı bir tene sahiptir.

çikolata lekeleriyle yamanmıştı" (38-39). Fingo gibi genetik bozuklukları olan koloniler, hastane rahipleri tarafından gözlemlenirdi. Ancak Yanlış-Doğanlar Vadisi buna bir istisnaydı. Burada dünyanın geri kalanından kendilerini soyutlamış genetik olarak cüzzamsı canavar bedenler yaşardı. Bu varlıklar orman kabileleri tarafından öldürülecekken kaçmayı başaran mutantlardır. Birkaç yüzyıl önce bu vadiye yerleşmiş ve kendileri gibi dışlanmış, ölümle tehdit edilmiş, "çarpık ve sürünen şeyler[i]" (98) aralarına almışlar.

Ama aralarında doğurgan olanlar da vardı ve doğurdular. Bu çocuklar çoğunlukla soylarındaki ucubeliği miras edinir, çoğunlukla ölü doğar veya hiç erişkinliğe ulaşamazlar. Ama arada, bu ucubelik çekinikti ve mutantların birleşiminden görünürde normal bir çocuk da dünyaya gelebiliyordu. Ama bazen görünüşte "normal" olan yavrular, kalplerinde veya zihinlerinde gözle görülemeyen bir bozunumla kavrulurlardı. Öyle ki, görünüşte insan olup, insanlığın özünden yoksundular. (98)

Buradaki mesele çelişkilidir. İnsanlığın "özü" ile neyin kastedildiği tam olarak belli değildir. Ateş Tufanı'na neden olan kültürlü, bilgili "insanlar" da mı bu bahsi geçen özden mahrumdu? Öyleyse Sadeleştirme dönemindeki "ahmakları" nasıl değerlendirmeliyiz? Kalp ve zihin söz konusu olunca romandaki kilisenin değerlerini mi dikkate almamız gerekiyor? Ucubeliğin farklı açılımlarını beden ve zihin üzerinden anlatan Miller sanki kendi kişisel değer yargılarıyla yaklaşıyor meseleye. Romanın her üç bölümünün de Leibowitz Manastırının etrafına kurgulanmış olması bir nebze ışık tutabilir bu sorulara. Bir yandan merkezî konumda olan manastırın görüşüne göre her türlü yaşam kutsaldır ve yaşam hakkına sahiptir. Öte yandan insan(lar) "normal" ve "mutant" olarak sınıflandırılıp, bedensel ve zihinsel mutasyonun derecesine göre ya insan grubuna dâhil ediliyor ya da alt-insan (subhuman) sınıfına alınıyor. Medeniyetle bütünleşen manastır merkezi ifade ettiği gibi medeniyetten uzak, ücra köşelerde yaşayanlar da yabanı temsil ediyor. Bu yabanlıkta insan eti yiyen alt-insanı buluruz. Cary Wolfe'un da altını çizdiği gibi hümanizmin antroposentrik tutumu insanın insan sayılabilmesi için belirli özelliklerle donanmış olması gerektiğini savladığından "insan olmayan hayvanlar ve engellilere karşı ayrımcılığın doğmasına sebebiyet verir" (xvii). Dolayısıyla insanın "özü" burada doğrudan mutanlığına bağlıdır. Miller'ın buradaki dikotomik kurgusu her ne kadar antroposentrik gözükse de bu insanımsı alt-insanlar hayvan âlemine yakınlığından dolayı ayrı bir tür olarak da okunabilirler. Bu noktada bahsi geçen alt-insanları Louise Westling'in işaret ettiği çoğul tür posthümanizm (multi-species posthumanism) çatısı altında ele alınabilir. Bu yaklaşım "insan türünü diğer yaşayan varlıklardan ayıran sınırı silerek veya sorgulayarak ekosistem içerisindeki yerini tanımlamaya çalışır" (Westling 30). Öte yandan insanlar ve hayvanlar, mutant olsun olmasın, yaşadıkları çevreyle mütemadiyen ilişki içerisindir. Çürüyen dünyayla bu bedenler birbirinin adeta yansımasıdır. Bedenin kendisi de sürekli bir dönüşüm içerisindedir: yenilenler, içilenler, solunanlar bedende barın(a)maz, sirkülasyonlarını tamamladıktan sonra dışarıya aktarılır. Dolayısıyla çevresiyle ayrılamaz bir biçimde, "içli dışlı" diyebileceğimiz, dolanmışlığı da söz konusudur. David Abram'ın de vurguladığı gibi "Beden öyle bir mekândır ki bulutların, solucanların, gitarların, gıdaklayan tavukların ve tıraşlanmış yamaçların tümü burada bir araya gelir, ittifaklar kurar, birleşir ve başkalaşırlar" (229).

Başkalaşımın en iyi örneklerinden birine uzay gemileri, nükleer silahlar ve teknoloji dönemini anlatan Fiat Voluntas Tua bölümünde rastlarız. Kitabın bu son bölümünde en dikkat çekici karakterlerden birisi çift başlı Bayan Grales'dir. İlk serpintinin ardından yaklaşık on sekiz yüzyıl geçmiş olmasına rağmen hala fiziksel bozunumların mevcut olması dikkat çekicidir:

> Çift başlı kadınla altı bacaklı köpeği yeni çit kapısının önünde elinde boş sebze sepetiyle bekledi; kadınlar yumuşak bir sesle köpeğe şarkı mırıldandı. Köpeğin dört bacağı sağlıklı bacaklardı, lakin fazladan bir çift bacak beyhude yere yanlardan sarkıyordu. Kadına gelince, bir kafa köpeğin fazla bacakları kadar beyhudeydi. Küçük bir kafaydı, meleğimsi bir kafaydı, fakat hiçbir zaman gözlerini açmadı. Nefes aldığına veya anlama yetisine sahip olduğuna dair hiçbir kanıt yoktu. Bir omuzda tembelce sallanıyordu, kör, sağır, dilsiz ve sadece bitkiselce hayattaydı. Belki de beyin yoksunuydu, zira bağımsız bir bilince veya kişiliğe sahip olduğuna dair hiçbir iz yoktu. Diğer yüzü yaşlanmıştı, kırışmıştı, ama lüzumsuz kafa, kumlu rüzgârdan ve çöl güneşinden sertleşip kavrulmuş olmasına rağmen bebekliğini korumuştu. (Miller 271)

Bayan Grales'in tek arzusu başrahibin Rachel'i— Bayan Grales'in ikinci başına verdiği isim—vaftiz etmesidir. Buradaki teolojik problem çift başlı bir bedende kaç ruhun barınabileceğidir. Zira uyuyan ve mutasyona uğramış ikinci başın ayrı bir varlık olduğuna dair hiçbir kanıt bulunmamaktadır. Romanın ilerleyen bölümünde, Bayan Graves başrahip Zerchi'ye günah çıkartmaya manastıra gittiğinde, bombalar düşmeye başlar, manastır başlarına yıkılır, ölmekte olan Bayan Grales yıkıntıların altında ezilen Zerchi'ye yaklaşır, Bayan Grales sönmüş, Rachel doğmuştur: "Önünde eğildi ve topuklarının üstüne oturdu. Onu sakin yeşil gözleriyle izledi ve masumca gülümsedi. Gözleri meraklı dolu (...) Rachel gülümserken Bayan Grales'in başı diğer omuzda derin uykudaydı. Dostluk uman genç, utangaç, bir gülümsemeydi" (333). Bayan Grales'in ölmesiyle Rachel doğmuş, duyduklarını tekrar ederek konuşmayı öğrenmeye, etrafındaki dünyayı algılamaya ve başka bir insanla iletişim kurmaya çalışmaktadır. Bayan Grales'in yaşlı, romatizmalı, hastalıklı bedeni Rachel'in uyanmasıyla birlikte gençleşmeye ve dönüşmeye başlamıştır. Bedenine batan camlardan zerre etkilenmemiştir, onların farkında bile değildir. Taşların altında yatan Zerchi oynatabildiği eliyle Rachel'ın bedenine batan camları çekip çıkartırken bile Rachel acı duymaz, vücudundan neredeyse hiç kan akmaz, Zerchi'ye çocuksu bir gülümsemeyle bakmaya devam eder. Dinsel bir pencereden bakan Wood'a göre Rachel, "günah içerisindeki gebelikten gelmediği gibi günah işleyecek bir nedeni de olmadığından, 'asal masumiyet'e (336) sahiptir (...) O, dünya yıkıldığında bile Tanrı'nın kurduğu kalıntı kilisenin bir figürü gibidir" (40). Günahsız ve bağımsız doğan Rachel'i bu bağlamda masumiyetin temsilcisi olarak okumak yanıltıcı olabilir. Cockrell'in feminist okumasına göreyse, "Yeni bir şey yaratılmıştır, yeni bir varlık, insan değil, ama sezgili, sadece ilk günahtan hür doğmamış, radyasyon duyarlılığından da hürdür" (33). Cockrell'ın okuması Wood'a göre daha yerlice olmasına rağmen yine yetersiz kalır: değişim vurgusuna dönüşüm ve dolanıklığın da eklenmesi gerekirdi.

Bu dolanıklık ve dönüşüm meselelerini ele alacak olursak, asırlar üstüne asırların geçmesine rağmen dünya ve üzerinde yaşayan insan ve insan olmayanların bedenlerindeki zehirden kurtulamamış olduklarına şahit oluyoruz. Yaşlı Bayan Grales'den genç Rachel'a geçişin yaşanması bu duruma aslında bir alternatif sunar. Bayan Grales/Rachel'in bedeni üzerinden ekosisteme bakacak olursak radyoaktif kalıntıların asırlardır etkilediği varlıklıkların bu atıkla birlikte dönüştüğüne, zehri akıtamayıp mutasyona uğramış, dejenere uzuvlarından kurtulamayıp bunlarla bütünleşerek yeni oluşumlara olanak sağladığını görürüz. Bir başka değişle, "çevresel bağlarımız her zaman diğer varlıklar ve maddesel güçlerle karmaşık kesişmeler ve değiş tokuşların olduğu ağlarla nitelendirilir. Bu ağlar görünürde antropojenik güçlerce aksatıldığında posthüman durum korkunç tesirleri olan birçok antagonistik güçlerle dolanmışlık halindedir ve insanlar bunların maddesel etkilerinden muaf değillerdir. Antropojenik faktörler işin içine girdiğindeyse maddenin tesiri bu ağlarda çok daha belirginleşir" (Oppermann 27). Bir bakıma sadece Bayan Grales'in ölümüyle dönüşüm tam anlamıyla gerçekleşebilir. İkinci gezegensel ölçekteki nükleer savaşın içine doğan Rachel ise salt yeni yaratılmış bir şey değildir, bir sonraki evreye adapte olmuş, dünyayla bütünleşerek dönüşmüş, evirilmiş posthümandır. Çocuksu figürler, Kinga Földváry'e göre, "mevcut nesilden sonra gelen, geçmişten ziyade geleceğe sahip, henüz hikâyesi anlatılmamış" varlıklar olduklarından "posthümanın nihai formu olarak yorumlanabilirler" (209-210).

Bu başkalaşıma bir başka pencereden bakacak olursak, ölmüş bir varlıktan yepyeni bir varlığın doğmuş olmasını, ölümle yaşamın birbirine dolanmışlığıyla açıklamak mümkündür, zira Rosi Braidotti'ye göre "Ölüme fazla değer biçilmiştir. Bu nihai eksilme ne de olsa üretken sürecin sadece başka bir safhasıdır" (*Transpositions* 40; "The Politics" 181). Yine Braidotti'nin başka bir yerde vurguladığı gibi "Ölüm, son olmamakla birlikte, nihai yer değişimidir, çünkü *zoe* amansızca varlığını sürdürmeye devam eder. Ölüm insandışı kavramsal fazlalıktır: hepimizin korktuğu, temsil edilemeyen, düşünülemeyen, verimsiz kara deliktir. Öte yandan, ölüm aynı zamanda akışların, enerjilerin ve ebedi oluşumların yaratıcı sentezidir" (*The Posthuman* 131).

Yaşam, yarı hayvan, insan olmayan (zoe) ve yarı politik ve söylemseldir (bios). Bios'un zeki olarak öncüllenmesinden dolayı Zoe bu çiftin fakir yarısıdır; aralarındaki ilişki Batı kültürünün söylemsel imparatorluğunu üzerine kurduğu niteleyici ayrımlarından birini teşkil eder. Geleneksel olarak yaşama dair öz-düşünümsel denetim insanlara mahsusken, alelade biyolojik sıralanımlar insan olmayanlar içindir. Zoe, rasyonel kontrole bakılmaksızın, rasyonel kontrolden bağımsız devam eden Yaşam'ın akılsız canlılığını temsil eder. Bu insan olmayan ve Erkeğin tüm "öteki"lerine atfedilen müphem ayrıcalıktır; öte yandan *bios* insanların belirli sosyal bağlarını ifade eder. "Yaşam"ın birbirine rakip bu iki mefhumunun insan bedeninde kesişmesi, bedenleştirme meselesini tartışmalı bir alana ve politik bir arenaya dönüştürür. (*Transpositions* 37)

Bayan Grales/Rachel'in bedeni tam da bu noktalarda *bios*/*zoe* ile kesişiyor. Bayan Grales eril dünyanın düzeni içerisindeki *bios*'ta var olmaya çalışırken, Rachel bu eril dünyanın dışında kalan *zoe*'de vücut buluyor. Mutantlığı bir yana, Bayan Grales gerek dindarlığıyla gerekse sepetindeki sebzeleri satarak sosyoekonomik düzlemde var olmaya çalışmasıyla *bios*'un dikte ettiği rasyonel kontrole bağlı ve bağımlı olarak yaşamını idame ettirirken Rachel bu düzene fazlasıyla yabancıdır. Braidotti, Rachel'den bahsedercesine "Bu skandaldan, bu mucizeden, bu zoe'den—yani bios'u coşkunlukla aşan ve logos'u fevkalade bir biçimde görmezden gelen bir yaşamın fikriyle şaşkına dönmedik mi?" ("The Politics" 178) diye sorar. Öte yandan "İnsan bedeni, özellikle dişi beden hem *bios* hem de *zoe*'dir ve bu bakımdan oldukça tartışmalı sosyal ve fiziksel bir sahadır. Zoe değer yargılardan bağımsız veya yansız değildir, oldukça cinselleştirilmiş, ırksallaştırılmış ve türler-leştirilmiş bir kavramdır" (*Transpositions* 110). Özellikle bir kadının bedeninden başkalaşmış yeni bir kadının doğmuş olması, "zoe'nin üretken güçlerini" (*Transpositions* 40; "The Politics" 181) vurgular. Bayan Grales/Rachel'in bedeni değişken genetik materyalin barındığı, depolandığı bir kap olarak ölümden yaşam bulabilen, yaşlıyken gençleşebilen, hastalıklıyken iyileşebilen, mantıktan sezgiselliğe geçebilen, bu farklılıkları yek bedeninde barındırabilen bir varlık olarak hem insan hem de insan olmayanı ifade eder. "*Zoe* yaşamın dinamik, kendini örgütleyebilen yapısı olarak üretken yaşama gücünü temsil eder. Evvelce ayrılmış türleri, kategorileri ve alanları yeniden birleştirip ötesine geçebilen yanal kuvvettir" (*The Posthuman* 60).

Romanın sonundaki gezegensel felaketten ve uzun vadedeki etkilerinden kurtulabilenler sadece uzay gemileriyle gezegenden ayrılanlardır. Bu kaçanlar arasında Aziz Leibowitz'in rahipleri de vardır. Gezegen bir kez daha kavrulurken kurtarabildikleri "bilgilerle" birlikte uzay gemisine binip dünyadan uzaklaşırlar. Bu gidişin altında yatan tehlikelerden biri götürdükleri bilgiyle gittikleri gezegeni de kavurabilirler, diğeriyse uzun bir zaman sonra dünyaya geri dönüp aynı döngüyü bir kez daha başlatabilirler. Bu bağlamda *"Leibowitz için bir İlahi* bir çözüm(süzlük) önerir: sembolik çift başlı kadının hayatta kalan kafası bilgi edinebilme yetisine sahip değildir. Bu nedenle, ikinci nükleer savaş dünyayı Eden Bahçesi masumiyetine geri getirir. Nükleer savaşın alevli kılıcıysa uzaydaki mabetten bahçeye bilgi getirebilecek tehdidi bekler" (James ve Schwenger, 1176). Ancak hayatta kalan kafanın bilgi edinmesine gerek yoktur çünkü o eskiyi kendi bedenine asimile ederek bambaşka bir dilde yeni bir anlatı, yeni bir yaşam kurgulamaktadır.

## Sonuç

Dick ve Miller'ın kıyamet sonrası kurguları "gezegensel ölçekte" etki yaratan bir nükleer savaşın izlerini yansıtır. Bu kurgularda zehirlenmiş çevreler, toksik mekanlar, çürüyen dünya ve eriyen bedenler vardır. Her iki romanda da insanın teknoloji vasıtasıyla tetiklediği ekokırım sonucunda habitatların nasıl kaybolup değiştiği, insan ve insan olmayan türlerin ne şekilde yok olup mutasyon geçirdikleri, toplumların ve kültürlerin ne denli korozyona uğradığı anlatılır. Metinlerin her ikisi de özellikle yazıldıkları Soğuk Savaş döneminin tedirginliği ve etkisiyle, gezegenin refahına genel bir kaygı içermekle kalmayıp, insan ırkının muhtemel ve çeşitli global veya lokal ekokırımları önlemek adına uyarı Hikâyeleri olarak da görülebilirler. Her ne kadar çıkış noktaları birbirine benzese de vardıkları sonuç bir o kadar farklıdır. Dick'in teknolojide aradığı kurtuluşu, Miller biyolojide bulur.

Dick'in romanı, Ursula K. Heise'ın da vurguladığı gibi "hem biyolojik ve mekanik yaşam formlarının hem de insanlar ve hayvanlar arasındaki çatışma ve çakışmalar"ın üzerine kurgulanmış olup "insanın biyolojik bir tür olarak statüsünün belirsizliği"ni sorgulayarak "posthüman dönüşüm"e işaret eder (454). Özellikle mod organları ve empati kutuları gibi teknolojik aygıtlarla bütünleşmiş bir halde yaşamlarını sürdürmeye çalışan tekno-insanın, ya da transhümanın, dünyasında insanı insan yapan öğenin empati olduğu vurgulansa dahi, bunun içinin boş bir tanım olduğu aşikârdır. Öte yandan Iran ve Isidore'u karşılaştıracak olursak Isidore'ın zihinsel bozumu onu bir alt sınıfa koyarken, Iran'ın ruhsal çöküntüsü insan olarak sınıflandırılmasına mâni değildir. Isidore daha alt türler olan android ve hayvanlarla kıyaslandığındaysa ancak insan statüsünde değerlendirilir. Benzer bir sorgulamayı Miller'a uygulayacak olursak, insanın tanımlanmasında insan bedeninin ve zihninin bozumun, ya da mutanlığıyla doğrudan bağlantılı olduğunu görürüz. Kabul edilebilir mutantlar toplum tarafından tolere edilirken, zihnen veya bedenen ucubeliğin uç sınırında olanlar toplum tarafından dışlanmaktadır. Geniş bir yelpazede yer alan, biyoçeşitliliğin mevcut olduğu bu romanda insanın farklı "tür"lerinden bahsetmek mümkündür. İnsanın nihai formu, dolayısıyla yeni bir tür olan posthümanın ortaya çıkışıysa, Bayan Grales'in içinden doğan Rachel ile gerçekleşir. Yaşlı, eskimiş bir bedenin gençleşip yenilenebilmesi, bu varlığın çevreyle uyum içerisinde olduğunu göstermekle kalmaz, eski düzenin üzerine yeni bir yapının geleceğinin de habercisidir. Özetleyecek olursak, Dick ve Miller'ın romanlarında posthümanizmin ve de posthüman olmanın farklı açılımlarını gözlemlemek mümkündür.

> Posthüman olmak, haliyle kişinin paylaşılan bir dünyaya, bir bölgesel uzama olan —kentsel, sosyal, psişik, ekolojik, teknolojik, gezegensel—bağlılık ve bağlantı hissini yeniden tanımlıyor. Halen özbenlik olarak adlandırabileceğimiz şeyin dönüşümünü gerçekleştirirken, çoklu ekolojilere aidiyeti ifade eder. Bu öz benlik, esasen, bireyin hiçbir zaman üstesinden gelemediği veya sahip olamadığı, sadece içerisinde barındığı ve her daim bir topluluk, bir sürü, bir grup ya da bir kümede göçebe olarak geçtiği, ortak yaşam alanı içerisinde olan, hareketli ve dışarıya yönlenen bir montajdır. Birey, posthüman teori için, insan olmayan (hayvansal, bitkisel, viral) ilişkiler ağına tamamen dalmış ve bu ağla içkin olan yanal bir varlıktır. Zoe-merkezli somutlaşmış birey, bulaştırıcı/viral/tekno türünden ilişkisel bağlantılarla doludur, bu da onu çevresel veya eko-ötekilerle başlayarak teknolojik aygıtlara varıncaya kadar çeşitli ötekilere bağlar. (Braidotti, "Critical Posthumanities." 387-388)

Son olarak romanların türüne de değinecek olursak, Peter Schwenger'in de vurguladığı gibi özellikle nükleer katliamın konu olduğu kıyamet sonrası yazında, kıyametin "insan yapımı" olması daha da dehşet vericidir: "Ne ilahi bir planın parçasıdır ne de insandan daha yüce olaylar dizisinin. Birey, dolayısıyla, suç ortaklığı şüphesinden, sorumluluktan ve suçluluk duygusundan özgür değildir" (37). Bu tür metinlerde teselli bulmak oldukça güçtür. Kıyamet sonrası yazın birçok anlamda ümitsiz bir yazındır. İnsanın doğrudan sebebiyet verdiği, dünyayı global ölçekte etkileyen nükleer felakete sürüklediği Hikâyelerde, ekokırımla birlikte insan ve insan olmayanın yaşam alanlarının yok edilmesi, geri dönüştürülememesindeki ümitsizlik, anti-hümanist yaklaşımları haklı kılacak niteliktedir.

## Kaynakça

Abram, David. *Becoming Animal: An Earthly Cosmology.* Vintage Books, 2011.
Asimov, Isaac. *Nightfall and Other Stories.* Doubleday, 1969.
Barad, Karen. *Meeting the Universe Halfway: Quantum Physics and the Entanglement of Matter and Meaning.* Duke UP, 2007.
Birleşmiş Milletler. "Ending Nuclear Testing." un.org/en/observances/end-nuclear-tests-day/history. Erişim 04 Ekim 2020.
Bogost, Ian. *Alien Phenomenology: or What It's Like to Be a Thing.* U of Minnesota P, 2012.

Braidotti, Rosi. *Transpositions: On Nomadic Ethics*. Polity, 2006.
Braidotti, Rosi. "The Politics of Life as Bios/Zoe." *Bits of Life: Feminism at The Intersections of Media, Bioscience, and Technology*, eds. Anneke Smelik ve Nina Lykke, U of Washington P, 2008, ss. 177-207.
Braidotti, Rosi. *The Posthuman*. Polity, 2013.
Braidotti, Rosi. "The Critical Posthumanities; or, Is Medianatures to Naturecultures as Zoe is to Bios?" *Cultural Politics*, vol. 12, no. 3, 2016, ss. 380-390.
Bryant, Levi R. *The Democracy of Objects*. Open Humanities P, 2011.
Buell, Lawrence. "Toxic Discourse." *Critical Inquiry*, vol. 24, no. 3, Bahar 1998, ss. 639-665.
Cockrell, Amanda. "On this Enchanted Ground: Reflections of a Cold War Childhood in Russell Hoban's *Ridley Walker* and Walter M. Miller's *A Canticle for Leibowitz*." *Journal of the Fantastic in the Arts*, vol. 15, no. 1, 2004, ss. 20-36.
Cohen, Jeffrey J. "Monster Culture (Seven Theses)." *Monster Theory: Reading Culture*, ed. Jeffrey J. Cohen, U of Minnesota Press, 1996, ss. 3-25.
Dick, Philip K. *Do Androids Dream of Electric Sheep?* 1968. Orion, 1999.
Földváry, Kinga. "In Search of a Lost Future: The Posthuman Child," *European Journal of English Studies*, vol.18, sno. 2, 2014, ss. 207-220. doi: 10.1080/13825577.2014.917008
Galvan, Jill. "Entering the Posthuman Collective in Phillip K. Dick's *Do Androids Dream of Electric Sheep?*" *Science Fiction Studies*, vol. 24, no. 3, 1997, ss. 413-429.
Haraway, Donna. *Simians, Cyborgs, and Women: The Reinvention of Nature*. Routledge, 1991.
Haraway, Donna. *The Companion Species Manifesto: Dogs, People, and Significant Otherness*. Prickly Paradigm Press, 2003.
Haraway, Donna. *When Species Meet*. U of Minnesota P, 2008.
Haraway, Donna. *Staying with the Trouble: Making Kin in the Chthulucene*. Duke UP, 2016.
Hayles, N. Katherine. *How We Became Posthuman: Virtual Bodies in Cybernetics, Literature, and Informatics*. U of Chicago P, 1999.
Heise, Ursula K. "The Posthuman Turn: Rewriting Species in Recent American Literature." *A Companion to American Literary Studies*, ed. Caroline F. Levander ve Robert S. Levine, ss. 454-68. Blackwell, 2011.
James, Clair ve Schwenger, Peter. "Narrative against Nuclear War?" *PMLA*, vol. 106, no. 5, 1991, ss. 1175-1177.
Latour, Bruno. *We Have Never Been Modern*. çev. Catherine Porter, Harvester Wheatsheaf, 1993.
Latour, Bruno. *Reassembling the Social: An Introduction to Actor-Network-Theory*. Oxford UP, 2005.
Mecklin, John, ed. "Closer than Ever: It is 100 Seconds to Midnight." *Bulletin of the Atomic Scientists*, 23 Ocak 2020. thebulletin.org/doomsday-clock/current-time. Erişim 04 Ekim 2020.
Miller, Walter M. *A Canticle for Leibowitz*. 1959. Bantam, 1997.
Morton, Timothy. *Dark Ecology: For a Logic of Future Coexistence*. Columbia UP, 2016.
Nayar, Pramod K. *Posthumanism*. 2014. Polity, 2017.
Nixon, Rob. "Neoliberalism, Slow Violence, and the Environmental Picaresque." *MFS Modern Fiction Studies*, vol. 55, cilt. 3, 2009, ss. 443-467. doi:10.1353/mfs.0.1631.
Nixon, Rob. *Slow Violence and the Environmentalism of the Poor*. Harvard UP, 2011.
Oppermann, Serpil. "From Posthumanism to Posthuman Ecocriticim." *Relations*, vol. 4, no. 1, 2016, ss. 23-37. doi: 10.7358/rela-2016-001-oppe.
Prăvălie, Remus. "Nuclear Weapons Tests and Environmental Consequences: A Global Perspective." *Ambio*, vol. 43, no. 6, 2014, ss. 729-44. doi:10.1007/s13280-014-0491-1
Schwenger, Peter. "Writing the Unthinkable." *Critical Inquiry*, vol. 13, no. 1, 1986, ss. 33-48.
Sims, Christopher A. "The Dangers of Individualism and the Human Relationship to Technology in Phillip K. Dick's *Do Androids Dream of Electric Sheep?*" *Science Fiction Studies*,

vol. 36, no. 1, 2009, ss. 67-86.

Vinci, Tony M. "Posthuman Wounds: Trauma, Non-Anthropocentric Vulnerability, and the Human/Android/Animal Dynamic in Phillip K. Dick's *Do Androids Dream of Electric Sheep?*" *The Journal of the Midwest Modern Language Association*, vol. 47, no. 2, 2014, ss. 91-112.

Vint, Sherryl. "Speciesism and Species Being in *Do Androids Dream of Electric Sheep?*" *Mosaic: An Interdisciplinary Critical Journal*, vol. 40, no. 1, 2007, ss. 111-126.

Viskovic, Richard. "The Rise and Fall of Wilbur Mercer." *Extrapolation*, vol. 54, no. 2, 2013, ss. 163-182.

Westling, Louise. "Literature, the Environment, and the Question of the Posthuman." *Nature in Literary and Cultural Studies*, ed. Catrin Gersdorf ve Sylvia Mayer, Rodopi, 2006, ss. 25-47.

Wheale, Nigel. "Recognising a 'Human-Thing': Cyborgs, Robots and Replicants in Phillip K. Dick's *Do Androids Dream of Electric Sheep?* and Ridley Scott's *Blade Runner*." *Critical Survey*, vol. 3, no. 3, 1991, ss. 297-304.

Wood, Ralph C. "Lest the World's Amnesia be Complete: A Reading of Walter Miller's *A Canticle for Leibowitz*." *Religion and Literature*, vol. 33, no. 1, 2001, ss. 23-41.

Wolfe, Cary. *What is Posthumanism?* U of Minnesota P, 2010.

# ÜÇÜNCÜ KISIM
# İNGİLİZ EDEBİYATINDAN SEÇMELER

# BÖLÜM 7
# Angela Carter'ın Spekülatif Romanlarında Hümanizm Eleştirisi ve Posthümanist Belirsizlik

## Barış Ağır

### Giriş

Rönesans ve sonrasında Batı düşüncesinde etkin bir felsefi söylem olarak kendine yer edinen Hümanizm, Orta Çağ Hristiyanlığının "Tanrı merkezli bir varlık ve toplum tasavvuru" (Evkuran 39) olan teosentrik dünya görüşünün reddedildiği ve odağını Tanrı'dan insana kaydıran "homosentrik paradigmayı"[1] (Best ve Keller 180) ifade etmektedir. Nicola Abbagnon'un tanımlamasıyla "hümanizm insanın değerini kabul eden; onu her şeyin ölçütü olarak tanımlayan, insanın doğasını, yetilerinin ölçüsünü (sınırlarını) ya da ilgilerini konu edinen bir felsefedir" (763). Aydınlanma ve Modernite ile birlikte düşünsel zirvesine ulaşan hümanizm, insanları Tanrı'nın vesayetinden kurtararak, seküler değerlerin benimsenmesini, teknolojik egemenliği ve bilimsel akılcılığı teşvik eder. "Batı medeniyetinin seküler ve rasyonel doğrularını bariz bir şekilde yansıtan" (Davies 9) hümanizm, insan-dışı yaşam biçimlerinde olmadığını iddia ettiği temel bir insan özünde ısrar eder. Dolayısıyla, hümanizm ve ona eşlik eden kapitalist düzen Ben / Öteki, Erkek / Kadın, Doğal / Yapay, İnsan / İnsan Olmayan vb. ikili karşıtlar yaratır. Egemen aklın öznesine dayanan bu karşıtlıklar posthümanist söylemde eleştirilmektedir. Çeşitli anlam kalıplarına açık, "birden fazla ve birbiri içine geçmiş" (Ağın 1) anlamlara sahip bir kavram olan posthümanizm, hümanist söylemin iddialarını kabullenmeyi reddederek, hümanizmin hegemonyasına meydan okumayı ve onu dönüştürmeyi amaçlayan bir dizi eleştirel söylemler bütünüdür. Gülnur Güvenç'e göre "posthümanizm, hümanizmin neden olduğu bunalımları açıklayan, düzenleyen veya bunlarla başa çıkmaya yönelik fikirler içeren bir şemsiye terim olarak kabul edilir" (49). İkili karşıtlıkları aşma yönünde, insanı fiziksel ve ontolojik olarak değişime uğratan gelişmiş teknoloji kültürüne posthümanizm de özel bir önem atfetmektedir. Posthümanizmin doğayı ve ekolojiyi de kapsayan tekno-bilimsel felsefesi, artık saf olmayan ve teknolojiyle dönüştürülmüş özneler üzerinde durmaktadır. Andy Miah'ın da belirttiği gibi, "teknolojik değişim posthümanizmin çağdaş temsillerinin bir merkezi haline gelmiştir" (271). Bu atfedilen tekno-kültürde organik ve doğal olmayan "insan/makine,

---

[1] Bu çalışmada İngilizce kaynaklardan yapılan çeviriler aksi belirtilmedikçe yazara aittir.

hayvan/organizma/insan, fiziksel/fiziksel-olmayan melez" dönüşümler gibi "posthuman'daki 'post' ön eki insanın sınırlarını aşan hem 'sonra' hem de 'öte' anlamını işaret eder" (Buran 126). Bu bağlamda posthümanizm insanın tarihsel bir eleştirisinden yola çıkarak hümanizm sonrası döneme önceliğini verir ve teknolojinin dönüştürücü etkisini de göz önünde bulundurur (Yeşilyurt 9). Anti-hümanist, feminist ve postmodern düşünürlerin fikirleri ekseninde gelişen posthümanizmin özünde yatan niyet, hümanizmin insanlığa dayattığı totaliter büyük anlatıları parçalayarak, onları çeşitlilik ve akışkanlık fikirleriyle değiştirmektir. Bu özellikleriyle posthümanizm klasik hümanist kavramların eleştirisini yapan, yüksek teknoloji kültürünün dönüştürücü gücüne vurgu yapan postmodern bir düşünce olarak da kabul edilebilir.

Dünyayı rasyonel sınırlar içerisinde bir alan ve insanı da bu alanın hâkim yürütücüsü olarak gören geleneksel hümanizmin akılcılığa ve insanmerkezciliğe aşırı vurgusu etik değerleri tahrif ederek, insan ve insan olmayan varlıklar arasındaki uyumu yıkıma uğratmıştır. Bu bağlamda, "insan odaklı hümanizm, çağın sorunlarının çözümünde yeterli değildir" (Çelik 35). Geleneksel hümanizm ideolojisini ve onun yarattığı dünyevi unsurları eleştiren posthümanistler, çeşitliliği, farklı düşünce biçimlerini ve uygulamaları savunarak insanın geleneksel merkezî konumunu ve üstünlüğünü yapıbozuma uğratırlar. Geleneksel hümanizmi hegemonyacı ve kusurlu bir insan ideolojisi olarak eleştiren posthümanizm, hümanist söylemi sosyo-tarihsel ve insan öznelliği açısından altüst etmeyi amaçlayarak "hayatın merkezine alındığı bir tarih sürecinde insan olgusunu yeniden değerlendirmeye açmaktadır" (Ağın 17).

Posthümanizmin diğer bir özelliği ise hümanist mantık içerisinde idealleştirilen toplumsal cinsiyet normlarını reddetmesidir. Posthümanizmi ve cinsiyet çalıştırmalarını bir araya getiren posthüman feminizm "normatif hümanist "erkekinsan" idealine eklenen bütüncül kimlikleri reddetmiştir" (Braidotti 38). Bireyleri belirli kimlik kavramlarına zorunlu kılan hümanist doktrinlerin aksine, posthüman feminizm insan ve insan olmayan oluşumların (hayvanların, organik ve inorganik varlıkların, robotların, siborgların vs) dolanıklı ilişkisine ve bu ilişkinin oluşturduğu çeşitliliğe vurgu yapmaktadır.

Posthümanizmin yukarıda bahsettiğim hümanizme dönük eleştirel yansımalarını İngiliz yazar Angela Carter'ın romanlarında görmek mümkündür. Bu bağlamda, bu çalışma Carter'in bilim kurgu romanlarındaki posthümanist özellikleri sosyo-tarihsel insan durumu, insan öznelliği ve cinsiyet kimliği bağlamında incelemeyi amaçlamaktadır. Hümanizm eleştirisi yaptığı eserlerinde, Carter'in insanın konumu hakkında bir diyalog kurmaya çabaladığını, bununla birlikte hümanizmden kesin kopuşu savunan radikal posthümanistlere temkinli yaklaştığını ifade edebiliriz. *Kahramanlar ve Kötüler* (*Heroines and Villains* 1969) romanında hümanistik teleoloji yerini posthümanist kuşkuculuğa bırakır. Tarihin tesadüfi ve olası kırılmaları vurgulanarak toplumsal rasyonalizmle birlikte insanın tekil ve evrensel tanımı eleştirilir. *Doktor Hoffmann'ın Şeytani Arzu Makineleri* (*The Infernal Desire Machines of Doctor Hoffmann* 1972) romanında ise Carter'ın insan öznelliğine karşıt bir posthümanist tutum aldığını görürüz. Bu tutuma göre öznellik özerk veya sabit olmayan, saf bir akılla yönetilemeyen, akışkan ve belirsiz bir olgudur. Romandaki karakterler gelişmiş teknolojinin dönüştürdüğü, hareketli ve dış güçlerle de etkileşimli bir öznellik gösterirler. *Yeni Havva'nın Çilesi* (*The Passion of New Eve* 1977) romanında ise cinsiyet kimliğine ilişkin posthümanist bir tavır vardır. Posthümanizm, hümanist öz mantık ve ikili karşıtlıklar içerisinde düzenlenen cinsiyet kimliğini reddeder. Romandaki karakterler, erkek / kadın ikili karşıtlığının sınırlarını aşarak, yeni teknolojik evredeki çoklu cinsiyet söyleminin olasılıklarını gösterirler.

### Sosyo-Tarihsel İnsan Durumu

Jacques Derrida, "İnsanın Sonları" ("The Ends of Man" 1968) başlıklı makalesinde Martin Heidegger'in "her hümanizm metafizik olarak kalır" (13) önermesini ele alarak hümanizm ideolojisini yapısöküme uğratır. Plato'dan Friedrich Hegel ve Martin Heidegger'e uzanan metafiziğin amaçlarından biri, insan kavramına karşılık gelen özü ve doğayı tespit etmek için insani gelişmenin nihai amacını karakterize etmektir. Derrida'nın hümanizmden ve insanın sonundan bahsederken eleştirdiği şey bu teleolojik düşüncedir. Kendi içindeki tutarlılığı ve bütüncüllüğü sağlayabilmek için teleolojik bir arzu tarafından yönlendirilen hümanizm sosyo-tarihsel gelişmeyi tahmin edilebilir ve kontrol edilebilir olarak görür. Hümanist tarih düşüncesi bu nedenle, çizgisel ilerlemeye duyarlılık gösteren ve nihai bir amacı hedefleyen "teleolojik akıl" (Derrida 107) ile eşanlamlıdır, oysa akıl esasen insan toplumunda disiplin gücü uygulayan vahşi bir pedagojiye dönüşmüştür. Posthümanist görüşe göre, insanlığı kurtarmak için metafizik insana ve onun kurguladığı ilerleme ve mükemmelliğe yönelik hedeflere son verilmelidir.

Carter'in *Kahramanlar ve Kötüler* romanı hümanist teleolojik düşünce üzerine benzer eleştiriler içerir. Roman, eski toplumsal biçimin olası bir sonuna işaret ederek, insan sürekliliğinin müphemliği üzerine odaklanır. Post-apokaliptik bir eser olan romanda, dünya gezegeni nükleer bir felaket sonucunda yıkıma uğramış, hayatta kalan insanlar üç sınıfa ayrılmışlardır: Müstahkem bölgelerde yaşayan ve seçkin bir grup olan Profesörler[2] ve onlara hizmet eden Askerler ve İşçiler; sığınakların dışında göçebe olarak yaşayan, erzak ve yiyecek için Profesörler'in bölgelerine baskınlar düzenleyen Barbarlar; harabelerde yaşayan, radyasyon sonucunda sakatlanmış mutantlar olan Dışarıdaki İnsanlar. Romanın başkahramanı Marianne Profesörlerden birinin kızıdır ve müstahkem bölgedeki ıssız hayatından sıkılmıştır. Babasının

---

[2] Büyük harfler orijinalindedir.

ölümünden sonra, genç bir Barbar olan Jewel'in müstahkem bölgeden kaçmasına yardım ederek onunla birlikte bir Barbar kabilesine gider ve onunla evlenir. Marianne, Barbar kabilesinin sürekli göçü sırasında Dışarıdaki İnsanlar ile de karşılaşır. Kocası Jewel bir baskın sırasında öldürülünce, Marianne eski bir Profesör olan ve barbarların kabilesine kaçan Dr. Donally'nin Barbarlar üzerindeki kontrolünü devirmeye ve kabile içinde yeni bir tür toplumsal yapı inşa etmeye karar verir.

Roman esas olarak tarih, sosyal yapıdaki sorunlar ve insan türünün çeşitliliği ve çatışmaları üzerinde durmaktadır. Bu üç husus, romanın teleolojik tutarsızlığı ele aldığı ana noktalardandır. Romanın tekinsiz dünyasında, insan toplumu hiçbir zaman tamamlanmış bir görüntüye kavuşamaz. Bunun yerine, öngörülebilir bir kader (veya son) kasvetli bir belirsizlikle yer değiştirilerek, hümanizmanın insan toplumu ve davranışlarının şimdikinden başka olamayacağı iddiası reddedilir. Posthümanizm düşüncesine göre, insanın doğrusal tarihi son derece sorunludur. Bu eski tarih anlayışına göre "tarih çökeltili geçmişin kazısını yapmak değildir; tarih geçmişin kurumsallaşmış temsilidir" (Chambers 35). Roman, Marianne'nin babasının betimlemeleriyle başlar, babanın kimliği ve imajı eski tarih anlayışının savunulamaz olduğunu göstermektedir:

> [Marianne'nin babası] bir Tarih Profesörüydü; yemek odasında tabaklar ve çatal bıçak gibi paslanmaz çelik yadigârlarla dolu bir büfenin üzerinde tuttuğu ve her sabah kurduğu bir saate sahipti. Marianne, bu saati babasının evcil hayvanı olarak düşünürdü ve saati kendi evcil tavşanına benzetirdi, tavşan kısa bir süre sonra ölüp bağırsaklarının temizlenmesi için Biyoloji Profesörü'ne teslim edildiği halde saat anlaşılmaz bir şekilde ilerlemeye devam ediyordu. Bu nedenle saatin ölümsüz olması gerektiği sonucuna vardı ama bu onu etkilemedi. (1)

Marianne'nin Tarih Profesörü olan babası kurumsallaşmış resmi tarihin sözcüsüdür. Babasının konuşmaları, geçmişten geleceğe insan toplumunun tutarlı bir yorumunu vermeye yöneliktir. Profesör'ün "evcil hayvanı" ve "yadigârı" olan saat, sahibinin insanlık tarihi ile ilgili anlatısının nesnel veya gerçek anlamda tutarlı olmaktan çok uzak olduğunu ve yapay olarak inşa edildiğini gösterir. Marianne'nin saate ve zamana karşı ilgisizliği, hikâye ilerledikçe insan yapımı saatin geçerliliğini kaybetmesine neden olur. Babasının ölümünden sonra, Marianne saati bir bataklığa gömer, müstahkem bölgeden kaçtığı sabah bir sincap sesiyle uyanır: "Babasının saati gibi tik tak etti, ama o saatin kaç olduğunu bildirmeyen biyolojik bir et ve kandan ibaretti" (*HV* 30). Bu durum, müstahkem bölgenin dışındaki başka bir zaman ve tarih duygusunun varlığını işaret eder. Barbarlar, doğrusal ilerleyen zaman ısrarını ve hesaplayıcı tarih dayatmasını reddederler. Barbarların çoğu, kendileri için anlamsız ve "zamanın cesedinden" (50) başka bir şey olmayan ve "sadece dekorasyon amaçlı" (*HV* 50) saatler takarak, "nereye yöneldiğimizi önceden daima bilen" (Chambers 55) teleolojik düşünceye karşıt davranırlar.

Felaket sonrasını konu edinen anlatılarda, ormanlarda ve harabelerde sıkça karşımıza çıkan bozuk saat imgesi, insanlık tarihindeki kopuşa karşılık gelen ve tekrarlanan bir imgedir. Kendilerine "kayıp bir dünyayı diriltmek" (10) misyonu yükleyen Profesörler bile, kaybolmuş insan toplumuna yönelik yanıltıcı yorumlardan başka bir şey sunamazlar. Tarihsel kırılmaların bir hatırlatıcısı olarak beliren nükleer felaket tehditleri, hümanizmanın beyhude bir tarih oluşturma çabasını parçalamak üzere romanda kullanılır. Geçmişten bugüne ve geleceğe uzanan tutarlı ve doğrusal zaman düzeni, romanda çoklu bir zamanın oluşturulmasıyla parçalanır. Felaket sonrası gelecekte, insan toplumu orta çağ düzenine benzeyen bir topluma dönüşmüştür. Romanda kaçak Profesör Dr. Donally'nin gözlemlediği gibi, felaket sonrasında gerileyen dünyada zaman da "geri gitmekte ve kıvrılmaktadır" (*HV* 102). Romanda şimdiki insan geçmişi tekrar etmekte, geçmişi şimdiye aktarmakta ve romanın zamanını gelecekte kurgulamaktadır. Bu çoklu zaman çekimleri, hümanist söylemin çizgisel tarih anlayışına parodik bir bakış açısı getirerek, zamanda ilerleme anlayışını rahatsız edici bir duyguya dönüştürür. Parçalanan bu zaman düzeninde, insanın geçmişi ve şimdisi iç içe geçmiş ve birbirine sarmalanmış durumdadır. Romanda ilerleyen zamanın bir ölçüsü olarak beliren geçmişin kayıp dünyası, hortlayan bir imge olarak Profesörlerin ilerleme hayallerini yıkar ve okuyucuya ait olduğu mevcut kültür hakkında tekinsiz bir dejavu duygusu yaşatır. Farklı tarihsel zamanların yan yana konumlandırılması, geçmiş ve şimdinin birbirini sorgulamasına neden olur ve böylece ilerleme miti ortadan kalkar. Romanda geçmişin dünyası, felaket sonrasının dünyasından daha iyi veya daha kötü olarak tasvir edilmez. Düzenler farklı olsa da her iki dünyada da insanların özgürlüğüne set çeken inançlar ve baskılar mevcuttur. İnsan, felaket sonrasındaki toplum mitolojilerinin ve mantıksız korkuların kölesine dönüşmüş olsa da felaket öncesi insanlar da "akıl tanrıçasına tapan" (*HV* 76) insanlar olarak aşırı akılcılığın çıkmazında sürüklenmişlerdir. Bu nedenle teleolojik kesinlik, roman karakterlerini insanlık tarihindeki gerileme ve tekrara tanıklık eden geçmişten bir hayaletle yüzleşmek durumunda bırakır.

Hümanizmin başka olasılıkları reddeden ve kesin bir gerçeklikle sunduğu çizgisel tarih anlayışının aksine, posthümanizm tarihi çizgisel olmayan, birçok etkileşimi ve alternatif tarihleri barındıran bir zaman dilimi olarak ele alır. Romanda hümanist varsayımların unutulduğu posthümanist dünya, aslında hümanizm öncesi zamanın bir temsilidir. Romanda başlangıca dönen zaman, hümanist ideolojilerin olasılıklarını ve aslında hümanist anlatıdan arınmış bir dünyanın olduğunu / olabileceğini ortaya koyar. "Hiçbir şeyin kalıcı olmadığı" (*HV* 116) romanda, karakterler kendilerini güvenli bir başlangıç veya varış noktasının garantisi olmadığı bir geçiş durumunda ve zamansallıkta bulurlar. Romanın belirsiz sonu, barbar topluluğunun Dr. Donally'nin kontrolüne geri dönebileceğini, Marianne'nin önderliğinde anaerkil bir topluma dönüşebileceğini, Dışarıdaki İnsanlar'a katılabileceğini veya Profesörler'in kurgulanmış sosyal düzenini benimseyebileceklerini ima etmektedir. Romanda heterojen geçmiş ve geleceğin belirsiz sonu çağrışımlarıyla toplumun zamansal yapısı ortaya çıkarılır. Roman, insan toplumunda metafizik zorunluluğun ortadan kaldırılmasını ve tarihsel olasılıkların kabulünü ifade eder.

Tarihi nasıl algıladığımız insan toplumunun durumu hakkındaki yargımızı da etkilemektedir. Hümanizmin teleolojik tarih anlayışı, toplumun her bir üyesinin özverisini adaması gereken ideal bir sosyal yapının benimsenmesine yol açar. Hümanizmin rasyonel düşünceye yüklediği ağırlık düşünüldüğünde, aklın esas alındığı toplum doğal olarak en çok arzu edilen sosyal yapı haline gelir. Romanda, Profesörlerin oluşturduğu toplum böyle bir ideal toplum yaratma girişiminin tezahürüdür. Düzenli, tutarlı ve etkin bir alan olarak görünen müstahkem bölgede Profesörler bilimi ve bilgiyi korumakla meşgulken, Askerler koruma göreviyle, İşçiler ise tarım arazileriyle ilgilenirler. Bölgenin bütün üyeleri, felaket sonrası dünyanın kaotik ve tehditkâr atmosferini görmezden gelmek için anlaşmış gibidirler. Aşırı akılcılıkla oluşturulmuş bu mekân aslında boğucu ve kasvetlidir. Bu mekânda rasyonel varsayımların kurallarına uygun davranmayan bireyler "çok uyumsuz" ve "disiplinsiz" (*HV* 18) kişiler olarak muamele görürler. Böyle bir toplumda "akıl, bireylerin kullanma biçimlerine bakıldığında yatıştırıcı olmaktan çok bir uyum sağlama aracı rolünü üstlenir" (Adorno ve Horkheimer 296) ve etikten yoksundur. Akılcılığın neden olduğu krizler, bölgede baskıcı bir düzenin oluşmasına neden olur. İzole edilmiş bu topluluk hiyerarşik bir düzenle yapılandırılmıştır. "Kışla, müze ve okul" (*HV* 3) gibi kurumlar aracılığıyla kurumsallaşmış toplumsal gücün temsili olarak Askerler baskın konumdadırlar. Profesörler yalnızca topluluğun ruhani lideridirler. Marianne'nin babası bu durumu şöyle açıklar: "Askerler bizi denetlemek ve korumakla görevlendirildi, ancak kendi başlarına özerk bir güç geliştiriyorlar" (*HV* 12). Askerlerin baskıcı yönetimi altında, bağımsız öznelerin rasyonalizmi yerini gittikçe "nesnel bir akıl teorisine" bırakmaktadır (Horkheimer 56). Max Horkheimer'e göre "bu görüş, insan ve amaçları da içinde olmak üzere bütün varlıkları kapsayan bir sistem ya da bir hiyerarşi oluşturmayı" (56) amaçlamaktadır. Sosyal rasyonalizmde insan aklı bastırılmış, bireysel düşünceye yabancılaştırılmış ve kurgulanmış sosyal yapı için araç haline getirilmiştir. Bu düzen içerisinde Aydınlanma düşüncesinin "aklını kullanabilme cesaretini gösterme" ("Aydınlanma Nedir?") ilkesi sekteye uğramıştır. Müstahkem bölgede düşünme yetisi sadece Profesörlere verilmiştir, ancak onların düşünceleri genellikle sorunlu ve işe yaramazdır. Bölgenin diğer sakinleri ise "mantıksız olandan mantıksızca korkmalarına" rağmen, "tutarlı olduğu için, dünyanın habis yapısı ne olursa olsun kabul etmeye hazırdırlar" (*HV* 116). William Barrett'in da belirttiği gibi, "rasyonalizm, bir uygarlığı, bireylerinin gittikçe daha az düşündüğü ve belki de bu işi tamamen bıraktığı bir noktaya kadar istila edebilir" (269) Bu anlamda, despot bir düzen tarafından kontrol altına alındığında Akıl kavramı düşünme yetisi ile aynı anlama gelmemektedir.

## Bilinçdışında Teknolojik Bir Yolculuk: İnsan Öznelliği

Carter'in bu bölümde ele alacağımız *Doktor Hoffmann'ın Şeytani Arzu Makineleri* başlıklı romanı insan öznelliğini merkeze alarak, Rönesans filozofu Rene Descartes'in felsefesinde temellenen rasyonel, özerk ve kendi kendini tanımlayıcı hümanist özne sorununa odaklanmaktadır. Descartes düşüncesinde bilginin kalıcı temeli olarak aklın ve öznel varoluşun kesinliği yatmaktadır. Ülker Öktem'e göre "*"kesin bilgi"* problemi, Descartes felsefesinin bariz biçimde, ağırlık merkezini oluşturmuştur" (311). Descartes'e göre dünyevi bilgi tüm deneyimlerin kaynağı olan öznenin varlığına bağlıdır. Bu düşüncede dünya, insan öznesinin önünde kavranmaya ve hükmedilmeye hazır bir nesne olarak anlaşılmak üzere tasarlanmıştır. Hümanist öznelciliğin kaynaklandığı "ben" bakış açısı insanın dünyayı anlamlandırmasının merkezidir. Bu nedenle Descartes'in "aklın belirleyici konumunu" (Düzgün 54) ifade eden *düşünüyorum öyleyse varım* düşüncesi "aşkın bir işleve dayanan bilginin ve ahlakın insani bir küstahlığını" (O'Sullivan 87) ima eder. Descartes'in felsefesi, bilinçli düşünceyi insanın diğer dürtüleri ve hislerinden üstün tutmaktadır. "Hümanist özne için bir paradigma haline gelmiş ve hümanizmin takıntılı öznelciliğinin temelini oluşturmuş" (Mansfield 215) bu tür bir insan öznesi, mutlak kesinlik ve özerkliğe vurgu yaparak bilgiyi kendisine atfeder. Posthümanizm bu egemen öznelliği, hümanist kibrin dayattığı bir yanılsama olarak reddeder; özne-nesne düalizmini çözmeyi ve yerinden etmeyi amaçlar. Parçalanmış, akışkan ve esnek bir özne öneren posthümanizm, sabit ve kendi kendine yeterli olmaktan ziyade etkileşim içerisinde ve sürekli değişmekte olan bir özne düşüncesini kabul etmektedir.

*Arzu Makineleri* romanında Descartes felsefesinin varsayımları eleştirilmektedir. Roman, çılgın bir bilim insanı olan Dr. Hoffmann'ın, insanın bilinçdışı arzularını somutlaştıran ve bunları gerçeğe yansıtan arzu makinalarını icat ettiği, yakın gelecekteki bir Güney Amerika şehrinde geçmektedir. Bu makinaların etkisi altında rüyalar ve gerçeklik birbirine karışır ve Hoffmann totaliter yöntemlerle şehrin kontrolünü ele geçirir. Romanın diğer karakteri Desiderio, Hoffmann'ı bulup öldürmek için bir maceraya atılır. Dünya, arzu makinalarından gelen halüsinasyonlarla kuşatılmış olduğundan, Desiderio'nun yolculuğu bilinçdışının katmanları arasında gezinen bir maceraya dönüşür. Bu macera sırasında Hoffmann'ın gizemli kızı Albertina ile tanışan Desiderio'nun benliği dramatik bir değişime uğrar. Roman, Desiderio'nun Hoffmann ve Albertina'nın ikisini de öldürmesiyle sonuçlanır.

Romandaki karakterlerin ortaya koyduğu insan öznesi, bilinçdışı arzularla nüfuz edilen, dış güçler ve teknolojinin etkisine açık ve tutarlılık göstermeyen bir özneyi işaret etmektedir. Bu özellikleriyle romandaki karakterler, hümanizmin "kişinin kendi zihni ve bedeni haricinde hiçbir şeyin var olamayacağı, yalnızca var olanın, kişinin kendi beni ve zihni olduğunu ifade eden" (Yardımcı 191) solipsist (tekbencilik) düşüncesini değişime uğratan posthümanist bir öznellik göstermektedirler.

Neil Badmington'a göre, bilinçdışı arzu "düzensiz, rahatsız edici ve süregitmekte" olan bir arzudur ve "hümanizmin öznesinin kontrolü altına asla girmez" (2140). *Arzu Makineleri* romanı bilinçdışının esrarengiz alemine girerek hümanist öznelliği çürütür. Romanın başlangıç cümleleri tahmin ve kontrol edilemeyen, yüzeye çıktığında makul ve tutarlı bir benliği sürdürmeye yönelik bilinçli çabalarımızın altını oyan arzunun şaşırtıcı yapısını gösterir. Roman, macerası sırasında başına gelenleri bir düzene oturtmakta zorlanan yaşlı Desiderio tarafından anlatılır. Desiderio'nun zihni, coşkun bir arzu ile dolu macerası süresince geçirdiği dönüşümü anlatmakta yetersiz kalır. Desiderio, otobiyografisine kendisinin ve geçmişinin anlaşılabilirliği üzerine sözlerle başlar:

Herşeyi hatırlıyorum.

Evet.

Herşeyi kusursuz bir şekilde hatırlıyorum. [...] Tüm bu deneyimin karmaşasını bir araya getirmeli ve başlangıçtan itibaren, olduğu gibi, sırayla düzenlemeliyim. Hayatımı bir örgü gibi çözmeli ve bu karmaşadan benliğimin tek, orijinal ipini, bir kahraman olan ve bir zamanlar genç iken sonra yaşlanan bir adam olan benliğimi ayırt etmeliyim. (*DM* 3)

Desiderio'nun deneyimlerini bir düzene sokma çabasındaki başarısızlığı, "tam olarak nasıl başladığını hatırlayamıyorum" (*DM* 9) sözleriyle itiraf edilir. Arzu makinaları tarafından somutlaştırılmış bilinçsizliği nedeniyle, Desiderio'nun ben-öznesinin değişken doğası, istikrarlı ve tutarlı bir mahiyetten ziyade, "rastgele oluşun ürünü" (*DM* 226) olarak belirir. Anlatı "Desiderio'nun arzusunun bilinmeyen öğelerinden oluşturulmuş" (Jordan 217) olarak kalmaz, yolculuğun kendisi de arzu mekanizmasını temsil eden ve Desiderio'nun bir öz-tanımlama yoksunluğuna tanıklık eden bir şahitliğe dönüşür. Roman, "çeşitli benlikler üretme, kaydetme ve tüketme sürecindeki tuhaf bir öznenin çoklu yolculuklarının hikâyesidir" (Ocana 69). Desiderio'nun çoklu benliklerle örülmüş bu yolculuğu, insan öznesini statik olmaktan ziyade, "işleyen bir özne" (Mansfield 4) olarak göstermektedir. Desiderio'nun "bilinçdışının karanlık uçurumları" (*DM* 226) arasındaki yolculuğu, özneyi hareketli ve akışkan olarak kılmakla kalmayıp ona tam olarak kavrayamayacağı bir benliği de gösterir. Hoffmann'ın arzuları gerçekleştiren makinaları sayesinde, özneler kendilerinin farketmedikleri veya kavrayamadıkları en gizli arzularıyla yüzleşirler. İnsan öznesinin hareketliliği romanda arzunun gerçek kökeninden veya varış noktasından yoksun olmasıyla alakalıdır. Arzular önceki biçimlerinden farklılıklar gösterirler ve nihai tatminlerini sonsuza dek ertelemektedirler. Desiderio, Albertina'ya âşık olmasına rağmen, kendisinde pasif kadın fantezisi uyandıran Marie Anne ile cinsel ilişkiye girer. Hoffmann'ın "arzuluyorum, öyleyse varım" (*DM* 258) deyişinde anlam bulan bilinçdışı arzunun esrarengiz özelliği, genişletilmiş bir insan öznelliğini temsil etmektedir. İnsan öznesinin bu temel anlaşılmazlığı, öz-rasyonel bir zihin içeren hümanist ben-merkezli öznelliğin aksine, parçalanmış ve tutarsız yapısında yatmaktadır.

Hümanist gelenekte öznellik, dış dünyaya karşı katı ve aşılmaz bir içsellikten oluşan benlik farkındalığımızı imlemektedir (Mansfield 3). Descartes felsefesinin öznesi olan "ben", eylemin ve bilginin yüce kaynağı durumundadır. Hümanist özne tekbencilik ve özerklik duygularıyla karakterize edilmiştir. Bu özne çevreden bağımsız olduğunu iddia eder, diğer öznelerin veya herhangi bir dış gücün etkisine kapalıdır, özneler arasındaki etkileşimi dikkate almaz. Romanda, Fransız Kont karakteri böyle bir öznelliği temsil etmektedir. Kendi tabiiyetinin hayali egemenliğinde yaşayan megaloman Kont, diğer erkeklerden "son derece üstün" (*DM* 143) olduğuna inanmaktadır. Desiderio, Kont'u şu sözlerle anlatmaktadır: "Manyetik taştan yapılmış bir adam gibiydi. [...] Varlık kalitesi, şimdiye dek tanıştığım herhangi bir erkekten daha yoğundu" (*DM* 146). Eylemleri ve arzuları başlatmada aktif rol oynayan ve efendi konumunda olan Kont, romanda bir özne olarak reddedilir. Sadece kendi sorularını cevaplayabilen Kont, başkalarıyla diyaloga kapalıdır. Söyleminin "tamamen bencil doğası" (*DM* 147) gereği, "ben" ile başlayan her cümlesi sıkıcı bir monoloğa dönüşür. Kont, kendi benliğinin mutlak üstünlüğünü sürdürürken, diğer varlıkları asla eşit görmez ve hatta onları özne olarak bile kabul etmez. Kont, diğer bireylerle baş etmenin tek yolu olarak şiddete başvurur. Kont'un özne düşüncesi, onun kontrolü altında olmayı reddeden nesnel bir dünyanın sınırları içerisinde ortadan kalkar. Romanda komuta konumunu kaybeden Kont, bir gemi mürettebatı tarafından esir alınır. Pasif bir özneye dönüşerek köle konumuna düşen Kont, aşırı güçle donatılmış öznenin reddine davet edilir.

Romanda hümanist öznelliğin konu edinildiği ve eleştirildiği diğer bir nokta ise yüksek teknoloji kültürüdür. Batı dünyasında uzun süredir yan yana ilerleyen "teknoloji ve hümanizm eşdeğer kavramlar olarak anlaşılmıştır", çünkü teknoloji "Batı metafiziğinin zirvesini ve onun egemen bir ben etrafındaki dünyayı benimsemesini temsil eder" (Chambers 56). Geleneksel makina teknolojisi, dünyayı insan öznesinin egemenliğine ve denetimine getirilmeye hazır bir nesne olarak gören hümanist paradigma ile yakından ilintilidir. Posthümanizm ise yüksek teknoloji çağına girilirken, teknolojinin muğlak yapısına dikkat çekmektedir. Donna Haraway'a göre "yirminci yüzyılın sonlarına ait makineler, doğal ile yapay, zihin ile beden, kendi kendini geliştiren ile haricen tasarlanmış arasındaki farkı, organizmalar ile makineler arasındaki pek çok başka ayrımla beraber baştan aşağı muğlak hale getirdi" (50). Robert Pepperell'in "posthüman makineler" (129) olarak adlandırdığı karmaşık yapılar "anlayamayacağımız, hatta kontrol edemeyeceğimiz şekilde davranmaktadırlar" (129). Romanda Dr. Hoffmann'ın arzu makinaları böyle bir rahatsızlığın dile getirildiği posthüman makinelerdir. Hoffmann makineleri görüntü üreten cihazlar ve sinema teknolojisi ile yakından ilgilidir. Günümüzün üç boyutlu çekim teknolojisiyle benzerlik taşıyan bu makinelerin etkileri aşırı ve kontrol edilemezdir. Bu makinelerde arzu jeneratörü tarafından oluşturulan son derece parlak görüntülerin müdahalesi altında gerçekliği kavrayamayan insan çevresinin kontrolünü yitirir. Yanıltıcı görüntülerle paniğe sürüklenen insan kalabalıkları, bu görüntüden uzaklaşabilmek için tılsımlar satın almaya yönlendirilir. Böyle bir ortamda şehir "artık insanlığın bilinçli ürünü değil", her dakika değişen "anlıkların krallığıdır" (*DM* 12). Hoffmann'ın optik cihazları, insanın çevresini kendisine tabi kılabilmek için teknolojiyi itaatkâr kılıcı bir araç olarak kullandığını göstermektedir. Hoffmann makinaları, makine özerkliğini somutlaştırmakta ve insan öznesinin arzularını açığa çıkarmaktadır. Romanın ilerleyen bölümlerinde bu makinaların arkasındaki insan gücü ortadan kaybolur ve makinalar tamamen vahşi bir şekilde hareket etmeye başlarlar. Makinaların kazandığı özerklik, geleneksel insan öznelliğinin azalan özerkliğini ifade etmektedir.

Romanın imge özü olarak görsel teknolojiyi kullanmasının bir diğer önemi de teknolojinin Batı felsefesi tarihinde "görsel metaforlara dayanan bir paradigma" (Kavanagh 445) olan ve görselliği diğer duyularımızdan üstün tutan okülermerkezciliği (gözmerkezcilik) ortadan kaldırma potansiyeline sahip olmasıdır. Okülermerkezcilik, özne-nesne ikilemini pekiştirmeye ve bakan öznenin nesne üzerindeki hakimiyetini ve kontrolünü vurgulamaya çalışmıştır. Chambers'sa göre "oküler hegemonya, bir özne-nesne ilişkisi ve özneyi yeniden doğrulayan tek taraflı bir anlam ve hakikat anlayışı içinde birleşir; bu anlayış ben/gözden dış nesne olarak algılanan dünyaya doğru tek yönde hareket eden bir anlayıştır" (172). Heidegger, bu benmerkezci dünya düşüncesini "dünya resmi" fikri ile ilişkilendirir:

> Dünyanın resme dönüştüğü yerde, bütünde varolan, insanın hazır olduğu, buna göre de onu kendi önüne getirmeye niyetlendiği, kendi önünde tuttuğu, sonuç olarak bir anlamda, kendi önünde bir yere koymaya niyetli olduğu bir şeydir. Özü bakımından anlaşıldığında dünya resmi, dünyanın bir resmi değildir, dünyayı resim olarak kavramaktır. (78)

Ben/gözü güvence altına alan bu dünya resmi fikri romanda bariz bir şekilde tahrif edilir. Anlatıda, geçmişte insanların görsel gücünü artıran optik teknolojinin dünyayı hareketsiz ve sabit bir görselliği, yerini akıcı ve kontrol edilemez bir görselliğe bırakır. Hoffmann'ın makinalarının ürettiği dünya resmi insan kavrayışından uzaktır. Makinaların ortaya çıkışıyla, ortam artık nesnel gerçeklikle değil, öznel arzuların bir yansıması olarak belirir, ancak bu öznelci gerçeklik insanları etkilemekte ve değiştirmektedir. İnsan öznesi ve dış dünya böylelikle iç içe geçer ve birbiriyle etkileşime girer; benlik ve dünya, benlik ve makine arasındaki ayrımların kavranması zorlaşır. Desiderio, Hoffmann makinalarının ilkel bir versiyonu olan dikiz şovu makinasına ilk kez baktığında bir çift yapay göz ile karşılaşır. Makinaya özgü bakış açısı Desiderio'ya kendi gözlerinin yansımasını sunar ve ona insanın öznel kavrayışını anımsatır. İki taraflı bakış etkileşimli bir gerileme oluşturarak her iki taraf için de merkezî bir konum oluşturmaz. Roman, insan öznelliğini ve makine özerkliğini yan yana getirerek, insanlığı makinadan farklı olarak gören teknolojik duruşu aşmaktadır. Bu özelliğiyle roman insan öznelliğini makinalara benzeterek, insan ve teknoloji arasında yeni bir ilişkiyi tasavvur etmektedir. İnsan öznesi, heterojen unsurlar tarafından harekete geçirilen, içsellik ile dışsallık arasındaki ayrımı bilemeyen bir arzu makinasıdır.

### Düalizmden Çoğulculuğa Cinsiyet Kimliği

Son olarak ele alacağım *Yeni Havva'nın Çilesi* romanı, Carter'in belki de en posthümanist eseridir. Carter'in *Arzu Makineleri* romanında keşfettiği kendi varlığına kuşkuyla bakan insan öznesi fikri bu romanda derinleşir ve insan bedeni teknoloji ile kaynaşır. Bu bağlamda, roman toplumsal cinsiyet rollerine dair de güçlü fikirler sunar. Roman teknoloji ve cinsiyet kimliği meselelerini bir arada tutarak, hümanizme radikal bir eleştiri getirir. Margaret Toye'nin "postfeminist posthümanizm" (28) olarak adlandırdığı eser, hümanist öz ve düalizmin ikili cinsiyet rollerini öngören rasyonalizminin derinliklerine iner ve çoğulcu cinsiyet savunmasına girişir. Posthümanist düşünürlere göre, cinsiyet kimliğinin ikili karşıtlığı, hümanizmin Evrensel İnsan fikrine dayanmaktadır. Koistinen ve Karkulehto'nun da belirttiği gibi, "bu müşterek insan fikri, genelde beyaz, eril, varlıklı, sağlıklı ve heteroseksüel normların dışında kalanları dışlamaktadır" ("Feminizm Bağlamında Posthümanizm"). Gelenekçi cinsiyet söylemi hümanizmin özcü varsayımına ve öznellik düşüncesine kapılarak cinsiyetleri sıkışık bir alana iter. Judith Butler bu durumu "töz metafiziği" olarak adlandırmakta ve şöyle açıklamaktadır:

> İlk kertede, özneye ilişkin hümanist yaklaşım, özsel olan ve olmayan kimi nitelikler taşıyan tözel bir kişiyi varsayma eğilimindedir. Hümanist feminist bakış açısına göre, toplumsal cinsiyet esasen önceden cinsiyetlendirilmiş bir töz ya da "nüve" olarak nitelenen, kişi denen birinin bir *özelliğidir*; söz konusu "kişi" evrensel bir akıl yürütme, ahlaki müzakere ya da dil yetisine sahiptir. Ancak toplumsal cinsiyeti, belirlenebilir bağlamlarda toplumsal olarak kurulmuş özneler arasındaki ilişki olarak kavrayan tarihsel ve antropolojik konumlarca bu evrensel kişi kavrayışı toplumsal kuramın hareket noktası olmaktan çıkartılmıştır. İlişkisel ya da bağlamsal bakış açısına göre kişinin "ne

olduğu", hatta toplumsal cinsiyetin "ne olduğu" her zaman, içinde belirlendiği inşa edilmiş ilişkilere bağlıdır. Değişken ve bağlamsal bir fenomen olarak toplumsal cinsiyet tözel bir varlığı değil, kültürel ve tarihsel açıdan özgü ilişki kümeleri arasındaki göreli yakınsama noktasını ifade eder. (57)

Bu düşünceye göre, insan metafiziğiyle uyumlu olan gelenekçi feministler, hümanizmin kimlik politikasıyla aynı mantığı gösterirler. Bu rol hümanizmin sabit ve önceden tasarlanmış hümanist öznesi ile uyum göstermektedir. Posthümanist bakış açısına göre, doğallaştırılmış cinsiyet ikililiğini devirebilmek için, evrensel cinsiyet özü mitini ve kendi kendine yeten insan öznesini ortadan kaldırmak gerekmektedir. Butler'a göre "kültürel bir performans" (234) olan cinsiyet kimliği, Carter'ın romanında da aynı bakış açısıyla ele alınır. Roman, cinsiyet biçimlerinin doğallığını bozmak için performans sanatını bir metafor olarak kullanır. Romanın kahramanı ve anlatıcısı İngiliz edebiyatı profesörü Evelyn'dir. Evelyn'nin tutkusu, pasif kadın rolleri oynayan sessiz film yıldızı Tristessa'yı izlemektir. New York Üniversitesi'nden aldığı iş teklifi ile New York'a taşınan Evelyn, en ilkel insan duygularının açığa çıktığı ve politik istikrarsızlığın hüküm sürdüğü distopik bir şehir ile karşılaşır. Şehirde geçirdiği çeşitli maceraların ardından çöle giden Evelyn burada kadın asker Anne tarafından alıkonulur ve sonrasında cinsiyet değiştirme ameliyatı ile kadına dönüşerek Eve adını alır.

*Yeni Havva'nın Çilesi* romanı cinsiyet özünün kökensiz ve insani bir töze sahip olmadığını ortaya koymaktadır. Geçmişte oldukça cinsiyetlendirilmiş ve sabit olarak görülen bedenler, romanda yüksek teknolojinin radikal dönüşümlerine duyarlı olarak sunulmaktadır. Cinsiyet değişimi sonrası "hiper gerçek görüntülere dönüştürülen" (Best ve Keller 184) bedenlerle, yeni teknolojik fiziksel durum kaçınılmaz olarak öz kimliğe dâhil olur. Bu akışkan posthüman bedeniyle düalist cinsiyet kimliğinin yerini çoğul ve bireyselleştirilmiş bir cinsiyet ifadesi almaktadır. Gelenekçi feministler, "konvansiyonel liberal hümanizminin ve öznenin özcü kavramlarının sınırlamaları içinde" (Hollinger 28) kurulan düalist cinsiyet mefhumunu benimserken, Carter'ın romanı bu öze kuşkuyla bakmaktadır. Carter'a göre kültürel bir yerleşiklik olan toplumsal cinsiyet, erkeklerin ve kadınların nasıl davranması gerektiğini belirleyen bir performanstır, bu nedenle değişikliğe açıktır. Romanın kahramanı Evelyn, cinsiyet kimliğinin oluşturulması sürecindeki bu performatif durumu simgelemektedir. Transseksüel bir birey olarak, Eve(lyn) erkek ve kadın olmanın deneyimlerini yaşar ve her iki cinsiyet için de toplumsal normların beklentilerini tatmin eder. Cinsiyet değiştirme ameliyatından önce Evelyn kendisi "tamamen normal" (*PNE* 5) ve güçlü bir erkek olarak görmektedir. Erkek ve kadın cinsiyetlerini doğuştan farklı olarak gören Evelyn, erkeklerin temel arzusunun zevk almak olduğunu düşünürken, kadınları ise boyun eğmeye mahkûm "doğuştan kurbanlar" (*PNE* 24) olarak görür ve bir kadına dönüşene dek erkeklere imtiyazlı bir rol biçer. Dönüşümü sonrasında, içkin erkek öz kimliğiyle kadın bedenine bürünmesine rağmen kadın gibi hissedemeyen Evelyn'in yeni kimliğini kabul etmesinden başka bir çaresi yoktur. Eve'nin kadın kimliği "ne bireysel olarak tasarlanmış ne de içsel olarak belirmiştir, bu kimlik, rolleri belirlenmiş olan bir toplumsal oyun içindeki bir aktöre dayatılarak verilmiştir" (Bal 530). Yeni doğmuş bir kadın olarak Evelyn ne erkek ne de kadın içselliği hisseder: "Hiçbir şey bilmiyorum. Ben bir tabula rasa, boş bir kâğıt yaprağıyım, kuluçkalanmamış bir yumurtayım" (PNE 79). Kadın gibi performans sergilemek içi "kadın eğitiminden" (PNE 76) geçen Evelyn'in eğitim süreci cinsiyet rollerinin performatif doğasını ortaya koymaktadır. "Sürekli bir çabayı" (PNE 60) gerektiren cinsiyet rolü, Eve'den doğan kadın özü taklide büründürür. Kadın davranışlarını gerçekleştirebilmek için eğitilen Eve, bu davranışları ilk kocası Zero'ya karşı aşırı bir sadakat ile gösterir: "[...] davranışlarım biraz fazla kadınsı oldu. Zero'da şüphe uyandırmıştım, çünkü kadın gibi davranmanın sınırlarını aşmaya başlamıştım" (PNE 98). Eve'nin gerçek bir kadına göre mükemmeliyetçi davranışları onu doğallıktan uzaklaştırır.

Doğallığın taklit ile yer değiştirdiği bu performatif durum, Eve'nin yeni edindiği kadınlığının bir kökten yoksun olduğunu göstermektedir. Eve'nin orijinal olmayan yeni kadınlığı Tristessa karakteri üzerinden parodileştirilir. Tristessa, Evelyn'nin gerçek kadınlar arasında bir türlü yakalamayı beceremediği ideal kadınlığın sembolüdür. Kadına dönüşme sürecinde, Evelyn'e Tristessa'nın davranış biçimleri yüklenir ve Tristessa taklit nesnesi haline getirilir. Bununla birlikte, Eve'nin yeni cinsiyetinin taklit edildiği karakter olan Tristessa'nın kendisi de yapay bir tanrıçadır. Bu nedenle, Eve'nin cinsiyet performansı "kopya ile orijinal arasındaki ilişki değil, kopya ile kopya arasındaki ilişkidir" (Butler 86). Tristessa'nın kadınsı aurası "stilize edilmiş bir niteliğe" sahiptir ve "büyük bir sanat" (*PNE* 120) ile donatılmıştır. Tristessa aslında ideal kadınların film karakterlerini taklit etmektedir ve oynadığı karakterler kolektif fantezilerin başvurduğu asılsız kopyalardır. Tristessa'nın kadın rollerini oynayan bir erkek olarak sahip olduğu drag kimliği, Eve'nin cinsiyet taklidini performansın performansı haline getirir. Bu taklit zincirinde öz kadın kimliği bir boşluk olarak kalır. Butler'ın da belirttiği gibi, "orijinalin parodik tekrarı onun aslında doğal ve orijinal *fikrinin* bir parodisinden ibaret olduğunu ortaya çıkarır" (86-87). Bu anlamda roman, metafizik kadın özünün, kadınları soyutlaştıran "bütünselleştirici ve emperyalist" (Haraway 79) bir öz olduğunu ima etmektedir. Tristessa'nın soyut kadın güzelliğini arzulayan Evelyn, gerçek kadınları değersiz varlıklar olarak görmezden gelir. Somut kadın gerçek dişiliğin taleplerini karşılayamamakta ve başarısızlığa uğramaktadır. Cinsiyet normları bireyleri öznel cinsiyetlerinden mahrum bıraktığından, Carter romanda çoklu ve daha çok bireyselleştirilmiş cinsiyet kimlikleri tasavvur etmeye başlar. Tristessa'nın varlığı ve Eve'nin transseksüel kimliği iki cinsiyet kategorisi arasında kalan boşluklardaki farklılığı ve çeşitliliği ortaya koymaktadır. Carter, bireyleri kişiliksizleştiren "ya/veya cinsiyet kimliğinin" (Wilchins 199) düalist yapısını sorgulayarak posthümanist feminist bir tutum takınır. Akışkan bir özneyi savunan posthümanistler gibi, Carter da toplumsal cinsiyet performansının süreçteki bir icracı tarafından sahnelendiğini belirtmektedir. Cinsiyet hiçbir zaman sabit özne kaynaklı bir eylem değildir, çünkü öznenin kendisi "sürekli bir söylem ağı aracılığıyla oluşturulma ve sürdürülme sürecindedir" (Gamble 39). Romanda, Eve'nin kimliksel dönüşümü bu akıcı insan öznesini simgelemektedir. Ameliyat sonrasında, Eve eski erkek kimliğini korumaya çalışır gibi görünmektedir: "Kibirli ve değişmemiş kalbimde, saf bir irade arzusuyla onlardan kaçabileceğime mantıksız bir şekilde ikna olmuştum" (*PNE* 82). İçsel bir değişikliği reddetmesine rağmen, Eve'nin aynaya ilk kez baktığında gördüğü çarpıcı fiziksel modülasyon kendi kimliğini değiştirmeye başlar. Bilim insanlarının önderi olan Anne, annelik ve kadınlıktan oluşan Hikâyeler, resimlere ve filmlere maruz bırakarak Eve'ye yeni öz imajını aşılar ve Eve'nin kadına dönüşüm sürecini içselleştirmesini sağlamaya çalışır. Anne'nin bu psiko-cerrahisi "görünürdeki bir değişikliğin özü yeniden yapılandıracağı" (PNE 65) iddiasını doğrulamaktadır. Eve daha sonra kendisini "tamamen kendi dışındaki faktörlerin işleyebileceği bir gerçeklik sisteminin sınırında" (PNE 163) hisseder. Kendisine kadın gibi davranacak bir ortamda olmadığında Eve eski haline bürünür. Eve'nin gerçek bir kadın hissiyatına kavuşması kocası Zero ile tanışmasıyla ve onun uyguladığı tahakküm ile gerçekleşir. Zero karakterinde cisimlendirilen erkeklik, cinsiyet kimliğinin başkası tarafından yönetildiğini göstermektedir.

İnsan öznesi dünyevi bir beden ile ilişkilendirildiğinde dış faktörlerin duyu değişimine ve güç algısına karşı hassastır. Hümanizm öznenin egemenliğini güvence altına almak için bedensel özerkliğimizde ısrar eder, aynı zamanda bedeni alçaltır da. Posthümanizm içinse beden daha akışkan kimliklerin oluşturulabilmesi için yeniden tasarlanmalıdır. Posthümanist beden doğal durumunda olmayan, etkileşime açık bir bedendir. *Yeni Havva'nın Çilesi* romanında bu durumu anlatan radikal bir posthümanist beden tasavvur edilir. Romanda biyoloji ve teknolojinin buluşması, cinsiyet rollerine bağlı kalmayan yeni bedenler ortaya çıkarır. Yirminci yüzyılın sonlarında meydana gelen yüksek teknolojik müdahalelerle birlikte, bedenler, Donna Haraway'in terimiyle, "imal edilmiş" (45) siborglar haline gelmektedir. Haraway siborgu "sibernetik bir organizma; bir makine-organizma melezi" (45) olarak tanımlamaktadır. Nihan Bozok, Haraway'in siborg düşüncesini şöyle açıklamaktadır:

> Onun siborgda gördüğü potansiyel, büyük ölçüde, insanın yekpare bir biyolojik bedenin kendisinden ve düşüncesinden kurtulması ile ilgilidir. Siborg bir parçalanma ve başka şeyleri bedenine dâhil ederek çoğul, çoklu, dağınık bir şekilde yoluna devam etme hikâyesidir. Siborgun, insanlar-arasındalıktan ibaret olmayan, ama insanlar da dâhil olmak üzere başka birçok şeyler arasında yeni iletişimlerin kurulmasına vesile olan bir bedeni vardır. (140)

Bozok'un tarif ettiği çoğul ve çoklu beden, Carter'ın romanında temel bir argüman olarak sunulur. Romanda, akışkan hale geldiğinde bedenin eski kimlik mefhumlarından, özellikle de düalist cinsiyet kimliği düşüncesinden koparılabileceği düşüncesi vardır. Bununla birlikte Carter teknolojik beden konusunda aşırı bir iyimserliğe de kuşkuyla bakmaktadır. Ona göre teknolojik bedenin her daim özgürleştirici bir posthüman bedeni olmama ihtimali de göz ardı edilmemelidir. Romanda çoğul ve çoklu siborg bedenler, Carter'ın yüksek teknolojiye karşı hem umudunu hem de kaygısını şekillendirmektedir. Romanda posthüman bedene sahip olan karakter olarak, "tüm bedeni ağrılı bir başkalaşım geçiren" (*PNE* 49) Anne'nin ucube figürü, eski cinsiyet söylemini yıkmak yerine, onu pekiştirmektedir. Ağır uzuvları ve sıradışı teni ile Anne insan yaşamından daha öte bir gerçekliği ifade etmekte ve doğurganlık düşüncesinin fiziksel bir sembolü olarak sunulmaktadır. Anne, sözde posthüman bedeninde bile eski ataerkil sistemin baskıcı ve hiyerarşik mekanizması içinde yer almaktadır. Cinsiyet özcü bir karaktere sahip olan Anne, insan türünü sistematik bir manipülasyona tabi tutmak için yüksek teknolojinin imkanlarını diktatoryal bir araç olarak kullanır. Alex McAulay'ın da belirttiği gibi, Anne karakteri romanda "posthüman proto-faşist eğilimlere karşı bir uyarı olarak tasarlanmıştır" (221). Carter'a göre, insan bedeninin teknolojik özgürlükle modüle edilmesi eski özcü söylemin bir parçasıdır ve çoklu cinsiyetin oluşturulması sürecinde lütuf olmaktan ziyade bir kriz haline gelir. Sahilde "kimsesiz, yaşlı bir kadın" (*PNE* 172) olarak ölen Anne, Carter'ın bu tür bir siborgu reddettiğini göstermektedir.

Romanda ilk nesil siborglardan olan Anne, gerçek posthüman beden özelliklerine sahip değilmiş gibi görünmektedir. İkinci nesil siborglar Eve ve Tristessa ise daha posthüman özellikler gösterirler. "Fabrikadan yeni çıkmış yarık ve motorlu göğüsleriyle" (*PNE* 146) Eve'nin siborg karakteri cinsiyet ikililiğini parçalamaktadır. Posthüman teorisyenlerinin vurguladığı gibi, yeniden biçimlendirilmiş transseksüel bedeni "geleneksel cinsiyet söylemiyle eşleştirme ve böylece onu bozma potansiyeli bulabiliriz" (Stone 296). Eve'nin teknolojik ve genleşebilir bedeni doğallık ve kök duygusuna sahip değildir, bu nedenle "üniter kimlik arayışında değildir ve dolayısıyla sonu olmayan uzlaşmaz ikicilikler üretmez" (Haraway 288). Romanın son bölümünde kadın bilim insanlarının kendisini tekrar Evelyn'e dönüştürme teklifini reddeden Eve'nin kendisine empoze edilmesine rağmen, siborg bedenini zihinsel olarak da kabul etmesi, onun posthüman bir özneye dönüştüğünü göstermektedir. Tristessa'nın bedeni ise cerrahi operasyona maruz kalmamasına rağmen doğallıktan uzak ve sinema teknolojisinin göz kamaştırıcı ışık hileleri altında tasarlanmıştır. "Bir göz yanılgısından ibaret" (Haraway 46) olan bedeni selüloit bir yapı olarak inşa edilmiştir; bu akışkanlık ona çoklu bir cinsiyet kimliği kazandırır. Eve ve Tristessa siborg özneler olarak gelişim göstermelerine rağmen, hümanist kısıtlamalardan ve geleneksel cinsiyet söyleminin etkilerinden tam olarak kurtulamamışlardır. Her ikisinin bedeni de kadınlığa dair göstergelerle yoğun bir şekilde cinsiyetlendirilmiştir.

## Sonuç

Angela Carter'ın bu çalışmada incelediğim romanlarında sınırları belirsiz posthümanist bir öznellik tasavvur edilmektedir. Carter'ın posthümanist bir dünyanın neye benzediğini iddialı bir şekilde tasvir etmemiş olması, yazarın sınırlı bir dünya görüşüne sahip olmasıyla değil, tam aksine posthümanist bakış açısının bir sonucu olarak açıklanabilir. Neil Badmington'un da belirttiği gibi, posthümanizm "anlaşılır, mevcut, anında kavranabilir bir şey değildir", çünkü "kesinlik ve egemenlik sonuçta hümanizmin temel taşlarıdır" (145). Bu doğrultuda, hümanist mantığa geri dönmekten kaçınmak için, posthümanizm aşırı iddialı ve tek sesli olmaktan kaçınmalıdır. Posthümanizm için insan öznelliği nihai tanımlamalardan kaçınan bir göstergeden ibarettir. Bu anlamda Carter'ın eserlerinde "evrensel, bütünleştirici bir teori üretilmesinin büyük bir hata olduğu" (Cavallaro 232) fikri belirmektedir. Carter'ın romanlarında hümanizmin sonunun ilan edilmiş olması bile gerçeklikten ziyade bir tür önsezidir. Carter'a göre hümanizmin mirasından kurtulmanın kolay bir yolu yoktur. Dolayısıyla, hümanizmden mutlak kopuşlar arayan bazı posthümanistlerin aksine, Carter'ın spekülatif romanları hümanist söylemi tamamen geride bırakmayan ve insanın sonu düşüncesine kapılmayan Hikâyeler anlatır. Bu çalışmada incelediğim kurgularında da görüldüğü üzere, Carter hümanist söylemi eleştirel bir sürece tabi tutarak insanın eski ve yeni durumları hakkında bir diyalog geliştirmektedir. Bu anlamda, Carter'ın posthümanist görüşleri hümanizmin "kendi içinde daima uyumsuz" olduğunu ortaya koyan "yapısökümcü posthümanizme" (Badmington 122) dayanmaktadır. Bununla birlikte, Carter posthümanizme karşı naif bir tutum içerisinde de değildir. Carter'in eserlerinde "insan önceliği ve üstünlüğü fikri aşılırken, (makine gibi) diğer türlerin ya da unsurların üstünlüğü de savunulmaz" (Güvenç 52). Carter'a göre "öz" ve "evrensel gerçeklik" gibi despotik varsayımları açıklığa kavuşturmak postansiyeline sahip olmakla birlikte, posthümanizmin şimdinin ve geleceğin dünyasında ne gibi sonuçlara yol açacağı da belirsizdir.

## Kaynakça

Abbagnano, Nicola. "Hümanizm." çev. Nesrin Kale. *Ankara Üniversitesi Eğitim Bilimleri Fakültesi Dergisi*, cilt 25, sayı 2, 1992, ss. 763-770.
Adorno, Theodor W ve Max Horkheimer. *Aydınlanmanın Diyalektiği*. çev. Nihat Ülner, Elif Öztarhan Karadoğan. Kabalcı Yayıncılık, 2014.
Ağın, Başak. *Posthümanizm: Kavram, Kuram, Bilim-Kurgu*. Siyasal Kitabevi, 2020.
Badmington, Neil. *Alien Chic: Posthumanism and the Other Within*. Routledge, 2004.
Bal, Mieke. "The Violence of Gender." *A Companion to Gender Studies*, ed., Philomena Essed ve diğerleri, Blackwell, 2005, ss. 530-546.
Barrett, William. *İrrasyonel İnsan*. çev. Salih Özer. Hece Yayınları, 2016.
Best, Steven ve Douglas Kellner. *The Postmodern Adventure: Science, Technology, and Culture Studies*

*and the Third Millennium.* Routledge, 2001.

Bozok, Nihan. "Herkesle ve Kimsesiz, Türler Arasında ve Kökensiz Siborg: Donna Haraway'in Düşüncesinde Feminist Bir Beden Politikasının İmkanları." *ViraVerita E-Dergi: Disiplinlerarası Karşılaşmalar,* sayı 9, 2019, ss. 128-148.

Braidotti, Rosie. *İnsan Sonrası.* çev. Öznur Karakaş. Kolektif Kitap, 2014.

Buran, Sümeyra. *TechnoFeminist Science Fiction.* Addleton Academic Publishers, 2014.

Butler, Judith. *Cinsiyet Belası: Feminizm ve Kimliğin Altüst Edilmesi.* çev. Başak Ertür. Metis Yayınları, 2010.

Carter, Angela. *The Passion of New Eve.* Virago Press, 2012.

- - -. *Heroes and Villains.* Penguin Books, 2011.

- - -. *The Infernal Desire Machines of Doctor Hoffmann.* Penguin Books, 2010.

Cavallaro, Dani. *The World of Angela Carter: A Critical Investigation.* Mcfarland Company, 2011.

Chambers, Iain. *Culture After Humanism: History, Culture, Subjectivity.* Routledge, 2001.

Çelik, Ezgi Ece. "İnsan ve Sonrası." *Felsefi Düşün: Akademik Felsefe Dergisi,* sayı 9, 2017, ss. 31-45.

Davies, Tony. *Hümanizm.* çev. Emir Bozkırlı. Elips Kitap, 2010.

Derrida, Jacques. "İnsanın Sonları." çev. Mevlüt Albayrak ve ark. *Tabula Rasa: Felsefe ve Teoloji,* sayı 31-32, 2019, ss. 96-114.

Düzgün, Oğuz. "Bir Modernizm Eleştirisi İmkânı Olarak: Descartes." *Sosyal Bilimler Araştırmaları Dergisi,* cilt 1, sayı 2, 2018, ss. 51-68.

Evkuran, Mehmet. "Orta çağ Paradigması ve Siyasal Düşüncenin Evrimi." *Gazi Üniversitesi Çorum İlahiyat Fakültesi Dergisi,* cilt 2, sayı 4, 2003, ss. 37-58.

Gamble, Sarah. "Gender and Transgender Criticism." *Introducing Criticism at the 21st Century,* ed. Julian Wolfreys, Edinburgh University Press, 2002, ss. 37-56.

Güvenç, Gülnur. "Posthümanizm ve Ekosentrizm: Eko-Hardcore Müzikte Çevre Bilinci." *Uluslararası Sosyal Bilimler Dergisi,* cilt 3, sayı 2, 2020, ss. 47- 58.

Haraway, Donna J. *Başka Yer: Donna Haraway'den Seçme Yazılar.* çev. Güçsal Pusar. Metis Yayınları, 2010.

Heidegger, Martin. *Hümanizm Üzerine.* çev. Yusuf Örnek. Türkiye Felsefe Kurumu, 2013.

---. *Nietzsche'in Tanrı Öldü Sözü ve Dünya Resimleri Çağı.* çev. Levent Özşar. Asa Kitabevi, 2001.

Hollinger, Veronica. "(Re)reading Queerly: Science Fiction, Feminism, and the Defamiliarization of Gender." *Science Fiction Studies,* vol. 26, no. 1, 1999, ss. 23- 40.

Horkheimer, Max. *Akıl Tutulması.* çev. Orhan Koçak. Metis Yayınları, 1998.

Jordan, Elaine. "The Dangerous Edge". *Flesh and the Mirror: Essays on the Art of Angela Carter,* ed. Lorna Sage, Virago Press, 2007.

Kant, Immanuel. "Aydınlanma Nedir?" çev. Nejat Bozkurt. https://www.istabip.org.tr/site_icerik/2017/haberler/kasim/aydinlanma_nedir_kant.pdf. Erişim Tarihi: 19 Ağustos 2020.

Kavanagh, Donncha. "Ocularcentrism and Its Others: A Framework for Metatheoretical Analysis." *Organization Studies,* vol. 25, no. 3, 2004, ss. 445- 464.

Koistinen, Aino-Kaisa ve Karkulehto, Sanna. "Feminizm Bağlamında Posthümanizm". çev. Nejat Bozkurt. Eylül Yağanoğlu. *Sosyal Bilimler,* 11 Mart 2019, https://www.sosyalbilimler.org/feminizm-posthumanizm/ Erişim Tarihi: 19 Ağustos 2020.

Mansfield, Nick. *Subjectivity: Theories of the Self from Freud to Haraway.* York University Press, 2000.

McAulay, Alex. *Surfing the Interzones: Posthuman Geographies in Twentieth Century Literature and Film.* University of North Carolina, PhD Thesis, 2008.

Miah, Andy. "Posthumanism: A Critical History." *Medical Enhancement and Posthumanity,* ed. Bert Gordijn ve Ruth Chadwick, Springer, 2008, ss. 71-94.

Ocana, Karen Isabel. *Synthetic Authenticity: The Work of Angela Carter, Gilles Deleuze and Felix Guattari.* 1996. McGill University, Master's in Art.

O'Sullivan, Simon. *On the Production of Subjectivity: Five Diagrams of the Finite-Infinite Relation.* Palgrave Macmillan, 2012.

Öktem, Ülker. "Descartes'te Bilginin Kesinliği Problemi." *Ankara Üniversitesi İlahiyat Fakültesi*

*Dergisi*, cilt 40, sayı 1, 1999, ss. 311-332.

Pepperell, Robert. *The Posthuman Condition: Consciousness beyond the Brain*. Cromwell Press, 2003.

Stone, Sandy. "The Empire Strikes Back: A Posttranssexual Manifesto." *Body Guards: The Cultural Politics of Gender Ambiguity*, ed. Julia Epstein ve Kristina Straub, Routledge, 1992, ss. 280-304.

Toye, Margaret Elizabeth. *Cyborg Revolutions: Towards a Postfeminist Ethics with Angela Carter, Michel Foucault, Luce Irigaray and Donna Haraway*. The University of Western Ontario, PhD Thesis, 2002.

Wilchins, Riki Anne. *Read My Lips: Sexual Subversion and the End of Gender*. Firebrand Books, 1997.

Yardımcı, Alper Bilgehan. "Metafizik ve Epistemolojik Solipsizm Üzerine Eleştirel Bir İnceleme." *Mavi Atlas*, sayı 4, 2015, ss. 190-200.

Yeşilyurt, Yasin. *Posthümanizm ve Bilimkurgu Sineması*. Maltepe Üniversitesi, Doktora Tezi, 2017.

# BÖLÜM 8

# İnsan Olan ve İnsan Olmayan Arasında: *Frankenstein*'ın Posthümanizme Dair Düşündürdükleri

## Evren Akaltun Akan

### Giriş

Mary Shelley'nin *Frankenstein; Ya da Modern Prometheus* (*Frankenstein; or, Modern Prometheus* 1818) romanının uyarlamaları; sinema, dizi, tiyatro ve türlü kurmaca biçimlerinde günümüze kadar defalarca karşımıza çıkmış ve her daim ilgi çekmiştir. 2011 yılında İngiliz yönetmen Danny Boyle'un Royal National Theatre için yönettiği ve 2020 de dâhil olmak üzere zaman zaman seyirciye gösterimi yapılan uyarlama ise belki de en ilgi çekici *Frankenstein* uyarlamasıdır. Çünkü Dr. Victor Frankenstein'ı canlandıran aktör Johnny Lee Miller ile Frankenstein'ın yaratığını canlandıran Benedict Cumberbatch, ilk gösterimden sonra rolleri değişirler; yaratık rolündeki Cumberbatch bu sefer doktoru canlandırır, doktoru canlandırmış olan Miller ise yaratık rolüne bürünür. Yönetmenin ve yapımcıların bu tercihi manidardır ve romanın ana fikrini verme konusunda yapılmış ustaca bir hamledir. Gerçekten de romanda insan olanla insan olmayanı ayıran çizgi o denli belirsizdir ki, romanın sonuna kadar insan olmanın ne demek olduğunu sorgularız. İnsanı insan yapan sınırların, ancak kendi öznelliğimizin dışına uzanıp "insan-dışı" ile buluştuğumuzda ya da bazen insan-dışını anlayabildiğimizde belirlenebileceğini hissederiz. Dolayısıyla, kısa fakat oldukça derin olan *Frankenstein* romanı yalnız insan olgusunu, sınırlarını sorgulamamıza olanak sağlamaz; insan sonrasını düşünmek konusunda da bize eşsiz bir düşünsel zemin sağlar.

Bu noktadan hareketle, önce *Frankenstein*'da temsil edilen hümanist anlayışın, Batılı, Aydınlanmacı ve insanmerkezci hümanizm anlayışına uygun bir şekilde insanı, insan olmayandan keskin çizgilerle ayırdığını ve kodladığını göstereceğim. Ardından, Frankenstein'ın yaratığının, Batılı hümanist idealin öngördüğü bilinç/beden, özne/nesne, insan /insan olmayan şeklinde kodlanan kategorileri nasıl bozduğunu inceleyecek; posthümanist düşünceyi olumlarcasına insan deneyiminin insan-dışı öğeler tarafından da belirlendiğini ve bu öğeler tarafından şekillendiğimizi iddia edeceğim.

Romanda temsil edilen insanmerkezci ve Aydınlanmacı hümanizm anlayışının çıkmazlarını anlamak için önce bu tip bir hümanizmden ne anlamalıyız sorusuna eğilelim. Hümanizm anlayışının gelişimini ve tarihçesini *Hümanizm* (*Humanism* 1996) adlı kitabında etraflıca ele almış olan Tony

Davies, hümanizmin insanı evrensel, zamandan ve mekândan bağımsız tüm insanlık tarafından benimsendiği varsayılan "bir insanlık durumu olarak, daima geniş zamanda tasavvur ettiğini" anlatır (32). Türkçede de benzer şekilde, insan kavramı için kullanılan "insanoğlu" tabiri, erilliği ön plana çıkartır ve insan olma durumunu genelleştirir. Yine, Davies'e göre, 18. Yüzyıl hümanistlerinin ilke olarak benimsediği Protagoras'ın "İnsan her şeyin ölçütüdür" (123) sözü, yıllar içinde özcü ve evrenselci bir yaklaşıma neden olmuş, bu yaklaşım iki yüz yıl, belki daha fazla egemenliğini sürdürmüştür" (124). Bu hümanizm anlayışı özcüdür, "çünkü insanlığın (*human-ness*), insan olma halinin ayrılmaz ve asıl özünü, tanımlayıcı özelliği olduğunu savunur; evrenseldir, çünkü özcü insanlık anlayışı tüm insanlar tarafından, zamana ve mekâna bakılmaksızın ortaklaşa paylaşılır" (Davies 24).

Bu genellemeci, aynı zamanda indirgemeci yaklaşım Adorno ve Horkheimer'ın *Aydınlanmanın Diyalektiği* (*Dialectic of Enlightenment* 1944) eserinde etraflıca ele alındığı gibi Aydınlanma felsefesinin de özünü teşkil eder: "Aydınlanma totaliterdir;" özellikle insan öznesi olmak üzere, birbirine benzemeyen çoğul biçimler sayılabilir ve hesaplanabilir hale indirgenir (4). İnsanlar doğayı da benzer şekilde sınıflandırarak hükmedebileceklerini, öğrendikleri kadar manipüle edebileceklerini, "bilimi de uygulayabildikleri kadar bilebileceklerini" düşünürler (6). Emmanuel Levinas da Avrupa hümanizminin "ötekini 'aynı'lığa indirgediğini" (43) ve bu totaliter anlayışın, bilgimiz ya da anlayışımız dışında olanı "temel farklılıkları ya da başkalığı" yüzünden reddeden bir anlayış olduğunu dile getirir (43).

Bart Nooteboom'a göre ise hümanizmin bu tümdenci yaklaşımı ve insanı merkez alan tutumunun temelleri, Platonik idealizmde, onun evrensel olma iddiasında, saf ve doğru olanın kutsal sayıldığı, dolayısıyla tek bir Tanrının veya tek bir prensibin eşsiz hakikat sayılması gerektiğine dair açılımında aranmalıdır. Platonik idealizmin yücelttiği kesinlik (*absolute*), evrensel ve saf olan düşünce, yalnız Aydınlanmanın ve tek tanrılı dinlerin doğmasına yol açmamış, aynı zamanda evrensellik adına ve ideolojiler, devlet, ırk, sistem uğruna kişiler arasındaki farkı silmeyi hedefleyen totaliter rejimlerin kurulmasında da etkili olmuştur (Nooteboom 3). Hümanizmin Aydınlanmayla organik bağı işte bu evrenselci kesinlik ve idealist düşüncede aranmalıdır. Hümanizm, kişiler arasındaki farkı göz ardı edip, tek tip, homojen ve ilerlemeye koşullu bir toplum tasavvur ettiğinde; evrensellik iddiasıyla insani olmanın koşullarını belirlediğinde totaliterleşecek, farklılıklara ve çeşitliliğe kapalı, Aydınlanmacı projenin bir parçası haline gelecektir.

Bu şekilde Aydınlanmacı yanı ağır basan hümanist yaklaşımın romanda ne şekilde tezahür ettiğini etraflıca incelemeden önce romanın konusuna kısaca göz atalım. *Frankenstein*, çerçeve kurgu tekniğiyle yazılmıştır. Romanın ilk kısmı, Kaptan Robert Walton'ın İngiltere'deki kız kardeşine yazdığı mektuplarla başlar, yine onun mektuplarıyla roman biter. Dr. Frankenstein ve yaratığının hikâyesi bu mektupların çerçevelediği orta kısımda anlatılmıştır. Kaptan Walton; girişimci, maceraperest, Güney Kutbu'nu keşfetmek amacıyla mürettebatıyla Rusya'dan yola çıkan bir kaptandır. Buzullarla kaplı denizde sonradan Dr. Frankenstein'ın yaratığı olduğunu anlayacağımız siluetini görür, ardından yaratığın peşindeki doktorun kendisini gemisinde misafir eder. Dr. Frankenstein'ın anlattığı hikâye bize çerçevenin içindeki asıl metni verir. Dr. Frankenstein hikâyesine anne ve babasının tanışmasından başlar. Mutlu aile tablosunu çocukken evlat edinilen Elizabeth ve geç gelen kardeş William tamamlar. Frankenstein henüz çocukken kendisini ve ilgilerini şu şekilde tanımlar:

> Bazen sert ruh hallerim, ateşli tutkularım olurdu; ama tabiatımdaki birtakım kanunlar sayesinde bunlar çocuksu kovalamacalara doğru dönüşmez, öğrenmeye ve ayrım yapmadan bütün şeyleri öğrenmemeye doğru bir isteğe dönüşürdü. İtiraf etmeliyim ki ne dillerin yapıları ne devletlerin kanunları ne de çeşitli ülkelerin politikaları ilgimi çekiyordu. Göğün ve yerin gizemleriydi öğrenmek istediğim; ilgimi çeken ister maddelerin dış yapısı ister doğanın iç işleyişi ister insanın gizemli ruhu olsun, bütün sorularım metafiziğe ya da en yüksek anlamıyla, dünyanın fiziksel gizemlerine yönelmişti. (52)

Victor Frankenstein'ın evrenin sırlarına ve keşfedilmemiş olana bulmaya dair açlığını ifade eden bu satırlar, onu sonradan bir insan yaratmaya kadar ileri götürecek yaratıcı rolünü benimsemesinin ilk ipuçlarını verir. Mary Shelley'nin romanındaki alt başlığı, *Frankenstein: Ya da Modern Prometheus*, Dr. Frankenstein'ın Prometheus figürüyle bağlantısını ironik bir biçimde ortaya koyar. Dr. Frankenstein da Prometheus gibi kendini Tanrıyla kıyaslarcasına bir insan yaratmak istemiştir.[1]

Frankenstein'ın bilinmezin keşfine dair hevesi üniversite yıllarında da devam edecektir. Önce kendini simya ve fizik alanında popüler olmuş Cornelius Agrippa gibi şahısların eserlerini anlamaya adar, ardından üniversitede hocası olan Waldman'ın günümüz bilim insanlarının nelere muktedir olduğuna dair sözlerinden etkilenerek, "daha, daha fazlasını elde edeceğim; çoktan çizilmiş adımlarda yürürken, yeni bir yola öncülük edeceğim, bilinmeyen güçleri keşfedeceğim ve dünyaya yaratılışın derinliklerindeki gizemlerini göstereceğim" (64) diyerek kendini yaşayan bir canlı oluşturmaya adar ve deneylere başlar. Dr. Frankenstein, kendi adıyla

---

[1] Yunan mitolojisine göre, Prometheus, baş tanrı Zeus'a kafa tutar, ateşi çalar ve insanlara verir. Bu davranışından dolayı Hades'te, yani cehennemde bitmek bilmeyen cezası başlar. Prometheus, ateşi insanlara verdiği için insanlığın koruyucusu, bazı yorumlara göre insanlığın yaratıcısı sayılır. Aynı zamanda ateşle gelen yaratıcılık, sanat ve zanaatkârlık, bilim ve uygarlığın habercisi, temsilcisi olarak düşünülür. Yaratan ve yaratıcısı arasındaki gerilimi de gözler önüne seren bu mit, Frankenstein'ın yaratıcı kibrine kapılmasına, bilimin öncüsü olmak isterken kapıldığı hırsa, yaratığıyla olan çekişmesine de önemli bir izlek oluşturur.

özdeşleştirdiğimiz yaratığı bir takım beden parçalarını bir araya getirerek insan biçimi verir ve çok net ifade edilmese de son rötuşta elektriğin devreye girmesiyle yaratık canlanır.

İnsan görünümlü ama daha büyük ölçütlerde ve çok "çirkin" olduğunu anladığımız yaratık ne yaratıcısından ne de karşılaştığı insanlardan sevgi ve hoşgörü anlamında karşılık bulacaktır. Nihayetinde ihtiyar kör bir adam ve ailesinin yaşadığı çiftlikte kullanılmayan bir kulübeye sığınan Frankenstein, onlardan konuşmayı, okumayı ve insan davranışlarını öğrenir. Ev halkı tarafından fark edilince görüntüsü onları dehşete sürükler ve yaratık kaçmak zorunda kalır. Bu esnada Dr. Frankenstein'ın küçük kardeşi William ölü bulunur. Doktor, katilin yaratık olmasından şüphelenerek Cenevre'ye geri döner. Frankenstein, William'ın masum dadısı, aynı zamanda yetim bir evlatlık olan Justin Moritz'in suçsuz olduğunu bildiği halde yargılanıp idam edilmesine engel olamaz.

Doktor nihayetinde yaratığıyla yüzleşir ve doğumundan itibaren yaşadıklarını bir de onun ağzından dinler. Her gittiği yerden kovulan ve dehşetle karşılaşan yaratığın artık tek bir isteği vardır: kendine bir eş. Kendisinin de mutlu olmaya hakkı olduğunu, aynı kendisi gibi bir eş yapmasını ister Dr. Frankenstein'dan. Böyle bir eşi olursa insanlardan uzak kendilerince bir hayat kuracaklarını ve insanlarla bir daha temasa geçmeyeceğine dair söz verir. Doktor, yaratıktan son derece tiksinse de bunu makul bir istek olarak karşılayarak doktor ve yaratığa bir eş yapacağını söyler. Ancak yaratıktan uzaklaşıp kendi hayatına döndüğünde yapacağı eylem ona gittikçe daha korkunç görünür. İskoçya'nın uzak bir köşesinde üzerinde çalıştığı beden daha tamamlanmadan yeni bir tane yaratık yaparsa ikisi bir araya geldiğinde tüm insanlık için daha büyük bir tehlike arz edeceklerini düşünerek onu yok eder. Frankenstein'ın yaratığı bunu affetmeyecektir. Yeni cinayetler birbiri ardına gelir. Önce doktorun en yakın arkadaşı Henry Clerval, ardından evlenmeyi planladığı Elizabeth yaratığın kurbanları olurlar. Tüm ailesini kaybeden doktor, yaratığın peşine düşer ve ta kutuplara kadar izini sürer. Bu noktada çerçeve anlatım tekrar kaptan Walton'ın gemisine döner. Yaşadığı kayıpların ve korkunç olayların, yaratığın peşinde geçen zorlu hayatın tüm yükünü omuzlarında hisseden doktor, artık daha fazla dayanamaz ve son nefesini verir. Yazar Mary Shelley, son sözü gene yaratığa verir. Frankenstein'ın yasını tutan yaratık, mutsuzluğunu ve yalnızlığını son kez kaptanla paylaştıktan sonra kendini karanlık sulara bırakarak gözden kaybolur.

Sadece bu özetten de kolayca anlaşılacağı gibi bilinmeyene dair keşif tutkusu, hayal gücünü zorlaması, doğaya sığınması açısından, Dr. Victor Frankenstein Aydınlanmanın evrenselciliğine, totaliterliğine ve akılcılığına karşı bir tepki olarak ortaya çıkan 19. Yüzyıl Romantiklerine benzer. Ancak o, tüm bu tutkuları, bilinmeyeni ele geçirme, kontrol etme, akıl yoluyla hüküm verip yargılama ve farklılığı mahkûm etmeye yönlendirir ve harcar. Dr. Frankenstein bilimsel yaklaşımla doğanın sırrını keşfetme, yaradılışın sırrına hâkim olma hırsına kapılır. Tanrıya öykünerek, kendi yarattığı canlının ne zaman yaşayıp ne zaman ölmesi gerektiği, ondan bir tane daha yapıp yapmamak gibi kararları verebileceğini düşünür; kısacası insan olmanın kıstaslarını belirler. Ancak eyleminin etik sorumluluğunu almamış, "normal" olmayan insan-dışı'na yaşama alanı tanımamıştır. Bu açıdan, Dr. Victor Frankenstein, daha çok insanmerkezci anlayışla bağdaştırabileceğimiz bir hümanizmin temsilcisidir.

Yalnız Dr. Frankenstein değil, onun birer yansıması gibi olan Kaptan Walton ve doktorun en yakın arkadaşı Henry Clerval de birbirlerinden farklı deneyimlere sahip olsalar da akıl ve bilgi yoluyla insanı ve dünyayı zapt edebileceklerine dair inançlarıyla Aydınlanmacı hümanist geleneğin uzantısı konumundadırlar. Örneğin Kaptan Walton, çocukluğundan itibaren bilinmeyen diyarları keşfetmek, dünyanın sırlarına ermek için bitmek bilmez bir çabaya girişir. Sonunda bu hevesi onu Kuzey Kutbuna kadar getirir. Frankenstein'dan dinleyeceği hikâyenin sonunda da insan hırsının ve kibrinin getirdiği yıkıcı noktayı fark edip geri adım atar. Henry Clerval, başka bir alana sapıp kendini Doğu dillerine vâkıf olmaya adar. Sadece dil öğrenme ve edebiyat aşkıyla başlangıçta bu işe kendini verse de Edward Said'in kavramsallaştırdığı şarkiyatçı bir yaklaşımla, sonunda bilgisini o kültürleri tahakküm altına alma yönünde kullanmayı hedefler. Planı, ileride kolonyalistlere katılıp "Avrupa sömürgeciliği ve ticaretin ilerlemesine" katkıda bulunmak üzere Hindistan'a gitmektir (183). Dolayısıyla, Clerval'in son derece masumane görünen Doğu'nun dillerini öğrenme isteği, Doğu hakkında edinilen epistemolojiyi kullanarak onu egemenliğine alma, sömürme hevesine dönüşür.[2]

Dr. Frankenstein, Kaptan Walton ve Henry Clerval'in farklı yollardan benzer sonuçlara vardıkları yerde Batının Aydınlanma söylemini buluruz. Bilim yoluyla dünyaya ve hayata ait bilgileri insanın nasıl kullanıp doğanın efendisi olabileceğine ve ilerleme sağlanabileceğine inancıyla Dr. Frankenstein, Aydınlanmanın filozofu René Descartes'ın *Metod Üzerine Konuşma* (*Discourse on Method* 1637) adlı eserindeki tartışmayı özetler gibidir. Descartes Aydınlanmanın özünü şu şekilde belirtir:

> Okullarda öğretilen spekülatif felsefe yerine zanaatkarlarımızın sanatlarını öğrendiğimiz kadar ateşin, suyun, havanın, yıldızların, gökyüzünün ve bizi çevreleyen her etmenin gücü ve etkisini öğrenme yoluyla pratik felsefenin yolunu da bulabiliriz. Bu bilgileri de aynı şekilde, tabi oldukları alanlarda

---

[2] Edward Said'in *Orientalism* (1978) adlı eserinde kavramsallaştırdığı gibi, şarkiyatçılık genel hatlarıyla, Batı'nın, Batı dışı toplumlar hakkında edindiği bilgiyi emperyalizm amaçlı kullanması, o toplumlar hakkında kalıplaşmış tiplemeler üretmesi ve daima öteki konumuna düşürmesini ifade eder.

kullanarak kendimizi doğanın efendisi ve sahibi yapabiliriz. (Akt. Olivier 14)

Bu öngörünün ışığında Batıda 17. Yüzyıl'dan başlayarak 18. Yüzyıl'ın tamamını kapsayan ve 19. Yüzyıl'a da uzanan akla ve bilime dayalı siyasi, felsefi ve bilimsel yaklaşımların bütünü olarak çerçeveleyebileceğimiz Aydınlanma Çağı yaşanmış; Descartes'ın "Düşünüyorum, öyleyse varım" ("Cogito, Ergo Sum") deyimi beden / akıl ya da akıl / duygu gibi ikiliklerin önünü açmıştır. Aydınlanmacı zihniyetin bilimsel çalışmaları Newton sonrası rüzgârı da arkasına alarak fiziksel dünyanın gizemini çözmeye adayan bilimle teknolojiyi özdeşleştirmiştir. Bu yaklaşımın akılcı ve evrensel olma iddiası daha sonra Frankfurt Okulu Marksistlerince "proje" olarak nitelendirilecek, Michel Foucault ve Edward Said gibi kuramcılar tarafından da dışlayıcı, kolonyalist ve baskıcı olma yönüyle eleştirilecektir (Oz-Salzberger 35). Fakat buna rağmen, Neil Badmington'ın da belirttiği gibi Descartes'ın sözünü ettiği temel yaklaşım Batılı kültürde "sağduyu" konumunu korumaya yüzyıllar içinde devam edecektir (4).

Posthümanizm; evrenselci, Aydınlanmacı, özcü ve tahakkümcü bu tip bir hümanizm anlayışına eleştirel bir tavır olarak ortaya çıkar. Örneğin posthümanizmin kuramcılarından Rosi Braidotti, hümanizmin insan tanımının kısıtlayıcılığına dikkat çektikten sonra bunun "posthümanizm dönemecine nasıl geldiğimiz konusunda anahtar teşkil eden faktörlerden biri" olduğunu vurgular (*The Posthuman* 16). Braidotti, Avrupa merkezci ve emperyalizme güdümlü hümanizmin insan olma normunu belirlediğini, dahası insan olma halini genellediğini ve kategorileştirdiğini, böylelikle tarihi bir oluşum olan insanın hem "normal" olanın sınırlarını belirlediğini hem de "insan doğası" dediğimiz sosyal sözleşmeyi oluşturduğunu belirtir (*The Posthuman* 26). Bruno Latour da *Biz Hiç Modern Olmadık* (*We Have Never Been Modern* 1991) eserinde hümanizmin bu indirgemeci yaklaşımını eleştirmiş, insan dediğimiz kavramın en başından bir öz olarak tanımlayamayacağımızı ne insan kavramının ne de insan olmayan kavramının bu iki boyutu açıklamaya yetmeyeceğini ifade etmiştir. Latour, bu iki zıt kavram yerine belki de insanı "dönüşümlerin" bir aradalığı içine yerleştirmek gerektiğini önerir (137). Ona göre insanı, dönüşümlerin, iç içe geçmişliğin, bir ağlar bütününün parçası olarak hayal ettiğimizde insanmerkezci hümanizmin "insanoğlu," (*Man*) "normal," "evrensel" çatısı altında topladığı epistemolojik temellerin ötesine geçmek mümkün olacaktır.

Bir diğer posthümanist Cary Wolfe da hümanizme tekrar eğilmek gerektiğini düşünenlerdendir. Wolfe, *Posthümanizm Nedir?* (*What is Posthumanism?* 2009) adlı eserinde hümanizm anlayışını top yekûn reddetmek yerine hümanizmin savunduğu amaç ve değerlerin bizzat bu amaçları ve değerleri oluşturan felsefi ve etik çerçeveler tarafından nasıl altının oyulduğunu göstermek gerektiğinin altını çizer. Örneğin hümanizm, engelli insanların saygı ve eşitlik çerçevesinde ele alınması gerektiğini savunurken, "kullandığı felsefi ve teorik çerçeveler, engelli insanlara ayrımcılık yapmaya zemin hazırlamış olan, belli bir insan tiplemesini, normatif insan kavramını tekrar tekrar üretir" (xvii). Wolfe'a göre hümanizmin bu indirgemeci yönünü aşıp, ötesine geçmenin yolu insan deneyimini yeniden gözden geçirerek ve tüm diğer canlılarla birlikte yeniden bağlama oturtarak gerçekleşebilir (xxv).

Bir diğer posthümanist kuramcı Rosi Braidotti de hümanizmde ele alınan insan tiplemesinin, sürekli yeniden üretilen bu normatif insanın "aynı" olmayanları dışlayarak bu statüsünü koruduğunu iddia eder: "Hümanizmin insanı ne ideal ne de objektif istatistik ortalama ne de ikisinin ortalamasıdır. Aksine, tanınabilirliğin – Aynılığın – sistematikleşmiş standardıdır. Tüm diğerleri bu standarda göre yargılanır, düzenlenir ve önceden belirlenmiş toplumsal konumlara yerleştirilir" (*The Posthuman* 26). İnsanın süregiden bu ötekileştirici yaklaşımı Başak Ağın'ın da belirttiği gibi tam da posthümanizmin eleştirdiği ve son vermek istediği bir anlayış biçimidir ve "'posthuman' kavramı, dışla(n)mayı reddeden, çoğulcu ve kapsayıcı bir terim olarak, bu eleştirilen 'insan' anlayışının yerini almalıdır" (31).

Posthümanizm üzerine çalışmalarıyla bilinen Francesca Ferrando'nun posthümanizm tanımında da hümanizmin insanmerkezci yönünü eleştiren bakış açısını buluruz. Ona göre posthümanizm, hiyerarşik toplumsal oluşumlara ve insanı merkez alan söyleme tepki olarak ve insanın ya da başka herhangi bir türün üstünlüğüne karşı çıkan, insanlık durumunu yeniden ele alan eleştirel bir yaklaşımdır. Bu çerçevede, insan otonom bir aygıt değil, karmaşık ilişkiler ağının bir parçası olarak düşünülmelidir ("Posthumanism" 32).

Özetle, bahsedilen kuramcıların vurguladığı gibi posthümanizm, varoluşu geniş bir düzlemde ele alarak, türleri kutuplaştıran her türlü görüşü reddeden, birbirinden üstün olmayan türlerin bir arada yaşadığı, heterojen ve ötekinin dışlanmadığı bir toplum anlayışını savunur. Posthümanist bakış açısı yalnızca insanmerkezci hümanizm anlayışının ötesine geçmeye çalışmakla kalmayıp, Rosi Braidotti'nin belirttiği gibi "insanı kavramsallaştırmanın alternatif yollarını da araştırır" (*The Posthuman* 37).

*Frankenstein* romanında tam da posthümanist eleştirinin vurguladığı türden "normal"in standartlaştırılması, "aynı" olan normatif insan anlayışının tekrar üretilmesini gözlemleriz. Bu alanın dışında kalan, "ötekileştirilen," dönüp dolaşıp tekrar Aydınlanmacı ve evrenselci "normal" insan tanımını pekiştirir. Dr. Frankenstein kendi anlatısında bu ayrımcılığı insanı, insan-dışı olandan, yani insan olana ait alanı, yaratığa atfedilen alandan ve göstergelerden dikkatlice ayırarak yapar. Frankenstein'ın insana, özellikle Avrupalı insana atfettiği alan; asil, güzel, medeni, aydınlık, ilerlemeci gibi kavramlarla özdeştir; yaratığın, yani insan-dışının alanı iste Frankenstein'a göre bu aydınlık tabloyu tehdit eden, dolayısıyla toplumun dışında tutulması gereken tehlike unsurlarını barındırır. Birbirinden ayrı tutulan bu iki alanda, Braidotti'nin sözünü ettiği türden "aynılaştırma" ile insana atfedilen tüm bu olumlu değerler Dr. Frankenstein'ın dışında Kaptan Walton, Henry Clerval, Frankenstein'ın İsviçre'de yaşayan ailesi, nişanlısı Elizabeth tarafından ortaklaşa paylaşılır. Hepsi iyilik timsalidirler, asildirler ve çevrelerindeki ya da geçmişlerindeki "öteki" sayılabilecek kişilerden ayrıştırılırlar. Dr. Frankenstein'ın asaletini Kaptan Walton defalarca vurgular: "Şimdi perişan haldeyken bile böylesine çekici ve sevimliyken, iyi günlerinde soylu bir yaratık olsa gerekti" (Shelley 41). Daha sonra gene asaletine vurgu yaptıktan sonra kaptan ekler: "Öyle nazik, öyle akıllı ki; öyle güçlü bir zekâsı var ki, konuşması en seçkin kelimelerle dolu olmasına rağmen, akıcı ve eşsiz belagatle sürüp gidiyor" (Shelley 42).

Doktor bu şekilde idealize edilirken, onun çevresindekiler de asil, saf iyilik ve güzellikle donatılmış, dolayısıyla "aynılaştırılmış" insanlardır. Örneğin Elizabeth henüz yetim bir çocukken fakir bir evde fark edildiğinde evdeki diğer çocuklardan farklı olarak, açık tenli, altın saçlı, yüzündeki hoş ifadesiyle adeta "bütün özelliklerinde kutsal bir iz taşıyan, cennetten gönderilmiş, farklı bir türdenmiş gibi" (Shelley 49) anlatılır. Kara kara gözleriyle diğer "dilenci" gibi görünen dört çocuktan görünüm ve edasıyla ayrıştırılır. Yalnız görüntü itibarıyla değil, aynılaştırma Elizabeth'in de aslında bir asilzade olduğunun ortaya çıkmasıyla pekişir. Elizabeth, sonradan öğrendiğimize göre Milanlı bir asilzadenin çocuğudur. İhtiyar adamın ailesine sonradan katılan Safiye bile bütünüyle yabancı olmasına rağmen Frankenstein'ın yaratığı gibi ötekileştirilmez. Çünkü tatlı Arap diye bahsedilen ve kurnaz ve riyakâr olarak resmedilen Türk babası tarafından Felix'den uzaklaştırıldığını öğrendiğimiz Safiye hem çok güzeldir hem de anne tarafından Hristiyan bir Arap olduğunu öğreniriz. Oryantalist bir tavırla Doğu'ya dönerse onu Harem'in beklediği ve elbette Safiye'nin Hristiyan olarak kalıp, bir kadın olarak toplumsal hayata dâhil olabileceği Batılı hayatı tercih ettiği anlatılır. Dolayısıyla aslında Safiye de yabancı ya da farklı olmaktan çıkar ve romandaki diğer Batılı, aydınlık, kültür olarak benzerleri, "aynıları" arasında yaşamayı seçer.

İnsana ait alan, ama özellikle hümanizm anlayışına uygun düşecek şekilde Aydınlanmacı Batılı değerleri, dolayısıyla evrensel ataerkil değerleri yansıtan insanların alanı bu şekilde belli özelliklerle ayrıştırılır. "Normal" olanın sınırlarının belirlendiği bu alanda Dr. Frankenstein, babası, Henry Clerval ve Kaptan Walton, Braidotti'nin belirttiği gibi normatif bir insan anlayışını "aynalar" ve çoğaltırlar. Dikkatlice kurulan bu dünyada, Elizabeth, Justin, anneleri, Safiye gibi romandaki tüm kadınlar saf iyiliğin sembolüdürler ve mükemmel uyumun tablosunu pekiştiren ama yan rollerde kalmakla yetinen ikincil karakterlerdir. Dolayısıyla, insana ait evrensel, belli bir insan tipini üreten "normalin" yer bulduğu konum, aynı zamanda ataerkil, kadınları da etkin konumdan çıkarıp ikincil rolleri uygun gören bir anlayışın da uzantısıdır.

İyilik, asalet gibi "evrenselleştirilmiş" değerlere sahip görünen tüm bu insanların aksine Dr. Frankenstein yaratığını "şeytan," "çirkin," "canavar" gibi tabirlerle okuyucuya aktarır ve onu insanlara ait bu düzeni bozan, masumiyeti öldüren, güzelliği yok eden bir cani olarak tasvir eder. Yaratığın "şeytani" yönünü iyice vurgulamak istercesine, anlatıcı Dr. Frankenstein, yaratığın ilk olarak öldürdüğü William'ın ve cinayeti üstlenmek zorunda kalan Justin Moritz'in pirüpak bir masumiyetin ve iyiliğin timsali olduklarını uzun uzun anlatır.

Dr. Frankenstein başta olmak üzere görgü tanıklarının yaratığı tasvir ederken kullandıkları ifadeler de insanlara ait çizilen olumlu tablonun tam zıddıdır: "[İ]nsanlığa ait olamayacak kadar korkunç," "sefil," "iğrenç ucube," "İnsan biçimindeki hiçbir şey o saf çocuğu öldürmezdi" (Shelley 94). Her fırsatta kullanılan "canavar," "dünyevi olmayan çirkinlikte," "insan gözleri için fazlasıyla korkunç," "iğrenç" gibi ifadelerle yaratığın sürekli insan-dışı olmasına vurgu yapılır. Yaratık da ihtiyarın kulübesinde okudukça, dinledikçe, yani bilgisi arttıkça "perişan, çaresiz ve yalnız" olduğunu anlar (Shelley 151). Bu ifadelerde yaratığın sadece "çirkin" ya da "korkunç" olmasına değil, onun normal addedilen, standartlaştırılmış insan olma mefhumunun ve dünyevi olanın dışında kaldığına dair vurgu vardır. Örneğin, Kaptan Walton romanın sonunda onunla karşılaştığında hissettiklerini ifade ederken: "Üzerinde tasvire kelime bulamayacağım bir figür duruyordu" (Shelley 246) derken yaratığın insan olma sınırlarının dışında bir görünüme sahip olduğunu anlatır. Ama aynı zamanda bu sınırları çoktan belirlemiş, anlamı üreten Batılı ve Aydınlanmacı dilin de cisimleştiremeyeceği, kategorileştiremeyeceği bir konumda olduğunu ima eder. Sırf bu yönüyle bile yaratık insanlık için bir tehdittir. Nasıl ki, Safiye'nin Avrupa hudutlarını terk etmesi karanlık bir geleceği ve Doğu'da yaşayabileceği tehlikeli hayat biçimlerini düşündürmesi bekleniyorsa, Dr. Frankenstein, bir tehdit olan Frankenstein'ın yaratığına kendisi gibi bir eş yapma sözü verdiğinde, bunu yalnız Avrupa sınırları dışına çıkarsa gerçekleştireceğini söyler (Shelley 170). Yaratık, Batı olarak kabul edilmediği anlaşılan, Avrupa'nın sınırlarını tehdit etme imkânı olmayacak uzaklıktaki Güney Amerika'ya gitmeye söz vermiştir (Shelley 169). Romanın sonunda yaratığın kutuplara kadar kovalanması da bu durumun alegorik temsili gibidir. İnsan-dışı tehdit ortadan kalkınca, Aydınlanmacı, evrensel, "erkek" ve Avrupa ile özdeşleşen insanlık "temiz" ve hak ettiği evrensel değerlerle yaşayabilecektir. İnsan olmanın da normu bu çerçevede tekrar belirlenir.

Elbette Frankenstein romanını günümüzde hâlâ çekici kılan şey yukarıda resmedildiği gibi yaratığın "canavar," insanınsa ideal konumda kabul görmesi değildir. Tam tersine, aslında ikisinin sınırlarının iç içe geçmiş olması hem yaratık hem de Dr. Frankenstein ve romandaki "aynıları" genelinde insan olma mefhumunu sürekli sorgulayabiliyor olmamızdır. Bunu da Dr. Frankenstein'ın temsil ettiği hümanizmi merkeze alıp çıkmazlarını gösteren bir eleştirel tutumla gerçekleşebiliriz. Bu noktada Cary Wolfe'un "normal" ve evrensel insan anlayışını üreten ve çoğaltan hümanizmi aşmak için sunduğu yöntem yol göstericidir. Wolfe'a göre, "insanı ve onun iletişim, etkileşim, anlam, toplumsal imlemler biçimlerini ve duyuşsal yatırımlarını ancak anlamı, ontolojik olarak kapalı bilinç, akıl ve düşünce sahamızdan çıkardığımızda" daha iyi bir şekilde tanımlayabiliriz (xxv). Ama aynı zamanda bu posthümanist yaklaşım, "insanın özgüllüğüne, yani dünyada olma haline, bilme biçimlerine, gözlemlerine ve tanımlamalarına" eğilmemizi gerektirir (Wolfe xxv). Böylece, insanın aslında "insan-olmayan ancak insanı insan yapan başka teknik ve maddesel biçimlerle birlikte evrilmiş olan, esasen eklemlenmiş (*prosthetic*) bir yaratık olduğu gerçeğini anlamamız" mümkün olacaktır (Wolfe xxv). İnsanı yalnızca insana ve "doğasına" özgü, özcü bir yaklaşımdan çıkarıp onu "yapaylaştıran," ancak insan ve insan-dışı öğelerle meydana gelebileceğini savunan bu yaklaşımı desteklercesine Francesca Ferrando, insanın, durağan, bağımsız bir varlık değil, bir ağ içinde sürekli devinim halinde olduğunun altını çizer ("Posthumanism" 32).

Eğer insanı sürekli oluşum halinde, diğer türlerin önüne geçmeyecek şekilde merkezî olmayan bir konumda ve her şeyden önce ilişkisel olarak düşüneceksek, Rosi Braidotti'nin belirttiği gibi, "'Biz' –beşerî bilimlerden doğan bilgi halkının insan sonrası özneleri – düşünce, düşünme ve akıl konusundaki düşüncelerimizi değerlendirmeliyiz'" ("İnsan Sonrası" 70). Ancak insanı yeniden ele aldığımızda insan olabiliriz; yani şimdiki ve gelecekteki "insan-dışı" ve "gayri-insan," ya da "olmuş olabileceğimiz insanları düşünürken" ("İnsan Sonrası" 70). Braidotti'ye göre insan sonrası öznelerin "etik formülü de ne tür bir oluş süreci [process of becoming] içinde bulundukları hakkında farklı düşünmeyi öğrenmek olabilir" ("İnsan Sonrası" 71).

*Frankenstein* romanı, tam da bu anlamda, yani insanı yeniden ele almamızı sağlayan öngörüsüyle insanı merkez alan hümanizm anlayışının çıkmazlarını göstererek, insan olgusunun sınırlarını sorgulamamızı sağlayacak bir düşünsel bir alan açar. Ben ve öteki arasında var sayılan sınırları sorunsallaştırır, bu sınırların aslında keskin çizgilerle belirlenemeyecek, geçirgen bir alana tekabül ettiğini gösterir. Dolayısıyla yaratığın insan-dışı, ya da gayri-insan hali de aslında Dr. Frankenstein'ın kendi insanlık durumuna dair ipuçları verir.

Öyleyse, Frankenstein'ın yarattığı nasıl bir "insan-dışı"dır? Yaratık, ölmüş insanların beden parçaları birleştirilerek yapılmıştır. Dolayısıyla her şeyden önce insanın "atığı" konumundadır. İnsana benzer, ancak bir insan gibi yaratılmamıştır. İnsan düşüncesine ve hislerine sahiptir, ancak diğerleri tarafından bir insan gibi algılanmaz.[3] Yaratığın kendisi de etrafı keskin hatlarla

---

[3] Yaratık, insana hem tanıdık gelir hem de gelmez. İnsan gibidir ama aynı zamanda değildir. Bu yönüyle Freud'un Türkçeye "tekinsiz" olarak çevrilen *das unheimlich* kavramına denk düşer. Freud'a göre tekinsiz,

çizilmiş insan kavramının dışında olduğunu anlar. Sürekli ötelendiği için, dahası, insanın kendini ilişkilendirdiği aile, arkadaş, başka insanlarla iletişim gibi insanın kendi farkındalığını oluşturması için elzem olan ilişkiler ağının parçası olmadığı için, kendini insanlık alanının dışında hisseder: "Etrafa baktığımda, kimse benim gibi görüp duyamıyordu. Öyleyse, yeryüzünde ben, bütün insanların kaçtığı ve herkesin reddettiği, bir leke, bir canavar mıydım?" (141) derken insan tanımının kendiliğinden dışına çıktığını idrak eder.

Ancak insan görünümlü ama insan gücünün üstünde gücü ve boyutları olan bu varlık, posthümanizmin insanın oluşumuna dair dikkatimizi çekmek istediği türden sürekli bir oluşum halindedir: Gözlerini yetişkin bir bebek gibi dünyaya açar; konuşmayı, hislerini yönlendirmeyi bilmez. Ancak, bir yandan da sembolik, yani insana ait toplumsal düzene geçmeye çalışan birey oluşumunun aşamalarını da sırasıyla deneyimler. Yaratığın sembolik düzene geçiş çabası aynı zamanda insanlaşmanın, insani olanı kavramanın sürecidir: Duygudaşlık yoluyla öğrenir ve farka değil benzerliğe, ötekileştirmeye değil özdeşleştirmeye yatkındır. Fakir aile mutluyken mutlu, mutsuzken o da mutsuzdur. Ruhu okşayan sanat ona da mutluluk verir. Frankenstein ondan kaçarken onunla iletişime geçen ve uzlaşmaya varmak için Frankenstein'ı kendi dışında yaşayan oluşumu düşünmeye çağırır. Bu da aslında kimseyle sosyal bir ilişki içine girmediği halde sosyal beceri biçimlerini kavradığını gösterir. İnsanlığın dışına itileceğini, sürgün edileceğini bildiği halde büyük bir ekosistemde kendine de bir yer isteyecek kadar da bilinçlenmiştir. Sadece insana değil insan dışındaki varlıklara da alan açan bir hayat olabileceğini duyumsayan yaratık, "[k]ötülüklerim, iğrendiğim zorunlu yalnızlığın meyvesi ve bir dengimle birlikte yaşadığım zaman erdemlerim mutlaka artacak. Duyarlı bir varlığın sevgisini hissedeceğim ve şimdi dışında bırakıldığım olaylara ve varoluş zincirine bağlanmış olacağım" der (Shelley 170). Böylece insanla birlikte, ötekini de içine alan geniş bir varoluş zincirinin parçası olabileceğini hayal ederken, Cary Wolfe'un bahsettiği anlamda, insanlık mefhumunun önceden belirlenmiş sınırlarını genişleterek yeniden tanımlanmasına olanak sağlar. Bu insan-dışı yaratık, insanlığın hem insan hem de insan-olmayan öğelerle birlikte devinim halinde gerçekleştiğini duyumsayarak, kendisinin de bu bir nevi yapay oluşumun üstüne eklemlenebileceğini düşünür.

Yaratık ne denli oluşum halindeyse, Avrupamerkezci hümanist anlayışın temsilcisi Dr. Frankenstein ise bir o kadar statiktir. İnsan-dışı olanla, yani yaratık ile temasa geçtiği halde bu onu dönüştürmez; romanın başında ne ise, sonunda da odur. Güzel / çirkin, iyi / kötü, insan / insan dışı gibi kategoriler kafasında değişmeden romanın sonuna kadar ana hatlarıyla kalır. 19.Yüzyıl romantik kahramanları, doğayla etkileşim ve bütüncül bir ilişki içindedirler.

---

bize yabancı gelen ve bilinmeyenin bizde tedirginlik ve rahatsızlık uyandırmasıdır. Fakat tekinsiz olan yeni ya da yabancı değil, zaten bilinçaltımızda olan ama zihnimizle bastırdığımız duygularımıza karşılık gelir (Freud, "The Uncanny" 12-13).

Frankenstein tam aksine ne zaman içindeki fırtınaları dindirmek için doğaya sığınsa, orada narsisist bir yönelimle yalnız kendisini, kendi düşüncelerinin yansımasını bulur.

Yazının başında belirtildiği gibi Frankenstein'ın yarattığı posthümanist eksende ne insan ne de insan olmayan haliyle, insan olmanın sınırlarını sorgulamamıza neden olur. İnsanmerkezci yaklaşımın insanı önceden hatlarını keskin çizgilerle belirlemiş olduğu sınırlar, yaratığın temsil ettiği gibi insan dışı unsurlar tarafından tehdit edildiğinde insan öznesinin bağımsızlığı ve bütüncüllüğü bu dışsal tehdidin uzak tutulmasını gerektirir. Peki, insan olmanın sınırları aynı zamanda benliğimizi tehdit eden bilinçdışı öğelerle belirleniyorsa insan-dışını nasıl değerlendirebiliriz? Psikanalist, yazar, teorisyen ve akademisyen Julia Kristeva'nın 1980'lerde öznelliğin sınırları konusunda geliştirmiş olduğu "iğrenç (abject)"[4] kavramıyla bu soruya yanıt arayabilir ve posthümanist bir yaklaşımla ele aldığımız insanın sınırları meselesini daha geniş bir düzlemde inceleyebiliriz. Ödipal dönemin öncesinde egonun oluşumu esnasında kendimiz ve öteki, beden ve beden dışı arasındaki sınırın kavramsal karşılığı olan "abject" kavramı, Dr. Frankenstein'ın öznelliğinin sınırlarının aslında insan-dışı öğeleri de içerdiğini göstermesi açısından posthümanist eleştiriyi destekler.

Kristeva'ya göre "abject" şu şekilde belirir: Bireyin anneden kopup bağımsızlığını kazanabilmesi ve sosyo-ekonomik dünyanın sembolik alanında yer alabilmesi için o dünyanın dilini kavrayabilmesi ve konuşabilmesi gerekir (12). Bunun için de kendinde anneye ait olan bedeni bastırmak, ötelemek, reddetmek zorundadır (Krause 305). Bağımsız bir insan olma sürecinde anneyle özdeşleştirdiğimiz feminen öğeleri ötelemek, insanmerkezci hümanizmin insanı evrensel ve ataerkil addettiği indirgemeci "insanoğlu" yaklaşımına denk düşer. Özne "abject"i öteleyerek sembolik dünyaya, ataerkilin ve onun dilinin egemen olduğu dünyaya adım atar.

İnsan-dışı nasıl ki insanı tarif eden normlardan yalıtılmış öğeleri ifade ederse, Kristeva'nın "abject"e yüklediği metaforik anlam da bu öğelere denk düşecek şekilde sadece anneyle özdeşleştirilen, bastırmaya, atmaya çalıştığımız ve benliğimizi tehdit eden bilinçdışı öğeler için değil, aile ve toplumun, sembolik dilin ve dünyanın sınırında duran, toplumun dışına itilmiş insanlar için de kullanır (Kristeva 4). Buna göre, "abject," sınırların dışında olanları; kimliği, sistemi ve düzeni tehdit edenleri de içine alır (Jen-yi 4). Frankenstein'ın yarattığı, ataerkil toplumun kendi steril hatlarını korumak adına dışa ittiği, görmek istemediği, sınırları tehdit eden bir unsurdur (Jen-yi 6). İnsan-dışı dediğimiz varlık ise bu durumda Frankenstein'ın yaratığıyla

---

[4] "Abject" kavramı Türkçede "iğrenç," anlamına gelip, genelde bu ya da buna benzer ifadelerle dilimize çevrilmiş olsa da terminolojik bir kavram olarak Türkçede tam olarak karşılığının bulunmadığını düşündüğüm için yazı içinde İngilizce aslı korunmuştur.

özdeş olan, normatif insanın bireyselleşme sürecinde kendinden uzak tutmak isteyeceği, yüzleşmekten kaçındığı öğelerin cisimleşmiş halidir.

Başka bir deyişle, Frankenstein'ın yarattığı yalnız insanları dehşete düşüren dış görünümü itibariyle ve cesetlerin atığı olma özelliğiyle "iğrenç (abject)" değildir. Romandaki diğer insanlarla birlikte, ama belirgin bir biçimde insanmerkezci yaklaşımın temsilcisi Dr. Frankenstein'ın insana ait ideal alanı korumak için atmak, uzaklaştırmak istediği, ilerlemeci, homojen ve kirlenmemiş bir insanlık anlayışında yeri olmaması gereken, bu insan anlayışının sınırlarını tehdit eden temsili bir varlık olarak da bir "abject"tir.

Ancak, yaratığın "abject" olarak görülmesi, aslında onu "abject" olarak gören tarafla ilgilidir. Doktorun yaratığa dair gözlemlerine ve düşüncelerine daha yakından baktığımızda "abject"'in doktorun bastırmak istediği duyguların yansıması olduğunu, onu istese de tam olarak kendinden uzaklaştıramayacağını anlarız (Ramsey 345). Frankenstein'ın çeşitli ifadelerinde, örneğin "aralarına saldığım canavar" (Shelley 111) derken sembolik düzeni tehdit eden yaratık aslında doktorun bünyesinden çıkmış gibi anlatılır. Böylece "abject" dediğimiz "atık" öğenin doktorun dışında değil, onun insanlık sınırını belirleyen, benliğinin dışında tutmak istediği, bastırmaya çalıştığı öteki olduğuna dair ipucu elde ederiz. Frankenstein, savunduğu Avrupamerkezci, evrensel, Aydınlanmacı insan anlayışına göre ötekini, "insan-dışı"nı kendi belirlediği alanın dışında tutabileceğini düşünür. Ancak, böylesine tek tip ve ötekileştirici insan anlayışının insan dışı öğelerden arındırılamayacağını, Cary Wolfe'un yukarıda bahsettiğimiz ifadesindeki gibi insanın ancak ötekini de içine alacak şekilde insan dışı öğelerle birlikte dünyayı meydana getirebileceğini ve bu öğeler tarafından biçimlendiğini görmek istemez.

Dolayısıyla insan-dışı, öznenin atmaya çalıştığı ama tam kurtulamadığı bir parçası, sınırlarının geçişkenliğini her daim hatırlatan bir uyarıcıdır aynı zamanda. İnsan-dışı, öznenin sınırlarını tehdit etmeye devam edecek, aynı zamanda özneyi kendine çekecek, varlığını sürekli hatırlatacaktır. Kristeva "abject"le olan bu ilişkimizi nefret ve çekim ilişkisiyle açıklar: "abject" hem iticidir hem de karşı koyamayacak derecede bizi kendine çeker (5). Dr. Frankenstein, yaratığın yapım sürecinde tam da bu duyguyu ifade eder: "karşı konamaz ve neredeyse delicesine bir itki devam etmeye zorluyordu beni; yalnızca bu tek hedef için bütün ruhumu ve duyumu yitirmiş gibiydim" (Shelley 71). Tüm sevdiklerini kaybetmesine rağmen, doktorun romanın sonunda yaratığın peşi sıra hırsının ve kininin kölesi olarak sonu olmayan bir kovalamacaya girmesi de belki bu nefret-çekim ilişkisiyle açıklanabilir.

"Abject", bizi yaratık dolayımıyla aslında Victor Frankenstein'ın insanlık anlayışının sınırlarını, bu sınıra dâhil olan ve olmayanları sorgulamaya iterken, Mary Shelley'nin roman boyunca, John Milton'ın *Kayıp Cennet (Paradise Lost*

1667) ve Samuel Taylor Coleridge'ın *Yaşlı Gemici (The Rime of the Ancient Mariner* 1798) adlı şiirlerine yaptığı göndermeler de bu temayı pekiştirir. Romantik dönemin muhayyilesinde önemli bir yer tutan epik şiir, *Kayıp Cennet*'te İncil'de geçen Âdem'le Havva ve şeytanın hikâyesi ele alınır. Bu şiiri okuyan yaratık da kendini yaratıcısı tarafından kovulan, onun tarafından reddedilen kişi olarak şeytan figürüyle eş değer bulur. Mary Shelley, Romantik şiirin en bilinen balladlarından olan Samuel Taylor Coleridge'ın *Yaşlı Gemici* adlı şiirine yaptığı göndermelerde de Yaratıcı Tanrı-Baba tarafından kaderine terk edilen yaşlı gemici izleğini buluruz. Bu şiirde yaşlı gemicinin durduk yere bir albatros kuşunu öldürmesi ve ardından gelen "yaşamda ölüm" cezasını çekmesinin hikâyesidir. Ne zaman ki yaşlı gemici daha önce tiksindiği, çirkin bulduğu denizin altındaki yaratıkları yaşadığı zorlu deneyimlerden sonra güzel bulmayı öğrenir ve onları kutsayabilirse o zaman suçsuz albatrosu öldürmenin ağırlığından kurtulur ve günahının kefaretini öder. Yaşlı gemicinin aksine, Dr. Frankenstein yaratığını sevmeyi, "güzel bulmayı" öğrenememiştir; yaratık, Milton'ın şiirindeki gibi cennetten sürgün edilen, toplumdan dışlanan bir "atık," Coleridge'ın şiirindeki gibi denizin dibindeki "iğrenç" canlılar gibi kalmıştır. Dolayısıyla, Frankenstein da insan-dışı öğeleri benimseyemediği için dönüşememiştir.

Yaratığın şimdiye kadar sunduğu açılımlar bizi hümanizme ve posthümanizme dair iki uca taşır. Bir yandan yaratık, insan-dışıdır, atıktır, iğrençtir ve Avrupalı olmayandır. Kısacası, evrensellikle ve aynılıkla özdeşleştirilen Aydınlanma felsefesinin ve insanmerkezci hümanizmin dışladığı ötekidir. Diğer yandan, posthümanist açıdan ele aldığımızda insanı yeniden kavramsallaştırmamıza, daha kapsamlı ve çoğulcu bir yaşam anlayışı geliştirmemize ve hümanizmi yeniden ele almamıza olanak sağlayabilecek bir kapı aralar. Öyleyse, romanın kırılma noktası diyebileceğimiz Dr. Frankenstein'ın yaratığıyla yüzleşme ve onun hikâyesini dinlemek zorunda kaldığı ana geri dönelim ve bu aralanan kapıdan insanın kendi belirlediği sınırları aşıp ötekine adım atma konusunda etik bir yaklaşım benimseyebilir miyiz inceleyelim.

Frankenstein'ın kendi ağzından anlattığı hikâyesi oldukça dokunaklı ve inandırıcıdır. Öyle ki, Frankenstein Kaptan Walton'u sonradan bu inandırıcılığa kapılmaması gerektiği konusunda uyaracaktır. Peki, yaratık tüm inandırıcılığına, duygu ve düşüncelerindeki "insancıllığa" rağmen neden Frankenstein onu insan olarak kabul etmemiştir? Yaratık bir eşe sahip olduktan sonra Frankenstein'ın "insanlık" alanını terk edeceğini söylediği halde neden onu anlamak için bir adım atmamıştır? Onun yerine, Frankenstein kendince etik bir seçim yaparak, insanı merkeze alan ve onu çıkış noktası kabul eden hümanist anlayışına sonuna kadar sahip çıkmayı tercih etmiştir.

İnsanın ötekine alan açarak kendi insanlık tanımını da genişletme şansı elde edebileceği fırsatını tepen Frankenstein, ironik bir biçimde tüm insanlık ve gelecek nesillerin iyiliği için ötekinin yok olması, ona benzeme ihtimali olan bir eş, yani başka insan-dışı varlıkların olasılığını da reddeder. Yaptığı bu seçimle, totaliter bir bütünde, farklılığın ve çirkinliğin yer almadığı, kendinin uzantısı gibi tahayyül ettiği gelecek nesilleri koruyabileceğini sanır. Bütün bir gelecek nesle karşı sorumluluk duyarken, kendi yarattığı öteki ile ilişkisinde sorumluluğunu düşünmez; yalnızca saf, temiz, homojen bir insan neslinin, evrensel insan anlayışının devamı için sorumluluklarını yerine getirdiğini düşünür.

Doğal düzende insana öncelik veren, yalnızca insana değil, Batılı anlamda insanın merkez olduğu ve dünyayı kontrol edebildiğini iddia eden bu yaklaşım, posthümanist eleştirinin en çok hedef aldığı, yapıbozuma uğratmak istediği yaklaşımdır. Frankenstein, bu kilit noktada, yarattığın var oluşuyla kendisinin de var olabileceğini, onun haklarını korudukça kendi yaşam hakkını elinde tutabileceğini anlamaz. Braidotti'nin yönelttiği hümanizm anlayışını olumlarcasına, "aynı" olmayanları dışlayarak ve önceden tahayyül edilmiş bir toplumda "tanınabilirliğin – Aynılığın – sistematikleşmiş standardın" (26) devamını sağlar; bu standarda göre insanı ve insanlığın sınırını düzenler.

Öyleyse, Dr. Frankenstein nezdinde tarif ettiğimiz insanmerkezci hümanizm anlayışını aşmamız insan tanımının sınırını genişletmekle mümkün olabilir mi? Ira Livingstone ve Judith Halberstam, çağımızda insanı bütüncül bir şekilde ele almanın mümkün olmadığını, insanı ve insan-olmayanla birlikte farklılıklarıyla ele almak gerektiğini savunurlar: "insan sonrası, insanın sona erdiği anlamına gelmez; insanın evrimini ya da dejenerasyonunu da temsil etmez. Aksine, farklılığın ve kimliğin yeniden düzenlenmesine ortak olur" (10). Bu öneriyi, sınırlarımızı aşıp ötekiyle iletişime geçmenin etik boyutlarını ele almış olan Fransız düşünür Emmanuel Levinas'ın kişinin ötekini kontrol etmeden, hâkimiyet altına almadan ona yaşam alanı tanıma, insanın kendi yaşam hakkını gözetirken ötekinin haklarına alan açmayı öngören etik anlayışı destekler. Levinas'ın 1960'larda ve 70'lerde çeşitli eserlerinde sıklıkla dile getirdiği bireyin kendini karşısındakine bilgi olarak yansıtmasına dayalı değil, karşıdakinin farklılığını gözeten etik anlayışı insanmerkezci anlayışı aşmamız için bize düşünsel imkânlar sağlar. Bu düşünceler farklılığın ve öznenin yeniden inşasında nasıl bir etik duruş sergileyebileceğimiz konusunda da yol göstericidir.

Levinas da posthümanist kuramcıların altını çizdiği gibi insanın dünyayı ve başkalarını anlama ve konumlandırmada kendini referans noktası almadığı ve kendi yansıması olarak görmediği noktada başkasına, ya da insan-dışına alan açabileceğini savunur. Ona göre öznenin nesneyi içselleştirdiği ve benimsediği her ilişki ötekinin yok olmasına sebep olur. Çünkü "bilgi yoluyla ister istemez nesne özne tarafından zapt edilir ve ikilik ortaya çıkar" (Levinas, *Time* 41).

Dolayısıyla, Levinas'ın kişiler arası yaklaşımı, aynılığa indirgenme-yen, ötekinin farklılığının korunduğu ve tanındığı bir zeminde gerçekleşir. Böylece, öteki, özne tarafından içselleştirilip zapt edilmeyecek ve ancak bu etik sorumluluğa sahip olarak kişi dünya üzerindeki yerini ve kendini konumlandırabilecektir.

Levinas'ın öznenin gücünün ötesinde yabancı kalmaya mahkûm, bu yüzden daima öznenin kavrama girişiminden kaçacak olan "öteki," bizim tartışmamızdaki, evrensel olmayan, Avrupamerkezci hümanizmin dışladığı ve Aydınlanmacı insan-dışı özneye tekabül eder. Dr. Frankenstein'ın insan-dışını, aynılama, standartlaştırma ve insan tanımını bu yolla yeniden üretme girişimi nasıl başarısız olmuşsa, bu aynı zamanda insan-dışının daima yabancı ve insanın kavrama girişiminden uzak kalacağını da ima eder. Bu kulağa bir olumsuzluk olarak; öteki ile iletişim ve etkileşim mümkün değilmiş gibi gelse de çoğul, heterojen ve çeşitliliği koruyan bir toplum anlayışı bu yönerge gözetilerek oluşturulabilir.

Ayrıca, Levinas'a göre öteki ile etik düzlemde ilişki kurmanın yolu vardır ve bu da onun "yüz yüze" dediği kimsenin bünyesinde diğerini toplamadığı ve tahakküm altına almadığı etik ilişkiden geçer. Levinas'a göre, yüz yüze etkileşimde ötekinin yüzü açıklama ya da yanıt beklemeksizin bizde sonsuz sorumluluk hissi uyandırmalıdır. Yüz, "benim inisiyatifimden ve gücümden bağımsız olarak" aracı olmadan kendi kendini ifade eder (Levinas, *Totality* 51). Başka bir deyişle, öteki ile birebir yüzleşme olmasa dahi, onun varlığını bilmek, geçmişini ve geleceğini hayal edebilmek, ona karşı sorumluluk hissetmemiz için yeterlidir.

Yüz yüze ilişki, ötekinin başkalığını korur, fakat aynı zamanda farklılığa yaklaşma ve diğerini anlama konusunda önemli bir adım atar: "Bu ilişkide, kendi ve diğeri bir bütünlük oluşturmaz, ya da Ben, diğerini kendiyle özdeşleştirmez. Yüz yüze'de, Ben, kendi bildik yörüngesinden çıkarak diğerine gider, böylece derinlikte –iletişimin, iyiliğin, Arzunun- yolunu çizer" (Levinas, *Totality* 39). Levinas'ın "Ben" dediği kendimiz, öteki ile iletişime geçmek için hareket ettiğinde, kendi bildik dünyasından çıkar ve kendi de bu süreç içinde değişime uğrar. Bu değişim, Latour'un bahsettiği insanı bir öz olarak değil de "dönüşümlerin" bir aradalığı içinde (137), iç içe geçmişliğin, bir ağlar bütününün parçası olarak düşünme önerisini akla getirir. Nasıl ki Latour'a göre insanmerkezci hümanizmin "normal," "evrensel" çatısı altında topladığı epistemolojik temellerin ötesine geçmenin yolu bu türden bir dönüşüm ağı içinde insanı hayal etmekten geçer, Frankenstein'ın yarattığı da insanı yeniden kavramsallaştırmamızı sağlayacak bir dönüşümü mümkün kılan insan-dışı öğelere örnek teşkil eder. İnsanın ve insan-dışı'nın sınırlarını alaşağı eder, insanmerkezci hümanizmin çıkmazlarını gösterir ve yaşam deneyimini diğer tüm canlılarla birlikte yeniden oluşturma ihtimali konusunda ilham vericidir. İnsanın merkez alınmadığı, insan sınırlarının ötesinde, heterojen, çeşitliliği koruyan, kendinden ötekine uzanan ve ötekine karşı sorumluluk duyduğumuz bir yaşam tahayyül etmek için, böylesi bir insan sonrası duyarlılıktan yola çıkabiliriz.

## Kaynakça

Ağın, Başak. *Posthümanizm: Kavram, Kuram, Bilim-Kurgu*. Siyasal Kitabevi, 2020.
Badmington, Neil. "Introduction: Approaching Posthumanism," *Posthumanism (Readers in Cultural Criticism)*. Macmillan, 2000.
Braidotti, Rosi. "İnsan Sonrası, Pek İnsanca: Bir Posthümanistin Anıları ve Emelleri." *Cogito*. no. 95-96, 2019, ss. 53-97.
---. *The Posthuman*. Polity Press, 2013.
Davies, Tony. *Humanism*. Routledge, 1997.
Ferrando, Francesca. "Posthumanism, Transhumanism, Antihumanism, Metahumanism, and New Materialisms: Differences and Relations." *Existenz*. vol. 8, no. 2, 2012, ss. 26-32.
Freud, Sigmund. "The 'Uncanny,'" *The Standard Edition of the Complete Psychological Works of Sigmund Freud, Volume XVII (1917-1919)*. Vintage Classics, 2001.
Halberstam, J and Ira Livingstone ed. "Introduction: Posthuman Bodies" *Posthuman Bodies*. Indiana University Press, 1995.
Horkheimer Max., Adorno W. Theodor. *Dialectic of Enlightenment: Phiolosophical Fragments*. ed. Gunzelin Schmid Noerr. Stanford University Press, 2002.
Jen-yi, Hsu. "Gothic Sublime, Negative Transcendence, and the Politics of "abject"ion: Woman Writer and Her Monster in *Frankenstein*." *Taiwan Journal of English Literature*, vol. 1, no. 1, 2003, ss. 1-16.
Latour, Bruno. *We Have Never Been Modern*. çev. Katherine Porter. Harvard University Press, 1993.
Levinas, Emmanuel. *Time and the Other and Additional Essays*. Duquesne UP, 1987.
---. *Totality and Infinity: An Essay on Exteriority*. Duquesne UP, 1969.
Krause, H. Edith. "Aspects of "abject"ion in Kafka's *The Metamorphosis*." *LIT: Literature, Interpretation, Theory*, vol. 30, no. 4, 2019, ss. 303-322.
Kristeva, Julia. *Powers of Horror: An Essay on "abject"ion*, Columbia University Press, 1982.
Nooteboom, Bart, *Beyond Humanism: The Flourishing of Life, Self and Other*. Palgrave, 2012.
Olivier, Bert. "Mary Shelley's *Frankenstein* and Ecological Responsibility." *JLS/TLW*, vol. 34, no. 4, 2018, ss. 1-25.
Ramsey, Kalea. "Literary Archetypes Between Universal Myth and Historical Moment: Shelley's Frankenstein." *2019 RAIS Conference Proceedings*. Princeton, 2019.
Shelley, Mary. *Frankenstein ya da Modern Prometheus*. çev. Orhan Yılmaz. İthaki Yayınları. 2002.
Wolfe, Cary. *What is Posthumanism?* University of Minnesota Press. 2010.

# BÖLÜM 9
# Biyogenetik Posthüman Bilimkurgu:
## Yarının Gen-Tasarımlı Çocukları ve Gen-Kapitalist Sınıfları

### Sümeyra Buran

> Sicim figürleri hikayeler gibidir;
> katılımcıların, hassas ve yaralı bir dünyada
> bir şekilde yaşamaları için kalıplar sunar ve hayata geçirir.
>
> Çoktürlü hikâye anlatımım,
> yaşam olarak ölümlerle, başlangıçlar olarak...sonlarla dolu
> karmaşık tarihlerde yeniden ayağa kalmak ile ilgilidir.
>
> – Donna Haraway
> *Sıkıntıyla Yaşamak: Yeryüzüleşme Çağında Soydaşlık Kurmak*
> (*Staying with the Trouble: Making Kin in the Chthulucene*)

### Giriş

Doğal doğum yöntemi son zamanlarda sezaryen ameliyatı ve uygulama sürecinde olan diğer yeni üreme olanakları ile aşılmıştır, bu nedenle yakın gelecekte insan üremesinin hızla değişeceği öngörülmektedir. İnsan gebeliğinin incelenmesi ve insan üremesini kontrol etme arzusu, üreme biyo-teknolojilerindeki birçok yeni gelişmenin ve transhümanizmin ana ekseninde yer almaktadır. Dünyanın ilk tüp bebeği olan Louise Joy Brown'un tüp bebek yöntemi (in vitro fertilizasyon, IVF) ile doğduğu 1978 yılından ve İnsan Genom Projesinin (Human Genome Project 1989-2003) tamamlanmasından bu yana genetik buluş yöntemleri; insanlarda suni tohumlama, yapay rahim, insan klonlama, sentetik organ üretimi, kök hücre teknolojileri ve gen tedavisi gibi yeni araştırmaların ortaya çıkmasına zemin hazırlamıştır.[1] 19. yüzyıldan

---

[1] 2001 yılında İleri Hücre Teknolojileri (Advanced Cell Technologies, ACT), 1996 yılında klonlanmış koyun Dolly'den sonra bir embriyoyu partenogenez yöntemi ile klonladığını duyurdu. 2003 yılında partenogenez yöntemi kullanarak ilk insan embriyosunu klonlamak için ilk lisans İngiliz İnsan Embriyo ve Döllenme Ajansı tarafından onaylandı. 2014 yılında dünyanın ilk biyomühendislik ürünü insan rahmi (uterus) "çoğunlukla alıcının sentetik bir iskelede veya biyolojik olarak türetilmiş bir iskelede büyüyen kendi kök hücrelerinden yaratıldı" (Brännström 375). 2017'de ilk yapay rahim, ameliyatla annelerinin rahminden çıkarılan ve dört hafta daha büyüyebilmeleri için "biobag" adı verilen dış amniyotik rahim içine yerleştirilen prematüre kuzu fetüsleri için oluşturuldu. Gelecekte erken doğan bebekler için aynı biyomedikal gebeliği umut eden Philadelphia'da bulunan Çocuk Hastanesi'ndeki (Partridge ve ark. 2017) bir araştırma ekibine göre, bu yapay rahim ile dünyaya gelen kuzu fetüslerinin daha iyi beyin performanslarına sahip olduklarını duyurdular. 2018'de Eindhoven Teknoloji Üniversitesi'ndeki (Hollanda) araştırmacılar, on yıl içinde sıvı dolu dev balonlarda prematüre bebekler yetiştirmek için ilk yüksek teknolojili yapay rahimleri geliştirmek adına Gelecek ve Gelişen Teknolojiler üzerinde çalışmaya başladılar. Y Kromozomunun yok olması

beri genetik ve biyobilim, özellikle genetiğin 1900 yılında Gregor Mendel tarafından genç bir bilim olarak yeniden keşfedilmesiyle, edebi kurgularda daha çok kullanılmaya başlamıştır. DNA dizileme, biyogenetik mühendislik, moleküler biyoloji gibi 20. yüzyıla damga vuran bu yeni bilimler, bilimin nasıl tasvir edildiğini işleyen birçok edebiyat, film, kültür, medya çalışmaları ve çeşitli disiplinlerde çağdaş bir çalışma alanı olmuştur. Dolayısıyla "21. yüzyılın başlamasıyla birlikte genetik, sadece BK'da[2] bir tema değil, edebi türün sınırlarını aşan ve kendisini ana akım kültürde belirginleştiren kültürel bir oluşum haline gel[miştir]" (Schmeink 9). Böylelikle 21. yüzyılın başından itibaren biyobilimsel gelişmelerin biyogenetik ile artan teması, bir kültür haline gelerek hayatın kültürel alanında, özellikle gelecek genetik teknolojilerini ütopik ya da distopik bir yaklaşımla konu edinen bilimkurgu edebiyatında sıklıkla görülmektedir. Bu makale, "21. yüzyılın ortalarında biyoteknolojinin insan-annelerinin yerini makine-annelerin aldığı bir posthüman dünyaya nasıl doğacağımız?" sorusu üzerine odaklanır.

Genetik bilimkurgu biyoteknolojileri, böyle bir gelecek dünyada yeni üreme teknolojilerinin hayatımızı nasıl değiştireceğine dair spekülatif kurgu üretir. Diğer bir deyişle, insan genom geleceğinin hızla değiştiğini gösteren genomik tıp, genomik bilimkurguda büyüleyici bir konu olmaya devam etmektedir. Biyobilimdeki yeni gelişmelerin ötesine geçen yapay üreme, suni tohumlama, klinik tabanlı yapay rahimler, genomu düzenlenmiş embriyolar, insan partenogenez yumurtlama[3], ektogenez[4], sentetik kromozomlar, reprogenetik[5], hayvan-makine-insan melez rahimler, makine üremesi, türler arası üreme ve insan üreme klonlaması gibi yeni üreme teknolojileri, genetik bilimkurgunun ana odak noktalarından biri haline gelmiştir. Everett Hamner'ın da savunduğu gibi genetiğin geleceği hakkında fikir yürüten genetik bilimkurgu, "genetik gerçekçilik" olarak görülür ve son bilimsel olanaklarla birlikte salt bir genetik fantezinin ötesine geçer (bölüm 3). Bu bölüm, bilimkurgunun kamuoyu tartışmasını ve bilimsel gelişmeler ve bunların cinsel bölünmenin artık mevcut olmadığı toplum üzerindeki sonuçları hakkında düşünmeyi şekillendiren biyogenom tıbbını nasıl devreye aldığını inceler. Charnock'un genetik gerçekçiliği bizi, birinin DNA'sının başka bir kişinin DNA'sıyla eşleşmesine gerek duymadan solo üremenin

---

tehdidi için ise, bilim insanları yapay kromozomlar inşa etmeye başladılar. Newcastle Upon Tyne Üniversitesi'ndeki mikrobiyologlar, kemik iliğinden yapay sperm hücrelerini (spermatogonial kök hücreleri) keşfederek bir adım öne çıkarlar, böylece kadınlar dişi sperm hücreleri üretebilir ve aynı cinsiyetten kadın çiftlerden, iki anneden bir kız çocuğu doğabilir. Son olarak, Çin'in Frankenstein'ı olarak bilinen He Jiankhui, ilk genetiği düzenlenmiş ikiz bebekler Lulu (露露) ve Nana (娜娜) 2018'de IVF teknikleriyle doğurarak ilk CRISPR neslini duyurmuş oldu (Musunuru 2019; Carey 2019; Baylis 2019).
[2] Metin içinde bilimkurgu yerine yer yer BK kısaltması kullanılmaktadır.
[3] Döllenmesiz üreme.
[4] Ana rahminin dışında gebelik.
[5] Üreme teknolojisi ve genetik yöntemlerin kombinasyonu olan reprogenetik, genetiğin üremede özellikle bir embriyonun özelliklerini seçmek veya genetik aktarımdan kaynaklı hastalık riskini en aza indirmek için kullanılmasıdır.

bilimsel olasılığına götürür.

Tüm bu biyogenetik teknolojilerindeki gelişmeler, 21. Yüzyılın birçok genetik mühendisliğinin yaratımı posthüman yüzlere tanıklık edeceğimizi şimdiden göstermektedir. İnsan biyolojisinden farklı ya da sınırlarının ötesindeki her tür yaşam biçimine işaret eden posthümanizm de biyogenetik bilimindeki gelişmelerden hareketle insan olmanın anlamını sorgular. Organik insan öznelliğinin sorgulanmasına zemin hazırlayan bu gelişmeler "biyomedikal ve biyoteknolojik atılımların ürünü olarak yeni bir öznellik anlayışına teşvik etmektedir. Bu yeni öznellik anlayışı ise insansonrası [posthüman] öznellik anlayışıdır" (Kümbet 292). İlk kez Ihab Hassan tarafından hümanist düşüncenin ürünü olarak insan merkeziyetinin sonu şeklinde tanımlanan posthümanizm (213), N. Katherine Hayles'in de ifade ettiği gibi "posthüman gerçekten insanlığın sonu anlamına gelmez. Bunun yerine, belirli bir insan anlayışının sona ermesine işaret eder, bu en iyi ihtimalle, bireysel eyleyicilik ve seçim yoluyla iradesini uygulayan özerk varlıklar olarak kendilerini kavramsallaştırmak için zenginliğe, güce ve boş zamana sahip olan o insanlık kesimine uygulanmış olabilecek bir anlayıştır" (286). Bilimkurgu edebiyatında posthüman olarak adlandırılan insan değişimine zemin olarak genetik bilim ve teknolojilerinin kullanılması, Lars Schmeink'in de kullandığı gibi bizlere yeni bir adlandırma olarak "biyogenetik posthüman bilimkurgu"yu (24) sunar. Cary Wolfe'un da iddia ettiği üzere "posthümanist olacaksa şayet düşüncenin doğası değişmelidir" (xvi) ve böylece eleştirel posthümanist düşüncede olduğu gibi çevremizdeki doğal ve yapay yaşam, insan, makine, hayvan, organizma yaşamı ile insan olmanın ne anlama geldiğinin sorgulandığı yeni bir düşünce duruşunu biyogenetik posthüman bilimkurgu eserlerinde görmekteyiz.

Helen Parker, biyolojik temaların 19. yüzyılın sonlarından beri H. G. Wells'in proto-bilimkurgusundan itibaren bulunabileceğini ve türün üç ayrı tematik biyoloji meselesini ördüğünü iddia eder: "üçü de neredeyse tanım gereği merkez bilimkurgu değişim ve adaptasyon kavramlarını içeri[yor]: evrim, genetik ve karşılaştırmalı veya eksobiyoloji [exobiology][6]" (11). Bu nedenle, Parker "genetik bilimkurguda" bilimin ele alınmasının iki temel odak üzerinde konumlandığını gözlemler:

Bir yaklaşım [...], türlerin kontrolsüz ve beklenmedik değişimi olan genetik kaza üzerine odaklanır. [...] Diğer temel yaklaşım, planlı genetik değişikliğin, yani insan veya uzaylı kuvvet tarafından kontrol edilen değişikliklerin uygulanabilirliğini ve istenebilirliğini tartışır. Özellikle çevre koşullara uyum sağlamanın önemine vurgu yaparak her iki tür genetik bilimkurgu türündeki görüşler nihayet evrimsel kurguyla çok yakından

---

[6] Güneş sistemleri içinde ve dışında kalan tüm gezegenlerde canlı yaşamını araştıran bir bilim dalı.

paralellik göstermektedir. (35)

Biyogenetik bilimdeki tüm bu gelişmelerin gölgesinde, Anne Charnock, *Doğum Öncesi Rüya* (*Dream Before the Start of Time* 2019) adlı biyogenetik posthüman bilimkurgu romanında, Parker'ın genetik bilimkurgu yaklaşımlarını takip eder ve planlı bir genetik teknoloji ile yarınların tasarımlı çocukları hakkında gelecek tasavvuru yapar. Donna Haraway'in çığır açan eseri "The Cyborg Manifesto" ("Siborg Manifesto" 1991) makalesinde, "sibernetik bir organizma, bir makine ve organizma melezi" (149) olarak tanımladığı siborg, Charnock'un romanında organik ve inorganik insan sınırını aşan posthüman olarak karşımıza çıkar. Çağdaş İngiliz bilimkurgu edebiyatının önde gelen yazarlarından biri olarak Charnock, yapay rahim üretim teknolojileri ile dünyaya gelen yarının gen-tasarımlı çocukları ile insan olmanın ne demek olduğunu sorgular. Elena Gomel'in de ifade ettiği gibi romanda bahsi geçen bu genetik değişime maruz kalan organik-inorganik sınırı aşan siborglar "posthüman özneyi, organik ve inorganik, insan ve hayvan, erkek ve dişi ikiliklerini aşan, çok biçimli, parçalanmış, çoklu olarak temsil eden sosyal bir metafordur" (341). Rosi Braidotti'nin de vurgu yaptığı üzere, "çağdaş bilim ve biyoteknolojiler, canlıların lifini ve yapısını etkiler ve bugün insan için temel referans çerçevesi olarak neyin önemli olduğuna dair anlayışımızı dramatik bir şekilde değiştirmektedir" (40) ve tüm bu gelişmeler "tamamen insan olmadığımızı" sorgulayarak "postmodern, post-kolonyal, post-endüstriyel, post-komünist ve hatta en çok tartışılan post-feminist koşullardan sonra, "post-human çıkmaza girmiş gibi görünüyoruz" (1). Dolayısıyla bu biyogenetik teknolojilerin insanlara uğrama veya uygulanma potansiyeli, romanda da işaret edildiği üzere bizlere Francis Fukuyama'nın tedirginliğini yansıtır: "sonunda, biyoteknoloji bize bir şekilde insanlığımızı kaybetmemize neden olacak" (101).

Darko Suvin'in bilimkurguyu "bilişsel mantıkla doğrulanmış kurgusal bir 'novum' (yenilik, inovasyon)" olarak (65) ve "mantıksal olarak gerekli olan ve novumun anlatı çekirdeğinden ilerleyen alternatif bir gerçeklik" üretmesi olarak tanımlaması (Suvin 75), posthümanizmin bilimsel veya teknolojik gelişmeleri birer bilişsel yenilik olarak yorumlamasına karşılık gelir. Gelecek yeni üreme teknolojilerini yapay rahim makine-anne olarak tasavvur eden bu romanın incelemesinde yapay gerçeklik, klonlama, genetik mühendisliği, gen-sınıfları, vb. posthüman novumlara odaklanılır. Sheryl Vint'in öne sürdüğü gibi bilimkurgu, "posthüman sorununu keşfetmeye özellikle uygundur çünkü bedenleri ve kendimizi somut olarak başka türlü hayal etmemize izin veren ve olağan gerçeklik algılarımızdan uzaklaşma kabiliyetiyle tanımlanan bir söylemdir" (19).

Charnock'un *Doğum Öncesi Rüya* adlı romanı; çocuklarının, torunlarının ve onların çocuklarının seçtikleri yeni üreme teknolojisi yöntemlerine tanık olan Milli Dack ve Toni Munroe adlı iki ailenin beş neslini anlatır. Yani roman, her kuşakta üretim teknolojilerinin ne kadar "doğal" değiştiğini gösterir. Bu nedenle roman, teknolojik arabuluculuğun ebeveyn-çocuk ilişkisini değiştirip değiştirmediğini ve SoloGen, DualGen, ÇokGen gibi yeni sınırlayıcı problemler yarattığını ve her neslin üreme seçimi ve bunun yaşamlarındaki sonuçları hakkındaki psikolojik dönüşümlerini göstermektedir. Charnock, aile kavramlarını çeşitlendirerek geleneksel nükleer aile formunu yapısöküme uğratır (deconstruct) ve yeniden yapılandırır (reconstruct). Bu nedenle bu roman, yeniden yapılandırılmış aile biçimleri ve ektogenez ve partenogenez gebelik yöntemleri aracılığıyla homo/hetero ebeveynler için yapay rahim teknolojisinin (artificial womb technology) olası yansımaları ile ilgili bir dizi konuyu işlemektedir. Kitabın bu bölümünde çocuk doğurma ve çocuk yetiştirmede cinsiyet rollerinin neler olacağını, aile kavramının nasıl dönüşeceğini, tek cinsiyetli veya tek başına solo ebeveynliğin aile bağları için ne anlama geldiğini ve yeni üreme teknoloji seçiminin gelecek posthüman nesillerle ilişkileri nasıl etkileyeceğini tartışılır. Yapay rahim makineden üreme ile çok yakın bir gelecekte insan olmanın ne demek olduğunu sorgulayan posthüman nesillerin bir önceki nesillerle veya organik insanlar ile uyum/uyumsuzlukları yansıtılmaktadır. Dolayısıyla bu çalışmanın amacı, Charnock'un *Doğum Öncesi Rüya* adlı romanında kadınların artık doğurmadığı yapay posthüman rahim üretimli genetik-tasarımlı nesil açısından yeni teknolojiler aracılığı ile nasıl bir biyogenetik posthüman gelecek tasavvur edildiğini incelemektir.

## Feminist Bilimkurguda Üreme Teknolojileri

Brian Attebery'nin de ifade ettiği üzere feminist ütopik bilimkurguda çoğunlukla "cinsiyete göre ayrılık, büyüleyici bir dizi düşünce deneyinin temeli olmuştur" (107). Sourbout, "üremenin kültürel olarak inşa edilmiş bir faaliyet olduğunu, ancak yapının bu kısmının onu doğal bir süreç olarak görmek olduğunu" iddia eder (142). Doğurganlık, sınırlı üreme kısıtlamalarından dolayı kültürel eksende kadın bedenleriyle ilişkilendirilir ve kadınlar geleneksel olarak doğal ve normal gibi çeşitli nedenlerle vajinal doğum yapmanın normlaştığı bir tercihe yönlendirilirler; böylelikle feminist bilimkurgu, kadınlara beden kısıtlamalarından kurtulmaları için alternatif üreme yolları sunarak bu kavram zincirini kırar. Feminist spekülatif yazarlar, "kadınların yaşamları üzerindeki ataerkil yeniden üretim düzenlemelerinin bütünleşmesini yapısöküme uğratmak ya da en azından azletmek için" yeniden üretimi eserlerinde işlerler (Damarin 59). Ütopik feminist bilimkurgu, kadınların üreme teknolojileriyle beden sınırlarını aşma umutlarını yansıtır ve feminist teknoloji analizi ile olumlu senaryolar sunar. Başka bir deyişle, "feminist bilimkurgu yazarları daha umutlu— politik düzenlemelerin [...] ve üreme biyolojisinin gelişmiş kontrolünün kadınların özgürlüğünü ve yeteneklerini artırdığı toplumları hayal ederek" (Westfahl 72) kurgularını şekillendirirler. Üreme teknolojilerini işleyen çoğu feminist bilimkurgu yazarları, tek cinsiyetli dünyaları, özellikle de kadın-lezbiyen ütopyalarını ve ektogenez üreme teknolojileriyle kadın partenogenez üremesini tasavvur etmiştir; Örneğin Mary E. Bradley Lane'in *Mizora* (1890), Charlotte Perkins Gilman'ın *Kadınvatan* (*Herland* 1915), Suzy McKee Charnas'ta *Anahatlar* (*Motherlines* 1978), Shelley Singer'in Demeter Çiçeği (*The Demeter Flower* 1980), Sally Miller Gearhart'ın *Su zemini* (*The Waterground* 1979) ve Nicole Griffith'in Ammonit (*Ammonite* 1992) adlı eserlerinde kurgulandığı gibi. Marge Piercy's *Zamanın Kıyısındaki Kadın* (*Woman on the Edge of Time* 1976) ve Joanna Russ'ın *Kadın Adam* (*The Female Man* 1975) eserleri ise erkekleri ortadan kaldırmak yerine, her iki cinsiyet için de alternatif üreme yöntemleri sunar. Ursula Le Guin'in *Karanlığın Sol Eli* (*The Left Hand of Darkness* 1969) adlı eserinde ise sabit cinsiyete sahip olmayan ambiseksüel (her-iki-cilsel) bireylerin üreme yeteneklerine sahip olduğu alternatif bir hermafrodit dünyası (cinsiyetsiz toplum) yaratılır. Feminist bilimkurgu yazarları bazen Octavia Butler'ın *Kan Çocuk* (*Blood Child* 1984) isimli eserinde görüldüğü gibi erkek hamileliğini ve türünden farklı doğma anlamına gelen Ksenogenez Üçlemesi (Xenogenesis trilogy 1987–89) eserlerinde üç cinsiyetli Oankali ırkı gibi genetik tasarlama ile farklı posthüman yaşam formlarını veya Lois McMaster Bujold'un *Athos'lu Ethan* (*Ethan of Athos* 1986)' unda somutlandığı üzere erkek partenogenez kullanan homoseksüel dünyalarda erkeklerin sadece erkek bebekleri dünyaya getirdiği veya partnerlerinin rahim çoğaltıcı makine kullanarak sahip oldukları oğullarına ortak-ebeveynlik yaptıkları tek cinsiyetli erkek nüfuslu üreme toplumunu tasavvur eder. Çağdaş feminist bilimkurgu yazarı Helen Sedgwick, *Üreme Mevsimi* (*The Growing Season* 2017) romanında bedenlerinde harici yapay rahim taşıma ektogeneziyle erkeklerin ve kadınların hamileliklerini kurgular.

Yeni üreme teknolojileri, kadınların hamileliğini gerektirmeden gelecek posthüman dünyayı nasıl değiştirecek? Anne Charnock, *Doğum Öncesi Rüya* romanında kadınları veya erkekleri üremekten meneden "tek cinsiyetli ütopya" (Anderson 86) yaratmaz. Bununla birlikte romanda, yapay rahim makinesi ile gebelik teknolojisinin yalnızca "kadınların üreme özgürlüğü" için değil (Petchesky 1984) aynı zamanda erkeklerin üreme umudu için de bir gelecek biyoteknolojileri dünyasını tasvir eden fütürist bir partenogenetik mekanik üreme teknolojisi tasavvur eder. Romanda sadece kadınların sperme değil erkeklerin de yumurtaya ihtiyaç duymadan SoloGenleriyle bebek sahibi olmasının izleği işlenir, böylece bebeği taşıyan insan önemini yitirir. Bu da bize insanmerkezli hümanist düşünceye karşı alternatif organizmalar ile dolanıklaşan posthüman bir dünyayı yansıtır. Metin, gebeliğin sınırlarını ve kadınların bedenlerinin ve üreme kapasitelerinin biyoteknoloji tarafından değiştirildiği alternatif üreme biçimlerini sunar. Yani Charnock, yapay rahim makine-insanın biyolojik babası olmadan biyolojik tek, iki veya çok anneye sahip olabileceği gibi biyolojik bir annesi olmadan da biyolojik tek, iki veya çok babaya veya çok sayıda cinsiyetin bir araya gelmesiyle ortak biyolojik ebeveynlere sahip olabileceğini gösterir. Charnock bu romanı ile feminist bir ütopik fütürist annelik anlayışından öteye geçerek, partenogenez ve gen düzenleme/tasarım teknolojilerinin hem erkekleri hem de kadınları eşeysiz üreme yoluyla cinsiyet sınırından ve geleneksel aile yapısından nasıl kurtardığını sergiler.

Bu romanda üreme, gebelik kliniğinde seri üretime yönelik bir makine teknolojisidir. Charnock, partenogenez olasılığını yapay rahim makine teknolojisi aracılığıyla nihai bir cinsiyet eşitleyici olarak örerek hamilelik ve doğum risklerini azaltır, kadının vücudunu biyolojik üreme kısıtlamalarından kurtarır, aynı zamanda bekâr erkek ve kadınlara tek ebeveyn olmayı olasılığını ve trans ve kuir bireylere taşıyıcı annelik kullanmak yerine posthüman bebek sahibi olma imkânı sunar.

## Nükleer Aile Yapısının Yıkımı ve Alternatif Katalog Aile Türleri

Aynı aile grubundaki birden fazla nesil boyunca üreme seçimlerinin 2034'te teknolojiyle nasıl belirgin bir şekilde değiştiğini anlatan Charnock, üreme teknolojilerinin geleceğini ve bunun sayısız sonuçlarını tasvir ederek insan üremesinde annesiz-insansız doğumları yaklaşan 2080 ve 2120 dönemlerinde posthüman dünyada kurgular. Schulamith Firestone'un öne sürdüğü gibi, "türlerin her ikisinin de yararı için bir cinsiyete göre yeniden üretilmesi, (en azından tercihen) yapay yeniden üreme ile değiştirilebilecektir: çocuklar her iki cinsiyete de eşit olarak doğacaktır," böylece romanda da kurgulandığı gibi "biyolojik ailenin tahakkümünden" kurtarılmış olacaklardır (11). Charnock'un alternatif üreme biçimleri; donör tohumlama ailesi (baba veya anne ile genetik bağın olmaması), vaftiz ebeveynliği (gönüllü anlaşma ile), ortak ebeveyn aileden (görevleri paylaşmak için imzalı bir anlaşma ile) çoklu ebeveynli aile, SoloGen ebeveyn ailesi (DualGen ebeveyn bağlantısının olmaması), aynı cinsiyetten ebeveynlik, yapay zekâ makine-üretimli posthüman bebek yetimleri evlat edinen aile veya koruyucu aile gibi çeşitli alternatif çoklu aile formlarını ortaya koyar. Charnock, geleneksel heteroseksüel nükleer aile biçimlerine meydan okumakla kalmaz, aynı zamanda yapay rahim teknolojisi ile posthüman makine-doğumlu bebeklerin yapay rahim Makine-Anne tarafından doğduğu yeni posthüman aile biçimlerini de tasavvur eder. Roman, aile biçimleri ve biyolojik üreme arasındaki ilişkiye dikkat çeker. Bununla birlikte romanda yapay rahim makine biyogenetik teknolojisinin hem ailenin organik doğasını ve ebeveynlik fikirlerimizi hem de organik insan doğasını geri döndürülemez bir şekilde değiştireceği açımlanır.

Charnock, üreme biyoteknoloji seçimlerinin ebeveyn-çocuk bağını ve ilişkisini nasıl etkilediğini, yeni aile biçimleri ve ebeveynliğin sosyal statüsünü 2034, 2080 ve 2120 yıllarında ebeveyn, çocuk ve aile yapısının nasıl yeniden yapılandırıldığını ve değiştirdiğini gösterir. Charnock, aşağıda romandan örneklerle tartışacağım farklı aile ve ebeveynlik biçimleri yaratan biyogenetik gelişmeler sayesinde genetik olarak annesiz ya da babasız çocukların ortaya çıktığı veya artan anne ve babaların çokluğu ile alternatif bir posthüman geleceği tasavvur eder. Dolayısıyla, Charnock, yeni aile formlarını "Doğumdan Önce" yeni nesil yapay rahim makine-tasarımlı-insan hayalini romanın isim içerik uyumu eşliğinde kurgu düzeyine taşır.

2034 yılından eski nükleer gelenek neslinden Betty, müstakbel gelini Millie'nin oğlundan değil de bir sperm donöründen hamile olduğunu ve "bebeğin bir yabancıdan" olduğunu duyunca çok hayal kırıklığına uğrar (Charnock, 5). Betty, oğlu Aiden'in henüz genetik babalığa hazır olmadığını ve yurt dışında seyahat planlarını erteleyemeyeceğini bu yüzden Milli'nin kuir kız kardeşinin ebeveynlik fikrini kabul ettiğini gerekçe göstermesine anlam veremez. Üstelik oğlunun kendi genetiğinden olmasa da bu bebeğe ortak ebeveynlik anlaşması ile vaftiz/manevi babalık edeceğini ancak aynı çatı altında romantik bir ilişki yaşamayacaklarını öğrendiğinde bu alternatif aile formunu zihninde konumlandırmakta güçlük çeker. Dolayısıyla Charnock bize bu sperm donör bebek ile genetik babası belli olmayan bir donör babası, aynı çatı altında yaşamayan bir anlaşmalı vaftiz/manevi babası ve vaftiz/manevi annesi (Milli'nin en yakın arkadaşı Toni) ve aynı çatı altında yaşayan iki annesi (biri genetik annesi Milli ve kuir teyze/amcası) olan bir alternatif aile yapısı sunar. Millie, oğlunu biyolojik babasının kim olduğu bilinmeyen aynı cinsiyetli bir ailede büyütmeyi seçerken, yeni tanıştığı erkek arkadaşından hamile kalan Toni ise bu istenmeyen hamileliğini sonlandırarak genetik katalogdan seçeceği ayarlanmış bir baba ile platonik ortak-ebeveynlik acentesine başvurmayı düşünür. Bu acentenin reklam sloganı da nükleer aile kurumunu yapısöküme uğratan bir slogana sahiptir:

> Evet, romantik ilişki olmadan da çocuk sahibi olabilirsiniz. Eğer bekârsanız, eşcinselseniz, akışkan bir cinsel eğiliminiz (gender fluid) varsa ortak-ebeveynlik tanıtım hizmetimiz için kaydolun! Ortak-ebeveyn veri tabanımızdan seçin— sevgi dolu bir ebeveyn olmaya eşit derecede hevesli özel ilelebet bir arkadaş! Binlerce mutlu çocuk artık aynı çatı altında yaşamayan ebeveynler tarafından büyütülüyor! sevinci paylaş, işi paylaş (Charnock 22-23).

Bu sahne, bir sözleşme anlaşması kapsamında ortak ebeveynlik ve çocuk yetiştirmeye dayanan bir tekno-ekonomik pazarı tasvir ediyor. Bu nedenle Toni, "eğitim, hobiler, kültürel ilgi alanları, göz rengi, saç rengi, fizik, din, siyaset" kutularını işaretleyerek katalogdan ideal ortak ebeveynlik özelliklerini seçebilmenin daha garantili bir yol olacağını düşünür (Charnock 23). Böylelikle klinikte tüp bebek yardımı ile "Bay Doğru'nun temizlenmiş spermi" (Charnock 25) ile aynı çatı altında bir eş ile yaşamanın sınırlarından kurtulmuş olacaktır ve "yeni biriyle birlikte ebeveynlik yapmanın tam bir felaket olabileceğini" düşünerek yeni tanıştığı ve hamile kaldığı bu erkek arkadaşı Atticus'u bebeği aldırmak konusunda ikna etmeye çalışır. Başaramayınca da bu kez aynı çatı altında yaşamamak için Atticus'a kendi biyolojik oğluna ortak ebeveynlik anlaşması imzalama teklifinde bulunur. Atticus biyolojik oğluna "Hiçbir zaman yarı zamanlı baba olacağımı düşünmemiştim" iddiasıyla onun isteğine tepki gösterse de (Charnock 39), ayrılma durumlarında aktif olacak bir ortak-ebeveynlik sözleşme anlaşması imzalamayı kabul eder. Bu sahneye göre Charnock, ikinci nesil için heteronormativitenin sınırlayıcı olduğunu ve bir sonraki yeni nesil için de yapay rahim makine teknolojisinin kapıda olduğunu göstermektedir. Bu nedenle roman, biyolojik üremenin (genlerin) sosyal yeniden üretimden (aileden) ayrıldığını tasvir eder.

### Ektogenez ve Beden Sınırının Aşımı

İnsan bedeni dışında üreme anlamına gelen ektogenez terimi, 1924 yılında genetikçi J. B. S. Haldane tarafından çocukların yüzde 70'inden fazlasının 2074 yılına kadar ektogenez kliniklerinde doğacağını öngörmesi ile ortaya çıkmıştır.[7] Yine bu rahim dışı gebelik fikri, Aldous Huxley'in *Cesur Yeni Dünya* (*Brave New World* 1932) romanıyla oldukça merak uyandırmayı başarmıştır. Liberal bir feminist olarak *Cinsiyetin Diyalektiği* (*The Dialectic of Sex* 1970) adlı eserinde Schulamith Firestone, yapay rahim teknolojisini özgürlük, eşitlik ve biyolojik sınır ve de annelikten bir kaçış olarak görerek ektogenezin "kadınları cinsel üreme rollerinin zorbalığından kurtar[acağını]" tahayyül eder (31). Benzer şekilde Tuija Takala da "ektogenez eğer güvenli bir seçenek haline gelirse, sonunda insanlar arasındaki gerçek eşitliği mümkün kılaca[ğı]" (11) noktasına odaklanır.

Charnock'un romandaki 2080 yılı bize iki kadından iki yumurta ile ektogenetik bebekler yaratabilen kadınlara maksimum üreme özgürlüğü için feminist bir ideal sunar: "iki yumurta kullanarak; biri diğerinden daha az olgun, sözde sperm gibi davranır" (Charnock 84). Böylece okuyucuyu biyolojik babası olmayan ve iki biyolojik anneli bir bebek sahibi olmalarını sağlayan jinojenez yöntemini yapay rahim makine biyoteknolojileri ile tanıştırır. Üreme özgürlüğü, kadınlara "cinsellikleri ve doğurganlıkları hakkında kararlar alma" olanağı verir (Eriksson 6). Roman, kadınların üreme özgürlüğünün gelecekte biyogenetik teknolojilerin geliştirilmesi yoluyla sağlanabileceğini düşündürtür. Bu da bizi Donna Haraway'ın da ileri sürdüğü gibi toplumsal cinsiyetin "cinsel farklılığın doğallaştırılmasına itiraz etmek için geliştirilmiş bir kavram" ("Cyborg Manifesto" 131) olarak tanımlanmasından dolayı cinsel farklılıkların posthümanist gelecekte ortadan kalkması fikrine yöneltir. Dolayısı ile *Doğum Öncesi Rüya* yeni çoklu engelleri ortaya çıkararak toplumsal cinsiyet ve bilimin geleceğini şekillendirecek biyobilimde yeni bir

---

[7] Ayrıca Haldane "Gelecek On Bin yolda İnsan Türleri için Biyolojik Olasılıklar" ("Biological Possibilities fort he Human Species in the Next Ten Thousand Years" 1963) adlı makalesinde de "klon" terimini kazandırmıştır.

yol açar.

Daha geniş bir terim olarak partenogenez, yapay rahim teknolojisi ile birlikte, "kendi üremelerinin kontrolünü ele geçirmede biyolojik tözcülüğün ötesine geçen" kadınlar için (Sourbut 158) kadın rahmi ve taşıyıcı anneliğin gebeliğine mecburiyetin ötesinde erkekler için de alternatif üreme hakları özgürlüğü getirir. Ektogenez, tüm cinsiyetler için "sentetik Y kromozomu" ve sentetik yumurta gametleri ile yeni üreme seçeneklerini artırır (Charnock 84). Yani Charnock, lezbiyenlerin, geylerin veya transseksüellerin bebeklerini solo ebeveynler olarak almalarını sağlayan bir posthüman tekno-gelecek öngörür. Roman, yeni posthüman bireyler yaratarak yeni yaşam biçimleri sunan kuirtopik (queertopia) üreme teknolojisini tasavvur eder. Roman Simone de Beauvoir'ın "kişi bir kadın olarak doğmaz" (267) söylemine referans vererek cinsiyetin tersine, toplumsal cinsiyetin yeniden tanımlandığı, yeniden oluşturulduğu ve geleneksel kadın ve erkek ikili kategorisinin ötesinde posthümanist düşünce ekseninde çeşitli ve çoğul olarak yeniden üretildiğine işaret eder. Böylece *Doğum Öncesi Rüya*, bu değişkenleri ve çok sayıda olası üreme cinsiyet kategorisini tasvir etmenin ideal örneği teşkil eden bir konuma yükselir. Yapay rahim makine-insan üreme teknolojisi sayesinde, erkek-kadın ikili karşıtlığı yerine birçok cinsiyet için solo veya çoğul partnerli doğurma/üretme olasılığı ortaya çıkar.

Ektogenez yöntemi ile yapay rahim makine-üretimini tahayyül eden Charnock, "rüya laboratuvarı" (Hilary Rose'un terimiyle 228), yarının her cinsiyet için eşit olasılık yaratan bir üreme rüya laboratuvarını tasvir eder. Roman, genetik mutasyonların evrim olarak muğlak doğasına odaklanır ve cinsiyet kromozomlarının evrimsel hikâyesini ortaya çıkarır. Böylelikle cinsiyet, artık insanmerkezli düşünce anlayışındaki gibi kadın-erkek ikili karşıtlığında değerlendirebileceğimiz toplumsal algıdan farklı olarak farklı cinsiyetlerle yeni alternatif üreme yöntemleri sunarak yeni insan türlerin doğabileceğini göstermektedir. Nihayetinde bu yeni türlerin de romanda, DNA düzeyindeki ikili karşıtlıkların ortadan kalkmasını sağlayacağı varsayılmaktadır.

### Posthüman Yapay Rahim Makine-Anne Bedeni

Charnock, *Doğumdan Önceki Rüya* romanında bir makine-anne şeklinde imgelediğimiz posthüman organizmayı, 2080 yıllarında icat edilen yapay bir kuluçka makinesini uzaktan kumandalı gebelik sırasında ebeveyn ses kayıtlarının dinletildiği, sentetik amniyotik sıvıyla dolu sentetik plasentanın bağlı olduğu organik anne rahminin bir kopyası biçiminde tasvir eder. Bu yüzden roman, yapay rahmin bebeğin bedeninin bir siborg çocuk haline geldiği bir siborg beden olduğunu imler, yani "siborg-anne ve siborg çocuk üreten makinenin 'teknolojik' bedeni anne ve çocuğun 'doğal' bedeni arasındaki karşılaşma" olduğunu gösterir (Aristarkhova 56). Diğer bir ifadeyle "[p]osthümanizm yerine 'siborg' sözcüğünü tercih eden ve sözcüğü bir metafor olarak kullanan Haraway, insanın tek tip, ikili ayrımlara dayanan bir varlık olamayacağını belirtmektedir" (Yeşilyurt 16). Charnock, anneyi teknolojik olarak yeniden yapılandırır ve yalnızca nefes almayı, ebeveyn seslerini, çevre sesleri ve simbiyozu gerçek ve doğal gibi taklit eden akıllı bir makineye atfedilen yeni posthüman/siborg-anne uygulamaları sunar.

Charnock'un yapay rahim gebelik kliniğinin koridor zeminleri boyunca kırmızı ışıklar vardır, ancak bebek rahimleri "izleme galerisi" tıpkı "anne karnında karanlık gibi" burada da loş bir şekilde aydınlatılmıştır (Charnock 79), yani yapay makine, "sanki bir anne gibi hareket eder" (Aristarkhova 43). Yapay rahimler de organik rahim gibi fetüs için daha gürültülü olarak tasvir edilmiştir. Ebeveynlerin gerçek sesi ve kalp atışları, "gebelik boyunca fetüs şişelerine sesle beslemek" için kaydedilir (Charnock 80). Charnock'un yeni tip ebeveynleri/anneleri ellerini göbeklerine koymak yerine bu kez "avuçlarını rahim tanklarına dayarlar ve bebeğin hareket ettiğini görebilir ve hissedebilirler" (Charnock 83), böylece ebeveyn-çocuk bağı "teknoloji aracılığı ile sağlanır" ve sanal hale gelir; en nihayetinde annenin organik rahmi ve "[a]nne gereksiz hale gelir: teknoloji dış rahim olur" (Smith-Windsor 3). Roman, tekno-nesil ebeveyn-çocuk bağı ve ilişkisi için yeni bir tekno-bağı imler. Bu nedenle Charnock, yapay rahim teknolojilerinin bir insan anne gibi etkileşimli olması gereken bir konteynerden daha fazlası olması gerektiğini vurgular.

Yapay rahim makina-anne, "sterilize edilmiş yumurta rahim astarı ile bağlandıktan sonra doğal bir gebelikten daha güvenli" olarak kabul edilir ve "gün boyu kontrol edilir ve izlenir, besin seviyeleri, oksijen beslemesi, atık uzaklaştırma vb." kontrol altında tutulur (Charnock 81). Dolayısıyla yapay rahim makine, asla kaçınılmaz kazalara, yaralanmalara ve saldırganlığa maruz kalmaz ve yine de daha aseptik bir ortamdır" (Balistreri 18-19). Charnock, bu yapay rahim makine-annenin "sorumsuzca alkol veya yasadışı uyuşturucu" kullanımlarıyla tehdit edilmeyen ancak "sıcaklık ve beslenme kaynaklarını düzenleyen inkübasyon kliniklerinde uzman teknisyenler tarafından sürekli devam eden izleme" açısından "eski moda insan versiyonundan daha sağlıklı bir çevre hâline gelen mükemmel teknoloji olarak gösterir böylece ebeveynlerin neden çocuklarını "eski moda bir rahimde" gebelik riskini aldıklarını sorgulamaya başlar (Rosen 72). Yaşayan bir simulakrum olan yapay rahim "[t]ekolojisi yaşamsal belirtileri taklit etme, yaşamı destekleme, Anne olma yeteneğine sahiptir. Tekno-Annenin çocuğu esasen sanal bir bedendir" (Smith-Windsor 2).

## Partenogenez Eşeysiz Üreme: SoloGen Klon ve DualGen/ÇokGen Posthüman Bebekler

Teknolojik bilim hâlâ organik rahim dışında cinsiyetsiz üreme olasılığını kanıtlamaya çalışsa da eski mitolojik ve dini hikâyelerdeki Aztek Anne Coatlicue, Mısır Ana İsis, Romalı Anne Juno, Çinli Anne Jiang Yuan, Moğol Anne Alan Gua ve Kutsal Meryem Ana gibi kadınların bakire doğum olasılıklarını anlatır. Babası Zeus'un alnında oluşan Tanrıça Athena'ya atıfta bulunan Yunan kelime "bakireden doğum" (virgin birth) dan gelen Partenogenez, Baba Jüpiter gibi erkeklerin bakireden doğmasını anlatır. Charnock'un romanı, genetikçi Aarathi Prasad'ın "bakire doğumla ilgili antik mitlerin türümüzün 'geleceğinin' tarih öncesi olduğunu kanıtlayabilir" varsayımına iyi bir örnektir (12). Romanındaki göstergelerden hareketle insanlarda bakire doğum olasılıklarını tartışan Prasad'ın *Bir Bakire Gibi: Bilim Cinsiyet Kurllarını Nasıl Yeniden Tasarlıyor (Like A Virgin: How Science is Redesigning the Rules of Sex* 2012) kitabından etkilendiği anlaşılan Charnock, solo ebeveynliğin çocuğun "tam biyolojik sahipliği" (Prasad 9) olduğu yeni bir posthüman aile biçimi olduğunu tasavvur eder. Yani roman, yalnızca bakire ebeveynin kendi SoloGen'inden posthüman gen-tasarımlı çocukları dünyaya getiren geleceğin yapay rahim makinelerini kurgular.

Böylelikle tamamen solo bir bireyin solo geninden üretimi bir açıdan da klonlama olarak düşünebiliriz. Ancak bu klonlanan SoloGen posthüman bebeklerin çok uzun bir nesil boyunca yine sadece kendi solo genlerinden çocuk sahibi olma ihtimallerinin zayıflığından da bahsedilir. Klonlama, "DNA bölümlerinin kopyalarından (genler) bütün organizmalara (bitkiler gibi) kadar uzanan genetik kopyalamayı" içerir (Ankeny 300). Roman, klonlamanın cinsiyet ve biyolojiyi nasıl dönüştürdüğünü izlek seviyesine taşır. Romanda ebeveynlerin ebeveynlik kataloğundan renk şeması seçer gibi bir genetik özellik satın alabileceği ve ayrıca genetik olarak dönüştürülmüş posthüman çocuklara sahip olabileceği bir posthüman dünya sunulur. Genetik katalogdan cinsiyet seçimi, bir tür cinsiyet ayrımcılığı ve fetüse yönelik cinsiyet şiddeti olarak da düşünülebilir, özellikle de kadın cinsiyetine yönelik ayrımcılık da yaratabileceğine dair bir soru işareti de doğurabilir. Seçici yeniden üreme "gelecekteki olası farklı bir çocuktan ziyade olası bir gelecek çocuk yaratma girişimidir" ve bu seçimin nedeni "olası bir gelecek çocuk bir şekilde alternatiflerden daha fazla arzu edilir" (Wilkinson 2). Ebeveynler, hastalıktan koruma veya cinsiyet tercihi için bu seçimi yapabilir. Hatta mevcut bir aile üyeye oldukça benzer veya ondan farklı birini klonlamayı tercih edebilir. Roman, daha tekno-dijital bir orta teşkilinde klonlama, cinsiyet seçimi ve yeniden üretim temalarını işler.

Partenogenez sadece "erkeksiz çocuk doğurmanın kadın fantezisi" olarak değil, aynı zamanda "kadınların yardımı olmadan çocuk üretmenin erkek rüyası" (Ferreira 213) olan ektogenezin "yumurta bankaları olması durumunda kendi başlarına çocuk sahibi olmalarını sağlayacağını" (Murphy 70) bir biyogenetik posthümanist teknolojiyi işaret eder. Romanda erkeklere kendi solo genlerini kullanarak "babanın kök hücresinden yumurta üretebilen" alternatif bir üreme yöntemi sunulur (Charnock 88). Böylelikle yeni ortaya çıkan bir alternatif üreme yöntemi olarak aile ilişkilerinin partenogenez üreme yöntemi ile nasıl yeniden yapılandırıldığını ve bunun sonucunda da cinsiyet rollerinin karakterlerin üreme seçimleriyle nasıl değiştiğini görürüz.

Feminist bilimkurgu, yapay rahim teknolojisi aracılığıyla bir tür annelik olarak babalığı öngörmek suretiyle annelik kavramının yeniden üretimini sunar. Charnock'un 2080'li yıllardaki partenogenetik toplumunda, doğum ve beslenmeye atıfta bulunulan annelik kavramı yeniden yapılandırılır. Bunun sonucunda erkekler ve kadınlar, eşit üreme fırsatlarına ulaşabilir. Erkekler, Toni'nin eşcinsel oğlu Marco gibi kadının yumurtasına ihtiyaç duymadan "kadınların annelik yüklerini silerek anne olabilirler" (Sander-Staudt 112). Partenogenez yumurtasının eşeysiz üreme teknolojisi, Marco'yu nükleer üremeden kurtarır ve ikili geleneksel geneler harici tek ebeveynli, kendi SoloGen'inden bir posthüman bebek dünyaya getirir. Partenogenez-bebeğin bu formu, Donna Haraway'in "siborg replikasyonunun organik üremeden ayrıldığı" şeklindeki bir gözlemidir ("Cyborg Manifesto" 150). Marco, yumurta nakli, organik rahim ve taşıyıcı annenin tiranlığından ve aynı çatı altında eşcinsel partneri ile yaşamaktan kurtulur. Roman, bekâr bir eşcinsel ebeveyn olmanın ne anlama geldiğini sorgular ve Marco gibi erkek bir anne olma olasılığının ne kadar mümkün olabileceğini gündeme getirir.

Bu nedenle Charnock, annelik/babalığın yeniden üretimini göstererek ve hatta "aile ilişkileri- insanın üreme alanı[nı]" yeniden tanımını yapmak suretiyle "bir çocuğa 'annelik' yapan bir adam" olarak Marco'yu kızı Amelia'nın birincil ve tek besleyici figürü hâline getirir ve roman SoloGen babası tarafından yetiştirilmesi yoluyla cinsiyetten bağımsız bir annelik kavramını tasvir eder (Chodorow 11-12). Marco, yapay rahim tankında bebeğini gördüğünde bir erkeğin nasıl derin bir annelik duygusu hissedebildiğini yansıtır: "Amelia yedi aylık. Yapay rahminde kendisine sarılıyor. [...] İşte orada gamzelerinin içinde, hala aynı. Gülümsüyor mu? Yoksa hava mı dolu? Bilmek imkânsız. Yoksa rüya mı görüyor? Böyle düşünmeyi tercih ediyor. Doğum öncesi rüya; dünyadaki zamanından önceki rüyası" (Charnock 103-4). Roman bize Marco örneğinden de göreceğimiz gibi annelik hormonu veya duyguların sadece kadınlar ile geleneksel olarak nasıl yanlış ilişkilendirildiğini gösterir. Yine bu alıntıda romanın başlığına yapılan gönderme, yapay rahim teknolojisinin bir tür makine olarak tahayyülüdür; rahmin bir anne gerçeği şeklinde değil de sadece gerçek dünyaya gelmeden önce makine tarafından tasarlanan posthüman bebekler için bir tür rüya olduğu fikrine gönderme yapar. Aslında insanlık türü için yeni doğumların/üretimle-rin/başlangıçların zamanının geldiğinden ve artık yeni biyoteknolojiler ile de posthüman rüyadan sonraki çıkış olduğuna da işaret eder. Yani yapay rahim teknolojisiyle posthüman dünyada "çocuk için en iyi başlangıcın olmasını, hayatta kalma şansının en yüksek olmasını sağlamak için" (Charnock 138) organik gebeliğin gerisinde kalması açısından daha iyi bir fırsat ve başlangıç olup olmadığı sorgulanır.

Marco bekâr ebeveynliği tercih ederken, Millie'nin oğlu Rudy ve eşi Simone da yapay rahim makine biyoteknolojisini kullanarak geleneksel çekirdek aile formunu korumak ister. Rudy, onu transseksüel kuir teyzesi/amcası ile sırayla büyüten annesi Millie ile yetiştirme tarzını tekrarlamak istemez. Bu nedenle annesinin üremeyle yöntemi olarak bilinmeyen bir baba (sperm donör baba) seçmesinden dolayı Rudy biyolojik genetik baba ve akraba eksikliğini hisseder ve bu da onun karısının aynı çatı altında ortak yaşamlı bir evlilik teklifini kabul etmesiyle nükleer bir aile formunu seçmesine neden olur. Ancak geleneksel nükleer aile formundan farklı olarak bu çekirdek ailedeki Simone, kendi genlerinden biyolojik bir bebeğe sahip olmayı istemez çünkü çocukken kendisine zorbalık yapan acımasız abilerine benzemeyen bir oğul ihtimalini göze alamaz. Sırf bu yüzden tek kız çocuk sahibi olmayı isteyen Simone, kocası ile "kardeş rekabeti üzerindeki endişelerini gideren, biyolojik olmayan, tek çocuklu bir anlaşma" (Charnock 81) yapar. Bu sahne, "biyolojik kadere bağlı fiziksel süreç değil, bilinçli yetiştirme eylemi ile ifade edilen cinsiyetten bağımsız bir eylem" (Sander-Staudt 114) hâline dönüştürülmüş annelik kavramını somutlar. Charnock, kadınların bebeklerinin biyolojik annesi olmamak için bile üreme seçimleri konusundaki kararlarında ne kadar esnek olduklarını gösterir. Bu nedenle çift, Rudy'nin kendi SoloGen'ini kullanmaya karar verir. Rudy de sperm donörü yerine yalnız bir baba olmaktan zaten gurur duyduğunu ifade eder: "O benim tek kızım- tüm DNA'sı benim. Tek başına çocuk olmanın donör tarafından tasarlanmış bir çocuk olmaktan daha iyi olduğunu hissetmesini istiyorum" (Charnock 141). Böylece Rudy solo genetik baba olurken, Simone biyolojik olmayan bir anne olur.

Ancak, Rudy'nin SoloGeninden olma posthüman klon kızı Julia, annesinin biyolojik genine sahip olmadığından bir eksiklik yaşar. Dördüncü nesil, SoloGene sahip bir kadın olarak Julia'nın çekincesi, erkek arkadaşının "kişilik özelliklerimle—özellikle de dürtüselliğe olan eğilimimle başa çıkamazsa. Duyarlılığımın ortaya çıkmasından bahsetmiyorum bile, bu yüzden, bana *söylendiğine* gibi—diğer kadınlarla yoğun arkadaşlıklar kurmaya yatkınım. . . Genetik çeşitlilik eksikliğimden derinden etkileniyorum" (Charnock 170). Bu cümleler, Julia'nın annesinin tercihi yüzünden artık kendisinin de tek solo ebeveynli üremeyi tercih etmesi durumunda çocuklarının genetik çeşitlilikte olası bir çöküş yaşayacağından korktuğunu somut kılar. Sırf bu yüzden cinsel eğilimi ne olursa olsun "genlerimi bir cinsel partnerle birleştirmeyi tercih ederim" (Charnock 170) diye düşünür ki böylece genetik üremeyi çocuklarına aktarabilmesi için bir erkek arkadaş arayışına girer. Dolayısıyla anne-babasının seçimi kendi üreme kararını şekillendirir. Bu örnek, her neslin ebeveynlerinin üreme seçimlerinden memnun olmadığını gösterir ve bu da onlara alternatif seçimler yapmaya zorlar. Posthümanist gelecekte ne kadar teknoloji gelişirse o kadar alternatifler ve seçimler de bir önceki neslin tercihlerini sorgulamasına neden olur.

Aynı şekilde, Marco'nun SoloGen posthüman klon kızı Amelie da solo babasının üreme konusundaki seçimini sorgular ve biyolojik bir anneye sahip olmasa da en azından babasının arkadaşlarından bir donör anne olmasını dilerdi: "Ama neden arkadaşlarından birinden sana birkaç yumurta ödünç vermesini istemedin?" (Charnock 130). Marco ise cinsel tercihlerinden dolayı: "Bir süredir iki baban vardı" ama ondan da herhangi bir gen almadığı için yine babasını sorgular. Bu bölüm bize bir SoloGen çocuğunun DualGen ailesi için nasıl bir özlem duyduğunu gösterir. Hem Amelia hem de Julie, kendi kendine döllenmenin gelecek nesil çocuklarının genetik çeşitliliğini azaltabileceğine inandıkları için bir DualGen ve hatta ÇokGen (birden fazla bireyin genlerini spermlerini ve yumurtalarını birleştirerek üretim) ailesine sahip olmayı tercih eder ve roman, bir tekno ÇokGen aile formu isteyebilecek gelecekteki yapay rahim makine-üretim post-insan nesli için nihayetinde sosyal olarak yeniden yapılandırılmış bir toplum inşasına işaret eder. Roman, her yeni neslin, önceki neslin üreme seçimlerini eleştirmeye devam edeceğini tasvir ederek ebeveyn-çocuk ilişkisinin tekno-nesil uçurum ortadan kalkana kadar bozulmaya devam edeceğini gösterir.

## Yeni GenZengin ve GenFakir Gen-Kapitalist Sınıflar

"Posthümanizme geçişi mümkün kılan beden modifikasyon teknolojileri"nden (Vint 176) biri, hastalıkları silip insanın fiziksel ve zihinsel kapasitesini artırarak insanlığı sınırlarının ötesine taşıyan bir gen düzenleme teknolojisi olan CRISPR / Cas9'dur (Bostrom 3; Hughes 2014; Hume 2017). Romanda, insan genetiği geliştirme, "tasarımlı bebekler (designer babies)" (Greely 181; Paul 2015; Klitzman 2019; Baylis 2019) sunan genom düzenleme teknolojisi ile yapılır ve Charnock, "genomu düzeltme ve / veya geliştirme olasılığı" (Balistreri 16) için 2120 yılını işaret eder. Bu nedenle, Charnock'un fütüristik yapay rahim makine-insanları "posthüman doğumları (posthuman parturitions)" (Ferreira 25) olarak tanımlanır. Başka bir deyişle roman, varlıklı ebeveynlerin gen tasarımlı posthüman bebeklerinin (yeni tekno-sermaye bebekleri), "GenZengin (GenRich)" makine doğumlu ve "GenFakir (GenPoor)" organik doğumlu insanlar arasında alternatif bir sınıf ayrımı yaratacağına vurgu yapar. Charnock, ekonomik eşitsizlikten "yarının genetik eşitsizliğine" geçişi öngörür (Peters ve ark. 74). Romanda üreme genetik teknolojilerinin kaçınılmaz sonucunun, gelecekte GenZengin ve GenFakir sınıfları arasındaki genetik boşluğu artıran yeni bir piyasa tabanlı gen-ekonomik sisteme öncülük ettiği tasvir edilir. Varlıklı ebeveynlerin GenZengin çocukları farklı bir sosyoekonomik gen sınıfına başlayacak ve parası yetmeyenler GenFakir sınıfına gireceklerdir (Fukuyama 154; Gouv 503; Bliss 32; Atwood 138; Hamner 2017). Charnock, insanların, eğer karşılayabilirlerse, genetiği değiştirilmiş bir posthüman çocuğa sahip olmayı seçeceklerini izleksel kurguda görünür kılar. Roman, sorunun üreme biyolojisinden değil, sosyal politikadan kaynaklandığını gösterir. Bu nedenle Charnock, yeni ebeveynlik ve onların mümkün kıldığı aile yapıları da dâhil olmak üzere, üremenin teknolojik kontrolünün yarattığı çeşitli olasılıklara da odaklanır.

Romanda gelecek tekno-toplum insanlığın yerini alan posthümanist biyogenetik teknoloji aracılığı ile sağlanır. Charnock biyogenetik teknolojilerin kaçınılmaz sonucunu, gelecekte yeni bir piyasa temelli gen-ekonomik sisteme öncülük edecek şekilde tasvir eder. Böylece roman, sorunun üreme biyolojisinden değil, sosyal politikadan kaynaklandığı mesajını vermektedir. Bu aynı zamanda, zengin aday ebeveynlerin yapay rahim makine teknolojisi için ödeme yapmayı tercih ettiği, yoksul insanların ise bebeklerine gebe bırakmak için kadın bedenlerine bel bağladıkları ekonomik meselelerle de eşleşmektedir. Genetik tasarlanmış çocuklar potansiyel olarak "GenZengin" (doğuştan genetik olarak posthüman) ile "GenFakir" (doğal organik insanlar) arasında başka bir sınıf ayrımı yaratacağından, roman toplumsal eşitsizlik ve güçsüzlük sorunlarına da vurgu yapar. Bununla birlikte cinsiyetin kültürel olarak yeniden yapılandırılması, ortaya çıkan birçok farklı insan türleri arasında da muhtemel yeni çatışmalara yol açacağı da vurgulanmaktadır. Charnock, genetik bilimkurguda farklı türden posthüman bireylerle birlikte yaşayabileceği bir gelecek tasavvur ederken, organik insanlar, yapay rahim makine-üretim siborg insanlar, yapay rahim makine-üretim inorganik (genetiği değiştirilmiş/tasarlanmış) siborg insanlar, yapay-rahim makine-klon insanlar gibi gelecekteki posthüman insanlar arasında yeni bir tür sosyal sınıf sorununun da ortaya çıkabileceğine değinir.

Yapay Rahim Teknolojileri yapay doğum seçimi konusunda kadınlar üzerinde alternatif bir tekno-toplumsal kontrol getirir mi? Ektogenez, bir tarafta kadınlar için özgürlüktür, ancak sosyal koşullar ve "hâlihazırda hamileliğe elverişli olmayan" kamusal alanlar nedeniyle "kadınların üreme tercihlerini zorlayabilir" (Sander-Staudt 113). Gosden'ın iddia ettiği gibi, 21. yüzyıl kadınları "sosyal veya profesyonel rahatlık" için yapay rahim teknolojisini tercih edebilirler (182) tıpkı romandaki Nancy gibi: yapay rahim makine üretimini seçmesinin nedenini fiziksel çaba gerektiren öğretmenlik mesleğine bağlar: "İşimde hamile kalmak çok korkunç. Bazı günler altı saattir sınıfta ayaktayım" (Charnock 119). Romanda "hamile kadının kamuya açık varlığının" "toplumsal bir anomaliye" dönüştüğünü (Sander-Staudt 114) sanki hamileliğin bebeğin ve kadınların sağlığını riske atan bir tür ilkel yol olduğu ve maddi olarak bu yapay rahim teknolojisini öğretmen maaşı ile bile karşılayabiliyorken makine üretim ve hatta genetiği oynanmış posthüman bebekler dünyaya getirmeleri beklenir.

Yapay rahim makine-üretim olan posthüman nesilden Amelie'nin oğulları, beşinci kuşağı temsil eder; Seb, organik olarak normal doğum ile doğmuştur ve Theo ise genetiği ile oynanmış ve yapay rahim makinede gen-tasarımlı bir posthüman olarak dünyaya gelmiştir.[8] Michael Bess'in insanların bebeklerini doğmadan (veya gebe kalmadan) önce ve bedenlerini ve zihinlerini biyoteknoloji ve biyogenetik (xv) yoluyla yeniden tasarlayacaklarını tasavvur ettiği gibi romanda da Theo da gen-tasarım ve makine-üretim bir bebek olarak dünyaya gelir. Bir partenogenez-insan olan Amelia, "doğmamış çocuğun DNA'sını düzelten" yeni genom düzenleme tekniğini kullanır (Balistreri 17). Amelia'nın ikinci bebeği için CRIPSR tercih etmesinin nedeni organik insan olarak Seb'in geç konuşmasıdır, bu yüzden bu sefer mükemmel bir gen-tasarımlı bebeğe sahip olmayı seçerler. Modern biyoteknolojiyi Seb için kullanmadıkları ve geleneksel organik/ilkel üremeyi tercih ettikleri için: "Klinisyenler suçluluk duygularını avladılar. Neden öğrenme güçlüğü çeken iki çocuk sahibi olma riskini alalım ki?" (Charnock 179). Bununla birlikte, 6 ay sonra Seb'in konuşmaya başlamasıyla bu kez de Amelia Theo için "mutasyon yükünü sildirebilmek için standart eşey hücre hattı [germline] modifikasyonları ve kliniğin en hayati embriyo için tarama yapmasına izin verdiği" için tonlarca para ödediğine pişman olur ve hatta "—daha da çok ileri giderek—estetik ince ayarlar için para [öder]" (Charnock 179). Bu sahne de bize yeni teknolojinin nasıl bir "endüstriyel gelişme" olabileceğini gösterir (Charnock 30). Roman, gen-kapitalist sistemin ve tekno-sosyal alanın, yeni neslin yeniden üretim seçimlerini nasıl şekillendirdiğini gösterir.

Tercih veya zorunluluk gibi sebeplerle veya tekno-toplumsal baskılarla kadınların yapay rahim üreme teknolojisini kullanmaları kadınların toplumsal rolünü tasvir eder, bu nedenle "yapay bir rahim kavramı, toplumların kadınları nasıl gördüğünü ortaya çıkarır" (Prasad 174). Charnock'un 2120'de dönüşen tekno-toplumu, tamamen anormal ve sağlıksız bir üretim yöntemi olarak kabul edilen hamileliğe karşı istenmeyen bir tavra sahiptir. "[B]irçok kadın kamusal konumlarını korumak için doğal doğum yöntemleri yerine ektogenezi seçmeye mecbur hisseder" (Sander-Staudt 114) tıpkı ilk çocuğunu doğal yöntemle doğuran ve hamilelik taşıma seçimiyle toplumsal dengelemede zorluk yaşayan Amelia gibi. Amelia'nın çalıştığı iş yerindeki bir başka kadın hamileliğini bir fakirlik ve ilkellik olarak değerlendirerek "eğer o bileziği almaya gücün yetiyorsa, çocuğuna daha iyi bakabilirdin" dediğinde onu aşağıya çeken "solgun bakışları" hisseder (Charnock 200-1). Bu sahne, sosyal ve kamusal alanın, gebeliğin kamusal varlığını "sosyal bir anormallik" olarak gördüğünü netleştirir. İkinci kuşaktan Toni, dördüncü kuşak

---

[8] Romanın bu bölümü bize ikiz kardeşler Vincent (GenPoor) ve Anton (Gen Rich) gibi üstün veya alt olarak genetik sınıf hiyerarşisinde sınıflandırılan insanları işlediği *Gattaca* (1997) gibi distopik bilimkurgu filmlerinde genetik belirlenimcilik (determinism) ve öjenik hatırlatır.

torununun doğal gebelik kararını da yanlış bulur. Amerlia'nın kocası da gen tasarımlı bebeğinden sonra bile üçüncü bir çocukları olursa, "hamile olduğunu görmekten hoşlanmadı[ğı]" için klinik gebelikte kesinlikle ısrar edeceğini söyler çünkü hamilelik "Midesini bulandırdı. Bazen de utanç vericiydi; insanlar zor zamanlar geçireceklerini varsaydılar" (Charnock 182). Charnock, hamileliğin yalnızca yoksulların tercihi olduğunu ve bu genetik eşitsizliğin 2120'lerde yeni bir sosyal sınıf eşitsizliğine yol açacağını tasavvur eder.

Roman, tekno-öjenik (eugenic) olarak gen-tasarımlı bebeklerin hayatın bir dizi farklı alanında başarılı olacağını gösteriyor. Ancak gen tasarımlı bu posthüman çocuklar, anne babasıyla duygusal olarak ilişkilerinde sorun yaşayan Teo gibi ebeveynlerinin beklentilerine isyan edebiliyor. Germ hücreleri gelişmiş (süper-güçlü) olarak yapay rahim makine-doğumlu posthüman Theo'nun fiziksel ve zihinsel farklılıklar nedeniyle (engelli bir çocuk gibi) daha fazla ilgiye ihtiyacı olduğu görülür. Charnock, gen tasarımlı tekno bebeklerin görünümünün bile doğal görünümden bir şekilde farklı olduğunu ve bunun da toplumda başka bir bölünme yarattığını gösterir. Amelia Teo'yu ilk kucağına aldığında sanki "başka birinin bebeği ile gebelik ünitesinden ayrılmış" gibi hissetti, ancak "Theo'yu olduğu gibi kabul etmesi" gerektiğini defalarca kendine hatırlatması gerekiyordu (Charnock 180). Amelia, Theo'nun yüksek zekâ kapasitesi sayesinde çok hızlı geliştiğini gördükçe Seb'e karşı avantajlarından bıkmaya başlar. Çift, "oğulları arasındaki farklılıkların git gide daha anlamlı olacağını" görünce, doğuştan bir oğula sahip oldukları için kendilerini suçlu hissederler (Charnock 182). Roman, gen düzenleme teknolojisinin genetik olarak ayrıcalıklı nesil ile organik doğumlu insanlar arasında ekonomik ve sosyal eşitsizlik yaratıp yaratmayacağı konusunda soru işaretleri bırakarak sona erer. Roman, biyogenetik bilim ve üreme teknolojisindeki yeni fırsatların, daha iyi çoğaltılmış bir tekno-toplumda ebeveyn, çocuk ve aile olma anlayışımızı yeniden şekillendireceği sonucuna varır. Her üreme seçimi/rüya yeni bir "zamanın başlangıcıdır" manifestosu, ön plana çıkar.

## Sonuç

Bu bölümde, cinsiyet eşitliğini ve cinsiyetler için özgürlüğü desteklediğini iddia edilen yapay rahim biyoteknoloji aracılığıyla fütüristik üreme yöntemlerini sundum. Charnock çeşitli insan türlerinin geleceğini tahmin eden gerçekçi bir bilimkurgu tasvir eder. Yani roman, biyogenetik keşiflerin cinsiyetin biyolojik belirteçlerini değiştirebileceğini gündemine taşır. Bu nedenle, bu bölümde bilimkurgunun, toplumsal ihtiyat ve bilimsel gelişmeler ve bunların cinsel bölünmenin artık işlemediği toplum üzerindeki sonuçları hakkında düşünmeyi şekillendiren biyogenetik/biyoteknolojik bilimi nasıl birleştirdiğini tartıştım. Charnock, "Gelecek nesillerin üreme özgürlüğünü önemli ölçüde genişletebilecek orijinal senaryoları açan" (Balistreri 19) yeni üreme teknolojileri yöntemlerini memnuniyetle karşılayarak yeni bir posthüman dünya sunar. Bununla birlikte, roman, üreme spekülasyonlarının gelecekte bile, ebeveynlerin kadınların üreme tercihlerini kontrol eden sosyal, kamusal ve teknolojik baskı altında olduğunu göstermektedir. Charnock, üreme ebeveynliğinin geleceğini çekirdek aile normlarına bir alternatif olarak tasvir eden tekil (singularity) bir gelecek yerine organik-inorganik, doğal-yapay, insan-makine, insan-klon, SoloGenli-Dual ve ÇokGenli, GenFakir-GenZengin gibi daha birçok türler-arası (trans-species) sınırları bulanıklaştıran ortakyaşar (symbiont) çoklu üreme geleceğini sunar. Roman, üremenin artık kadın bedeni ile sınırlı olmadığını, alternatif aile formlarının yeniden inşa edilebilecek yapay rahim makine-anne ve ebeveyn-çocuk ilişkilerinde bazı olası tekno-gen boşlukları olduğunu gösterir. Yani roman, üreme teknolojilerinin çocuk sahibi olup olamayacağımız ve nasıl çocuk sahibi olacağımız, nasıl doğuracağımız, nasıl çocuk yetiştireceğimize ve gelecekte tekno-sermaye kapitalist alanının bizi nasıl yöneteceğine dair bizim kapımızı her an çalabilecek yakın gelecek senaryosunu ortaya koyar. Roman, biyogenetik bilim ve üreme teknolojisindeki yeni fırsatların, daha iyi çoğaltılmış bir tekno-toplumda ebeveyn, çocuk ve aile olma anlayışımızı yeniden şekillendireceği sonucuna varıyor. Her üreme seçimi/rüya yeni bir "zamanın başlangıcıdır." Bu açıdan bakıldığında Charnock, biyogenetik realizm türünde medikal beşerî bilimler alanında da oldukça çarpıcı bir bilimkurgu metnini var eder.

Gelecek posthüman neslin deneyimleyeceği genetik değişimin Fukuyama'nın sözleriyle insanı insan yapan tüm özelliklerin kaybolacağını imlediği "[ü]zgünüm, ama ruhunuz az önce öldü" (9) anlamına mı geleceğini yoksa Hamner'in öngördüğü gibi genetik gerçeklik ile yeni bir posthüman "ruh tasarımı" (2017) şeklinde mi algılanacağını zamanla göreceğiz. Donna Haraway'in *Sıkıntıyla Yaşamak: Yeryüzüleşme Çağında Yoldaşlık Kurmak (Staying with the Trouble: Making Kin in the Chthulucene* 2016) eserinde bahsettiği gibi Yeryüzüleşme Çağı olarak adlandırdığı "tahrip edilmiş dünyada ölme ve hayatta kalma sıkıntısıyla (sorumlu)tepki-vererek yaşamayı öğrenmek için bir tür zaman mekan[ındayız]" (2) ve bizi bekleyen süregiden çoktürlü hikayelerde "dünyanın henüz bitmediği ve gökyüzünün henüz düşmediği zamanlarda, belirsiz zamanlarda, tehlikede kaldığımız zamanlarda" (55) yani "geçmiş, şimdi ve gelecek olan" (101) zamanlarda çoklu türlerle yoldaş olabilmeyi ve çoklu ortakyaşamlar kurabilmeyi öğrenebiliriz. Genetik mühendisliğin teknobilimsel ilerlemesi, gen-kapitalist küresel ekonomi, bilimkurgu gerçekliğini yaşatmakta olan Pandemi sonrası yeni normal düzen bizlere artık insanmerkezli varlığımızın sonu olarak posthüman bir dünyaya çekildiğimizi işaret etmektedir. Bu yüzden, gen-sınıflarının ortaya çıkması muhtemel posthümanist gelecek dünyasında bizleri nasıl biyogenetik *sıkıntıların* beklediğini öngörmek hala bulanıklığını korumaktadır. Ancak "birbirimize beklenmedik iş birliği ve kombinasyonlarda ihtiyaç duyarız. ... Ya birbirimizle var oluruz ya da hiç" (Haraway, *Chthulucene* 4). Peki bize geriye kalan insandan-daha-öte ama insandışı doğada organik/inorganik posthüman organizmalar olarak ahenk ve uyum içinde yaşamayı öğrenebilecek miyiz?

## Kaynakça

Anderson J. Kristine, "The Great Divorce: Fictions of Feminist Desire." ed. Libby Falk Jones and Sarah Webster Goodwin, *Feminism, Utopia, and Narrative.* University of Tennessee Press, 1990.

Aristarkhova, Irina. "Ectogenesis and Mother as Machine." *Body and Society*, vol. 11 no. 3, 2005, Sage Publications.

Attebery, Brian. *Decoding Gender in Science Fiction.* Taylor & Francis, 2014.

Atwood, Margaret. *In Other Worlds: SF and the Human Imagination.* Knopf Doubleday Publishing Group, 2011.

Balistreri, Maurizio. "Guest Editor's Preface. Genome Editing, Human Cloning, In Vitro Gametes and Artificial Womb: Towards Future Scenarios, New Dilemmas and Responsibilities." *Etica & Politica / Ethics & Politics*, vol. XX no. 3, EUT Edizioni Università di Trieste, 2018, ss. 9-20.

Baylis, Françoise. Altered Inheritance: CRISPR and the Ethics of Human Genome Editing. Harvard University Press, 2019.

Bess, Michael. Our Grandchildren Redesigned: Life in the Bioengineered Society of the Near Future. Beacon Press, 2016.

Bliss, John. *Designer Babies.* Heinemann Library, 2011.

Bostrom, Nick. "Transhumanist Values." *Review of Contemporary Philosophy*, vol. 4, 2005, ss. 3-14.

Braidotti, Rosi. *The Posthuman.* Polity, 2013.

Brännström, Mats. "Uterus transplantation and beyond." *J Mater Sci: Mater Med*, 2017, ss. 28: 70. https://doi.org/10.1007/s10856-017-5872-0

Carey, Nessa. Hacking the Code of Life: How Gene Editing Will Rewrite Our Futures, Icon Books Limited, 2019.

Charnock, Anne. *Dreams Before the Start of Time.* 47North, 2017.

Chodorow, Nancy J. *The Reproduction of Mothering: Psychoanalysis and the Sociology of Gender*, Updated Edition. N.p., University of California Press, 1999.

Damarin, Suzanne. "Required Reading: Feminist Sci-Fi and Post-Millennial Curriculum." eds. J. A Weaver, Karen Anijar and T. Daspit. *Science Fiction Curriculum, Cyborg Teachers, & Youth Culture(s).* Peter Lang, 2004, ss. 21-35.

De Beauvoir, Simone. *The Second Sex.* Vintage Books, 1989.

Ferreira, Aline. "Beyond the Womb? Posthuman Parturitions in Joanna Kavenna's The Birth of Love." *La Camera Blu: rivista di studi di genere*, vol. 11, no. 12, 2015, ss. 11-28.

Firestone, Shulamith. *The Dialectic of Sex: A Case for Feminist Revolution.* William Marrow ve Company, 1970.

Fukuyama, Francis. *Our Posthuman Future: Consequences of the Biotechnology Revolution.* Farrar, Straus and Giroux, 2003.

Gomel, Elana. "Science (Fiction) and Posthuman Ethics: Redefining the Human." *The European Legacy*, vol. 16, no. 3, 2011, ss. 339-354.

Gosden, Roger G.. *Designing Babies: The Brave New World of Reproductive Technology.* W H Freeman & Co., 1999.

Greely, Henry T.. *The End of Sex and the Future of Human Reproduction.* Harvard University Press, 2016.

Haldane, J. B. S. "Biological Possibilities fort he Human Species in the Next Ten Thousand Years." ed. Gordon Wolstenholme. *Man and His Future.* J. & A. Churchill, 1963, ss. 337-

61.
Haldane, J. B. S. *Daedalus or Science and the Future*. Kegan Paul, 1924.
Hamner, Everett. *Editing the Soul: Science and Fiction in the Genome Age*. Penn State University Press, 2017.
Haraway, Donna. J. "A Cyborg Manifesto: Science, Technology and Socialist-Feminism in the Late Twentieth Century." *Simians, Cyborgs and Women: The Reinvention of Nature*. Routledge, 1991, ss. 149-181.
---. *Staying with the Trouble: Making Kin in the Chthulucene*. Duke University Press, 2016.
Hassan, Ihab. "Prometheus as Performer: Toward a Posthumanist Culture?" *Performance in Postmodern Culture*. ed. Michel Benamou ve Charles Caramello. Coda, 1977. 201–20.
Hayles, N. Katherine. *How We Became Posthuman: Virtual Bodies in Cybernetics, Literature, and Informatics*. University of Chicago Press, 1999.
Hughes, James. *Citizen Cyborg: Why Democratic Societies Must Respond To The Redesigned Human Of The Future*. Basic Books, 2004.
'Human Genome Project'. National Institutes of Health. Web. Erişim Aralık 12, 2020. < https://www.genome.gov/human-genome-project>.
Hume, Hannah Rose. "Gene Editing: The Road to Transhumanism?" *Reinvention: An International Journal of Undergraduate Research*, vol. 10, no. 1, 2017 https://warwick.ac.uk/fac/cross_fac/iatl/reinvention/archive/volume10issue1/hume/, accessed on 03/28/2020.
Huxley, Aldous. *Brave New World*. Harper Brothers, 1932.
Klitzman, Robert. *Designing Babies: How Technology Is Changing the Ways We Create Children*. Oxford University Press, 2019.
Kümbet, Pelin. "Metalaşmış Hayatlar: Kazuo Ishiguro'nun Beni Asla Bırakma Adlı Romanının İnsansonrası (Posthuman) Distopik Dünyasında İnsan Klonlaması." *Ütopyada Edebiyat Edebiyatta Ütopya*, ed. Metin Toprak, Güvenç Şar, Umuttepe Yayınları, 2019, ss. 290–313.
Murphy, Julien S. "Is Pregnancy Necessary? Feminist Concerns about Ectogenesis." *Hypatia*, vol. 4, no. 3, 1989, ss. 66–84.
Musunuru, Kiran. *The CRISPR Generation: The Story of the World's First Gene-Edited Babies*. BookBaby, 2019.
Parker, Helen N. *Biological Themes in Modern Science Fiction*. 1977. UMI Research, 1984.
Partridge, Emily A. ve ark. An extra-uterine system to physiologically support the extreme premature lamb. *Nat Commun* 8, 15112 (2017) doi:10.1038/ncomms15112
Petchesky, R. *Abortion and Women's Choice: The State, Sexuality and Women's Reproductive Freedom*. Longman, 1984.
Peters, Ted, ve ark. *Sacred Cells? Why Christians Should Support Stem Cell Research*. Rowman & Littlefield Publishers, 2008.
Piercy, Marge. *Women on the Edge of Time*. Ballentine Books, 1983.
Prasad, Aarathi. *Like a Virgin: How Science Is Redesigning the Rules of Sex*. Ebook edition. Oneworld Publications, 2012.
Rose, Hilary. *Love, Power and Knowledge: Towards a Feminist Transformation of the Sciences*. Polity P, 1994.
Rosen, Christine. "Why Not Artificial Wombs?" *The New Atlantis*, vol. 3 (Fall), 2003, ss. 67-76.
Schmeink, Lars. *Biopunk Dystopias: Genetic Engineering, Society, and Science Fiction*. Liverpool University Press, 2016.
Singer, Peter and Wells, Deane. *Making Babies*. Charles Scribner's Sons, 1984.
Smith-Windsor, J. (2004) 'The Cyborg Mother: A Breached Boundary', *Ctheory* 2 Nisan, URL (Erişim 29 January 2020): http://www.ctheory.net/text_file.asp?pick=409
Sourbut, Elizabeth. "Reproductive Technologies and Lesbian Parents: An Unnatural Alliance?" ed. Mary Maynard. *Science and the Construction of Women (RLE Feminist Theory)*. Routledge, 2012.
Suvin, Darko. *Metamorphoses of Science Fiction: On the Poetics and History of a Literary Genre*. Yale

University Press, 1979.
Vint, Sherryl. *Bodies of Tomorrow: Technology, Subjectivity, Science Fiction.* University of Toronto Press, 2007.
Westfahl, Gary. *The Greenwood Encyclopedia of Science Fiction and Fantasy: Themes, Works, and Wonders.* Greenwood Press.
Wolfe, Cary, *What is Posthumanism?* University of Minnesota Press, 2010.
Yeşilyurt, Yasin. *Posthümanizm ve Bilimkurgu Sineması.* Maltepe Üniversitesi, Doktora Tezi, 2017.

# BÖLÜM 10

## Phyllis Dorothy James'in *İnsanların Çocukları* Adlı Eserine Post-Hümanizm Çerçevesinde Feminist Bir Yaklaşım

### Şebnem Düzgün

**Giriş**

Post-hümanizm, insanı ve doğayı ayrıştıran Batı hümanizminin ikicil dilini reddederek insan, hayvan ve teknoloji arasındaki geleneksel ayrımın kaldırılması gerektiğini savunur (Bolter 1556). Post-hümanizm, beşerî ve sosyal bilimler alanlarında 1990'ların ortalarında ele alınmaya başlar; ancak 1960'lı yıllarda da post-hümanizme paralel görüşler ortaya atılır (Wolfe xii). Levi-Strauss, *Sonuna Yaklaşmakta Olan Bir Dünya* (*A World on the Wane* 1961) adlı kitabında dünyanın varoluşunun insan türüne bağlı olmadığını ortaya koyarak insanı merkeze koyan klasik hümanist görüşe karşı çıkar: "Dünya insan türü olmadan var oldu ve insan türü olmadan yok olacak" (397). Benzer şekilde, Foucault *Kelimeler ve Şeyler* (*The Order of Things* 1966) başlıklı kitabında insanın hayvanlarla ve bitkilerle kıyaslandığında evrende görece daha yeni bir tarihte var olmaya başladığını ve insan türünün sonunun yakın zamanda gelebileceğini ileri sürerek insan-merkezli görüşe karşı çıkar: "Düşüncemizin arkeolojisinin kolayca gösterdiği gibi, insan yakın tarihli bir buluştur. Ve belki sonu yaklaşan bir tür" (422). Post-hümanizm bir terim olarak ise ilk defa Ihab Hassan tarafından "Sanatçı Olarak Prometheus: Post-hümanist Kültüre Doğru mu?" ("Prometheus as a Performer: Towards a Posthumanist Culture" 1977) başlıklı makalesinde kullanılmıştır (Bolter 1556). Hassan'a göre, post-hümanist kültür, "tüm zamanların ani bir dönüşümü" olarak görülse de bilim ve hayal gücü, teknoloji ve efsane arasındaki birleşme tarih öncesi çağlarda başlamıştır (835-836). Hassan, post-hümanizmi, "insanın gerçek anlamda sonu" olarak tanımlamaz, René Descartes, Desiderius Erasmus ve Thomas More tarafından çizilen geleneksel insan imajının geçerliliğini yitirdiğini savunur (845). İnsanoğlunun, "dış dünyayı bir nesne konumuna indirgeyerek" kendisini güçlü, otoriter bir "özne" konumuna getirdiğini; fakat modern dönem yapısalcı ve yapısalcı-sonrası kuramların insanların yarattığı "bu sarsılmaz Kartezyen benliğin veya bilincin" aslında "birden fazla benliğin bir araya geldiği ve ayrıldığı boş bir 'alan'" olduğunu ortaya koyduğunu iddia eder (Hassan 845). Ayrıca, Hassan'a göre insan aklını merkeze koyan hümanist söylem, yapay zekanın insan aklından daha ileri düzeye gelme ihtimalinin tartışıldığı post-hümanist dönemde tartışmaya açılmıştır ve "en basit hesap makinesinden en gelişmiş bilgisayara kadar tüm yapay zekâ türleri insan imgesinin ve insan kavramının değişmesini sağla[mıştır]" (846).

N. Katherine Hayles, Hassan gibi, post-hümanizmin insan ırkının insan olmayanlardan üstün olduğu görüşünü savunan geleneksel insan-merkezci söylemi reddeder. Hayles'e göre post-hümanizm, insanların "kendilerini özerk varlıklar olarak kavramsallaştırmak için yeterli zenginliğe, güce ve boş zamana sahip" canlılar olarak tanımlanmasına karşı çıkar (286). Bu nedenle, post-hümanist görüş, insan aklının ve yarattığı teknolojinin önemini kabul etse de insanın "sınırsız güç ve bedenden bağımsız ölümsüzlük fantezileri tarafından baştan çıkarılmadan" sınırlı yanlarını kabul ederek "büyük karmaşıklıktaki maddi bir dünyanın" yalnızca bir parçası olduğunu anlaması gerektiğini ileri sürer (Hayles 5). Ayrıca, post-hümanizm, "kontrol etme arzusu, bilimin nesnel açıdan açıklanması ve emperyalist bir proje olan doğaya tahakküm etme girişimi arasında bir ilişki" olduğunu savunduğundan insanın gücüne ve aklına işaret eden nesnellik, özerk irade, akıl-beden karşıtlığı gibi ifadelerin sorgulanması gerektiğini vurgular (Hayles 288). Neil Badmington ise insan-merkezci görüşün doğruluğunu psikanalist söylemden yola çıkarak sorgular. Badmington'a göre Sigmund Freud'un psikanaliz çalışmaları, insanın "bilincin hakimiyetinden kaçan arzularla yönetilen bir varlık" olduğunu göstermiştir ve bu gerçek, rasyonel insanın dünyanın merkezinde olduğuna ilişkin geleneksel görüşü çürütür niteliktedir (6). Ayrıca Badmington, Freud'un söylemlerinin insan olma kavramının tekrar gözden geçirilmesine neden olduğunu savunur. Freud'a gönderme yaparak, dünyayı aklıyla yöneten insanın dürtüleriyle yönetilen hayvanlardan ve diğer insan olmayan varlıklardan üstün olduğunu savunan hümanist söylemin üç keşif sebebiyle darbe aldığını açıklar. Nicolaus Copernicus sayesinde Dünya'nın evrenin merkezinde olmadığının anlaşılması, Charles Darwin'in insanların hayvanlardan evirildiğini iddia etmesi ve psikanaliz çalışmaların insanın bilinçaltında olanlar konusunda yeterince bilgiye sahip olmadığının ortaya çıkarılması insanın kısıtlı yanlarının olduğunu gösterir (Badmington 6-7). Badmington, Jacques Lacan'ın da Freud gibi insanın hayvani yanını açığa vuran bilinçaltına ilişkin teorilerden yararlanarak insana ayrıcalıklı bir konum atfeden hümanist söyleme karşı çıktığını ileri sürer (7). Lacan'ın bu şekilde Michel Foucault ve Louis Althusser ile kendisini "İnsanın ölüm belgesini" teyit eden anti-hümanist argümanların içinde bulduğunu iddia eder (7). Böylelikle Badmington, insanın akılla kontrol edilemeyen, hayvani dürtülerini içeren bilinçaltına sahip olduğunu gösteren psikanalist söyleme başvurarak hümanist söylemin insan ve hayvan arasında yarattığı hiyerarşik ilişkiyi sorgular.

İnsan ve insan olmayanlar arasındaki hiyerarşiyi sorgulayan bir başka post-hümanist düşünür de Donna Haraway'dir. Haraway, insanı "sibernetik bir organizma, bir makine ve organizma melezi, hem sosyal gerçekliğe ait bir varlık hem de bir kurgu varlığı olan" siborg ile ilişkilendirir (149). Haraway, siborgu doğa ve kültür, zihin ve beden, insan ve insan olmayan, erkek ve kadın arasındaki geleneksel ikilikleri ve hiyerarşileri sorgulayan bir figür olarak tanımlar. Bu nedenle siborg siyaseti, kadınların, beyaz olmayan insanların, doğanın, işçilerin, hayvanların baskılanması üzerine kurulu geleneksel Batı söylemine ilişkin ikilikleri ortadan kaldırır (Haraway 177). Siborgların melezliği herhangi bir hiyerarşi içermediğinden, siborg siyaseti "öteki olarak sınıflandırılanların hükmedilmesine" karşı savaşmak için kullanılabilir (Haraway 177). Bu açıdan, siborg yazını, "tek tanrılı, fallik, otoriter ve tekil çalışmayı, benzersiz ve mükemmel ismi" savunan Batının fallogosantrik[1] yazınından ayrılır (Haraway 175). Siborg siyaseti, "doğallaştırılmış kimliklerin hiyerarşik ikiliklerini" ve "Batı kültürünün varoluşa dair temel mitlerini" yıkmak ve tersine çevirmek için sıklıkla hikâyeleri kullanır (Haraway 175). Yeni ve karma bir politika oluşturulması gerektiğini savunan Haraway, geleneksel cinsiyet rollerine açıkça karşı çıkmak yerine erkekler ve kadınlarla ilgili genelleyici bir söyleme sahip ikicil ataerkil dil kullanan radikal feministleri eleştirir (158-161). Bütünlük ve birlik arayışında olan radikal feministlerin, "sömürge karşıtı söylem ve pratikte görünür kılınan çok sesli, asimile edilemeyen, radikal farklılığı" farkında olmadan ortadan kaldırmalarından yakınır (Haraway 159). Haraway'e göre melezlik, tek bir "mükemmel" anlamı dayatan fallogosantrik (phallogocentric) dili parçalamak için etkili bir siyasi araçtır (176). Buna göre, siborg teorisi varsayımları tek çatı altında toplamaktan kaçınarak "bütünler" ile "parçalar," sınırların inşası ile yapısökümüyle ilgilenir (Haraway 181).

Haraway, "öteki" olarak görülenlerin baskılanmasında bilimin rolünü göz ardı etmez ve bilimsel bilgi ve uygulamaların "sosyal kontrol" için istismar edildiğini iddia eder (8). Bu nedenle, bilimi "tartışmalı bir konu ve güç alanı" olarak görür (Haraway 185). Örneğin, doğum kontrolü, kadının vücudunu kontrol etmek için kullanılan bilimsel bir yöntemdir ve kadının bilimsel alandan dışlanması, "[kadının] sömürülmesini daha güçlü" hale getirme taktiğidir (Haraway 8). Haraway, bilimin bedenlerini kontrol etmesine izin veren kadınların metaya dönüştürüldüklerini, kendilerine "doğanın düşmanımız olduğu ve 'doğal' bedenlerimizi kontrol etmemiz gerektiği" fikrinin aşılandığını iddia eder (9). Haraway'e göre, bilimsel söylemi sorgulamak, doğaya ilişkin bilimsel bilgilerdeki çelişkileri ortaya koymak ve "kendimiz için neyin 'doğal' olduğunu keşfetmek ve tanımlamak için bilimi yeniden ele almak" feministlerin görevidir (23). Monique Wittig ve Luce Irigaray gibi feministlerin "bedenlerin parçalanması ve yeniden

---

[1] Fallogosantrizm, ikili karşıtlıklar ve hiyerarşi üzerine kurulu ataerkil düşünceyi eleştirmek için Jacques Derrida tarafından türetilmiş bir terimdir. Terim, kendi kendine yeten, aşkın özelliklere sahip bir gösterilen (signified) olarak kabul edilen erkeklik organının üstünlüğünü savunan fallosantrizm sözcüğünden meydana getirilmiştir (Derrida, *Gramatoloji* 11).

oluşturulması imgeleminden yola çıkarak [...] bedeni nasıl metinleştireceklerini bilmelerine" rağmen "teknolojik olana karşı çıkarak organikte ısrar ettiklerini" savunur (Haraway 174). Haraway, feministlerin Batı kültürünün yarattığı tek, homojen, evrensel benliklere alternatif olarak organik ve teknolojik olanı sentezleyerek "anormal benlikler" tasarlamaları gerektiğini iddia eder (174).

Haraway'e göre üreme hümanist, antroposentrik düşünürlerce kullanılan başka bir tahakküm aracıdır, çünkü "cinsiyete ve üremeye dayanan hayvan ve insan toplumlarının teorileri saldırganlığın, rekabetin ve hiyerarşinin doğal gerekliliğine dair inançları meşrulaştırmada güçlü olmuştur" (21). 20. yüzyılın başlarında insanları ve maymunları ele alan primat çalışmalarının, primatların, "adet döngüsüne sahip oldukları" için diğer memelilere üstün oldukları görüşünü meşru kılmak için kullanıldığını ileri sürer (Haraway 21). Primatların üreme fizyolojisi, insanın "olağanüstü sosyalliğinin" kaynağı olarak görülmüş ve "kültürün doğuşunu" "doğaya rasyonel düzen veren" insan temelli dil kategorileri aracılığıyla açıklamak için kullanılmıştır (Haraway 22). Böylelikle insanlar, doğa ve kültür ikiliğini ortaya atıp sınıflandırmalar yapmış ve sadece kendi türlerinin değil aynı zamanda diğer türlerin "kaynağı ve tehdidi" olan cinselliği de kontrol etmeyi öğrenmişlerdir (Haraway 22). Adet döngüleri, mevsimsel çiftleşmeleri ortadan kaldırarak yıl boyunca üremeye olanak sağladığı için "sosyal bir devrimin" kaynağı olarak da görülmüştür (Haraway 28). Aylık döngünün kesintisiz, tekrarlayan cinsel ilişkiyi mümkün kılması, primat yavrularının aşırı miktarda çoğalmasını beraberinde getirmiş ve primat popülasyonunu kontrol etmek için sosyal kontrol mekanizmalarına ihtiyaç duyulmuştur (Haraway 28). Primat toplumunda fazla nüfusu önlemek için acımasız bir mücadelenin yürütüldüğü hiyerarşik sistemin inşası, bir kontrol mekanizması görevi görmüştür (Haraway 29). Haraway'e göre erkekler, yavrularını dağıtmak veya aşırı nüfusu kontrol etmek için birbirleriyle rekabete giriştiklerinden bu hiyerarşik sistem, erkek üstünlüğüne dayalıdır (34). Bu şekilde Haraway, erkeklerin, insan neslinin devamı konusunda önemli rol üstlendiklerini iddia eden hümanist, antroposentrik düşüncenin erkek egemen bir sistemin kuruluşuna ön ayak olduğunu savunur.

Rosi Braidotti de erkeklerin üstünlüğünü ve üremedeki rolünü vurgulayan hümanist, antroposentrik düşünceyi sorgular. Braidotti, esas olarak post-humanist feminist teorinin hümanist teoriden hangi açılardan ayrıştığına odaklanır. Braidotti'ye göre hümanizm, "İnsan" merkezlidir ve "fiziksel mükemmelliğin yüksek standartlarını entelektüel ve ahlaki değerlerle birleştirir" (Braidotti 22). Aynı zamanda, "insan evriminin aracı olarak akla duyulan sınırsız inanç" ile de ayırt edilir ve insanın rasyonel gelişiminin bilim ve teknolojiye dayandığını varsayar (Braidotti 22). İnsan-merkezci hümanist yaklaşımda ırk, sınıf ve cinsiyet yakından ilişkilidir, çünkü hümanist idealler erkeği "beyaz, Avrupalı, heteroseksüel bir ailenin ve çocuklarının başı ve güçlü vücutlu" olarak tanımlar (Braidotti 23). Post-antroposentrik ve post-hümanist düşünürler bu ayrımcı yaklaşıma karşı gelirler. Post-hümanistler, zoe'yi (insan olmayan yaşamı) kucaklayarak insan-merkezci ve "insanın benzersizliği" üzerine kurulu antroposentrik fikre meydan okurlar (Braidotti 30). İnsan-merkezci düşünceyi benimsemeyen post-antroposentrikler, "insan yaşamına karşılık gelen bios'un hayvanların ve insan olmayan varlıkların yaşamı anlamına gelen zoe'den ayrılmasına" itiraz ederler (Braidotti 26). Böylelikle, feminist teori, "antropomorfik olmayan hayvanı veya Öteki sayılan teknolojik araçları kucaklayıp" "zihnin tek kültürlüğünün" sonunu işaret eder (Braidotti 25, 29). Örneğin, feminist bilim çalışmaları, "moleküler biyoloji ve hesaplama sistemlerinin karmaşık analizleri yoluyla insanın merkeziyetini" sarsarken ekofeministler radikal veganizm ve hayvan çalışmalarıyla ilgilenerek "jeo-merkezli bakış açılarını" savunurlar (Braidotti 29).

Canlı organizmaların doğanın bir parçası olduğunu varsayan Braidotti, insan-insan olmayan yaşam arasındaki sınırı ortadan kaldıran dirimselci (vitalist) bir yaklaşım olan "türlerin eşitliğini" savunarak zoe- veya geo-merkezli[2] görüşe doğru geçişin sinyalini verir (32). Dirimselci materyalist feministlerin "zeki ve kendi kendini örgütleyen" insanlar ile "insan olmayan, yaşamsal güçler, diğer bir değişle zoe" arasındaki bağlantıyı vurguladıklarını iddia eder (Braidotti 33). Dirimselci materyalist feministler, insan-merkezci yaklaşıma meydan okurlarken insan türü dışındaki yaşam formlarını ve insan türünün sınırlarını kabul eden zoe-merkezli bir yaklaşımı savunurlar (Braidotti 34-35). Ayrıca Braidotti, dirimselci neomateryalist feministlerin, toplumsal cinsiyeti "cinsiyetler arasındaki farklılıkların toplumsal inşası" için kullanılan bir araç olarak tanımladıklarını iddia eder (38, 36). Toplumsal cinsiyet, bir kontrol aracı olduğundan post-hümanist feministler cinsiyete "azınlık olma / kadın olma / hayvan olma / algılanamaz olma süreçleri aracılığıyla bozulması gereken bir yönetim biçimi" olarak yaklaşırlar (Braidotti 37). Diğer yandan cinsellik, "toplumsal cinsiyete ilişkin normatif sosyal araçların ötesinde" yoğun bir yaşam gücüdür ve bir kontrol mekanizmasına indirgenemez, bu yüzden de "cinsellik sosyal bedeni disipline etmek ve cezalandırmak amacıyla [...] kontrol altına alınır, yazılır, cinsiyet-toplumsal cinsiyet ikilemine dönüştürülür" (Braidotti 37). Cinsellik, "cinsiyet kimliğini ve cinsiyetle ilişkili kurumları yersizleştirme" potansiyeline sahip olduğundan, post-hümanist feministler, cinsiyetlendirilmiş bedenlerin potansiyellerini keşfetmeli ve "heteroseksüel aile oluşumlarına ayrıcalık tanıyan ve kelimenin tam anlamıyla diğer tüm

---

[2] Geo-merkezli görüş dünyanın evrenin merkezinde yer aldığını; ancak Tanrı'nın sahip olduğu mükemmeliyete sahip olmadığını savunur (Dick 36).

olası bedenleri bizden çalan" ikili sisteme direnmelidirler (Braidotti 38). Cinsiyet siyasetinin dayattığı birlik fikrini reddeden feminist ve kuir siyaset, "kutuplaştırılmış cinsel farklılığ[a]" direnmek için "[h]omonasyonalizm"[3] ile ilgilenir ve "birlik, bütünlük ve teklik hayalini bozan" bir ilke arar (38). Böylelikle, post-hümanist feminizm bir grubun ayrıcalıklarını savunmak yerine, "farklı grupların öteki gruplarla karşılıklı bağımlılıklarını" kabul eder (Braidotti 39).

P.D. James'in *İnsanların Çocukları* (*The Children of Men* 1992) isimli romanı, post-hümanist ve feminist eleştirmenlerin bakış açılarıyla paralel şekilde insan-merkezci görüşlerin geçersiz olduğunu ortaya koyar. Distopya türünde yazılan bu roman, erkeklerin kısırlaşmasına sebep olan pandemi salgını sonrasında post-hümanist söylemle örtüşerek aklı öne çıkaran ve insanların üstünlüğünü savunan antroposentrik düşüncenin sorgulandığına işaret eder. Roman, bilim ve teknolojinin doğurganlık sorununa ilişkin bir çözüm sunamaması nedeniyle insan aklının sınırlı olduğunu gösterir. Ayrıca, sağlıklı ve güçlü bedenlere sahip insanların üreme yetisinden yoksun olmaları, öte yandan fiziksel kusurları yüzünden ötekileştirilen iki kişinin insan neslinin devamını sağlayacak erkek bebeğin doğmasını sağlamaları sağlık, güç ve üstünlük arasında doğal bir ilişki bulunmadığını ileri süren post-hümanist söylemi destekler. Ancak roman, erkek egemen, emperyalist ve kapitalist toplumda doğan bebeğin bir başka totaliter, erkek egemenliğine dayalı düzenin kuruluşuna vesile olabileceği ihtimalini de ortaya koyar. Bu çalışmanın amacı, *İnsanların Çocukları* adlı eseri post-hümanist ve feminist argümanlar çerçevesinde inceleyerek romanda insan dışındaki varlıkları, doğayı, kadınları ve "sağlıklı" olmayan bedenleri ötekileştiren hümanist söylemin sorgulandığını ve bu söylemin çoğulcu ve eşitlikçi post-hümanist bir toplumun kurulmasının önüne geçtiğini göstermektir.

## *İnsanlar'ın Çocukları*'nda Hümanist Söylemin Post-Hümanist ve Feminist Açılardan Sorgulanması

P. D. James'in, özellikle bilim, teknoloji, cinsiyet ve beden arasındaki ilişkiyi ele alan distopik romanı *İnsanların Çocukları*, post-hümanist ve feminist tartışmaların ışığında incelenebilir. *İnsanların Çocukları*, erkek spermini verimsiz kılan ve kitlesel kısırlığa neden olan pandemik bir hastalığın dünyayı etkisi altına almasını anlatan distopik bir romandır. Roman 2021 yılında geçer ve esas olarak, diğer ülkeler gibi, 25 yıldan beri hiçbir insan bebeğinin doğmadığı, geleceğin İngiltere'sinin kasvetli atmosferini tasvir eder. Elli yaşındaki Oxford tarihçisi Theo Faron, doğurganlık sonrası dünyayı tasvir eder ve "[b]ir gecede insan ırkının üreme

---

[3] Homonasyonalizm, homoseksüellerin haklarının devlet tarafından korunması gerektiğini savunur (Smith 464).

gücünü kaybettiği" gerçeğinden yakınır (James 11). Dünyaya gelen son insan 19 Ekim 1995'te doğmuştur, bu yüzden 1995 yılı "Omega Yılı" ve 1995 yılında doğan çocuklar "Omegalar" olarak adlandırılmıştır (James 7, 13). Theo, insanlığın sonuna işaret eden pandemik kısırlığın, insan türünün benzersizliğine ilişkin geleneksel insan-merkezci görüşü değiştirdiğini iddia eder. Bilim insanları, sahip oldukları bilimsel ve teknolojik güç sayesinde insanlara "bu bariz evrensel kısırlığın nedenini keşfedecekleri" konusunda güvence verirler (James 7). Ancak 1994 yılında, dondurulmuş insan sperminin ve suni döllemenin bile doğurganlıktaki düşüşe bir çözüm önermediğinin keşfi bilim insanları arasında şaşkınlık yaratır (James 11). 1995 yılı ise "homo sapienlerin sonu" olarak nitelendirilir; çünkü söz konusu yılda insanlar, dünyaya gelen son neslin hiç verimli spermi olmadığını öğrenirler (James 11). Batı bilimi ve tıbbının pandemik kısırlığa bir çözüm önerememesi ise insanların sınırsız güç ve ölümsüzlük mitleriyle üstünlüklerini kanıtlama çabalarına girişmemeleri gerektiğini savunan Hayles'in post-hümanist görüşünü destekler. Theo, bilimin ve insan aklının kısıtlı yanlarının olduğunun anlaşılmasının ardından insanların yaşadıkları hayal kırıklığını ortaya koyar:

> Batı bilimi ve Batı tıbbı, bizi bu nihai başarısızlığın büyüklüğüne ve utancına hazırlamamıştı. Teşhisi veya tedavisi zor olan birçok hastalık vardı ve bunlardan biri kendiliğinden yok olmadan önce iki kıtayı nerdeyse nüfussuz bırakmıştı. Ama biz her zaman sonunda nedenini açıklayabilmiştik. Virüslere ve mikroplara isimler verdik [...] Batı bilimi bizim tanrımızdı. Gücünün çeşitliliği içinde bizi korumuş, rahatlatmış, iyileştirmiş, ısıtmış, beslemiş ve eğlendirmişti... Tanrısı ölenlerin evrensel hayal kırıklığını paylaşıyorum. (James 6-7)

Akla ve bilime olan güvensizlik, insan aklını yücelten insan-merkezci söylemi geçersiz kılar. İnsan-merkezci söyleme karşı gelinmesi ise hem Braidotti hem de Haraway tarafından açıklanan hümanist, fallogosantrik dilin yapısökümü sürecine örnek teşkil eder. İnsan aklının gücü konusunda tek bir gerçeği dayatan fallogosantrik, hümanist dil, insanların akılları sayesinde edindikleri bilimsel ve teknolojik bilgilerin erkek spermini verimsizleştiren pandemik kısırlığa çözüm getirememesi sonucu yapısöküme uğrar. Ayrıca, insanın mevcut teknolojik ve bilimsel gücüyle kısırlığa neden olan virüsü kontrol altına alamaması, insanın "özerk," sınırsız güce sahip, otoriter bir "özne" olmadığını gösterir (Hassan 845; Hayles 286).

Haraway'in savunduğu gibi erkeklerin üremede önemli rol üstlendiklerine inanıldığından ataerkil sistem erkek üstünlüğünü temel alır. Fakat, James'in romanında erkeklerin kısırlaşması, erkeğin üremedeki rolünü değerli kılan fallogosantrik söylemin sorgulanmasına yol açar. Bu bakımdan, pandemi sonrası dünyada erkeklerin üreme gücü bir kontrol aracı olarak işlev göremez. Pandemi nedeniyle erkeklerin spermleri üremeye elverişsiz hale gelirken kadınların üreme sistemi pandemik kısırlığın zararlı etkilerine maruz kalmaz. Bu gerçek, erkekleri aşağılanmış hissettirir ve fiziksel güçleri konusunda güvensizliğe düşmelerine sebep olur. Erkeklerin vücutlarına duydukları güvensizlik de ideal insan vücudunu sağlıklı ve güçlü olarak tanımlayan hümanist söyleme zarar verir. Theo, erkeklerin pandemi nedeniyle eril güçlerini yitirme konusunda hissettikleri korkuyu somutlaştırır. Theo, pandeminin ardından artık baba olma şansının kalmadığını anlar ve bu durum eril benliğinde hasar yaratır. Bu nedenle, oyuncak bebeklerle avunan veya "hayali hamilelik" tasarlayarak "hüsrana uğratılan annelik arzularını" tatmin etmeye çalışan kadınları hor görür (James 48, 278). Fakat, çocukların yokluğunu telafi etmek için farklı boyutlarda üretilen oyuncak bebekler aslında Theo'ya erkeklerin üreme gücünden yoksun "kusurlu" bedenlere sahip olduklarını hatırlatır (James 49). Ayrıca, Theo pandemik kısırlık nedeniyle erkeklerin cinsel güçlerine olan güvensizliğini de ortaya koyar. Üremeye yönelik olmayan seksin erkeklerin eril benliklerine zarar verdiğini, erkeklerin artık kendilerini kadınlara haz verecek kadar yetkin hissetmediklerini savunur: "Kadınlar, sancılı orgazm olarak tanımladıkları şeyden giderek daha fazla şikâyet ediyorlar: Spazm olsa da zevk yok. ... Artık onlara çocuk veremeyen bizler, kendilerine zevk dahi veremiyoruz" (James 164). Buna göre, salgın sonrası dünyada yaşayan Theo'nun, zarar görmüş eril benliğinden dolayı özgüveni sarsılır. Erkek bedeninin diğer bedenler gibi kısıtlı yanlarının olduğunun anlaşılması ise erkeklerin "tarihsel olarak oluşturulmuş [bir] vücut" olduğunu ortaya koyarak erkeğin fiziksel açıdan üstün olmadığını ve üremedeki rolünün sorgulanması gerektiğini gösterir (Haraway 157).

Braidotti'nin üstünde durduğu güçlü ve sağlıklı bedenlere yönelik hümanist söylem, *İnsanların Çocukları*'nda post-hümanist bakış açısıyla ele alınır. Romanda, pandemik kısırlık, hümanist düşünce tarafından idealize edilen insan vücudunun kusurlarını ve zayıflıklarını göstermek için bir araç görevi görür. Salgın sonrası dünyada, insan neslinin devamına dair ümidi kalmayan insanlar, "halsizlik, depresyon, keyifsizlik, ikincil enfeksiyonlara karşı savunmasız olma, halsiz düşüren daimî baş ağrısı" semptomlarını gösteren bir hastalığa yakalanırlar (James 12). Salgın sonrası dünyanın ulus devlet modeli olan İngiltere Konseyi, insan vücudunda baş gösteren fiziksel rahatsızlıkları kontrol altına almak için önlemler alır. Totaliter, hümanist politikalara göre yönetilen Konsey, yaşlı, hastalıklı ve "kusurlu" bedenleri yaftalar ve yaşlanmayı kontrol etmek, vatandaşlara sağlıklı, dinç vücutlara sahip olduklarına dair inancı aşılamak için çeşitli programlar geliştirir. Bu bağlamda, orta yaşlı vatandaşlara "gençliğin değilse de dinç orta yaşlılığın illüzyonu[nu]" sunmak için kendilerine "manikür, pedikür yapılır, boyları ve kiloları ölçülür" ve "yaşlanan bedenleri sarsılır, gerilir, okşanır, sıvazlanır, meshedilir, kokulandırılır" (James 9). Totaliter hükümetin insanın doğal bedenine müdahalesi post-hümanist kültürün eleştirdiği "emperyalist bir proje" olup insanın gücünü kullanarak güçsüz, "öteki" grupları "kontrol etme arzusu" ile ilişkilidir (Hayles 288). Bu bağlamda, orta yaşlı vatandaşların fiziksel ve psikolojik sağlıklarını iyileştirmeye yönelik girişimler, genç işgücü vaat etmeyen çocuksuz bir dünyada "devletin varlığını sürdürme[k] adına" sağlıklı nüfustan oluşan bir grup oluşturmak için yürüttüğü emperyalist projeye hizmet etmektedir (James 74). Bu nedenle, güçlü ve sağlıklı bir toplumun oluşumuna katkı sağlaması beklenmeyen yaşlı vatandaşlar işgale açık, zayıf bedenler olarak nitelendirilip hükümetin emperyalist projesi kapsamında yok edilmesi gereken birer yük olarak kabul edilirler. Konsey, üretimde ve doğurganlıkta bir payı olmayan yaşlı nüfustan kurtulmak için yaşlılara yönelik Quietus adı verilen intihar törenleri düzenler (James 67). Yaşlıların gönüllü olarak Quietus'a katıldığı söylense de deniz kenarında bir kasabada yaşlı kadınlar için düzenlenen bir Quietus'a tanık olan Theo, katılımcıların intihara zorlandığına inanır. Theo'nun varsayımları, askerlerden kaçmaya çalışan yaşlı bir kadının öldürülmesiyle doğrulanır. Böylelikle, "[i]nce bacakları", "sallanan, sarkık göğüsleri" ve "kırışık, kuru ciltli kolları" yüzünden vücudu 'kusurlu' görülerek ötekileştirilen yaşlı kadının bedeni post-hümanizmin eleştirdiği tahakküm ve işgal üzerine kurulu emperyalist güce maruz kalır (James 107).

Yaşlı insanların yanı sıra, fiziksel ve ahlaki kusurlara sahip olan insanlar da post-hümanizmin eleştirdiği emperyalist girişimler kapsamında kontrole ve baskıya uğrarlar. Hümanist idealler insanı "güçlü vücutlu" olarak tanımladığından, fiziksel kusurları olanlar sağlıklı bir toplumun oluşumunu sağlamak için dışlanırlar (Braidotti 23). Ayrıca, hümanist düşünceye göre, "insan kendini sosyal, ahlaki ve entelektüel açılardan geliştirerek sağlıklı ve adil toplumlar yaratabilir" (Tara 19; Vanheste 78). Bu hümanist söylem ise Aristoteles'in insanı "iyiyi ve kötüyü, adil olanı ve olmayanı ayırt edebilen" mantıklı "politik bir hayvan" olarak tanımlamasından geliştirilmiştir (28, 29). Aristoteles'e göre insan, "doğuştan akıl gücüyle ve ahlaki niteliklerle donatılmıştır", ancak ahlak ve hukuk kurallarından ayrılırsa, "hayvanların en kötüsü ve en vahşi[si]" olacaktır (29, 30). *İnsanların Çocukları*'nda İngiltere Konseyi'nin lideri Xan Lyppiatt, yönettiği toplumu "fiziksel ve ahlaki açılardan uygun olanlardan" oluşturmak için vatandaşlarını zorunlu sağlık, sabıka ve zekâ testlerine tabi tutan ve ideal insan imajının dışına çıkanları ötekileştiren emperyalist bir liderdir (James 145). Xan, "aptal, beceriksiz, şiddete eğilimli kişilerden üremenin" mantıksız olduğunu savunan hümanist söylemi benimsediğinden "yeni dünyasında" "sabıka kaydı veya aileye ilişkin suç kaydı" olanlara yer vermez (James 145). Bu nedenle, üreyip üreyemeyeceklerini görmek için yalnızca sağlıklı, erdemli erkek ve kadınların incelenmesi gerektiğine hükmeder. Ancak, pandemi sonrası toplumda kadınlar baskı ve kontrole daha çok maruz kalırlar. Pandemik kısırlık sadece erkek ırkını etkilediği için, Xan, ruhsal bozukluğu olan erkekleri doğurgan oldukları tespit edildiğinde tolere edebileceğini; fakat "annelerin sağlık, zekâ, sabıka kaydı gibi konularda özenle seçileceğini" belirtir (James 146). Xan, arzulanan ideal toplumu yaratmak için sağlıklı kadınların genlerine güvendiğinden, "doğurgan bir erkek keşfedildiğinde herhangi bir şekilde fiziksel olarak deforme olmuş, zihinsel veya fiziksel rahatsızlığı olan birine yeni ırkın türetilmesini sağlayacak kadınlar listesinde yer ver[ilmeyeceğini]" açıklar (James 56). Xan'ın insanların doğal bedenlerini bu şekilde kontrol altına alması, insanları erkek-kadın, sağlıklı-sağlıksız, ahlaklı-ahlaksız olarak ayırarak ikicil bir söylem kullanması post-hümanizmin karşı çıktığı emperyalist bir girişimdir.

Xan'ın post-hümanist söylemle bağdaşmayacak şekilde sağlıklı kişilerden oluşan bir toplum yaratmak için insan bedenini kontrol etmek için yürüttüğü baskıcı ve emperyalist girişimler, doğurganlık için yapılan taramaların sonucunda ideal fiziksel özellikleriyle tanınan Omegalar'ın üreme gücünden yoksun olduğunun anlaşılmasıyla sorgulanır. Theo, Omegalar'ın "olağanüstü güzel" olduğunu ve erkek Omegalar'ın "genç tanrılar kadar güçlü, bireysel, zeki ve yakışıklı" olduklarını savunur (James 14). Buna göre Omegalar, "ayrı bir ırk" olarak kabul edilir; ancak üstün fiziksel ve zihinsel özelliklere sahip olmalarına rağmen, tıpkı insanlığın geri kalanı gibi kısırlıktan mustariptirler (James 14, 11). İdeal vücuda yönelik hümanist ilkeleri temsil eden Omegalar'ın doğurgan olmamaları, sağlık, güç, üreme ve tahakküm arasındaki bağın doğal olmadığını, "erkek egemenliği[ni]" pekiştirmek için yaratıldığını ileri süren post-hümanist görüşü destekler (Haraway 34, 21). Ayrıca bu durum, sağlık ve güçle ilişkilendirilen ideal insan bedeninin tarihsel süreçte "oluşturulmuş" olduğunu gösterir (Haraway 157). Güç ve sağlıklı beden arasındaki ilişkiyi sorgulayan post-hümanist söylemin geçerliliği, fiziksel kusurları olan iki kişi tarafından üreme gücünün yeniden tesis edilmesiyle de kanıtlanır. Theo'nun âşık olduğu genç bir kadın olan Julian'ın eli sakattır, bu nedenle Julian, "kırk beş yaşın altındaki tüm sağlıklı kadınların maruz kaldığı altı ayda bir, zaman alan, aşağılayıcı doğurganlık testlerinden" muaf tutulur (James 56). Benzer şekilde, Julian'ın arkadaşı olan rahip Luke, sağlıklı sperm için muayene edilecek erkekler listesinden çıkarılır. Luke'un narin bedeni ve çocukken epilepsi hastalığına yakalanması, onu "testten muaf" tutulan "işe yaramaz biri" yapar (James 265). Bu nedenle, Julian ve Luke'un "sağlıksız" bedenleri, üreme, güç, bütünlük ve sağlıkla ilişkilendirilen hümanizmin savunduğu ideal bedenden ayrışarak "öteki" haline gelir. İki "işe yaramaz kişi[nin]" "canlı" ve "dinç" bir çocuğa sahip olması ise post-hümanizmin sağlıklı beden ve güç arasında organik bir ilişki olmadığına dair söylemi haklı çıkarır (James 325).

Post-hümanizm, yalnızca bedenlerin kategorileştirilmesine değil, aynı zamanda insan-insan olmayan arasındaki ayrışmaya da karşı çıkar. Feminist teorinin post-hümanist argümanlarla bir araya gelmesiyle oluşan post-hümanist feminist söylem, insan ve insan olmayanlar arasındaki sınırları kaldırırken insan olmayan yaşamı kabul eden zoe-merkezli bir yaklaşımı savunur (Braidotti 34-35). İnsan ve insan olmayan yaşamlar arasındaki etkileşimi vurgulayan post-hümanist feministler, insanları insan olmayandan daha fazla ayrıcalıklı kılan insan-merkezci fikre karşı çıkarlar (Braidotti 26). Buna göre, insanları hayvanlar ve insan olmayan varlıklardan üstün görmeyen post-hümanist feminizm, dışlama ve baskıya dayalı hümanizmin aksine özgürleştirici adımlar atar. *İnsanların Çocukları*, bios ve zoe arasındaki hiyerarşik ilişkinin yeniden gözden geçirilmesinin yolunu açan pandemik kısırlıktan sonra insan-merkezci düşüncenin yıkılışını sergiler. Salgın, insanlara diğer türlerden üstün, benzersiz bir ırk olmadıklarını gösterir. Evrensel kısırlık insan spermine zarar verse de hayvanlar hastalıktan etkilenmez, bu nedenle insan doğurganlığının son bulduğu dünyada üreyebilenler yalnızca hayvanlardır. Bu gerçek ise, insanlar ve maymunlar da dâhil olmak üzere aylık döngüleri olan primatların primat olmayanlardan üstün olduğu görüşüne karşı çıkan post-hümanist söylemle bağdaşır. Theo, pandemik kısırlıkla birlikte insanlar ve hayvanlar arasındaki hiyerarşik ilişkide meydana gelen değişimin altını çizer: "[K]endimize olan inancımızın tam kalbinde aşağılanmış durumdayız. Tüm bilgimiz, zekâmız ve gücümüze rağmen artık hayvanların düşünmeden yaptığını [üremeyi] yapamıyoruz" (James 7). Üreme gücüne yalnızca erkek hayvanlar sahip olduğu için insan ırkına ayrıcalık atfeden insan-merkezci söylem yapısöküme uğrar. Theo'nun bir meslektaşı olan Daniel Hurstfield da diğer türler gibi insan türünün de yıkıcı dışsal, kozmik güçlere maruz kaldığından ayrıcalıklı bir tür olmadığını savunur:

> Bu gezegende var olan dört milyar yaşam formunun üç milyar dokuz yüz altmış milyonunun nesli tükendi. Neden bilmiyoruz. Bazıları sebepsiz bir yok oluşla, bazıları doğal felaketlerle, bazıları da meteorlar ve asteroitler yüzünden yok edildi. Bu kitlesel yok oluşların ışığında, *Homo sapienler*'in yok oluş sürecinden muaf tutulması gerektiğini varsaymak gerçekten mantıksız görünüyor. Türümüz, zamanın gözünde en kısa ömürlü olanlardan biri olacak, sadece bir göz kırpması diyebilirsiniz. Omega [evrensel kısırlık] bir yana, şu anda bu gezegeni yok etmeye yetecek büyüklükte bir asteroit de olabilir. (James 17; orijinalde vurgu)

Hurstfield gibi Theo da post-hümanist söyleme paralel olarak insanda üstünlük duygusu yaratan insan-merkezci söylemin temelsiz olduğuna inanır. Theo, insanın üstünlüğüne ilişkin söylemleri yapısöküme uğratan siborg politikasıyla ters düşmeyecek şekilde bazı hayvanların hayatta kalma konusunda insan türüne göre daha başarılı olduğunu savunur. Örneğin, "küçük beyni ile dinozor birkaç milyon yıl hayatta kalmış, Homo sapienler'den daha iyi iş çıkarmıştı" (James 151-152). Ayrıca, post-hümanizmin emperyalist bir girişim olarak tanımladığı insanın doğaya tahakkümü, salgın sonrası dünyada sorgulanmaya başlar. İnsanların mantıksızlık ve ahlaksızlıkla ilişkilendirilen doğadan üstün olduklarına inanan rasyonalist bir lider olan Xan, insanların golf gibi "zorlu derslerle" kendilerini oyalamalarını sağlamak için İngiltere kırsalının bazı bölgelerinin tahrip edilip yeniden düzenlenmesini emreder (James 9). Böylelikle Xan, akıl ve ahlaktan yoksun olduğu iddia edilen doğanın üstün zeki ırk olan insanlara hizmet etmesi gerektiğini savunan insan-merkezci söylemi benimser. Xan ayrıca vatandaşlarını devlet kontrolünden uzak kırsal kesimden hükümet organları tarafından sıkı bir şekilde kontrol edilen şehir merkezlerine taşımaya çalışır (James 102). Böylelikle, bios ve zoe arasındaki bağı zayıflatmak, hükümetinin varlığını insanın üstünlüğünü destekleyen hümanist ilkelere göre sürdürmek ister. Öte yandan kuzeni Theo, hiyerarşi ve ötekileştirme kavramlarına karşı çıkan siborg teorisine paralel olarak doğanın, pandemik kısırlıktan mustarip insanların sahip olmadığı doğurganlık gücüne sahip olduğu için insan türünden daha önemsiz görülemeyeceğini savunur. Salgın nedeniyle insan ırkı yok olacak olsa bile, doğal güzelliklerin var olmaya devam edeceğini ve bu güzelliklerin "onu kaydeden, ondan zevk alan ve onu takdir eden insan zekasından daha uzun ömürlü olacağını" iddia eder (James 12). Theo ayrıca, zeki insan yaşamının, yani bios'un, yok olmaya mahkûm olmasına rağmen, doğal yaşamın, yani zoe'nin, kendini yenileme potansiyeline sahip olduğu için ölümsüz olduğunu savunur. İnsan müdahalesinden kurtarılan doğal alanların "omuz yüksekliğindeki çim ve otlarla kaplı el değmemiş alanlara" geri döndüğünü görür ve doğanın insan nüfusunun sürekli azalmasıyla kendini yenilemeye devam edeceğine, böylece genç nesillerin "nüfussuz yüksek arazilerden, kirlenmemiş derelerden, alabildiğine uzanan ağaçlıklar ve ormanlardan ve ıssız haliçlerden oluşan bir dünya miras alacaklar[ına]" inanır (James 74). Bu şekilde, zoe'nin, bios'tan farklı olarak pandemi sonrası dönemde doğurganlığını koruduğunu ifade eden Theo, doğa ve kültür arasında kurulan hiyerarşik ilişkiyi reddeden post-hümanist bir dil kullanır.

Batı kültürü doğayı ilkel, bilinmeyen ve uğursuz olanla ilişkilendirir ve böylelikle doğa aşağılama ve korku duygularını uyandıran bir varlığa dönüştürülür (Tyson 264). Post-hümanist feminist söylem ise doğayı zeki adamlar tarafından kontrol edilmesi gereken "düşmanımız" olarak tasvir eden bu insan- merkezci söylemi sorgular (Haraway 9). *İnsanların Çocukları*'nda, doğayı "öteki" olarak adlandıran hümanist fikri dayatan kişi Xan Lyppiatt'tır. Xan, pandemi sonucunda kaynakların kıt olması nedeniyle kırsal bölgedeki konutlara enerji kaynağı ve sosyal hizmet sağlanmayacağını beyan eder (James 102). Xan'ın kırsal kesimde yaşayan insanları rahat bir yaşam sürmek için gerekli hizmetlerden ve kaynaklardan mahrum bırakma stratejisi, doğayı insana yabancılaştırma girişimidir. Xan'ın kısıtlama planları nedeniyle kırsal alanlar karanlığa mahkûm edilip ihmal edileceğinden, insanlar kırsal alanları terk etmeye ve bilinmezlik ve karanlıkla ilişkilendirilen doğaya karşı düşmanlık hissetmeye başlarlar:

> Özellikle ağaçlık alanlar, pek çok kişinin girmekten korktuğu, sanki o karanlık, boyun eğmeyen ağaç gövdeleri ve unutulmuş yollar arasında bir kez kaybolduklarında bir daha asla ışığa çıkamayacaklarmış gibi korktukları tehditlerle dolu yerler haline dönüşmüştü ... Giderek daha fazla insan, kendi türlerinden birilerinin kendilerine eşlik etmelerini istiyor, daha tedbiren ya da resmi bir karar verilmeden tenha köyleri terk ediyor ve Başkan'ın [Xan'ın], mümkün olursa elektrik ve güç kaynaklarının sonuna kadar sağlanacağına söz verdiği belirlenmiş kentsel bölgelere taşınıyordu. (James 74)

Xan, insanların doğaya yabancılaşmasını arttırmak için salgın sonrası dünyada insanların güvenlik ve rahatlık konusundaki endişelerini manipüle eder. Bunu yaparken bios ve zoe arasındaki uyumu bozarak vatandaşları üzerindeki otoritesini ve gücünü güçlendirir. İnsanın doğadan üstün olduğu fikrine katılmasa da Theo da doğayı yabancı bir düşman olarak nitelendiren hümanist, insan-merkezci söylemi dile getirir ve doğal dünyayı mantıksız, öngörülemez ve kötü niyetli olarak tasvir eder. Julian'ın bebeğinin doğumunun gerçekleşeceği Wychwood Ormanı'nın derinliklerine yaptığı yolculuk, insan aklını aşan doğanın gücüne dair hissettiği korkuyu içinde uyandırır. Theo, doğanın kalbinde "avlanmış yaratıklar" gibi hisseder ve "kendi tehlikelerini ortaya koyan" ve onu "sürekli kaybolma tehlikesi" içinde hissettiren taşra yollarında seyahat etmekten korkar (James 299). Bu yüzden, Theo "sanki karanlık, ıssız kırlık araziler, ayaklarının altındaki toprak, bu tuhaf, kokusuz hava artık doğal yaşam alanı değilmiş ve nesli tükenmekte olan türü için umursamaz gökyüzü altında güvenlik veya sığınak vadeden hiçbir şey yokmuş gibi yönünü şaşırmış ve yabancılaşmış hisse[der]" (James 299-300). Theo'nun anlatısındaki "ilgisiz" doğa imgesi, bios ve zoe arasındaki yabancılaşmayı tasvir eder. Doğa, insanın acı çekmesine kayıtsız görüldüğünden, bir düşman olarak nitelendirilir. Theo doğal seleksiyonun acımasızlığını gözler önüne sererek ilgisiz ve düşman doğa imgesini somutlaştırır: "[O]rmana, onun gizli yaşamına tekrar kulak verdi. Şimdi, dinledikçe yükselen sesler tehdit ve dehşetle doluydu: Avına koşan ve üstüne atılan leşçil hayvanı, avın getirdiği zulüm ve tatmini, yiyecek ve hayatta kalmak için yürütülen içgüdüsel mücadeleyi duyumsuyordu" (James 319).

Theo'nun doğayı yabancılaştıran insan-merkezci görüşü, doğayı güvenlik, barış ve uyumla ilişkilendiren Julian'ın ve arkadaşı Miriam'ın zoe-merkezli bakış açısıyla tezat oluşturur. Theo'nun ve kadınların doğa ve doğallık hakkındaki bakış açıları arasındaki farklılık, erkekleri kültürle ve kadınları doğayla bağdaştıran ataerkil söylemle paralellik gösterir (Sayer 52).

Kültürün ve medeniyetin üstünlüğüne inanan Theo, bebeğini kendisine zarar verebilecek Xan'ın baskısından uzakta ücra, kırsal bir alanda doğurmak isteyen Julian'a karşı çıkar (James 235). Theo, Julian'ın doğum esnasında fiziksel komplikasyonlar yaşayabileceği için bebeğini insan medeniyetinin gelişiminin sembolü olan "doğumun tıbbi teknolojisi" ile donatılmış bir hastanede doğurması gerektiğini düşünür (James 218, 278). Doğayı tehlike ve tehditle ilişkilendiren Theo, Julian'ın kırsal kesimden profesyonel bilim insanları tarafından yönetilen modern teknolojinin güvenli bölgesine taşınması gerektiğini savunur. Miriam, kadınların baskılanmasına karşı olan siborg politik söylemi çerçevesinde bir anne olarak Julian'ın "nerede doğum yapacağını söyleme hakkına sahip olduğunu" savunur (James 220). Benzer şekilde, Julian'ın "ormanın derinliklerinde olma" isteği, zorunlu doğurganlık testleri, medikal ve teknolojik araçlar vasıtasıyla kadın bedenine hükmeden ve kadınları hakir gören baskıcı erkek egemen kültüre meydan okumak için "öteki" olarak görülen doğayı kucaklamayı öneren siborg teorinin savunduğu politik bir girişim olarak görülebilir (James 302). Xan'ı doğanın ve kadın bedenin baskılanmasını ve sömürülmesini meşrulaştıran emperyalist ve kapitalist kültürün bir temsilcisi olarak gören Julian, bebeğini sömürü ve baskı üzerine kurulu emperyalist, kapitalist toplumdan uzakta "ücra kırsal bir alanda, belki bir ormanda" dünyaya getirmek ister (James 220). Buna göre Julian, sömürü ve ataerkil kontrole dayalı erkek egemen toplumdan kaçarak doğaya sığınır ve çocuğunun "huzur ve mahremiyetin olduğu bir alanda doğmasını" ister (James 313). Bu şekilde Julian, "her tıbbi acil durumu karşılayacak türlü türlü makineler[le]" dolu hastanede bedeninin erkek egemen kapitalist otorite tarafından kontrole ve işgale maruz bırakılacağını düşündüğünden erkek egemen kontrolden uzakta bulunan ormanda bulunmayı tercih eder (James 317-18).

Julian'ın ataerkil müdahaleden uzakta olma arzusu, bedenini ve çocuğunu ceza ve baskıdan kurtarma girişimi olarak değerlendirilebilir. Julian evlilik dışı bir çocuğu doğurduğu için, bebeğini "bir fahişenin çocuğu" olarak damgalayan Xan Lyppiatt'ın yönettiği ataerkil toplum tarafından cezalandırılmaktan endişe duyar (James 337). Ataerkil ideolojiye göre, kadının doğurganlık gücü "erkek kontrolü" altında olmalı ve "kadının doğurganlığı, yaşam döngüsüne katkıda bulunmak için erkekler tarafından ele geçirilmeli ve evcilleştirilmelidir" (Haland 135). Bu nedenle, kontrolsüz kadın cinselliği, "evcilleştirilmiş toprak veya 'kültür'" den farklı olarak, insan istilasından uzakta olan "vahşi" doğayla ilişkilendirilir (Haland 135). Siborg teorinin doğaya ve kadın bedenine ilişkin fallogosantrik, tekillik söylemleri yapısöküme uğratma politikasına paralel şekilde Julian, doğayı "güvenlik" ve mahremiyet vaat eden "bir sığınak" olarak nitelendirir ve kadının üreme gücünün ve cinselliğinin evlilik gibi araçlarla kontrol altına alınmadığı, kadın bedeninin yaftalanarak cezalandırılmadığı doğal dünyada kendisini rahat hisseder (James 278, 294). Öte yandan Theo, kontrol edilmemiş kadın doğurganlığıyla ilişkilendirilen vahşi doğada yabancılaşmış ve "reddedilmiş" hisseder (James 317). "Ormanın kalbine" yaptığı yolculuk, "içine girilmez bir çalılığa uzanan yeşil karanlık tünelde" kaybolmamak için "umutsuzca direksiyonu kontrol etmeye çalıştığı" yabancı, bilinmez bir bölgede olma endişesini ortaya koyar (James 304). İnsan nüfuzundan yoksun bakir, vahşi doğa, Theo'ya kısırlığını ve doğayı akıl yoluyla kontrol edemediğini hatırlatarak eril benliğine zarar verir. Theo'yu "güçlü kolları ile" karşılayan içinden geçilmez orman, insanın doğaya tahakkümünü meşrulaştıran hümanist söylemi yapısöküme uğratır ve Theo'nun eril gücünü sorgulamasına neden olur (James 303). Bununla birlikte, Julian'ın ve Miriam'ın rahat tavırları, Theo'nun tehlikeyle ilişkilendirdiği doğanın kalbinde olma konusundaki "aşırı paniği" ile tezat oluşturur (James 310). Kadınların doğumdaki aktif rolleri ve onların kendilerine olan güveni ve sakinliği Theo'nun kendini yetersiz ve reddedilmiş hissetmesine neden olur:

> Hem katılımcı hem de izleyici olduğu ilkel eylem [çocuk doğumu], onları hiçbir şeyin önemli olmadığı, anne ve çocuğunun rahmin gizemli dünyasından gün ışığına uzanan karanlık, acı dolu yolculuğundan başka hiçbir şeyin gerçek olmadığı belirsiz bir zamanda soyutladı. [Theo] Miriam'ın durmak bilmeyen mırıldanmasının, sessiz ama ısrarcı, öven, yüreklendiren, talimat veren, neşeyle çocuğu dünyaya çeken sesinin farkındaydı ve [artık] ebe ve hasta tek bir kadın gibi geliyordu ve o da kendisine gerçekten ihtiyaç duyulmasa da nezaketle kabul edilmişti ve yine de gizemin kalbinden dışlanmış olsa da tüm bu acı ve emeğin bir parçasıydı. (James 321-22)

Theo'nun doğum sırasında Miriam ve Julian'a yardım etme ve "kendini güvende hissedebileceği bir işi" üstlenme mücadelesi, zarar görmüş eril benliğini onarmak için çocuk doğumunda aktif rol alma girişimleri olarak görülebilir (James 320). Theo'nun, akıl ve fiziksel yeterlilikle ilişkilendirilen eril gücü konusundaki güvensizliği, Julian ile olan ilişkisinde de belirgindir. Julian'ın doğurganlık gücü, diğer erkekler gibi kısırlıktan mustarip olan Theo için "aşağılayıcı[dır]" (James 319). Erkeklerin bilmediği "rahmin gizemli dünyası" ile alakalı olduğu için Julian'ın doğurganlığı Theo için bir utanç ve korku kaynağıdır (James 321). Bu nedenle Theo, Julian'ın hamileliğini ilk öğrendiğinde ve bebeğinin hareketlerini duyduğunda birbiriyle çelişen duygular hisseder: "Yükselen, sarsan ve onu çalkantılı bir huşu, heyecan ve dehşet hissiyle sarmalayan, sonra geri çekilen ve onu bitkin ve zayıf bırakan bir duygu dalgasıyla sürüklendi" (James 217). Theo'ya "keder ve kıskançlık" hissettiren ve ona "çocuğun kendisinin olmasını" dilemesini sağlayan şey Julian'ın doğurganlık gücüdür (James 322).

Julian'ın mucizevi hamileliği, Teo'nun eril benliğine zarar vermekle kalmaz, aynı zamanda bu olayı bilimsel, rasyonel bir perspektiften açıklayamadığı için bilime ve akla olan inancına da zarar verir: "Tüm önerebileceği mantık, akıl yürütme, zekaydı ve tüm hayatı boyunca bunlara inanmıştı. Bir zamanlar kendisine en çok güvendiği ve kendisinden en emin olduğu yerde şimdi savunmasız ve yetersiz hissediyordu" (James 217). Bilim, akıl ve erkeğin üremedeki rolünü yücelten hümanist düşünceye olan inancı sarsılan Theo, Julian'ın ve Miriam'ın insanın üstünlük duygusuna karşı çıkan siborg siyasete ve zoe-merkezli söyleme yakın görüşlerini benimsemeye başlar. Kadınların Wychwood Ormanı'ndaki güvenlik hissini paylaşan Theo, ormanın bir "sığınak" olarak erkek egemen kontrolü, bilim ve insan aklının üstünlüğünü simgeleyen devlet hastanelerine karşı daha iyi bir alternatif olduğunu görür (James 317). Ayrıca, post-hümanizmin doğa-insan, kadın-erkek ikiliğini ortadan kaldıran söylemiyle bağdaşacak şekilde Julian'ın bedeniyle ve doğayla bütünleşir: "Theo kesilmiş odunların ve ölü ateşin keskin kokusunun, güneş ışığının yeşil bir örtü gibi uzanan dikdörtgen şeklinin, rüzgârın ve kuşların duyulmadığı sessiz ormanın, onun [Julian'ın] kalp atışlarının ve kendi kalp atışlarının farkındaydı. Mucizevi bir şekilde kaygıdan arınmış sadece dinlemeye yoğunlaştıkları bir anla sarılmışlardı" (James 334). Aynı zamanda Theo, kusurlu-kusursuz beden karşıtlığının dışına çıkarak ilk zamanlarda hor gördüğü Julian'ın kusurlu bedeni ile barışır: "Elini uzattı ve [Julian'ın] elini tuttu, parmaklarını bu sıcak, biçimsiz etin etrafına doladı, bir zamanlar onu iğrenç bulduğuna şaşırdı" (James 334). Bu şekilde doğayla ve Julian'ın "kusurlu" bedeniyle arasına koyduğu mesafeyi kaldıran Theo, akıl-beden, kadın-erkek, insan-doğa gibi ikili karşıtlıkların ortadan kaldırılmasını savunan post-hümanist kültüre yakınlaşır.

Theo'nun doğa ve kadın bedeniyle bütünleşerek post-hümanist, zoe-merkezli görüşe yakınlaşması erkek egemen, emperyalist ve kapitalist söylemleri savunan Xan'ın Julian'ın bebeğini medeniyetle ilişkilendirilen ve kontrol altında tutabildiği kentsel alana götürmek için ormana gelmesiyle darbe alır. Xan'ın "ambülans, helikopter, doktorlar [ve] hemşireler[le]" gelmesi insan aklının gücünün göstergesi olan bilim ve teknoloji aracılığıyla zoe'ye müdahale etmesini ve doğayı işgal etmesini örnekler (James 335). Xan ormana "silahlı" gelerek ve parmağında İngiltere kralından aldığı hükümdarlık yüzüğünü taşıyarak ataerkil toplumun agresif, baskıcı gücüyle doğaya karşı üstünlüğünü kanıtlamaya çalışır (James 334). Bu haliyle, "kendisine olan güveni" ve "sahip olduğu gücün getirdiği kibir" ile Theo'nun dikkatini çeken Xan, doğaya hükmetmeye çalışan insanı temsil eder (James 334). Xan'ın silahı ve hükümet gücünü arkasına alarak gelişi, Theo ve Julian'ın doğayla bütünleştikleri sırada hissettikleri huzur, mahremiyet ve güvenlik duygularını ortadan kaldırır. Theo, Xan'ın baskıcı gücüne karşı gelmek isterken hiyerarşi ve ayrışmaya karşı olan siborg teoriden ve zoe-merkezli söylemden uzaklaşarak otorite ve erkek gücüne dayalı fallogosantrik söyleme paralel bir duruş sergiler. Julian'ın bebeğini almak için kendisine nişan alan Xan'ı tabancasıyla "tam kalbinden vur[ur]" ve aralarındaki güç savaşını kazandığını göstermek için Xan'ın parmağındaki kraliyet yüzüğünü kendi parmağına takar (James 337). Aklın ve bilimin gücüne inanan bir akademisyen olan Theo'nun kendisini, Julian'ı ve bebeğini Xan'a karşı korumak ve Xan'ın gücüne karşı koymak isterken içgüdüsel hareket etmesi Badmington'ın insanın "bilincin hakimiyetinden kaçan arzularla yönetilen bir varlık" olduğuna dair post-hümanist söylemini destekler (6). Theo'nun düşünmeden içgüdüleriyle hareket edip Xan'ı öldürmesi, insanın dürtüleriyle yönetilen hayvanlardan üstün olmadığını, insanın rasyonel yanı dışında hayvani yanının olduğunu ileri süren post-hümanist söylemle örtüşür (Badmington 6-7). Xan'ı öldürdükten sonra Theo, hümanist söylemin betimlediği otoriter, geleneksel heteroseksüel ailenin başı olan bir erkek gibi davranarak Julian'ın bebeğinin doğumu sırasında hissettiği yetersizlik duygusundan kurtulur. Parmağında hükümdarlık yüzüğüyle Julian'ın yanına dönen Theo, Julian'ın "korunmasız ve korkmuş," kontrole ve işgale açık bir beden olduğunu görüp doğum sırasındaki güçlü ve sakin halini yitirdiğini görür (James 339). Bu haliyle kırılgan ve korunmaya muhtaç kadın imajını yüklediği Julian'ın hükümdarlık yüzüğünü takmış olmasından dolayı kendisini eleştirmesi Theo'nun "kızgınlığa yakın bir şey" hissetmesine neden olur (James 341). Theo'nun Julian'ın otoritesini sarsan eleştirisine verdiği tepki çoğulcu ve eşitlikçi siborg teoriden ve zoe-merkezli yaklaşımdan uzaklaşıp hiyerarşiye ve cinsiyet ayrışmasına dayalı hümanist söyleme yakınlaşması olarak yorumlanabilir. Theo da güç ve otoriteyi simgeleyen hükümdarlık yüzüğünü taktıktan sonra yaşadığı değişimi ve Xan'ın baskı ve kontrol üzerine kurulu yönetiminin yeniden tahsis edilmesinde kendisinin rol oynayabileceğine dair şüphelerini ve kaygılarını dile getirir:

> Yüzüğü şimdi takması gerekiyor muydu? Xan'ın tüm gücüne sahipti bu yüzük ve daha fazlasına. ... Xan'ın kendisini içinde bulduğu durum bu muydu? Xan'ın ömrünün her anında bildiği bu ani güç sarhoşluğu muydu? Bu onun için her şeyin mümkün olduğu, istediği her şeyin yapılacağı, nefret ettiği her şeyin ortadan kaldırılacağı, dünyanın kendi iradesine göre şekillendirilebileceğine yönelik bir histi. Yüzüğü parmağından çıkardı, sonra durakladı ve geri itti. (James 340-341)

Theo'nun bilinçaltındaki arzu ve güdülerin etkisiyle Xan'ın sosyo-politik gücünü almasının yanı sıra insan ırkının yeni neslinin devamını sağlaması beklenen Julian'ın bebeğinin erkek olması da güçlü ve sağlıklı erkekleri üstün gören erkek egemen düzenin devam ettirilme ihtimalinin olduğunu gösterir. Theo, Julian'ın bebeğinin yeni bir yaşam döngüsünün başlangıcını sağlasa da Xan'ın ölümüne ve Theo'nun gücü devralmasına neden olduğundan başka bir totaliter, emperyalist ve kapitalist rejimin başlangıcına aracılık edebileceğini ima eder: "Hayat, parmağımdaki bu yüzükle kıskançlıkla, ihanetle, şiddetle, cinayetle yeniden başlıyor" (James 340). Theo'nun bebeği "kendi gözyaşlarıyla ıslanmış ve Julian'ın [doğum] kanıyla lekelenmiş baş parmağıyla" vaftiz etmesi de erkek egemen Hristiyan kiliseye bir gönderme olduğundan şiddet ve baskı üzerine kurulu ataerkil toplumun devamına işaret eder (James 342). Bu şekilde roman, Julian'ın bebeğinin mucizevi doğumunun siborg siyasetinin savunduğu insan ve insan olmayanlar arasındaki ayrımın ortadan kaldırıldığı, çoğulcu zoe-merkezli bir toplum düzeninin kurulmasına ön ayak olacağına dair bir son sunmaktan kaçınır.

## Sonuç

*İnsanların Çocukları*'nda pandemik kısırlıkla birlikte erkeklerin spermlerinin verimsizleşmesi ve erkeklerin üremedeki rollerini kaybetmeleri erkek-kadın, insan-doğa arasında üstünlük olmadığına dair post-hümanist söylemi destekler. Tüm dünyada görülen kısırlığın hayvanları etkilemeyip sadece insanın üreme sistemini işlevsizleştirmesi ise Braidotti ve Haraway tarafından açıklanan insanı hayvanlardan üstün gören hümanist, fallogosantrik dilin yapısökümü sürecine örnek teşkil eder. Ayrıca, pandemi ortamında bilim ve teknolojinin azalan nüfus konusunda bir çözüm üretememesi sonucunda insan aklının ve sahip olduğu teknolojik ve bilimsel gücün sınırlı olduğu ortaya konur. Öte yandan, dünyaya en son gelen nesil olan, genç ve kusursuz bedenleriyle dikkat çeken Omegalar'ın üreme yetisinden yoksun olması, güç ve sağlıklı beden arasında kurulan ilişkinin doğal olmadığını, erkek egemenliğini desteklemek için insan bedeninin tarihsel süreçte şekillendirildiğini ileri süren post-hümanist görüşü destekler. Sağlıklı ve fiziksel kusurları bulunmayan bedenlerin doğurganlık gücüne sahip olmaması, öte yandan eli sakat olan Julian ve çocukken epilepsi geçiren Luke'un fiziksel açıdan "kusurlu" ve "güçsüz" görülseler de üreme yetisine sahip olduğunun anlaşılması sağlık, güç ve üstünlük arasında organik bir bağ olmadığını gösterir. Ancak yeni doğan bebek, insan-merkezci söyleme dayalı emperyalist, kapitalist ve baskıcı toplum modelinden insan olmayan varlıkları ve "öteki" olarak adlandırılan diğer grupları kucaklayan siborg siyasete ve zoe-merkezli söyleme dayalı bir topluma geçişin müjdeleyicisi olarak gösterilmez. Bebeğin baskı, kontrol ve şiddet üzerine kurulu Xan Lyppiatt'ın yönettiği ataerkil bir toplumda doğması ve Theo'nun kuzeni Xan'ı yaşamda kalma ve eril gücü elinde tutma içgüdüsüyle öldürmesi hiyerarşik ve ayrıştırıcı fallogosantrik, emperyalist yapının yapısöküme uğratılmasına dair güçlü bir umut vaat etmez. İyimserlikten uzak bu son aracılığıyla *İnsanların Çocukları*, insanın arzu ve dürtüleriyle yönetilen bilinçaltını kontrol altına almayıp güç, kontrol ve ayrışmaya dayalı hümanist söylemi terk etmediği takdirde siborg siyasetin ve zoe-merkezli görüşün desteklediği eşitlikçi ve çoğulcu post-hümanist bir toplum düzeninin kurulamayacağını gösterir.

## Kaynakça

Aristotle. *Aristotle's Politics*. Clarendon Press, 1908.
Badmington, Neil. "Introduction: Approaching Posthumanism." *Posthumanism*, ed. Neil Badmington, Macmillan Press, 2000, ss. 1-10.
Bolter, Jay D. "Posthumanism." *The International Encyclopedia of Communication Theory and Philosophy*, vol. 4, ed. Klaus B. Jensen ve Robert T. Craig, John Wiley & Sons, 2016, ss. 1556-1563.
Braidotti, Rosi. "Four Theses on Posthuman Feminism." *Anthropocene Feminism*, ed. Richard Grusin, U of Minnesota P, 2017, ss. 21-49.
Derrida, Jacques. *Of Grammatology*. çev. Gayatri C. Spivak, JHU P, 1997.
Dick, Steven J. *The Biological Universe: The Twentieth Century Extraterrestrial Life Debate and the Limits of Science*. Cambridge UP, 1999.
Foucault, Michel. *The Order of Things: An Archaeology of the Human Sciences*. Routledge, 2005.
Haland, Evy J. "'Take, Skamandros, My Virginity': Ideas of Water in Connection with Rites of Passage in Greece, Modern and Ancient." *The Nature and Function of Water, Baths, Bathing and Hygiene from Antiquity through the Renaissance*, ed. Cynthia Kosso ve Anne Scott, BRILL, 2009, ss. 109-148.
Haraway, Donna J. *Simians, Cyborgs, and Women: The Reinvention of Nature*. Routledge, 1991.
Hassan, Ihab. "Prometheus as Performer: Toward a Posthumanist Culture?" *The Georgia Review*, vol. 31, no. 4, 1977, ss. 830-850.
Hayles, N. K. *How We Became Posthuman: Virtual Bodies in Cybernetics, Literature, and Informatics*. U of Chicago P, 1999.
James, P. D. *The Children of Men*. Faber & Faber, 2018.
Sayer, Karen. *Women of the Fields: Representations of Rural Women in the Nineteenth Century*. Manchester UP, 1995.
Smith, Miriam. "Homonationalism and Comparative Politics of LGBTQ Rights." *LGBTQ Politics: A Critical Reader*, ed. Marla Brettschneider, Susan Burgess ve Christine Keating, NYU P, 2017, ss. 458-477.
Levi-Strauss, C. *A World on the Wane*. çev. John Russell, Criterion Books, 1961.
Tara, Bill. *Natural Body Natural Mind: Health, Ecology and the Human Spirit*. Xlibris Corporation, 2008.
Tyson, Lois. *Critical Theory Today: A User-Friendly Guide*. Routledge, 2006.
Vanheste, Jeroen. *Guardians of the Humanist Legacy: The Classicism of T.S. Eliot's Criterion Network and Its Relevance to Our Postmodern World*. BRILL, 2007.
Wolfe, Cary. *What Is Posthumanism?* U of Minnesota P, 2010.

# DÖRDÜNCÜ KISIM
## KARŞILAŞTIRMALI EDEBİYATTAN SEÇMELER

# BÖLÜM 11

# Don DeLillo'nun *Sıfır K* ve Ian McEwan'ın *Benim Gibi Makineler* Adlı Eserlerinde İnsanötesine Dair

## Muhsin Yanar

> "Döne döne büyüyen anaforda
> Şahin duyamıyor şahincisini;
> Her şey yıkılıyor, bel vermiş ortadirek;
> Kargaşalık salınmış yeryüzüne,
> Yükseliyor kana bulanmış sular, ve her yerde
> Sulara gömülüyor suçsuzluğun töreni;
> İyiler her türü inançtan yoksun,
> Oysa yoğun bir tutkuyla esrik kötüler."
>
> W.B. Yeats, "İkinci Geliş" (çev. Cevat Çapan)

### Giriş

Don DeLillo'nun *Sıfır K* (*Zero K* 2016) eserinin ilk cümlesi "herkes dünyanın sonuna sahip olmak ister" (3) diye başlar. Bu cümlesiyle DeLillo, din-ötesi *(post-religion)* dönemde ölüm(ler)e karar vericilerin kimler ve neler olduğunu imler. Ona göre ölüm(ler)e karar vericiler, ekonomik sistemler, bu sistemleri yönetenler, teknolojiler, teknolojik sistemler ve bunları yönetenlerdir. Dünyanın sonuna sahip olma arzusu bu kişiler, teknolojiler ve sistemlere aittir. Dil bir araç olarak DeLillo'nun ifade ettiği "dünyanın sonu[nu]" (3) sona yaklaşıldığını ve bu süreci anlatabilir veya hikâyelendirebilir ancak yaklaşan yeni olası gerçeklerle veya gerçekliklerle bu hikâyelemesinden vazgeçebilir. Söz konusu olasılık ise teknolojik ve bilimsel gelişmelerle ilintilidir çünkü bilim ve teknoloji de yarını ve yarına dair olanı öngörür. Dolayısıyla insanötesi (posthümanizm) çalışmaların öngörüsü, bilim ve teknolojinin öngörüsüyle yakından ilişkilidir. Bu ilişki dâhilinde yarın tasavvuru ve bu tasavvur dâhilinde insanötesi varlık tasavvurları anlatılır. Bu çalışmada Don DeLillo'nun *Sıfır K* ve Ian McEwan'ın *Benim Gibi Makineler* (*Machines Like Me* 2019) eserinde yarın tasavvuru ve insanötesi varlık tasavvuru insanötesi kuram bağlamında incelenecektir.

İnsanötesi kuramı, Postmodermizmle ortaya çıkan ve zamanla gelişen bir kuramdır. İnsan kavramının 1960'larda felsefi ve politik bağlamda yapısöküme uğradığı ve 1990'larda ise bu kavram üzerinden yeni anlam/lar üretme ve türetme çabalarıyla geliştiği genel bir görüştür (Ferrando 24). Bu dönemler, insana dair tanımlamaların ve kimliklerin çoğaldığı ve çeşitlilik kazandığı, değersizleştirilen, marjinalleştirilen, ayrımcılığa uğrayan, ırkçılık ve sömürgecilik karşıtlığını ve çevreciliği savunan ötekilerin zamanla görünürlük ve anlam kazandıklarını ortaya koyar. (Braidotti 37). Bu görünürlük ve anlam kazanma aslında Aydınlanma hümanizminin başat özne krizine işaret ederek hümanizm karşıtı bir tavır sergileyen insanötesi projesinin başlamış olduğunu gösterir (Braidotti 37).

İnsanötesi kavramına ilk olarak Ihab Hassan'nın "Oyuncu Olarak Prometheus: İnsanötesi Bir Kültüre Doğru Mu?) ("Prometheus as Performer: Toward a Posthumanist Culture?" 1977) metninde rastlarız. Hassan, bu metninde, "Batı dünyasında yeni bir modelin" (xvi) vuku bulduğunu söyler. Bu model "geniş, yeniden yorumlayıcı" (xvi), daha geniş öteki kitleleri" içeren modeldir, ki bu modeli kimileri "insanötesi model" (Hassan xvii) olarak adlandırır. Hassan'ın bu modelinde insan teknolojiyle iç içedir. Bu iç içelik, insan tanımının yeniden yorumlanmasıdır. Mutlak insan tanımı, Rönesans sanatçısı Leonardo da Vinci'nin (1452-1519) Vitruvius İnsanı (*L'uomo Vitruviano*) eserinden yola çıkılarak tanımlanır (Braidotti 13). Vinci'nin günlük notları arasında bulunan bu eser, Aydınlanma döneminin (hümanizmin) "*insanlık* sembolü" (Braidotti 15) olarak kabul edilir. Vitruvius İnsanı, batılı (Avrupa-merkezli), beyaz, sağlıklı, erkek, kuvvetli ve yakışıklı biri olarak tasvir edilir. Bu tasvirdeki insanın birichkliği savunulup pekiştirilir (Braidotti 15). Onun dışındaki renkler (sarı, siyah), uluslar (Afrikalı, Kızılderili), ırklar, kişiler (engelliler), cinsiyetler (eşcinseller, kadınlar) vb. ötekidir (Braidotti 15). Hassan'ın imlediği model, Avrupa-merkezli ikicilikleri yok sayar ve çeşitlilikleri bu modele dâhil eder. Yani Hassan'ın insanın teknolojiyle iç içeliği konusundaki söylemi, bu Vitruvius insanı tanımı bir nevi bozar. Hassan'ın ima ettiği şey, Avrupa-merkezli ikicilikler negatiftir çünkü ötekileştirme, aşağılama, zayıf görme, cinsiyetçilik ve kategorize etme içerir. Rosi Braidotti ise söz konusu negatifliği Avrupa-merkezli insanın öteki gördüklerini daha az insan görmesi, kendinden olanı veya kendine benzeyeni "her şeyin ölçüsü" olarak görmesinden kaynaklı olduğunu ifade eder (15). Hassan'ın "insanötesi modeli" (xvii) ise bu negatifliğe dâhil edilenleri çeşitlilik olarak kabul eder. İnsanötesi söyleme göre pozitif olan ise "beş yüz yıllık hümanizmin sona yaklaşmasıdır" (Hassan 843). Bu son ile ifade edilen ise, insan kavramının sabit, kesin ve kalıplaşmış tanımlarından arınmasıdır. Yani insanın birichkliği, merkezde olması, doğayı kontrol etmesi ve ona hükmetme yetkisinin bir nevi elinden alınmasıdır.

Benzer şekilde insanötesi varlık tasarısı da teknolojilerden faydalanarak yeni insan bedenleri ile bir tür yazgı oluşturma çabası içindedir. İnsan, modern tekniğin yaratıcıysa eğer, bu durumda kendine ait olanın da (beden, cinsiyet gibi) dönüştürücüsü ve yaratıcısıdır. Bu bedenler, yeniden tasarlanabilir, yeni teknolojilerle iyileştirilebilir, zenginleştirilebilir, çok işlevsel veya fonksiyonlu hale getirilebilir ve bu bedenlere dair politik söylemlerden arındırılmış yeni bedenler yaratılabilir. Diğer bir deyişle, teknoloji, bedenleri yapıca biriciklik ve ikiciliklerden kurtaran bir araçtır. Yani teknoloji, insanı beden hapishanesinden veya kabından (*vessel*) kurtarma aracıdır. Çünkü beden hapishanesi; sınırlı, kısıtlı, engelleyici, tanımlayıcı, rol dağıtıcı ve şekilcidir. İnsan, tamamen canlı organizmadan oluşmuş kısıtlı bir bedenden kurtulup yarı makine yarı canlı yeni bir bedene geçer ki bu da süregelen beden tanımının ötesinde yeni bir varlıktır. Yani, söz konusu yeni varlık, süregelen geleneksel söylemlerinden ve biyopolitik yapılandırmalardan arındırılmıştır. Bu söylem, tanım ve yapılandırmalardan kurtulan insan insanötesi bir varlık niteliğine kavuşur. Ancak, şöyle bir yanılgı da söz konusu; "insanötesi kavramıyla türlerin sonundan bahsedilmez, (veya süregelen insanın ölümünden de bahsedilmez), yeni insan durumu/hali/vaziyeti de tanımlanmaz, (bir süreçten bahsedilir), özne-oluşum/oluşturma sürecidir" (Braidotti 6). Bu oluşum sürecinde diğer türler yok sayılmaz ve göz ardı edilmez. Yani, türler arasında bir hiyerarşi yoktur. Aksine, türlerin çeşitliği benimsenip pekiştirilir, çünkü "bu işte hep beraberiz(dir)" (Braidotti 6). Buna "mevcut olanın sonu" (Braidotti 6) ve "sanal olanın (süreç halinde/içinde olanın) gerçekleşmesi" (Braidotti 7) de diyebiliriz. Mevcut olanın sonu ile "klasik ideal *Erkekinsanın* ölümü" (Braidotti 29) kastedilir. Sanal olan veya süreç halinde olan ise henüz gerçekleşmemiştir, oluş halindedir. Esasında insanötesi söylemle "insan saf dışı bırakılmaz, fakat yeniden konumlandırılır, kavram olarak yeniden tanımlanır ve fiziksel olarak yeniden tasarlanır" (Landgraf ve Trop 4). Bu teorik çerçeveyi dikkate alarak Don DeLillo'nun *Sıfır K* eserinde saf dışı bırakılmayan, teknolojilerle yeniden tasarlanan, konumlanan ve söz konusu konumlanmaya ilişkin beliren insanötesi varlıklara tanık olacağız. Öte yandan Ian McEwan'ın *Benim Gibi Makineler* eserinde ise insanötesi bir yansıma olarak bedenen aşkın bir insan-makine sibernetik organizma oluşumunu okuyacağız. Beşerin ürettiği *insan gibi makinelerle* insan, öte bir varlık haline mi bürünecek? İnsanötesi-lik sürecindeki ol(uş)mayı ve bürünmeyi düşündüğümüz öte akıl ve beden bir makine aracılığıyla mı sağlanacak?

## *Sıfır K* Noktasında/Derecesinde Şimdiki Zamanın bir *Pandemonium* Dünyası

Modern insan, teknolojinin insan aracılığıyla insana dair müdahale(leri)sini tehlikeli bulur. Bu durumda korku dolu aciz modern insan, korktuğu şeyi, politik ve dini figürler ve söylemlerde olduğu gibi otorite olarak görür ve ona bel bağlar. Nihayetinde korkulan araç, medet umulan bir araca dönüşür. Yeni bir büyük anlatı olarak teknoloji veya teknolojiler, yeni buluşlarıyla insan kavramını kısıtlı, kalıplaşmış ve dar tanımlarından (ırk, cinsiyet vb) kurtarma araçları olarak spekülatif kurmaca edebiyatlarında sıklıkla işlenir. İngiliz yazar Neil Gaiman, Ray Bradbury'nin *Fahrenheit 451* (2018) eserinin *Sunuş* bölümünde şöyle der:

İnsanlar spekülatif kurmacanın geleceği tahmin etmekle ilgili olduğunu -yanlış bir şekilde- düşünür, oysa bu doğru değildir; veya doğruysabile, spekülatif kurmaca bu işi hiç becerememe eğilimindedir... Spekülatif kurmacanın gerçekten iyi olduğu alan gelecek değil şimdiki zamandır... şimdiki zamanın tedirgin eden veya tehlikeli bir ögesini alıp genişleterek ve ondan yola çıkıp tahminde bulunarak, bu ögeyi bu zamanın insanlarının yaptıkları şeyi farklı bir açıdan ve farklı bir yerden görmelerini sağlayacak şekilde dönüştürmektir. Uyarı niteliğindedir. (12)

Gaiman bu ifadesinde, kurmaca edebiyatın okuyucusuna geleceğe dair çözüm sunmadığını, aksine kurmaca eserin şimdiki zamana dair bir inceleme ve (okuyucunun göremediği bir) bakış sunduğunu belirtir. Şimdiki zamanda olan bitene dair yepyeni bir bakışla, kurmaca edebiyat okuyucusuna geleceğe dair öngörülerini aktarır. Aynı şekilde Gaiman bu öngörünün okuyuca geleceğe dair uyarı niteliği taşıdığını da ifade eder. Çağdaş yazar Don DeLillo'nun diğer eserlerinde olduğu gibi *Sıfır K* eserinde de buna benzer şimdiki zaman tasviri ve incelemesi okuruz. Bu tasvir ve incelemeden yola çıkarak DeLillo da okuyucusuna şimdiki zamanı bir nevi *pandemonium*[1] olarak tasvir edip olumlu teknoloji öngörüleriyle geleceğe dair yeni bir bakış sunar.

Çağdaş Amerikan yazar Don DeLillo'nun *Sıfır K* eserinde, ana karakterler Ross ve Artsi, şimdiki zamanın dünyasında insan olmanın acziyetini mevcut bedene teknolojiler vesilesiyle müdahele ederek aşmak isterler. Eserde Jeffrey Lockart'ın babası Ross, genç karısı Artis ile hayatını sürdüren altmışlarında bir milyarderdir. Ross, insan bedenlerinin muhavaza edilip biyomedikal ve yeni teknolojilerle (biyo-, Nano-, bilgi, bilişsel) insanötesi bir yaşama dönüştürülebileceği uzak ve gizli bir yerleşkenin (bilimsel araştırma merkezi denilebilir, eserde bu yerin adı *Convergence*'dır) en önemli yatırımcılarındandır. Karısı Artis'in sağlığı (doku sertleşmesine bağlı) kötüye gitmektedir ve bedeni buradaki bilim insanlarına teslim edilir. Ross ve Artis'in amaçları, mevcut sağlık problemini gidermekten çok esasen başka bir boyuta geçmek ve yeni bir insanötesi dünyaya uyanmaktır. Çünkü, DeLillo külliyatında tekrar tekrar işlendiği üzere, şimdiki zamanın bir *pandemonium* dünyası, karanlık bir dünya olduğuna vurgu yapar. Bu da terörizmin (sanal ve gerçek), sellerin, açlığın, ölümlerin, katliamların, yıkımların, salgınların, vb. felaketlerin vuku bulduğu bir dünyadır. Söz konusu felaketler romanda insanın ölümünün vesileleri olarak yansıtılır ve bu vesileler kader olarak tanımlanır ve benimsenir. Bu safsatadan ve/ya yanılgıdan ise yeni teknolojiler (biyo-, Nano-, bilgi, bilişsel) vesilesiyle kurtulanabileceği tasavvur edilir. Eser, bu anlamda Ross ve Artis'in kurtuluş hikâyesidir; şimdiki zamandan kurtuluş, şimdiki et ve kemikten ibaret

---

[1] John Milton *Kayıp Cennet (Paradise Lost* 1667) eserinde *pandemonium* kelimesini "cehennem" veya "cehennemin başkenti" anlamlarında kullanmıştır. Ancak, burada "keşmekeş," "düzensizlik," veya "kaos" anlamlarında kullanılmaktadır (Yanar, *Technoculture* 50).

olan organik bedenden kurtuluş, geleneksel söylemlerle kirlenmiş sınırlı akıldan kurtuluş hikâyesidir.

Benimsedikleri yeni hikâye ise, insanötesi-liğin hikâyesidir. Bu hikâyeyi Braidotti şöyle tanımlar; "insan ötesi durum organik ve inorganik, doğmuş olan ve imal edilmiş olan, et ve metal, elektronik devreler ve organik sinir sistemleri gibi yapısal farklar ve ontolojik kategoriler arasındaki ayrım çizgilerini yerinden eden" (101) durumun hikâyesidir. Bu insanötesi hikâyeye göre Ross ve Artis, söz geçen kategorilerden uzak ve bu kategorileri kapsayan bir varlık olarak uyandırılırlar; İnsanötesi bir varlık, böyle bir post/öte varoluşu tercih etmeleri, benimsedikleri bazı görüşlere dayanır. Ross ve Artis'in benimsediği görüş şöyledir; "dünyaya kendi seçimimizle gelmedik. Peki başkalarının seçtikleri ile mi ölmek zorundayız? Bu [uydurma] kaderi kabul etmemeyi seçmek insana has yücelik değil midir?[2]" (DeLillo 252). Ross ve Artis için akıl ve beden dondurma ve canlı dondurma biliminden faydalanmak, geleneksel sistemlerin bedenler ve zihinler üzerine kurduğu veya kazıdığı söylemlerden ve kalıplardan kurtulmak için bir çözümdür. Bu şekilde Artis, söz konusu sistemlerin olmadığı yeni bir düzenin var olacağı zamana kadar dondurulmuş olarak bekleyecek ve bu düzen var ol(uş)duğunda uyandırılacaktır. Bu, Ross için bir tür "inanç-esaslı bir teknoloji" (DeLillo 9) vesilesiyle mümkün kılınabilir. Bu teknoloji sayesinde Ross organik insan aklı ve beden sınırlarından kurtulmayı bekleyip insanötesi varlıklar olarak yeniden dünyaya gelecektir.

Akli ve bedensel engeller ve problemler geleneksel düzenlere, sistemlere ve dar, kısıtlayıcı insan-üretimli çevrelere mahsustur. Romanda bu insanötesi üretimin yapıldığı Sıfır K'da[3] (-273.15 derecede) özel bir ünitede, bir kapsülün içinde zamanı geldiğinde aklen ve bedenen insanötesi varlıklar olmayı arzulayan şimdiki zaman insanları vardır. Ross ve eşi Artis bu merkeze başvurularıyla şimdiki zamanın organik insan kavramına meydan okurlar çünkü şimdiki zaman problemlidir ve aynı şekilde şimdiki zamanın insanı da maddi (*material*) ve manevi (*spiritual*) olarak sıkıntı içidedir. Ross ve Artis için söz konusu zamanın ve insan bedenlerinin problemli olması bu zamanın ruhuyla ilintilidir. Zamanın ruhu, sözde yenilikler, sözde ilerleme ve gelişim arzusuyla gelen felaketler, savaşlar, yıkımlar, ölümler ve içi boşaltılmış anlamlardan ibarettir. Söz konusu zaman ve mekândan bağımsız yaşayamayacak olan insanın tek çaresi yeni teknolojilerdir. Aksi halde "felaket bizim (hepimizin) uyku masalı" (DeLillo 66) olacaktır çünkü "felaket kavramı beyinlerimize yerleşik vaziyettedir" (DeLillo 66). Sıfır K'da bir ünitede Ross ve Artis "...yaşamın sonuna dair ne varsa yeniden gözden geçirmek için bulunu[yorla]r. Ve [insanötesi olarak] kendilerine her haliyle hitap edecek bir

---

[2] Don DeLillo'nun *Sıfır K* eserinden alıntıların çevirileri aksi belirtilmedikçe yazara aittir.
[3] Sıfır K bir üniteye verilen isimdir. Sıfır (Zero)-273.15 dereceyi, K ise Kevin isimli fizikçiyi gösterir. Kitap *Sıfır K* adını bu açıklamadan alır.

evrene uyanacak[lar]" (DeLillo 67). Buna ilişkin Bob ve Ross'un *bu* ünitedeki iç seslerine tanık oluruz:

> [...] Maske düşer ve kişi gerçek anlamda kendisi olur. Tamamen kendisi. Kendisi. Kendisi nedir? Olduğun her şey, diğerleri, arkadaşlar, yabancılar, sevdiklerin, çocuklar, yürünecek caddeler, yiyecek yemekler veya kendini göreceğin aynalar olmadan var olan kendin olmak demek [...] Zaman algısı olmadan insan ne kadar insandır? İnsandan daha fazla insan mıdır? (DeLillo 67-68)

Ross ve Artis'in bu iç seslerinde bir belirsizlik ve tedirginlik hissederiz çünkü yeni düzen bir nevi muammadır. Ancak yine de bu yeni düzen yeni yaşama dair umudu yine gelecek zamanda göstermektedir çünkü şimdiki zaman vaziyeti/hali buna imkân tanımamaktadır. Artık şimdiki zaman "evren vatandaşı olmayı" (DeLillo 69) ve diğer türleri ve çoklu çeşitlilikleri kabul etmeyi ve onlarla birlikte yaşamayı gerektirmektedir. Bu ideal, insanötesi manzara şimdiki zamandaki insanın biricikliğinin ve ikiciliklerin (tür, cinsiyet, ırk arasındaki) ortadan kalkmasıyla mümkün görünmektedir. Diğer bir deyişle, romanda bu ideal, çoklukların varlığının kabul edilmesi ve görünürlük kazanmasıyla yansıtılmaktadır. Dolayısıyla DeLillo bu kurguladığı insanötesi dünyada yeni teknolojiler aracılığıyla çoklu varlıkların mümkünatını vurgular. Ancak bu yeni insanötesi dünya bir sonsuzluk yaratmaz aksine "hayatın tanımlayıcı unsuru sonunun olması" (DeLillo 70) gerektiğini gösterir.

DeLillo eserinde insan müdahalesi ile karşılaşılan ölümlerin kader olamayacağını imler. Çünkü ona göre ölüm de insanın problemli kurgusudur. Romanda kurgulan bu son (ölümün) şimdiki zamanda kültürel yapay bir olgu olduğunu ve kaçınılmaz katı bir saptama olmadığını düşündürtür. Başka bir deyişle, DeLillo insan müdahalesi ile karşılaştığımız felaketlerin yol açtığı ölümlerden kaçınmak için yeni teknolojilerden medet ummanın Tanrıyı oynamak olmadığını, aksine insan olmanın esas muhtevasını anlamaya çalışmak ve buna dair girişimlerde bulunmak olduğunu gösterir. Romanda bu teknolojilerin sağladığı akli ve bedeni ötesilikle yaratılan felaketlerin bir nevi sonucu olarak işlenir. Böylece şimdiki zaman ve mekânı kıymeti bilinmemiş kayıp cennete benzetebiliriz. Ross'un da dediği gibi "hepimiz burada [kayıp cennette] bir şeylerin olmasını beklemiyor muyuz? Burada, daha başka bir amacımız olduğunu tanımlayacak bir şey" (DeLillo 124). Ross'a göre "bu kayıp cennette" kimimiz daha sağlıklı olmayı, daha eşit olmayı bekliyor, kimimiz de yeni bir oluş, yeni bir yenilenme bekliyoruz: fiziksel, zihinsel ve ruhani. Ortak bir his, bir algıyı paylaşıyoruz. Kendimizi, benliklerimizi mantık ötesinde bir oluş olarak düşünüyoruz. Ross ve Artis, zamanı geldiğinde uyandırıldıklarında kültürel ve anlatısal mirasın dışında insanlar olarak, "tarihdışı insanlar" (DeLillo 130) olarak uyanacaklar; "yeni bir dil konuşacaklar yeni anlamların, tamamen yeni algı seviyelerinin onlara sunulduğu bir sisteme" (DeLillo 130) uyanacaklar. Ross ve Artis, tekrar tekrar içinde bulundukları şimdiki zamanın problemli olduğunu ifade ederler. Örneğin, "şu an her yerde baş gösteren terör ve savaş, gezegenimizi önüne katı katmış" gidiyor (DeLillo 241), "ve kent-sonrası [post-urban] terörist, anavatanını terketmiş," öte yandan, internet sayfaları [...]korku saçıyor" (242). Romada gezegen monodram4 ile kuşatılmıştır. Yani, şimdiki zaman monodramdan ibarettir, dolayısıyla buradan kaçıp kurtulmamız veya burayı iyileştirimemiz gerekir.

### *Benim Gibi Makineler:* Makine-İnsan Melezliği

Ian McEwan'ın *Benim Gibi Makineler* eseri genel olarak Hiroşima ve Nagasaki'nin atom bombalarıyla yok edilemediği, Turing'in yapay zekâ (Artificial Intelligence AI) alanında ses getirdiği bir dünyadan bahseder. Söz konusu dünya teknolojik yeniliklerin hüküm sürdüğü ancak toplumsal huzursuzlukların insanları kuşattığı 1980'ler Londrasıdır. Bu dünyacıkta yalnız ve amaçsızca yaşamaya ve hayata tutunmaya çalışan Charlie Friend'in hikâyesini anlatır. Charlie, ailesinden kalan parayla sınırlı sayıda üretilen ilk insansı (humanoid) robotlardan, Ademler ve Havvalar'dan, birini, Âdem'i, satın alır. Âdem, kullanma klavuzundaki kurulum aşamalarını takip ederek duygu, düşünce, hareket ve bilişsel becerileri sistemi başlatılması gereken bir yapay-zekâ insandır. Charlie, âşık olduğu komşusu Miranda'ya Âdem'inin kişiliğini kodlama klavuzundan beraber oluşturmayı teklif eder. Âdem kodlamadan sonra başlangıçta zekâsı, becerileri ve uyumluluğuyla her ikisini de etkiler. Zaman geçtikçe Âdem kendi has ahlak ilkelerini keşfeder. Bu durum Charlie ve Miranda için yüzleşilmesi zor bir sınav olur. Çünkü, kendi isteklerine göre kurup kontrol edebileceklerini düşündükleri Âdem, kendi kontrolünü ele alır. Zamanla kendi ahlak ilkelerini keşfeder, Miranda'ya âşık olur ve onunla cinsel ilişki arzular. Bu manzara Charlie ve Miranda için insan olmanın ve makine-insan olmanın esasını veya muhtevasını sorgulatır. Âdem esasen Charlie'nin savunduğu "kuşkusuz başka insanlar [insanötesi], başka zihinler [insanötesi zihinler] bizi büyülemeye devam etmeliler" (McEwan 13) düşüncesinin timsalidir. Diğer bir deyişle, McEwan'ın Âdem'i bu insanötesiliğe örnektir. Robot görünümlüdür, ancak insana ait akli ve bedeni niteliklere sahip makine-insandır. Etimsi bedeni, rasyonel olarak işleyen beyni, muhakeme yeteneği, kendi otonomluğuna sahip olması, duygusal yapısı (âşık olması) ve duygu ve düşüncelerini ifade etmesi, duygusal ve rasyonel reaksiyonlar göstermesi gibi özellikleri Âdem'i "bizim gibi makineler" olarak

---

4 Kelime olarak "monodram" tek kişilik tiyatro oyununa verilen isimdir. Bu tek kişilik oyun üzerinden oyuncunun duygularına, düşüncelerine ve hareketlerine tanık oluruz. Bunlar üzerinden ise bu tek kişinin acısı, sevinci, öfkesi, nefreti, isyanı vb gibi hallerden haberdar oluruz. Ancak, bu makalede kelimeyi "global, ortak, her yere yayılmış sıkıntı, problem ve felaket" anlamlarında kullanmaktayım. Buradaki tek kişiyi bir bütün, Ben=Biz=Hepimiz, olarak algılayarak "tek" olanı bütünleştirip "herkes" olarak değerlendirdim. Dolayısıyla "tek(in)" yaşadığı sıkıntı, problem ve felaketin "herkes(e)" ait ortak bir sıkıntı, problem, felaket olarak öne sürüyorum. Başka bir deyişle, "monodram" kelimesini bu makalede herkesin ve herkesi ilgilendiren bir dramı olarak kullanıyorum.

gösterir. Tabii, bu noktada insanötesi örneği olarak önerilen robotlaşmak veya robot Âdem değildir. Âdem bir makine-insan birleşimi bir siborg var-oluş olarak okunabilir. Adem'in "hem bir işletim sistemi hem de doğası – yani makine-insan karışımı doğası – bir de kişiliği var(dır)" (McEwan 28). Bu bağlamda, Adem'i insanötesi olarak düşünebiliriz çünkü insan doğasına ve kişiliğine sahiptir. Şimdiki zaman insanı gibi değildir; etten kemikten değildir, dolayısıyla hastalanmaz, bedeni zamanla yok olmaz ve çürümeye maruz kalmaz. Âdem, bu tanımlamadan yola çıkıldığında Donna Haraway'in "siborg"'unu anımsatır.

Haraway, "Siborglar İçin Bir Manifesto: 1980'lerde Bilim, Teknoloji ve Sosyalist Feminizm" (1994) ("A Manifesto for Cyborgs: Science, Technology, and Socialist Feminism in the 1980s") metninde insanı bu sabitlik, kesinlik ve kalıplaşmış tanımdan kurtararak siborglaştırır ve insan ona göre "makine ve canlı bileşimi" (50) bir varlıktır. Bu durumda insan, sadece teknolojik bir varlık veya sadece bir makine değildir. Haraway'in "siborg[u]" "insan ve makine, insan ve hayvan, fiziksel ve fiziksel olmayan arasındaki ikiciliği ve sınırarı kaldıran bir metafordur" (Buran, "Correspondence" 293). Bu varlık, canlı bir organizmaya teknoloji müdahalesi ve ilavesiyle yaratılan yeni bir organizmadır. Buna göre Âdem bir tür sibernetik organizma, yani insan ve makine sınırının ortadan kalktığı insanötesi varlığa somut bir örnektir. Buradaki esas nokta ise şöyle açıklanabilir; Âdem, bir insan müdahalesiyle yaratılan, kodlanan ve kurulan bir varlıktır. Şimdiki zamandaki insanın arzusunun bir nevi canlı örneğidir. Yani insanötesi organizma yaratma arzusuna denk gelen insan türüdür. "Bu [Âdem], mühendisliğin ve yazılım programının bir zaferiydi[r]: İnsan yaratıcılığının kutsanışı"dır (McEwan 31). Nasıl ki DeLillo'nun eserindeki Ross ve Artis'in arzuları böyle bir var-oluş, yaratılma/yeniden dünyaya gelme veya uyandırılma arzusu hakimse, Âdem de şimdiki zaman insanının insanötesi yapay zekâ-insan arzusudur. Yani "[...] genetiği kendi yapımız olan karma bir üretim[in] meydana gel[mesidir]" (McEwan 35). Bu üretimden Charlie korkmaz. Isaac Asimov'un açıklaması bu üretimden korkmaması için ona gerekli rahatlığı sağlar.

Öte yandan üretilen (Âdem gibi) insanötesi de robotlaşmış, tamamen makine olarak üretilmiş bir insan değildir. Kusurlu aklı ve bedeni niteliklerinden olabilidiğince arındırılmış yapay-zekâ insandır. Bildiğimiz gibi, söz konusu kusurlu nitelikleriyle insan birçok probleme yol açtığı kurgulanmıştı. Bu problemleri Charlie şöyle ifade eder; "Küresel ısınma artıyordu. Kentlerin havası temizlendikçe ısı daha hızlı yükseliyordu. Her şey yükseliyordu – umutlar ve çaresizlikler, sefalet, can sıkıntısı [...]" (McEwan 99). Charlie bu ifadesinde, küresel ısınma ve onun artması, çaresizlikler, sefaletler ve can sıkıntılarının şimdiki zamanın insanının sorunlu aklı ve bedeni yetersizliğinden kaynaklandığını ima eder. Charlie'nin bu yetersizlikten kastettiği şey, aklı ve bedensel eksikliğe sahip insanın problemli söylemler üretmesi, ayrımcı, ayrıştırıcı, cinsiyetçi, ırkçı ve antroposentrik görüşler, tanımlar ve tanımlamalar üretmesidir. Örneğin, Rönesansla biricikliğine kavuşmuş insan Aydınlanma ile rasyonel akla sarılmıştır. Bahsedilen görüş, tanım, tanımlama ve söylem üretimini bu biricikliğinin yücelttiği rasyonel akıl ile ortaya çıkmıştır. Problemli akıl aracılığıyla türlere ve cinsiyetlere ait, çoklu ve çeşitli bedenlere ait yine problemli söylemler üretmektedir. İşte romanda Charlie'nin ima ettiği bu akıl veya düşünce yapısı problemlidir. Dolayısıyla insanötesi algısıyla korumamız gereken, insanmerkezci/antroposentrik[5] biriciklik ve ikicillikler değildir. Aksine, bütün bunlardan bağımsız bir varoluşu benimseyip pekiştirmektir. Charlie'nin Adem'i bu tür var-oluşa bir nevi örnek teşkil eder. Bedenen şimdiki zaman insan bedeninden üstündür; verimli, güçlü, üretken ve sağlıklıdır; zamanla organları yaşlanmaz ve ölmez. Üreme organı vardır, ancak arzularının (dünyevi veya şehevi) kölesi değildir. Charlie bu durumu şöyle ifade eder:

> Milyonlarca insan, nasıl tedavi edileceğini bildiğimiz hastalıklar yüzünden ölüyor. Herkese yetecek şey varken milyonlarca insanlık yoksulluk çekiyor. Biyosferin tek yuvamız olduğunu biliyor, yine de onu yok ediyoruz. Neyle sonuçlanacağını bilsek de birbirimizi nükleer silahlarla tehdit ediyoruz. Canlıları seviyor, ancak türlerin kitleler halinde yok olmasına göz yumuyoruz. Ve geri kalan her şey – soykırım, işkence, kölelik, aile içi cinayet, çocuk tacizi, okullarda baskınlar, tecavüz ve her gün yaşanan onlarca zulüm. (McEwan 152-153)

DeLillo'nun *Zero K* romanında da işlendiği gibi yukarıdaki ifadede de Charlie'nin içinde bulunduğu şimdiki zamanı problemli gördüğünü ve yeni bir şimdiki ve gelecek zaman arzulayıp hayal ettiğine tanık oluruz. Söz konusu arzu ve hayali, hastalıklar, yoksulluklar, nükleer silahlar, türlerin kitle imhası, soykırım, işkence, taciz, tecavüz vb. gibi insan-kaynaklı sorunlardan kurtulmaktır. Bu ise ancak aşkın makineler ve aşkın insanlardan veya makine-insan karışımı bir var-oluşla anlatılır.

DeLillo'nun *Zero K* romanında bahsedilen monodrama McEwan'ın bu eserinde Charlie'nin sözlerinde de rastlarız: "İşssizlik, enflasyon, grevler, trafik sıkışıklığı, intihar oranları, ergen gebelikleri, ırkçılık olayları, uyuşturucu bağımlıları, evsizler, tecavüzcüler, gasplar ve çocukların girdiği depresyonlar" (98). Charlie, burada ifade ettiği dram gezegeni saran bir dramdır. Ona göre şimdiki zaman sıkıntılardan ibarettir ve kaynağı ise akli ve bedensel yapısıyla şimdiki zaman insanıdır. Bu zamana Âdem gibi zekaya sahip, özbilinci olan yapay-zekâ insanla yanıt verir. İnsanötesi bir var-oluş olarak Âdem, McEwan'ın sunduğu bir tür ideal insanötesi varlıktır. Çünkü, *Sıfır K*'daki Ross

---

[5] İnsanmerkezcilik (anthropocentricism): Her şeyin insana hizmet için var olduğunu belirten bir kavramdır. İnsan dünyayı ve içinde var olan bütün canlıları kullanılacak bir kaynak olarak görür. Bu görüş ayrımcılık içerir çünkü insan kendinden aşağı olduğunu düşündüğü varlıkları kendisine hizmet etmesi için var olduğunu veya yaratıldığına inanır. Dolayısıyla, insan dışındaki varlıklar ötekileştirilir.

ve Artis'in dondurulma arzusu ve makine-insan tasavvuru gibi *Benim Gibi Makineler*'deki yapay zekâ-insan Âdem ve Havvaların üretilemesini bu eserler üzerinden daha önce rasyonel akılla tasarlanan teknolojik dünyanın çıkarcı ve kibirli otoritelerin, felaketlere ve sıkıntılara sebebiyet verenlerin, kitle kontrol aracı olarak kullanılıp sadece kendi çıkarlarına hizmet ettiğine bir tepki olarak okuyabiliriz. Gezegeni saran monodramın temel sebebi bu eserlerde bu tarz otoriteler olarak gösterilir. Hem Ross ve Artis hem de Charlie tüm insanlığı ve türleri kapsayan ve bütün bunların mevcudiyetini önemseyen yeni teknolojilerden medet umarlar. Bu romanda bahsi geçen teknolojiler, hem insanı aklen ve bedenen öteye taşıyacak hem de oluş-turduğu insanötesi-likle söz konusu monodramı ortadan kaldırıp çoklu var-oluş ve çoklu memnuniyet sağlayan bir posthüman dünya sunacaktır. Bu yeni arzu ile insanlığın sonuna sahip olmak arzusu kabul edilebilir görünmektedir. Çünkü her iki romanda da çoklu var-oluş ve tatmin insanlığın arzu ettiği bir var-oluş şekli ve düzenidir, böylece çoğulcu olan bu yeni dünya düzenlerinde teknolojiler çeşitli insanötesi varlıklara memnuniyet sağladığı kurgulanır.

Öte yandan insanötesi-liğin eksik bazı ögeler barındıracağını ileri süren görüşler de mevcuttur, biyokonservatizm gibi. Biyokonservatizm görüşünü savunanlar, insanı teknolojilerle aklen ve bedenen öteye taşımanın insana özgü ahlak duygusunu ortadan kaldıracağını savunurlar. Biyokonservatif Francis Fukumaya "biyoteknolojinin en riske atacağı şey(in), yalnızca geleceğin tıbbi teknolojileriyle ilgili yaratıcı kar-zarar hesapları değil, insanlık var olduğundan beri sabit bir değer olarak kalan insana özgü ahlak duygusu" olduğunu söyler (127). Aynı şekilde, Slavaj Žižek de *Kendini Tutamayan Boşluk* (*Incontinence of the Void* 2019) eserinde insanötesi-liğe dair endişelerini ve bu alandaki belirsizliği sorduğu sorularla dile getirir:

> İnsanlık-sonrasına ilişkin vizyon öznelliğe gerçek bir tehdit olduğu için, sahiden özenliğin yok olması tehlikesi doğurduğu için öznelliği korumanın tek yolu insanlık-sonrasına geçişi engellemek midir, yoksa insan-sonrası durumda hala bir özne var mıdır, yani insanlık-sonrasına ilişkin vizyon en nihayetinde ideolojik bir fantezi midir? (197).

Zizek'in tedirginliği insanötesi-likte özenliğin ortadan kalkma tehditine veya tehdit ihtimaline yöneliktir. Zizek şöyle devam eder; "[…] İnsan-sonrası bir *Homo deus* mu, yoksa neredeyse kadiri mutlak digital bir makine mi?" (199). Zizek'in bu ifadesine göre, insanötesi-liğin belki de demokrasi, serbest piyasa ve insan haklarını ortadan kaldıracağı düşünülür. Ross ve Artis belki de bunların ortadan kalktığı böyle bir zaman ve mekâna uyanırlar, insanlığın kendisine has ahlak (iyilik-kötülük) duygusunu hiçe sayarak monodrama sebebiyet verdiği zaman ve mekâna. DeLillo'nun *Sıfır K* eseri üzerinden sözde demokrasi, insan hakları ve yıkıcı serbest piyasa gibi araçların monodramı pekiştirdiğini okuyabiliriz. Ross ve Artis bu sebeple bulundukları zaman ve mekânı kuşatan bu monodramdan kaçmayı tercih ederek insanötesi bir gelecekte uyanmak isterler. Üstelik Ross ve Artis, politik ve ekonomik karar vericilerin kendi hayatları ve ölümleri üzerindeki hakimiyetinden kendi kararlarıyla kurtulmak isterler. Âdem ve Havva'ları da aynı şekilde bu tür karar vericilerin hâkim olduğu ortama McEwan'ın sunuğu alternatif cevaplar veya çözümler olarak okuyabiliriz. Âdem ve Havva'lar bir nevi aşkın insanötesi dönemin habercileridir. Gerek DeLillo gerekse McEwan eserlerinde bizlere bu karar vericilerin politikaları ve ekonomileri vesilesiyle ötekileştirme, marjinalleştirme, asimile edip sömürme gibi planlarını ortaya sererek sundukları karakterler üzerinden insanötesi alternatifleri ve bu alternatiflerin olası geleceklerini sunarlar. Diğer bir deyişle, bu eserler üzerinden Avrupa-merkezli geleneksel hümanist perspektiflerin yerle bir edilip yıkılışını okuruz.

Uluslar, özellikle Avrupa-merkezli olanlar, politik ve ekonomik karar vericleriyle, kendileri dışındaki ulusları ve bu ulusların vatandaşlarını ötekileştirir, marjinalleştirir, sömürür (kültürel, dini, ekomomik, politik olarak) ve asimile ederler. Avrupa-merkezli beyaz adamın hikâyesi bir nevi bunları kapsar. Tanımlamak gerekirse, beyaz adam, Avrupa-merkezli beyaz erkektir; bu erkek, ayrımcıdır (beyazı siyahtan, beyazı sarıdan, beyaz Avrupalıyı (Western) beyaz olmayan ve de Avrupalı da olmayandan (non-Western), erkeği kadından, erkeği diğer cinsiyetlerden ayırır (Braidotti 15, 38). Bu ayrıştırdıklarını dışlar, böler, dışarıda bırakır, kutuplaştırır; onlara karşı ön yargılıdır ve düşmanlık besler. Benzer hikâyelere aynı ulusun kendi içinde de tanık oluruz. Aynı dil, din, mezhep, etnik köken ve politik görüşe sahip çoğunluk azınlıkta olanı ötekileştirir, dışarda tutar, ayrıştırır, ayrımcılık yapar ve baskı altında tutarak kontrol etmeye çalışır. Bu "kendini pohpohlama hümanizm değil, hele hele aydınlanmış eleştirellik hiç değil(dir). Batılı olmayan ötekilerin insan-altı bir konuma indirgenmesi, onların epistemik ve toplumsal insanlık-dışılaştırılmalarınından sorumlu hâkim özne açısından cehalet, hata ve kötü bir bilinç kaynağıdır" (Braidotti 39). Braidotti'nin bahsettiği cehalet ve problemli bilinç, insana özgü olanın (ulusal, politik, ekonomik) çıkarlara ilişkin görmezden gelinip unutulduğu bilinç türüdür. Çıkarlara dayalı yıkımı William Butler Yeats'in "İkinci Geliş" (The Second Coming 1920) şiirinde "Her şey yıkılıyor, bel vermiş ortadirek;/Kargaşalık salınmış yeryüzüne" (çev. Cevat Çapan) dizeleriyle ifade eder. Bununla imlediği ise söz konusu çıkarların yol açtığı soykırım, katliam, yıkıntı, savaş, kriz ve kaoslardır.

Şahit olduğumuz diğer önemli nokta ise "biyokorsanlıktır; ...özne bedenleri [kadın, yerli, yeryüzü ve doğal ötekiler] küresel ekonomilerin [çıkarların] elden çıkarılabilir unsurları halini almış" (Braidotti 125) olmasıdır. Bununla ifade edilen, bedenleri kontrol eden kapital düzenin yaşam hakkını da bu bedenlerin elinden kolayca almasıdır. Çünkü bu anlayışa göre yaşam bu bedenlere ait bir imtiyaz değildir. Örneğin savaşlar, asıl yaşama imtiyazına sahip bedenleri mevcut elindeki teknolojiyi kullanarak gözden çıkarma konusunda kararlıdır. Savaşlarla kolaylıkla gözden çıkarılan bedenlerin kaderi (sonu) ölüm olarak ortaya çıkar. Savaş gibi dış faktörler de karar verici olduğu şimdiki zamandan Ross ve Artis'in kendi istek ve kararlarıyla ayrılma sebeplerine örnek teşkil eder. Bedenlerini gelişmiş doktorlara teslim ederek dondurup başka bir zamana ve mekâna uyandırılmak istemelerinin sebebi, çıkarlar uğruna açılan savaşlar, çıkarlar uğruna yaratılan terörizm, yıkımlar, katliamlar vb. gibi ölüm veya kader belirleyici ortamdan uzaklaşmaktır. Kısacası, şimdiki zamanın problemli ortamındaki problemli *insan-oluştan* uzaklaşmak ve insanötesi varlıklar olarak uyandırılmaktır. Bütün bunlar dikkate alındığında Fukuyama'nın bahsettiği ve kaybolmasından korktuğu insana has ahlak duygusunun politik, toplumsal, ekonomik, milliyetçi vb. gibi amaçlar ve çıkarlar (127) devreye girdiğinde ortadan kaybolduğuna Ross ve Artis gibi bizler de tanık oluruz.

Buna rağmen romanda Ross ve Artis'in aksine, yeni bilimsel ve teknolojik insanlığın doğurmakta olduğu insanötesi-likten korkmayan yok değildir. Romanda, insanötesi-lik algısının gezegene hâkim olmasıyla türümüzün kısa vadede yok edeceğinden korkulur. Örneğin Dominique Lecourt "kendi evrimini destekleyen bilgi çabası içindeki insanlık, kendini, adeta öz varlığından dışlama noktasına gelecektir" (11) diye söyler. Lecourt'un dediğine bakılırsa, bilgi ve teknolojilerle kendini aşmaya çalışan insanlık, kendine yabancı bir var-oluşa (varlığa) dönüşebilir. Diğer bir deyişle bilgi ve teknolojilerle vardığı nokta veya edindiği akli ve bedensel yeni var-oluş tamamen yabancı olduğu bir nokta ve var-oluştur. Ross ve Artis'in aynı şekilde ileri bilgi ve teknolojilerle dönüşmek istedikleri bedenler de kendilerine yabancı gelen bedenler olabilir. Ancak Ross ve Artis, yine de bu yeni bedenlere veya yeni var-oluşa (insanötesi-liğe) karşı herhangi bir korku beslemezler. Aksine, bunlar, bu şekilde ve bu vesilelerle dünyanın sonuna sahip olmak veya tanık olmak isterler.

Lecourt, öte yandan, insanötesi-liğin gittiği yönün insanlara mutluluk sağlayıp sağlamayacağı konusunda kaygılıdır. Ancak, insanötesi-liğin gidişatının insana mutluluk sağlayacağına DeLillo'nun bu karakterlerinin insanötesi-liğe dair umutları vesilesiyle tanık oluruz. Çünkü romanda görüldüğü üzere, gelecek umut dolu bir olasılık üzerine kuruludur, mevcut veriler, gözlemler ve deneyimler bu olası umutlu gelecekten bizi haberdar ederler. Bu olasılıklar dâhilinde insanötesi-liğin gelecekte insana mutluluk sağlayabileceği ihtimalini düşünebiliriz ve şunu diyebiriz; İnsanötesi-liğin antroposentrik biriciklik, ırk, cinsiyet, renk, vb. konulardaki ikicillikleri yok sayar. Dolayısıyla söz konusu mutluluk tedariğinin suya düştüğü dünyadan yeni bir dünyaya, insanötesi varlıklarolarak tekrar uyanmak için Ross ve Artis'in akıl ve bedenlerini dondurmaya karar vermiş olmalarını insanmerkezci olan bir dünyaya bir nevi eleştiri olarak okuyabiliriz. Aynı şekilde, Âdem ve Havva'ları da bu kriz ve kaos ortamını değiştirme ve dönüştürme çabasına veya umuduna yönelik yeni varlıklar olarak görebiliriz.

## Sonuç

DeLillo'nun *Sıfır K* ve Ian McEwan'ın *Benim Gibi Makineler* eserlerinde erkek-insanın kibirli müdahalesiyle 'çoraklaşmış' dünya düzeninden kurtulmak isteyen, bu düzeni ve düzen içindeki hem şimdiki zamanın hem de şimdiki zaman insanının aklî ve bedensel ötesiliğini arzuyan insanötesi varlıklar tasavvur edilmiştir. İnsanötesi-lik de benimsenmesi muhtemel bir süreç olarak yansıtılmıştır. Zaman ve mekânı kendi politik ve ekonomik amaçlarına göre yöneten şimdiki zaman insanı her iki romanda da yansıtıldığı üzere aklen ve bedenen kusurlu görülebilir. Her iki eserde de şimdiki zaman insanının kusurluluğundan kaynaklanan (aklen ve bedenen) problemlere karşı nasıl bir insanötesi varlık modeli tercih edilmesine dair örnekler görürüz. Ancak her iki eser bize kesin bir netice sunmaz. Onun yerine, mevcut problem(ler)e çözüm olarak yöntemin ne olabileceğini imlerler.

Ross ve Artis, bu problemli durumdan veya kurgudan kendi seçtikleri yöntemle, insanötesi varlıklar olarak belli bir süre sonra yeniden doğarak kurtulmak isterler. Öte yandan McEwan eserinde, problemli şimdiki zaman haline Ademler ve Havva'lar vesilesiyle cevap vermek ister. Her ne kadar Charlie, Ademler ve Havvalara yönelik korku, "bizim gibi" yaratılan "makinelerin" insanları ele geçireği korkusu ve tedirginlik yaşasa da McEwan şimdilik insan gibi makineler üretip "insanları" ("bizleri") yeniden gözden geçirmenin bu korku için bir alternatif olabileceğinie gösterir. Çünkü eserinde McEwan insanların ("bizler")'in tekerrür eden kibirle dünyayı politik ve ekonomik çıkarları uğruna yok edebileceğine işaret eder. McEwan'ın buna yönelik sunduğu şey, insan (bizim) gibi, ancak organik insan olmayan veya insanötesi-makinelerdir, yani etten ve kemitten bizim gibiliği ve düşünsel, söylemsel bizim gibiliği aşan insanötesi insanlık önerir. Sonuç olarak, eserlerde gördüğümüz üzere şimdiki zaman bir *pandemoniumu* andırır, bir kayıp cennettir. Beden-dondurma gibi yeni teknolojiler ve bu teknolojiler vesilesiyle ortaya koyduğumuz geleceğin insanötesi varlıkları, yapay zekâ-insanları olarak Ademler ve Havvaları, kaybolan cennetin gelecekte yeniden bulunmasına yönelik muhtemel çözümleri olduğunu düşünebiliriz.

## Kaynakça

Bradbury, Ray. *Fahrenheit 451*. İthaki Yayınları, 2018.
Braidotti, Rosi. *The posthuman*. John Wiley & Sons, 2013.
Braidotti, Rosi. "A Theoretical Framework For The Critical Posthumanities." *Theory, Culture & Society*, vol. 36, no. 6, 2019, ss. 31-61.
Buran, Sumeyra. "Correspondence between Cyborg Body and Cyber Self." *Journal of Research in Gender Studies*, vol. 5, no. 2, 2015, pp. 290-322. HeinOnline.
Çapan, Cevat. *Çağdaş İngiliz Şiirleri Antolojisi*. Adam Yayınları, Birinci Basım, Ekim, 1985.
DeLillo, Don. *Zero K*. Scribner, 2016.

Ferrando, Francesca. *Philosophical posthumanism*. Bloomsbury Publishing, 2019.

Fukuyama, Francis, & Fromm, Çiğdem, Aksoy. *İnsan Ötesi Geleceğimiz: Biyoteknoloji Devriminin Sonuçları*. ODTÜ Geliştirme Vakfı, 2004.

Haraway, Donna. "A Manifesto For Cyborgs: Science, Technology, And Socialist Feminism in the 1980s." *The postmodern turn: New perspectives on social theory*, 1994, ss. 82-115.

Hassan, Ihab. "Prometheus as Performer: Toward a Posthumanist Culture?" *The Georgia Review*, vol. 31, no. 4, 1977, ss. 830–850. JSTOR, www.jstor.org/stable/41397536. Accessed 31 Dec. 2020.

Hayles, N. Katherine. *How we became posthuman: virtual bodies in cybernetics, literature, and informatics*. University of Chicago Press, 1999.

Landgraf, Edgar ve Gabriel Trop. "Introduction: Posthumanism after Kant." *Posthumanism in the Age of Humanism: Mind, Matter, and the Life Sciences after Kant*. ed. Edgar Landgraf, Gabriel Trop ve Leif Weatherby. Bloomsbury Academic, 2019. 1–16. *New Directions in German Studies. Bloomsbury Collections*. Web. 23 Dec. 2020.<http://dx.doi.org/10.5040/9781501335709.ch-001>.

Lecourt, Dominique. *İnsan Post İnsan*. çev. Hande Turan Abadan, Epos Yayınları, 2003.

McEwan, Ian. *Benim Gibi Makineler*. Yapı Kredi Yayınları, çev. İlknur Özdemir, 2019.

Yanar, Muhsin. *Technoculture and Hyperreality in Don DeLillo's Americana, Great Jones Street and White Noise*. Diss. İstanbul Aydın University Institute of Social Sciences, 2018.

Zizek, Slavoj. *Kendini Tutamayan Boşluk*. Metis Yayınları, İstanbul, 2019.

# BÖLÜM 12
# Posthümanizm Bağlamında Doğu-Batı Halk Hikâyelerindeki İnsan-Hayvan İlişkileri: Karşılaştırmalı Bir İnceleme

## Ülfet Doğan Arslan

> Konuşabilen bir hayvan şöyle demiş:
> "İnsanlık, en azından biz hayvanların acısını çekmediği bir önyargıdır."
> (Nietzsche 218)

**Giriş**

İnsan, yaşama tutunabilmek adına kendini tanımlama, içinde yaşadığı evreni anlama ve kendinin evrendeki yerini bulma çabası içerisinde olmuş, bunu yaparken de hep "ötekine" ihtiyaç duymuştur. Çevresini anlamaya çalışan insan, ötekini tanımladıkça öteki olmayan olarak kendi pozisyonunu sağlamlaştırmış ve kendini hem doğa hem de hayvandan koparak biricikliğini ilan etmeye girişmiştir. İnsanın doğadan ve hayvandan bu kopuşunun, Batı toplumlarında Doğu toplumlarına nazaran daha hızlı olduğu görülmektedir. Çünkü Batılı Aydınlanma, "hayvanların bitkilerden, insanların hayvanlardan, erkeklerin kadınlardan, özgür yurttaşların kölelerden daha iyi" (Aristoteles 26-35) gibi sınıflamalar barındıran Antik Yunan geleneğini merkezine almıştır. Buna ek olarak Batı'nın hızla kapitalistleşen yaşam biçimleri, Hristiyan geleneğin erilliğini imleyen bir Tanrı algısıyla birleştiğinde de Batılı bireyin rasyonalist, pragmatik, insanmerkezci oluşu kaçınılmaz hale gelmiştir. Zira Batılı bu düşünce siteminin yegâne amacı, türcülük gibi ideolojilerden de yararlanarak insanı yaşadığı doğadan ve yaşam alanını paylaştığı hayvandan ayırmak ve onlardan mümkün olduğunca çok fayda sağlayabilmektir. Fakat modern yaşamın kapitalist pratiklerinin kesintisiz idamesi sonucu ortaya çıkan doğal kaynakların giderek azalışı, çevre kirliliği, iklim değişikliği ve bazı türlerin yok oluşu gibi meseleler modern insanı kendi varlığının devamı konusunda kaygıya sürüklemiş, bu nedenle insanın doğa ve hayvan ile olan ilişkisinin yeniden sorgulanması ihtiyacı hâsıl olmuştur. Bu sorgulamalarla beraber insan yaşamının sürdürebilirliği için doğaya ihtiyaç duyulduğu ve insanın kendisinin de evrenin doğal döngüsü içerisinde bir özne değil aynı zamanda nesne de olabileceği gerçeği gündeme gelmiştir. Bu bağlamda insanötesiliği ele alan Posthümanizm, geçmişin antroposentrik ve hümanist varsayımlarının sınırlarını, türler hiyerarşisini ve insanlığın geleceğini bilimsel, teknolojik ve kültürel boyutlarıyla yeniden tartışmaya açarak bilim, teknoloji, kültür, felsefe ve tarih gibi birçok alanda yeni değerlendirmelere olanak sağlamıştır.

Amacı Kıta Avrupası'nda hümanizm ile merkeze oturtulan öznenin konumuna düalisttik ve hiyerarşik olmayan açılardan bakarak insan ve insan olmayan arasındaki ilişkiyi yeniden değerlendirmek olan Posthümanizm, içinde barındırdığı "post-hüman" kavramıyla sadece Aydınlanma'nın içinde sakladığı Batılı insana değil Orta Doğu toplumlarının da benimsediği Âdem-insana, onun türcü yaklaşımına ve eril insan istisnacılığına da eleştiri getirmektedir (Öztürk 5-7). Yine Posthümanizm din, bilim, ekonomi, siyaset ve kültür gibi kavramların insanı eylediklerinin sorumluluklarından kurtaran ve onu temize çıkaran mekanizmalar olduğunun ayırdına varıp, doğa ve hayvanı metalaştırıp değersizleştiren modern toplumların bakış açısına eleştirel bir gözle bakmaktadır. Bu noktada evrenin kozmik yapısında etken değil, aynı zamanda edilgen bir pozisyona sahip olduğu konusunda bir farkındalığa ulaşan insan, günümüzün sibernetik ortamlarında kendisinin de ne olduğuna onu evrende tek ve en yüksek değer olma statüsüne yükselten hümanizminkinden farklı tanımlamalar getirmek ister.

Farklı birçok alanda olduğu gibi edebiyat alanında da yeni tartışmalara olanak tanıyan Posthümanizm gerek sözlü gerekse yazılı geleneğin ürünü olan ve insanın bilinçaltını yansıtan edebiyat eserlerinde insanın kendi ve öteki ile olan ilişkisinin açık ya da gizil görünümlerini yeniden değerlendirmeyi de zorunlu hale getirir. Edebiyat çalışmalarının bir kolu olan ve toplumların geçirmiş olduğu kültürel ve düşünsel evrimlerin tespitinde çok etkin bir rol oynayan Halkbilimin, Posthümanizmden önce de insanla insan olmayan hayvan arasındaki ilişkiyi insan merkezli bakış açılarından farklı bir perspektifle değerlendirmeye tabi tuttuğunun farkına varılmış ve insan olmanın yeniden tanımlandığı Posthümanist felsefeye yakın bir yerde durduğu görülmüştür. Bu çalışmada da Halkbilimin kendi alanına dâhil ettiği ve sözlü edebiyat geleneğinin bir ürünü olan destanlarda Posthümanist söylemin izi sürülecektir ve yine Doğu ile Batı kültürüne ait iki örnek üzerinden insan ve hayvan ilişkilerinin farklı kültür yapılarında Posthümanist bağlamda gösterdiği değişiklikler tespit edilmeye çalışılacaktır. Çalışmada ilk olarak incelenecek olan Başkurt Türkleri' ne ait *Konur Boğa Destanı* (*Kunır Buga* 6.-10. Yüzyıl) örnekleminde Türk kültür yapısında insan yaşamının devamlılığı için önem arz eden doğa ve içindeki diğer canlılar ile uyum fikrinin nasıl toplumun geneline yayıldığı ve Batılı Hümanizmin "hayvanlar akıldan yoksun varlıklardır" (Descartes 127) kabulünün tersine hayvanların sezgileri ve akıllarıyla birer irade olarak nasıl kabul edildiği gösterilmeye çalışılacaktır. İnceleme konusu olan bir diğer destan örneği ise karşımıza çıkardığı "erkek insan" ile kendi olmayan her şeyi nesne olarak kabul edip iktidar hırsını, şiddetini, istismarını ona yöneltme hakkını kendinde bulan, adeta Batılı erkek insanı imleyen İskandinav kültürüne ait *Beowulf*'dur (*Beowulf* 700-1000 AD). Çalışma konumuz olan her iki destanda da Posthümanizmin gündemine aldığı "siborg", "yoldaş türler" ve "faillik" kavramlarının kahramanların gündelik pratiklerinde nasıl karşılık bulduğu ve farklı kültürlerdeki farklı iktidar mekanizmalarının insan olmayan hayvana dair bilgiyi ne yönde ürettiği karşılaştırmalı olarak verilecektir.

## Bozkırın Siborgları ve Cennetten Kovulmuş Siborglar

Posthümanizmin eleştiriye maruz bıraktığı ikili zıtlıklar inşa eden Kartezyen düşünceye göre beden, eylem ve performans yetkisine sahipken akıldan yoksundur (Kakoudaki 117). Fikirleriyle Batı rasyonalizmini oldukça etkileyen 17. yüzyıl filozoflarından Réne Descartes'a göre zihnimiz de dünyada maddeliği söz konusu olmayan bir varlık olarak sadece düşünen şey olarak mevcudiyetini sürdürür (*Yöntem Üzerine Konuşma* 227). Bu sebeple rasyonel akıl ile ruh, bedenden ayrılır. Batı düşünce yapısı, ikili karşıtlıkları oluştururken çoğunlukla bedensel politikalar üzerinden ilerler. Posthümanizm de tam bu noktada "beden"i sıkça gündemine alır. Her biri farklı mahiyetlere ve dinamiklere sahip bedenlerin içkin bir düzlemde buluşması ile oluşan bir dünya tasarısıyla karşımıza çıkan Posthümanizm, Donna Haraway'in "siborg" tanımlaması ile gelişen teknoloji toplumlarında beden ve bedensellik kavramlarını başka bir boyuta taşır. Büyük bir hızla sibernetikleşen kültürlerde canlı ve cansız arasındaki ayrım bile silikleşirken insan ve hayvan arasındaki sınırların bu kadar belirgin çizilmiş olmasını eleştiren Haraway, bedenler arasındaki karşılaşmaları yok saymanın, kontrol etmenin ya da engellemenin bu karşılaşmalar neticesinde ortaya çıkaracak potansiyeller ve özgürlükleri de ortadan kaldıracağını ileri sürer ("Siborglardan Yoldaş Türlere" 228). Bu bağlamda Başkurt Türkleri'nin *Konur Boğa Destanı* bozkır kültüründe doğrudan insan ve hayvan ile kurulan ilişkileri, ekolojik bilinci, kozmolojik yapı içerisinde bütün türlerin uyum içinde olması gerektiğini yansıtan en güzel örneklerden biri olarak karşımıza çıkar. Destandaki insan ve insan olmayan öznelerin bedensel birliktelikleri, Haraway'in bahsettiği insan bedeni ile hayvan bedeni karşılaşmasının ortaya çıkaracağı muhtemel potansiyelleri görünür kılan siborglar olarak karşımıza çıkar. Tam tersi bir istikamette İngiliz halkının eski yaşam biçimlerini yansıtan *Beowulf*'da Batılı erkek insanın kendine benzemeyen hiçbir türe ve cinsiyete irade olma şansı vermediğini ve beden politikaları üzerinden iktidarını nasıl sürdürdüğünü gözler önüne serer. Destandaki pratikler ve söylemler göz önünde bulundurulduğunda erkek insan figürünü imleyen Beowulf'un, kendi iktidar söylemlerini devam ettirebilmek için giriştiği savaş sırasında nasıl da ötekileştirdiği hayvan ile arasındaki sınırların muğlaklaştığı görünür hale gelir.

Çalışmamızda ele aldığımız ilk örneğimiz *Konur Boğa Destanı*'nda ana hikâye, Ural bölgesinde mahir bir avcı olan Yanbay'ın güzelliğiyle dillere destan kızı Kolanses ile uzak diyarlardan gelen yiğit bir delikanlının aşka düşmeleri ve evlenmeleri gibi olağanüstü olmayan bir konu üzerine oturtulmuştur. Fakat sıra dışı olmayan bu olay, örgüsünün içerisine hayvanların birtakım davranışları, kendi aralarında kurdukları iletişim geçmişi anlatma ve insan olmayan hayvanların yardımları ile insan karakterlerin refaha erişi gibi unsurlar eklenerek Başkurtlar için hayvanların ne kadar önem arz ettiği ortaya konulmuştur.

Tüm insanlığın ortak olarak tecrübe etmiş olduğu avcı-toplayıcılık, tarım ve sanayi olarak adlandırılan üç temel yaşam biçimi, insanların birbirleri ve çevresiyle olan ilişkilerini yaratmıştır. Hayatta kalmasının şartını ürettiklerine bağlayan yeni insan tipi, üretimini arttırabilmek için hayvanı bu üretime dâhil etmiş ve bu da insanı toprağa ve hayvana daha da bağımlı hale getirmiştir. Bu yüzden yarı göçebe bir hayat tarzı olan Asya toplumlarında toprak ve hayvanla olan yakın ilişkiler günlük pratiklere, adetlere ve ritüellere de yansımıştır. *Konur Boğa Destanı*'nın başında uzak diyarlardan gelen bir delikanlı ile yiğit Yanbay'ın tesadüfen tanışıp dost olmaları anlatılır. Destanda ava çıkan Yanbay bir türlü yakalayamadığı bir hayvanın peşinden giderken bilmediği diyarlara sürüklenir. Yanbay'ın atından daha hızlı bir ata sahip olan bir delikanlı, atının hızı ve çevikliği sayesinde Yanbay'ın elinden kaçırdığı avı yakalar ve Yanbay'a getirir. Delikanlının atına hayran olan Yanbay, delikanlıdan atını ister. Delikanlı da dostluğunu göstermek için en kıymetli varlığı olan atını ona hediye eder. Asya kültürlerinde atların özellikleri sahiplerine benzetildiğinden böylesine soylu ve çevik bir hayvanın sahibinin de benzer özellikler taşıdığını düşünen Yanbay delikanlıyı kendi yurduna misafir olarak davet eder. Yanbay'ın yurdunda misafir olan delikanlı da Yanbay'ın kızı Kolanses'i görüp ona talip olur. Delikanlı Yanbay'dan kızını şu sözlerle ister: "Yanbay ağa, sen istedin; ben geri çevirmedim, göz bebeğim gibi gördüğüm kula atımı verdim. Sen de bana Kolanses kızını verip, öz kardeşin oğlun, akraban yapsan, nasıl olur?" (Suleymanov vd 285). Asya halklarında bir erkek için çok kıymetli sayılan atını tereddüt etmeden dostuna hediye eden yiğide kızını verme niyetinde olan Yanbay da memnuniyetini şu sözlerle dile getirir: "Yiğidim, at yılkıdan doğar, yiğidin gözü gibi olur. Kız ata-anadan doğar, ikisinin ortak ciğeri olur. Öyle niyetin olduğu için, bugün, görüşelim konuşalım" (Suleymanov vd 285). Yine Yanbay, kızına rızası olup olmadığını sorarken "At terletip, sana göz düşürüp gelen yiğide cevabını kendir ver" (Suleymanov vd 285) ifadesini kullanır, kızı da rızasını bildirirken şu cümleyi kurar: "Yiğit, at verip, Ural kızını, Ural yiğitlerinin elinden aldım diye övünmezse; günlük gül ile gününü ortak edip, çiçekten çiçeğe uçar arı gibi, atını bağladığı her yaylada kız gözlemezse, il ayağından tepip gelen bir yiğit, hatırı kalmasın, ben razıyım" (Suleymanov vd 285). Destandaki karakterlerin arasında geçen bu konuşmadan anlaşılır ki bozkır kültüründe at çok kıymetli bir varlıktır ve insanların dilsel varlığında da büyük yer kaplar. Yine destanda Yanbay ve genç delikanlının dostlukları bir tesadüfe dayandırılsa da bu iki karakter arasındaki dostluğun tesadüfen karşılaşmalarından değil delikanlının sahip olduğu atın meziyetlerinden doğması, o coğrafyada yaşayan insanların atlara olan imrentisini göstermesi bakımından önemlidir. Yanbay, delikanlıyla karşılaştığında onun karakterine ait bilgiyi sahip olduğu atı gözlemleyerek edinir. At ne kadar çevikse sahibi de o kadar çevik, at ne kadar soylu ise sahibi de o kadar soylu olsa gerektir. Çünkü at Türk kültüründe çok önemli bir yere sahiptir ve Türk halk hikâyelerinde de atlar; ulaşılamayanı ulaşılır kılan, yiğide yol gösteren, sahibini tehlikelerden koruyan yardımcılar olarak anlatılmaktadır.

Destanda karşımıza çıkan bozkır şartlarında güçlerini birleştirmiş at ve insan birlikteliği tam da Haraway'in "siborg" meselesini tartışırken "dünyanın ve canlıların kendi başlarına var oluşlarından söz etmek mümkün değildir" (*Başka Yer* 225) ifadesini akıllara getirir. Yeryüzündeki eyleyenler, kendilerine benzemeyen diğer eyleyenlerle ilişki içerisindedirler ve sürekli ve karşılıklı olarak birbirlerini dönüştürürler ve yeni anlamlar üretirler (Haraway, *Başka Yer* 225). Bu yüzden doğa, kültür, insan, hayvan gibi kavramsallaştırmalar birbirlerinden kesin bir şekilde ayrılamayacak kadar birbirlerine dolanıktırlar. Bozkır şartlarında insanlara beslenme, ulaşım ve şeref konularında birçok fayda sağlayan hayvanların insanlarla olan ilişkisi, Kartezyen ikiliğindeki gibi iki uçlu değil, posthümanizmin öngördüğü şekliyle dolanıktır. Bu nedenledir ki destanda anlatılan delikanlıyı atından ayırmak onun bir uzvunu kesmek ve yarım bırakmak demektir. Atı da sahibinden ayırmak atın bedensel gücünden ve sezgiselliğinden kaynaklı potansiyelini boşa çıkarmak anlamına gelir[1]. Zira destanda yiğidin endamından çok atının güzelliği ve hızı dikkat çeker ki Yanbay'ın ilgisini delikanlıya çeken şey de atının potansiyeli olmuştur. Bu bağlamda atın sahibi ile olan ve sahibin de atı ile olan birlikteliği, birçok olası potansiyele gebedir ve bozkır şartlarında ikisinin bedeni ancak birken Posthümanist çerçevede Harraway'ın bahsettiği karşılıklı etkileşimlerden doğan potansiyellerin ürettiği bir nevi "siborg"lar olarak karşımıza çıkarlar.

Rosi Braidotti'ye göre Haraway, siborg tanımlamasını yaparken bir hayvan-oluş, yeryüzü-oluş fikrinin yanında insan-olmayan aktörlere de vurgu yapar (Braidotti, *"Posthuman"* 207). Bu noktada Haraway'in insanın merkezî konumunu, insan-olmayanlar ve insan-sonrası bireyler lehine yerinden ettiği ve insanmerkezciğin yerine eşitlikçi bir bakış açısını benimsediği görülmektedir. Ne var ki Batılı erkek insanın ilk görüngülerini sezebildiğimiz *Beowulf*'da kendi bedeninin diğer varlıklarla olan bağlantısını hiçe sayan, doğayı ve öteki olanları sömürerek kapitalizmin ilk kıvılcımlarını görünür kılan insan, kendi sonuyla beraber karşımızda belirir. Eserde destana da adını veren güçlü İskandinav savaşçı Beowulf'un Danimarka Krallığı'nı tehdit eden Grendel adlı bir canavara karşı verdiği mücadele ve kazandığı zafer konu edilir. Grendel adındaki bu yaratık, Danimarka kralı Hrothgar'ın kendi şanını

---

[1] Atın Türk kültüründeki yeri ve önemi konusunda ayrıntılı bilgi için bakınız Bahattin Ögel *Türk Mitolojisi (Kaynakları ve Açıklamaları ile Destanlar)*, Cilt I.

yüceltmek adına yaptırmış olduğu yüksek tavanlı saraydan her gece yükselen eğlence seslerinden rahatsız olur ve ormanın içinde yaşadığı bataklıktan çıkıp gelerek saraydakileri öldürmeye başlar. Bu canavarla başa çıkamayan kralın Beowulf'dan yardım istemesi üzerine cesur savaşçı hem yaratığı hem yaratığın annesini öldürüp kralın ona verdiği değerli hediyelere ve yüzyıllar sürecek bir üne kavuşur. *Beowulf* destanında, insan olmayan öteki olarak karşımıza çıkarılan Grendal destan metni boyunca çirkin ve biçimsiz bir bedenle şeytani ve karanlık güçlerin ortağı olarak tanımlanır ve Grendel ile ona benzeyen lanetli yaratıkların kıskançlıktan kardeşini öldüren Kabil'in soyundan gelen canavarlarla olan yoldaşlığı destanda şu sözlerle dile getirilir:

> Kısaca, hayatından hoşnuttu herkes, / cehennem çukurundan çıkıp gelinceye dek, / olanca şerriyle bir kara şeytan: / Grendel'di bu gaddar canavarın adı, / sınırlara musallat oluyor, meralarda / bomboş bataklıklarda barınıyordu. / Tanrı'nın sürgün ettiği Kabil'in soyundan / kovgun canavarlarla kalmıştı bir süre. /.... Tanrı'yla dövüşürlerdi durup durup, / ağızlarının paylarını alıp otururlardı sonra. (Seamus 41-42)

Peter Senger, yerleşik düzene ve şehirleşmeye geçişin hızlı olduğu Avrupa'da hâkim olan hayvanlara karşı bu ötekileştirici bakış açısının temelinde Hristiyanlıkla birleşen Musevilik ve Eski Yunan Uygarlığı olduğunu ileri sürer (Singer 186). Heterojenliği ve çoğulculuğu içinde barındırabilecek başka inanış biçimlerini ve onlara inananları da ötekileştiren Batılı Hristiyan gelenek düşüncesi destanda şu sözlerle dile getirilir:

> Şu var ki tahtın yanına yaklaşamıyordu, / Tanrı tarafından korunuyordu o taht. / Zor zamanlardı, zayiat ağır, / kederi kalındı Shielding Kralı'nın. / Sözü dinlene danışmanlar, / memleketin en yüksek mevkideki adamları / sürekli tavsiye veriyorlardı ani tacizlere / son vermek için yürekli yiğitlerle. /Pagan tapınaklara gidip tanrılarına / yakarıyor, yeminler veriyorlardı yeter ki / yardıma yetişsindi o Ruhları Yok Eden / İnanışları buydu, Pagancıydı umutları./ Yüreklerinin bir yerinde, derinde, / cehennemi hatırlatıyorlardı, ama haberleri yoktu / Hayır ve Şerrin Kaynağı, Yerin ve Göğün Kralı, / Her Şeye Gücü yeten Yaradan'dan. (Seamus 43-44)

Batı'daki biçimi ile en insan merkezci dinin Hristiyanlık olduğunu ileri süren Lynn T. White, İncil'in "Yaratılış" bölümünde Tanrı'nın insanı kendi suretinde yarattığını, evrendeki tüm canlılara hükmetme ve onlardan faydalanma hakkının da insana verildiğini belirten ifadelerin insan merkezli din algısını nasıl beslediğine dikkat çeker (Lynn 9). Yaratılan bütün hayvanlara ve kendisine eş olarak yaratılan kadına isim verme hakkının da Âdem'e verilmesi ve Âdem'in cennetten kovuluşunun sebebinin hem yaratılan bu kadına hem de bir hayvana bağlanmasıyla bu erkek egemen bakış açısı daha da güçlenmiştir. Böylelikle dini bir kaynağın yardımıyla erkek, kadın ve hayvan üstünde öldürme de dâhil birçok imtiyaza sahip hale gelmiştir (Singer 259).

Haraway ise siborgu "Siborg, sibernetik bir organizmadır; bir makine-organizma melezi, kurguya olduğu kadar gerçekliğe de ait bir yaratı" (*Başka*

*Yer* 45) şeklinde tanımlar. Siborg, sibernetik ile organizmanın bir araya gelişiyle, enformatik ile biyolojinin bileşimiyle artık başka bir şeyin oluştuğu bir mozaik, bir kimeradır (45). Destanda ise Grendel'ın hayvani bedeni ile soyundan geldiği Kabil'in, yani bir insanın, kanı onu biyolojik olarak siborglaştırır. Tanrının insanı yaratırken ona kendi vasıflarından verdiği düşünüldüğünde Grendal'ın da Tanrının yeryüzündeki kendi silueti olan insanın kanından gelişi yine Grendel'ın ucube bedenini Tanrı ile birleştirerek metaforik bir siborga dönüştürür. Bataklıklarda yaşamını sürdüren bu canavar, Tanrı'nın asla onu kutsamayacağını bildiği için insana kızgındır ve her fırsatta onu öldürmekten kaçınmaz. Kendisi lanetlenmiş ve terk edilmişken insanın mutlu ve Tanrı tarafından korunuyor oluşunu kıskançlıkla karşılayan bu canavarın "Yaratılış Şarkısı"nın sarayın yüksek tavanlı ışıklı salonunda ozan tarafından söylenişine tahammülü olmadığı şu sözlerle anlatılır:

> Geceleri gezinen bir kara şeytan, / Koyu kin besliyordu o ara, / Dahası, kanı donuyordu duydukça / Şölenden yükselen şen sesleri:/ Arpın telleri tınlar tınlamaz /şakımaya duruyordu dili bir ozanın: / insanın nasıl yaratıldığını naklediyordu... (Heaney 41)

Oysaki yaratılışından dolayı ötekileştirilen bu canavar da tıpkı insanlar gibi Âdem ve Havva'nın soyundan gelmektedir esasında. Cary Wolfe, hümanist yaklaşımın ben-öteki, akıl-duygu, kültür-doğa gibi keskin ayrımlarını eleştirerek insan ve insan olmayan arasındaki sınırın bulanıklığına dikkat çeker (xvii). Bu noktada Havva ve Adem'in oğullarından biri olan Habil'in soyundan gelen insanın ve öteki oğulları olan Kabil'in soyundan gelen Grendel'ın arasında bulunan akrabalık bağı da görünür hale gelir ve yine söylemek mümkündür ki bir oğulun soyundan gelen insanın canavarlığı ile öteki oğulun soyundan gelen canavarın insanlığı birbirine karışır, çünkü destan boyunca acımasızca cana kıyan sadece Grendel değildir. Beowulf da hem canavar olduğundan bahsettiği birçok canlıyı ve dahası insanı sadece ününe ün katmak için öldürmüş ve öldürmektedir. Bu noktada canavar insan birlikteliği açısından Beowulf'un siborgluğundan da bahsedilebilir. Çünkü Haraway, yerkürede yaşayan aktörlerin, kendilerine benzemeyen başka aktörlerle bir arada dünyalar kurduğunu ve bazı insan aktörlerin, diğer aktörleri dönüştürdüğünü söyler (Çelik 32). Destanda Beowulf ve Grendal kendi yaşamlarında birer aktör olarak kendilerini dönüştürürler. Grendel geldiği soydan dolayı hayvan bedeninde insana, Beowulf da insan bedeninde hayvana dönüşür. Bu anlamda posthümanizmin iddia ettiği üzere özne, nesne, madde gibi kavramlara ilişkin algı ve etiketlendirmeleri yeniden gözden geçirmek gereklidir. Rosi Braidotti'nin "[posthümanizm], kişinin kendi bağlılık hissini ve ortak bir dünyaya bağını yeniden tanımlama süreci" (Braidotti, *İnsan Sonrası* 210) ifadesi, insan olmayan Grendel ile insan Beowulf arasındaki ilişkinin sürekli değişim içerisinde oluşunu gözler önüne serer. Çünkü insan kendisini ve evreni yaratan bir varlık değil, kendisinin dışında çoklu aidiyetler ve ilişkiler tarafından sürekli olarak yaratılan bir varlıktır.

Roger Wilkie, "Siborg Olarak Epik Kahraman: Modern-Öncesi Destan Anlatısı Yorumlamasında Bir Deneme" ("Epic Hero as Cyborg: An Experiment in Interpreting Pre-Modern Heroic Narrative" 2012) adlı makalesinde destan karakterleri ile onların zırhları arasındaki ilişkiyi siborgluk bağlamında irdeler ve kahraman ile zırhı arasındaki ilişkiyi Haraway'in dile getirdiği biçimiyle biyolojik organizma ile teknolojik eklentiler arasındaki bağlantıya benzetir. Wilkie'nin dile getirdiği biçimiyle destanda Beowulf 'un zırhını ve miğferini kuşanışı seramonik bir hava ile anlatılır ve zırhını kuşandıktan sonra artık insan olmaktan çıkarak başka bir boyutta başka bir yaratığa dönüşerek siborglaştığı şu ifadelerle anlatılır:

> Beowulf hazırlandı, / savaş giysisini geçirdi sırtına, / ölüme kayıtsızdı, el örgüsü, kunt, / küçük delikli zırhı ile karşılayacaktı / su altındaki belayı. Biliyordu ki / kemik kafesine zarar getirmezdi zırhı, /hiçbir düşman kollarını dolayıp / ezemezdi gövdesini onu giymişken, / hiçbir kapan canına kastedemezdi. (Seamus 80)

Destanda canavarı insanların canını aldığı için ölüme mahkûm eden irade Beowulf, aynı eylemi defalarca gerçekleştirdiği için kendini de ölüme mahkûm eder. Bir başka deyişle, var olmaktan söz edilirken varlıkların sadece yaratılıp ortaya konuluşu değil bu varlıkların evrendeki diğer varlıkların yaratılış süreçleri ile olan ilişkisi ve yaratılmışlarla olan ortak pratikleri de onların varoluşsal tanımlarını yeniden oluşturur. Nihan Bozok, Haraway'in "siborg" düşüncesinin içinde tek başına bir biyolojik beden fikrinden kurtulma, parçalanıp başka şeyleri de bedenine dâhil etme, insan arasılıktan ibaret olmayan ama birçok şeyle iletişim kurmasına olanak sağlayan bir beden olduğuna değinir (Bozok 140). Oysa destanda Beowulf Grendel'ın kolunu koparıp sarayın tavanına asarak tek başına var olan biyolojik bedeni kendi varlığında görünür kılmak ister. Sümeyra Buran'ın Justina Robson'un *Doğal Tarih (Natural History)* romanını incelerken siborg melezliğindeki tamamlanamamış varlıklar için kullandığı "engelli siborg" (Buran 306) tanımlamasında kastettiği gibi yarı şeytan yarı insan olan Grendel da insan tarafından uzuvları koparılarak yarım bırakılır ve canavarın bu yarımlığı insan merkezli dünya görüşünde insanın tamlığının garantisidir. Zira insan olmadığı için ötekileştirilen Grendel, yarım kalmış hali ile büsbütün yok oluşa mahkûm edilir ve insan karşısında yenilgisini kabul edip ölümünü beklemek üzere yaşadığı bataklıktaki mağarasına çekilir. Her ne kadar yarım kalan ve engelli bir siborga dönüşen Grendel'mış gibi görünse de doğa ve içindeki diğer varlıklarla bütünleşme fikrinden kendini sakınan Beowulf da engelli bir siborga dönüşür. Çünkü diğer canlılar ile arasına koyduğu mesafe nedeniyle kendi yaşamını sürdürebileceği doğayla olan mesafesini de açmış ve asla doğanın ve içindeki diğer canlıların ona sunabileceği potansiyelleri göremeyecek duruma gelir. İnsanın bu körlüğü onu kendini anlama, tanımlama ve doğada konumlandırma noktasında da eksik bırakacak ve engelli hale getirecektir.

Başka bir açıdan bakıldığında da *Beowulf* destanında kendini öteki olan ile iletişime kapatan erkek insanın, Grendel ile olan akrabalığını görmezden geldiğine görünür hale gelir. Destan boyunca hem ötekileştirilen Grendel'ın hem de silik bir varlık olarak ortaya konan annesinin konuşturulmaması da dikkat çekicidir. Çünkü Batılı eril ideoloji, Cennet'ten kendi kovuluşunun sebebinin bir hayvan ve kadın değil kendi ihtirasları ve aç gözlülüğü olduğu gerçeğini duymaya katlanamaz. Destanda Grendel'ın annesinin anlatılış biçiminin de öteki canavarlarla aynı olduğu ve aynı dışlanmışlığa mahkûm edildiği destandaki şu ifadelerden anlaşılabilir:

> Grendel'in annesi,/ o cehennem geline, gergefinde / kötülük dokuyormuş. Korkunç sulara sürgün/ edilmişti, dondurucu derinliklere, /Kabil'in katletmesinden sonra babasının oğlunu,/ öz kardeşini, elinde bir kılıçla. / Alnında katil lekesiyle sürüldü Kabil, / eşten dosttan uzak, neşeden yoksun / yaşadı yaban doğada. Ve bir alay / acayip canavarın ceddi oldu. / Bunlardan biriydi işte Grendel. (Heaney 75)

Tanrı'nın yeryüzündeki silueti olan insanın soyundan gelen Grendel'ı öldürmek, esasında insanın kendini ve bu bağlamda eril Tanrıyı öldürmesi demektir. Fakat insan, bilincinin derinliklerinde sakladığı suçunun günahını ötekileştirdiklerine yükleyerek sahte tahtında oturmaya devam eder. Zira tahtını kaybetme korkusu ile kendi yekpareliğine sıkı sıkı tutunan ve ikili karşıtlıklardan oluşan söylemlerle ötekiler ile kurduğu her türlü iletişimden kaçınan insan, farklı etkileşimlerin doğurduğu potansiyellere kapalı kalacak ve kendinin ne'liğine asla ulaşamayacaktır.

### "Yoldaş" Konur Boğa ve "Öteki" Grendel

İnsan-hayvan etkileşimini gündelik karşılaşmalar yönünden ele alan Donna J. Haraway, yalnızca hayvan ve insan arasındaki ikiliği ve ayrımını değil, aynı zamanda doğa-kültür ve canlı-makine gibi ikililer arasındaki ayrımı da sorunsallaştırır. Haraway, doğayı insan ve insan olmayanlar arasında kurulan bir ortak-inşa olarak gördüğünü şu sözlerle ifade eder:

> Doğa benim için ve birçoğumuz için, Gayatri Spivak'ın arzulamayabilemeyeceğimiz olarak nitelendirdiği o imkânsız şeylerden biridir. Doğa ne gidilebilecek fiziksel bir yer; ne etrafı çitle çevrilecek ya da depolanacak bir hazine, ne de korunabilecek ya da tahrip edilebilecek bir özdür. Doğa gizlenmiş değildir ve bu yüzden peçesinin kaldırılmasına da ihtiyaç duymaz. Doğa matematik ve biyotıp kodlarınca okunacak bir metin değildir. Köken, ikmal ve hizmet sağlayan 'öteki' de değildir. Ne annedir doğa ne bakıcı ne de köle; insanın üremesinin, kendini yeniden üretmesinin matrisi/rahmi, kaynağı ya da aracı da değildir. (*Başka Yer* 122-123)

Görülüyor ki, Haraway kültür ile doğa ikilemini ortadan kaldırır, insan ile teknoloji arasındaki ayrımları bulanıklaştırır ve "birlik-oluş" anlayışına dayanan düşüncesiyle de varlıklar arasındaki her türlü hiyerarşik düzenlemeyi yıkmayı amaçlar (Çelik 27-46). Yine Haraway, doğa ile insan arasında oluşturulan inşadan bahsederken "anlamlı ötekilik" "(significant otherness)" kavramına değinir. Kavramda insanla ortak zaman ve zeminlerde birlikte eyleyen ve evrimleşen, dönüştürücü etkisi olan ve insanın evrendeki macerasında ona eşlik eden türleri kastedilir. (Haraway, *The Companion Species Manifesto* 25). Türklerin çağlar boyunca devam eden bozkır yaşamıyla gelişen kültürel tarafı, Türk folklorunda hayvanların oldukça önemli bir yere sahip olmasına büyük ölçüde katkı sunar. Tabiatla ve doğal hayatla iç içe yaşayan Türkler, evrendeki yegâne varlığın insan olduğu düşüncesinin sığlığından kurtulan bir evren algısıyla var olurlar. Türklerin yaşadığı coğrafyalarda yetişen insan için hayvanlar tüketim nesnesinin ötesinde konumlanmış, çoğu zaman dost ve yoldaş olarak kabul edilmiştir[2]. Ünlü Türkolog Jean Paul Roux, hayvanın doğada giriştiği yaşam mücadelesini kazanmak ve karşılaştığı sorunları çözmek için izlediği yolların insan tarafından taklit edildiğini ve bunun da hayvanla hem fiziki hem de tinsel boyutla özdeşleşimi de beraberinde getirmiş olduğunu ileri sürer (Roux 89-90). Türk coğrafyalarında da hâkim olan bozkır iklim şartlarında insanların hayatta kalarak yaşamlarını devam ettirebilmelerinde en büyük yardımcıları hayvanlar olmuştur. Bu sebeple diğer kültürlerle karşılaştırıldığında Türk folklorunda ve edebiyatında doğayı ve hayvanları birer özne olarak görmek çok sık rastlanılan bir durumdur.

Türk halk edebiyatının bir örneği olarak verdiğimiz ve bozkır yaşam koşullarını yansıtan *Konur Boğa Destanı*'nda hayvanlar, sadece besin sağlayan geçim kaynakları değil, insanlara yoldaşlık eden ve gerektiğinde yol gösteren varlıklar olarak sunulur. Destanın devamında aktarıldığı üzere Kolanses koca evine uğurlanırken kızın annesi tarafından atların arasına bir sığır katılır. Bu sığır, aile bireylerinin yoldaşı niteliğindedir. Hayvanlara yolda eziyet olabileceği ihtimaline karşın Yanbay, sığırı sürüye katmak istemese de anne bu konuda ısrarcı olur. Uzak diyarlara giden kızına Yanbay da eşlik eder fakat evine döndükten kısa bir süre sonra vefat eder. Böylece kızın gelin olduğu yere giden yolu bilen kalmaz. Destanda kıza verilen atlar zamanla zayıflar ve ölür. Sığır da gittikçe zayıflar fakat ölmeden önce biri dişi biri erkek iki yavru doğurur. Destanda açıkça dile getirilmese de bu hayvanların ana yurtlarına olan özlemden öldükleri akla gelen fikirlerden biridir. Hayvan Folkloru çalışmalarının önemli isimlerinden Tok Thompson, "Zamanı Ele Geçiren Maymun: Folklor, Hikâyeleme ve İnsan-Hayvan Ayrımı (The Ape Captured Time: Folklore, Narrative, and the Human-Animal Divide 2010)" başlığıyla

---

[2] Türk kültür yapısında evrene ve evrendeki diğer varlıklara dair inanışları ve bu inanışların hem edebi hem sosyal faaliyetlere yansımalarını ayrıntılı inceleyebilmek için bakınız Özkul Çobanoğlu *Türk Halk Kültüründe Memoratlar ve Halk İnançları*.

kaleme aldığı çalışmasında insanı benzersiz hale getiren hikâye anlatma ve kültür oluşturma yeteneğine benzer davranışların hayvanlarda da olduğunu öne sürer (Thompson 400-402). Thompson'a göre hayvanların da insanlarla benzer şekilde sevgi, öfke, kin, merhamet, sadakat, melankoli gibi birçok duygu durumunu tecrübe edip yansıtıyor olması insanla hayvan arasındaki ontolojik sınırların Posthümanist söylemin öngördüğü şekilde tekrar sorgulanması gerektiğini akla getirir. Destandaki insan karakterlerin hayvanları çağırırken "hoo hoo" gönderirken de "hış hış" seslerini çıkarmaları (Suleymanov vd 286-287) bu iki tür arasında insan dilinden farklı olsa da anlamsal bütünlük taşıyan bir iletişimin varlığına ve annelerinin ölümünden sonra iki buzdağının ağıt yakarcasına "maa-möö" sesleri çıkararak oradan ayrılmaları da hayvanların kendi dalalettir. Tompson'ın insanı insan yapan şeyin duygu, bilinç ve kültür olduğunu iddia eden ayrıştırıcı bakış açılarının tersine insan olmayan hayvanların davranış biçimlerinin de "kültür" ve "gelenek" oluşturduğu (Tompson 402) söylemi Posthümanist bakışın sadece insanın kültür oluşturabildiğini iddia eden antroposentrik bakış açılarını reddini destekler niteliktedir.

Destanda ailesini çok özleyen Kolanses, yurduna gidip ailesini görmek ister fakat kocası bir türlü geldikleri yolu hatırlayıp onu ailesine götüremez. Bu yüzden farklı farklı yerlere giderler. Kunır Buga ile Kunır Sığır adı verilen iki sığır yavrusu kızın üzüntüsüne şahit olup kendi başlarına Ural'a doğru yolculuğa çıkarlar. Yanbay'ın sürülerine katılıp sürüyle beraber Kolanses'in ailesinin yaşadığı eve ulaşırlar. Doğanın içinde toprağa bağlı yaşayan insan grupları, hayvanların sezgisel ve fiziksel bakımdan onlardan daha kuvvetli olduğunu günlük pratiklerinde yüzyıllardır tecrübe etmişlerdir (Mithen 56-65). Böylece insan hayvanların sezgisel bu güçlerinden yuvaya dönme, insan kahramana karşı yönelmiş herhangi bir tehditten kurtulma veya doğaüstü güçlerle bağlantı kurma noktasında istifade etmiştir. Kolanses'in annesi, bozkır koşullarında çok uzak, yolunu bile bilmediği bir diyara gelin giden kızının yanına kocası Yanbay'ı yaren olarak verse de insanın doğa koşullarına karşı bedensel acizliği ve hafızasının zayıflığından dolayı şüpheye düşer. Bu sebeple destanda açıkça göremediğimiz ama sezebildiğimiz haliyle insandan daha dayanıklı bir bedene ve kuvvetli sezgilere sahip olduğunu düşündüğü bir hayvanı, evin sığırını, kızının yanına yoldaş ettiği görülür. Kolanses'in annesinin korkuları doğru çıkmış, kızının yeni yurdunu bilen Yanbay döndükten hemen sonra hayatını kaybetmiş, kızının gelin gittiği yiğit de Ural yolunu bir türlü doğru hatırlayıp kızı annesine kavuşturamamıştır. Fakat anne, Kolanses'e beklenmedik bir şekilde kavuşacaktır. Haraway, ekolojik tükenişi engellemek için insan-olmayanlara ilişkin sorumluluk almak gerektiğinin vurgusunu yapar. Haraway'e göre akrabalık kurmalı ve her ne olursak olalım birlikte yapmaya-oluşturmaya çabalanmalıdır (Haraway *Yoldaş Türler* 28). "İnsanın üstünlüğü vurgusu yerine; bölüp ayırmaya, dağıtmaya, tüketmeye dayalı bakış açısı yerine birlikte oluşturmaya odaklanmalıyız" (28) diyerek yoldaş türlerin insana sağlayabileceği muhtemel potansiyellerin sinyalini verir. Destanda belirsiz ve mistik bir şekilde anne sığırın yavrularına Kolanses'in ana yurdunun bilgisini aktardığı ve yavruların da bu bilgiyi kullanarak Ural'a ulaştığı görülür. Böylece posthümanist bağlamın üzerinde durduğu biçimiyle insanın hayvan karşısındaki hem bedensel hem sezgisel üstünlüğünün bir yanılgı olduğu destanda insandaki bu eksikliğin yoldaş tür olarak kabul ettiğimiz bir hayvan, sığırla tamamlanmış oluşuyla görünürlük kazanır.

Destanda aktarılan olay örgüsünde Kolanses'in annesi, evrende kendinden uzaklaşan kızını yeniden bulabilmek için hayvanı bir pusula olarak kullanır ve Posthümanizmin öngördüğü şekilde kendi bedeninden farklı bir bedene sahip olan bu yaratığı ötekileştirmez, tam tersine onu içkinleştirir ve adeta koca evrende kaybolan yavrusunu ona emanet eder. Annelerinin ölümünden sonra sezgileri sayesinde ana vatanlarına dönen yavru sığırlardan dişi olanı süt vermeye başlar. Kız kardeşlerden biri, bir gün sığırı sağarken sütler dile gelir ve Kolanses'in başına gelenleri anlatır. Anne ve kız kardeşler, sığırların kendilerine Kolanses'in yurduna giden yolu gösterecekleri günü beklemeye başlarlar. Bu noktada Kolanses'in annesi ailesine iyi günde kötü günde destek olan yoldaşı sığırın ölse dahi onu yarı yolda bırakmadığını, yavruları vasıtası ile onu kızına ulaştıracağını anlar. Bu bağlamda, beden ve bedensellik kavramları Spinoza'nın "bir bedenin neler yapabileceğini bilmiyoruz" (Ethica 3. Bölüm Önerme 11) ifadesinde belirttiği haliyle karşımıza çıkar. Duygu ve deneyimlerin, madde ve anlamın birlikte var olduğu, bir bedenin diğerini etkilemesi ve ondan etkilenmesiyle bilgi ve üretimin ortaya çıkacağı fikri, Posthümanist yaklaşımın benimsediği biçimiyle bir birliktelik ve uyumu imlemektedir. Destanda da hayvan sezgilerini ve iradesini barındıran bedenin insanın yer bilgisine nasıl dönüştüğünün hikâyesi bu şekilde anlatılır ve bu noktada hayvanlar, insanın hayatına rehberlik eden yoldaşlar olarak karşımıza çıkar.

*Konur Boğa Destanı*'nda gördüğümüz insana yoldaşlık eden türlerin tersine *Beowulf*'da karşılaştığımız canavar Grendel, insan merkezli Batılı Aydınlanmanın kurbanı olarak insanla aynı yaşam alanlarında istenmez. Claude Lévi-Strauss, Jean Paul Satre'ın insanlığı uygar, bilinçli, düşünen olması gerekçesiyle "tarihsel olan" ve ilkel, bilinçsiz, düşünme yeteneğinden yoksun olması gerekçesiyle de "tarihsel olmayan" toplumlar şeklinde ikili karşıtlıklarla ele alıyor oluşunu ve kendi toplumuna benzemeyen toplumları neredeyse birer hayvan sürüsü olarak nitelemesini eleştirmekte ve bunun kaynağında da Batı düşüncesinin çekirdeğindeki hümanizmanın olduğunu ileri sürmektedir (Lévi-Strauss 10). Batı kültürünün bir yansıması olarak ele aldığımız bu destanda Grendal ile Beowulf'un ilk karşılaştığı yer, Grendel'ın yaşadığı doğaya tezat oluşturur biçimde insanın medenileştiğinin bir göstergesi olan ateşle ısıtılan, ışıklar içinde parlayan Danimarka kralının yaptırdığı saray Heorot'tur. Destanda Heorot, yüksek tavanlı ve birçok süs eşyası ile dolu olarak tasvir edilir. Yüksek tavanlar, Tanrı'ya ulaşan bir merdiven gibi göğe doğru uzanmaktadır. Zira bu yükseklik Batı'nın insan merkezli hümanizmasının Tanrı'nın insana bahşettiği üstünlüğünün de bir sembolü niteliğindedir. Çünkü Heorot'a her saldırışında her şeye dokunup zarar verebilen Grendel, sadece yüksek tavanın altında duran kralın tahtına sebebi belirsiz bir şekilde yaklaşamaz ve dokunamaz. Grendel'ın bu garip davranışı, destanda "böyle iblislerin Tanrı tarafından kutsanmış kral tahtına yaklaşmasının mümkünatsızlığı" (Seamus 43-44) olarak ifade edilir. Böylelikle Tanrı her şeyin üstündeki tasarruf hakkını yeryüzünde insana bırakmış demektir. Bu bakış açısı ile sözüm ona Tanrı eli ile biricikliğini ilan eden insan kendi dışında kalan türleri ötekileştirme, sömürme veya yok etme hakkını ilahi bir yolla da elde etmiş olur.

Yine destanda anlatılan yüksek tavanlı saray, doğanın içinde yükselen insan hâkimiyetinin de sembolik bir ifadesidir. Bu mimari yapı, insanın şehirleşmesinin ve bunu yaparken de ekolojik dengeye zarar verişinin bir nişanesidir; çünkü Grendal bu saray yapılana kadar insana saldırmamıştır. Saraydan her gece gelen eğlence sesleri, Grendel'a rahatsızlık verir. Yine Grendel'ın yaşadığı yer, Heorot'un tersine yerin dibine doğru inen bir mağara şeklinde tasvir edilir. Şehirlerin ritmi ile doğanın ritmi aynı değildir. Bu noktada mekân-beden-iktidar ilişkisi söz konusu olur. Dolayısıyla şehirleri "bedenleri kontrol altında tutabilmek için disiplin edici güç ve iktidar unsuru" olarak gören Michel Foucault akla gelir. Zira şehirler kapitalistleşen insanın ürettiği mekânlardır ve bu mekânlarda iktidarınkinin dışında farklı söylemlere ve bedenlere yer yoktur. Heorot destanda kapitalleşen insanın mekânlarının ilk görüngüsü olarak karşımıza çıkar ve eril insanın hâkimiyetinde olan bu mekânlarda ötekine yer yoktur. Yine geç kapitalist insanın yaşam mekânlarını tartışmaya açan Foucault'un türdeş olmayan mekânlar olarak tanımladığı "heterotopyalar"[3] (Foucault, Özne ve İktidar 329-357), genelleştirilmiş disiplin düzeninin dışında kalan, farklı karakterlerin değil, toplumsal sınırların tarif ettiği ötekinin alanları olarak açıklanır (Stavrides 151). Kendi iktidar söylemini oluşturmuş ve Heorot ile mimari olarak da söylemini sabitlemiş olan benmerkezli insan, başkalıkçı söyleminde öteki olarak kabul ettiği Grendel'ı kendi homojen ve hiyerarşik düzleme oturan yaşam alanlarına dâhil etmek istemez. Diğer taraftan Foucault'nun heterojen heterotopyası da Grendel'ın mağarasında kendini görünür kılar. İnsanın mekânları ile türdeş olmayan bu mekân, insanla türdeş olmayan ötekini içinde saklamaktadır. Grendel'in bu ötekiliği de bize homojen mekânlardaki hetrojen özneler olan, "şizo-

---

[3] Fransız düşünür Michel Foucault'nun mekânsal kavramları tartışırken ütopyanın karşıtı olarak kullandığı terimdir. Foucault'ya göre ütopyalar içinde bulundukları yapılarla bütünleşmeyen, gerçekte var olmayan mekânlarken, heterotopyalar zıtlıkları içinde barındıran, ötekileşmiş, gerçek hayatın içinde var olsalar da içinde birden fazla zaman ve mekân barındıran mahaller (hapishane, müze, hastane, mezarlık vs.) ve davranışı, ortalama olan ya da istenen norma göre sapkın (herhangi bir açıdan farklı) insanların içine yerleştirildiği yerlerdir (Foucault, "Başka Mekânlara Dair" 293-297).

göçebe"leri (Félix Guattari ve Gilles Deleuze) anımsatır. Buna ek olarak Grendal'ın mağarası Beowulf için "üçüncü yer"e dönüşür ki bu mekân bireyin deneyimleri sonucu oluşur. Muğlak ve kararsız bu mekânlar, bedenlerin deneyimlerine göre anlam kazanır. Bu bağlamda Grendel'ın mağarası, Beowulf'un kendiyle yüzleştiği, insanlık, hayvanlık, canavarlık gibi halleri aynı anda deneyimlediği yer olarak değerlendirilebilir. Tek beden için bile çoklu halleri aynı anda içinde saklayan bu yer, Posthümanist söylemin üzerinde durduğu insanın birden fazla şeyliğini tecrübe ettiği yerdir. Yine Posthümanist düşünceye göre özgürlüklerin ve bir oluşların doğabilmesi için ortak faaliyet mekânları oluşturulmalıdır fakat Beowulf sadece bir kere orada bulunur, ikinci benliğinin ağır basmasıyla bedeninde sakladığı çoklu anlamların ayırdına varamaz ve Grendel'ın başını da alarak oradan uzaklaşır.

Grendel ile aynı yerde yaşayan annesi de destanda Grendel ile benzer şekilde şeytani olarak tasvir edilir. Kolu koparılan oğlunun öcünü almak isteyen canavar, Heorot'a saldırısından sonra Beowuf tarafından yaşadığı bataklığa kadar takip edilir. Grendel'ın annesi, kendi mağarasında insan soyunun bir temsili olan Beowulf tarafından öldürülür. Canavarın annesinin Heorot yerine yer altındaki kendi mağarasında öldürülmesi esasında sembolik bir anlam da taşır. Beowulf'un dişi canavarın yaşadığı bu mağaraya girişi, erkek insanın hem doğaya hem de dişi olana tecavüzü niteliğindedir. Beowulf'un Grendel'ın annesini öldürüp hem Grendel'ın başını hem de mağarada bulduğu ve onunla dişi canavarı öldürebildiği bir kılıcı da alarak saraya dönüşü onun erkinin bir ispatıdır. Kılıç ise insanın doğadan aldığı ve yine doğaya karşı kullandığı demirin sembolik bir ifadesidir. Kentleşen ve sanayileşen insanın doğayı şekillendirme çabasının ve bunu yaparken kullandığı en büyük araç olan demirin metaforik ifadeleri Beowulf'un kılıcına yapılan şu göndermeyle görünür hale gelir:

> Kılıcı sokup çekiyordum, tamdı çile, / kendi ellerimle alıyordum canavarın canını. / Başka korkunç yaratıklarla da boğuşuyordum, / şahlanıp saldırıyorlardı, ama çok sinirlenmiştim, / haddini bildiriyordum hepsine kılıcımla. (Heaney 54)

İnsanın şehirleşirken tarım aletlerinde kullandığı ve daha sonrasında sanayileşirken şehir hayatında çokça karşımıza çıkan metal, metaforik olarak insanla doğanın arasındaki mesafenin bir sembolüdür. Zira destanda anlatıldığı üzere Grendel'ın annesi Beowulf tarafından sadece mağarada bulunan bu kılıçla öldürülebilir. Bedeni ve varlığı bu ritme uymayanlar şehirleşen insanın dünyasında yok olmaya mahkûmdur ve doğanın, çoğulculuğun, hetorejenliğin, değişkenliğin ve birlikte var oluşun ritmini yansıtan Grendal ve Grendal'ın annesi modernleşen insan yaşatışında yitip gider.

## Doğu'nun ve Batı'nın Failleri

Postmodern düşünce yapısının içinde kendine yer bulan ve "post-hüman" kavramını da içinde bulunduran Yeni Materyalizm, maddeye bir canlılık atfedilebiliniyorsa nesne ve özne ayrımının söz konusu olamayacağını ve bütün varlıkların ortaklaşa paylaştıkları bir maddeliğin doğacağını savunmaktır (Braidotti, *Nomadic Theory* 211). Bu noktada nesne varsayılmaları sebebiyle arka plana atılan canlı-cansız tüm varlıklara ortak bir yaşam içinde eyleyenlik özelliklerini geri vermek, özne kategorisini de gereksiz kılar. Postmodernist söylemin yapıbozumcu gelenekle özne-nesne ilişkisini ters çevirdiği gibi tüm varlıkları tek tek değil bütünsel bir düzlemde tanımlamaya çalışan Posthümanizm benmerkezli insanın kendinden bütünlüklü homojen var oluşuna bir eleştiri getirir. Bu da maddeye olan bakış açımızı etkiler. *Konur Boğa Destanı*'ndaki dişi buzağının süt vermesi, sağılan sütün dile gelmesi ve yine kızan buzağının sütü kesmesi vakada hayvanların kendi yaşantılarının faili olduklarının bir göstergesidir. Kız kardeş ve annenin zorlamalarına rağmen kendi iradeleri çerçevesinde dönüş yoluna çıkmayışları da hayvanları destanda birer fail özne olarak var eder. Gilles Deleuze ve Félix Guattari'nin postmodern düşünce yapısı etrafında şekillendirdiği bedenin yersizyurtsuzlaşarak arzulama makinelerine dönüşmesi ve iktidarın düzenlemelerinden kaçışları her bedenin kendi faili olarak (Braidotti, Nomadic Theory 132) karşımıza çıkabildiğinin bir göstergesi niteliğindedir. Yavru sığırların kendi başlarına Kolanses'in yurdundan ayrılarak Ural'a doğru yolculukları, bu iki özün posthümanist düşüncenin insan olmayan hayvan bedeninin de kendi failselliğinin gerekliliğini imler biçimde insan iktidarının birer nesnesi olmadıklarının ve kendi arzularının failliğini üstlenebildiklerinin birer örneğidir. Yine destanda açıkça nasıl olduğu belirtilmese de yavru sığırların ait oldukları topraklara dair bilgiyi ölen annelerinden aldıkları muhtemeldir.

Karan Barad "Madde Konuşur, Acı Çeker, Arzular, Özler ve Anımsar" ("Matter Feels, Converses, Suffers, Desires, Yearns and Remembers" 2010) başlığı ile verdiği röportajda elle tutulamayan, kişilerin veya şeylerin mülkiyetinde olmayan faillik, dolanıklığı yeniden düşünme olanaklarına dair bir meseledir der. Burada "dolanıklık" insan ve insan olmayan aktörler arasında karşılıklı etkileşimi ve bu etkileşimlerden ortaya çıkan anlamları işaret etmektedir. Barad'a göre nesnelerin hepsinin birer fail olmasının ötesinde, failliğin kendisinin de bu karşılıklı "içten etkileşim"lerin (intra-active) sonucu oluşmasıdır (*Meeting the Universe Halfway* 33). Failliğin farklı durumlarda beklenmedik şekillerde ortaya çıkması söz konusu olduğundan sonuçlarla ilgili çıkarımlarda bulunmak da olanaksızdır. "Varlıklar, yapılar, nesneler hepsi istikrarsız ve belirsiz, küçük büyük birleşimlerden oluşur" (Coole 455). Bunlara kimyevi, hormonal ve elektronik etkileşimler de dâhildir (Barad, *Meeting the Universe Halfway* 33). İnsan-dışı hayvanlar hatta belli ölçüde makineler dahi faillik kapasitesine sahip olabilmektedir. Örneğin destanda

Ural'a doğru olan yolculuğa çıkan buzağılar ve üzülen Kolanses, görünür canlı faillerdir. Fakat failliğin dolaşıklığını gösteren esas şey, buzağıların yola çıkışını eyleyen cansız failler "ayrılık" ve "Kolanses'in üzüntüsü"dür. Bu ise faillerin yeni konfigürasyonlar içinde yeniden ortaya çıkmaları ve Posthümanist söylemin benimsediği gibi "diğer varlıklar ve failler karşısında önceliğinin olmaması" anlamına gelmektedir (Bennett 23). Başka bir örneklemeyle belirtmek gerekirse, birinci düzlemde Kolanses olmasaydı üzüntü durumu olmazdı ya da ayrılık olmasaydı üzüntü durumu yine olmazdı. İkinci düzlemde Kolanses olmasaydı üzüntü durumu olmazdı ya da ayrılık olmasaydı üzüntü durumu olmazdı veyahut Kolanses olmasaydı buzağılar yola çıkmazdı ya da üzüntü olmasaydı buzağılar yine yola çıkmazdı ve dahası ayrılık olmasaydı buzağılar yine yola çıkmazdı. Bu düzlemeleri eyleyenlik açısından daha da çoğaltmak mümkündür. Görüldüğü üzere sebep sonuç ilişkisinin karmaşıklaştığı faillik ilişkilerinde esas eyleyenin kim ya da ne olduğu silikleşir hatta kaybolur. O halde destanda failliğin kimin ya da neyin tarafından gerçekleştirildiği önemini kaybeder. Esas olan şey, faillerin çoklu konfigürasyonlarından kaynaklanan potansiyellerdir. Destanda bu konfigürasyonlardan ortaya çıkan potansiyel Kolanses'in ailesine kavuşmasıdır.

Yine *Konur Boğa Destanı*' nda karşımıza çıkan kendi faillselliğini kendi elinde tutan doğa veya insan olmayan hayvanlar, *Beowulf*'da karşımıza çıkmaz. Jean Jacques Rousseau *İnsanlar Arasındaki Eşitsizliğin Kökeni* (*Discours sur l'inegalite* 1755) adlı eserinde medeniyeti insanı köleleştiren, kendine bağımlı hale getiren bir unsur olarak görmekte ve evcilleştirilen hayvanların da tıpkı insanlar gibi medeniyetin içinde nasıl köleleştirildiklerini ve türüne ait birçok yetisini kaybettiğine değinmektedir (Rousseau 36-37). Bu noktada Asya kültüründe kendi failliğini elinde tutan ve birer özne olarak karşımıza çıkan hayvan hızla kapitalleşen Batı kültüründe eylemsellik gücünü yitirmiş pasif bir nesne olarak sunulmaktadır. Grendel her ne kadar iki bacağı, iki kolu, bir başı olsa da korkunç bir canavar olarak tasvir edilir ve insan olmayan hayvan olarak ötekileştirilir. İnsan olmayan hayvanın failliğini yok sayan insan kendi failselliğine odaklandığından destanda Beowulf mütemadiyen çok güçlü ve soylu bir adam olarak tasvir edilir. Oysaki faillik durumunun sadece insan eylemini önceleyen bir faillik anlayışı ile kavranması mümkün değildir. Başka bir deyişle faillik, "insan bedeninin ya da belli bir kolektivitenin failliği değil ontolojik olarak heterojen bir alana yayılmış bir özelliktir" (Bennett 23). Bu nedenle destanda Beowulf ya da erkek insan üzerinden takip edebildiğimiz Batının tek taraflı eyleyenliği ortaya çıkacak potansiyellere kapalıdır. Beowulf, canavarı ve annesini öldürdükten sonra kendini gerçekleştirir ve kişiliğine kavuşur. Beowulf için ölümsüzlüğün sırrı kahramanlıklarla dolu bir geçmiştir ki bu kahramanlıklar insan olmayan ötekilerin öldürülmesidir sadece. Bu noktada posthümanist söylemin eleştirdiği doğada var olan diğer canlıları kendi özneliği için sömüren ya da yok eden insanmerkezli gelenek, destanda eril insanının kendinden başkasının failliğine tahammülsüzlüğü şeklinde karşımıza çıkar.

Hikâyenin sonunda kendi ülkesine kral olan Beowulf, hazinesinden bir parça kaçak bir köle tarafından çalındığı için insanlara tebelleş olan bir ejderhayı da öldürür. Fakat ejderhanın bedeninde açtığı bir yaradan dolayı Beowulf da ölür. Ölmeden önce ejderhayla savaşan Beowulf ejderhanın hazine de sahip olur. İktidarın ortaya çıkışı tam olarak buna dayalıdır ki bedenlerin gerçek yapıp etme kudretini keyfi bir şekilde söyleme dökerek iktidarını oluşturur. Ne var ki doğadaki diğer canlılar gibi ölümlü olan insan sahte iktidarını yeryüzünde bırakıp gitmek zorunda kalır. Destanda hazinenin de Beowulf ile gömüldüğü anlatılır. Böylelikle bu hazinenin kimseye faydasının olmayışı, *Konur Boğa Destanı*'nda resmedilenin tersine Batılı ideolojilerde bedenlerin ve var oluşların farklı potansiyellerinin bir arada bulunamayışının ve kendi failliklerini gerçekleştiremeyişlerinin hem insanı hem yaşam döngüsündeki diğer varlıkları nasıl yok oluşa sürüklediğinin metaforik bir anlatımı olarak değerlendirilebilir. İnsanmerkezli bakış açısına göre şeyleri karşılıklı konumlandırma çabası, var olma ve eylem gücünü bu destanda sekteye uğratır.

### Sonuç

Rosi Braidotti, Michél Foucault'nun *Kelimeler ve Şeyler*'i yayımladığında, "insan" fikrinin ne olduğu sorusunun bir dizi siyasî grubun hümanizm karşıtı gündemine oturduğunu söyler (Braidotti, *İnsan Sonrası* 33). Yine Braidotti, tartışmaya açtığı özne kavramını tanımlarken "evrensel erkek-insanın aslında alttan alta eril, beyaz, kentli, standart dil konuşan, heteroseksüel, bir yeniden üretim birimine dâhil ve yasal olarak tanınan bir yönetim biçiminde bir vatandaş varsayımı "olduğu"nu (76-77) dile getir. Hâlbuki Posthümanist bağlam Katherine Hayles'in "çok yönlü bir ol(uş)mak" (Hayles 35) olarak nitelendirdiği insan oluşu benimser ve erkek-insan tarafından üretilen doğa/kültür, insan/hayvan, özne/nesne, canlı/cansız, organizma/makine, kamusal/özel, erkek/dişi, uygar/ilkel gibi ikililikleri reddeder.

Michel Foucault, insanın yakın tarihli ve belki de yakın zamanda son bulacak bir buluş olduğunu söylerken (Foucault, *Kelimeler ve Şeyler* 538-539) bilgi ile iktidar biçimleri arasındaki ilişkiyi vurgular. Bilginin kendi başına güvenilir bir temele sahip olmadığı, bilginin oluşumunda hâkim ideolojilerin ve onların yorumlama biçimlerinin önem arz ettiği (Foucault, *Özne ve İktidar* 94) yorumunu ekleyerek de erkek-insanın gündeminde olan ikili karşıtlıkların birer kurmacadan ibaret olduğunu iddia eder. Foucault, "benim görmeye çalıştığım şey, aynı tipte olan belli iktidar biçimlerinin gerek nesneleri gerekse yapıları bakımından nasıl olup da son derece farklı olan bilgilere yol açtıklarıydı" (94) diyerek olgulara aynı kültür yapısı içerisinde tarihin farklı noktalarında ya da aynı tarihlerde farklı kültür yapılarında nasıl da farklı yorumlar getirildiğini belirtmektedir. Böylelikle çalışmamızın konusu olan iki destan karşılaştırıldığında, ikisi de ilahi bir dini benimsemiş toplumlarda aşağı yukarı aynı yüzyıllarda ortaya çıksa da aynı türe örnek olan bu eserlerde insan olmayana dair bilginin neden farklılaştığı anlaşılabilir. Sözlü edebiyat geleneğinin birer ürünü olan bu destanlar, hayvana ve doğaya ait bilginin aynı tarihsel süreçte farklı toplumlarda hangi kaygılar çerçevesinde üretildiğinin açık birer örneğidir. Batılı benmerkezli insan iktidarını sağlamlaştırabilmek için bedenin tanımlanmasında ve yaşayıp yaşayamayacağının tayininde bir söylem üretmiş bunu da bir iktidar mekanizması olarak kullanarak söylemini politik bir düzleme taşımıştır. Batı edebiyatının örneği olan *"Beowulf"*'da insan olmayan hayvan politik kaygılarla ötekileştirilmiştir.

Hâlbuki, Karl Marx ve Friedrich Engels yaşamı belirleyen şeyin bilinç değil, bilinci belirleyen şeyin yaşam olduğunu (Marx ve Engels 35) öne sürerler. İnsanın düşünüş biçimlerini etkileyen şeyin yaşamını sürdürdüğü çevre ve bu çevre içerisindeki sosyal pratikleri olduğunu ve dahası, yaşam biçimlerinin ve çevrenin yine bireyin bilincini şekillendirdiğini kastederek insanın içinde var olmaya çalıştığı bir döngüde oluşan bilginin mahiyetine başka bir açıdan bakarlar. *Beowulf*'un tersine *Konur Boğa Destanı*'nda Türk coğrafyalarındaki halklarda yüzyıllar süren göçebe hayatın ve yaşantılarının geçmiş dönemlerinde benimsemiş oldukları evrendeki her bir varlığın bir bütünün parçaları olarak kabul edildiği "töz" anlayışının bıraktığı miras nedeniyle toprağa ve hayvana olan yakınlıkları yaşam biçimlerinde kendini gösterir. Çünkü bu miras, insanın kendini doğanın bir parçası, hayvanı da kendinin bir yoldaşı olarak görmesine sebep olur. Hayvan ya da bitkilerin kutsal sayıldığı totemistik ya da doğada insandan başka varlıkların da ruha sahip olduğu ve doğadaki bütün varlıkların da birbirine bağlı olduğu düşüncesinin benimsendiği animistik dönemlerden sanayileşmeye kadar toprağa bağlı yaşayan halk topluluklarının çoğunda hayvana ve doğaya bakış açısı aynıymış gibi görünebilir. Fakat Batılı toplumların baştan beri benimsediği ataerkil yapı ve Türk topluluklarının önceki yaşantılarında tecrübe ettiği bozkır hayatı, "töz" algısı ve anaerkil toplum yapısı incelediğimiz bu iki Halk edebiyatı örneğinde Posthümanist bağlamın üzerinde durduğu insan-hayvan ilişkileri noktasında ters istikametlere doğru giden bakış açıları olarak karşımıza çıkar. Bir kültür, bir anneyi kızına kavuşturan buzağılara minnetini göstermek için Kolanses'in yurdundan Ural'a ulaşan yola "Konur Boğa Yolu" adını verirken, odaklandığı amaçlara ulaşmak için ötekileştirdiği bütün varlıkları sömürme ve yok etme hakkını kendinde bulan kültür de Beowulf'u yaratır. *Konur Boğa Destanı*'nda ne erkek karakterler ne de kadın karakterler hayvana karşı ötekileştirici bir bakış açısı benimserler. Bozkır insanı hayvanı yaşamında sadece bir besin kaynağı olarak görmemiş, tam tersine sahip olduğu hayvanları yaşamı süresince kendine yoldaş edinmiştir. Ayrıca destanda hayvanların erilliği de ön plana çıkarılmamıştır. Bu noktada destanda anneyi Kolanses'e kavuşturanın dişi bir hayvan oluşu manidardır. Anne kızının uzak diyarlara gittiğinde geri dönememe ihtimalini sezer ve yine dişi bir hayvanı kızının sürüsüne katar. Bu dişi hayvandan olan yavrular anneye Kolanses'in bilgisini taşır. Yine yavrulardan dişi olanın süt verip, verdiği sütün de dile gelmesiyle anne uzak diyarlardaki kızına kavuşur. Destanda erkek karakterlerden çok dişi karakterlerin eylemleri üzerinde durulması da ayrıca Türk toplumunun sadece hayvanları değil dişi varlıkları da ötekileştirmediğinin bir örneğidir. Oysaki Batı kültürünün bir yansıması niteliğinde olan *Beowulf*'a baktığımızda bedensel farklılıkların ataerkil yapı tarafından nasıl yadsındığını Grendel, Grendel'ın annesi ve ejderha üzerinde icra edilen pratiklerde görmek mümkündür. Özellikle dişi olan karaktere destanın küçük bir bölümünde yer verilmesi de yine bu yapının dişi olanı nasıl göz ardı ettiğinin ve sömürdüğünün bir göstergesidir. İçinde barındırdığı birçok canlıdan dolayı hem dişiliği hem çoğulluğu imleyen doğa tek bir iktidar söyleminin hâkim olduğu ataerkil yapı tarafından muhtemel potansiyelleri tahmin edilemez bulunularak tehlikeli addedilmiş ve kontrol altına alınmaya çalışılmıştır. Zaten Batı kültürüne ait olan hikâyemizde destana adını veren insan özne Beowulf iken Türk kültürüne ait olan hikâyemizde destana adını veren insan olmayan hayvan özne Konur Boğadır. Bu noktada her iki toplumun da doğaya, dişiye ve insan olmayana bakış açıları açıkça anlaşılır.

**Kaynakça**

Aristoteles. *Politika*. çev. Furkan Akderin. Say Yayınları, 2017.

Barad, Karen. "Madde Hisseder, Konuşur, Acı Çeker, Arzular, Özler ve Anımsar: Karen Barad ile Röportaj." çev. Nalan Kurunç ve Öznur Karakaş. https://terrabayt.com/dusunce/madde-hisseder-konusur-aci-ceker-arzular-ozler-ve-animsar-karen-barad-ile-roportaj-1/. Erişim 10 Aralık 2020.

Barad, Karen. *Meeting the Universe Halfway: Quantum Physics and the Entanglement of Matter and Meaning*. Duke University Press, 2007.

Bennett, Tony ve Patrick Joyce. ed. *Material Powers: Cultural Studies, History and the Material Turn*. Routledge, 2010.

Braidotti, Rosi. "Posthuman, All too Human: Towards a New Process Ontology." *Theory, Culture & Society*, SAGE, vol. 23, no. 7/8, ss. 197-208, 2006.

Braidotti, Rosi. *İnsan Sonrası*. çev. Öznur Karakaş. Kolektif, 2018.

Braidotti, Rosi. *Nomadic Theory*. Columbia University Press. 2011.

Buran, Sümeyra. "Technoworld Of Technowoman." *Canadian International Journal Social Science and Education*. vol. 3, May 2015, ss. 295-316.

Choi, Incheol, Muhsin Yanar ve ark., "Causal Attribution Across Cultures: Variation And Universality." *Psychological Bulletin*. vol. 125, no. 1, 1999, ss. 47-63.

Coole, Diana. "Agentic Capacities and Capacious Historical Materialism: Thinking with New Materialisms in the Political Sciences." *Millennium: Journal of International Studies*, vol. 41, no. 3, 2013, ss. 451–469.

Çelik, Ezgi Ece. "Haraway'in Yoldaş Türleri ve Ağ Ören Anlatılar." *Felsefe ve Sosyal Bilimler Dergisi*. Cilt. 13, Sayı. 26, 2018, ss. 27-46.

Çobanoğlu, Özkul. *Türk Halk Kültüründe Memoratlar ve Halk İnanışları*. Akçağ Yayınları, 2004.

Descartes, Rene. *Yöntem Üzerine Konuşma*. çev. Çiğdem Dürüşken. Kabalcı Yayınları, 2013.

Foucault, Michél. "Of Other Spaces: Utopias and Heterotopias." *Rethinking Architecture- A Reader in Cultural Theory*. ed. Neil Leach. Routledge, 1997, ss. 329-357.

Foucault, Michel. *Kelimeler ve Şeyler*. İmge Kitabevi, 2001.

Foucault, Michel. *Özne ve İktidar*. çev. Işık Ergüden ve Osman Akınhay. Ayrıntı Yayınları, 2005.
Gacar, Şamil. *Hayvan Folkloru Bağlamında Türk Dünyası Ekolojik Destanları*. Yüksek Lisan Tezi. Hacettepe Üniversitesi, 2020.
Haraway, Donna J. *The Companion Species Manifesto: Dogs, People and Significant Otherness.*: Prickly Paradigm Press, 2003.
Haraway, Donna. *Başka Yer*. çev. Güçsal Pusar. Metis Yayınları, 2010.
Hayles, N.Katherine. *How We Became Posthuman: Virtual Bodies in Cybernetics, Literature, and Informatics*. University of Chicago Press, 1999.
Heaney, Seamus. *Beowulf*. çev. Nazmi Ağıl. Yapı Kredi Yayınları, 2013.
Kakoudaki, Despina. *Robot Anatomisi*. çev. Deniz Aras, Kolektif, 2017.
Lévi-strauss, Claude. *Yapısal Antropoloji*. çev. Adnan Kahiloğulları. İmge Kitabevi, 2012.
Marcus, Hazel R. ve Shinobu Kitayama. "Culture and The Self: Implications For Cognition, Emotion, And Motivation". *Psychological Review*. vol. 98, No. 2, 1991, pp. 224-253.
Marx, Karl ve Friedrich Engels. *Alman İdeolojisi*. çev. Tonguç Ok ve Olcay Geridönmez. Evrensel Yayınları, 2013.
Michel Foucault, "Başka Mekânlara Dair." *Özne ve İktidar*. çev. Işık Ergüden. Ayrıntı Yayınları, 2011, ss. 296-302.
Mithen, Steven. *Aklın Tarihöncesi*. Dost Kitabevi. 1999
Nemeth, Erwin ve Henrik Brumm. "Blackbirds Sing Higher-Pitched Songs in Cities: Adaptation to Habitat Acoustics or Side-Effect of Urbanization?" *Animal Behaviour*, vol. 78 no. 3, 2009, ss. 637-641.
Nietzsche, Friedrich. *Tan Kızıllığı*. çev. Hüseyin Salihoğlu ve Ümit Özdağ. İmge Kitabevi, 2014.
Ögel, Bahattin. *Türk Mitolojisi (Kaynakları ve Açıklamaları ile Destanlar)*. Cilt I, 1989.
Öztürk, Şeyda. "İnsan Sonrası." *Cogito*, Yapı Kredi Yayınları, 95-96 Kış 2019, ss. 5-7.
Rousseau, Jean Jacques. *İnsanlar Arasındaki Eşitsizliğin Kökeni*. Yeryüzü Yayınevi, 2003.
Roux, Jean Paul. *Orta Asya'da Kutsal Bitkiler ve Hayvanlar*. çev. Prof. Aykut Kazancıgil ve Lale Arslan. Kabalcı Yayınevi, 2005.
Singer, Peter. *Hayvan Özgürleşmesi*. çev. Hayrullah Doğan. Ayrıntı Yayınları, 2005.
Spinoza, Baruch. *Ethics*. çev. Edwin Curley. Penguin Books, 1996.
Stavrides, Stavro. *Kentsel Heterotopya*. çev. Ali Karatay. Sel, 2016.
Suleymanov, Ahmet Muhsin Yanar ve ark., "Kunır Buga Destanı." *Başkurt Destanları* I. Ankara: Türk Dil Kurumu Yayınları, 2015.
Thompson, Tok. "The Ape That Captured Time: Folklore, Narrative, and the Human-Animal Divide." *Western Folklore*, vol. 69, no. 3/4, 2010, ss. 395-420.
White, Lynn. "The Historical Roots of Our Ecologic Crisis." *The Ecocriticism Reader: Landmarks in Literary Ecology*. ed. Cheryll Glotfelty ve Harold Fromm. University of Georgia Press, 1996.
Wilkie, Roger. "Epic Hero as Cyborg: An Experiment in Interpreting Pre-Modern Heroic Narrative." *Fragments Interdiciplinary Approaches to the Study of Ancient and Medieval Pasts*. vol. 2, 2012. http://hdl.handle.net/2027/spo.9772151.0002.001
Wolfe, Cary. *What is Posthumanism?* University of Minnesota Press, 2010.

BEŞİNCİ KISIM
TÜRK EDEBİYATINDAN SEÇMELER

# BÖLÜM 13

# Zamanın Bedensel Dönüşümü: Osmanlı Gelecek Anlatılarında Posthümanist ve Transhümanist İzler

## Seda Uyanık

Modernitede tarihsel zaman anlayışı, döngüsel olmaktan çok doğrusal ve art zamanlı şekilde, düz bir çizgide ilerler. Bu çizginin sonu olan ölümü yaşamın uzantısı olarak gören anlayış, –hayatın sonluluğunu denetleyebilir olmasının insana verdiği güçle– yerini ölümü dışlayan, yaşam ile ölüm arasına keskin sınırlar çizen bir anlayışa bırakmıştır. Dolayısıyla insana ölümlülüğü hatırlatan bütün imgeler, insan eliyle toplumsal yaşam alanlarının dışına çıkarılmıştır. Bazı kutsal öğretilerde kendine yer bulan ölüm sonrası hayat ve cennet imgesi, toplum düzenini mükemmel dünya tasarımları içerisine sığdırmaya çalışan ve kendini Tanrısallaştıran insan tarafından dünyevileştirilmiştir. Jean Baudrillard'ın dediği gibi modern toplumlarda kapitalist düzen, ölüler ve yaşam arasındaki birliği parçalamakta böylelikle iktidarların var olabilmesi ve ileride tüm yaşamı sınırları içine alabilmesi için önce ölümü denetlemeye çalışmaktadır (Baudrillard xiii). Söz konusu eğilim de insanın parçası olduğu dünyevi iktidar uzamlarının yeniden üretilip güçlenmesine ve ölüme meydan okuyan insanı denetim altına almasına neden olmuştur. Bu dürtüyle hareket ederek doğasına, özüne yabancılaşan ve kendi kurduğu üretme-tüketme kültürünün öznesi hâline gelen insan, tüm kutsiyetlerinden sıyrılmış olur. Bahsedilen eğilimin teolojik bağlamdaki dönüşümü ise dikkate değerdir.

Elias José Palti, teolojide zamanın "sonluluğun inşası" olduğunu dile getirir (Palti 505). Palti'ye göre teolojik zamanın Tanrısal yaratım söylemi göz önüne alındığında belirli bir başlangıcı ve eskatoloji, kıyamet gibi kesin bir sonu vardır. İnsanlık için Tanrısal olarak belirlenmiş bir planın yokluğunda modernitenin zamanı sonsuz ve açıktır. Başlangıç, evrenin bilinmeyen geçmişinde yatar ve gelecek fark edilebilir bir son nokta olmadan uzayıp gider. Bununla birlikte teolojik ve modern zamansallık arasındaki bu ayrılık, altta yatan bir sürekliliği gizler. "Modernitenin zaman mefhumu Tanrı'nın müdahalesine pek olanak tanımaz. Yine de zaman yönsüz veya anlamsız değildir. Aksine, tarih hâlâ bir amaca yöneliktir ancak onun vekili ve garantörü bu sefer Tanrı değil, ilerleme fikridir: 'modern ilerleme fikri'" (Palti 505). Bu ilerleme fikri, artık insanın sonu olmayan görevidir, doğaüstü bir müdahalenin bu ilerlemede etkisi yoktur. Bu nedenle de insan kendine gerçeklikle nasıl başa çıkacağını söylemelidir; çünkü o "maddeye indirgediği dünyanın durumunun tek sorumlusudur" (Palti 505). Kıyamet sonrası anlatılar da kaynağını, insanın bu sonsuz ilerleme ve sınırlarını aşma dürtüsünden alır. Özellikle savaşların ve ekonomik krizlerin belirleyici olduğu 19. yüzyılda, Osmanlı edebiyatının kıyamet sonrası kurgularında sonsuzluğu yakalama uğraşısı ile maneviyatını yitiren ve kendi doğasını terk ettiği gibi çevreyi de terk eden, ekolojik dengeleri alaşağı eden melez insan modeli bu dürtünün ürünüdür. Örneğin devrinin önde gelen Osmanlı aydınlarından Celal Nuri İleri'nin[1] (1882-1938) 1912 tarihli "Latife-i Edebiyye" adlı anlatısında 152. yüzyılda geçmişten ve tarih bilincinden kopmuş insanların teknolojiyle kuşattıkları bir medeniyet örüntüsü vardır. Bu bağlamda verilebilecek diğer örnek de erken Cumhuriyet dönemi gelecek anlatıları arasında yer alan Refik Halid Karay'ın[2] (1888-1965) 1921 yılında yazdığı "Hülya Bu Ya..." adlı eseridir. Anlatıda makinelerin insan ürettiği, hastalıklara ve ölüme çarenin bulunduğu, toplumsal belleğin silindiği bir gelecek öngörüsü yer alır. Çalışmamın amacı bu ortak temalardan yola çıkarak eserlerdeki "yeni insan modeli"nin temsil ettiği medeniyet tartışmasını posthümanizm-transhümanizm ekseninde ve metin merkezli yaklaşımla sorgulamaktır. Yazarların 19. yüzyıl perspektifinden sundukları geleceğin emperyalist dünyasının eleştirisi ölümsüzlük, zaman mefhumu, insan-doğa karşıtlığı bedensel ve çevresel dönüşüm temaları üzerinden irdelenmeye çalışılacaktır.

### Ölümsüzlük ve Zamana Hâkim Olma

Yasak meyveyi yiyerek cennetten kovulan Âdem ile Havva'dan Zeus'un sırrını açığa çıkararak sonsuza kadar bir kayayı tepeye itmekle lanetlenen Sisifos'a kadar pek çok anlatı, ölümsüzlüğün peşinde olan ve arzularına yenik düşen insanın sınırları aşma eğilimini imler. İzlerini mitolojide, kutsal kitaplarda, dinî metinlerde, ilkel toplumların hikâyelerinde gördüğümüz söz konusu eğilim insanın bahsedilmiş olandan fazlasını istemesi, yaşamı rasyonalist-evrenselci bir zemine oturtma çabası, biyolojik ve organik süreçleri disipline edip düzenlemesi gibi kendisine pek çok müdahale alanı yaratmasına neden olmuştur. İnsan merkezli yaşam alanlarının sistematize edilmesi bu sürecin olağan sonuçlarından biridir. İnsan, kendi türü dışındaki yaşam formlarını göz ardı ederek kurduğu kentler ile "medeniyet" yolunu "hızlı" adımlarla ilerlemektedir. Ancak medeniyetin nasıl tasarlandığı önemlidir. Zira insanın kadim bilgiye sırt çevirmesiyle ve arzularına gem vuramayıp doğanın dengesini bozmasıyla "medîneye, şehre mensup, şehirli"[3] anlamlarını içeren "medeni" sözcüğünün içi boşalmıştır. Medeniyet

---

[1] İleri hakkında ayrıntılı bilgi için bkz. Seda Uyanık. *Osmanlı Bilim Kurgusu: Fennî Edebiyat*. İstanbul: İletişim Yayınları, 2013.
[2] Karay hakkında ayrıntılı bilgi için bkz. a.g.e.
[3] Medenî sözcüğünün birincil anlamı "medîneye, şehre mensup, şehirli" olarak karşılanırken yan anlamlarından biri "terbiyeli, görgülü, kibar, nâzik" olarak verilir. (Devellioğlu 598)

"mim"sizleşerek bir deniyet[4] hâlini almış, toplumun "modern bilgi" ile yeniden inşası artı değer peşinde koşan insanı cisimleştirmiştir. İnsan artık kendi kurduğu sistemin her cephesinde denetim altındadır. Özellikle doğum, üreme, ölüm, kamu sağlığı, insan ömrünün uzunluğu, toplumsal cinsiyet, göçler, yerleşim yerleri ve biçimleri gibi parametreler biyopolitiğin baskısını da beraberinde getirmiştir.

Michel Foucault, biyopolitikayı 18. yüzyılda ivmelenen kapitalizmin yarattığı iktidara tabi olarak özneleşen insanın biyolojik yaşamını yeni teknikler ve araçlar kullanarak yöneten mekanizma olarak ele alır ve ölümü de kamusal alanın dışına iter. Foucault'ya göre "Ölüm iktidar ilişkilerinin alanında değildir [...] İktidar ölümü değil, sadece ölümlülüğü kontrol edebilir" (Foucault, *Society* 247). Çünkü iktidar, bedenleri üretim aygıtına bağımlı kılarak nüfusu ekonomik süreçlere göre ayarlayıp disipline eder. Biyolojik yaşamı teknolojik araçlar ve teknikler ile uzatılarak denetlenen insan bedeni, sanayi toplumunda kontrol edilebilir hâle gelir. İktidar "manipüle edilmiş, şekillendirilmiş, eğitilmiş, itaatkâr, yanıt veren, becerikli hâle getirilerek güçleri geliştirilmiş" bedeni hedeflemektedir. (Foucault, *Discipline* 136). İnsan, bu gelişimsel döngü içerisinde fark etmeksizin disiplin toplumundan denetim toplumuna geçiş yapar. "Disiplin toplumlarında birey her zaman yeniden, hep yeniden başlamaktadır (okuldan kışlaya, kışladan fabrikaya), oysa denetim toplumlarında kimse herhangi bir şeyi bitirecek durumda değildir -şirket, eğitim sistemi, askerî hizmet, her şey, evrensel bir deformasyon sistemine benzer tek ve aynı değişim içinde bir arada var olan metastaz konumları gibidirler" (Deleuze 24).

Bu biyo-düzenleme alanını güçlendiren etmenler arasında kuşkusuz siyasi ve ekonomik krizler de yer almaktadır. Özellikle Aydınlanma Çağı ile birlikte hızlanan rasyonel bilgi toplumunun inşası, askerî yoksunluk nedeniyle güçlendirilmeye çalışılan tekno-bilimsel savaş gücü ve ekonomik buhranların zorunlu kıldığı Sanayi Devrimi, ulusların kapitalizme yenik düşerek kusursuz gelecek tasarımlarına ve "yeni insan" modeline yönelmelerindeki temel unsurlardandır. Bu bağlamda Osmanlı toplumunun 19. yüzyıldaki durumu ve kıyamet sonrası anlatıları kayda değerdir. Çünkü Osmanlı edebiyatında söz konusu anlatıların doğmasına neden olan kırılma noktaları, savaşların ve kapitalizmin yıkıcı etkilerinin görülmeye başladığı zamanlara tarihlenir. Fahir Armaoğlu'nun belirttiği üzere 1877-78 Osmanlı-Rus Savaşı, Osmanlı'nın bağımsızlığını ve toprak bütünlüğünü koruma politikasına bir darbe niteliğindedir. Savaşlarda yenilgiler alan Osmanlı için 19. yüzyıl, artık çöküş dönemidir. İmparatorluk, 1911-1912'de İtalya ile Trablusgarp Savaşı'nı, 1912-1913'te Balkan Savaşları'nı yapmış ve arkasından 1914-1918 yılları arasında. I. Dünya Savaşı'na girmiştir. I. Dünya Savaşı'nda Kafkaslar, Irak, Kanal Cephesi

---

[4] Medenî sözcüğünün içinde saklı "denî" tek başına "alçak, rezil, soysuz" anlamına gelir. (Devellioğlu 174)

ve Çanakkale olmak üzere dört cephede savaşılmıştır (Armaoğlu 99). Osmanlı İmparatorluğu'nun Batılı devletler karşısında rekabetçi gücünün zayıflığı ve teknolojinin sadece askerî alanda değil sanayi alanında da kullanılması gerektiği görüşü zanaatın yerini sanayinin alarak işçi sınıfının oluşmasına neden olmuştur. Yüksel Akkaya, 19. yüzyılın ortalarına doğru özellikle ordunun ve sarayın ihtiyaçlarını karşılamak için kurulan fabrikaların sanayi içinde önemli bir yer tutmaya başladığını ve bu durumun "modern anlamda sanayi işçisinin oluşumuna olanak sağla[dığını]" dile getirmektedir (Akkaya 133). Yabancı sermaye; limanlar, demiryolları, madenler ve ticari tarım ürünleri alanlarının yanı sıra kamu hizmeti gören alanlara da yatırım yaparak bir yandan modern işçi sınıfının oluşum sürecini hızlandırmış öte yandan nicel olarak çalışanların sayısını artırmıştır. Kısacası savaşlar, toplumsal krizlere ve kapitalizmin yükselişini tetikleyen teknolojiyi alımlama isteğine zemin hazırlamıştır. Osmanlı edebiyatındaki Batılılaşma, medenileşme, kalkınma izleklerinin teknolojik güce paralel olarak kurgulandığı metinler de dönemin iktisadi-siyasi bunalımının ürünleridir. Özellikle bedenin ve zamanın denetlenebilir olduğu gelecekteki kent tasarımları bize bu kriz sahasının kapılarını açar. II. Meşrutiyet döneminin ilerici düşünür ve yazarı Celal Nuri İleri, *Tarih-i İstikbâl* (1913) adlı eserinin içinde yer alan "Latife-i Edebiyye" başlıklı bölümünde kapitalist düzenin, Batı sömürgeciliğinin, denetim toplumu mekanizmalarının insan doğasına ve maneviyatına verdiği zararı kurgulamıştır.

Eserde olay örgüsü ismi olmayan anlatıcının ölümüyle başlar. Anlatıcı öldükten sonra ilk olarak cennete, cennetten de tekrar hayata, fakat 152. yüzyılın Osmanlı'sına gider. O tarihe kadar teknolojiyle ulaşılan müreffeh toplumda insani değerler kaybolmuştur. Gelinen nokta anlatıcıyı öylesine dehşete düşürür ki Azrail'den tekrar canını almasını ister. Metinde ahiret hayatının kutsiyetinin ve yüceliğinin, ilahi gücün ulaşılmazlığının insan lehine tersine çevrileceğinin ilk nüvesi burada gizlidir. Kutsallığa dair tüm unsurlar, "aciz" insan tarafından yerilir. Anlatıcı öldükten sonra ahiret hayatının başlangıcından cennetten ayrılmak istediği ana kadar başına gelen birçok olumsuzluğu anlatmaya başlar. 19. yüzyılda doğup 20. yüzyılda ölerek ahirete gittiğini söyleyen anlatıcı defnedildikten sonra "öğlenden yatsıya kadar mezarı[n]da ta'cîz edil[diğini]" sonrasında başının ucunda kopan bir gürültü ile meleklerin yanına geldiklerini söyler (İleri 148). Ancak anlatıcı, meleklerin sert ve haşin tavırlarıyla kendisini sorgulamak istemelerine aldırmaz. Hatta onları küçümser, onlarla alay eder:

> Zavallılar karşılarında hep uysal ölüler görmüş olacaklar ki muameleleri pek sert. Israr ettiler, tehdid-âmîz bir tavır ve vaziyet alarak sordukları suallere cevap vermezsem topuzu kafama yerleştireceklerini söylediler. Cevaben dedim ki: "Haydi, haydi, buradan gidiniz. Size verecek cevabım yoktur". (İleri 149)

Tanrı karşısında aciz bir varlık olan insanın Tanrısala karşı çıkışı yazının başında değindiğimiz insanın kendini Tanrısallaştırması, sınırlarını aşması, Tanrı'nın alanına müdahale etmesi, şeklinde bir modernizm eleştirisi olarak okunabilir. Nitekim anlatıda ölümün, ahiretin, cennetin parodi düzlemine oturtulması, doğaüstü ile insanın karşı karşıya getirilmesi bu bağlamda manidardır:

> Allah âlim-ül-guyûbdur. Sizin vesatetinizle hayatımın bilançosunu anlamaktan vârestedir. Beni hâb-gâh-ı ebedîmde tasdî' etmeyiniz. Zavallı başıma havale edeceğiniz topuzdan ise korkum yoktur. Çünkü ölüyüm. Asabımdaki seyyâle-i elektrikiyye külliyen söndüğünden müteessir olmam. Uğur ola" diyen anlatıcı sorgu meleklerini başından kovar. (İleri 149)

Bu alıntıda dikkati çeken şey, sadece bir ölünün Tanrı katından gelen meleklere korkusuzca cevap vermesi, hatta onlara karşı çıkmasından çok meleklerin mezarda ölüleri sorgulaması inanışına karşı çıkılmasıdır. Anlatıcının kaybedeceği bir şeyi olmadığı gibi zarar görme gibi bir korkusu da yoktur. Çünkü öldüğü için vücudu acı duyma işlevini yitirmiştir. Bu yüzden melekler onun canını yakamayacaklar, ona acı çektiremeyeceklerdir. Bu durum, tamamen fiziksel olarak açıklanmakta ve mantıksal bir çerçeveye oturtulmaktadır. Yani anlatıda ölümün fiziksel anlamıyla karşılaşılırken ahiret de maddi âlemin yasalarıyla akilleştirilmeye çalışılır. Burada posthümanist bir dünyanın da kapıları aralanır. Beden ve ruh arasında bir mesafe vardır çünkü beden insan ötesi bir varlığa evrilmiştir. Anlatının ileriki safhalarında da görebileceğimiz gibi insana biricikliğini, benzersizliğini veren unsurların yok olması, zaman ve uzam bağlamında fiziksel-fiziksel olmayan arasındaki ayrımın belirsizliği de bu düşünceyi kuvvetlendirir niteliktedir. Maddi evren ile ruhani evren arasındaki bu geçirgenlik, gerçeklik düzlemi ile idealize edilen mekân arasındaki kurulan koşutluk ve bedenin sınırlılıklarına meydan okuyarak aşılan fizikselliği Donna Haraway'in sibernetik uzamını akla getirir. Haraway "Bedenlerimiz niçin derimizde bitmelidir ya da derinin içine sokulan başka varlıkları da kapsamalı mıdır?" diye sorarak "geçirgen olmayan tamlığı sağlayacak organik bütüncülüğe [...] ihtiyacımız [olmadığını]" söyler (Haraway 66-67).

Bu eksende Celal Nuri'nin anlatısında yer verdiği çoklu evrenler arasında seyahat eden karaktere baktığımızda beden ile ruh arasındaki mesafenin vurgulandığını ve insanın bedensel açıdan sınırlarını ve potansiyelini aşan yeni bir varlığa dönüştüğünü söyleyebilmek mümkündür. Bu insan ötesi varlık uhrevi dünyaya da kendi gerçekliğini taşır. Anlatıda ideal olması beklenen cennetin bozuk dünya düzenine benzeyişi de çoklu evrenler arasındaki geçirgenliğin iz düşümü olarak okunabilir. Cennetin kapısına varan anlatıcı, burada düzeni sağlayan, giriştekileri denetleyen memurlarla karşılaşır. İçeri girişte memurlar pusula, tezkire, pasaport ve biletten başka şey bilmezler. Anlatıcı onların anlama kabiliyetinden yoksun olduklarını düşünür. Amirlerini görmek ister. Ancak o da görev başında uyumaktadır. Cennete geçici olarak alınmasını gün doğunca cennete girmeye hakkı olduğunu ispatlayacağını söyler. Anlatıcının cennete kendi çabasıyla girmesi dünyadaki düzenin ve insanın sınırını aşmakta vardığı noktanın temsilidir. İslami inanışa göre insanın öldükten sonra dirilip sonsuza dek kalacağı ve Tanrı'ya hesap vereceği yer olan ahirette bile olaylar, Tanrı'nın değil, insanın iradesine göre şekillenir. Bu iradenin bağlı olduğu insan nefsi ise kusursuz cennetin içine taşınarak doyumsuzluğu ile kendini gösterir. Öyle ki anlatıcı, yabancı milletlerin cennetlerine özenildiğini dile getirir: Cennettekiler "Bulgar, İngiliz ve sâir kâfir cennetlerinde intizam ziyadece" derler (İleri 155). Anlatıcı, cennetten sıkılarak oradan çıkmanın bir yolunu bulur ve dünyaya geri döner. Ancak bu sefer insan fizyolojisinin başkalaşıma uğradığı 152. yüzyıldadır. Bu geçiş Celal Nuri'nin yeni bir cennet ve yeni bir dünya arasında kurduğu ilişkinin açık bir göstergesidir.

Aynı zamanda uhrevi hayat yerine maddi dünyanın seçilmiş olması yaşamın döngüsel olmadığına aksine sahip olunan, bağlılık ve ihtiyaç duyulan bir alan olarak sunulduğuna işaret eder. Fani varlık olarak insanın ölüm mefhumu konusunda takındığı tavrı, Rosi Braidotti "alışkanlık" olarak niteler. Bu alışkanlık nedeniyle insan, yaşamı, "verili olan" şeklinde değil de bir proje olarak görmeye başlar. Arzunun yaşamaya devam etmemiz için bizi baştan çıkardığını ve "zaruri veya kendinden menkul olan" yaşamın bağımlılık verici bir hâl aldığını dile getiren Braidotti, verili olanla inşa edilmiş olan arasındaki ikili zıtlığın doğa-kültür etkileşimine nüfuz ettiğini belirtir (Braidotti 149). İnsanın, bütün bir yaşamı etkileme gücüne sahip olmasıyla yeryüzünü bir "insan sahnesi"ne dönüştürmesinin ve evrensel ölçekte hem insan hem de insan olmayan faillerle etkileşiminin temel ilkelerini gözden geçirmesi gerektiğini vurgulayan Braidotti'ye göre "doğal olan ve kültürel olan kategorileri arasındaki sınırlar bilimsel-teknolojik ilerlemelerin etkisiyle yerinden edilmiş ve büyük ölçüde bulanıklaşmış durumdadır" (Braidotti 13). Bu etkileşimin radikal biçimde bozulmasına hız kazandıran etmen ise "ileri kapitalizm ve onun biyogenetik teknolojileri"dir (Braidotti 17). Yaşayan maddenin genetik kodu, yani bizzat yaşam esas sermayedir. "Küreselleşme, bir dizi birbirine bağlı temellük etme yöntemiyle, bütün biçimleriyle yeryüzünün ticarileşmesi demek[tir]" (Braidotti 17).

Medeniyet yolunda ilerleme gayretiyle insanın bilim ve teknolojiyi araçsallaştırarak yeryüzündeki tüm unsurları dışlama, değersizleştirme, yok etme yönünde kullanması hususunda Celal Nuri'nin metnine döndüğümüzde insanın kendi türü, doğa, diğer türler, tabiat hatta ahlak, kültür ve din üzerinde kurmaya çalıştığı güç daha anlamlı hâle gelir. "Latife-i Edebiyye"de insanın Tanrısallaştığına ve kaderini kendinin tayin ettiğine dair bir alt metin var gibi görünse de aslında bu durum insanın kendini özgürleştirdiğini sandığı bir simülasyondan ibarettir. Çünkü Batı'nın bilim ve teknolojisinin beraberinde getirdiği kapitalizmin denetlenemezliği insanı kendi inşa ettiği denetim toplumuna mahkûm etmiştir. Eserde teknolojik ilerlemeyle beslenmeden ulaşıma kadar her türlü insan gereksiniminin makineler tarafından otomatik olarak hâlledildiği bir dünya resmedilirken insanın fiziksel ve ruhsal olarak insansı özelliklerini yitirişi kapitalist-emperyalist politikaların ekosistem üzerinde yarattığı yıkımın habercisidir. İnsan, yeniden evrimleşir ancak bu evrimleşme bedensel olmaktan ziyade zamanı, gücü, denetimi, türleri denetlemeye çalışan insanın doğasına, özüne, kültürüne yönelik olumsuz bir dönüşümdür. Eserde eskiden mide, bağırsak denilen küçük şeylerin pek büyük olduğu ve insanların "doymak için pek büyük miktarlarda ham şeyler yut[tukları]" söylenmektedir. Bu nedenle de geçmişteki insanlarda "bir abur cubur küfesi makamında mide bulun[duğu]" ifade edilir (İleri 153). 152. yüzyılda ise insan bedenlerinde çok küçük bir mide bulunmaktadır. Anlatıcıyı uçan aracıyla saniyeler içerisinde dünyanın dört bir yanına götüren rehber, tarih öncesi çağlarda insanların ayaklarında, ellerinde olduğu gibi uzun parmaklar bulunduğunu, "nev'-i beşer medeniyete dâhil olduğu zaman bu ayak parmakları[nın] pek küçül[düğünü]" söyleyerek midelerin küçülmesinin de böyle bir evrimleşmenin sonucu olduğunu ifade eder. Yemek yerlerken bir garson ağızlarına bir marpuç sokuşturur ve marpucun ucu midelerine kadar girer. Böylelikle ağızları, dişleri ve çeneleri yorulmadığı gibi dillerinin ucuna akıtılan bir damla sıvı damaklarında "büyük bir lezzet" bırakır (İleri 156). Burada evrimin teknolojiye göre daha yavaş olması ya da teknolojinin evrimin elinden dönüştürücü gücünü alması vurgusu aslında bedenin iktidar ve ileri kapitalizm tarafından bir egemenlik alanı olarak kullanılmasının eleştirisidir. İnsan sonrası öznenin sahasındaki yeni tekno-beden ise kusursuzluğuyla ön planda sunulur.

Dolayısıyla eserde temel insani sınırlamaların üstesinden gelinmesini sağlayacak teknolojilerin geliştirilmesi ve kullanılması, hastalıklar, insan gereksinimleri, yaşam süresi gibi izlekler üzerinden eleştirilir. Psikoloji icat edildiğinden beri ahlaksızlık denilen "ruhî hastalık" ortadan kalkmıştır. "Ruh anlaşılmış, teşrîh edilmiş; kezalik fen tedavi-yi ruhta ilerlediğinden" bu gibi hastalıklarla artık karşılaşılmamaktadır. 27. yüzyılda kadın ve erkek farkı kalkmıştır. Anlatıcının 152. yüzyıldaki rehberi "elbisesi kan kan oynayan kadınların mayosu gibi etine yapış[an]" ve "kaşlarına, kirpiklerine varıncaya kadar bütün kılları kırpık ve tıraş edilmiş" post-insandır (İleri 156). Rehber tarihî olayları hatırlamaz çünkü totaliter bir yönetim şekli altında tek dilli ve tek devletli bir dünyada toplumsal hafızaya ihtiyaç duyulmaz. Balkan Harbi sonrası ve I. Dünya Savaşı'nın hemen öncesinde yazılmış bu eser, çöküşün eşiğinde bir imparatorluğun fütüristik bir okumasını yapar. Cisimleşmiş insan bedenleri, insanı taklit ederek onun kapasitesini aşmaktadır. "Organsız bedenler" olarak da adlandırılan bu cisimleşmeyi toplumsal üretkenliğe endekslemekten kurtarmanın yollarından biri de "bedensel maddiliği ileri kapitalizmin yapay verimliliği ve acımasız fırsatçılığa taban tabana zıt yönlere oluşturma[kla]" olabilir (Braidotti 103). Celal Nuri'nin anlatısındaki postinsan da bu cisimleşmenin, tekilliğin ve tek tipleştirmeci politikanın bir eleştirisi olarak sunulur. Yazar fikrî eserlerinde Osmanlı'nın terakki yolunda ilerleyerek emperyalist politikalara karşı güçlenmesi gerektiğini, aksi takdirde terakki eden Batı'nın düşüş içinde bulunan İslâm hükümetlerini sömürgeci-emperyalist politikalarla parçalama peşinde olduğunu dillendirir (İleri 74).

Celal Nuri, geleceğin tehditkâr havasını kurmaca metninde açık şekilde ortaya koymasına karşın sömürgeci anlayışa karşı duruş olarak kollektif bir amaca ilişkin alternatif düzenler önermez. Eserde Batı'nın teknolojisine itidalli yaklaşma uyarısı açıktır. Teknolojileşmenin sonuçlarının etik olarak tartışmaya açıldığı anlatıda beden ise biyomuhafazakâr açıdan yaklaşılan bir motiftir. Bu açıdan cinsiyetsizleştirilen, hastalıklardan ve yaşlılıktan uzak tutularak ölümsüzleştirilen karakterler insanı merkeze alan transhümanist nosyonların eleştirisi gibidir. Çünkü eserde insan, merkez dışıdır. Böylelikle hümanizmin insanı merkeze alan anlayışı, insan ötesi varlıkların anlatıya ilave edilmesiyle yerinden edilir. Yapay ve gerçek olan, insana ya da makineye özgü olan teknolojinin etkisiyle birbirinin içine geçmiştir. Beden, bütünlük ve biriciklik gibi insansı özelliklerinden ayrıştırılarak kusursuzlaştırılmış ve genetik bakımından kontrol edilebilen bir mekanizmaya dönüştürülmüştür. Ancak bu kusursuzluk ironiktir. Çünkü beden, kusursuz bir varlığı ya da evreni imlemekten çok doğa, fiziksel çevre ve ekosistem ile kurulması gereken dengeleri işaret etmek adına kullanılan bir motiftir. Anlatıda çoklu evrenlerde ve farklı zaman çizgilerinde karakterlerin ve teknolojinin egemenliğinde olan ekolojik sistemin karanlık bir atmosfer içerisinde çizilmesini de bu anlayışla paralel olarak okuyabilmek mümkündür. İnsan ötesi dünyada, insan ve insan dışı varlıkların yaşamsal ilişkilenme biçimine, ahlaki değerlerin aşımına dikkat çekilir. Bu bağlamda Rosi Braidotti'nin, farklı bir özne görüsünün ve doğa-kültür etkileşimine dair yeni bir anlayışın benimsenmesi gerektiğine dair görüşü önemlidir: "Biyo-iktidarın cisimleşmiş öznesi karmaşık bir moleküler organizma, sabit ve atlayış hâlinde genlerden ibaret bir biyokimyasal fabrika, kendi seyrüsefer araçlarına sahip evrimsel bir teşekkül ve yerleşik bir zamansallıksa, o hâlde bu üst düzey zamansal karmaşıklığı yansıtan etik değerlere ve siyasi faaliyet biçimlerine ihtiyaç duyarız" (Braidotti 78).

Oysa transhümanizmin temel hedefi, varoluşun sınırlarını genişletmeye çalışmak ve "üst insan"a, yani insanlığın kapasitesinin arttığı daha iyi bir versiyonuna ulaşmaktır. Özellikle yaşlılığı ortadan kaldırmayı, insanın entelektüel ve fizyolojik gücünü büyük ölçüde artırmak için teknolojiler geliştirmeyi amaç edinen transhümanizmde biyoteknoloji, yapay zekâ, nanoteknoloji, genetik manipülasyon ve robotik teknolojilerinin kullanılıp uygulamalı akıl yoluyla insanlık durumunun iyileştirilmesi öngörülür. Bir bakıma "şimdinin insanı"ndan bilgi ve teknik donanımla doğanın sırlarını çözebilen, yapay bir evrim yoluyla, kusursuz ve uzun ömürlü "gelecek insanı"na geçişi temsil eder bu insan modeli. Bu bağlamda insanın bir makine gibi geliştirilebileceğini öne süren transhümanistlerden Ray Kurzweil, biyolojik bedenlerin kırılganlığından ve ihtiyaç duydukları bakım ritüellerinden bahseder. Bu kusurlarından ötürü insan sayısız başarısızlığa mahkûmdur. Kurzweil'e göre insan zekâsı yaratıcılığı ve kendini dışavurumuyla daha üst ve yeni bir sürüme dönüştürülebilir. Kurzweil fiziksel yapıdan DNA'ya, sinir sisteminden beyin yapısına, teknolojinin donanımsal olarak insan fizyolojisine entegre olmasına kadar sıraladığı bu gelişmeler silsilesinde tekilliğin başladığı, insan-makine ayrımının ortadan kalktığı evreyi sürecin en önemli ayağı olarak görür: "Tekillik, biyolojik bedenlerimizin ve beynimizin sınırlarını aşmamıza izin verecektir" (Kurzweil 22). Kurzweil'e göre ölümsüzlüğümüz kendi elimizde olacak, insanlık düşüncesini tam olarak alımlayabileceğiz ve onun erişimini büyük ölçüde genişleteceğiz. Kaderimiz karşısında güç kazanacağız ve bu yüzyılın sonunda zekâmızın biyolojik olmayan kısmı, geliştirilmemiş insan zekâsından trilyonlarca kat daha güçlü olacak. Aynı zamanda insandan bir milyon kat daha hızlı düşünebilen sistemlerin geliştirilmesine paralel olarak dünyadaki değişim hızı da artacak (Kurzweil 22-24).

Transhümanizmin öznesi, geliştirilebilir bir proje olan insan ve insanlıktır. Dünyanın sürdürülebilirliği üzerinde insanlığın olumlu ve olumsuz etkileri olabileceği ön kabulüyle hareket eder. Bu noktada Scott Jeffery'nin tanımına başvurulabilir: "Transhümanizm, insanı kapasitesiyle günümüz insanınınkini radikal bir şekilde aşan ve [...] evrimsel yolda artık tanınmayacak şekilde dönüşen bir geçiş unsuru olarak tasavvur eder" (Jeffery 18-19). İnsanın kendi eliyle kurduğu dünyanın insansız oluşu ironiktir. Çünkü insan kurduğu yeni dünyada kendi tabiatını, insan oluşunun doğal koşullarını ve kültürel katmanlarını dışlar. Teolojik bağlam da bu vizyonda yer almaz. Jeffery, dinî inancı kuvvetli katılımcıların olduğu bir ön çalışmada transhümanistleri Tanrı rolünü gerçekleştirmeye çalıştıkları için eleştirdiklerini ve "Tanrı'yı zihin, beden veya ruhla oynamanın yanlış olduğu" konusunda hemfikir olduklarını iletir. Jeffery, insani güçlendirme teknolojilerine yönelik bu şüphenin biyomuhafazakârlık alanında karşılık bulduğunu belirterek Francis Fukuyama'nın *İnsan Sonrası Geleceğimiz: Biyoteknoloji Devriminin Sonuçları (Our Posthuman Future: Consequences of the Biotechology Revolution* 2002) kitabında yer verdiği biyoteknolojinin tehlikeleri konusuna dikkat çeker. "İnsan doğası olası siyasi rejim türlerini şekillendirir ve sınırlar. Bu yüzden ne olduğumuzu yeniden şekillendirecek kadar güçlü bir teknoloji muhtemelen liberal demokrasi ve siyasetin doğası için kötü sonuçlar doğuracaktır" (Jeffery 20). Dolayısıyla transhümanizm eleştirisinde teknolojinin insan doğası konusunda durduğu nokta önemlidir. Transhümanistler tarafından olumlanan ve sahiplenilen, biyoteknoloji çerçevesinde anabileceğimiz ve insan doğasına müdahil olabilecek teknolojiler aynı zamanda yeni canlı organizmaların, insan veya insanüstü zekâya sahip makinelerin, siborgların ve genetik olarak geliştirilmiş bedenlere sahip insanların yaratılmasına yol açabilir ki bu durum da gezegenin sürdürülebilirliği; yönetim biçimleri, ahlaki, hukuksal ve dinî değerler açısından tedirginlik yaratmaktadır. Sadece insana özgü fiziksel ve zihinsel yeteneklerin kusursuzlaşmasıyla insana dair manevi değerlerin kaybolacağına dair teorilere transhümanistlerin cephesinden gelen bazı cevaplar ilgi çekicidir. Örneğin Ray Kurzweil biyolojik bedenin sınırlarını aşmayı sağlayacağına inandığı tekillik meselesini işlediği *İnsanlık 2.0 (Humanity 2.0* 2016)'da şimdiye kadar karşılaşılan makinelerin insan inceliğinden yoksun olduğunu söyler. Oysa geleceğin makinelerinin empati kurma, adil davranma gibi insani özellikleri karşılayabilir hâle geleceğini ve hatta bunun çok daha ötesine geçeceğini iddia eder (Kurzweil 23). Bu genetik gelişmelerin insan dışı canlılara veya çevreye verebileceği zararlar mükemmelliğe ulaşma yolunda bazen göze alınabilir. İlerlemenin iyi ve kötü sonuçları sahiplenilerek endüstriyel gelişmeler ve etik/politik temeller insanın odakta olduğu bir sistem üzerine kurulmaya çalışılmaktadır.

Bu izlekle Celal Nuri'nin anlatısına yaklaştığımızda metinde posthümanist izlerin daha belirgin olduğu söylenebilir. Tüm olumsuzluklarına rağmen teknolojinin ön kabulü söz konusu değildir. Geleceğin dünyasındaki teknolojik gelişmelere uyum da yeni ahlaki ve sosyal örüntülerin gerekliliğine işaret ederek genetik olarak kodlanan "kusursuz insanı ekolojiye zarar veren, doğaya müdahale eden, tarih bilincini kaybeden, kapitalist organlarca yönetilen, "kusurlu" bir tipe dönüştürür. Yine burada da eserde yer alan teknolojiye itidalli yaklaşma eğilimi açığa çıkar. "Kendi genomumuzu programlama bilgisinin, bedensel varoluşumuza ya da bir beden olarak "var" olmamıza ilişkin aşikârlığı bozabileceğini, böylece kişiler arasında kurulan kendine özgü yeni bir asimetrik ilişki tipinin doğacağını" söyleyen Jürgen Habermas'a göre "içleri performans artırıcı protezlerle doldurulan bedenler ya da gökteki meleklerin hikmetinin sabit diskler üzerinde saklanması" gibi şeyler fantastik olsa da böylesi tasarımlarla organik olarak büyüyüp gelişmiş olan ile teknik olarak imal edilmiş olan birbiriyle kaynaşacaktır" (Habermas 69-71). Habermas, insan doğasını teknikleştirmeye çalışan kesimi, "kapitalizm sayesinde zincirlerinden sıyrılmış bilim ve teknolojinin üretici güçleri" (158) arasında anarak insanın sınırlarını aşma eğiliminin kökenine gönderme yapar. Üstün, yeni ve "kusursuz" olan, gücün timsali, gezegendeki mal ve besin dengesini bozan insan kapitalist sistemin bir modelidir. İnsanların robotlaşmasının, emperyal bir toplum düzeninde yaşamasının, maneviyatını kaybetmesinin, çevreye duyarsızlaşmasının işlendiği Osmanlı gelecek kurgularının kapitalizmin şiddetlendiği 19. yüzyılda üretilmesi de bu bağlamda tesadüfi değildir.

Osmanlı geleneksel sanayisinin 1838 tarihli Serbest Ticaret Antlaşması nedeniyle tasfiye olması ve yerel ürün üretmek için 19. yüzyılın sonlarında fabrika kurma girişimlerinin sonuçsuz kalması, sanayileşme girişimlerinin liberal ekonomi koşulları altında başarısızlığa uğramasına neden olmuştur. Bu gelişme, Osmanlı ekonomisinin kapitalist ülkelere olan bağımlılığını daha da arttırmıştır. Osmanlı'nın Batı'nın bilim ve teknolojisine temkinli bir şekilde de olsa yaklaşmak zorunda oluşunun en önemli nedenlerinden biri de budur. Batı'nın ilim ve sanayisini Osmanlı'ya ikame edip iktisadi alanda güçlenme fikri teknolojileşme ile bedenin, maneviyatın, siyasal düzenin ve çevrenin de yok olacağına dair endişe gelecek anlatılarında da vücut bulur. İnsanı dönüştürmekten yeni insan üretmeye kadar çeşitlenen bu anlatılardan biri de çalışmamızın ikinci bölümünde ekolojik açıdan ele alacağımız Refik Halid Karay'ın "Hülya Bu Ya..." adlı eseridir.

### İnsan-Makine ve Yapay Üreme

İnsan merkezci bilim, sanayi devrimi ve kapitalizm doğanın bir hammadde olarak görülmesini olanaklı kılmıştır. İnsan ve doğayı uzlaşamayacakları bir noktaya getiren, ekosistemin yağmalanmasına neden olan bu yaklaşım gücünü ilerleme fikrinden alsa da aslında bu eğilimin altında yatan temel etmen insanın gezegene hükmetme yolundaki arzusudur. Braidotti, çağımızı yeryüzünün ekolojik dengesinin doğrudan insanlık tarafından düzenlenen bir "insan sahnesi" olarak anarken kuşkusuz ki sadece insan üzerinden kozmosu dönüştürme çabasındaki probleme dikkat çekmek istiyor ve yapılan ikili ayrımlara dair can alıcı sorusunu soruyor: "İnsanlar ve diğer türler arasında yaşamsal bir bağ olduğunu iddia etmek elzem ve iyidir. Ama bu bağ, ortak bir kırılganlığın sonucu olduğu için olumsuzdur ki bu da başlı başına insanın çevre üzerine edimlerinin sonucudur. Öyleyse mevzu, insanların geleceğe dair temel kaygısını insan olmayanlara yaymak olmasın?" (Braidotti 91). İnsanın çoğul yaşam ağları üzerindeki gücü ve hegemonik olarak kategorisini genişletmesi konusuna eğilen yazarlardan Donna Haraway de, erkek/kadın, zihin/beden, ben/öteki, insan/Tanrı gibi bazı ikiliklerin ortadan kalkmayışına dikkat çekiyor. Haraway'e göre "Bu ikilikler kadınların, beyaz ırktan olmayan insanların, doğanın, işçilerin, hayvanların tahakküm altında tutulma mantığı uygulamaları (kısacası, ötekiler olarak 'kurulan' ve işlevleri benliğe ayna tutmak olan herkesin ve her kesimin tahakküm altına alınması) açısından hep sistemli bir şekilde var olmuştur" (Haraway 65). Yazarın bu ifadeleri ışığında ileri teknoloji ürünü makineler ve insan arasındaki ilişki de böyle bir ağ içerisinde yorumlanabilir. Nitekim bu izlekle Osmanlı anlatılarındaki ben/öteki ve insan/Tanrı ikiliklerine baktığımızda Refik Hâlid Karay'ın "Hülya Bu Ya" başlıklı gelecek kurgusunda yaptığı ayrımlar daha da anlam kazanır.

Aşırı teknolojileşmeyi sömürgecilik bağlamında eleştiren eserde insan, kültürünü ve medeniyetini oluşturan tüm etmenler "ilerleme" arzusunun verdiği zararların alegorik anlatımı ile tartışmaya açılmıştır. Amerikalı bir seyyahın Ankara'ya dair izlenimleri merkeze alınır. İnsanların hareketli yollarla hiçbir vasıtaya gerek duymadan istedikleri yere gidebildikleri Ankara teknolojiyle kuşatılmıştır. Hava boruları aracılığıyla da hızlı bir şekilde hareket etme imkânı vardır. Ulaşımın yanı sıra güvenlik de teknolojik yollarla sağlanır. Ruhların röntgenleri çekilir, böylelikle suça meyilli kişiler kolaylıkla ayırt edilebilir ve bunlar şehre alınmaz. Bir tabip makinesi icat edilmiştir. Bütün Ankaralıların yaşam alanlarında kullandıkları bu makine bir insanın fiziksel olarak ihtiyacı olan her şeyi yapmaktadır. Örneğin Amerikalı seyyahın kaldığı otel odasındaki hamamda da bulunan tabip makinesi, "kendiliğinden, anı vahitte, insanı muayene eder ve kalbine, bünyesine, mizacına göre suyun derecesini, hamamın saatini kararlaştırır" (Karay 33). Makine insanların uyku sürelerine de karar verir. Yatağın bir tarafında asılı tabip cihazı "uykunuzu kâfi görünce başınızın ucunda bir çalgılı saat, gayet latif, ruhnevaz, millî bir beste çalar" (Karay 33).

Sağlıktan gündelik hayatın rutinlerine dair pek çok alanda karar verme yetkisi makinelerdedir. Yemek masasına oturulduğunda tabip makinesi fark ettirmeden insanları muayene eder, kanlarına bakar ve ne kadar kaloriye ihtiyaçları varsa ona göre yemek listesi çıkarır. Anlatıda insanların temel ihtiyaçları olan temizlik, uyku, yemek, müzik gibi konularda seçim otomatikleşen hayatın simgesi olan makinelerin elindedir. Doktorların yaptığı işi de makineler yapmaktadır. Anlatıda insan hayatına, doğasına yapılan en büyük müdahale ise "adam makinesi"dir. Bu makinelerle kadınlar hamilelik eziyetinden kurtulmuşlardır. Ankara'da "senede bir defa, yirmi yaşından itibaren her erkek bir evlat sahibi olmaya mecbur"dur (Karay 35). Ancak üreme doğal yollarla yapılmaz:

> Hususi makineler vasıtasıyla tohumu beşer bir haftada dokuz ay on günlük kemaline erdirilir, sonra o makineden diğer bir makineye geçirilerek diğer bir hafta zarfında on yaşına yetiştirilir, ondan sonra da bir hafta müddet iptidai ve idadi tahsilini ikmal etmek üzere maarif makinesine konur, son hafta içinde de darülfünun makinesinde kalır, yirmi yaşında meydana bırakılırmış. (Karay 35-36)

Biyogenetik bir müdahaleyle insan bedeninin bir meta gibi üretilebilir olması teknolojinin "modern insanı" getirdiği "üstün" noktadır. Alt metni ise insan doğasının yıkıma uğratılması ve bedenin denetim toplumunun hâkimiyet alanına girmesi şeklinde okumak mümkündür. Senede bir defa çocuk yapmak, yirmi yaşındaki erkeklerin uymalarının zorunlu olduğu bir yükümlülüktür. Transhümanizmin olumladığı teknolojinin hayatı ışık hızında yaşamamızı olanaklı kılacak tarafı aynı zamanda insanın temel hak ve özgürlüklerini, kendi seçimlerini tayin yetkisini elinden almakta ve teknolojik gücü elinde tutan kesimin tek tipleştirmeci anlayışını açığa çıkarmaktadır. Makineler tarafından üretilen, yetiştirilip eğitilen "insan" hayata yirmi yaşında gözlerini açmakta, çocukluğunu, ilk gençliğini yaşayamamaktadır. O döneme ilişkin geçmiş ve hatıralar yoktur. Çünkü makineden çıkan insan, eğitimli bir genç olarak milletine karşı vazifelerini yerine getirmek üzere hazırdır, vakit kaybına gerek yoktur. Nitekim Amerikalı seyyahın güçlü kuvvetli, zarif, güzel bir delikanlı olarak olumlu sıfatlarla betimlenen rehberi de darülfünun kuluçkalığından on gün önce çıkmış, yani ilk rahim makinesine düşeli bir ay on gün geçmiştir. İnsanın makineler tarafından seri üretimi onu hibritleştirerek insanımsı bir makine, makineye benzer bir insan hâline getirir. İnsanın makine ile kurduğu karşıtlık ve makine üzerinde kurmaya çalıştığı tahakkümün yer yer insanı ele geçirmesi konusunu açımlamak adına yeniden Haraway'e dönebiliriz.

Haraway'e göre ileri teknoloji kültürü, insan ile makine arasındaki ikiliğe meydan okur. "İnsan ile makine arasındaki ilişkide yapanın ve yapılanın hangisi olduğu belli değildir. Pratikleri kodlamaya girişen makinelerde hangisinin zihin, hangisinin beden olduğu belli değildir" (65). Zamanla iç içe geçen bu ikili ayrım için Haraway siborg metaforunu kullanır. Siborg makine ile organizmanın oluşturduğu melez, kurgusal ve aynı zamanda toplumsal gerçekliğe ait bir yaratıktır. Siborg makine uzlaşmaz ikilikler doğurmaz. Makinenin niteliklerinden alınan yoğun haz cisimleşmenin bir yönüdür. Ancak makine, canlandırılacak, tapılacak veya tahakküm altına alınacak bir şey değildir. Haraway, bu bağlamdaki düşüncesini şöyle açıklar: "Makine, biziz; bizim süreçlerimizdir, bizim cisimleşmemizin bir yönüdür. Biz makinelerden sorumlu olabiliriz, fakat onlar bizi tahakkümleri altına alamaz ya da bizi tehdit edemezler. Biz sınırlardan sorumluyuz; biz, onlarız" (71). Dolayısıyla sınırı aşma, sınırın kontrolünü elinde tutma konusunda teknoloji ve benlik üzerinde götürdüğü ontolojik tartışma ile posthümanist anlayışa yakın duran bu düşünce yakın gelecekte insanlığın doğasındaki belirli sınırları aşmayı tasarlayan transhümanizmden ayrılır.

Luca Valera'nın da belirttiği üzere "transhümanizm insan doğasının, araçsal faydalarının risklerinden daha ağır bastığı teknolojik araçlarla değiştirilmesi gereken bir proje olduğunu" dile getirir (Valera 109). Valera, metninde hastalıklar sonucunda işlevini yitiren bedenlerin işlevlerini geri getirmek için hibritleşmesi veya –transhümanizmin de eğildiği- nanoteknoloji, biyoteknoloji, bilgi teknolojisi, bilişsel bilim gibi alanlardan yardım almasının transhümanist anlayıştan ayrıldığını söyler. Çünkü burada sınırlarını aşma eğiliminden çok bedenin eski işlevini kazanması için insan doğasına normatif şekilde yaklaşılma söz konusudur. İnsanın sahip olduğu bir işlevi yeniden kazandırmak ile sahip olmadığı bir işlevi kazandırmaya çalışmak arasındaki farka dikkat çeken yazarın sözlerinden hareketle Refik Halid'in insan ürettiği makineye baktığımızda teknoloji ve nüfus denetleme politikalarının veya kapitalist mülkiyet ve üretim ilişkilerinin bu makine üzerinden "sınırlarını aşma" izleğiyle tartışmaya açıldığını söyleyebiliriz. Yapay üreme bağlamında anlatıda kadına yer verilmemesi de dikkat çekicidir. Kadınların genel olarak ya anne ya da erkeğin arzu nesnesi olarak tanımlandığı ataerkil toplumda rahmin üreme gücü makinelere aktarılmıştır. Bu konuda Justin Omar Johnston kadın bedenlerinden çıkarılan ve soyutlanan embriyolojik yeniden üretimin, biyoteknolojideki ekonomik ve sosyal gücün merkezinde yer aldığını söyler (Johnston 88). Margaret Atwood'un *Antilop ve Flurya* (*MaddAddam* 2013) adlı romanından hareketle biyoteknoloji kapsamındaki yapay üreme konusu ele alan Johnston'a göre annelik biyoteknoloji ile kamusal alanın dışına itilir. Biyoteknolojik kontrolün bu formu cinselleştirilmiş varlıklar olan kadınlara daha fazla baskı uygulayabilir (Johnston 142).

Refik Halid'in eserinde bu durum kadın bedenine el koyulması konusunda heteronormatif anlayışa bir eleştiriden ziyade yapay olanla gerçek olanın arasındaki ayrımın ortadan kalkmasına, insan doğasının makinelere teslim olmasına yöneliktir. Eserde doğumda olduğu gibi ölüm konusunda da kararı makinelerin gücünü ellerinde tutan Ankaralılar vermektedir. Her ne kadar Refik Halid, döneminin Ankara hükümetine, Misak-ı Millî'ye ve Millî harekete yönelik eleştirilerini "medeniyetin" ve denetimin merkezi Ankara üzerinden vermeye çalışsa da anlatısının çekirdeğinde özsel bir yabancılaşma mevcuttur. Bu yabancılaşmanın eserdeki örneklerine sıklıkla rastlanır: Bir doktor "kalp, böbrek veya dimağ" gibi ölüme sebebiyet veren organları vücuttan çıkararak sunilerini yerine takan bir makine icat etmiştir. Böylelikle hastalıklar ve ölümlere çare bulunmuştur. İleri teknoloji ve makineleşmeyle gezegendeki tüm varlıklar insan eliyle kontrol altına alınmıştır. İnsanın yüceliği bedenlere ruh verme konusunda da öne çıkarılır. Amerikalı seyyah, Ankara'yı gezerken rehberle birlikte girdiği tiyatro binasında gördüklerine çok şaşırır çünkü ölmüş olan "Sara Bernar ve Koklen, Eglon'u oyna[maktadır]" (Karay 26). Refik Halid Karay, burada büyük ihtimalle Fransız oyuncular Sarah Bernhardt (1844-1923) ve Benoît-Constant Coquelin'in (1841-1909) 1900 yılında sahneledikleri, Napolyon'un oğlunun yaşamına dayanan *Kartal Yavrusu* (*L'Aiglon* 1953) adlı oyundan bahsetmektedir. Rehber sahnedekilerin oyuncuların ruhları olduklarını söyler ve "biz sade ölülerin değil, dirilerin de ruhlarını celbeder ve onlara cisim vererek istediğimizi yaptırırız" ifadelerini kullanır. İnsanın Tanrısallaşması meselesi Celal Nuri'nin anlatısında olduğu gibi bu hikâyede de karşımıza çıkar. Artık Tanrı insanı değil, insan insanı yaratır ve bedenine can verir, onu ruhla doldurur.

### İnsan ve Doğa Antagonizmi

İnsan müdahalesi, kozmosun her parçasına sirayet eder. Çevresel unsurlar da insan elinden nasibini alır. Ekosistemin kapitalist mülkiyet ve üretim ilişkilerinin etkisiyle dönüşümü "Hülya Bu Ya..."da açık biçimde işlenir. Makineler çevreyi güzelleştirir. Mevsim kış olmasına rağmen "Ağaçlar yemyeşil, yapraklı ve çiçekli[dir]" (Karay 27). Ankara'da mevsim değişikliği olmaz çünkü insan doğası gibi çevre ve mevsimler de makineler ile denetlenir. Yeraltı kaloriferleri toprağı ısıttığı ve elektrik makineleri de gökyüzüne sıcaklık verdiği için hava hep sıcaktır. Çevreye müdahale Celal Nuri'nin "Latife-i

Edebiyye"sinde de karşımıza çıkar. Kutuptaki gelişmişliği ayrıntılı olarak anlattığı bölümde doğaya müdahale eden makineler görülür. Kutupta "asabîlere mahsus" olarak yapılan sanatoryumda kuvvetli makineler, deniz suyundan aldıkları oksijeni gökyüzüne vermektedir. Anlatıcı okyanusun henüz kirlenmediği için güzelliğini korumaya devam ettiğini söylese de fabrikaların, tersanelerin ve şehirlerin sayısı çok olduğundan her noktada manzara güzel değildir. Diğer bir deyişle makineler doğaya zarar vermektedir (İleri 157).

Dolayısıyla teknoloji aracılığıyla mükemmelleştirilen veya kirletilen çevre imgeleri ile -eserlerdeki üstün teknikle inşa edilen insansız gezegen eleştirisi göz önüne alındığında- ekolojik ve sosyal adaletsizlik gözler önüne serilmektedir. Çıkışı olmayan bu labirentin içinde insan, giderek daha da zayıf düşmeye başlar. Rob Latham, coğrafi, ekonomik, askerî ve benzeri felaket senaryolarının "çaresizlik" duygusundan beslendiğini dile getirir. Bu çaresizlik hegemonik gücün karşısında Batı ilerlemesinin sözde kaçınılmaz olduğunu düşünmenin doğasında vardır. "Dahası, kıyamet senaryoları, mevcut güç ilişkilerini tersine çevirerek ve onları fantastik ya da fütürist ortama kaydırarak sömürgeci girişimin temelini oluşturan amaca uygun fantezileri ve emperyalist ideolojinin işleyişini açığa çıkarır" (Latham 109). Eğildiğimiz Osmanlı anlatılarında da ekosisteme bir duyarlılık geliştirmenin, çevresel hakları gözetmenin ve insan dışı doğa ilişkilerini düzeltmenin elzem olduğu böylesi bir fütüristik dünya göze çarpmaktadır ki bu izlek insanı merkeze almayan posthümanist anlayışın ortak yaşam konusunda önerdiği duyarlılığı, sorumluluğu ve farkındalığı anıştırmaktadır.

**Sonuç**

Ele aldığımız metinlere daha geniş bir perspektiften bakarak makineleşme, cisimleşme, sınırları aşma gibi izleklerden alternatif evrenler yaratma, ölümsüzlüğe ulaşma, zaman ötesi-insan dışı varlıklar üretme, yeniden üretim biyoteknolojileri ve yapay üreme gibi konulara eğildiğimizde eserlerde posthümanist önermelerin ağırlıklı olarak kendini gösterdiğini söyleyebilmek mümkündür. Metinlerde ileri kapitalizmin doğal ve kültürel olanın alanına müdâhil olmasına, bedensel maddiliğin toplumsal üretimin verimliliğini sağlayan bir unsur olarak düşünülmesine ve evreni insan üzerinden düzenlenmesine yönelik karşı çıkış da bu bağlamda daha fazla anlam kazanır. Evrimin dönüştürücü gücü ve insan-makine ayrımın geçirgenliği eserlerde "Tanrılaşan insan" eleştirisiyle birlikte verilir. Tekillikten uzaklaşma ve sınırların denetlenmesindeki sorumluluğu alma konusundaki gerekliliklerin altı çizilmekte ve çoğul yaşam süreçlerinin elzem olduğuna işaret edilmektedir. Eserlerdeki bu farkındalık evreni gölgeleyen ileri teknolojileşmenin ve sınırlarını aşan insanın yoğun eleştirisinde, içerisinde çizildiği karanlık atmosferde kendini göstermektedir. Çünkü anlatıların temelinde insanın aslında sınırını aşıyormuş illüzyonuna kapıldığı söylenebilir. Bu illüzyonda manevi dünya, Tanrı iradesinin önüne geçen makineler nedeniyle unutulan değerler arasında kalmakta, endüstriyel devrimin etkisiyle yüceltilen teknoloji kültür/doğa karşıtlığını doğurmakta ve gezegenin sürdürülebilirliğini tehdit etmektedir. Medeniyeti ve ilerlemeyi ölçeklendiren "makineler" bilimsel gelişmenin faydalarını sunmaktan çok teknolojileşmenin, emperyalizm ve sömürü düzeninin eleştirisi olarak motifleştirilmektedir. Beden, sahip olunan ve kimliklendirilen bir nesne olarak kapitalist sistemin dayattığı düzenlemelere tabi tutulmakta, kusurların örtüldüğü bedenler tarih bilincinden yoksunlaştırılarak tektipleştirmeci bir sistemin içerisinde eritilmektedir. İnsanların teknolojiyi, teknolojinin de insanları ele geçirdiği sarmal yapı gelecek kurgularının da karanlık şekilde sahnelenmesine neden olmuştur. Teknolojiyle insan üretilmesi veya zamanın, insan ömrünün, hastalıkların, ölümlerin denetlenebilir hâle gelmesi insanlığın doğasına müdahalenin aşırı uçlarıdır. Uluslaşma sürecinde yenilik hareketlerine yönelik temkinli tavır makineleşmenin eserlerde merkezî konumda yer almasının arkasında saklıdır. Anlatılarda geçmişin silinmesi, insan emeğinin yerini makinelerin alması, ekosistemin yapaylaştırılması, ontolojik açıdan varlık ve var oluş ilişkisinin göz ardı edilmesi bu tutumun varyasyonlarıdır. Medeniyet yolunda ilerlerken sömürgeci politikalarla tarihsel ve ahlaki değerler bütününün kaybedilme korkusu da yine cisimleşmenin toplumsal üretkenliğin tekeline girmesine dair bir endişeyi göstermektedir. Cinsiyetsizleştirilen, hastalıkları ve yaşlılığı denetleyerek ölümsüzleştirilen karakterler, insanı merkeze alan, insan bedeninin ve dünyasının kusursuzluğunu amaçlayan transhümanist nosyonların eleştirisi olarak okunabilir. Bu bağlamda Celal Nuri İleri ve Refik Halid Karay'ın ürettikleri 19. yüzyıl sonu ve erken 20. yüzyıldaki gelecek anlatıları bir yandan terakki yolunda gitmenin önemini vurgularken diğer yandan insanlığın daha yeni ve güncel bir sürüme ihtiyacı olmadığına ve insani özden uzaklaşılmaması gerektiğine dair belirgin izler taşımaktadır.

## Kaynakça

Akkaya, Yüksel. "Türkiye'de İşçi Sınıfı ve Sendikacılık-1." *Praksis*, vol. 5, 2002, pp. 131-176.
Armaoğlu, Fahir. "19'uncu Yüzyılda Osmanlı İmparatorluğu." *20'inci Yüzyıl Siyasi Tarihi (1914-1995)*, Alkım Yayınevi, 2010.
Baudrillard, Jean. *Simgesel Değiş Tokuş ve Ölüm*. çev. Oğuz Adanır. Boğaziçi Üniversitesi Yayınevi, 2016.
Braidotti, Rosi. *İnsan Sonrası*. çev. Öznur Karakaş. Kolektif Kitap, 2014.
Deleuze, Gilles. "Denetim Toplumları Konusunda Bir Ek." çev. Ulus Baker. *Birikim*, no. 142-143, 2001, pp. 23-26.
Devellioğlu, Ferit. *Osmanlıca-Türkçe Ansiklopedik Lûgat*. Aydın Kitabevi, 2005.
Foucault, Michel. *Discipline and Punish*. çev. Alan Sheridan. Vintage, 1979.
---. Society Must Be Defended: Lectures at the Collège de France, 1975-76. çev. David Macey. Picador, 2003.
Habermas, Jürgen. *İnsan Doğasının Geleceği*. çev. Kaan Ökten. Everest Yayınları, 2003.
Haraway, Donna. *Siborg Manifestosu*. çev. Osman Akınhay. Agora Kitaplığı, 2006.

İleri, Celal Nuri. "Latife-i Edebiyye." *Tarih-i İstikbâl*. Yeni Osmanlı Kütüphanesi, 1913.
Jeffery, Scott. *The Posthuman Body in Superhero Comics-Human, Superhuman, Transhuman, Post/Human*. Palgrave Macmillan, 2016.
Johnston, Justin Omar. *Posthuman Capital and Biotechnology in Contemporary Novels*. Palgrave Macmillan, 2019.
Karay, Refik Halid. "Hülya Bu Ya...". *Ago Paşa'nın Hatıratı*. haz. Aslıhan Karay Özdaş. İnkılâp Kitabevi, 2009.
Kurzweil, Ray. *İnsanlık 2.0*. çev. Mine Şengel. Alfa Yayıncılık, 2016.
---. *The Singularity Is Near: When Humans Transcend Biology*. Penguin Books, 2005.
Latham, Rob. "Biotic Invasions: Ecological Imperialism in New Wave Science Fiction." *The Yearbook of English Studies*, no. 37, 2007, pp. 103-119.
Palti, Elias José. "In Memoriam: Hans Blumenberg (1920–1996), An Unended Quest." *Journal of the History of Ideas*, no. 58, 1997, pp. 503–524.
Valera, Luca. "Wearable Robots in Rehabilitative Therapy: A step Towards Transhumanism or an Ecological Support?" *Unisinos Journal of Philosophy*, no. 17, 2016, pp. 105-110.

# BÖLÜM 14

## Cengiz Aytmatov'un Romanlarında Post-hümanizm Görünümleri

### Dinçer Atay

> "Gençler ne mutlu, ne zor yitirmek yüce hayalleri!
> Ben de sevdim bir zamanlar ve koşturdum çatılarda sesimi
> **kalınlaştırıp gürleyerek**. Teyzekızlarından birinin gönlünü çaldım,
> iki ay sonra pembeli beyazlı altı yavru kedi dünyaya getirdi.
> Hemen koşup onları yemek istedim: **Madem babalarıydım,
> bu benim en doğal hakkımdı.** Kim inanırdı?"
> (Taine 24)

### Giriş

İnsan, mekânsal konumlanışını sabitlediği dünyanın da içinde bulunduğu evreni anlamlandırma eylemi içindedir. Söz konusu anlamlandırma çabası, hâkimiyet arzusunu da beraberinde getirir. Tarih boyunca insan, kendiyle aynı olmayan her şeyi ötekileştirme ve nesne olarak görme eğiliminde olmuş, bu eğilimin ona vermiş olduğu iktidarı elde tutma hırsıyla beraber karşısına konumlandırdığı her şeyi şekillendirme ve yönetme çabasına girmiştir. İnsanı evrende tek ve en yüce değer olarak gören hümanist yaklaşımı arkasına alan insan, hâkimiyetin vermiş olduğu haz ile bir müddet sonra hüküm sürdüğü alana zamansal boyutu da dâhil ederek bir bakıma Tanrı'ya öykünür. Oysaki bu, insanın düştüğü en büyük yanılgılardandır. Çünkü insan, yalnızca Tanrısal özelliklerin bir kısmına sahiptir, bir Tanrı değildir. Bu durumun fark edilişi, insanın ontolojik trajedisini de somutlar. Bunlara karşılık insan, iktidarını korumak uğruna insanlığı yitirmememe ve hayvana benzememe çabasını merkezine oturtup Kantçı etiği[1] kendine bir dayanak noktası olarak seçer ve insanı evrendeki yaşam zincirinin en üst noktasında gören logosentrik (aklı

---

[1] "Kant'ın ahlak felsefesi, ahlakın münhasıran aklın alanında olduğunu göstermeye yönelik bir girişim olarak görülebilir" (Kuehn 313).
"Kant, görünüş gerçeklik ya da fenomen-numen ayrımını insan varlığına uygulayarak ahlâk imkânını kurtarır. Zira ona göre insanın bir fenomen, bir de numen tarafı vardır. Yani insanın biri duyusal diğeri akılla anlaşılabilir olan iki farklı boyutu vardır. Duyusal yönüyle ele alındığında insan doğadaki mekanizmanın bir parçasıdır. Başka bir deyişle, insan fiziki eğilimleriyle, içgüdüleriyle fenomenler dünyasının bir ögesidir.
Buna karşın insan kendisini hayvandan ayıran aklıyla, fenomenler dünyasının üstüne yükselir, aklı sayesinde nedenselliğin, doğal zorunluluğun hüküm sürdüğü dünyanın ötesine geçip özgür olur... Ona göre kategorik buyruğun yani insandan insan olduğu için belli şeyleri yapmasını isteyen ahlak yasasının iyi iradenin tanınması, insanın yüceliğini, gerçek kişiliğini ve insan varlıklarını kişiler olarak birbirlerine bağlayan halkayı oluşturur" (Cevizci 537).

önceleyen) dinsel söylemlerle de bunu destekler. Fakat modern yaşamda kayboluşa ve belirsizliğe sürüklenen insan, kendi yarattığı yaşam çevrelerinde ilksel görünümlerini yitirir. Çünkü insan, sadece yaşam döngüsünde küçük bir parça olduğunun ayırdına varır. Başka bir deyişle hümanist insan, hayvanlığı ile yüzleşir. O, evrendeki farklı "varlık tabakaları" (Hartman 17) ve ne kadar ilerleyen teknolojiyi elinde tutsa da tabiat karşısındaki acizlik deneyimlerinin verdiği acı eşliğinde, daha da saldırganlaşır ve kendi varlığıyla birlikte bütün evreni tehdit eden bir konuma düşer.

İnsanın doğaya karşı takındığı tavır, bir yer edinebilme ile başlar. Güvende olma hissini deneyimleyen insan, bir bakıma doğanın verdikleriyle yine doğanın zorlamalarına hükmetme gayretine girer. Abraham H. Maslow'un piramidindeki[2] biyolojik ihtiyaçların giderilmesi, doğanın sunduklarından yararlanma ile bir paralellik içindedir. Böylece kendindeki potansiyeli fark eden insan, Tanrısal nitelik taşıyan tözlerin veya cevherlerin somatik[3] boyuttaki görünümlerini en verimli biçimde kullanır. Klasik hümanizmin görece Tanrı merkezli görüşü (Kantarcıoğlu 49) kaynaklı bu durum, Sanayi Devrimi'nin getirileri olan makine ile modernist bir bağlama taşınır. Bu bağlama büyük melekesi akılla ulaşan insan, sanrılarını ve varsayımlarını deneyim-sonrası[4] eksende ortadan kaldırır. Hayatın ve doğanın odak noktasında kendini konumlamış olarak insan, evrensel ahlak ilkesinden sıyrıldığını kimi zaman fark edemez kimi zaman da görmezden gelir. Bunu bir yok olmadan ziyade dönüşme eşliğinde algılayan insan, elde ettiklerini daha da arzular. Kendinin dışındakini arzu nesnesi seviyesine indirgeyen modern insan, aydınlanma ve sanayi hareketliliğinin sınıfsal izdüşümlerini var eder. Böylece akıl fenomeni ile özne konumunda beliren insana odaklanan hümanizm, sorgulanmaya başlanır. Bu noktada insanın Tanrıya öykünen tarafına yönelen eleştiriler, insan-sonrası dönem olarak literatürde ifade bulan post-hümanizm kavramı etrafında belirginleşir. "Post-hümanizmin bütün formları, hayatı ve gerçekliği algılamanın insan merkezci taraflarını eleştirir" (Roden 10). Bunu yaparken birçok farklı disiplinle ilişki kuran post-hümanist bakış, çoğulcu ve farklılık odaklı bir konumla felsefi pozisyonunu belirler. Frencesca Ferrando'ya göre post-hümanist metodoloji, yorum bilimin, göstergebilimin, pragmatizmin ekolojik, politik, sosyolojik ve kültürel düzeyde ortaya koyabileceği ihtimalleri var edebilmek adına duyarlı ve uygulanabilir olmalıdır (*Towards* 11). Bu bağlamda hümanizmin felsefi heterojenliğine post-hümanist birikimde de rastlamak mümkündür. Post-

---

[2] Abraham H. Maslow'un ihtiyaçlar piramidinin en alt tabakasında insanların hayati önem taşıyan fizyolojik ihtiyaçların giderilmesi önceliği bulunur. Piramidin yukarıya doğru giden diğer basamaklarında sırasıyla; güvenlik, sevgi ve aidiyet istenç ve arzuları, saygı duyma ve sayılma ve en yüksekte de kendini gerçekleştirme olguları vardır. Bkz. Kenrick ve ark. 2010
[3] Bedenle ilgili olan.
[4] Kant literatüründe "a posteriori" terimi şu anlamda kullanılır: "Deneyim-sonrası ya da deneyimden sonra. Deneyimden sonra veya deneyime bağımlı bilgi veya kavramları niteler" (Kuehn 23).

hümanizmin oturduğu temel, "genel olarak akıllı, insan varlığını tek ve en yüksek değer kaynağı olarak gören" (Cevizci 468) anlayışa karşıtlık ilkesi ile belirlenir. Aytmatov'un tabiri ile "enerji bunalımı" (Aytmatov, *Gün Olur* 65), hümanist özneyi bir açmaza sürükler. Bu açmaz karşısında daha da saldırganlaşan hümanist özne, post-hümanist eksende "erkek insan" (Braidotti, *İnsan* 40) biçiminde bir tanıma kavuşur. Aytmatov da nispeten post-hümanizmin yaptığı gibi insanın "yenilenemeyen kaynakların tüketimi gibi uygulamalarının gözden geçirilmesi[ne]" (Ferrando, "Towards" 10) katkı sunarak erkek-insana karşıt bir duruş sergiler.

Ihab Hassan, 1976'da Wisconsin Üniversitesi'nde sunduğu "Posthümanist Kültüre Doğru Gidişte Promete Bir Oyuncu mudur?" ("Prometheus as Performer Toward a Posthumanist Culture?" 1977) konuşmasında; Promete'den ateş simgeleştirmesiyle bilgiyi edimleyen insanın hümanizm ötesine taşınan bir bağlamı var edeceğini iddia eder (831). Hassan'a göre Promete, insan tanımlarının sınırlarını aşması bağlamında post-hümanizmin anahtarı olarak algılanır (Umbrello ve Lombard 101). Bu iddia, tıpkı Kassandra'nın[5] isabetli tahminleri gibi birkaç on yıl sonra gerçek olacaktır. İnsanın ateşi bularak sembolik anlamda üstün varlık konumuna evirilmesi ve bu durumun sınırlı erk sahiplerince deneyimlenmesi, post-hümanist duruşu görünür kılacak ve onun temel savunularını teşkil edecektir. Hassan'a göre evrendeki her öge ayrı bir tamamlanmaya değil, diğerleri ile temasa geçen yüksek bilinç görünümlerini var eden bir tamamlanmışlığa ulaşacaktır (Hassan 833). Söz konusu tamamlanmışlık, kendi içinde özgünlükleri barındırsa da aslında farklı ögelerin farklı iletişim boyutlarıyla kurdukları bir ağı imler. Bu durum, post-hümanizmin birlikte çoğulculuk ilkesini andırır. Hassan'a göre post-hümanist kültüre gidişin başlangıcı; insan zihninin doğaya ve tarihe artan müdahalesi, yaşamın maddeye endekslenmesi ve varlığın kavramsallaşmasına bağlıdır (835). Beş yüz yıllık hümanizm çağı sona ererek yerini post-hümanizme bırakacağını bilmek, post-hümanizmin anlaşılmasının başlangıcı olacaktır (Hassan 843).

Post-hümanist felsefesinin kuramcılarından Rosi Braidotti, "günümüzün karmaşıklığına adil davranmak adına, insan sonrası şimdiyi hem olmayı bıraktığımız şeyin kaydı (aktüel/edimsel) hem de oluş sürecinde bulunduğumuz şeyin tohumu (virtüel) olarak düşünmemiz gerek[tiğine]"

---

[5] "Troya kralı Priamos'la karısı Hekabe'nin kızı… Bu genç kızın yürekler acısı bir kaderi, trajik bir kişiliği vardır. Geleceği görme gücüyle yıkımları önlemeye çalışan, ama sözünü geçiremediği için başına gelen belalardan iki misli etkilenip üzülen bilicinin dramını simgeler Kassandra; bugünün anlayış ve deyimine göre uzağı gören bilinçli bir insanın dramını [yaşar]… Tanrı Apollon Priamos'un güzel kızına âşık olur, kendini verirse ona bilicilik yetisini armağan edeceğini söyler, Kassandra kabul eder, ama tanrıdan yetkiyi aldıktan sonra kendini vermeye yanaşmaz. Tanrı da öfkelenir, kızın ağzının içine tükürür, böylece verdiği armağanın etkisiz kalmasını sağlar: Kassandra geleceği görebilecek, gördüğünü de haykıracak, ama kimseyi söylediklerinin doğruluğuna inandıramayacaktır. Kassandra böylece Pythia ya da Sibylla gibi tanrıyı içine alan, tanrı gücüyle dolarak kehanette bulunan bir sözcü olur" (Erhat 158-159).

(Braidotti, *İnsan Sonrası* 57) dikkat çeker. Braidaotti'nin posthüman[6] olmayı bırakmakla kast ettiği merkezî özneliğin yitimi olsa da post-hümanist duruşlara rağmen insan, kendi türüne odaklanmaktan vazgeçemez. Her ne kadar "homo sapiens(in)"[7] (Blatti and Snowdon 2) yegâne amacı hayatta kalabilmek olsa da bu tavır, savunma ve aç kalmama ihtiyaçlarından öteye geçmez. Fakat modern çağlarda üretimin serileşmesi ile ihtiyaç kadar sahip olma işi yerini biriktirme kaygısına bırakınca farklı haz ve ihtiyaçlar beraberinde gelir. Böylece hümanist felsefenin benimsediği özneye doğru çıkılan yolculuğun hızı da artar.

Post-modern hayatlarda insan yaşamında kaldırılamayacak bir yer edinen elektronik gereçler ve mobil imkânlar, adeta gerçek[8] seviyesine yükselerek bir bakıma trans-hümanizmin ilksel görünümlerini verir gibidirler. Öyle ki internete bağlanamadan biyolojik ihtiyaçlarını gideremeyen birçok insan vardır. Söz konusu bağlamda teknoloji, trans-hümanist düşünürler tarafından teknolojik post-hümanı ortaya çıkaracak bir gelişme olarak algılanır (Umbrello ve Lombard 104). İnsanın bu tavırlarını sonsuza açılma ve hatta ölümsüz olma istencini eklemlemek, somatik (bedene ait) dönüşümü deneyimlemeden trans-hümanist bir durumu var eder. Yani insanın bedenine dair herhangi bir değişim veya ekleme olmadığı halde kendi "varlığını geliştirme" (enhance humans) (Ferrando, "Is The Post-human" 43; Ferrando, *Philosophical* 3) ve devam ettirme çabası bağlamında bir durum söz konusudur. Bu görüntü seviyeleri, post-hümanizmin çok boyutluluğu eşliğinde insanın tabiatta tek başına yer alamayacağını da düşünmeyi zorunlu kılar. Yani insanın biyolojik bir varlık olarak tabiattaki aciz görünümü söz konusu olacaktır. Söz gelişi Aytmatov'un *Gün Olur Asra Bedel*'deki (1980)[9] füze robotların dünyayı çevreleyerek insanları koruması, trans-hümanist boyutu somutlar. Zira trans-hümanizm insan kapasitesinin teknolojik olarak geliştirilmesini de arzulayan (Roden 9) bir bağlama sahiptir. Romandaki bu bağlam, trans-hümanizm ile post-hümanizmin bazı uyuşmazlıkları olarak algılanabilir. Öyle ki bütün post-hümanistler, teknolojinin gerekli olup olmadığı konusunda hem fikir değillerdir. Buna karşılık bütün trans-hümanistlerin teknofilik bir bakışa sahip olduğunu söylenebilir (Umbrello ve Lombard 105). *Gün Olur Asra Bedel*

---

[6] Posthümanizm teriminin Türkçeye pek çok farklı çeviriş yapılmıştır. Benim tercih ettiğim terim, "hümanism" teriminin Türkçede yine hümanizm şeklinde kullanılması referanslı olarak posthümanizm şeklinde olacaktır.

[7] Bu noktada insanlığın ilk dönemdeki evren konumlanışı tıpkı diğer varlıklarla aynı kaygıları paylaşması bağlamı kurularak, "insan hayvan vurgusu" (Blatti and Snowdon 2) yapılır.

[8] Jacques Ellul *Sözün Düşüşü* adlı eserinde, modern dünyanın bir imajlar dünyası olduğunu ifade ederken gerçeklik kavramını kullanır. Bu gerçekliğin karşısında Tanrısal hakikati konumlarken bahsi geçen gerçekliğin bir bakıma yanıltıcı olduğuna vurgu yapar. Söz konusu vurgu bir yanılsamalar dizgesini ele beraberinde getirecektir. Buradaki gerçek kelimesinin kullanımıyla kuramsal alt yapının kaynağı Ellul'un bu konudaki fikirleridir. Ayrıntılı bilgi için bkz. Ellul 7-54.

[9] Kırgız Türkü olan ve ana dili Kırgız Türkçesi olan Cengiz Aytmatov, romanlarını ilk olarak Rusça yazar. Onun eserlerinin ilk baskıları Rusçadır. Gün Olur Asra Bedel'in Rusça baskının ismi şöyledir: И дольше века длится день

romanındaki insanın korunma kaygısı, trans-hümanist bağlama oturan füze-robotların üretiminin en belirgin sebebidir. Fakat bu tavır, yani insan odaklı ve bencil korunma kaygısı, dünyanın bütün doğal akışını sekteye uğratacaktır. Nihayet uzaydan gelecek tanımlamaz bir işgale karşı korunma sanrısıyla post-hümanizmin içerimlediği çoğulcu varlık algısı, tahrip edilecektir.

Post-hümanist düşünür Ferrando'nun vurguladığı uzay göçü (Ferrando, "Posthumanism, Transhumanism" 29); sadece yeni pazarları, yeni ekonomileri ve yeni kaynakları değil aynı zamanda gezegenler arasındaki yeni etkileşimleri de artırır (Ferrando, "Why Space" 137). Aytmatov' un *Gün Olur Asra Bedel* romanında kurguya taşınan kızıl gezegendeki üstte bulunan iki kozmonotun "Orman Göğüslüler" gezegenine seyahatlerinin niyeti de böyle bir açımlamayı, yani uzay göçünü gerçekleştirme yönündedir. Farklı gezegenlere açılmayı hedefleyen insan, romanda yeni bir gezegen olarak sunulan "Orman Göğüslüler Gezegeni"nde sonsuzluk isteğine tutunma noktaları arar. Post-hümanizm, insanın gelişimini (enhancement) odak olarak belirleyen trans-hümanizmin salt insanlığın devamı konumuna sabitlenen tarafı ile pek de örtüşmez. Dünyanın çevresinin füze-robotlarla çevrelenmesi eşliğinde post-hümanizm ve trans-hümanizmin uyuşamadığı anlar da romanda somutluk kazanır. Söz konusu uyuşmazlıklar, post-hümanizmin bütün varlıkları içerimleyen çoğulcu konumlanışının insanın gelişmesine ve hayatının devam etmesine odaklanarak post-hüman bağlamdan sapan trans-hümanist konumlanış eşliğinde belirir. Öyle ki dünyanın çevresinin füze-robotlarla çevrelenmesi, evrenin ekolojik özgünlüğünü sekteye uğratacaktır.

İnsanın trajik hâlleri, edebiyat metinlerinde de izlek olarak işlenir. Türk dünyasının evrenseli yakalamış yazarlarından Cengiz Aytmatov, hemen hemen bütün romanlarında insanın evrendeki diğer varlıklarla olan ilişkisini gündeme alır. Böylece hümanizmdeki insan hâkimiyeti yerine doğal yaşamın insana yeniden yaşam alanları teklifi ve kendi özüne dönüş imkânı ile tabiatın insanlara hâkimiyeti görünürleşir. Aytmatov'un *Beyaz Gemi* (1970)[10] romanında çocuk saflığıyla insanın yeniden doğarak arınmasının gerekliliği, mitik birikimle gündeme getirilir. İsimsiz çocuk kahraman, yetişkinlerin kötücül gerçekliğine masalsı hayalleriyle karşı koyar. İnsanın kozmik yapının bir parçası olmasına rağmen bu kozmik yapıyı değiştiremeyeceği gerçeği, romanın içinde var edilen "Boynuzlu Maral Ana" masalıyla şimdiye taşınır. *Gün Olur Asra Bedel* romanında dikey boyutlu tarihsel akışta beliren mankurtluk[11], bir nevi insanın distopik hâllerini fütüristik bağlamda

---

[10] Cengiz Aytmatov'un *Beyaz Gemi* romanının ilk baskısının tarihi 1955 yılıdır. Bu çalışmada yararlanılan roman metninin baskı yılı 2012'dir. Bu durum diğer romanlar için de geçerlidir. Metin içinde roman isimlerinin ilk anılışlarında ilgili romanların ilk basım yılları verilmiştir. Bununla birlikte yararlanılan metnin basım yılı kaynakça kısmından takip edilebilir. *Beyaz Gemi*'nin Rusçadaki orijinal adı şöyledir: Белый дождь.
[11] Tarihte Juan Juan diye bilinen Asya kökenli bu toplulukta düşmanlara uygulanan bir işkence metodu sonucunda insanın bütün geçmişini unutması durumu. Juan Juanlar, esir aldıkları düşmanlarının saçlarını kazıyıp ıslak deve derisini esirin başına yapıştırır. Devamında esir, güne altında bekletilir. Oldukça acı verici

düşündürtür. Bu durumun romanın sosyal zamanı eksenindeki görünümü, insanı varoluş odağından çıkaran Sovyet rejimi ile ilişkilendirilebilir. Aydınlanmanın etkisi ile insanın modernleşme adı altında mekanikleşmesi ve kendi doğasından uzaklaşması, aslında insanın özne konumundan uzaklaştığının bir göstergesidir. Rene Descartes'in fikirlerinden beslenen ve insanı mekaniğin yasalarına göre işleyen bir makinaymış gibi gören rasyonalist düşünce, ters tepen bir insani iyileştirme çabasını modern insanın durumunda görür. Cengiz Aytmatov'un *Kassandra Damgası* (1995)[12] romanında iradeleşen embriyolar, dünyadaki kötülüğün genetik varlığını sezinler. Roman kişilerinden Uzay Rahibi Filofey'in fark ettiği ve annelerin alınlarında beliren "Kassandra Damgası", kötülüğe eklemlenmeyi reddeden embriyoların varlığını imler. Yine Aytmatov'un *Dişi Kurdun Rüyaları* (1986)[13] romanında kendinden başkasının varlığını tanımayan insan, tabiata karşı takındığı canice hâllerle karşımıza çıkar. Tüm bu ayrıntılar, Aytmatov'un hümanizm ardıllı, insani öze yasalanan bir bağlam arayışını akıllara getirir.

Bu çalışmada Cengiz Aytmatov'un ilgili romanlarında post-hümanizmin felsefî birikimine katkı sağlayacak görünümlerin izi sürülecektir. Söz konusu görünümler, post-hümanizmin eleştirel bir biçimde pozisyon aldığı hümanist paradigmanın insan odaklı dünya görüşüne (Ferrando, "Towards" 9) katkı sunan eleştirel tavırları gündeme getirecektir. En nihayetinde Aytmatov romanlarında erek olarak beliren "aşkın içkinlik" (Ferrando, "Towards" 10) bağlamına erişme hâlleri de bahis konusu edilecektir. Tüm bunlar yapılırken post-hümanizmin sözlü tarih ve atalar sözlerini olan ilgisi (Ferrando "Towards" 11) bağlamlı bir bakış açısı benimsenecektir.

## Cengiz Aytmatov'un Romanlarında Post-hümanizm Görünümleri

Kırgız Türkü Cengiz Aytmatov, romanlarında insanı çevresindeki diğer varlıklar eşliğinde odak noktasına taşır. Bu suretle evrensel literatüre dâhil olur. Romanlarında Sovyet sisteminin içinde bulunduğunu sanrılarla örülü açmazları, insan ve çevredeki diğer varlıklar odaklı bir yaklaşımla işler. Adeta "erkek insan"[14] konumunda sabitlenen Sovyet rejiminin bütün varlıkları tüketici ve iğdiş edici tavrına, doğalcılığa dönen yüzü ile karşı bir referans teşkil eden Aytmatov, post-hümanist bağlamları anlatı düzleminde var eder.

"Erkek insan" kavramı, post-hümanizmde karşıt ögelerde önemli bir yere sahiptir. Öyle ki post-hümanist kuramcılardan Braidotti, Leonardo da

---

olan bu işkence sonunda düşman askerinin bilinçsiz bir köleye, emir erine dönüşen robotik bir insan modeli ortaya çıkar. Mankurtluk ifadesi, mecaz olarak geçmişini unutan insanı nitelemek için de kullanılır. Ayrıca romandaki konumuyla kendi annesini öldüren bir katil şeklinde somutluk kazanır.
[12] *Kassandra Damgası* romanının Rusça ilk baskısının adı şöyledir: Тавро Кассандры.
[13] *Dişi Kurdun Rüyaları* romanının Rusça ilk baskısının adı şöyledir: Плаха.
[14] Buradaki erkek insanın kavramsal kökenini Braidaotti'nin vurgu yaptığı "Vitruvius'un erkek insanı" modeline getirdiği eleştiri bağlamına yaslanır. Bkz. Braidotti *İnsan Sonrası* 25-40.

Vinci'nin "Vitruvius'un erkeke insanı" (Braidotti, *İnsan* 26) modelini hümanizmin standart olarak kabul etmesi bakımından eleştirir. Onun eleştirisi, "Avrupamerkezci" (Braidotti, *İnsan* 26) beyaz erkek konumlanışı ekseninde belirir. Bu bakımdan Aytmatov'un *Toprak Ana* (1963)[15], *Dişi Kurdun Rüyaları* ve *Kassandra Damgası* romanlarındaki dişillik vurgusu, örtük görünümdeki yeniden doğma izleği, her şeyi sömüren eril pozisyonun reddi olarak algılanmalıdır. İnsanın ilksel, bâkir ve göreceleşmeyen değerlerini, davranışlarını bir töz boyutunda algılayan Aytmatov, bir bakıma post-hümanizmin tüm varlıklarla barışık olan insan modeline dönüşünü arzular. Onun kurgu seviyesine taşıdığı bu insan modeli, post-hümanizm ile örtüşen pek çok detayı içerirler. Aytmatov'un bu tavrı, Haraway'in "tavuk" (Haraway "Chicken" 33-36) ironisindeki yaklaşımı ile dişillik ekseninde ilişkilendirilebilir. Bu bağlamda kendinin dışındaki varlıkları da düşünen hem iradeli hem de ekolojik bir insan tipi, onun romanlarında kendini gösterir. Böylece Aytmatov, insanlığı kalkındırma karşıtlığından ziyade bütün varlıklarının özgül uzamlarına saygı duyan ve koruyan insan tipini romanlarında var eder. Bu durum, en net bir biçimde *Toprak Ana* romanında kendini gösterir. Ontolojik konumda beliren insan – toprak ilişkisine dişil bir referansla gönderme yapılan bu romanda bir tarım emekçisi olan Tolganay, ekip biçtiği toprakla içsel diyaloglar kurar. Görünürde bir iç monoloğu var eden veya kişileştirilen toprakla konuşan Tolganay, örtük olarak insanın ilksel tözü ile içsel bir bağlam kurar. "Erkek insan"ın (Braidotti, *İnsan* 40) bütün kötücül, ötekileştirici ve "insandan aşağı konuma indirgenen" (Braidotti, *İnsan* 25) duruşlarını adeta insanın tözündeki bütün hususları ihtiva eden "toprak"a şikâyet eder. Bu durum, "insanın merkezileşmemesi tematiğinde" (Wolfe XVI) somutluk kazanmayanı tartışmaya açan post-hümanist tavrın savunduğu konumlanışlarla yakınlık göstermekle birlikte adeta "Vitruvius'a özgü, mükemmeliyet ve mükemmel olabilirlik standardı olan erkek insan idealin harfi harfine kaidesinden indirilmesi ve yapıbozuma uğratılması" (Braidotti, *İnsan* 37) anlamına da gelir. Tolganay, fenomen olarak insanın varlığını sorgular ve hümanist felsefenin vurguladığı özne tipine karşı çıkar. Tolganay'ın romanın olay örgüsündeki genel tavrı, örtük de olsa savaş karşıtlığı söylemiyle benzeşir.

Anlatılarında mitik birikimden sıklıkla istifade eden Aytmatov, yaşlı aile bireylerinden dinlediği masal formlu anlatılarla benliğini kuran bir yazardır. Aynı zamanda veteriner hekim olan "Aytmatov ve üç kardeşini annesi büyütür" (Kolcu 25). Onun biyografisindeki bu detaylar, doğadaki tabiat ana arketipi temelli dişil ögeye bağlılık ilkesini ve hayvanların insan hayatındaki sağaltıcı (teskin ve tedavi edici) konumunun referanslarını somut kılar. Aytmatov, yazar kimliğini kurduğu bu ilk dinleme serüveninde insanın hayvanlarla, tabiatla uyum içinde yaşadığı uzamların ve hayatların varlığından

---

[15] *Toprak Ana* romanının ilk baskısının Rusça ismi şöyledir: Материнское поле

haberdar olur. Böylece onun muhayyilesinde yer edinen ve post-hümanizmi çağrıştıracak ilişkiler ağı kurulur. Denilebilir ki Aytmatov, post-hümanizme uyum gösterecek bir tavırla yetişir. Böylece evrendeki bütün varlıkları tinsel bir bağlamda algılar. Bu ilişkiler ağı, "Haraway'ın ırkçı erkek egemen kapitalizm geleneği ve bu eksendeki doğaya el koyma geleneğiyle" (Castricano 11-12) birleştirilebilir. Masal ve mitik hikâyelerdeki post-hümanist insan figürü ile gerçek hayattaki "potansiyel hunhar insan" (Korkmaz, *Evrenin* 96) figürünü önce zihninde, devamında ise romanlarında çatıştırır. İnsanın ebedî ve ezelî yoldaşı olan tabiat figürleri ve hayvanların varlığı, insanlığın ilk anlatılarından bu yana kendini gösterir. İnsanın zor durumda kaldığı anlarda yardımına koşan hayvanlarla (Balkaya 107-143) içsel bir bağ kuran Aytmatov; *Elveda Gülsarı*'da (1963)[16] at; *Gün Olur Asra Bedel*'de akkuyruklu çaylak kuşu, Karanar isimli deve, Yolbars isimli köpek; *Beyaz Gemi*'de Maral Ana'ya dönüşen geyik ile tinsel bir iletişim ağı kurarak post-hümanizmin savunu alanlarına dâhil olur. Söz konusu dâhil oluş, post-hümanist metinlerin insan dışı bakış açılarıyla ilgili olması kaydıyla insan deneyimini bütün olarak yansıtması (Ferrando, "Towards" 13) bağlamında algılanabilir. Mezkûr eserlerde somutlanan hayvanların isimlendirilme durumlarını tahakküm arzusu veya Rene Descartes'ın hümanist felsefeyi besleyen "makine hayvan" (147-148) tasavvuru ekseninde düşünmek hata olur. Zira Aytmatov'un romanlarındaki insan fenomeni, bilakis tam da bu algının karşısında durur. Tıpkı post-hümanizmin yaptığı gibi bütün varlıkların özgün uzamlarına saygı duyar.

"Post-hümanist edebiyat eleştirisi; ekolojik krizlerin, toplumsal cinsiyet ve ırka dayalı eşitsizliğin birbiriyle bağlantılı küresel açmazlarına bir yanıt olarak devreye girer" (Lau 348). Aytmatov'un romanlarında karşımıza çıkan post-hümanizm görünümleri, ekolojik krizlerin küresel bir sorun hâline dönüşme ihtimaline dikkat çeker. Post-hümanist edebiyat eleştirisinin odaklandığı hususlara sebebiyet vereni egemen özne olarak konumlanan insan şeklinde algılayan Aytmatov, fenomen olarak insanın varlığını külliyen yerinden sarsmak yerine insanın evrendeki bütün unsurları ontolojik bağlamda kabul etmesine vurgu yapar. Bu vurgu, aslında insanın failliğini[17] sürdürmekle birlikte bunu salt bir bencillik daralmasıyla değil evrendeki bütün yaratıkların varlık olarak kabul edilmesi zaruretini saygın bir pozisyona yükselterek algılamayı içinde barındırır. Aytmatov'un post-hümanist bağlama oturan bu özgün anlayışı, eril ve egemen öznenin tam karşısında konum alır. Böylece

---

[16] İlk baskısı Ruça olarak 1963 yılında yapılan Elveda Gülsarı'nın Rusça orijinal adı şöyledir: Прощай, Гульсары.

[17] Bu noktada insanın failliği ile hümanist felsefenin egemen özne pozisyonunun karşısında beliren post-hümanist insan figürü kast edilir. Söz gelişi küresel çapta değerlendirilen insan, birçok hayvanın neslinin tükenmesine sebep olurken nesli tükenmek üzere olan hayvanların korunması yine insan faktörü ile mümkün olur. İşte bu noktada beliren insan faktörü *Gün Olur Asra Bedel*'deki Yedigey'in post-hümanist duruşu ile aynı eksende düşünülmelidir.

hükmeden insan figürü yerine bütün evreni koruma ve gözetme eyleminin icracısı olan insan figürü var edilir. Aytmatov, bunu yaparken mitik birikimin ruhsal enerjisinden, bir başka ifadeyle mitolojiden beslenen kolektif bilinçdışından da sıklıkla istifade eder. Zira Kırgız Türklerinin sözlü edebî birikimindeki zengin doğayla iç içe girmiş, varoluşsal olarak hemhâl olmuş bir insan varlığı mevcuttur. *Beyaz Gemi*'deki "Maral Ana" anlatısı, söz konusu durumu destekleyen bir bağlamı sunar. Roman kişilerinden Kıvrak Mümin'in Buğu halkının soyunu Boynuzlu Maral Ana'ya bağlaması, Asya toplumlarındaki paganik kaynaklı hayvan soyunda gelme arketipini (kök örnek) andırır: "Biz bunun için Buğu yaratıldık. Boynuzlu Maral Ana soyundanız biz. O kutsal Maral Ana, yaşayanlarımıza da ölenlerimize de dost olmamızı istedi bizden" (Aytmatov, *Beyaz* 15). Kıvrak Mümin'in toplum tarafından sevilmesi, onun Maral Ana'nın öğüdünü her daim hayat pratiğinde var etmesi, bu öğüdü icraya dönüştürmesi ile doğrudan ilişkilidir. Hayvan soyunda gelme meselesini, bir metafor olarak düşündüğümüzde çıkarımlanan "herkesle dost" olmak fikrinin, post-hümanizmin temel referanslarıyla örtüştüğü görülecektir. Maral Ana'nın tasvirleri, yine dişil ögenin varlığı nezdinde temizliği, doğurganlığı ve saflığı imler:

> Hüzün dolu kocaman gözleriyle sitemli sitemli bakıyordu ona… Süt gibi beyazdı. Karnının altı ise yavru deveninki gibi saçak saçak boz yünlerle kaplıydı. Boynuzları güzel, görkemliydi: Sonbahar ağaçlarının dalları kadar çok büyüktü boynuzunun çatalları. Memeleri, bebekli kadının memesi gibi temiz, dolgun ve kaygan idi. (Aytmatov, *Beyaz* 61)

Maral Ana'nın Çopur Nine ile karşılaştığı andaki görünümünde sitemli bakışları da dikkat çekicidir. Zira Çopur Nine, kılıçtan geçirilen Kırgız soyundan kalan bir kız ve bir erkek çocuğunu Enesay / Yenisey ırmağının kenarındaki en yüksek uçurumdan atmak için getirmiştir. Tam bu anda kendisine görünen Maral Ana'nın sitemli bakışı; katil, yıkıcı ve tahrip edici insan tipine yönelir. Aldığı emri yerine getirirken anneliğin vicdanı ile Enesay /Yenisey nehrine seslenen Çopur Nine, nehrin ululuğuna, yüceliğine ve kapsayıcılığına atıflar yapar. Tam bu anda "Batı'nın hümanist idealinde beliren erkek insana ['Man'] (Braidotti, "Posthuman Critical" 339) dair eleştirilerini de ifade eden Çopur Nine, Maral Ana'yı görür. Maral ana ile göz göze gelen Çopur Nine, tabiatın tinsel boyutunu deneyimler. Çopur Nine'nin Enesay Nehri'ne seslendiği anlar, doyumsuz insana dönük sitemi görünürleştirir. Söz konusu durumda eleştiri ve sitem, egemen hümanist özneye ve ona benzeyen bütün öznelere yöneliktir:

> Ey büyük Enesay, ey ulu nehir! Eğer senin derinliklerine bir dağ atsalar, o dağ orada bir taş gibi kaybolup gider… Senin için iki kum tanesi gibi olan şu iki insan yavrusunu kucağına kabul et. Bu yavrulara bu dünyada yer yok artık. Bunu ben mi sana söyleyeyim. Enesay? Eğer yıldızlar insan olsa, gökyüzü onlara dar gelir, sığmazlardı. Eğer balıklar insan olsa, nehirler ve denizler onlara yetmezdi. Bunu ben mi sana söyleyeyim Enesay! Al onları, apar onları!

Varsın onlar körpecik iken, temiz yürekli, kötü emeller ve kötü niyetlerle lekelenmemiş iken, temiz vicdanları insanların çektiği azaplarla dolmadan, kendileri de başkalarına acı çektirmeden, bizim iğrenç dünyamızı terk etsinler! (Aytmatov, *Beyaz* 61)

Tabiat ile anlamlı ve tinsel bir ilişki içinde olan Çopur Nine, evreni işgal eden insanı çok çarpıcı bir biçimde niteler. İnsanı yıldızlaştıran, balıklaştıran bu bakış açısıyla insanın denizlerdeki, nehirlerdeki, gökyüzündeki ve uzaydaki hâkimiyeti ve en azından hâkim olma arzusu imlenir. Kendine bahşedilenle yetinmeyen doyumsuz insan, farklı varlıkların özgün yaşam alanlarına da hâkim olmak ister. İşte bu, Batı'nın egemen hümanist öznesinin ta kendisidir. Romanda beliren bu eleştirel tavır, post-hümanizmin insan hâkimiyetli bir dünya eleştirisi ve "insan olmayan diğerleri ile ilişki içine girmekle" (Braidotti, "Posthuman Critical" 340) tam olarak örtüşen bir detaydır.

*Gün Olur Asra Bedel*'de Yedigey'in Kazangap'ın cenazesinden sonra köye dönüş yolunda Malakumdıçap vadisindeki "mezardaki Kazangap" tasavvuru, eleştirel hümanizm bağlamında ekolojik bir görünümü somut kılar. "Eleştirel hümanizmin sonrası durumun günümüzde yeniden yapılandırma biçimleri için bambaşka ve güçlü bir ilham kaynağı olan ekoloji ve çevrecilik," (Braidotti, *İnsan* 64) ilkesine bağlılık Yedigey'in doğal olanı tercih etmesi ile belirginleşir: "Motor gürültüleri duyulmuyordu şimdi. Sarı-Özek dolaylarını iyi bilen ve ondan en son anıları saklayan tek kişi olan bu koca Kazangap, şu vadide, ıssız bozkırın ortasında [duruyordu]" (Aytmatov, *Gün Olur* 421). Ekoeleştirinin odaklandığı tabiat ve onun içindeki varlıkların yaşamları, Yedigey tarafından insanla aynı biçimde ve seviyede algılanır. "İnsan-olmayan ile kurulan karşılıklı bağlantı, yeryüzüne ait başkalarının" (Braidotti, *İnsan* 64) varlığını hatırlanması anlamına gelir. İnsanın varoluşsal özündeki doğalcı sağaltımı deneyimle ihtiyacı, bu eksende tatmin edilir. "Yeryüzüne ait başkaları[na]" (Braidotti, *İnsan* 117) saygılı olmak için motorlu taşıta binmeyi reddeden Yedigey egemen olana direnç göstermesi ile bir bakıma Ferrando'nun vurgu yaptığı "dirençli özcülük" ("Towards" 15) bağlamına dâhil olur. Zira "post-hümanist eleştiri kuramı; antropomorfik olan veya olmayan varlıkların özgüllüklerini ve varlıklarını tanıyan ve dünyanın ekosofik birlikte yaratımını kucaklar" (Braidaotti, "Posthuman Critical" 340). Yedigey, tabiatın özgül seslerini yapay ve baskılayıcı motor sesi ile bastırmak istemez.

*Gün Olur Asra Bedel*'de Nayman Ana efsanesi, metnin çerçeve hikâyesi içinde mitleşen bir pozisyonda yer alır. Bu mitik hikâyede mankurtluk imgesi, mikro ve makro düzlemli bellek yitimiyle belirginleşir. İnsanın kendi annesine yabancılaşması izleği ile somutluk kazanan mankurt tipi, özelde Nayman Ana'ya genelde insanın varoluşsal özden uzaklaşmasını imler. Söz konusu varoluşsal özü, Søren Kierkegaard'ın varoluş felsefesi[18] eşliğinde düşünmek, teolojik ve özcü varoluş felsefesine yaklaşmak olacaktır. Böylece ilkeli, erdemli ve ahlaklı bir insani özün varlığının kuramsal bağı netleşecektir. Bu bağlamda romanın çerçeve vakasının içindeki mankurtluk somutlaması, Kazangap'ın oğlu Sabitcan nezdinde netlik kazanır. Sabitcan, mimetik belleğin ritüel birikimlerini yadsır. Babasının cenazesine dair algısı da bu eksende şekillenir. Sabitcan, babasının Nayman Ana'nın metfun olduğu mezarlığa gömülüp gömülmemesini önemsemez. Baba Kazangap'ın bu vasiyeti, bir bakıma tinsel bir kurtuluş ümididir. Bu detayları post-hümanist bağlama eriştirmek için insanın diğer varlıklarla olan iletişim boyutlarının romandaki görünümlerini anmak gerekir. Kırgızlar arasında "Ana Beyit" olarak bilinen bu mezarlık, insanın biyolojik yokluğuna rağmen dişil varoluşa, bir başka ifadeyle insanın ilksel öz değerlerine dönüşü mümkün kılacaktır. İnsanın ilksel öz değerlerinin varlığı, her ne kadar insanı yüceltici bir aksamı ve post-hümanizmin reddettiği bir konumu akıllara getirse de Aytmatov'un romanlarındaki kapitalizmin aşınmaya uğrattığı insan tipinden daha doğal olana dönüş; insanın bütün canlılarla barışık, eşitlikçi ve hoşgörülü algısını var eder. Onun romanlarında bu bağlama taşınan insan, "hayvanlar ve gezegen habitatları arasındaki sembiyotik ilişki" (Braidotti, *İnsan* 112) ekseninde sabitlenir. "Mankurt oğulun anası Nayman-Ana'nın ayak bastığı, üzerinde çok yürüdüğü bu Malakumdıçap vadisinde" gömülmek isteyen Yedigey, adeta ana rahmini andıran bu vadiden yeniden doğmayı arzulayarak kendi varlığını gökyüzünde uçan bir çaylak kuşu ile eşleştirir: "[Kazangap'ı] atalarımızın vasiyet ettiği mezarlığa gömemedik, buraya getirmeye mecbur olduk. Gökyüzünde bir çaylak, el açıp Kazangap'la vedalaşmamızı seyrediyor" (Aytmatov, *Gün Olur* 412). Reenkarnasyon anlayışına yaklaşan bir duyuşla Tanrıya yakarırken hayvanların da ruh sahibi olduğu anıştırılır: "Ve eğer insan ruhunun ölümünden sonra başka bir yaratığın bedenine geçtiği doğru ise, ben, bir karınca olmak yerine, akkuyruklu bir çaylak olmak isterim" (Aytmatov, *Gün Olur* 413). Bir bakıma antropomorifk bakışın somutlanması olarak da değerlendirilebilecek olan bu detay, Aytmatov romanlarındaki insanın konumunu post-hümanist felsefeye yakınlaştırır. Zira "post-hümanizm, metafizik olanı reddetmez" (Ferrando, "Towards" 10) ve "zoe-merkezli güzergâhın daha eşitlikçi bir yol tercihinde hâkim tarafın insan olmayan başkalarına karşı bir nebze iyi niyet beslemesini gerektirir" (Braidotti, *İnsan* 109). Benzer bir detayı *Kassandra Damgası*'nda da gözlemlemek mümkündür. Romandaki karakterlerden Robert Bork, bir uçuş esnasında balina sürülerinin yüzdüğünü görür. Çocukluğundan itibaren hayranlıkla arzuladığı balinaları izleme fırsatı bulan Bork, kendi varlığını onlarla eşleştirir. Tahayyül seviyesinde de olsa kendini bir "balina – insan" (Aytmatov, *Kassandra* 15)

---

[18] Hristiyanlık eksenli bir teolojik pozisyonla varlığı öze endeksleyen felsefenin temsilcisi olarak Søren Kierkegaard, varlığın öze yaklaşması için etik varlığın deneyimlenmesini şart koşar. Ayrıntılı bilgi için bkz. Kierkegaard 10-40; MacIntyre 11-21.

şeklinde tasavvur eder. Bu noktada "modern ve özgürleşmiş insanın biliş olgusu referans olmaktan çıkar" (Barcz 249) ve "insan-hayvan etkileşimi" (Braidotti, *İnsan* 88) görünürleşerek post-hümanist bağlam netlik kazanır:

> Robert Brok her şeyi unutmuş, balina sürüsünün hareketinin gücü ve iradesine kapılmıştı. Aniden balinalar arasında yüzdüğünü, kendisinin de bir balina-insan olduğunu, tepeden süzülen bahar yağmuru misali parlayan su sellerinin sırtından aktığını hayal etti. Okyanusta yüzüyor ve bundan böyle hayatının sonuna kadar balinalarla birlikte olacağını, beyninin derinliklerinden ansızın ortaya çıkan saklı bir seziyle hissediyordu. Bu düşüncenin gizemli anlamı da kalbinde aydınlanıyordu: Balinaların başına gelecek olanlar, onun da başına gelecekti; kaderlerini birbirine bağlıydı. (Aytmatov, *Kassandra* 15-16)

Kendisini balina gibi tasavvur eden ve aynı zamanda bir fütürolog olan Bork, tıpkı onlar gibi sezgileriyle hareket eder. Böylece post-hümanizmin canlı ve cansız varlıklar arasındaki sınırları bulanıklaştırma (Ferrando, "Towards" 10) durumuna bağlanır. Ayrıca Braidotti'nin post-hümanizm sonrası tasavvurunda netlik kazanan "hayvanlara dönük yeni bir yakınlık, gezegen boyutu ve üst düzey teknoloji dolayımı" (*İnsan* 116), anlatı karakteri Bork nezdinde somutluk kazanır. Bork, bir bakıma zoemerkezciliğin eşitlikçi alternatifini (Braidotti *İnsan* 116) arar gibidir. İnsan ile hayvanın biyolojik varlık olarak birbirlerine bağlılığı ilkesinin somutlandığı alıntıda evrendeki her gelişmenin bütün canlıların kaderini etkileyeceği hakikatine vurgu yapılır. Kendi bedeninde sıyrılma ve balinalarla birlikte yüzmek arzusu bağlamında post-hümanizmin bu noktada dikkatlere sunulan tarafı, Haraway'in "OncoMouse"[19] diye nitelediği ve içsel bir bağ kurduğu deney kemirgeni metaforuyla ilişkilendirilebilir. Tam bu noktada Haraway'in türlerin birleşimi ve türlerarası buluşsal ve bilişsel (Haraway, *When* 164) bir noktada somutluk kazanır. Bu durum egemen hümanist felsefenin tek özne algısına, türler arası ayrımı kesifleştiren anlayışına saygın bir karşı çıkıştır. Hâkim özne konumunda bulunan insanın ve insan-merkezci algının icra ettiği deneyler, evrendeki dönüşleri travmatik sonuçlar doğurmaktadır. Balinaların karaya vurmasına dair yapılan birçok araştırmanın sonucunda insan faktörüyle karşılaşılır. İnsanlığın devamı için yapılan deneylerde kobay olarak kullanılan kemirgenler, "beyaz kadın için bir günah keçisi olarak da algılanan OncoMouse, Haraway için bir kız kardeş konumundadır" (Haraway, *When* 76). Bir bakıma kendini feda ederek karaya vuran balinalar da Bork için de

---

[19] Donna Haraway, "OncoMouse" metaforunu, Lynn Randloph'ın "The Passions of OncoMouse" adlı tablosundan hareketle isimlendirir. Haraway, bir laboratuvar canavarına dönüşen kemirgenin insan sağlığı kurtarmak adına kendini feda edişine büyük saygı duyar ve onun insan dışındaki bir tür oluşunu ve cinsiyetini silikleştirir. Kadınlardaki meme kanserinin tedavisi için kobay olarak kullanılan kemirgen, Haraway'in nazarında insanlığı kurtaran bir figür seviyesine yükselir. Haraway'in bu bilişsel saygın duyuşu, mikro düzlemde OncoMouse seviyesinden makro düzlemde tüm kemirgen familyasına taşınır. Onların deney sırasındaki nesneneleşen pozisyonlarının kimi zaman insanlarda da somutluk kazandığını düşünene Haraway'in kurduğu duygusal bağ, insan ve kemirgenlerin ölümlülüğü ekseninde türleri arasındaki farkı da silikleştirir. Ayrıntılı bilgi için bkz. Haraway, *When* 76.

benzer bir eksende algılanır. Mezkûr yakınlaşma insanın kendisi dışındaki varlıklarla içsel bir eşitlenmeyi arzulaması ile belirginleşir. Genel anlamda Aytmatov'un romanlarındaki insan, insanın dışındaki varlıklarla bir olmayı arzulayan "basit insandır" (Aytmatov, *Gün Olur* 414). Aytmatov'un romanlarındaki insan tasavvuru, evrendeki diğer varlıklara hükmetmek ve onları kendi güdümüne dâhil etmek isteyen hümanist felsefe modelinden ayrılır. Zira Aytmatov'un kurgu karakterleri gücünü "doğadan" (Aytmatov, *Gün Olur* 422) alır. Bu durum, post-hümanist anlayışın savunduğu insan modelini örnekler. Doğayla barışık, iç içe ve insan dışındaki varlıklara saygılı olan post-hümanist insan, kendi varlığını diğerlerinden üstün görmez. En nihayetinde Nayman Ana'nın dişiliği eşliğinde post-hümanizmin karşı çıktığı "seçkin erkek egemenliğinin bir aracı olmak" (Ferrando, "Towards" 4) figürünün de reddi görünüm kazanır. Söz konusu dişilik, her ne kadar kötücül ögelerde sıyrılıp yeniden doğma izleğini andırırsa da yeniden doğumla arzulanan şey, insanın kendisi dışındaki varlık alanlarını işgal etmediği bir evren tasavvurunu var edecektir.

Yedigey'in Kazangap ile kurduğu iç monologda insanın biyolojik varlığı hatırlanır. Bu hatırlama, insanın varlığını salt biyolojik düzleme indirger görünmese de trans-hümanizmin "ölümsüz insan" figürüne bir karşı duruş olarak kabul edilebilir: "Sen ve ben burada, yavaş yavaş Sarı-Özek toprağına karışacağız, toprağın özü olacağız, ama bunu biz bilmeyeceğiz" (Aytmatov, *Gün Olur* 415). Bilinçsizlik hâli ile pekişen biyolojik varlığın tükenebilirliği, toprak olgusu ile eşleşerek insanın olması gerekenden sapma durumunu anımsatır. Devamında Yedigey, gözyaşları ile ıslanan yüzüne toprak sürer ve "toprak yüz" formunu görünür kılar.[20] Toprağa dönüş izleği, sapmaya uğrayan insan varlığının tabiatla olan ilişkisi eksenine oturur ve egemen hümanist öznenin tam karşısına dikilir. Toprak-insan ilişkisi, teolojik referanslarda insanın yaratılışında bulunduğuna inanılan toprağın biyolojik yapısındaki çeşitliliğin, insanın varlığına da yansıması bağlamında düşünülmelidir. Toprakta pek çok farklı materyal mevcuttur. Bir bakıma insan bu çeşitliliğin ürünü olduğu hatırlatılır. Post-hümanizm, her ne kadar insana has bir özün varlığından sıyrılmayı hedeflese de kurulan bu bağlamdaki çeşitlilikle yaşama durumunu da reddetmez. Gündeme taşınan bu varoluşsal öz, çeşitliliği de içerimler. Bu durum, Jean Paul Sartre'ın[21] varoluş felsefesindeki insanın bir özü olduğunu reddetme tarafıyla örtüşmezken Søren Kierkegaard'ın varlık tasavvuru ile erdem odaklı ortak kümeler teşkil

---

[20] Post-hümanist düşünür Francesca Ferrando'nun "Why Space Migration Must Be Posthuman" makalesinde, "human" kelimesinin etimolojisini ararken dünya gezegeni ve toprak bağlamına vurgu yapar. (Ferrando, "Why Space" 138) Bu noktada söz konusu vurguyu anımsamak gerekir.
[21] Jean Paul Sartre, varoluş felsefesini savunurken hayatı, tarihsel olanı ve toplumun özgül yapısını eleştirir ve varlığı belirli bir zorunluğa endekslememeyi savunur. Buna karşılık varlığın özünü ve dini referans alan Søren Kiergegaard, varoluş felsefesini etik varoluş alanına sabitler. Ayrıntılı bilgi için bkz. (Sartre 57-100); (MacIntyre 37-46)

edebilir. Toprak alegorisi ile kurulan varoluşsal bağlam, toprağın çeşitliliği içerimleyen özgül yapısı eşliğinde düşünüldüğünde post-hümanizmin görece eleştirmeyeceği bir ontolojik durumdan söz edilebilir. Öyle ki toprak fenomenin içinde birçok maden, cevher ve hücreli varlıklar mevcuttur.

*Gün Olur Asra Bedel*'de Kazangap'ın defin töreni sahnesi, hayvanların antropomorfik bağlamla algılandığını gösterir. Her ne kadar antropomorfik tavrın ekseni ve kıstas noktası insana veya "insan gibi"ye endeksli olsa da; her antropomorfik bağlamda insan dışındaki varlıkların insanla olan ayrımları silikleşmektedir. Bu sahnedeki hayvanların konumu, insanlar gibi üzülen, duyumsayan bir taraflarının olduğunu somut kılar. Mezkûr sahnede anılan hayvanların başında akkuyruklu çaylak kuşu gelir. Cenazeyi defneden insan kümesini seyreden bu kuş, anlatıdaki "hayvan zihninin" (Gökalp Arslan 12) en net görünümlerini verir. Sahnedeki diğer iki hayvan kızıl tüylü köpek, yani Yolbars ve Yedigey'in büyük devesi Karanar'dır. Tam bu noktada son derece kaygısız bir biçimde tasvir edilen Karanar, vaka boyunca insanların hayvanlara tahakküm etme istencine karşı çıkan bir sembol görünümü verir. Zira Karanar, sürekli kaçar ve çevredeki yerleşim yerlerine ve bilhassa insanlara zarar verir: "...önemli olan senin bir an önce bizi o azgın Karanar'dan kurtarmandır. Kuşatma altına alınmış gibiyiz, bozkıra adım atamıyoruz. Daha uzaktan görünce saldırıyor insana. Korkunç bir belâ bu" (Aytmatov, *Gün Olur* 309). İnsanın hayvana hükmedemediği anların varlığı, fiziksel düzlemde sonsuz olan bozkırı adeta bir labirente (Korkmaz, *Yazınsal* 83) çevirir. Her şeye hükmeden insan tipi, bu noktada kesintiye uğrar. Böylece post-hümanist düşüncenin tasavvur ettiği insanın tabiattaki konumu gündeme gelir.

İnsanın hayvana hükmederek ondan yararlanması, post-hümanist tavrın karşı çıktığı en temel görüntüler arasında yer alır. Yedigey'in sahiplendiği hayvanlara isim vermesi, hayvanları nesneleştirerek kullanan hümanist tavırdan bir nebze sıyrılışı da somut kılar. Asya kökenli toplumlarda bir hayvana isim verme olayı, isim verilen hayvanın sahiplenildiğini ve korunduğunu da imler. Hayvanları isimlendirme konusunda Batı literatüründeki teolojik birikimde görünüm veren hükmetme arzusu, Yedigey örneğinde söz konusu edilemez. Onlarla içsel bir bağ kuran Yedigey, Karanar ve Yolbars'ı adeta kendisiyle aynı düzeyde bir varlık olarak kabul eder. Bu durum post-hümanizmin insan dışındaki varlıklarla insanlar arasında farkın müphemleşmesi anlayışıyla örtüşür. "Karşılıklı-bağımlılık mefhumunun tanınmanın yerine geçmesi" (Braidotti, *İnsan* 115) hâli buradaki post-hümanist boyutu verir. Yedigey, Karanar ve Yolbars'ın yardımlarıyla bozkırın zorluklarının üstesinden gelir. Bu da klasik hümanist konumlanışın kendinden başka varlıklara nesne muamelesi yapan tavrından farklı bir görüntüyü vermesiyle post-hümanist bağlamı iyice görünür kılar. Gelinen noktada Braidotti'nin vurgu yaptığı "insan/hayvan karşılıklı-ilişkisini her birinin kimliğini inşa eden şey olarak görülmesi" (Braidotti, *İnsan* 99) fikri ile ilişki kurulabilir. Yedigey, onların karnını doyurur, bakımlarını eksiz yapar ve onlarla konuşur: "Hayvan hiç olmazsa biraz otlar, aç kalmazdı. – Sen burada kal, ben gidip bir bakayım, dedi Karanar'a. Aslında bu sözleri kendisini yüreklendirmek için söylemişti" (Aytmatov, *Gün Olur* 423). Karanar ile konuşmak Yedigey'e cesaret verir ve kendini yalnız hissetmez. Yedigey'in cümlesi, korunmaya ihtiyacı olan birine söylenen bir durumu akıllara getirir. Yedigey, bugün Ana-Beyit'i koruyamazsa tabiatı ve Karanar'ı da koruyamayacağını düşünür. "Doğa-kültür sürekliliğini" (Braidotti, *İnsan* 102) imleyen onun bu kaygısı, Yolbars'ın inlemesi ile pekişir. Karanlık ve sessiz Sarı-Özek bozkırında Yedigey'in yoldaşı olan köpeği Yolbars, güçlü hisleri ile Yedigey'i adeta uyarır. İç monologda beliren kaygı, hümanist tavrın eleştirelliği kaynaklıdır. Bu durumu, Yedigey'in içinden geçirdiği "köpekten başka getirecek kimseyi bulamadın mı" ifadesi ile belirginlik kazanır. Uzay üssüne çevrilen Ana-Beyit gömütlüğüne gidip yetkililere durumu bildirmek isteyen Yedigey, onların kendisi ile alay edeceklerini düşünür: "Önemli bir iş için gittiği yere köpeğini götüremezdi ya! Yüzüne bir şey demeseler bile içlerinden alay ederlerdi onunla. 'Şu ihtiyar adama bak, haklarını savunmaya gelmiş ama yanında köpekten başka getirecek kimseyi bulamamış.' Derlerdi" (Aytmatov, *Gün Olur* 423). Yedigey, baskılayıcı hümanist tavra karşı güçlü görünme kaygısının benliğini işgal etmesiyle birlikte Yolbars'ı Karanar'a bağlarken büyük bir gürültü duyar. Görünürde bu gürültünün kaynağı, uzay üssünde fırlatılan bir füze-robottur. Mezkûr gürültünün örtük görünümünü yorumlamak gerekirse; bunun egemen hümanist öznenin şaşalı görüntüsü ve çevresini kontrol altına almaya çalışan iradesi şeklinde değerlendirmek yerinde olacaktır:

> Yer sarsılıyor, gök sarsılıyordu. Hemen yakınında uzay üssünden bir de ışık sütunu yükselmişti gökyüzüne. Çok parlak, bakılamayacak kadar göz kamaştırıcı bir ışık sütunu idi bu. Gürültü ve o parlak alevden Yedigey geriye sıçradı, köpek korkudan onun ayaklarına kapandı, Karanar ürküp bağırdı ve ayağa fırladı.
>
> Bu, yıldızlardan gelecek tehlikelere karşı savunma amacı ile düşünülen 'Çember' harekâtına uygun olarak fırlatılan füze-robot idi. Saat tam 20.00'de fırlatılmıştı. Az sonra ikinci bir füze fırlatıldı, sonra üçüncüsü, dördüncüsü ve bir daha... Art ardına fırlatılan bu füzeler, yerkürenin çevresinde sürekli kalan bir kordon oluşturacak ve böylece dünyada hiçbir şeyin değişmemesi, her şeyin olduğu gibi kalması sağlanacaktı.
>
> Gökyüzü, halka halka dumanlarla, bakılmaz parlaklıkta delinmiş, yarılmıştı. Adam, deve ve köpek, bu basit yaratıklar, büyük bir korkuya kapılmış, deli gibi kaçıyorlardı. Korkunç alevlerin ışıkları peşlerini bırakmıyor ve onlar bozkır içlerine doğru, birbirlerinden ayrılmamaya çalışarak koşuyor, koşuyorlardı. (Aytmatov, *Gün Olur* 424)

Alıntının son pasajında özel isimler yerine varlık sınıflarının anılması; Yedigey, Karanar ve Yolbars'ın varlıklarını birleştiren bir detaydır. Bu detay,

Aytmatov anlatılarındaki post-hümanist tavrın en net görünümlerinin başında gelir. Zira füze-robotların tehdit edici yabancılığı ve gürültüsü karşısında ancak birbirlerine sarılarak hayatta kalabileceklerdir. Onların sığındıkları mekânın özelde Sarı-Özek bozkırı, genelde tabiat oluşu, "zoe-merkezli bir yaklaşımın var ettiği ekofelsefe" (Braidotti, *İnsan* 127) eşliğinde post-hümanist bir görünümü verir.

Dünyayı "yıldızlardan / uçan dairelerden" (Aytmatov, *Gün Olur* 407) gelecek zararlara karşı korumak gayesi ile örülecek çember, insanın kendisini robotlar sayesinde koruma istencini görünürleştirir. Bu durum, Ferrando'nun dikkat çektiği "gezegenler arası savaş[ın]" (Ferrando, "Why Spaces" 138) arifesi gibidir. "Çember" harekâtının eyleme geçmesiyle dünya "sözde" koruma çemberine alınacaktır. Bir bakıma trans-hümanist boyutu görünür kılan bu gelişme, dünya gezegenini hatta bütün kâinatı bir erk icra mekânı olarak algılayan hümanist bir yanılgıdan başka bir şey değildir. Zira atmosferi saran bu mekanik kalkan, tabiatın hayat kaynağı olan güneşi de engelleyecek ve mekanik varlıklara yaşam alanı açacaktır. Böylece dünya gezegeninde insan, hayvan ve bitki yaşamı sonlanacaktır. Bu noktada trans-hümanizmin insana tam özerklik sağlayan boyutu ve onun iradesine ket vuracak her türlü engelin üstesinden gelmeye imkân sağlaması akıllara gelir (Sigmund 65).

Gökyüzünü yararak halka halka bölen bu mekanik nesneler, bozkırın her yerinden aynı şiddetle hissedilir. Dünyanın etrafını çevreleyecek olan halkalar dizgesinin gürültüsü ve varlığı ilk olarak Sarı-Özek'te algılanır. Bu algılanma hâlinin yaygın oluşu, trans-hümanizmin "insanın özgürlük kısıtlamalarını ortadan kaldıran" (Sigmund 69) boyutunu gündeme getirir. Zira "adamlar" dünyayı korumak ve "adamın (insanın)" devamı için robotik varlıklar üreterek onlardan insanlığın devamı yönünde yardım alırlar. Hâlbuki Boranlı Yedigey'e göre insana yardım edecek olan fenomenler, tinsel ve tabii boyutludur, mekanik değil. Bu tinsellik, Nayman Ana'nın mankurtlaşan öz oğlu Jolaman tarafından öldürülmesinden sonra ak yazmasının içinden çıkan beyaz kuş göstergesi ile somutlanır. Yedigey, füze-robotların fırlatılmasından sonra da böyle bir kuşun göğe yükseldiğini görür. Füzelerin ateşi ile bozkır insanı da ölmüştür ki böyle bir görünümden söz edilir. Bu beyaz kuş Yedigey'e kim olduğunu sorgulatır ve adeta hümanist insanın devam etmesi gereken özden ayrılmasına karşı bir duruş sergiler.

*Gün Olur Asra Bedel*'de "karşı değerlerde" (Korkmaz, *Yazınsal* 103) kişiler düzeyinde konum alan Sabitcan, hümanist bakışla kendisini dizayn eder. Anabeyit mezarlığının bir uzay üssü olmasını "dünya çapında, uzay çapında" (Aytmatov, *Gün Olur* 418) şeklinde tanımlayarak evrene hükmetme çabası eşliğinde ölümsüzlüğü arzulayan insan tipini somutlar. Öyle ki trans-hümanizm, insanın mükemmelleşmesi ve iradesinin devamı için birçok enstrüman ortaya koyar. Bu, insanın ölümsüzlüğü arzulama ekseni bağlamında konum olan bir yorumla trans-hümanist çembere eklemlenebilir.

Bir bakıma mankurt sayılan Sabitcan, yıllar önce mankurtluk hâlini deneyimleyen Jolaman ile aynı kaderi paylaşmış olur. Jolaman ve Sabitcan mikro düzeyde kim olduklarını unutan ve kültürel kimlik yabancılaşması yaşayan tipler olması bakımından, kodlanan robotları andırırlar. Söz konusu durumda Haraway'in post-hümanizm savunusundaki mekanik bedenlerle tasavvur edilen hususlardan söz etmek güçtür. Yazılımlarla yönlendirilen robotların iradesinden söz etmek mümkün değildir. Hâlbuki trans-hümanizm insanı önceleyen mekanik gelişmeyi var edicidir. Manevi düzlemde verilen bu benzetim, trans-hümanist boyutta tahayyül edildiğinde sinyal ve devrelerle kontrol ve idare edilen robotların varlığı ile bir eşleşmeyi mümkün kılabilir. Bu durum Erich Fromm'un kapitalizmin bir bakiyesi olan "robotsu uydumculuk" meselesini akıllara getirir. Fromm'un robotsu uydumculuğunda "birey kendisi olmaktan çıkar ve başkaları gibi onların ondan olmasını bekledikleri gibi olur" (Fromm 164-165).

"Gezegenin sürdürülebilirliği üzerinde insan etkisi bağlamında mevcut jeolojik devri tanımlamak için Nobel ödüllü kimyacı Paul Cruzen tarafından terminolojiye dâhil edilen Antroposen bağlam" (Braidotti, "İnsan Sonrası" 57), *Gün Olur Asra Bedel*'de uzay üssündeki insanlar şeklinde karşılık bulur. SSCB ve ABD ortaklığında Sarı-Özek bozkırı ve Nevada Çölü'nden dünyayı korumak için fırlatılan füze-robotlarla, gezegenin sürdürülebilirliği hatta insan türünün devam etmesi amaçlanır. Perde önünde böyle bir durum mevcutken örtük biçimde post-hümanizmin trans-hümanizm ile olan çatışma noktası belirir. "Ortak Yönetim Merkezinin yöneticileri" (Aytmatov, *Gün Olur* 65), hümanist öznelikten antropos bağlama taşınırlar. İnsanlığın ve evrendeki diğer varlıkların devamı için yapılan tüm zararsız eylemler, post-hümanist bağlamca kabul edilebilir. Kabul edilebilecek olan bu bağlamın en net görünümünü, kızıl gezegendeki (Mars) iki kozmonot vermektedir. Bu iki kozmonotun uzay istasyonuna bıraktığı mektupta, dünyanın iyiliği için kendilerinin "Orman Göğüslüler Gezegeni"ne yolculuk ettikleri bilgisi mevcuttur. Onların kendilerini feda edişleri, post-hümanist tavrın kabul noktalarında bir yer edinebilirken; Sarı-Özek bozkırını adeta cehenneme çeviren füze-robotların varlığı ise post-hümanizm tarafından eleştirilen bir bağlamı verecektir. Kozmonotların şu ifadeleri oldukça dikkat çekicidir:

> Şimdi işin özüne dönelim: Biz, dünya dışı bir uygarlığa sahip o gezegene gitmeye karar verdik. Gezegenlerin adı 'Orman Göğsü" idi… Fikir onlarda geldi, Orman – Göğüslüler bizi kendileri davet ettiler. Biz de düşünüp taşındıktan sonra daveti kabul ettik. Ses hızıyla giden uzay araçlarının bizim uzay istasyonumuza 26-27 saatte varabileceğini bildirdiler. (Aytmatov, *Gün Olur* 64)

Post-hümanist bağlamda "tek taraflı bir uzay göçü" (Ferrando, "Why Space" 137) meselesine örnek teşkil eden bu durum, 21. yüzyılda gündeme gelen uzay madenciliğinin 1970'li yıllarda –en azından romanda- anılması ekseninde Aytmatov'un "Kassandra" arketipini deneyimlediğini gösterir. Gezegenin isminin orman ile nitelenmesi ve hayati gösterge olan nefes ile imlenmesi, insanın çevresine zarar vermeden hayatta kalabilme itkisini görünür kılar. Mektubun devamında insanın mikro organizma yaşantısının sürmesinin mümkün olacağının ifadesi, Aytmatov anlatılarındaki insan algısının biyolojik boyutunu var etmesi bakımından son derce önemlidir. Bu mikro organizma bağlamı, post-hümanizmin insanın ötekileriyle var saydığı farklılıkları silikleştirmesi meselesi eşliğinde düşünmek gerekir. Öyle ki post-hümanist kuram, "insanmerkezciliğin kibrine ve insanın aşkın bir kategori olarak istisna kabul edilmesine karşı çıkar" (Braidotti, *İnsan* 85). Böylece insan merkezcilik yerinden edilmiş olur.

Aytmatov'un romanlarında insan, odaklanılan bir dönüş izleği olarak karşımıza çıkar (Korkmaz, *Aytmatov* 165). Aytmatov, "evrensel erkekinsan kipliliğinin farz ettiği standardın" (Braidotti, *İnsan* 83) dışında konum alır. Erkekinsanın tahtından edilmesi ile görünen boşluğa insan dışındaki türler konumlanır (Braidotti, *İnsan* 86). Aytmatov'un kendine özgü kurgusunda da benzer bir durum söz konusudur. Onun romanlarında insanın yükselişi ile birlikte tabiat, çevre ve hayvanlar da yükselir. Böylece "insan ve ötekiler" eksenli bakışın doğuracağı post-hümanizmden uzaklaşım ortadan kalkar. Söz konusu hususiyet, *Elveda Gülsarı* (1963) romanında gözlemlenebilir. Romanın başkişisi olan Tanabay, kendi varlığını yılkı atı Gülsarı'nın varlığıyla birleştirir. İnsan ve ötekiler arasındaki mesafeyi silikleştiren bir duyuşla birbirine bağlanan bu iki varlığın kurduğu tinsel ilişki, "post-hümanist öznenin heterojen bağlamı" (Hayles 3) eşliğinde post-hümanist bir görünümü var eder. Tanabay, kolhoz sisteminin iğdiş ettiği ve bedenini sömürdüğü Gülsarı'nın bedenini duyusal bir bağlanma ile algılar. Ölmek üzere olan Gülsarı'nın başında geçmişi hatırlayan Tanabay, adeta "erkekinsanın hâkim" (Braidotti, *İnsan* 40) pozisyonuna sürüklenen Sovyet rejiminin karşısında bu içsel ilişki ağıyla direnç göstermeye çabalar.

Post-hümanizmin karşı çıktığı ayrıcalıklı insan kabulü, *Elveda Gülsarı* romanında insanlar arasındaki ayrı bir zümreye indirgenebilir. Anlatı başkişisinin adeta norm karakteri seviyesine yükselen Gülsarı isimli at, kolhoz sistemi tarafından kullanılan ve yaşlanınca terk edilen bir yılkı atıdır. Söz konusu kullanımda Haraway'ın "tavuk" (Haraway, *Chicken* 33-36) ironisiyle bir ilişki kurulabilir. Tavuğun kanatları olmasına rağmen uçma özgürlüğüne sahip olamaması, Tanabay ve Gülsarı'nın Sovyet rejimi karşısındaki çaresizlik ve karşılıksız emek sarfı hususları ile ilişkilendirilebilir. Bu noktada sistem mensupları, ayrıcalıklı insan konumunda karşılık bulurken, özgürlüğü kısıtlayıcı, iğdiş edici, tüketici nitelikleriyle imlenirler. Söz konusu bağlamında yanı sıra Tanabay'ın Gülsarı ile kurduğu içkin bağ, yine Haraway'in "yoldaş türler" fikrini akıllara getirir. Saygı duyma ve içten bir bağ ile başka bir türe bağlanma durumlarını söz konusu eden Haraway, bunu "bir bakıma acıyı paylaşmak" (Haraway *When* 88) şeklinde tanımlar. Tanabay da Gülsarı'nın sömürülen bedeni başında onun deneyimlediği acıları paylaşıp onu kendisine yoldaş olarak belirlerken türlerarasında kabul edilen sınırları ortadan kaldırır. Post-hümanizmin karşı çıktığı türler arası ayrımı reddediş ve hiçbir türün epistemik üstünlüğünün olmadığı meselesi, farklı kıstaslarla belirlenen hiçbir insan türünün de bütün insanlığı temsil edemeyeceğini de kapsar (Ferrando, "Towards" 12). Yani hiçbir insanın diğer türlerden üstün olmadığı gibi hiçbir insan da diğer insanlardan ayrıcalıklı olmamalıdır. Karşıt güçler seviyesinde konum alan ayrıcalıklı insan Çora'nın bindiği, kullandığı Gülsarı, eskiden sahip olduğu birçok niteliği yitirmiştir:

> Gün boyu bağlı duran at, taypalma yorga olduğunu gösterdi, çok düzenli ve hızlı bir koşu tutturdu... Eski tutku ve özelliklerinden kala kala bu taypalma yürüyüşü kalmıştı. Başka tutkularının hepsi yok olmuştu. Sırtındaki biniciden ve yürüdüğü yoldan başka bir şey düşünemesin diye, insanlar onu her tutkudan mahrum bırakmışlardı. Şimdi Gülsarı'nın tek tutkusu koşmaktı. Böyle hızlı koşarak insanların ondan aldıkları şeylere yetişecek, onları yakalayacaktı sanki. Ama hiçbir zaman ulaşamıyordu onlara. (Aytmatov, *Elveda* 127)

Tıpkı Yedigey gibi insan dışındaki varlıklarla içsel bir bağ kurmayı başarabilen Tanabay, bu dönüşümü Gülsarı'ya borçludur. Vakanın başında sistemin ayrıcalıklı insanları arasında olan Tanabay, hümanizmin merkezî özne konumunda tasavvur ettiği sistem insanı olmaktan çıkar ve insan dışındakilerle insan arasındaki sınırlarını silikleştirerek post-hümanist bağlama eklemlenmeyi başarır. Devamında Tanabay'ın Gülsarı nezdinde sergilediği davranışı Braidotti'nin zoe-eşitlikçi (*İnsan* 90) tavrı ile ilişkilendirmek mümkündür. Zira Braidotti, insanların hayvanlarla daha eşitlikçi bir ilişki kurmalarında zoe-eşitlikçi bir dönüm noktasında gerçekleştiğini savunur (*İnsan* 90). Böylece "insan istisnailiği" (Thompson 20) aşılır ve nihayetinde Donna J. Haraway'ın bahsettiği türler arası buluşma (*When* 164-165) gerçekleşmiş olur. Gülsarı'nın bedeninin sömürülmesi, onun doğasında olan tutku ve yeteneklerini kesintiye uğratır. Gülsarı'ya bu muameleyi icra eden kitleyi hümanist özne konumunda düşünmek yerinde olacaktır. Erk sahibi hümanist özne, güdümünde tuttuğu Gülsarı'yı salt faydacı bir bakışla algılar ve onun varlık sahasını reddeder. Sözünü anlatıcıya teslim eden Aytmatov, hayvanlarla insanları bir bağlamda düşünür. Romanın sonunda Gülsarı'nın ölümünün tasviri, bir insanın ölümünün tasvirinden farksızdır. Adeta bir insan çok yakın bir insan arkadaşının ölü bedeninin başında geçmişi düşünmektedir: "Sönmüş ateşin başında saçları ağırmış, gocuğunu omuzuna atmış yaşlı Tanabay öylece duruyordu. Yorga atın gocuğa ihtiyacı yoktu artık. Gülsarı öbür dünyaya göçmüş, Tanrı'nın yılkısına katılmıştı" (Aytmatov, *Elveda* 229). Sahnenin devamında Gülsarı'nın bedeninde yer edinen hümanist öznenin darbelerinin kalıntılarına dikkat çekilir. Tüm bu detaylar, akıllara hayvan zihninin varlığını (Thompson 21) getirir. Hayvanların da hikâye anlatabileceğini ifade eden Thompson, onların birçok yönden insanlarla ortaklıklara sahip olduğunu savunur. Bu noktada Gülsarı'nın ölü bedeninin başında dikey boyutlu bir zaman algısında geri dönüşler yapan Tanabay, adeta kendi ile Gülsarı'nın zihnini birleştirir. Denilebilir ki Gülsarı'nın bedeni hikâye anlatan bir metafora dönüşür.

Leonardo da Vinci'nin Vitruvius erkekinsanı figürüne yönelen post-hümanizmin eleştirel tarafı, feminizmle yakınlaşır. Post-hümanist düşünceye katkı sunan ve aynı zamanda feminist kuram yazınında fikirler ortaya koyan Donna J. Haraway, ceninlerin varlığının teknobilimsel sayelerle mümkün olduğunu savunur. Ceninin yuvarlaklığını dünyanın yuvarlaklığıyla bir bağlamda algılayan Haraway, dünyanın ve ceninin görünümlerinin teknolojik görüntüleme metotları ile somutlandığını ifade eder:

> Dünya da cenin de kamusal nesneler olarak varlıklarını görselleştirme teknolojilerine borçludur... Küresel cenin de yuvarlak dünya da teknobilimsel görsel kültür sayesinde ve onun içinde var olurlar. Ama bence ikisi de dokunmayı imler. Her ikisi de mavi-yeşil engin bir Dünya'nın ve yumuşak, tombul bir çocuğun fiziksel duyumsallığına özlem uyandırır. Bu imgelerin ideolojik olarak bu kadar güçlü olmasının nedeni budur. İnşa edilmiş ve bedensiz olan karşısında dolaysız olarak doğal ve bedenli olanı imlerler. (Haraway, *Başka* 293)

Dünya ve ceninin hem kamusal görünümü hem de bedensiz imgelemine rağmen bedenli kabullerini bir arada düşünmek, *Kassandra Damgası*'nda Uzay Rahibi Filofey'in Papa'ya yazdığı mektup yer alan iradeleşen embriyoların varlığını açımlamada yol gösterici bir detay olacaktır. Filofey, kendisine kaderin bir keşif verdiğini ifade ettiği mektubuna, üç yıldır uzayda bulunduğunu söyleyerek başlar. Bu detay, bedensiz bir varlık olarak dünyanın çıplak gözle seyredilmesi gerçeğini verir. Halbuki neredeyse bütün insanlar, dünyayı bir simülasyon veya teknik görsellerden izlemiştir. Dünyayı uzaydan çıplak gözle izleyen Filofey, embriyoların dilini de bu bağlamla çözer. Bunu "buluş" olarak niteleyen Filofey şöyle bir tespitte bulunur:

> Ana rahmindeki ilk haftalarda, insan embriyosu, hayatta kendini bekleyenleri hissetme ve bu kadere tepki gösterme yeteneğine sahip. Eğer bu tepki olumsuzsa embriyolar doğuma karşı koyuyorlar.
>
> Ben, doğuma olumsuz tepki gösteren embriyoların gönderdiği işaretleri buldum. Bu embriyoları, taşıyan kadının alnında küçük benekler oluşuyor. Bu beneklere 'Kassandra Damgası', olumsuz sinyaller gönderen embriyolara ise 'Kassandra Emriyosu' adını verdim. (Aytmatov, *Kassandra* 20)

Kassandra mitine yapılan kâhanetvari göndermede embriyoların dünyaya gelme reddi, balinaların karaya vurarak intiharları ile roman sonunda birleşir. Bu noktada balinalar ile insan embriyoların ortak irade göstermesi, insanın mikro organizma olarak algılanması bağlamını görünür kılar. İnsanlaşan veya irade gösteren hayvan ile aynı iradeyi ortaya koyan insan embriyoları, kusursuz insan formunun haricinde bir nevi içgüdüleri ile görünüm kazanırlar ve tam bir insan bedenine sahip de değillerdir. Bu noktada insanın biyolojik bir varlık oluşu ve ceninlerin cinsiyetsizliği ekseninde post-hümanist durumdan söz edilebilir. Buna ilaveten Filofey'in uzay istasyonundan gönderdiği ve insan sağlığına zararlı olmayan keşif ışınlarının embriyoları titreşime sokması, dünyadaki "Kassandra Embriyoları"nın keşfi için bir tespit eylemidir. Bu ışınlar, ceninlerin kamusal bir varlık olarak algılanmasına katkı sunan "ultrason ile anne karnındaki cenini görmek" (Haraway, *Başka* 296) için kullanılan yöntemle benzeşmektedir. Filofey, anne rahmi yerine dünyaya ışınları gönderir ve anne rahminde titreşen ve dünyaya gelmek istemeyen malum embriyoları taşıyan annelerin alınlarındaki sivilceler ışıldamaya başlar. "Teknobilimsel" (Haraway, *Başka* 294) bir formda klasik insan bedeninden başka bir boyuta dönüşerek trans-hümanist bağlama eklemlenen "Kassandra Embriyoları"nın taşıyıcılarının belirlenmesi ile kozmik sorgulama da gerçekleşmiş olacaktır. Öyle ki trans-hümanizm, olası teknolojik ve biyolojik evrimlere odaklanır (Ferrando, "Posthumansim, Transhumanism" 27). Filofey'in örtük görünümde kendini sezdiren amacı, insanlığı geliştirme ve iyi olana sevk etme çabasıdır. Bu çaba da trans-hümanizmin insanı güçlendirme anlayışıyla birleşim gösterir. Hümanizmin merkezi öznesinin hâkim olduğu evrene mesaj gönderen embriyoların ifadeleri şöyledir:

> Ben Kassandra embriyosu, hiç doğmadan, hiç kimseye fazla acı vermeden yok olmak istiyorum. Siz soruyorsunuz, ben cevaplıyorum: Ben yaşamak istemiyorum. Fakat irademin dışında beni doğmaya zorlarsanız, tüm zamanlarda, tüm insanların yaptığı gibi, kaderimi olduğu gibi kabul edeceğim. Nasıl olacağına, ilk önce beni doğuracak kadın olmak üzere; siz karar verin. Ama önce beni dinleyin ve anlamaya çalışın. (Aytmatov, *Kassandra* 21)

Kâhin embriyolar, tam bir insan bedenine kavuşmadan evreni kurtarmak ister. Bunu, dünyaya hiç doğmamak hâlini tercih ederek yaparlar. *Kassandra Damgası*'ndaki bu detay, *Beyaz Gemi*'deki Çopur Nine'nin ölüme götürdüğü çocukların durumunu hatırlatır. Çopur Nine'nin ifadelerini "Kassandra Embriyoları"nın ifadeleri ile birleşik bir biçimde düşünmek, evreni yaşanmaz kılan hunhar insan karşısında post-hümanizmin özgürlükçü, çoğulcu ve her türlü sınırlama ve stereotipi reddeden cephesinde konumlanmak anlamına gelecektir. Filofey ve Çopur Nine, egemen hümanist öznenin erilliğinin kendisi dışında olanları ortadan kaldırıcı tarafını gözlemler ve bunu bütün evrene duyurmaya çalışır.

En nihayetinde Aytmatov, Ferrando'nu vurgu yaptığı varoluşun harmonik (uyumlu) çerçevesinde birbiriyle uyumlu bir pozisyona ulaşmayı amaçlayan faillik, hafıza ve hayal gücü arasında dengeli bir ilişki ağını ("Posthumanism, Transhumanism" 32) romanlarında somut kılmaktadır.

## Sonuç

Eserleri yüzden fazla dile çevrilen Cengiz Aytmatov'un romanlarındaki insan tasavvuru, yirminci yüzyılın son çeyreğinde kuramlaşan post-hümanist literatüre bağlanabilir. Onun romanlarında merkezde hâkim noktada konum olan hümanist öznenin varlığı sorgulanırken evrendeki bütün varlıklara eşit mesafeli ve barışçıl yaklaşımlar sergileyen post-hümanist varlık algısına yaklaşım gösterilir. Tabiatla ve hayvanlarla kurulan içsel ilişki dizgelerinin kaynağını onun biyografisindeki detaylarda bulmak mümkündür. Annesi tarafından yetiştirilen ve veteriner hekim olan Aytmatov, kurmacının imkânlarında yararlansa da onun anlatılarında biyografik izleri sürmenin karşılığı her daim bulunabilir. İşte bu detay, onun anlatılarındaki post-hümanizm görünümlerinin tözsel kaynağı gibidir. Böylece Aytmatov'un romanlarının temel izleği olan gelecek nesillere doğayla barışık, canlı ve cansız varlıklar arasındaki sınırlılıkların silindiği bir varoluş alanı açmanın post-hümanizmin ulaşılabilir bir kültürel mirası sunma (Ferrando, "Towards" 11) bağlamına yaklaşır.

Aytmatov, insan merkezci bakışı eleştirmesi ile post-hümanizm ile bir ilişki kurmuş olur. İnsanı ve diğer varlıkları teknik bir sınırlılıktan ari olarak algılaması, onun en belirgin post-hümanist boyutlarından biridir. Buna karşılık insana odaklanır gözükmesi ile post-hümanizmin eleştirdiği bir noktada algılanma ihtimali de mevcuttur. Fakat bu ihtimal, onun roman karakterlerinin insan dışındaki varlıklarla olan ilişkisi ile daha da silikleşir. Böylece post-hümanizm ile olması muhtemele bir çelişki ortadan kalkmış olur. Bununla birlikte onun romanlarında antihümanizmin post-hümanizm ile olan ortak algılarına yakınlık da sezilebilir. Onun romanlarındaki insan, evreni bütüncül bir bakışla algılayarak post-hümanizmin çoğulcu boyutu yakalanır. İnsanın diğerleri ile olan mevcut ilişkilerini eleştirirken onlara alternatifler sumayı ihmal etmez.

**Kaynakça**

Aytmatov, Cengiz. *Beyaz Gemi.* çev. Refik Özdek. Ötüken, 2012.
Aytmatov, Cengiz. *Gün Olur Asra Bedel.* çev. Refik Özdek. Ötüken, 2013.
Aytmatov, Cengiz. *Elveda Gülsarı.* çev. Refik Özdek. Ötüken, 2014.
Aytamtov, Cengiz. *Kassandra Damgası.* çev. Ahmet Pirverdioğlu. Nora, 2017.
Aytmatov, Cengiz. *Toprak Ana.* çev. Refik Özdek. Ötüken, 2015.
Balkaya, Âdem. Halk Anlatılarında Kahramanın Yardımcıları. Fenomen, 2015.
Barcz, Anna. "Posthumanism and Its Animal Voices In Literature." *Teksty Drugie Special Issue*, no. 1, 2015, ss. 248-269.
Blatti, Stephan ve Snowden Paul F. "Introduction." *Animalism.* ed. Stephan Blatti ve Paul F. Snowden. Oxford University, 2016, ss. 1-30.
Braidotti, Rosi. "İnsan Sonrası, Pek İnsanca: Bir Post-hümanistin Anıları ve Emelleri." *Cogito – İnsan Sonrası.* no. 95-96, 2019, ss. 53-91.
Braidotti, Rosi. *İnsan Sonrası.* çev. Öznur Karakaş. Kolektif, 2018.
Braidotti, Rosi. "Posthuman Critical Theroy." *Posthuman Glossary.* ed. Rosi Braidotti ve Maria Hlavajova. Bloomsbury, 2018, ss. 339-342.
Castricano, Jodey. "Animal Subjects in a Posthuman World." *Animal Subjects.* ed. Jodey Castricano. Wilfrid Laurier University, 2008, ss.1-33.
Cevizci, Ahmet. *Paradigma Felsefe Sözlüğü.* Paradigma, 2000.

Descartes, Renatus. *Yöntem Üzerine Konuşma*. çev. Çiğdem Dürüşken. Kabalcı, 2013.
Ellul, Jacques. *Sözün Düşüşü*. çev. Hüsamettin Arslan. Paradgima, 2012.
Erhat, Azra. *Mitoloji Sözlüğü*. Remzi, 1996.
Fromm, Erich. *Özgürlükten Kaçış*. çev. Selçuk Budak. Öteki, 1993.
Ferrando, Frencesca. "Is the Post-Human a Post-Woman? Robots, Cyborgs and the Futures of Gender." *European Journal of Futures Research*, vol. 2. no. 2, 2014, ss. 1-17.
Ferrando, Frencesca. "Towards a Posthumanist Methodology: A Statement." *Journal For Literary Studies*, vol. 25, n. 1, Utrecht University, May 2012, ss. 9-18.
Ferrando, Frencesca. "Posthumanism, Transhumanism, Antihumanism, Metahumanism, and New Materialisms: Differences and Relations." *Existenz*, vol. 8, no. 2, 2013, ss. 26-32.
Ferrando, Frencesca. "Why Space Migration Must Be Posthuman." ed. Schwartz, J. Milligan, T. *The Ethics of Space Exploration*, Springer. 2016, ss. 137-152.
Ferrando, Frencesca. *Philosophical Posthumanism*. Bloomsbury, 2020.
Gökalp Arslan, G. Gonca. "Cengiz Aytmatov'un Elveda Gülsarı, Dişi Kurdun Rüyaları, Ebedi Gelin: Dağlar Yıkıldığı Zaman Romanlarında Hayvan Zihni." *TÜBAR*. no. 36, 2014, ss. 11-26.
Haraway, Donna J. *When Species Meet*. University of Minnesota, 2008.
Haraway, Donna J. *Başka Yer*. çev. Güçsal Pulsar. Metis, 2010.
Haraway, Donna J. "Chicken." *Animal Subjects*. ed. Jodey Castricano. Wilfrid Laurier University, 2008, ss. 33-38.
Hartmann, Nicolai. *Ontolojinin Işığında Bilgi*. Türkiye Felsefe Kurumu, 1998.
Hassan, Ihab. "Prometheus as Performer: Toward a Posthumanist Culture?." *The Georgia Review*. vol. 31 issue. 4. 1977, ss. 830-850.
Hayles, N. Katherine. *How We Became Posthuman*. University of Chicago, 1999.
Kantarcıoğlu, Sevim. *Edebiyat Akımları – Platon'dan Derrida'ya*. Paradigma, 2009.
Kenrick, Douglas T. ve ark. "Renovaiting The Pyramid of Needs: Contemporary Extensions Build Upon Ancient Foundations." *Prespect Psychol Sci*. vol. 5. no. 3. 2010, ss. 292-314.
Kierkegaard, Søren. *Ölümcül Hastalık Umutsuzluk*. Doğubatı, 2004.
Kolcu, Ali İhsan, *Bozkırdaki Bilge Cengiz Aytmatov*. Salkımsöğüt, 2015.
Korkmaz, Ramazan. "Evrenin Bilinci: İnsana Dönüş İzleği." *Cengiz Aytmatov*. ed. Ramazan Korkmaz, T.C. Kültür ve Turizm Bakanlığı, 2009, ss. 93-104.
Korkmaz, Ramazan. *Aytmatov Anlatılarında Ötekileşme ve Kendine Dönüş İzlekleri*. Grafiker, 2008.
Korkmaz, Ramazan. *Yazınsal Okumalar*. Kesit, 2015.
Kuehn, Manfred. *Immanuel Kant*. çev. Bülent O. Doğan. İş Bankası, 2017.
Lau, Carolyn. "Posthuman Literature anda Criticism." *Posthuman Glossary*. ed. Rosi Braidotti and Maria Hlavajova. Bloomsbury, 2018, ss. 347-349.
MacIntyre, Alasdair. *Varoluşculuk*. çev. Hakkın Hünler. Paradigma, 2011.
Mengüşoğlu, Takiyettin. *İnsan Felsefesi*. Doğubatı, 2015.
Roden, David. *Posthuman Life*. Routledge, 2015.
Sartre, Jean Paul. *Varoluşculuk*. çev. Asım Bezirci. Say, 1985.
Sigmund, Tomas. "Senseless Transhumanism." *Transhumanism: The Proper Guide to a Posthuman Condition or a Dangerous Idea*. ed. Wolfgang Hofkirchner and Hans-Jörg Kreowski. Cham, Switzerland: Springer, 2020, ss. 65-78.
Taine, Hippolyte. *Bir Kedinin Yaşamı ve Felsefi Görüşleri*. çev. Şadan Aydın. Kırmızıkedi, 2020.
Thomsen, Tok. *Posthuman Folklore*. Jackson: University Press of Mississippi, 2019.
Umbrello, Steven and Lombard, Jessica. "Slience of the Idols: Appropriating The Myth of Sisyphus for Posthumanist Discourse." *Postmodern Openings*. vol.8. no.4. 2018, ss. 98-121.
Wolfe, Cary. *What is Postumanism*. University of Minnesota, 2010.

# BÖLÜM 15

## Orhan Pamuk'un *Masumiyet Müzesi* Romanında Nesneler Arası İlişkiler: Posthümanizm ve Nesne Yönelimli Ontoloji Çerçevesinde Bir Çözümleme

### Nurseli Gamze Korkmaz

> "Eşyalarla hayatımız boyunca tek tek ne kadar yoğun, kişisel ve duygusal ilişkiler kurduğumuzu hatırlamamız için romanımın kahramanı Kemal gibi âşık olmamız mı gerekir?"
> *Manzaradan Parçalar*, 408
>
> "Artık bu eşyalar yaşadığım anın yalnızca bir işareti, o güzel anı hatırlatan bir şeyden çok, benim için o anın bir parçasıydılar da"
> *Masumiyet Müzesi*, 415

### Giriş

Bu çalışmada yapılmak istenen, Orhan Pamuk'un *Masumiyet Müzesi* (2008) adlı romanını ve aynı adlı müzeyi birlikte ele alarak, romanın kurgu dünyası ve müzenin bu kurguyu somutlaştıran mekânında yer alan nesneler arası ilişkileri posthümanizm ve Nesne Yönelimli Ontolojiden (Object-Oriented Ontology) hareketle değerlendirmek ve bu değerlendirmelerin açtığı alanda romanın yapısal bir çözümlemesini sunmaktır. Bu bağlamda çalışmada savunulacak temel düşünce, roman ve müzede canlı-cansız, insan-insan olmayan, soyut-somut nesnelerin olayların merkezinde yer alan roman kişileri kadar önemli roller üstlendikleri ve dolayısıyla geçen yüzyıldaki edebiyat kuramcılarının öne sürdüğü biçimde yardımcı ya da ikincil unsurlar olmadıklarıdır. Buna bağlı olarak, roman ve müzedeki nesnelerin kurgu evrenindeki aktif rollerinin, posthümanizm ve Nesne Yönelimli Ontolojinin insanı evrenin merkezinde konumlandıran Aydınlanma düşüncesi ve hümanizmi sorgulayan ve insan olmayanları ikincil konumlarından merkeze taşıyan yaklaşımlarıyla değerlendirildiklerinde çok daha belirgin biçimde açıklığa kavuşturulacağı düşünülmektedir.

Bunun için öncelikle ilk bölümde posthümanizm ve Nesne Yönelimli Ontoloji'nin hümanizm karşıtlığı üzerinde temellenen düşüncelerini kısaca özetledikten sonra geçen yüzyıldaki edebiyat kuramcılarının romanda nesneler üzerine görüşlerinin yetersizliği tartışılacak, posthümanizm ve Nesne Yönelimli Ontoloji'nin kurgusal metinlerdeki nesne ilişkilerini açıklamada önemli açılımlar sunabileceği ileri sürülecektir. Sonraki bölümde, Nesne

Yönelimli Ontoloji'nin posthümanizmle kesişen ve ayrılan yönleri ortaya konarak çalışmanın amaçları doğrultusunda değerlendirilecektir. Çalışmanın esas gövdesini oluşturan son altbaşlık ise nesne ilişkileri üzerinden *Masumiyet Müzesi*'nin yapısal bir çözümlemesini sunmaktadır. Romanı biri diğerini kapsayan iki çerçevede çözümleyen bölümün temel argümanı ise, Nesne Yönelimli Ontoloji ve posthümanizmin, insan ve insan olmayanlar arasındaki başkalık ve ötekilikler üzerinden kurgulanan ontolojik hiyerarşilerin ortadan kaldırılmasına yönelik görüşlerinin *Masumiyet Müzesi*'ndeki nesne ilişkileriyle örneklendiği yönündedir.

## Posthümanizm, Nesne Yönelimli Ontoloji ve Edebiyatta Nesneler

Michel Foucault, Gilles Deleuze, Jacques Derrida gibi geçen yüzyılın önemli düşünürlerinin hümanizme yönelik eleştirel yaklaşımlarından ilham alan posthümanizm, yirminci yüzyılın son çeyreğinden itibaren giderek üzerinde daha fazla tartışılan, sürekli genişleyen ve farklı çalışma alanlarından oluşan çerçeve bir kavramdır. Posthümanizm, "insan yetkinliklerini rasyonel ve teleolojik bir çerçevede biyolojik, söylemsel ve ahlaki genişliğiyle bir araya getiren bir doktrin olarak hümanizmin amblemi hâline gelmiş olan Leonardo da Vinci'nin *Vitruvius Adamı*[1] modelinin" (Braidotti, *The Posthuman* 13), temsil ettiği ideal insan tanımı dışında kalan "öteki" insanlarla birlikte insan olmayanları da dışlayan tutumların arkasındaki saik olduğunu öne sürer. Dolayısıyla bu ideali yerinden ederek hümanizmin ortaya attığı insan merkezli normatif değerleri tartışmaya açar, böylece dünya ve insan odaklı evren tasarımını hedef alır.

Buna bağlı olarak posthümanizmin en önemli argümanlarından birinin hümanizm karşıtlığı olduğu görülmektedir. Ancak bu karşıtlık hümanist değerleri yok saymak veya bu değerlere bütünüyle karşı çıkmak biçiminde değil, Aydınlanma düşüncesi ve hümanizmle birlikte gelen temel haklar, eşitlik, özgürlük, adalet gibi değerlerin kapsamıyla ilişkilidir. Posthümanizm bu değerlerin kapsamını hümanizmin ideal insan kümesinin dışında kalan insanlarla birlikte insan-olmayan tüm varlıkları da içine alacak şekilde genişletmiştir. Örneğin Rosi Braidotti, "ne hümanizm ne de hümanizm karşıtlığı, amacımız için uygun" (*The Posthuman* 29) derken hümanizmin dışlayıcı insan tanımına itiraz eder, ama aynı zamanda özgürlük ve ilerlemeci siyaset gibi bu geleneğin "en değerli tarafları[nı]" geride bırakmanın güçlüğünden dem vurur (*The Posthuman* 29). Bu yaklaşım, insanın evrenle ilişkisine yönelik inşa edilmiş insan merkezli paradigmanın çok yönlü bir eleştirisini gerektirir.

---

[1] *Vitruvius Adamı* (*L'uomo Vitruviano* 1490?) Leonardo da Vinci'nin günlüklerinde bulunan ve Antik Romalı mimar Marcus Vitruvius Pollio'nun *De architectura*'nın üçüncü kitabında verdiği ideal beden oranlarına uygun olarak çizildiği düşünülen bir eskizdir.

Cary Wolfe, posthümanizmi "insanı merkezî konumundan eden teknik, medikal, bilişsel ve ekonomik ağların görmezden gelinemeyecek ölçüde birbiri üstünde ilerlediği tarihsel bir ân" (*What is Posthumanism?* XVI) olarak tanımlar. Burada sözü edilen ilerlemeler, bir taraftan insanı doğa karşısında daha etkin ve güçlü kılarken diğer taraftan da insanın doğaya bağımlılığını hatırlatır. Böylece "verili olan ile inşa edilmiş olan arasındaki ikili karşıtlık yerini doğa-kültür etkileşiminin düalist olmayan bir yorumuna bırakmaktadır" (Braidotti, *The Posthuman* 3). Bu yaklaşımda ikili karşıtlıklara dayalı toplumsal farklar doğal değil, inşa edilmiştir. Hümanizmin erkek insan modelinin "tarihsel ve kültürel olarak kurulmuş söylemsel bir biçim" (Braidotti, *The Posthuman* 24) olduğu düşüncesi, Foucault'nun *Kelimeler ve Şeyler* (*The Order of Things* 1970) adlı eserinde "İnsan, düşüncemizin arkeolojisinin kolaylıkla gösterdiği gibi yakın tarihli bir icattır. Ve belki de kendi sonuna çok yakın bir icat" (422) ifadesinden ilham alarak posthümanistlerin hümanizm karşıtlığının temel çıkış noktalarından biri olmuştur. Donna J. Haraway'in "Siborg Manifestosu"ndaki ("A Cyborg Manifesto" 1985) "Tarihsel olarak oluşturulmuş bir bedene sahip olmanın ne demek olduğunun çekilmez bir şekilde farkındayız" (58) ifadesi, bunun bir göstergesidir.

Burada dikkati çeken iki nokta vardır: İlki hümanizmin dayandığı insan idealinin, tarihsel olarak inşa edilmiş bir söylem olması ve bu söylemin, tanımladığı ideal kümede yer alanlar ve almayan başkaları arasında ötekileştirici yaklaşımlara neden olmasıdır. Buna göre *Vitruvius Adamı*'yla temsil edilen ideal insan modeli dışındaki her şey, hiyerarşik olarak bu idealin altında yer alan ötekilerdir. Posthümanizmin karşı çıktığı temel meselelerden biri bu ötekileştirici yaklaşımlardır. Dikkati çeken ikinci nokta ise Aydınlanma düşüncesinin inşa ettiği düalist dünya görüşünün eleştirisidir. Descartes'in Kartezyen düalizmine dayalı ve doğa/kültür, insan/hayvan, özne/nesne, canlı/cansız, organizma/makine, kamusal/özel, erkek/dişi, uygar/ilkel gibi karşıtlıklar üzerine kurulmuş bu paradigma, bu olgular arasında karşıtlık değil etkileşime dayalı bir ilişki olduğu varsayımından hareket eden posthümanistlerin, yapıbozuma uğratmak istedikleri bir düşünce biçimidir. Bu iki noktadan hareketle posthümanistler, insanın evrendeki merkezî konumunu tartışmaya açarak insan ile insan-olmayan, organik-inorganik, canlı-cansız, doğal-yapay tüm diğer varlıklar arasındaki ilişkileri ontolojik bağlamda yeniden değerlendirmeyi önerirler. Dolayısıyla posthümanizmde, insanın öteki varlıklarla ilişkisini ast-üst hiyerarşik ikiliği çerçevesinde ele alan paradigma yerine insanı tüm öteki varlıklarla aynı ontolojik düzeyde yatay konumlandıran bir yaklaşım önerilmektedir.

Posthümanist düşünürler, insanın merkezî konumunu tartışmaya açarak insan-olmayan tüm diğer varlıklarla ontolojik eşitliği savunsalar da insan, makine ve hayvan ilişkilerine daha çok odaklanmışlardır. Bu bağlamda Donna J. Haraway'in makine ve organizmanın bir araya gelerek oluşturduğu melez yapıya işaret eden sibernetik organizma yani Siborg (cybernetic organism-Cyborg) ve insanın dünyadaki macerasında ona eşlik eden, onunla birlikte evrimleşen ve aynı zamanda dünyayı birlikte dönüştüren "yoldaş türler" (companion species) kavramları anahtardır. Birincisi insanın makineyle olan ilişkilerine, ikincisi ise insanın hayvanlarla olan ilişkilerine yoğunlaşan bu iki kavramın sınırları insan-olmayan öteki türleri de kapsayacak biçimde genişletilebilir. Haraway'in "Siborglar da yoldaş türler de insani olanla insani olmayanı, organik olanla teknolojik olanı, karbonla silikonu, özgürlükle yapıyı, tarihle miti, zenginle yoksulu [...] ve doğa ile kültürü beklenmedik şekillerde bir araya getirir" ifadeleri bu anlam genişliğine olanak tanır (Siborglardan Yoldaş Türlere 228). Diğer taraftan özne-nesne dikotomisinden yola çıkan Nesne Yönelimli Ontoloji yalnızca hayvan ya da inorganik teknolojilerle değil özne olarak insanın dışında kalan tüm soyut ve somut varlıklar arasındaki hiyerarşileri ontolojik düzlemde yapıbozuma uğratır. Buna bağlı olarak eğer posthümanizmi "kümülatif ve karmaşık görünümlü, heterojen ama yine de toplu halde bir hareketin temsili" (Ağın 49) biçiminde ele alırsak Nesne Yönelimli Ontolojinin de bu "şemsiye kavram" (Ferrando 1) altında birbirini tamamlayan düşünceler olarak değerlendirilmesi gerekir. Francesca Ferrando'nun Felsefi, Kültürel ve Eleştirel Posthümanizm, Transhümanizm, Yeni Materyalizm, Anti-hümanizm, Nesne Yönelimli Ontoloji, Posthümanite ve Metahümanite gibi düşüncelerin tamamını "posthüman" (posthuman) kavramı altında toplaması (1) bu yaklaşımı örnekler.

Nesne Yönelimli Ontolojinin insan ve insan-olmayan tüm varlıkları ontolojik olarak aynı yatay düzlemde nesne kategorisiyle kodlaması, 20. yüzyıl edebiyat eleştirisinde hâkim insan merkezli yaklaşımların yetersiz kaldığı kimi durumlarda yol gösterici ve yeni açılımlar sağlayan bakış açıları sunmaktadır. Diğer yandan insan, makine ve hayvan etkileşimlerine odaklanan posthümanizmin çerçevesini genişleterek insan ve insan-olmayan tüm varlıklar arası ilişkileri açıklamada posthümanizm ile birlikte kullanışlı bir kavramsal dayanak sunmaktadır. Bu aşamada edebiyat teorisinde kurmaca metinlerdeki nesne ve nesne betimlemelerine yönelik yaygın eğilimlerden söz etmek yerinde olacaktır.

Edebiyat eleştirisinde romanlardaki insan-olmayan varlıklara dair betimlemeler uzun süre olay örgüsünde insan aktörler arasındaki ilişkileri berraklaştıran, vakaya derinlik ve gerçeklik kazandıran yardımcı unsurlar olarak görülmüş, dolayısıyla tıpkı reel düzlemde olduğu gibi romanın mimetik dünyasında da insanlar ile insan olmayanlar arasında hiyerarşik bir düzen kurulmuştur. Örneğin Georg Lukács, "Anlatı mı Betimleme mi? ("Narrate or Describe?" 1971) başlıklı yazısında *Madam Bovary (Madame Bovary* 1856*)*'deki tarım fuarıyla ilgili betimlemelerin Rudolf ve Emma'nın aşkı için "yalnızca bir dekor" yarattığını ileri sürer (114-115). Bu ifade, romandaki eşya, çevre gibi maddi unsurların karakterler karşısındaki ikincil konumlarını işaret eder.

Gérard Genette ise "Anlatının Sınırları" ("Boundaries of Narrative" 1976) adlı yazısında betimlemesiz bir anlatıdan söz edilemeyeceğini ifade etse de anlatının merkezî rolünü vurgulayarak betimlemenin anlatı hizmetinde sadık ama asla özgür olmayan bir köle olduğunu belirtir (Genette 5-6). Roland Barthes ise "Gerçek Etkisi" ("The Reality Effect" 1968) başlıklı yazısında, Lukács'ın ve Genette'in romanda insan-olmayan varlıklara ilişkin tüm detayları ikincilleştiren yaklaşımını sürdürerek nesne betimlemelerinin yapısal anlamda romana katkısı olmadığını, "anlatısal bilginin masrafını yükseltecek derecede savurgan bir tür anlatı *lüks*üne uygunluk göster[diklerini]" ileri sürer (168). Bu cümlede nesnelerin estetik işlevleri öne çıkarılırsa da Barthes, 19. yüzyıl romanlarından örnek vererek özellikle gerçek etkisi yaratma işlevleri üzerinde durur ve bunu "estetik gerçeğe benzerlik" şeklinde tanımlar (170). Ona göre nesneler şundan başka bir şey söylemez: "*Biz gerçeğiz*" (Barthes 174). Barthes burada romandaki insan-olmayan varlıklara dair detayların okuru olay örgüsünün gerçekliğine dâhil ederek mimetik etkiyi artırdığını belirtir.

Öte yandan 20. yüzyıl boyunca bazı sanat akımları, 19. yüzyıldaki insan merkezli paradigmaya kimi itirazlar getirir. Örneğin 19. yüzyılın birey merkezli anlayışından vazgeçilmesi gerektiğini savunan (Robbe-Grillet 26-27) Yeni Roman akımının nesnelere yaklaşımı, romandaki mekân, hayvan ya da eşyaların karakter ve/veya fon yaratmada birer araç olduklarına ilişkin yukarıdaki görüşlere bir itirazdır:

> Edebi nesne, klasik yapıtların o sağlam, sağlıklı, belirgin çizgili, bitmiş görünümünü alacaktı. Romancının sıradan bir süsleme olarak gördüğü; aşırı bir tutumlulukla kullandığı ve psikolojik'in hizmetine vermiş olduğu -sadece betimsel olan- "şiirsel" öge, o küçük düşürücü yardımcı rolünü yitirecekti (Sarraute 13)

Nathalie Sarraute, burada Lukács ve Barthes'ın aksine insan-olmayan unsurların romandaki insan özneyi tamamlamak adına yardımcı roller üstlenmesine itiraz eder. Ona göre 20. yüzyıl romanında kişiler eski önemini kaybetmiştir: "[R]omanın her şeyden önce kişilerin yaşayıp hareket ettikleri bir öykü" şeklinde tanımlanmasına karşı çıkar (37). Sarraute gibi Alain Robbe-Grillet de gerçekçi romanda kurmaca nesnelerin ikincil konumunu eleştirerek bireyin merkezîliğini sorgular:

> Bugün dünyamız, kişinin salt egemenliğinden vazgeçtiği için kendinden daha az emin, belki de daha mütevazı, ama ileriye baktığı için aynı zamanda daha hırslı. Dar "insan" kültü, yerini daha geniş, daha az insanmerkezci bir bilinçlenmeye bıraktı. Roman eskiden en büyük desteği olan kahramanını kaybettiği için sendeliyor gibi. (28)

Alain Robbe-Grillet'nin "daha az insanmerkezci bilinçlenmeye" doğru bir gidişe dair ifadeleri posthümanizmin, insanmerkezli (anthropocentric) evren tasarımına yönelttiği eleştirilere yaklaşır. Nathalie Sarraute'un betimelemelerin "küçük düşürücü yardımcı rollerini yitireceklerine" ilişkin söylemi ise, insan merkezli hümanist ilkelerin roman türündeki izdüşümlerine yönelik bir eleştiri şeklinde okunabilir. Burada, romandaki insan unsurunun merkezîliği sorgulanırken Nathalie Sarraute'un ifadelerinde olduğu gibi insan dışı unsurlara atfedilen ikincil konum da tartışmaya açılır. Böylece nesneler pasif birer dekor olmaktan çıkarak anlatıda aktif rol oynayan öznelere dönüşmeye başlayacaktır. Bu aynı zamanda insanın, öznelik konumunu insan dışı ögelerle paylaşması anlamına gelir. Yeni Roman, posthümanist bir bağlamda olmasa da romanda insan öznelerin merkezî konumuna itiraz etmesiyle önemli ölçüde yenilikçidir ve bu yaklaşım posthümanist düşünceye öncülük eden Foucault, Deleuze ve Derrida'nın hümanizm eleştirileriyle paraleldir.

### Nesneler Cumhuriyeti: İnsan ve İnsan-olmayanlar Kümesi

Literatürde Yeni Materyalizm (New Materialism) ve Spekülatif Realizm (Speculative Realism) ile birlikte anılan Nesne Yönelimli Ontoloji (Object-Oriented Ontology)[2], özneden bağımsız olmadığı ve birbirleriyle ilişkiye girmediği düşünülen nesnelerin özerk ve bağımsız yapılar olduğuna dikkat çeken bir düşüncedir (Ferrando 164-165). Özellikle Kant sonrası felsefeye hâkim olan özne/nesne ve/veya kültür/doğa ikili karşıtlığında nesne ve/veya doğayı, özne ve/veya kültürle hiyerarşik ve birbirine karşıt ilişkiselliği içinde ele alan paradigmaya yönelik eleştirilerden doğmuştur. Bu düşünce temelde nesnelerin insandan bağımsız, birbirleriyle ilişki hâlinde oldukları bir alanın varlığını kabul eder. Buna göre nesneler, sadece insanlarla ilişki içinde olduklarında insana bağımlı bir biçimde değil, geri kalan zamanlarda da insan bilincinin ötesinde eylem ve etkileşim içinde olabilirler. Jane Bennett'in ifadesiyle bunlar "pasif nesnelerden çok canlı şeyler[dir]" (vii). Bu yaklaşım, nesnelere bir otonomi atfederken özne-nesne dikotomisine de karşı çıkar. Bu ikilik nesneyi özneye bağımlı, öznenin yapıp ettiklerinden etkilenen pasif ve durağan bir konuma yerleştirdiğinden özneye ontolojik düzlemde ayrıcalık tanır. Öte yandan özneyi eylemin tek eyleyicisi olarak kabul ederken nesnenin eylemdeki aktif rollerini dışlar. Nesne Yönelimli Ontoloji'de nesne bu ikincil konumdan kurtarılarak eyleme etki etme bağlamında özne ile aynı düzlemde yer alır. Böylece özne-nesne dikotomisi ortadan kaldırılarak özne de nesne kategorisi içine dâhil edilir.

Öznenin nesne kategorisine girmesi, evrenin merkezindeki özne

---

[2] Kavram ilk olarak 1999'da Graham Harman tarafından Nesne Yönelimli Felsefe (Object-Oriented Philosophy) biçiminde kullanılmıştır. Daha sonra Levi Bryant 2009 yılında kavramın sınırlarını genişletmiş; nesnelerle ilişkili olan ve Graham Harman ve başka düşünürlerin birbirinden farklı görüşlerini içeren bütün düşünceleri kapsayacak şemsiye bir kavram olarak Nesne Yönelimli Ontoloji'yi (Object-Oriented Ontology) kullanmaya başlamıştır (Harman 221). Oldukça yeni bir alan olan Nesne Yönelimli Ontoloji, özellikle Graham Harman, Levi Bryant, Ian Bogost ve Jane Bennett gibi düşünürlerin çalışmalarıyla giderek daha çok tartışılmaktadır.

konumunda olan insanın, başka bütün varlıklarla aynı ontolojik alanda yer alması anlamına gelecektir. Graham Harman, insan-olmayan hiçbir varlığın yapamayacağı düzeyde kompleks keşif ve icatları gerçekleştirmiş olmasının insanı daha değerli kılmayacağını ifade ederken (56) insanın bilişsel becerilerinin, onu öteki nesneler arasında ayrıcalıklı bir konuma yükseltmeyeceğini ileri sürer. Öte yandan insanın nesneler dünyasına dâhil edilmesi nesnelerin de edilgin ve insana bağımlı pozisyonlarından kurtularak özgürleşmeleri ve özneleşmeleri şeklinde yorumlanabilir. Sonuçta özneye ayrıcalıklı ve özerk bir alan sunan özne-nesne dikotomisi kaldırıldığında insan ve insan-olmayan bütün varlıklar nesne konumunda eşitlenirken ontolojik hiyerarşinin kalkması bağlamında varlıklar arasında yeni ve demokratik bir ilişki biçimi ortaya çıkar (Bryant 19). Bu anlamda metaforik bir nesneler cumhuriyetinden söz edilebilir[3].

Bu ilişkide nesne kategorisindeki insan ve insan-olmayan bütün varlıklar, heterojen bir kolektivite meydana getirirler. Bu kolektivitede her nesne, eşit ve özdeş bir rol oynamaz. Nesne Yönelimli Ontoloji düşünürleri insanı nesne kategorisine almanın insanın eylemdeki rolüne yönelik indirgemeci bir yaklaşım olmadığını, bunun sadece ontolojik düzeyde bir eşitleme olduğunu ifade eder. Örneğin Harman insan ve insan olmayanlar arasında ontolojik değil türsel bir farklılık olduğunu belirtir (55). Levi R. Bryant da insan ve insan-olmayan nesnelerin aynı ontolojik düzlemde kategorize edilmesinin, bu nesneler arasında özdeşlik ya da eşitlik olduğu anlamına gelmediğini ileri sürer:

> Nesne demokrasisi, bütün nesnelere eşit davranma veya bütün nesnelerin insan faaliyetlerinin bir parçası olması anlamında politik bir sav değildir. Nesne demokrasisi Ian Bogost'un çok yerinde tespitiyle, eşit değilken eşitliktir. Bütün nesnelerin eşit olduğunu iddia etmek, hiçbir nesneye başka bir nesne tarafından inşa edilmiş gibi davranılamayacağını iddia etmektir. Nesnelerin eşit olmadığını iddia etmek, nesnelerin kolektivite ya da asamblajlara daha fazla ve daha az, değişen oranlarda katkı sunduğunu iddia etmektir. (Bryant 19)

Bryant buradaki demokratik yaklaşımda insanın dışlanmadığını ama merkezî konumunu kaybettiğini belirtir (20). Özne ve nesnenin ayrıştığı önceki şemalarda insan ve insan-olmayanlar ayrı ayrı kümelerle ifade edilerek aralarındaki ilişkiler kesişim alanlarıyla gösterilirken öznenin nesne alanına girdiği bu yeni yaklaşımda insan ve insan-olmayan bütün varlıklar aynı kümenin elemanları hâline gelir (Bryant 25).

---

[3] Hem posthümanistler hem de Nesne Yönelimli Ontoloji düşünürleri insana atfedilen aktörlük, eyleyicilik ve failliğin sınırlarını eyleme katılan ve çeşitli oranlarda değişim/dönüşüme katkı sunan insan-olmayan varlıkları da kapsayacak biçimde genişletirler. Çalışma boyunca bu kavramlar, insan ve insan-olmayan tüm varlıkların eylem kapasiteleri için kullanılmıştır.

Ortaklaşmalar

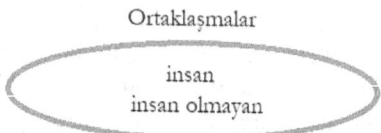
insan
insan olmayan

Bu şemada insan, "nesneler arasında bir nesnedir" (Bryant 22). İnsan ve insan-olmayanlardan oluşan bu yeni nesne kategorisi içinde nesneler artık temsillerden ibaret edilgin, durağan varlıklar değildir. Bu bağlamda insan ve insan-olmayan varlıklar, eylemin gerçekleşmesinde heterojen bir kolektivitenin ögelerine dönüşür ve değişen düzeylerde eyleme katılırlar.

Bruno Latour'un Aktör-Ağ Teorisinde (Actor-Network Theory) de Nesne Yönelimli Ontoloji'deki gibi insan ve insan-olmayan varlıkların tümü değişen oranlarda eyleyiciler şeklinde betimlenir. Latour da özne ve nesneyi birbirinden yalıtılmış iki farklı ontolojik kategori şeklinde gören modern yaklaşımlara itiraz eder. Buna göre insan ve insan-olmayanlar arasında insan "özne"yi etkin, insan-olmayan "nesne"yi ise edilgin kılan tek yönlü ilişki yapı söküme uğratılarak her ikisine de faillik atfeden karşılıklı etkileşim şeklinde yeniden tanımlanır. Böylece insanın yapıp ettiklerinden etkilenen ve pasif varlıklar olarak görülen insan-olmayan unsurlar, aktif roller alabilecekleri ontolojik bir düzeye yükselmiş olurlar. Latour, bu bağlamda insan ve insan-olmayanlar arasında eyleme katılma düzeylerindeki farkları göz ardı etmeksizin bir ağ olduğunu varsayar. Latour'un Nesne Yönelimli Ontoloji düşünürlerinden farkı ise, insan ve insan-olmayanlar arasında transfer yoluyla oluşan hibrit ilişki biçimleri tanımlaması ve eylemliliğe odaklanmasıdır. Aktör-Ağ Teorisinde herhangi bir eylemde insan ve insan-olmayan aktörler bir araya gelerek yeni hibrit bir aktör meydana getirirler. Bu, kendisini oluşturan önceki nesnelerden farklı yeni ve melez bir aktördür. Bu melezlenme sürecinde, aralarında bir transfer gerçekleşir ve belirli ölçülerde her iki aktör de birbirlerini dönüştürerek değişime uğrar (Nohl 40-41). Öte yandan Latour, nesneleri yalnızca eylemlilik hâlinde birer aktör olarak tanımlarken Nesne Yönelimli Ontoloji düşünürleri nesnelerin eylemlerinden çok onların "derin/gizli doğaları" ile ilgilidir (Harman 15).

Nesne Yönelimli Ontoloji düşünürleri eylemde nesnelerin oluşturduğu heterojen kolektivite için asamblaj kavramını kullanırlar. Yirminci yüzyılın ilk çeyreğinde özellikle Kübist kolaj ve montajlarla Sürrealist objelerle çağdaş anlamını kazanan (Kelly 24) bu terim sanatta hazır ve/veya buluntu nesnelerin bir araya getirilmesiyle oluşturulan daha çok üç boyutlu sanat eserlerini tanımlar. Bu teknikte birbiriyle ilişkisiz görünen nesneler bir araya gelerek kendilerine benzemeyen yepyeni bir şey oluştururlar. Örneğin Hausmann'ın *Zamanın Ruhu: Mekanik Kafa* (*Spirit of Age: Mechanical Head* 1919) ve Duchamp'ın *Valizdeki Kutu* (*Boite-en-valise* 1960) eserlerinde bir araya getirilen nesneler bir kompozisyon oluşturarak ayrı ayrı olduklarında ifade ettiklerinden farklı anlamlar yüklenirler. Nesne Yönelimli Ontoloji düşünürlerinin eylemde nesneler arasındaki kolektiviteyi betimlemek için bu sözcüğü tercih etmeleri, bu teknikle sanatsal bir ifade ortaya koymak adına bir araya getirilen nesneler arasındaki kolektivite ile eyleme katılan insan ve insan-olmayan nesnelerin birbirleriyle etkileşime geçerek oluşturdukları ortaklık arasında bir koşutluk olduğunu düşündürür.

Latour da insan ve insan-olmayan aktörlerin eylemdeki birlikteliklerini tanımlamak için asamblajın yanı sıra ağ kavramını kullanır. Bu tercihte onun teorisinde merkezî bir rol oynayan "sosyal" kavramının etkisi vardır. Latour, "sosyal" kavramının modern anlamını tartışmaya açarak sosyal bağ (social ties) olarak sosyal ve ortaklık (associations) olarak sosyali birbirinden ayırır ve ikinci anlamın kelimenin etimolojik kökenlerine daha yakın olduğunu belirtir (*Reassembling the Social* 64). Latour buradaki ortaklığa insan ve insan-olmayan aktörleri birlikte dâhil ederek aralarında sosyal bir ağ tanımlar. Bu bağlamda insanlarla insanlar, insan-olmayanlarla insan-olmayanlar ve insanlarla insan-olmayanlar arasında farklı türden sosyallikler tanımlanabilir. Bu sosyal ağlarda, çok yönlü ve çok katmanlı karmaşık ilişkiler söz konusudur ve yeni hibrit aktörler oluşur.

Graham Harman, Nesne Yönelimli Ontoloji'nin "her şeyin teorisi olma"ya başka pek çok düşünceden daha yatkın olduğunu vurgularken bu düşüncede her nesnenin "gerçek" olması gerekmediğini belirtir ve kurmaca karakterlerden örnekler verir (Harman 33-34). Öte yandan yine aynı bağlamda bütün nesnelerin fiziksel olması gerekmediğini, bilinçdışı ya da maddi olmayan arketiplerin de nesne kategorisine dâhil edilebileceğini ileri sürerek insan-olmayan aktörlerin sınırlarını epeyce genişletir (Harman 25-28). Buna göre kurmaca ya da gerçek, fizik ya da metafizik her türlü olay ve olgu, eyleme katkıda bulunan nesneler şeklinde değerlendirilebilir. Böylece insanlarla birlikte hayvanlar, bitkiler ve eşyalar kadar mekânlar, binalar, şehirler, kurumlar ve hatta kurmaca karakterlerle her türlü anlatı da birer nesneye dönüşür.

Bu genişlik bize kurmaca bir metni, içindeki her tür kurmaca nesnenin farklı düzeylerde eyleyenlere dönüştüğü bir asamblaj şeklinde okumamıza imkân verebilir. Bu bağlamda kurmaca bir metnin "gerçek" dünyada eyleyici bir nesne kategorisinde olmasının yanı sıra, metnin içindeki kurmaca dünyada da farklı düzeylerde eyleyenlerin rol aldığı bir asamblajdan söz etmek mümkün hâle gelecektir. Öte yandan Nesne Yönelimli Ontoloji'de nesnelerin özneden bağımsızlaşması ve öznenin de nesne kategorisi içine alınması ile kurgusal bir tür olan romandaki nesnelere yaklaşımda görülen dönüşüm birbirine koşut okunabilir.

## *Masumiyet Müzesi*'nin Kurmaca Evreninde Nesne İlişkileri

*Masumiyet Müzesi*'nde okur, Füsun ve Kemal'in başrolünde olduğu melodramatik bir aşk hikâyesini okurken aslında müzenin aşama aşama nasıl meydana geldiğine tanıklık eder. Bu açıdan bakıldığında müze, romanın baş kişisine dönüşerek öteki her şeyi müzeye katkısı oranında bir araca dönüştürür. Pek çok ayrıntısına vâkıf olduğumuz Füsun ve Kemal arasındaki aşk, Füsun'un ailesiyle birlikte yaşadığı Çukurcuma'daki dört katlı ev, Merhamet Apartmanı'ndaki daire, Füsun'un dokunduğu, kullandığı eşyalar, romanda oldukça geniş yer tutan 1970'li ve 1980'li yılların İstanbul'una dair detaylar ve hatta Füsun ve Kemal'in kendisi ve yaşadıkları, müzenin ortaya çıkışına az veya çok katkı sunan araçlardır. Bu bağlamda müzeyi paranteze alarak romanda yer alan eşya, insan, hayvan ve mekânları değişen düzeyde etkinlikleriyle müzeyi oluşturan aktörler şeklinde değerlendirmek olasıdır. Bu aktörler arasındaki ilişkilerin sunuluş biçimi, romanı posthümanist bir okumaya açık hâle getirir. Romanda insan ve insan-olmayan varlıkların pek çok bağlamda aynı ontolojik düzeyde yatay konumlanmaları bu okumanın yaslandığı temel olgudur ve bu yaklaşım önceki roman kuramlarının insan-olmayan varlıkların romandaki konumuna ilişkin yaklaşımlarından oldukça farklıdır[4].

Yukarıda da belirtildiği gibi *Masumiyet Müzesi*, ilk cümlesinden son cümlesine kadar Masumiyet Müzesi'nin hikâyesidir: Roman müze için, müze de roman için vardır. Dolayısıyla müze, aslında romanın merkezindeki nesnedir. Öteki bütün nesneler -insan veya insan-olmayan- müzenin ortaya çıkmasına katkıda bulundukları ölçüde bir ortaklık kurarlar. Böylece roman biri diğerini içeren iki çerçeveden oluşur:

| Masumiyet Müzesi |
| --- |
| Füsun ve Kemal'in aşkı |

Buna göre roman, iç çerçevede Füsun ve Kemal'in aşk hikâyesi etrafında

---

[4] Orhan Pamuk'un şu ifadeleri, posthümanist yaklaşımla çelişir: "Cumhuriyetçi bir aileden gelmiş biri olarak masamda otururken son derece Kartezyen, Batı rasyonalizminden etkilenmiş biri gibi yaşıyorum. Varoluşumun merkezinde bu akılcılık vardır" (*Öteki Renkler* 163). Yazar, bu "Batılılaşmacı" tutumuna *İstanbul – Hatıralar ve Şehir*'de (2003) de değinir (303). Pamuk'un burada görülen Kartezyen düalizme bağlı, Batıcı ve sıklıkla Oryantalist yaklaşımı *Masumiyet Müzesi*'nin anlatıcısına da zaman zaman sirayet eder. Aşağıda görüleceği gibi Yazar Orhan Pamuk, Kemal Basmacı ve yaşayan Orhan Pamuk'un sık sık iç içe geçtiği anlatıcı figürün İstanbul ve Türkiye'ye dair genellemeleri, Kemal'in Çukurcuma'da o kadar çok vakit geçirmesine rağmen oraya yabancı ve gizemli biri olarak kalması, Batılı kültürün örtük biçimde yüceltilmesi gibi detaylar romanın anlatıcısını büyük ölçüde Batıcı-ilerlemeci bir çizgiye oturtur. Ancak kurguda nesnelerin merkezî bir konumda olması ve metnin bütününde insan ve insan-olmayan ayrımının belirsizleşmesi romanı posthümanist bir değerlendirmeye açık hâle getirdiği ve bu türden bir okumanın romanın yapısal çözümlemesinde de işlevsel olduğu düşünüldüğü için yukarıdaki detaylar göz ardı edilerek yalnızca nesne ilişkilerine odaklanılmıştır. Öte yandan romandaki nesne ilişkileri kültürel bellek, hafıza, nostalji gibi kavramlar çerçevesinde de açıklanabilecek niteliktedir, ancak bu türden okumaların nesnelerin eyleyici niteliklerini açığa çıkarmada yetersiz kalacağı ve büyük ölçüde nesneleri araçsallaştıran yaklaşımları tekrarlayacağı düşünülmektedir.

şekillense de bu aşk, dış çerçevede Füsun ve Kemal; Füsun'un kullandığı ve/veya dokunduğu bütün eşyalar, bir bütün olarak 1970-80'li yılların İstanbul'u, Merhamet Apartmanı'ndaki daire, Nişantaşı'ndaki apartman, Füsunların Çukurcuma'daki evi, Beyoğlu, İstiklal Caddesi, İstanbul'un parke taşlı sokakları, Yeşilçam sineması, Boğaz'dan geçen gemiler, Hilton Oteli, Fuaye Lokantası, açık hava sinemaları, televizyon, köpek biblolari, arabalar, gazete haberleri gibi romanda yer alan bütün insan ve insan-olmayan nesnelerle birlikte müzeyi oluşturan aktörlerden birine dönüşür. Böylece müze merkeze alındığında romanda müze de dâhil olmak üzere her şeyin sebebi ve itici unsuru olan aşk hikâyesi de müzeyi oluşturan nesnelerden birine dönüşür. Başka bir deyişle, iç çerçevede Kemal ve Füsun'un aşkı müzenin sebebiyken, dış çerçevede müze diğer her şeyin sebebine dönüşür.

"Hayatımın en mutlu anıymış, bilmiyordum" (*Masumiyet Müzesi* 11) cümlesindeki "an" sözcüğü romanın anahtar kavramıdır. Pamuk'un çeşitli vesilelerle ifade ettiği gibi romanda yer alan ve müzede sergilenen her nesne belirli bir âna tekabül eder. Örneğin romanın ilk bölümünde betimlenen, müzenin de aynı adlı ilk kutusunda sergilenen Füsun'un sol küpesi şu ifadelerle çıkar okur karşısına: "Füsun'un sıcaktan ve sevişmekten ter içinde kalmış omzunu öpmüş ve sol kulağını hafifçe ısırmıştım ki, kulağına takılı küpe uzunca bir an sanki havada durdu ve sonra da kendiliğinden düştü. O kadar mutluyduk ki, o gün şekline hiç dikkat etmediğim bu küpeyi sanki hiç fark etmedik ve öpüşmeye devam ettik" (11). Küpe, Füsun ve Kemal fark etmeseler de o mutlu ânın taşıyıcı aktörlerinden birine dönüşmüştür. Roman boyunca önce kaybolması, sonra yeniden ortaya çıkmasıyla sürekli gündemde olan bu küpe, en sonunda Kemal'in dikkatsizliği yüzünden belki de Füsun'un ölümünde de önemli bir rol oynayacaktır. Kelebek şeklindeki küpenin kanatlarında Aristo'nun zaman anlayışını imleyen bir spiralin bulunması, alt tarafından bir "f" harfinin sallanması ve Kemal ile Füsun'un hikâyesinde çok önemli bir aktör olması küpeyi, müze ve romanın en önemli aktör nesnelerinden birine dönüştürür.

Küpe örneğinde olduğu gibi müzedeki 83 kutuda sergilenen nesneler, romanda yer alan her bir bölümde betimlenen anlara eşlik etmiş, o anların oluşunda çeşitli derecelerde eyleyen olarak rol oynamıştır. Nesnelerin aktörlükleri, bir araya geldiklerinde o âni müze aracılığıyla görsel olarak yeniden canlandırmalarını sağlar. Romanın, Füsun ve Kemal aşkının farklı sekanslarına karşılık gelen bölümlerden oluşması da bu dokuyu pekiştirir. Romandaki her bir bölüm, akışkan bir zaman diliminden çok üzerinde spot ışıklarının yanıp söndüğü belli anları betimler.

Roman ve müzenin yaslandığı anlara odaklanan zaman anlayışı Aristoteles'in *Fizik*'inden (*Physics* 350 B.C.E.) alınmıştır. Anlatıcı bunu romanda açıklıkla dile getirir: "Aristo *Fizik*'inde 'şimdi' dediği tek tek anlar ile

Zaman arasında ayrım yapar. Tek tek anlar, tıpkı Aristo'nun atomları gibi bölünmez, parçalanmaz şeylerdir. Zaman ise, bu bölünmez anları birleştiren çizgidir" (317). Aristoteles, Sardenya kahramanlarının uyudukları süreyi aradan çıkarıp uykudan önceki an ile uyandıkları ânı birleştirdiklerinden bahseder (Aristoteles 189). Bunun sebebi, uyku süresince yaşamlarında herhangi bir devinim/gelişme olmadığına inanmalarıdır. Tıpkı bunun gibi Kemal Basmacı da Füsun'la yaşadığı mutlu anları uç uca ekleyerek kendi hikâyesini oluşturur. Eşyalar bu anların yaşanmasına tanıklık eden aktörler oldukları için Kemal, hiç unutmamak ve Füsun'dan ayrı olduğu zamanlarda bu güzel anları yeniden canlandırarak teselli bulabilmek amacıyla bu aktörleri biriktirmeye başlar. Örneğin müzenin giriş katındaki duvarda sergilenen 4213 sigara izmaritinin her biri bu anlardan birine tanıklık ettiği için oradadır. İzmaritlerin altlarındaki tarih ve notlar da bu tanıklığın bir ifadesidir. Romandaki şu ifadeler, sigara izmaritlerinin yaşanan anlardaki rolüne açıklık getirir:

> Bazı geceler yalnız birini, bazı geceler birkaç tanesini alıp Merhamet Apartmanı'na götürdüğüm ezik sigara izmaritlerini daha sonra tek tek elime alınca, geçmişte kalmış bazı 'an'ları hatırlardım. Sigaralar aslında biriktirdiğim bütün eşyaların, Aristo'nun anlarına tek tek denk düştüğünü açıklıkla kavramamı sağlamıştı. (443)

Eşyaların "anları içlerinde taşıması" (*Masumiyet Müzesi* 318), o âna dair bir hafıza edinmeleriyle ilgilidir. İnsan-olmayan nesnelerin hafızasından söz etmek, onların da yaşanan ânın parçaları olduklarını, o ânın yaratılmasında insan aktörlerle birlikte rol aldıklarını kabul etmek anlamına gelir. Romanın bütününde gözlemlenen bu durum, posthümanizmin ve Nesne Yönelimli Ontolojinin insan ve insan-olmayan nesneleri yatay düzlemde aynı ontolojik kategoride ele alan yaklaşımla uyumludur. Nitekim Masumiyet Müzesi'nde sergilenen her bir nesne, yaşanan anların pasif tanıkları olmaktan öte o anları biçimlendiren aktörlerdir. Buradaki eyleyicilik (agency), birbirinden farklı kategorilerdeki organik-inorganik, canlı-cansız, insan-insan-olmayan tüm nesnelerin bir araya gelerek karşılıklı etkileşim hâlinde o ânın meydana gelmesinde değişen düzeylerde rol almaları şeklinde belirir. Romanda insan-olmayan nesneler, yaşanan anlarla metonimik bir ilişki içinde ele alınır. Her bir nesne tanığı/aktörü olduğu ânın bir metonimisine dönüşerek o ânın yerine geçer ve Kemal'e teselli verebilir. Bu sayede Kemal, Füsun'un kullandığı bir kurşun kaleme baktığında onunla birlikte matematik çalıştıkları ânın mutluluğunu yeniden yaşayabilir. Buna göre, eşyalar Füsun'un değil yaşanan anların metonimik unsurlarıdır. Tıpkı Aristoteles'te anların zaman çizgisini oluşturması gibi Füsun ve Kemal arasındaki aşkta aktör olarak rol oynayan eşyalar da birleşerek bir hikâye oluşturabilirler:

> Ay ışığında gölgeler içinde ve sanki boşluktaymış gibi gözüken eşyaların her biri, tıpkı Aristo'nun bölünemez atomları gibi, bölünemez bir ana işaret ediyordu. Aristo'ya göre anları birleştiren çizginin Zaman olması gibi, eşyaları birleştiren

çizginin de bir hikâye olacağını anlıyordum. (*Masumiyet Müzesi* 565)

Romanda eşyalar üzerinde daha çok durulmuş olmasına rağmen, daha önce belirtildiği gibi bu aşkın mutlu anlarında aktör olan nesneler eşyalarla sınırlı değildir. 1970 ve 80'li yılların İstanbul'unda gündelik hayata dair her türlü detay da o anları inşa eden aktörlerdir. Kemal'in babasından kalan 56 Chevrolet ve şoför Çetin'le birlikte Çukurcuma'ya giderken geçtiği parke taşlı sokaklar, sokaklarda gördüğü köpekler, geceleri patlayan bomba sesleri, 1979'daki Boğaz yangını gibi pek çok detay bu aşkın çeşitli aşamalarında rol oynar. Romanda eşyaların yanı sıra ses, koku, manzara, mekân ve o yılların gündelik yaşamına dair başka detaylara da ayrı ayrı yer verilmiş olması ve müzede eşyalarla birlikte ses ve fotoğrafların da sergilenmesi anları inşa eden aktörlerin eşyalarla sınırlı olmadığını gösterir. Burada insan ve insan-olmayan tüm nesneler posthümanizm ve Nesne Yönelimli Ontolojide ileri sürüldüğü şekliyle aynı ontolojik alanın birer parçası olarak sunulur. Füsun ve Kemal başat karakterler olsa da öteki nesnelerle ilişkileri bağlamında aynı ontolojik alanda konumlanırlar, aralarındaki hiyerarşik ast-üst ilişkisi belirsizleşerek yerini Bryant'ın şemasında görüldüğü biçimiyle ortaklıklara bırakır. Roman ve müzede, yaşanan anlar ve bu anların değişen oranlarda eyleyen rolü üstlenen aktörleri vardır.

Yukarıdaki çift çerçeveli yapıyı takip edersek anlatının merkezinde yer alan beş figür tespit edebiliriz: Müze, Kemal, Füsun, öteki insan ve insan-olmayan nesneler[5] ve anlatıcı konumundaki Yazar Orhan Pamuk. Bunlar arasındaki ilişkiler romanın iç çerçevesi bağlamında şu şekilde gösterilebilir:

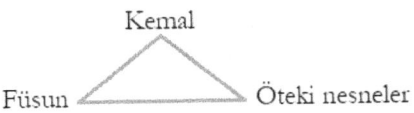

Kemal ve Füsun arasındaki aşk ilişkisinin eksene alındığı iç çerçevede Kemal, Füsun ve öteki bütün nesneler, karşılıklı etkileşime dayalı bir ağın parçaları olur. Bu ağdaki her bir öge, ânın inşa edilmesine değişen oranlarda katkı sağlar. Örneğin, romanın "Şanzelize Butik" başlıklı bölümü Kemal'in bütün hayatını değiştirecek olayların başlangıç ânını anlatır. Kemal'in yakında nişanlanacağı Sibel'in Şanzelize Butik'in vitrininde gördüğü Jenny Colon marka çanta[6], bu ânın en önemli aktörüdür. Çünkü Kemal, Füsun'la Şanzelize

---

[5] Diğer dört aktör, hemen her sekansta karşımıza çıkarken ve/veya etkileri bütün romana yayılırken öteki aktörler değişkenlik gösterdiği ve sayıları çok fazla olduğu için tek bir küme içinde ifade edilmiştir.
[6] Jenny Colon, Fransız romantisizminin önemli temsilcilerinden Gerard de Nerval ile aralarındaki aşkla bilinen Fransız aktristinin adıdır (*Şeylerin Masumiyeti*, 61). Orhan Pamuk, tıpkı Kemal gibi umutsuz bir aşka düşen şairin sevgilisinin adını romanın önemli aktörlerinden birine vererek iki hikâye arasında organik bir bağ kurar. Öte yandan Jenny Colon marka çanta Orhan Pamuk'un "hayali 'gerçek' ürünler" dediği (*Şeylerin Masumiyeti*, 29) nesnelerden biridir. Hayalîdir çünkü, reel düzlemde böyle bir marka ve çanta hiç olmamıştır, çanta roman ve müze için özel olarak üretilmiştir (*Şeylerin Masumiyeti*, 61). Aynı zamanda gerçektir, çünkü

Butik'e bu çantayı almak için girdiğinde tanışacaktır. Romanın bu bölümünde Kemal'in Füsun'la tanışıp onun güzelliğinden etkilendiği ânın öteki aktörleri arasında bir bütün olarak Şanzelize Butik, Kemal'in butiğin kapısından girerken çınlayan "kapıya bağlı içi çift tokmaklı, küçük bronz deve çan" (14), Füsun'un çantayı vitrinden indirirken ayağından çıkardığı yüksek topuklu sarı ayakkabının sol teki, Jenny Colon marka çanta, Füsun'un geniş tokalı kemeri ve kanarya Limon'un şakıması vardır. Yanı sıra o yıllarda İstanbul modasını belirleyen bir aktör olarak ithal ürünler satan butik olgusu da o ânı hazırlayan unsurlardandır. Bu nedenle müzedeki ikinci kutuda o yıllarda düzenlenen ve İstanbul'un "tanınmış bir moda atelyesi[nin] modeller[inin] takdim e[dildiği]" (*Şeylerin Masumiyeti* 61) bir moda defilesine dair haber kupürü de yer alır. Bütün bu sayılan nesneler, aralarında karmaşık bir ağ örüntüsü oluşturarak o ânı inşa etmiştir. Bu ağda nesneler arasında, Latour'un ifade ettiği biçimde hibrit oluşumlar söz konusudur (*Pandora's Hope* 180). Çünkü ne Kemal ne Füsun ne Şanzelize Butik ne Füsun'un ayakkabısı ne de öteki nesneler tek başlarına bu ânı yaratabilirler. Ancak bütün bunlar belirli bir anda bir araya geldiğinde aralarındaki ikili ve/veya çoklu ilişkiler örüntüsüyle yeni bir aktöre dönüşebilirler. Bu aktör, sahnedeki insan ve insan-olmayan aktörler arasında karşılıklı etkileşimlerin olduğu hibrit bir nesnedir. Latour, eylem yükünün çeşitli aktörler tarafından paylaşıldığı bu türden hibrit oluşumları "dolayımlama"nın (mediation) bir türü olarak değerlendirir (*Pandora's Hope* 180).

Yukarıdaki sekansta rol oynayan bütün aktörler, Nesne Yönelimli Ontoloji ve posthümanizm düşünürlerinin ileri sürdüğü şekliyle karşılıklı olarak birbirlerini dönüştürme kapasitesi taşırlar. Örneğin çanta Kemal'in butiğe gelişinde aktif bir rol oynarken, aynı zamanda Füsun'u, onu vitrinden indirebilmek için ayakkabısını çıkarmak zorunda bırakmıştır. Bu sırada Füsun'un kısa eteğinin altından görünen bacakları Kemal'i etkilemiştir. Burada eşyanın, insan aktörleri belirli biçimlerde hareket etmeye zorlarken hesaplanmayan bambaşka sonuçlar doğurabilme potansiyeli görülür. Romanda öne çıkan çok sayıda nesnenin benzer dönüştürücü nitelikleri özellikle vurgulanır.

Tıpkı Jenny Colon çanta gibi, Füsunların evindeki pek çok eşya, yaşanan anlarda oynadıkları rollerle hem o ânı yaratan atmosferin önemli bir parçası hem de sahnedeki öteki insan ve insan-olmayan aktörlerle bir çeşit diyaloğa girerek dönüşen ve dönüştüren aktörlerdir. Televizyon, 56 Chevrolet, köpekler ve kanarya Limon, bu nesnelerin başlıcalarıdır. Roman boyunca sıkça karşımıza çıkan bu nesneler, Kemal'in müzede yeniden kurduğu mutlu anların

---

romandaki her şey, Graham Harman'ın ileri sürdüğü argümanlarla paralel biçimde okurların hayatındaki aktör nesnelerden birine dönüşerek reel düzleme girmiş olur. Romanda Meltem Gazozu ve Kırık Hayatlar filmi gibi çok sayıda böyle hayalî "gerçek" nesne vardır. Bu nesnelerin hayali gerçeklikleri reklam filmi, afiş ve fotoğraf gibi üretilmiş/kurgulanmış görsellerle desteklenir.

eyleyicileri konumundadır ve bu eyleyicilikte ontolojik bir hiyerarşi söz konusu değildir. Aşağıda iç çerçevedeki nesne ilişkilerini daha açık biçimde ortaya koymak adına bu nesnelerin anları kurmaktaki eyleyici rollerine yakından bakılacaktır. Öte yandan Füsun'un romandaki konumunu da posthümanist bir bağlamda ayrıca ele almak yerinde olacaktır.

## Televizyon ve 56 Chevrolet

1970'ler, İstanbul'da televizyonun gündelik yaşamın önemli bir parçası hâline geldiği yıllardır. Televizyon sayısı arttıkça, misafir odalarının düzeni, boş zaman etkinliklerinin nitelikleri ve gündelik dil yeni biçimler kazanır, pek çok şey bir eşya olarak televizyon ve televizyonda yayımlanan programlarla dönüşüm geçirir. Televizyonun dönüştürme gücü fiziksel alanlarla sınırlı değildir, yayın yapılan saatlerde herkesin aynı şeyleri izlemesi de toplumda bir cemaat ruhu yaratarak insanların düşünce dünyalarında bir dönüşüm yaratır. *Masumiyet Müzesi*'nde de televizyon, Füsunların evinde aileyi bir araya getiren, evdeki yaşamı düzenleyen ve Kemal'in ziyaret saatlerini belirleyen önemli bir aktördür. Kemal'e göre televizyon, "bizlere bir cemaat olduğumuzu, aynı kaderi paylaştığımızı" ve "hep birlikte bir şey yapmanın güzelliğini hissettirir" (436). Televizyon izlemek, millet olmanın ve devletin birey üzerindeki kuşatıcı konumunun da idrak edilmesidir: "[B]izimle aynı şeyi yapmakta olan milyonlarca ailenin varlığını, millet denilen kalabalığı, devlet denilen kuvvetin gücünü ve kendi küçüklüğümüzü hissederdik" (317).

Kemal'in Füsunları ziyaret ettiği akşamlarda, Kemal, Füsun, Nesibe Hala ve Tarık Bey'in en sık ve en uzun süreli etkinlikleri televizyon izlemektir. Televizyon yayınları, Kemal'in Füsunlarla geçirdiği süreyi denetlemekle kalmaz, bu zamanın niteliğini de belirler. Ailenin akşamları ne yapacağını ya da duygularını sık sık televizyondaki programlar belirler. Öte yandan televizyon programları Kemal'in ziyaretleri için bir bahaneye de dönüşebilir: "Geleyim de televizyon seyredelim bu akşam, Tarihten Sayfalar var!" (343).

Akşam saatlerinde yayın açılırken televizyon ekranında beliren saat, bütün Türkiye'de saatleri televizyona göre ayarlama alışkanlığı yaratmıştır. Füsunların evindeki kurmalı duvar saati bazen çalışıp bazen dururken dışarıdaki zamanı değil evdeki zaman dışılığı imler. Aileyi dışarıdaki resmî zamana dolayısıyla da gerçekliğe bağlayan ekranda beliren saattir (316). Televizyonun zaman algısındaki belirleyiciliği aynı zamanda evdeki faaliyet alanını da düzenler. Yemek masasının, herkesin televizyonu görebileceği biçimde konumlandırılmış olmasının yanı sıra, yemek saatleri de televizyon yayınlarına göre belirlenir. Sofra muhabbetini, gündelik konuşmaları, şakalaşmaları büyük ölçüde izlenen programlar şekillendirir. Televizyonda gördükleri insanlar, ailelerinden, arkadaşlarından birine dönüşür, bu nedenle onlara direktif verebilir, onları eleştirebilir hatta onlarla konuşabilirler: "Dur kızım, bir nefes al, boğulacaksın" (398) ya da "Alçak herif cezasını çekti, ama ben çocuğa acıdım" (396).

Kemal'in Füsun'la yaşadığı mutlu anlara eşlik eden bu görüntüler, yaşanan ânların inşasında etkili aktörlerdendir ve ortamdaki bütün insan ve insan-olmayan aktörlerle bir diyalog hâlinde kendi paylarına düşen rolü oynarlar. Yukarıda verilen örneklerde televizyon hem bir eşya olarak hem de uzaktakileri/kamusal alandakileri özel alana taşıyan yayınlarıyla Füsun ve Kemal arasındaki aşkta önemli bir aktördür. Kemal, Füsunlarda geçirdiği 1593 akşamda vaktin büyük bir bölümünü yemek masasındaki yerinde televizyon izleyerek ve/veya televizyon izleyen Füsun'u seyrederek geçirmiştir. Her durumda televizyon ortamdaki yaşam ânına katılmış ve öteki aktörlerle birlikte o ânın yaratıcılarından biri olmuştur.

Füsun ve Kemal arasında gelişen ilişkide Kemal'e babasından kalan ve "Çetin'in kullandığı 56 Chevrolet" de, romanın ilk sayfalarından itibaren birçok sahnede kadrajdadır ve önemli roller üstlenir. Ancak 56 Chevrolet'yi şoförü Çetin'den ayrı düşünmemek gerekir. Şoför Çetin ile 56 Chevrolet'nin birlikteliği Latour'un hibrit aktör kavramıyla birlikte düşünülebilir. Otomobil ve Şoför Çetin ayrı ayrı aktörlerken bir araya geldiklerinde birbirlerini dönüştürerek yeni ve ayrı ayrıyken olduklarından farklı, melez bir aktöre dönüşürler[7].

"Çetin'in kullandığı 56 Chevrolet"nin ilk önemli rolü, Füsun 12, Kemal 24 yaşındayken Kurban Bayramı'nda onları gezintiye çıkarmak olur. Likör almak için birlikte sokağa çıkan Füsun ve Kemal, otomobille İstanbul'da gezerler. Yol boyunca kurban kesmenin anlamı, Hz. İbrahim filmi ve bayramlar hakkında konuşurken aynı zamanda otomobilin penceresinden akan şehir manzarasını seyrederler:

> Füsun ile birlikte atlı karıncalı, salıncaklı bir bayram yerine, bayram paralarıyla macun alan çocuklara ve otobüslerin alınlarına boynuz gibi takılmış küçük Türk bayraklarına, yıllar sonra kartpostallarını, fotoğraflarını tutkuyla biriktireceğim bütün bu manzaralara iyimserlikle baktığımızı hatırlıyorum. (51)

Bu ânın en önemli aktörü, kuşkusuz Çetin'in kullandığı 56 Chevrolet'dir, fakat otomobilin, hızla geçtiği sokak ve caddeler boyunca penceresinden akan manzaraları Füsun ve Kemal'in seyrine sunması, o görüntüleri de aynı ânın birer aktörü hâline getirir. Müzedeki "Kurban Bayramı" kutusunda Hz. İbrahim film afişi, likör takımı, likör şişeleri, küçük koyun biblolar ve kesim

---

[7] Burada Sevim Burak'ın bir otomobili merkeze alan *Ford Mach I* adlı romanı hatırlanabilir. Romanı Latour'un Aktör-Ağ Teorisine göre analiz eden Selver Sezen Kutup, romandaki otomobilin, sürücüleriyle bütünleşerek yeni bir aktör hâline gelmesi hakkında şunları kaydeder: "[M]etinde insan ile insan-olmayan iç içe geçiyor, birbiriyle yer değiştiriyor; Palyaço Ruşen mi, araba mı, arabanın sürücüsü mü konuşuyor, eyliyor tüm eyleme formları belirsizleşmektedir" (298). Birbirinden farklı stratejilerle olsa da *Masumiyet Müzesi*'ndeki Chevrolet ile Ford Mach I insan ve insan-olmayan aktörlerin melezleşmesi bağlamında koşut düşünülebilir.

ânının bir aktörü olarak kutunun tavanından sarkan bıçağın yanı sıra otomobilin penceresinden görünen manzaraları gösteren kartpostal ve fotoğrafların da olması bu argümanı doğrular.

56 Chevrolet'nin penceresinden akan görüntüler, romanın farklı yerlerinde karşımıza çıkarak o yıllardaki İstanbul'un bir bütün olarak nesneleşmesinde önemli bir rol oynar. Kemal, yedi yıl on ay boyunca Füsunların evine "Çetin'in kullandığı 56 Chevrolet" ile gidip gelirken biz onun otomobilin penceresinden izlediği ve İstanbul'un o yıllardaki gündelik hayatına dair çok sayıda detay sunan manzaralara da tanık oluruz. Örneğin Kemal'in Füsun'a âşık olan Turgay Bey'in adını davetli listesinden çıkardığı akşam Sibellerin yalısından dönüşte (77) ya da Kemal babasıyla öğle yemeğine giderken (100) 56 Chevrolet'yi yine Çetin kullanır ve pencereden görünen şehrin farklı bölgelerine ait manzaralar yaşanan anları kuran aktörlere dönüşür.

56 Chevrolet, Kemal'in Füsun'a dair hatırladığı ilk anda olduğu gibi Füsun'un öldüğü son anda da önemli bir aktördür. Füsun, hayranı olduğu Grace Kelly'den etkilenerek onun kadar özgür görünebilmek için ehliyet alır. Bir süre sonra Büyük Semiramis Oteli'nde Kemal'le birlikte geçirdikleri gecenin sabahında Chevrolet'yi ilk kez kullanırken kaza yaparlar ve Füsun ölür. Kazada en önemli aktörler Füsun, Füsun'un içinde sıkışıp öldüğü otomobil ve yola çıkan köpektir. İlk bakışta Füsun'un, köpeği ezmemek için otomobili ağaca sürdüğü düşünülür ancak frene basmaması bunu bilinçli olarak yaptığını gösterir. Otomobil, Büyük Semiramis Oteli'nde geçirdikleri gece, yola çıkan köpek ve Füsun, Kemal'in Füsun'la geçirdiği bu son ânı hep birlikte kurarlar. Karar verme yetkisi olması, Füsun'u bu sahnede diğer aktörler arasında ontolojik olarak daha üst bir kategoriye taşımaz. Aksine posthümanist düşünürlerin görüşleriyle paralel olarak Füsun'un karar verme yetkisi de Füsun'un öteki aktörlerle girdiği ilişkiler sonucu şekillendiği için burada yine bir dolayımlama ya da karmaşık ilişkiler ağı söz konusudur. Bu ağda her bir aktörün değişen düzeylerde eyleyiciliği vardır.

Bu örneklerde televizyon ve 56 Chevrolet, romandaki insan aktörlerin hayatında dönüştürücü rolü olan ve ortamdaki insan ve insan-olmayan başka aktörlerle etkileşime girerek romanın odağındaki aşk hikâyesini biçimlendiren aktörler olarak Haraway'in anlamlı ötekilik (significant otherness) şeklindeki kavramsallaştırmasıyla açıklanabilir. Haraway bu kavramı, insanla ortak zaman ve zeminlerde birlikte eyleyen ve evrimleşen, dönüştürücü etkisi olan ve insanın evrendeki macerasında ona eşlik eden türleri tanımlarken kullanır (*The Companion Species Manifesto* 25). Buradaki "yoldaş türler" Rosi Braidotti'nin "biz bu işte beraberiz" ("İnsan Sonrası, Pek İnsanca" 64) ifadesindeki biz'in bir parçasıdır aynı zamanda. Bu yorum, bizi bir kez daha hümanizmin tanımlanmış insan ideali dışındaki her şeyi ötekileştiren yaklaşımının yapıbozumuna götürür. Haraway'in bu ideal dışındaki insanlar ve köpekler üzerinden tartıştığı söz konusu kavramın sınırları cansız nesneleri de kapsayacak biçimde genişletildiğinde televizyon ve 56 Chevrolet'nin romandaki eyleyiciliklerini açıklamakta işlevseldir.

## Köpekler ve Kanarya Limon

Hem evdeki televizyonun üzerinde duran köpek bibloları hem de sokaklardaki köpekler anlatıda önemli aktörler olarak karşımıza çıkar. Özellikle köpek bibloları romanda oldukça geniş bir yer tutar. Kemal'in ağzından konuşan anlatıcı Yazar Orhan Pamuk, bu köpeklerden bahsederken tıpkı Limon, televizyon ve başka pek çok nesne için olduğu gibi yaşanan anlara fon oluşturan pasif unsurları değil o anları inşa eden aktörleri betimler.

Füsunların televizyonunun üzerindeki her bir köpek biblosunun yaşanan anlara farklı etki ve katkıları vardır. Örneğin birisi tehditkâr bakışlarıyla, bir başkası çirkin ve sevimsiz oluşuyla, bir diğeri ise duvar saatinin tik takları gibi huzur vermesiyle ortamdaki aktörlerden birine dönüşür. Hatta biblolarn varlığı, köpeklerin bekçilik ettiği hissi uyandırarak insan aktörlere güven duygusu verir (419). Burada biblolarn ev köpeği yerine geçtiği, böylece eşya kategorisi ile hayvan kategorisi arasında geçişken bir alanda yer aldığı düşünülebilir. Bu aynı zamanda biblolarla köpeklerin aynı ontolojik düzeyde yer aldığı anlamına da gelecektir. Nesibe Hala'nın, Kemal'in getirdiği "kara kulaklı sokak köpeği" biblosu ortadan kaybolduğunda "Ne olmuşsa olmuş, hiç merak etmiyorum, belki de hayvan kendi çıkıp gitmek istemiştir" şeklindeki şakasında da benzer bir yoruma kapı aralanır. Füsun'un öleceği kazanın en önemli aktörlerinden biri de kara kulaklı bir sokak köpeği olacaktır (535, 539). Evde en çok benimsenen, yaşanan anlarda öteki biblolarla karşılaştırıldığında daha büyük roller üstlenen kara kulaklı hafif sarı köpek biblosunun romanın sonunda canlanarak yeniden karşımıza çıkması, romanın iç dinamikleri dikkate alındığında gözden kaçmaması gereken bir detaydır ve canlı-cansız varlıklar arasındaki hiyerarşinin ortadan kalktığı, bir biblonun canlı bir hayvanla yer değiştirebildiği, ortak roller üstlenebildiği demokratik bir nesneler sistemini düşündürür.

Önce radyo daha sonra da televizyonun üzerine koymak için özellikle köpek biblosunun tercih edilmesi üzerinde de durulmalıdır. Romanda Kemal'in de sorguladığı bu olgu (421), bir hayvan olarak köpek ve insan aktörler arasındaki etkileşimle birlikte düşünülebilir. Özellikle radyo üzerindeki köpek biblosunun oyalayıcı, yatıştırıcı etkilerinden söz edilmesi, hayvan olarak köpek ve insan arasındaki etkileşimle açıklanabilir. Bu bağlamda Donna J. Haraway'in köpekler ve insanlar arasında, hiç de yeni olmayan etkileşim biçimleri üzerinden bir akrabalık kurması romandaki köpek-insan ilişkiselliğini yorumlamada bir açılım sağlayabilir.

Haraway, bu yazısında köpekler için 1970'lerde ortaya çıkmış olan "yoldaş hayvan" kavramını kullanır ("Siborglardan Yoldaş Türlere" 233) ve "köpek soyunun doğakültürlerini şekillendirme konusunda insanın kibrini kıran ve daha derin bir birlikte evrim ve birlikte yaşam hissiyatını olanaklı kılan bir bölüm" (236) olabileceğini ileri sürer. Buradaki "birlikte evrim" ve "birlikte yaşam" kavramları, köpek ve insan ilişkisine dair insan merkezli yaklaşımlardan farklı bir paradigma önerir. Haraway'in temel savı köpeklerin kurtlardan türediği, 100 bin yıllık bir geçmişleri olduğu ve bu tarihin Canis familiaris ile Homo sapiensi aşağı yukarı aynı tarihlerde buluşturduğu verilerinden hareketle, köpek ve insanın çok uzun bir süre boyunca birbirlerini şekillendirdikleri yönündedir (236-237). Buna göre "[p]aleotarımsal yerleşim, uysallık, karşılıklı güven ve eğitilebilirlik konularında köpekgillerle insangiller arasında radikal bir uyum gelişmiş olabilir" (240). Haraway'in görüşlerinden yola çıkarak Kemal'in de sorguladığı "Neden köpek biblosu?" sorusuna verilebilecek cevap netlik kazanır. Köpekler ve insanlar arasında birlikte evrilme ve aynı eylem alanlarında faillik gösterme gibi ortaklıklar, Haraway'in ifadesiyle "biyoteknotoplumsal ilişkiler" mevcuttur (241). Bu bakış açısı insanı merkeze alan insan merkezli yaklaşımı reddederek insan ve köpeği aynı yolu birlikte yürüyen yoldaş türlere dönüştürür. Bununla ilişkili olarak *Masumiyet Müzesi*, televizyonun üzerinde duran köpek biblolarını canlı köpeklerle aynı ontolojik düzlemde insan aktörlerin yoldaşları şeklinde okuma imkânı verir.

Füsun'un kanaryası Limon da Haraway'in yoldaş türlerinden biri olarak yorumlanabilir. Limon'un Füsun ve Kemal'in hayatındaki konumunda, tıpkı köpek biblolar ve/veya köpeklerde olduğu gibi birlikte dönüşme ve ortak eylemlilik bağlamında bir yoldaşlık söz konusudur. Kemal'in, Limon'dan "eski bir dost" biçiminde bahsetmesi (182, 277) ve Füsun'un ölümünden sonra da bu dostluğu sürdürmesi bu düşünceyi örnekler. Öte yandan Limon okurun karşısına çıktığı bölümlerde önemli bir aktör olarak yaşanan anları biçimlendirir. Tıpkı Şanzelize Butik'te Füsun ve Kemal'in ilk karşılaşmalarında olduğu gibi şakımaları, Füsun ve Kemal'e baş başa kalma fırsatı tanıması ve ev içi hareketliliği düzenlemesiyle önemli bir aktördür. Limon'un aktör olarak öne çıktığı en belirgin sahne ise, "Bu Benim Onu Son Görüşüm" başlıklı ellinci bölümdeki bir ânın Limon'un bakış açısıyla verilmek istenmesidir. Kemal'in içinden "Bu benim onu son görüşüm!" diyerek bir daha oraya adım atmamaya karar verdiği bir anda zil sesiyle bütün gözler kapıya yönelir. Kemal bu ânın, o sırada "tuhaf bir şekilde özdeşleştiği" Limon'un gözünden resmedilmesini ister[8] (277). Bu sahne, posthümanizmin evreni insanın gözünden ve insan lehine yorumlayan hümanizm eleştirisine bir katkı niteliği taşır. Kemal'in söz konusu ânın Limon'un bakış açısıyla resmedilmesini istemesi, yukarıda da belirtildiği gibi bir yandan Limon'u Haraway'in kavramsallaştırmasıyla insana evrenle ilişkisinde eşlik eden ve onunla birlikte dönüşerek dönüştüren yoldaş

---

[8] Müzede 50 numaralı kutu henüz hazır olmadığı için bu resmi göremeyiz (*Şeylerin Masumiyeti*, 58).

türlerden biri hâline getirirken diğer yandan insan ve insan olmayan nesneler arasındaki ontolojik hiyerarşileri ortadan kaldırmış olur. Sahnenin Limon'un gözünden verilmesi ona bir faillik ve karar verebilme yetkisi tanımak anlamına gelir ki bu da bu türden yetkinliklerin insanın ayrıcalıklı yanları olduğu hümanist varsayımı karşısına alır.

## Füsun

Aydınlanma düşüncesi ve hümanizmin arkasındaki Descartes'ın Kartezyen düalizmine dayalı ötekileştirici söylemlerin ve dolayısıyla da "sosyokültürel norm ve önceliklerin" (Ferrando 110) kaynağı olarak kabul edilen zoë/bios ikili karşıtlığında zoë bütün canlı varlıkların ortak özelliği olan doğal yaşamı, bios ise bir birey ya da gruba ait zihinsel olarak biçimlendirilmiş yaşam tarzını imler (Agamben 9). Giorgio Agamben *Kutsal İnsan*'da (*Homo Sacer: II potere sovrano e la nuda vita Giulio Einaudi Editore* 1995) Aristoteles'in *Politika*'sına (*Politics* 350 B.C.E) atıfla bu ayrımı şu şekilde betimler: "[K]lasik dünyada yalın doğal hayat *polis*'ten kesin bir biçimde dışlanıyor ve -sadece üreme hayatı olarak- *oikos*'un alanına, "ev"e hapsediliyordu" (10). Burada ev ve şehir yaşamının birbirinden kesin çizgilerle ayrılması, ev alanının açıkça ikincilleştirilmesi ve "çıplak hayatın *polis*'te bir istisna olarak dışlanması" (Agamben 17) söz konusudur. Bu ayrım Braidotti'nin belirttiği gibi tarihsel süreçte zihin/beden gibi pek çok olgunun da politik bir biçimde bios ve zoë alanlarında kodlanmasıyla sonuçlanmıştır ("The Politics of Life as Bios/Zoe" 177). Hümanizmde ideal insan tanımı dışında kalan varlıkların zoë ile ilişkilendirilmesi de buna dâhildir.

*Masumiyet Müzesi*'nde Füsun'un "ev"e hapsedilmişliği, çevresindeki erkekler tarafından kamusal alana çıkışının, dolayısıyla görünürlüğünün kısıtlanması, onu zoë kavramıyla ilişkilendirmeyi olanaklı kılar. Füsun çeşitli şekillerde, örneğin sinema oyuncusu olmak ya da Beyoğlu'ndaki Pelür Bar'a gitmek gibi, evin dışına, yani bios alanına dâhil olmak için uğraşsa da çevresindeki erkekler buna engel olurlar. Burada ev/zoë dişil bir alan olarak kodlanırken Beyoğlu ve sinema dünyası bios olarak erkeklere ait bir alandır. Füsun'un zoë'den çıkıp özgürleşebilmesi romanın sonunda intiharıyla mümkün olacaktır.

Romandaki nesnelerarası demokratik yapılanmaya karşılık Füsun'un zoë'de kalması, ne kadar istese de bios alanına girememesi ve özgürleşememesine karşılık anlatıcının Füsun'un kapatılmışlığı ve dönemin cinsiyetçi yaklaşımlarına yönelik eleştirel tonu, posthümanizmin, *Vitruvius Adamı*'nın kadınları ikincileştiren, ötekileştiren ve dolayısıyla hiyerarşik olarak aşağıda konumlayan yaklaşımına yönelik eleştirelliğiyle birleşir. Bununla paralel olarak Füsun'un hemen hemen hiç konuşmaması, yalnızca Kemal'in gözünden anlatılması, iç dünyasına dair çok fazla detay verilmemesi ve müzede yüzünün bilinçli olarak gizlenmesi gibi durumlar Füsun'un roman boyunca metalaştırıldığını düşündürür. Bu bağlamda Füsun, Masumiyet Müzesi'nin görünmeyen en önemli nesnesidir aslında. Ancak buradaki metalaştırma, Nesne Yönelimli Ontoloji düşünürlerinin öne sürdüğü biçimiyle insan ve insan-olmayanların aynı ontolojik düzlemde eşitlenmesi şeklinde değildir, aksine Füsun'u daha aşağı bir ontolojik düzeye indirgeyerek hümanizmin ileri sürdüğü erkekinsan ile Füsun arasında eşitsiz bir ikili karşıtlık oluşturur. Füsun'un romandaki konumu daha çok Haraway'in "cinsel nesneleştirme" biçiminde ifade ettiği durumu örnekler. Haraway, kadın "bir kadın olarak varoluşunu cinsel olarak temellük edilmeye borçludur" ("Siborg Manifestosu" 62) derken bir taraftan kadın kimliğinin toplumsal inşasına diğer taraftan da kadının bir özne olarak var olabilmesinde temel belirleyicinin erkekler olduğuna atıfta bulunur. Füsun'un romanda bir özne olarak kendini ifade etme olanağından yoksun bırakılmış olması ve hareket alanını etrafındaki erkeklerin belirlemesi onu arzu nesnesine indirger.

Romanın Füsun ve Kemal arasında yaşananlara odaklanan iç çerçevesinde öne çıkan kimi nesnelerin anlatı içindeki konumları değerlendirildikten sonra müzeye odaklanan dış çerçevedeki nesne ilişkilerine geçilebilir. Yukarıdaki şemada Füsun ve Kemal'in aşkını merkeze alan iç çerçevedeki nesne ilişkilerinde, sıklıkla vurgulandığı gibi Füsun, Kemal ve öteki nesneler arasında ontolojik bir hiyerarşi gözetmeyen, ortamdaki farklı türden nesneleri bir asamblaj oluşturacak biçimde bir araya getirerek yaşanan anların farklı oranlarda aktörlerine dönüştüren bir yaklaşım söz konusudur. Benzer bir yapı, müzeyi merkeze alan dış çerçeve için de geçerli olacaktır. Ancak bu kez asamblaj Masumiyet Müzesi, Füsun ve tüm öteki nesneler ile Kemal'in ağzından konuşan anlatıcı Yazar Orhan Pamuk arasında kurgulanacaktır.

Romanın bütünü düşünüldüğünde müze, öteki her şeyin nedeni konumundadır. Dolayısıyla, romanın kendisi ve romandaki her şey müze ile ilişkisi bağlamında önem kazanır. Müzedeki her bir kutu buluntu ve/veya hazır nesnelerin bir araya getirilmesiyle oluşturulmuş birer asamblaj örneğidir ve[9] bu asamblajlarda insan aktörler geriye çekilerek yerlerini eşya/şeylere bırakırlar. Örneğin "Babamın Hikâyesi: İnci Küpeler" bölümünün müzedeki kutusunda Kemal'in babasının büstüne yer verilmesi ya da "Rahmi Efendi'nin Eli" bölümünün kutusunda Rahmi Efendi'nin takma elinin yer alması bu geçişlerin en dikkat çekici olanlarıdır. Her iki örnekte de metonimik parçalar bütünün temsiline dönüşür, ancak bu dönüşümde maddi olmayan bir varlığın (her iki insan da roman içinde ölmüştür) maddileştirilmiş bir parçasıyla temsili söz

---

[9] Sinem Karaduman, müzedeki buluntu/hazır ya da üretilmiş nesnelerle oluşturulmuş kutu düzenlemelerinin çoğunlukla sürrealist asamblaj sanatçılarını anımsatan düşsel kurgular olduğunu belirtir (72). Bu yorum, müzedeki kutuların kurgulanmasında hangi sanatçıların etkileri olduğu konusunda açıklayıcı olabilir, ancak Orhan Pamuk'un "Müze, romanın bir resimlemesi olmadığı gibi roman da müzenin bir açıklaması değildir" sözleriyle ifade ettiği müze ve romanın birbirinden bağımsız da okunabileceği düşüncesini destekler. Buna göre müzedeki her kutu bir asamblaj örneği olarak ötekilerden bağımsız yorumlanabilir.

konusudur. Buradan hareketle müzedeki bütün nesnelerin ve her bir kutunun Füsun'un maddileştirilmiş parçaları olduğu düşünülebilir. Dolayısıyla müzedeki her bir kutu, Kemal'in Füsun'la yaşadığı anları, o anlarda aktör olan nesnelerle yeniden inşa ederken diğer taraftan da Kemal'in tanıdığı Füsun'u çeşitli yönleriyle tamamlar. Öte yandan, bir roman olmanın ötesinde Masumiyet Müzesi'nin kataloğu olma özelliğini de taşıyan *Masumiyet Müzesi*'nin anlatıcısı konumundaki Kemal'in ağzından konuşan ve güvenilmez bir anlatıcı profili çizen Yazar Orhan Pamuk da olan biten her şeyi okura aktaran konumuyla, romanın dış çerçevesinin önemli aktörlerinden biridir. Bu çerçevede okur Masumiyet Müzesi, Füsun'u imleyen bütün öteki nesneler ve Kemal'in ağzından konuşan anlatıcı Yazar Orhan Pamuk arasındaki ilişkileri takip eder. Bu ilişkileri şu şekilde göstermek mümkündür:

Anlatıcı konumundaki Yazar Orhan Pamuk, roman boyunca zaman zaman romanın iç çerçevesindeki Füsun ve Kemal arasındaki aşkı konu edinen anlatıya ara vererek okur/gezere müze hakkında bilgi ve hatta müzedeki ilgili kutuyu nasıl yorumlaması gerektiğine ilişkin direktifler verir[10]. Böylece romanın müzeyi merkeze alan dış çerçevesi okur/gezere sık sık hatırlatılır. Ancak, çerçeve öykünün asıl öne çıkışı romanda Füsun'un ölümünden sonra gerçekleşir. Bu andan başlayarak, okurun romanın başından beri bildiği çerçeve öykü odağa alınır. Buna göre Kemal, hikâyesini Yazar Orhan Pamuk'a anlatır; Yazar Orhan Pamuk da Kemal'in ağzından yazdığı romanla okura aktarır. Böylece okur, bu düzeyde müze, anlatıcı ve Füsun'la bağlantılı bütün öteki nesneler arasındaki ilişkileri takip etmeye başlar. Bu ilişkide Masumiyet Müzesi, Füsun'la yaşanan anları kuran öteki nesneler ve anlatıcı Yazar Orhan Pamuk aynı düzlemde bir araya gelir ve aralarında hibrit ilişkiler kurarlar. Bu ilişkiler; roman, anlatı ve müze gibi maddi ve maddi olmayan nesneleri de içeren posthümanist bir asamblaj oluşturur.

Yazar Orhan Pamuk'un Kemal'in öyküsünü birinci şahıs anlatıcıyla aktarması, romanın genelinde gerçek Orhan Pamuk'un biyografisiyle ve Kemal Basmacı'nın öyküsü arasındaki paralellikler, *Şeylerin Masumiyeti*'nde Yazar Orhan Pamuk'un müzenin çatı katındaki yatağına uzandığında kendisini Kemal gibi hissettiğini söylemesi (251) gibi detaylar bir araya getirildiğinde

---

[10] Okurun roman boyunca sıklıkla karşılaştığı "Yıllar sonra o sessizliği müze sever de hissetsin diye bu görüntüyü bütün gerçek ayrıntılarıyla müzem için yeniden kurduk" (100) gibi ifadeler sadece üst kurmaca metinlerin kendi üretim süreçlerine atıfta bulunması gibi müzenin inşa sürecine gönderme yapmaz, aynı zamanda bir müze kataloğu gibi *Masumiyet Müzesi*'ni elinde tutarken bir yandan da müzeyi gezen bir okur/gezer kurgular.

Kemal ve Yazar Orhan Pamuk'un, daha da ötesinde bu iki kurmaca karakterin reel düzlemde yaşayan Orhan Pamuk'la aynı kişi olup olmadığına ilişkin bilinçli bir belirsizleştirme söz konusu olduğu görülecektir:

> Dünyaya onun açısından bakınca ürperdim. Ben pekâlâ Kemal olabilirdim. Kendi hayatımı onun hayatı gibi, onun hayatını da kendi hayatım gibi anlatabilirdim. Bunun mümkün olduğunu her hissedişimde hangi sesin Kemal, hangi sesin Orhan olduğunun da fazla önemli olmadığını anlardım: Eşyalar ikimize de aynı şeyleri söylemiyor muydu? (*Şeylerin Masumiyeti* 251)

Bu belirsizlik Orhan Pamuk'un öteki romanlarında da sıklıkla karşılaştığımız bir durumdur ve Gunvald Ims'in "kendini yazmak" olarak tanımladığı duruma uygun düşer (Ims 171). Bu bağlamda romanın gerçeklikle kurduğu ilişki de önemlidir. Yazarın gerçek kimliğini romanda kurmaca bir karaktere dönüştürmesi ve romanın pek çok yerinde anlatılanların "gerçekliğinin" vurgulanması, okuru içinde yaşadığı reel alana bağlarken anlatının ikinci elden bir anlatı olması, romanda birinci şahıs anlatıcının tercih edilmesi gibi anlatım stratejileri bu gerçekliğe olan güveni sarsar.

Romanın gerçeklikle kurduğu bu ilişki anlatıdaki nesne ilişkilerini de belirler. Özellikle romanın müzeyi merkeze alan dış çerçevesinde belirginleşen bu karmaşa, okuru müzenin gerçekliği ve anlatının kurmaca niteliği arasında bırakır. Roman, sıklıkla yaşanan her şeyin "gerçek" olduğunu belirtir, müze de bu "gerçek"liğe tanıklık ederken aynı zamanda yaşananların hiçbirinin gerçek olmadığına ilişkin bir kuşkunun sürekli aktif tutulması müze, anlatıcı ve Füsun'la ilişkili nesneler arasındaki ağı da muğlak bir alana taşır. Kemal ve Füsun kurmaca karakterlerse, müzedeki eşyalar ne kadar gerçektir? Müze ve içindeki nesnelerin reel düzlemdeki gerçekliği kurmaca karakterler ve yaşadıkları anları gerçek kılabilir mi? Anlatıcının aynı anda hem kurmaca Kemal Basmacı hem Yazar Orhan Pamuk ve hem de zaman zaman reel düzlemde yaşayan Orhan Pamuk olabilmesi, metonimik bağlamda Füsun'u imleyen nesnelerin gerçekliğine karşılık Füsun'un kurmacalığı ve Masumiyet Müzesi'nin gerçekliği karşısında *Masumiyet Müzesi*'nin kurmaca niteliği düşünüldüğünde bu sorular havada kalır. Okur gerçek bir müze mekânını gezerken kurmaca bir metnin içinde dolaşır. Bu bağlamda *Masumiyet Müzesi* reel ile kurmaca alanları birbiri içine geçirerek kurmacanın hayat karşısındaki ikincil konumunu sarsar. Böylece posthümanizm ve Nesne Yönelimli Ontoloji'nin karşı çıktığı sanat/hayat dikotomisini kırmış olur. Artık sanat ve hayat, kurmaca ile gerçek aynı ontolojik düzlemin birer parçası olmuştur. Bu anlamda Graham Harman'ın hayali/kurgusal olanı da nesneleştiren görüşleriyle paralel biçimde romandaki pek çok nesne gibi bir bütün olarak Masumiyet Müzesi de Orhan Pamuk'un "hayali 'gerçek'" şeklinde adlandırdığı, hayali olanla gerçek olanı bir araya getiren nesnelerden biridir. Roman ve müze, okurun reel hayatına girdiği ölçüde gerçektir; okuru kendi dünyasına çekebildiği ölçüde de hayalî.

## Sonuç

Orhan Pamuk, epigrafta eşyalarla aramızdaki kişisel, yoğun ve duygusal ilişkilerimizin farkına varmamız için Kemal gibi âşık olmamız mı gerekiyor, diye soruyordu. Belki de *Masumiyet Müzesi* en çok da okura bu ilişkiyi hatırlatmak için yazılmıştır; eşyaların birer "araç" olmanın ötesinde aynı dünyayı paylaştıkları insanla birlikte dönüşen ve dönüştüren, yaşamı şekillendiren birer "yoldaş" olduklarını gösterebilmek için. Saatlerin kendi kendine durup çalıştığı, köpek bibloların haber vermeden ortadan kaybolduğu ya da zaman zaman canlanıp peşimizden geldiği, bir küpenin yaşanan altın ânı dondurur gibi havada asılı kaldığı, boğazdan geçen vapurların sesleriyle sokakta oynayan çocukların çığlıklarının birbirine karıştığı, sevgilinin dudaklarının değdiği fincanla kullandığı kurşun kalemin bir araya gelerek yaşanan mutlu anları yeniden kurduğu bu evrende eşyalar ya da hayvanlar ne insanların ne de kurmacanın kölesidir artık. Onlar kendi demokratik cumhuriyetlerini ilan etmiştir çoktan. İnsan ve insan-olmayan bütün nesnelerin demokratik bir biçimde bir araya gelerek önce anları meydana getirdiği, sonra da bu anların uç uca eklenmesiyle hayatın bir zaman spirali şeklinde inşa edildiği bu kurmaca evrende insan ayrıcalıklı konumunu kaybetmiştir.

*Masumiyet Müzesi*'ni posthümanist bir paradigma ve Nesne Yönelimli Ontoloji düşünürlerinin yaklaşımlarıyla yorumlama denemesi olan bu çalışmada anlatıdaki nesne ilişkileri üzerine değerlendirmelerde bulunuldu. Çalışmanın çıkış noktası olan *Masumiyet Müzesi*'ndeki nesne ilişkilerinin posthümanist düşünürlerin argümanlarını örneklediği ve romanın yapısal çözümlemesinin nesnelere odaklanan posthümanist bir yaklaşımla ortaya konabileceğine ilişkin düşünce, çalışma boyunca örnek ve yorumlarla geliştirilmeye çalışıldı. Buna göre romanın iç çerçevesinde Füsun, Kemal ve öteki nesneler arasındaki ilişkilerin anları nasıl inşa ettiği; dış çerçevede ise anlatıcı, müze ve müzedeki nesneler arasındaki ilişkilerin niteliği ortaya konmaya çalışıldı.

İç çerçevede özellikle televizyon, otomobil, köpek biblolar ve kanarya Limon'a odaklanılarak bu nesnelerin romandaki anları inşa ederken ortamdaki başka nesnelerle bir araya gelerek oluşturdukları ağlar ve birbirleriyle girdikleri karmaşık ilişkiler sonucu kurguyu nasıl şekillendirdikleri analiz edildi. Bu yapılırken anlatının çatısını oluşturan Kemal ve Füsun'un yaşadığı anları kuran, bu anların gerçekleşmesinde önemli roller üstlenen eyleyiciler olarak insan-olmayan nesnelerin faillikleri, posthümanizm ve Nesne Yönelimli Ontoloji düşünürlerinin insan ve başka nesneler arasındaki ontolojik hiyerarşiyi silen yaklaşımlarıyla değerlendirildi.

Romanın müzeyi merkeze alan dış çerçevesinde ise müze, anlatıcı ve Füsun'u imleyen tüm nesneler arasındaki hiyerarşik olmayan ilişkiler ağı yine posthümanist bir bağlamda Nesne Yönelimli Ontoloji çerçevesinde tartışıldı. Tüm analiz ve tartışmalar bizi Kartezyen düalizminin bir başka tezahürü olan sanat/hayat dikotomisinin de alaşağı edildiği, gerçekle hayalin aynı ontolojik düzeyde yatay biçimde birbiriyle ilişkiye girdiği bir başka nesneler ağına ulaştırdı. Buna göre *Masumiyet Müzesi* iç çerçevede insan ve insan-olmayan tüm bileşenlerinin demokratik bir alanda yatay ilişkiler kurduğu, dış çerçevede ise roman ile müzenin, anlatıcı ile Kemal Basmacı ve yazar Orhan Pamuk'un, nihayet sanat ve hayatın, hayal ile gerçeğin birbiri içine geçerek aynı ontolojik düzeyde karmaşık ilişkiler ağı ördüğü bir romandır.

## Kaynakça

Agamben, Giorgio. *Kutsal İnsan Egemen İktidar ve Çıplak Hayat*. çev. İsmail Türkmen. Ayrıntı Yayınları, 2020.
Ağın, Başak. *Posthümanizm Kavram, Kuram, Bilim-Kurgu*. Siyasal Kitabevi, 2020.
Aristoteles. *Fizik*. çev. Saffet Babür. YKY, 2001.
Barthes, Roland. "Gerçek Etkisi" *Dilin Çalışma Sesi*. çev. Necmettin Kâmil Sevil. YKY, 2013, ss. 167-174,
Bennett, Jane. *Vibrant Matter A Political Ecology of Things*. Duke University Press, 2010.
Braidotti, Rosi. "The Politics of Life as Bios/Zoe." *Bits of Life*, ed. Anneke Smelik and Nina Lykke, University of Washington Press, 2008, ss. 177-192.
Braidotti, Rosi. *The Posthuman*. Polity Press, 2013.
Braidotti, Rosi. "İnsan Sonrası, Pek İnsanca: Bir Posthümanistin Anıları ve Emelleri." *Cogito İnsan Sonrası*, S: 95-96, YKY, 2019, ss. 53-97
Bryant, Levi R. *The Democracy of Objects*. Open Humanities Press, 2011.
Ferrando, Francesca. *Philosophical Posthumanism*. Bloomsbury, 2019.
Foucault, Michel. *The Order of Things The Archaeology of the Human Sciences*. Routledge Taylor and Francis e-Library, 2005.
Genette, Gérard. "Boundaries of Narrative." *New Literary History*, vol.8, no.1 *Readers and Spectators: Some Views and Reviews*, çev. Ann Levonas. John Hopkins University Press, 1976, ss. 1-13, JSTOR, https://www.jstor.org/stable/468611
Haraway, Donna J. *The Companion Species Manifesto: Dogs, People and Significant Otherness*. Prickly Paradigm Press, 2003.
Haraway, Donna J. "Siborg Manifestosu." *Başka Yer*. haz. ve çev. Güçsal Pusar, Metis, 2010, ss. 45-90.
Haraway, Donna J. "Siborglardan Yoldaş Türlere: Teknobilimde Akrabalığı Yeniden Şekillendirmek." *Başka Yer*. haz. ve çev. Güçsal Pusar. Metis, 2010, ss. 225-256.
Harman, Graham. *Object-Oriented Ontology: A New Theory of Everything*. Pelican Books, 2017.
Ims, Gunvald. "Aylin'in Kalemi de Yeşilse Ne Fark Eder? *Kar*'dan Sonra *Kara Kitap*'ı Okumak." *Orhan Pamuk'un Edebî Dünyası*. haz. Nüket Esen-Engin Kılıç, İletişim Yayınları, 2008, ss. 171-198.
Karaduman, Sinem. *Nesne Düzeni ve İmge Tasavvuru Bağlamında Sanatsal Bir Kurgu Olarak Masumiyet Müzesi*, Yüksek Lisans Tezi, Dokuz Eylül Üniversitesi, 2016.
Kelly, Julia. "The Anthropology of Assemblage." *Art Journal* vol. 67, no. 1 ss. 24-30. JSTOR, https://www.jstor.org/stable/20068579
Kutup, Selver Sezin. "Sevim Burak'ın *Ford Mach I*'inde İnsan Olmayanların Yolculuğu." *Cogito İnsan Sonrası*, S: 95-96, YKY, 2019, ss. 288-311.
Latour, Bruno. *Pandora's Hope-Essays on the Reality of Science Studies*. Harvard University Press, 1999.
Latour, Bruno. *Reassembling the Social-An Introduction to Actor-Network Theory*. Oxford University

Press, 2005.
Lukács, Georg. "Narrate or Describe?" *Writer and Critic: And Other Essays*. çev. ve ed. Arthur D. Kahn. Grosset & Dunlap, 1971, ss. 110-148.
Nohl, Arnd-Michael. *Eşya ve İnsan*. çev. Özden Saatçi. Ayrıntı Yayınları, 2018.
Pamuk, Orhan. *İstanbul – Hatıralar ve Şehir*. İletişim, 2003.
Pamuk, Orhan. *Masumiyet Müzesi*. İletişim, 2008.
Pamuk, Orhan. *Manzaradan Parçalar*. İletişim, 2010.
Pamuk, Orhan. *Öteki Renkler*. İletişim, 2011.
Pamuk, Orhan. *Şeylerin Masumiyeti*. İletişim, 2012.
Robbe-Grillet, Alain. *Yeni Roman*, çev. Ece Korkut, Kafekültür, 2005.
Sarraute, Nathalie. *Kuşku Çağı*. çev. Bedia Kösemihal. Adam, 1985.
Wolfe, Cary. *What is Posthumanism?* University of Minnesota Press, 2010

# ALTINCI KISIM
# BİLİMKURGU YAZARLARINDAN YORUMLAR

# BÖLÜM 16

## Spekülatif Kurguda Yükselen Geleceğin Posthüman Evreni: Alternatif Evrenlerin Ütopyalarındaki İnsan Ötesi Topluma Kendi Gerçekliğimizde Ulaşmayı Başarabilir miyiz?

### Şeyda Aydın

Bu çalışmada post-hümanizm kavramını; ütopya ve distopya bilimkurgusu üzerinden yayınlanan üç romanlık bir seriden oluşan bilimkurgu/spekülatif kurgu eserlerimde –bir diğer deyişle Türkiye'nin ilk ve tek kuir-feminist bilimkurgu serisi diye anılan eserlerimde– bahsettiğim birbirine sıkı sıkıya bağlı üç kurguyu, –hiçbir şekilde şiddet yanlısı olmayan–kuir toplum ve kutsal kadın-tanrıça mitlerinin bunlara etkisini inceleyip geniş yelpazede açarak ele alacağım.

İlk olarak çalışmalarımda bahsi geçen "ütopik kuir toplum" kavramı ile ifade edilmek istenen şudur; kuir terimi akademik bir kuram yahut kuir teorisi diye anılan kuramlar zinciri biçiminde kullanılmamıştır. Bu terimin kurgularımda kullanılmasındaki temel amaç; eşcinsel, transseksüel gibi ifadelerin, genel toplum algısında kaba çağrışımlar oluşturarak ayrımcılığa sebep olduğunu savunduğum için bu terim bilhassa tarafımca kullanılmıştır. Bununla beraber yurt dışındaki LGBTQI+ (Lezbiyen, Gay, Biseksüel, Transseksüel, Interseksüel+) bireylerin günlük hayatta sıklıkla kullanıldığı şemsiye bir terim olduğu ve terimin bu bireyleri bile birbirinden ayırmadığı, tek bir terim altında topladığı göz önünde bulundurularak da kullanılmıştır. Savunduğum şudur; LGBTQI+ gibi terimlerin tek bir çatı altında ifade edilmesi daha doğrudur, çünkü bu etiketler ve kimlikler dahi kendi içinde bir ayrımcılığı işaret etmektedir. Bu karmaşayı, tek bir terim ile –kuir terimi gibi– çözmenin daha doğru olacağını öne sürmekteyim. Spekülatif kurgu çalışmalarımda her ne kadar kuir bir toplum ifade edilmiş olsa da cinsiyetler ve farklı cinsel yönelimler bariz bir biçimde mevcuttur ancak hiçbiri birbirinin statü olarak aşağısında veyahut üzerinde görünmemektedir Söz konusu toplumun bireyleri, kendilerini sosyal hayatlarında ifade ederken, cinsiyet ve cinsel kimlikleri etiketleyip kutuplaştıran ifadeleri –Gay, Lezbiyen, Transseksüel…- kesinlikle kullanmamaktadırlar. Kurgu dışında kalan kendi gerçekliğimizde de bu etiketleri ayrı ayrı telaffuz etmek yerine kuir ifadesi kullanımını daha doğru bulmaktayım. Çalışmalarımdaki ifadeler göz önünde bulundurulursa kurgularımın merkezindeki kahramanların kadın oluşu ve hikâyelerin kadın hikâyeleri oluşu, dişil ifadelerin hikâyenin olay örgüsü gereği sıklıkla geçmesine sebep olmuş, hatta doğan çocukların soyadlarını annelerinden –taşıyıcı her kimse ondan– almaları gibi örneklere yer verilmiştir. Tüm bunlar genel okuyucu algısında kadınlara dair pozitif ayrımcı bir toplum önerdiğim algısını oluşturduğundan, çalışmalarımın kuirlikten ziyade daha çok feminist yönde ilerlediğine de işaret etmiştir.

Çalışmalarımın temel ideali, nesillerdir bilimkurgu hikâyelerdeki kurtarıcıların –seçilmiş kişiler ve kahramanlar gibi– eril ve heteroseksist tasvirler üzerine kurulup dayatılmasına; erkek kahraman kavramına, erkek peygamber, erkek tanrıya karşı naif bir başkaldırı olarak da ifade edilebilir. Romanlarımın temeli hem kuir olan –cinsel yönelim etiketi kullanmayan ama hemcinsleri ile duygusal/cinsel birliktelik kuran– hem de kurtarıcı olan kadın kahramanları ele almaktadır. Hayvan tasvirleri ile hermafrodit doğanın savunulduğu kadar, kadın tanrı/tanrıça kavramı da bu nedenle dişil ifadelerle öne çıkarılmış gibi görünmektedir, ancak okuyucuları romanlarımda Netta ifadesi ile sunduğum alternatif ütopik evren, kuir bir evrendir.

Aynı şekilde, 9-10 Temmuz 2020'de düzenlenen uluslararası SiberPunk Kültür Konferansı'nda (CyberPunk Culture Conference) yaptığı konuşması ile ve daha sonrada bildiri olarak da *Bilim Kurgu Araştırma Kurumu İnceleme (SFRA Review)* dergisinde *Diğer Evrendeki Kadın* (2019) romanım hakkında yazdığı incelemesinde Sümeyra Buran da şu değerlendirmede bulunmuştur:

> Aydın, farklı cinsiyetler arasındaki bölünmeler sona erene kadar kadınların, lezbiyenlerin, geylerin, kuir ve transseksüellerin gelecekte alternatif evrenlerde bile inşa edilmiş ikili cinsiyet çatışmalarından kaçamayacağını gösteriyor. Bu nedenle, sınırsız cinsiyet ayrımı içermeyen bir gelecekte yaşamak için, kadın/erkek ikili cinsiyet belirteçlerinin dışındaki yeni cinsiyet ve kimlikleri tanımamız gerektiği sonucuna varıyorum" (50) diye ifade etmiştir.

İnsanları gruplaştıran, birbirinden ayıran, onları birbirleriyle savaşmaya iten nedir diye etraflıca düşünüldüğünde muhakkak pek çok sebep ortaya atılabilir. Din, dil, ırk, cinsiyet, cinsel yönelim, farklı coğrafyalar, ekonomik şartlar, sınıfsal statüler... Sonuçta homofobi, transfobi ve türevleri de ırkçılık altında ele alınıp çözümlenmelidir. Bu sonradan öğretilmiş ırkçı yaklaşımların hepsini unutup kenara koyduğumuzda dünyaya evrensel ve barışçıl gözlerle hümanist açıdan bakıp şiddeti benliğinden arındırmayı başarmış olan insanın var olabileceğini hayal ettiğimizde, insanı birbirinden ayıran, hatta şiddete meyleden bu etkilerin hiçbirinin insan bilincinde yer almaması, algıların değişmesinin gerekliliği düşünülmelidir. Alternatif gerçeklikteki spekülatif kurguma konu olan eşitlikçi ütopyanın kendi gerçekliğimizde yaratılması için şart olan ilk çözüm olarak bu sunulabilir; öncelikle zihnin, öğretilmiş olan demode kalıpların değişmesi, toplumsal tabuların yıkılması gerekir. Kötü bir örnek gibi görünse de bu durum şu şekilde açıklanabilir. Hem ütopya hem de distopya olarak halen tartışılan Aldous Huxley'in *Cesur Yeni Dünya (Brave New World* 1932) eserinde soma adı verilen bir ilaç sayesinde belli bir düzene sokularak kontrol altında tutulmaya çalışılan yüksek yaşam standartlarına sahip bir gelecek toplumu mevcuttur. Fakat bu, yanlışın nerede olduğunun görülmesini sağlar, çünkü sanat yoktur, gerçek sevgi yoktur; bu nedenle yozlaşma vardır, en kötüsü insanlar arasında görünüş ve IQ seviyelerine göre belli bir kast sistemi vardır. Ütopyayı hedefleyen bir toplumda bireyler arasında ayrımcılık ve sevgisizlik olmamalı diye düşünüyorum; ancak Huxley'nin eserinde betimlenen Yeni Londra'da bireyler arasında Alfa/Beta/Gama/Epsilon gibi statü farklılıkları konumlanması yüzünden temeli hayli çatırdayan bir toplum bizlere gösterilir. Tüm bunların haricinde bu bilim kurgu eser ile başka bir durumun daha gösterildiğini ve üzerine spekülasyonlar oluştuğunu inkâr edemeyiz; bunun adı soma'dır. Tıpkı soma gibi insanın duygusal algısını değiştiren, zekâsını yükselten laboratuvar ortamında üretilen icatları hayal ettiğimizde gelecekte bilimin nerelere varabileceğini de eser insanlığa gösterir. Bilimsel çalışmalar da insanı farklı ve çok yüksek bilince getirecek kalıcı çözümlere eninde sonunda ulaşılabileceğini tartışır. Elbette böylesi isabetli spekülatif kurguların yanında gerçek dünyada yapılan genetik deneyler ile posthümana yakın insanlar yaratılmaya çalışılıyor. 1990'lı yıllarda ABD'deki bilim insanlarının –bir kadının yumurtalarını, başka bir kadınınkine ekleyerek, genetiği değiştirilmiş– ilk insanı yarattığına dair haberler yankı uyandırmıştı. Sonrasında bu çalışma ışığında iki veya üç anneden alınan embriyonlardan, yüksek IQ'da insanı elde etme çabasına dair deneylere dönüşmüştü (Lane 2008). Pek çok makalede bu gibi genetik çalışmalardan bahsedilmektedir; gerçek olmayan nesneler listemizdeki genom özellikleri, organizma düzeyinde hassas düzenleme ve rekombinasyon vaatleri gibi. Genomlar bunun çoğunu taşıyor ve gelecek yaşamların, korunmuş türlerin ve posthüman gelecek yaşamlarının medyası olduğu, nesli tükenmeye, genetik mühendisliğine ve kriyojeniklere yardımcı olacak gelecekler hayal ediliyor. 1990'larda ve sonrasında taahhütlü şeyler; büyük veri, biyomedikal umut ve heyecan olarak ortaya çıktılar. Şu anda genom projeleri yüz binlerce genomun varlığına işaret ediyor *(Bassett ve ark.* 23).

Genetik mühendislerin yürüttüğü projelerin posthümana ulaşmada etkili olacağı, net olarak ifade edilmiştir. Bu gibi çalışmaların yanı sıra sadece bilimsel araştırmalar ışığında değil, insanın ütopik gelecek hayalindeki posthüman evrene ulaşması ve bunu doğru biçimde sürdürmesi ancak tüm alanlardaki çalışmalar ile mümkün kılınabilir görünmektedir. Bu, sadece tekno-bilimsel çalışmalarla sınırlı olmamalı; deneylerle elde edilen insanın yetişip yeni bir toplumu doğru şekilde yaratması da düşünülmelidir. Bu yüzden gerek toplumsal cinsiyet çalışmaları gerek sanat-edebiyat, gerek maneviyat alanında çalışmalar da gelecek posthümanist toplumuna ulaşma çabası için olmazsa olmaz olarak kabul edilmelidir. Sonuçta insanın sevgisiz ve maneviyatsız biçimde posthümana evrimleşmesi duygusal yönden mekanikleşmesine, yozlaşmasına yol açacak ve bu insan benliğinde büyük bir eksiklik doğurarak psikolojik bir boşluk yaratıp çöküşe sebebiyet verecektir. "Posthüman düşüncesi, hem düşünen özneye, onun gezegensel aşamadaki evrimine hem de düşüncenin gerçek yapısına dair alternatif bir vizyon önerir. Sonuç olarak, bilim pratiği için posthüman eleştirel teorinin temel çıkarımının, bilimsel yasaların karmaşık bir tekillik, duygusal bir bütünlük olarak bilgi konusuna ilişkin bir görüşe göre yeniden düzenlenmesi gerektiğine dair ön sonuca varılabilir" (*Braidotti* 18). Burada bilim dışında duygusal bütünlüğün oluşması ve yasaların bilimin ilerlemesine engel olmaması gerektiği de vurgulanmıştır.

Androjen bir toplumun anlatıldığı *Karanlığın Sol Eli* (*The Left Hand of Darkness* 1969) romanının ön sözünde geçen, "Bilim kurgu önbilici değildir, betimleyicidir" (*Le Guin* 12) cümlesi göz önünde bulundurulduğunda yazarlar olarak gelecek konusunda net kehanetlerde bulunmamızın doğru olmadığını söyleyebilir, geleceği sadece spekülatif yani tartışmaya açık-fantastik kavramlar ile betimlediğimizi söyleyebiliriz. Dolayısıyla, "[b]ütün edebiyat metafordur. Bilim kurgu metafordur" (*Le Guin* 16). Çalışmalarımda şayet metaforlarla betimlediğim barış içindeki fütüristik ütopya Netta evreni insanları gerçek kılınmak istenirse, öncelikle şunlar söylenebilir. Cinsiyet eşitliğine inanan, kinsiz, nefretsiz; kadını, erkeği, eşcinseli ve trans bireyleri birbirinden ayırmayan, herkesin kendini ve karşısındakini sadece insan olarak değerlendirdiği, sevgi ve hoşgörü anlayışı temelleri üzerine kurulmuş bir geleceğin hayal edilerek yaratılmasının mümkün kılınabilir. Ancak kültürel köklerden, fiziksel norm dayatmalarından arınmış olup evrenin ve her canlının bütünlüğünü önemseyenler posthüman olarak değerlendirilebilir, çünkü insanı birbirinden ayıran şeyler, hiç şüphesiz ki, "farklılık" olarak adlandırılan bu etkiler, hatta yanılsamalardır. Fiziksel normlar –yahut kapitalist düzenin fiziksel dayatmaları da cinsiyet/cinsel kimlikler gibidir; insanları ve türleri kendi içlerinde ötekileştiren algılardır. Transhümanist teknolojiler de insan bedeninin en sağlıklı ve oluşabilecek hastalıklara karşı en dirençli olacağı, mutlak mükemmelliğin elde edileceği fiziksel bütünlük şartının gerekliliğinden bahseder. Çalışmalarımdaki Netta evreni ütopyasında obezite gibi insan hayatını güçleştiren hastalıklar, istisnalar dışında yoktur; bilim insanları bu sorunu çözmüştür ve herkes ideal kilosunda hayatını sürdürmektedir.

İnsanın fiziksel norm ve bedensel zayıflıklarının veya üstünlüklerinin ötesinde, ilk önce cinsiyet/cinsel yönelim ve ırksal biçimde gruplandırılan ikicil kimlik algılarından kurtulması insanlığın tam manada evrenselleştirilerek özgürleştirilmesinin önünü açacaktır. İnsanlık, içinde doğduğu halkın ve coğrafyanın kültüründeki aşırı milliyetçiliğe/faşizme sıkı sıkıya aidiyet duyup dünya içinde kutuplaştıkça, ilk insanların özündeki kabile güdüleri ile savaştıkça, uygarlaşmak ve her türlü barış içinde yaşamak yerine vahşi yaşamdan sıyrılamayacaktır. Bu konuya dördüncü roman çalışmam olan *Kadınların Öldüğü Yer* (2020)'de şu ifadelerle yer verdim:

> Ülkelere gelince sınırlar kalkmalı, dünya birliği kurulmalı, ırk ve cinsiyet ayrımları kaldırılmalı. Vaat edilen ütopya budur! Rengimizin veya ülkemizin ne olduğunun hiçbir önemi yok! Hepimiz aynı şeylere ağlayan, kahkaha atan, aynı aşk acılarını çeken insanlarız nihayetinde! Ama yok, ancak daha iyi dövüşmek için gücü arttırılmış kollar-bacaklar yahut birbirlerini daha kolay öldürmek için üstün silahlar yapmayı biliyorlar! (Aydın 101)

Hangi toplumdan olursa olsun insanın aslında aynı olduğu, duygusal tepkilerinin farklı olmadığı vurgulanırken insan zekâsının yanlış yöne kanalize edilerek silah gelişimi gibi kötüye kullanılan bilim ve teknoloji ile ülkeler arasındaki kutuplaşmalar da eleştirilmiştir. Dolayısıyla insanın bilimi iyi yönde kullanmak yerine durmadan savaşması ve çağdaşlıktan uzaklaşmasını şu ifadelerle açık bir biçimde eleştirdim:

> Bu şekilde devam ederse post apokaliptik bir çağa girmemiz yakındır. Bunlarla uğraşacaklarına insan beynindeki olumsuzlukları, şiddet arzusunu yok etmeye yarayan –sahiden işe yarayan– bir teknoloji geliştirmeyi düşünseler ya! İnsan genlerindeki hatalı kodların ebediyen silinmesi demek, asıl üstün insanın geleceği ve kurtuluşumuz demek. Hatta bence yapay zekâlı robot rahimler geliştirmeliler, böylece bebekler orada doğar, kadın bedenine dayatılan hamilelik de ortadan kalkar ve nesillerdir bu fedakârlığı sürdürmüş olan kadın onca acıdan kurtularak özgürleşir." (Aydın, *Kadınların Öldüğü Yer* 100-101)

Buradaki roman kahramanının diyaloglarında posthüman olarak gelişmeye yönelik insan doğurganlığına dair yeni öneriler sunulmuştur. Kadının doğurganlıktan kurtulup bu yükü yapay rahim gibi teknolojilere devretmesi demek, ıstıraplı hamilelik sürecinden kurtularak karşı cins ile eşitlenmesi anlamına gelmektedir.

Aynı şekilde, Türkiye'nin ilk ve şimdilik de tek feminist-kuir bilim kurgu serisinin ilk romanı olan ve özellikle naif bir dille abartısızca kaleme alınan ilk çalışmam *Diğer Evrenin Senaristi* (2018) adlı romanda da evren ve doğadaki her türe sevgi ve saygı temelli bir ütopya hayal ederek çıktım yola. Cinsel kimliklerini ve ırklarını birbirlerine belirtmek zorunda olmayan, sınıfsal ayrımların olmadığı, tek bir ortak dili konuşan, şehirleşmede dahi sanatı ve çevreciliği ön planda tutan, katiyetle savaş karşıtı bir dünya toplumu… Yeryüzündeki tüm silahları yok eden, düzenin şiddet kullanarak, korku salarak ve baskı kurarak sağlanamayacağına inanmış/inanan, bilgelikleri sayesinde nanoteknolojik alanda ilerleyerek insan ömrünü uzatan, çağdaşlığa erişerek temeli sağlam bir düzen kurmuş olanların yaşadığı neo-fütüristik, aynı zamanda neo-pagan bir evrenin sevgi dolu post-insanları… Sözü edilen toplum, romanda şu ifadelerle belirtilmiştir:

> Cinsel ve ırksal kimliklerin çok önceleri yıkıldığı, yetişkin insanlarca, cinsiyetsiz aşkların her renginin özgürce yaşanabildiği, aşkın inançlara göre de kutsal

sayıldığı, kayıp kıtanın asla kaybolmadığı, dünyanın paralel varyasyonunda, tamamıyla kuir bir dünyada, ilk çağlarda asla kaybolmamış ve dünyayı değiştirmiş kadim insanların mirasçısı güzel insanların üzerinde yaşadığı, o kıtadaki Netta adlı ülkede..." (Aydın, *Diğer Evrenin Senaristi*,9-10)

Netta tümden incelendiğinde aslında, posthümanların evreni kurgulanmış ve ifade edilmiştir. Kesinlikle ne ırksal ayrım ne de ikili kimlik kargaşası bu evrene hâkimdir; tamamen eşitlikçi bir yapıdadırlar, insan, hayvan, doğa ile iç içe, dolanık ve zarar vermeden yaşamayı başarmışlardır. "Benci" değil, "Bizci" bakış açıları vardır ve dünya ülkeleri posthümanist bir birlik içindedir. Onlar için önemli olan evrenin bütünlüğü, iklimin düzeni; insan nesli kadar bitki ve hayvanların ve diğer her tür neslinin devamı önemlidir.

*Diğer Evrenin Senaristi*'indeki olaylar, şu an içinde yaşadığımız aynı dünyanın, iklimsel açıdan güçlü, farklı ve pozitif bir fütüristik yansımasında, (alternatif bir gerçeklikte) cinsiyetçi olmayan kuir aynı zamanda vegan ve çevreci bir toplumun içinde yaşadığı ütopya dünyasındaki hayali bir kıta üzerinde yer alan Netta adlı ülkenin iki yansıması (Netta'nın pozitif manada iki alternatif boyutu) arasında kurgulanmıştır. Bu ütopyada ağaç kesilmez; hayvan öldürülmez, dünyalarında hırsızlık, tecavüz, şiddet, ırkçılık gibi kavramlar yer almaz; çünkü kalplerine, bizim gerçekliğimiz ile kıyaslandığında çocuksu bir saflık, sevgi ve saygı hâkimdir. Coğrafyası ise kırsal kesimlere 1980'lerin retrofütüristik atmosfer; şehirlere de neo-fütüristik eko-yeşil mimari atmosfer hâkimdir. Dikey bahçelerin gövdelerini sardığı kristal şekilli binaları, neo-fütüristik mimarisi ile baş döndüren, kelime anlamı "Değerli" olan Netta'daki karakter ve mekânların isimleri, Finlandiya ve İzlanda dillerinden gelmekte olup tüm olaylar gibi karakterler de tamamen kurgudan ibarettir. Karakterlerin hiçbiri, belirli bir ırk kökeni temsil etmemekte veya yüceltilmemektedir; aksine, her biri yaratılırken, eşit bir toplumda var olan varlıklar şeklinde, ırksal sınıflardan hariç tutulup, ırkçı kavramlardan arındırılarak, eşit olarak görülmüş ve düşünülmüştür. Her renkten insanın yaşadığı ve renklerin sorgulanmadığı bu evrende, başkahramanın adı Veera'dır ve kelime anlamı "Gerçek" demektir; sürekli kendi asıl gerçekliğinin ve varoluşunun arayışı içindedir. İkinci kahramanın adı da Eeva'dır; bu hem "Hayat" hem de "Havva" anlamına gelir ki ikinci roman olan *Diğer Evrendeki Kadın*'da hayat vereceği tanrıçanın (ilk posthüman kahramanın) annesi olmasına da bir atıftır; "hayat, geç de olsa, kendi gerçeğine kavuşmalı, çünkü Eeva demek, hayat demekti, Veera demek ise gerçek demekti..." (Aydın, *Diğer Evrenin Senaristi* 60). Paralel/Alternatif gerçekliklerin ele alındığı bu hikâyede başkahramanların adlarının anlamı da paralel/alternatif gerçekliklere, hayattaki birden fazla gerçekliğe bir göndermedi: hayat ile gerçek...

Kuzgun Muninn ve dolunay gibi bazı ayrıntı ve metaforlar, İskandinav mitolojisinden ilham alınarak yazılmıştır. Tüm mitolojilerin birbiri ile bağlantısında rastlanıldığı üzere hayat ağacı, karga, kurt, kedi, aslan gibi tasvirlerle ifade edilen tanrıçaların benzerliklerine göre İskandinav mitolojisi ve Anadolu mitolojisi birbiri ile yakın benzerlikler gösterir. Bu benzerliklere örnek olarak İskandinav mitolojisinde bereketi simgeleyen Tanrıça Freya ve yanındaki iki kedinin, Anadolu mitolojisindeki yine bereketi simgeleyen Tanrıça Kibele ve yanındaki iki aslanı gösterebiliriz, keza Mısır mitolojisindeki eşik bekçileri kedi tasvirlerde olduğu gibi. Pek çok mitolojinin başına gelenin aynısıyla, İskandinav mitolojisinin popüler kültürde eril tasvirlerle izleyici ve okuyucuya servis edilmesini rahatsız edici bulmam sebebiyle, –ne yazık ki sadece Odin ve Thor tanrıları üzerinden eril güç tasvirleriyle öne çıkıyor söz konusu mitoloji– kendi kurgumda yepyeni bir yorum ile yepyeni bir tanrıyı betimledim. Bu tanrının adı, mitolojik karakter Kuzgun Muninn'den geldi (Mitolojide hafızayı simgeleyen, Odin'in tüm dünyayı gözetleyen kuzgunudur). Ancak üçüncü roman *Parçalanmış Yansımalar*'da (2019) daha net görülecektir ki hermafrodit doğanın ta kendisidir; yarı insan-yarı kuzgun şeklinde, bir nevi şekil değiştiren tanrı olarak da tasvir edilmektedir. Kimi yerde kadın tanrılara dikkat çekip metaforik gönderme yapmak için Muninn'in dişil özellikler taşıdığı da vurgulanmıştır. Başkahraman Veera'nın Inka adındaki kendisiyle psişik olan kurt köpeği de kadınların özünün kurtlarla tasvir edilmesine feminist bir göndermedir. Tüm romanlarımda kadının tasviri olarak özellikle kurtlar kullanılmıştır. "Kurtlar ve kadınlar, doğaları, araştırıcılıkları, büyük bir dayanıklılık ve güce sahip olmaları bakımından yakın akrabadırlar" (Estés 16) ifadesi, piskanalizci sava bir atıftır. Kurguda evren, ruh ve tanrıya –hermafrodit tanrıya– da odaklanıldı, aslında daha çok tanrıçaya demek doğru olur. İlk çağlarda tek tanrılı ilahi dinler, insanlığı etkisi altına almadan önce bilinir ki tanrılar "kadın" olarak tasvir edilirdi, oysa bu zamanla unutuldu, unutturuldu. Yalnızca feminist yazarların araştırma kitaplarına konu olan bir nokta oldu. Fatmagül Berktay'ın *Tek Tanrılı Dinler Karşısında Kadın* (2015) eserine ve Merlin Stone'un *Tanrılar Kadınken* (*When God was a Woman* 1976) eserine araştırma konusu olduğu gibi. Ütopik dünyaların düzenine dair ayrıntılar, hikâyenin yalın anlatımında örtük olarak verilmiş, ütopyada özgür ve gelişmiş bilinçleri ile yaşamını sürdüren iki kadın arasındaki aşk hikâyesi, alternatif evrenlerde birbirlerini bulmalarının macerası, *Diğer Evrenin Senaristi* adlı ilk eserimde öne çıkarılarak anlatılmıştır. Savaşların anlamsızlığı, cinsiyetçiliğin insanları gruplaştırması, romanda şu alıntılarla eleştirilmektedir: "Bence bu kimliği özellikle belirtecek bir şey yok. Bu etiketlerin, insanların üzerine basılıyor olması, onları gruplaştırıp, birbirinden uzaklaştırmaz mı?" (Aydın, *Diğer Evrenin Senaristi* 160). Ütopyada yaşayan insanlar, eski çağlarda kalmış cinsel kimlikler hakkında sohbetler esnasında cinsel kimliklerin insanlar arasında ayrımcılığa ve karşı karşıya gelmelerine sebep olduğunu belirtmektedirler. "Normal diye bir şey yoktur; normal, sadece senin içinden geldiği gibi insanca iyiliğinle davranmandır, dilediğin cinsiyeti aşkla sevebilme özgürlüğündür, normal anormal kavramlarını aklımızdan çıkarıyoruz" (Aydın, *Diğer Evrenin Senaristi* 160). Eskide kalmış –onlara göre uygar olmayan– insanların bir zamanlar birbirlerini normal ve anormal diye ayırdığı dile getirilmiştir: "Sonuç olarak, yaşadığımız toplumu güzelleştiren, kimsenin kendini, bu konuda sınırlamamasıdır. Çocukluğumuzdan, hatta ailemizin çocukluğundan beri bu konuda baskısızca büyüyen çocuklar yetişiyor, bu nedenle ruh sağlıkları yerinde olan bireyler olmamız, dünyayı ve ülkemizi her anlamda geliştiriyor" (Aydın, *Diğer Evrenin Senaristi* 160). Zihniyetin ve algının gelişiminin, ailenin yetiştirmesine bağlı olduğu da bir gerçektir. Hemcinsler de çocuk sahibi olabilmekte; aile olabilmektedir, tabular yıkılmıştır. "Artık savaşlar, mücadeleler, çarpışmalar bittiği için, silah diye bir şey de olmadığı için, ırk ayrımlarının da olmamasıyla beraber rahat bir hayat yaşıyoruz, ne mutlu" (Aydın, *Diğer Evrenin Senaristi* 161). Şiddetin, ırkçılığın olmadığı bir dünyada barış içinde yaşayan insanlar mutlak mutluğu yakalar ve çağdaşlaşır. Çalışmanın temelindeki toplum, insan ötesi uygar bir toplumdur ve insan ötesi olmanın ilkelerinden birinin de barışçıl olmaktan, evrendeki her canlının her türün iyiliğine dair geleceğe yönelik gelişmelerden geçtiği vurgulanmıştır.

Hem romantik bir dram hem de fantastik, doğaüstü bir macera olan bu bilim kurgu eser ile aşkın cinsiyet ve beden tanımadığına, sevginin kutsallığına hem fedakâr hem gerçek hem de sonsuz aşkın evrenlerin sınırını aştığına, ölümün bir son olmadığına, aslında alternatif gerçekliklerde varlığını sürdürebildiğine vurgu yapılmaktadır. İkinci gerçeklikteki Veera'nın sevgilisi Eeva'yı mutasyon geçirmiş bir kanser hastalığından kaybetmesi, zincirleme olayları da beraberinde getirir. Birinci gerçeklikte romanın ikinci bölümünde beliren Veera'nın alternatif gerçeklikteki bu kaybı onu rüyalarında görmesini sağlar; Veera şaşkındır, yaptığı seçimler dolayısıyla kendi gerçekliğinde Eeva ile hayatının hiçbir noktasında tanışmamıştır, oysa onunla başka bir evrende aşk yaşadığına şahit olur. Bu da kendi gerçekliğinde halen var olan Eeva'nın peşine düşmesine yol açar. Romandaki kurgu, teorik fizikteki zaman, mekân, çoklu evrenler teorisinde pek çok kere açıklanan x kişilerin yaptığı farklı seçimlerin x kişilerin geleceğini değiştirdiğine dayanır. "Her seçim, başka bir hayata açılan kapıdır. Ve o kapıları ya açıp içeri girer, önümüze çıkanı yaşarız ya da öyle kapıların olduğunu asla bilmeden yaşarız, aslında çoktan içeri girip yaşamış olsak bile" (Aydın, *Diğer Evrenin Senaristi* 5). Bir evrende ömürlük aşk yaşarken, küçücük bir değişken sonucu başka bir evrende onunla hiç tanışmamış olabiliriz. Neticede her şey farklı olabilir. Teorik fizikte yer alan paralel gerçeklik teorisinin en yalın hâliyle açıklaması şu ifadelerle yer almıştır:

> Seçimler, gittiğimiz yönler, bize sunulanları kullanıp kullanmamak, verdiğimiz kararların farklı varyasyonları, paralel evrenleri oluşturur. Hayatta bize sunulan pek çok yol ve pek çok şans vardır, bazılarını teperiz, bazılarına atlarız, gidemediğimiz o yönler, bizim paralel gerçekliğimizdir ama seçip yaşadıklarımız da şu an, bizim bunları konuşuyor olduğumuz hayatımızı oluşturur, çünkü önümüzdedir, açık ve nettir. (Aydın, *Diğer Evrenin Senaristi*

214)

*Diğer Evrendeki Kadın* adlı serinin ikinci romanında ise, Netta'nın yer aldığı ütopyayı aşk için terk edip alternatif evrendeki karanlık ve homofobik siberpunk distopyaya giden, ilk roman *Diğer Evrenin Senaristi*'nde bahsedilen ikinci gerçeklikteki Veera adlı kadının gerçek dünyada imkânsız gibi görünen yolculuğunu hem varoluşsal hem de bilimkurgu olarak ele aldım. Buran da hakkımda ve romanımdan şu şekilde bahseder:

> Şeyda Aydın (SheidaAiden), neo-fütüristik ütopya ve siberpunk anti-ütopyalar/distopyalar üzerine kurgulayan ilk Türk feminist ve kuir bilim kurgu yazarıdır. Romanları lezbiyen ayrılıkçı ütopik kurgu kategorisinden ziyade daha çok ütopik kuir kurgu şemsiyesi altında değerlendirilebilir. Aydın'ın *Diğer Evrendeki Kadın* ilk olarak barışçıl bir ütopik dünya olan Netta ("değerli" anlamına gelir) adlı yeşil bir kuir ütopik tekno-evrende başlar ancak sonradan Netta'nın tehlikeli bir şekilde tam tersi olan Antero ("erkek" anlamına gelir) adlı bir retro siberpunk dis(kuir)topik paralel evrenine geçer. Wendy Pearson'un iddia ettiği gibi, "bilim kurgu ve kuir teorisi sıklıkla hem bugünün distopik görüşünü hem de gelecek için ütopik bir umudu paylaşır" (59), bu nedenle Aydın, kuir bilim kurgusunda hem distopik hem de ütopik görüşlerini yansıtır. (Buran, 45-6).

Buradan da anlaşılacağı üzere her iki distopik ve ütopik paralel evrenlerde bile aşk Hikâyesini merkeze koyarak öne çıkardım. İlk iki romanda, x kişilerinin yaptıkları seçimler sebebiyle alternatif evrenlerde hayatlarına farklı yollar çizmeleri ve birbirleriyle karşılaşamamaları, oluşan sonsuz olasılık hesaplamaları ve sürekli değişerek yeniden oluşacak farklı gelecek ihtimallerinin teorik fizikteki varsayımlarından ilham aldım. İkinci romanda direkt olarak, Eeva'yı kanserden kaybetmiş olan ikinci gerçeklikteki Veera'ya odaklanıyoruz, çünkü kendisi halen yastadır ve kendini evrenin en mutsuz insanı olarak hissetmektedir. Zamanla, fizikçi dostları sayesinde bambaşka bir evrene kapı açan üstün bir makinenin icat edildiğini, Eeva'nın farklı bir yansımasının orada hayatına yalnız olarak devam ettiğini öğrenir, ancak sorun, bu evrenin yaşadığı evren Netta'nın tam zıttı olmasıdır; Netta'nın adı paralel/alternatif boyutta Antero'dur ve kelime anlamı "erkek" demektir. Ne yazık ki bu zıt evrende terör, salgın hastalıklar, ırkçılık, homofobi, transfobi, savaşlar, totaliter rejim ve baskılar distopik evren Antero'yu kasıp kavurmaktadır. Örnek olarak iki evrendeki zıtlık Afrika'nın iki farklı durumu ile romanda yansıtılmaya çalışılmıştır:

> Yapılan araştırma sonuçlarına göre, Afrika Kıta Bütünlüğü devleti, sosyal, kültürel, ekonomik açıdan gelişim ve hastalıkların tedavilerini bulan dahi doktorları ile Netta devletini ikinci sıraya itip ilk sıraya yerleşti Sayın Dinleyiciler, kendilerini dünyaya verdikleri her şey için kutluyoruz. Diğer haberimize gelince, dünyadaki son silah fabrikasının kapanması neredeyse bir yıl olacak…" (Aydın, *Diğer Evrendeki Kadın* 77-78).

Afrika, bilinen -sömürülen- Afrika değildir, bereketli toprakları, madenleri, eğitimde ve bilimde yaptığı atılımlarla ütopik Netta evreninde Afrika Kıta Bütünlüğü Devleti gibi muazzam güçlü bir devlet varken, distopik Antero evreninde Afrika, sömürülüp tüketilen bir yerdir, tıpkı kendi gerçekliğimizde yaşadığımız evrendeki gibi. Romanda yer alan boyutlar arası kapı açan makine, bilhassa üçgen şekilli bir piramittir ve üçgen şeklinde de bir kapıya sahiptir. Sembol bilimde üçgen, kadını, kalbi ve tanrıçayı sembolize eder, aynı zamanda siberpunk kültürün simgesidir. Bunun metaforik anlamını şu şekilde de yorumlayabiliriz, tanrıçanın kalp için açtığı kapı; yani aşkın ilahi gücü ile açılan kapı... Veera malum kapıdan geçerek ütopik gerçekliğinden distopik gerçekliğe vardıktan sonra, evrenden evrene hafıza taşıyan mitolojik tanrımız bu romanda da iş başındadır; Muninn kahramanlarımızın işlerini bir hayli kolaylaştırır. Kahramanlarımız karşılaşınca, ölmüş olan Eeva'nın bilincini, diğer evrendeki kadın olan Eeva'nın bilincine nakledip Veera'yı hatırlamasını sağlayarak ona yeniden âşık olmasını da sağlar. Aslında bu yeniden âşık olma değil, alternatif gerçeklikte ölmüş olan Eeva'nın bilincinin transfer edilmesidir. Bu romandaki en dikkat çekici karakter, Siiri adındaki siyahi-transseksüel kadındır; Siiri maalesef, Antero evreninde yasak olması sebebiyle, cinsiyet değiştirme şansına sahip olamadığı için arkadaşı Veera'nın karşısına erkek bedeniyle çıkar ve bu yüzleşme Veera'yı epey şaşırtır, çünkü Siiri, yani Riki tanıyıp bildiği kişiden ruhsal manada da çok uzak biri olmuştur. Siiri için Antero'daki Riki hayatı, hem siyahî olmasıyla ırkçılığa maruz kalmasına, hem de hissettiği gibi kadın benliğini yaşayamaması yüzünden Riki adıyla ve erkek bedeniyle bir hayli zordur; yaşadığı travmalar, psikolojik ve fiziksel işkenceler onu şiddete eğilimli birine dönüştürmüştür. "Riki ne yapabilirdi ki, Antero'nun kelime anlamı bile "erkek" demekti; sadece erilliği ve bencilliği ile hareket eden bu dünya, yok etmek, savaşmak, sevmeyi bile yasaklamak için her şeyi bahane edebilirdi ve aslında bu, empati kuramayan, kinle yoğrulmuş saygısız bir toplumun düzeni değil, çöküşüydü" (Aydın, *Diğer Evrendeki Kadın* 155). Burada yaşadığımız coğrafyanın karakterimizin ve toplumsal rolümüzün şekillenmesinde ne büyük bir önemi olduğunu anlıyoruz. Bir yanda ütopyadaki mutlu ve başarılı menajer Siiri, diğer yanda distopyadaki suç dünyası lideri Riki ile. Aslında aynı kişi olan Siiri ve Riki'nin paralel evrenlerdeki zıt görünümü(kadın/erkek) ütopya ve distopya arasındaki farklara; cinsel kimlik ayrımcılığına ve büyük uçuruma en dikkat çekmek istediğim, metafor olarak karşılaştırmalı ve güçlü bir göndermedir.

Ayrıca, AIDS hastalığı da distopik evren Antero'nun yer aldığı evrende özellikle çocukları etkisi altına almıştır. Veera'nın diğer evren, yani ütopik Netta'nın var olduğu evrenden getirdiği ve bir AIDS aktivisti olan Eeva'ya bıraktığı aşı sayesinde bu hastalık tamamen ortadan kalkacak, dünyanın umudu olacaktır.

O kutunun içinde AIDS hastalığını tedavi edecek dört tane aşı var ve bunu sana vermekte geciktiğim için gerçekten çok özür dilerim, daha önce vermeliydim; ama kendi derdimizle öyle meşguldük ki, dünyanın derdini unutmuştuk. Neyse, bildiğin üzere Netta'da AIDS hastalığı bu aşılar sayesinde yeryüzünden çok önceleri silinerek yok edilmişti, ama ne acıdır ki senin dünyanda kimse bu tedaviyi bulamadığından, bu lanet hastalık çocukları ve diğerlerini hâlâ hayattan koparıp almaya devam ediyor. Sen de bu hastalık yüzünden kırılan ülkeleri, ölüm kokan toprakları gezip elinden ne geliyorsa yapmaya çalışıyorsun. Aşıları, senin bu hastalıkla mücadele ettiğini hissederek Netta'dan ayrılmadan önce doktor bir dostumdan aldım. (Aydın, *Diğer Evrendeki Kadın* 283)

Ayrıca son bölümlerde Doktor Bekka karakterinin Eeva'dan aldığı yumurtayı diğer evren Netta'ya götürmesi ve bu sayede Veera'nın Eeva'nın çocuğuna hamile kalması, yapay döllenme ile iki kadının ortak genlerini taşıyan bir çocuğa sahip olması, Netta'nın hem ileri posthümanist teknolojiye hem de eşitlikçi algılara sahip olduğuna işaret etmektedir. "Önce laboratuvar ortamında senden alacağımla beraber bir dizi işlemden geçecek, sonra klinikte ona yöntem uygulanacak, o da hamile kalacak ve mutlu son. Aslında oldukça zor ve karışık ama hepsini anlatmaya kalkmayayım. Bilmelisin ki, senin yumurtandan doğacak olan çocuk, doğal olarak senin genlerini alacak" (Aydın, *Diğer Evrendeki Kadın* 305). Netta'da bilim ve zihin ileri seviye olduğundan, etik engeller de yoktur; laboratuvar ortamında uygulanan metotlar sayesinde iki kadından çocuk doğumu sağlanabilmektedir. Baskın taraf taşıyıcıdan çok yumurtanın sahibi olsa da doğacak bebek hem Eeva hem de Veera'dan genler alabilmektedir. *Diğer Evrendeki Kadın, Diğer Evrenin Senaristi* romanımdan sonra, post-hümanizm ve feminist-kuir bilimkurgu kavramı için önemli göndermeleri olan romanımdır. Zira Veera'nın roman finaline doğru aşkı tüketmeden yaşamak uğruna yaptığı ani manevrayı yalnızca bilgeliğe ermiş olan ütopya insanları yapabilir.

> Belki de mucizevî olarak sana açılan bir kapıdan geçerek yanına geliş nedenim, o binadan sağ salim çıkabilmen ve tedaviyi yanımda getirip sana ulaştırmamdı; belki sadece bu nedenle evrenleri birbirine bağlayan bir kapı açıldı ve amacı bizi tekrar bir araya getirmek değil; senin başka hayatları kurtarman içindi. Her şey tüm ayrıntısıyla düşünüldüğünde, birbirimizi tüketmeden, bizi biz olarak bırakıp gitmemin zamanı geldi. (Aydın, *Diğer Evrendeki Kadın* 283-284).

Veera'nın bilinç düzeyi ve aşka bakış açısı öyle gelişmiştir ki evrenlerarası niçin yolculuk ettiğini çözmüştür. Distopyada AIDS aktivisti olan sevgilisinin ideallerine engel olmamak adına nerede noktayı koyacağını anlamıştır, bilge bir ütopyalı gibi davranır ve diğer evrenden getirdiği aşıyı ona bırakıp görevini tamamlayıp geri döner. Fakat bu distopik evrende işi bitmiş değildir, asıl önemli olan post-hüman bebeğin var olmasını sağlamaktır, bu görevi başka bir karakter devralır. Ütopik Netta'dan distopik Antero'ya gelen Doktor Bekka tarafından Eeva'nın yumurtası Netta'ya götürülecektir.

Sonrasında, *Parçalanmış Yansımalar* adlı üçüncü romanımda yine bu aynı alternatif evrendeki distopyada beklenmedik şekilde kan dökülmeden gerçekleşen bir devrimi konu aldım, hem de yeryüzündeki tüm bilinçleri tanrısal dokunuşuyla, sanki insan bilincinin hatalı yazılımını sıfırlayan ve yeniden düzenleyen posthüman bir kadının sayesinde. Roman adı olan *Parçalanmış Yansımalar* hem tanrı hem de insan formundaki kahramanların geçmişlerinde temsil ettiği kişiliklerin gelecekteki yansımalarına göndermedir. Gerek okuyucu tarafından olsun gerekse romandaki kahramanlar açısından olsun devrimin gerçekleşmesi için herkesin beklediği olay, büyük bir ayaklanma ve savaştı. Oysa iki evreni genetik oluşumuyla birbirine bağlayan E.B adlı posthüman kahramanın (bu romanda ilk olarak Astrid adıyla anılır hem E.B. hem de Tanrıça Lofn'dur) –Eeva ile Veera'nın ortak genlerine sahip kızının– geldiği ütopik evrenin manifestolarıyla şiddete başvurmadan ruhani bir devrim yapması şarttı; çünkü yeryüzündeki insanların her birinin zihinlerinden, nefret, şiddet, öfke gibi ilkel dürtüleri silmesi, yenidünyayı yaratmak için kaçınılmazdı. Yine de burada tanrı, evren, ruh ilkesinden beslendim. Tek tanrılı dinlerden önceki dünyanın ilk dinleri, "paganlık" olarak şemsiye bir terim altında toplanır. Paganlığın merkezinde hayat ağacı vardır. Bu yüzden Türk mitolojisinde ağaç kesmek büyük günah olarak kabul edilir. Burada paganlığın özünün, evrenin düzenine ve doğaya saygısı görülmektedir. Çünkü evrende her şey birbiri ile bağlantılı ve uyum içindedir. Reenkarnasyona inanılır, hatta tanrı ve tanrıçaların yeniden doğuşu kehanetler arasındadır. İnsanın öldükten sonra doğadaki herhangi bir canlıya –bu madde de olabilir– dönüşeceğine inanılır. *Parçalanmış Yansımalar*'da eski adı Antero, yeni adı Valmundur olan ülkenin var olduğu en kötü evreni, insan ve doğa sevgisi ile yeniden düzene sokacak olan tanrıçaların yeniden doğuşu da bu reenkarnasyon durumuna örnektir. *Parçalanmış Yansımalar*'da geçen hikâyenin özeti olarak Antero evrenindeki bilinç devriminden bahsedilmiştir. Oradaki insanlığın ve doğanın post-hümanist olarak değişeceğine dair bir kehanetten bahsedilmektedir.

İlk üç romanda materyalizmin tanrı ve ruhu yok saymasının aksine, idealizmdeki tüm tartışmaların yolu tanrıya çıkar. Tanrının nasıl bir şekil alacağı da kurgu edebiyatı eserlerinde yazara kalmıştır. İskandinav Mitolojisinde (ve pek çok pagan inanışa göre) doğanın hermafrodit şekilde tasvir edilmesi, doğanın cinsiyetsiz olduğuna dair es geçilmemesi gereken bir vurgudur ve burada çevreci posthümanların ilk tanrısı (yahut dişi tanrıyı öne çıkarma amacıyla tanrıçası) da ekolojik olarak gelişim hedefleyen dünya için doğa ana şeklinde de anlamlandırılmaktadır. Ayrıca yansıtmak istediğim netta adlı ütopyada fark edilmelidir ki, insan ne kadar şiddetten uzaklaşır, "ben" algısı yerine "biz" algısını benimserse, yaşadığı dünyayı ekolojik açıdan önemserse temel ihtiyaçları da bunlara göre şekillenmektedir. İnsana ait ilkel besin zincirinin kırılması, ütopik dünya için olmazsa olmazdır. Örneğin hayvanların hayatı ve nesillerinin korunması önem kazanmalıdır ve insan veganlaşmasının sağlıklı yollarını aramalıdır. Hayvan ve doğa ile bütünleşen, yaşadığı dünyayı kendi kadar seven toplumların inşa edilmesi, sadece insanın evrendeki varlığının bencilce sürdürülmesinden değil, evrenin tüm canlıların evi olduğunun kabul edilmesinden geçmektedir. Posthüman bilinç için ilk adım, evrendeki ikili sınırların aşılarak her canlının dolanıklaştığı bir bütüncül kurtuluş ile mümkün kılınabilir.

*Parçalanmış Yansımalar*'da ilk iki romana kıyasla daha sert gerçekçi olayları ele alan bir hikâye kurguladım. Finale bakıldığında tüm evreni aşkıyla değiştiren bir tanrıça görülür kendisi İskandinav mitolojisinde yasak aşkların tanrıçası Lofn'dur. (Romanın kurgusu gereği ilk başta bahsedilmez ancak bu karakter aynı zamanda Eeva ile Veera'nın posthüman kızı EB'dir.) Bu roman çalışmasının ilk başında, hafızasını kaybetmiş, aklı karışık bir kadın olarak Astrid benliğiyle (kelime anlamı Güzel Tanrıça demektir) karşımıza çıkıyor. Astrid, 2042 yılında 3.bölge diye anılan ötekilerin bölgesinde yaşayan genç bir kadın. Motosiklet tamir ederek, hırçın motosiklet yarışlarına katılarak kazanıyor hayatını. Astrid totaliter rejimi sorgulayan isyankâr da bir kadın. Yasaklara karşı epey öfkeli... Gerçekte kim olduğunu bilmiyor, aslında o bir tanrıça ama bundan kimsenin haberi yok, Muninn hariç. Başta Freya olmak üzere tanrılar, kaosun devlerine yenik düşünce, evrenin geleceği ve kaderi kaosun devlerinin kontrolüne geçmiştir. Hâl böyle olunca evren; savaşlardan, yozlaşmaktan öteye gidememiş, distopik ve eril bir gelecek var olmuştur. Gelecekte, siberpunk bir evrende ikisi birden insan siluetinde var olduktan sonra iki kadının birbirlerini yeniden bularak kavuşmaları da evrendeki tabuları yıkıyor, yasakları kaldırıyor. Ben; tüm evrendeki şiddetin aşk ve sevgiyle, empati kurarak yıkılabileceğine inanıyorum. Bu konuda UrsulaK. Le Guin'in *Mülksüzler* (*The Dispossessed: An Ambiguous Utopia*, 1974) eseri hakkında YouTube'ta yer alan 2014 yılına ait söyleşisinde Pasifist Anarşizm'i ifade ederken, "Şimdiye dek şiddetin çözdüğü herhangi bir sorun bilmiyorum," (0:53) cümleleri üzerine düşünüp yeniden yorumlayarak yazdım romanın finalini. Şu ifadeler örnek gösterilebilir:

> Asıl olan iyi niyetti, cesaretti, kalpti, ruhtu, sevgiydi, aşktı, âşıkların verdiği sözlerdi. Yakıp yıkarak, ezip geçerek kurulan dünyalar, er ya da geç aynılarını yaşayıp yıkılmaya, ezilmeye mahkûmdu. Gerçek devrimler sevgi ve aşk ile mümkün kılınabilirdi ancak; sağı solu bombalayarak, öldürerek, yok ederek, zorlayarak asla ulaşamazdı kimse hayal edilen kalıcı mutluluğun geleceğine. Dünya insandan önce hayvanlarla dolu devasa bir ormandı ve şimdi yeniden başlıyordu her şey, olabildiğine şairane, olabildiğine efsanevi, olabildiğine saf, olabildiğine sevgi dolu..." (Aydın, *Parçalanmış Yansımalar* 351-2)

Şiddet ve baskılarla yeni bir düzenin asla kurulamayacağı vurgulanmış, ruhtan ve kalpten gelen iyi niyetle hareket edilirse her şeyin değişebileceği ve çözümlenebileceği anlatılmıştır. Elbette tanrısal bir dokunuş üzerinden bilimsel manada değil; fantastik metaforlarla betimlenerek anlatılmıştır. Bu devrimi de Netta manifestoları adı verilen ilkeler ile şiddet dolu insanlığı posthümanizme evrimleştirerek gerçekleştirmiştir. Manifestolar şu ifadelerle roman çalışmamda yer almaktadır:

> Herkes birbirine 'Bay' veya 'Bayan' değil; 'Sayın' veya 'Sevgili' diye hitap etmelidir. Cinsiyetçi kalıplar kullanılmamalıdır. Aşkın cinsel kimlikleri yoktur; yetişkin her insan özgür iradesiyle kiminle birlikte olmak isterse olur, aşk yaşayabilir, bunu asla sorgulama, bunu sorgulamak en büyük kabalıktır. Aşkın her rengi kutsaldır. Aşk için ise cesur ol, kendini tanımandaki en büyük yolculuğun aşkla başlar... Doğa anaya saygılı ol; senin ona verdiğin kadar o da sana verecektir. Diktiğin bir binaya karşılık yeryüzüne yüzlerce ağaç dik... Hayvanlar yaşadığın dünyanın asıl sahibidir, senden önce de vardılar, senden sonra da olacaklar; onları kendinden bile koru, özgürlük ve huzurları seninkinden değerlidir, dünyanın asıl sahibi onlar. Her birey hayvanların ihtiyaçlarından sorumludur... Çocukları çocuk gibi severek bildiklerini onlara aktar... Herkesin fikri değerlidir; her fikre saygılı ol, önce dinle, sonra bunu hoşgörüyle tartış. Unutma, yumrukların değil; doğru bir iletişimin çözemeyeceği hiçbir şey yoktur... Artık Netta'da yaşadığını, buranın yeni adının Netta olduğunu unutma; Netta demek, 'Değerli' demektir, tıpkı sen ve diğer herkes gibi. Biz bir bütünüz ve ancak birlikte hareket ettikçe doğru şekilde ilerleyebilir, gelişebiliriz. Artık silah yok, savaşmak yok, kan yok, şiddet yok..."
> (Aydın, *Parçalanmış Yansımala*r 345-346)

Roman finalinde bu satırları tüm insanlığa canlı yayında okuyan post-hüman kahraman EB (Astrid/Lofn) sayesinde distopik evrende hem bilinç hem de doğanın pozitif manada resetlenmesine dair posthümanist ve çevreci bir devrim gerçekleşmektedir. *Parçalanmış Yansımalar* roman çalışmamda özellikle pedofil bir katilin varlığını, onu yakalama çabası içinde olan birbirine âşık iki kadını, adaletin dengesizliğini, kanunların hiçbir işe yaramayan yanlarıyla insanların çaresizliğini, şiddeti şiddetle önlemeye çalışan anti-kahramanları da anlatmam çok mühimdi ki yasak aşklar olarak sayılan eşcinsel aşklar da hikâyenin merkezindeydi... Tabii ki kurgu gereği sürprizler yok değildi; örneğin üçüncü roman *Parçalanmış Yansımalar*'ın en önemli ayrıntısı, VALMUNDUR ülkesinin aslında ikinci roman *Diğer Evrendeki Kadın*'da geçen distopik ANTERO ülkesinin daha da kötü hale gelmiş geleceğini anlatmasıdır. 2038 yılında Antero'da bir kötünün kötüsü askeri bir diktatör darbesi olmuş, ülkenin adı aşırı muhafazakâr, son derece homofobik-transfobik-ırkçı diktatörün soyadı ile değişmiştir. "Ağzı, gözü, kulağı, hatta kalbi sansürlü koca bir halk öylesine yaşardı bu ülkede. Başkanın doğruları neyse onlar doğruydu, Başkanın inandıkları neyse onlara inanmak zorunluydu. Eşcinsellik, transseksüellik gibi yönelimlerin katiyetle akıl hastalığı sayıldığı, evlilik dışı çocuk yapmanın istisnasız suç görüldüğü, kadının önemsenmediği bu baskıcı ülkede, yalnızca parası olanın sözünün dinlendiği aynı ırk ve ten rengine mensup bu insanlar, kendi içlerinde bile birkaç gruba ayrılırdı statü ve sınıf olarak" (Aydın, *Parçalanmış Yansımalar*, 15). Antero (Valmundur) distopyasında günümüz dünyasına çok benzeyen durumlar mevcuttur. Sistem sorgulanmaktadır:

Otorite neydi? Nasıl yaşayıp yaşamayacağınıza, neyi yazıp yazmayacağınıza, ne kadar iyi olup olmadığınıza karar veren bu insanlar kimdi? Ne cesaretle yargılayabiliyorlardı insanların yaşam tarzlarını, umutlarını ve inançlarını? Hemcinslerin aşklarını değil yaşamak; hayal etmek, düşünmek, yazmak suç; dünyaya duyguları edebiyat ve sanatla anlatmak engeller varken zordu; sözde otoriteler yüzünden hayatın ta kendisi başlı başına zordu. Edebiyat ve sanat adına hayal edebilenler asla yargılanmamalıydı; doğrusu buydu (Aydın, *Parçalanmış Yansımalar* 34).

Her düşünceye/bireye eşit derecede saygının olmadığı, yasaklardan ve adaletsizlikten ibaret heteroseksüel ve beyaz ırkın üstün görüldüğü ırkçı bir dünya söz konusudur. İşte bu roman çalışmasında, Tanrıça Freya gibi güçlü bir mitolojik tanrı-insan ile gerçek adaleti arayan bir post-insanı var ettim. İlahi adaleti doğa ana tasviri olan, aynı zamanda kendini fizik ve matematik olarak tanımlayan Kuzgun Muninn ve dokuz kurt ile kurguladım. Hikâyede bilhassa uzak doğu inanç ve felsefelerinden diğer tüm mitolojilere kadar birçok inancın özünde yer alan "Karma ve İlahi Adalet" kavramını, dokuz kurt bölümünde kullandım. Astrid (E.B./Lofn) ve Freya'nın peşinde olduğu pedofil katilin tecavüz edip öldürdüğü tüm çocuklar güçlü ve ürkütücü kurtlar olarak yani insan-hayvan olarak yeniden doğunca, Doğa Ana Muninn eşliğinde yeryüzüne inerek katile cezayı kendi pençeleri ve dişleri ile vermişlerdir.

Ayrıca Tanrıça Lofn (E.B./Astrid) ilahi bir devrim yaparken, savaşmadan, şiddet uygulamadan o devrimi gerçekleştirmeliydi, bu nedenle tanrısal dokunuşunu yaparak bilinçleri değiştirmekte buldu çareyi. Bu, aynı zamanda sevdiği kadına (Tanrıça Freya) önceki hayatlarındayken verilmiş bir söz üzerine hediyesiydi; distopik evreni geldiği ütopik evrenin aynısına çevirdi. Bunun yanında, dokuz rakamının sürekli romanda geçip durması, İskandinav mitolojisi Nesir Edda'da evrenin dokuz diyardan oluştuğuna ifade edildiğinden direkt bağlantılıdır (Sturluson, *Prose Edda*, 1665). Kutsal sayılan dokuz rakamını, *Diğer Evrenin Senaristi* adlı ilk romanda hastane odasının numarası olarak da bilhassa kullanmıştım. Bunların yanı sıra, tecavüz edilip öldürülmüş çocukların toplamda dokuz can olması, iki kadının uyanışı, evreni kurtarma planına dâhil oluşları, kurgunun dönüm noktalarını işaret etmektedir. Filip Ranta adındaki 9 yaşındaki çocuğun vahşetle öldürülerek katledilmesi, Astrid (E.B./Lofn) karakterinin içindeki çocuğun hunharca ölümünü, insanın kalbindeki iyiliğe inancını yitirmesini (ayrıca kendi açımdan aşka olan inancımı ve insanlara karşı güvenimi kaybettiğimi, insanın ne kadar merhametsiz olabileceğini parçalanarak anlamamı) simgelemektedir. Filip'in hem kalbi yerinden çıkarılmış hem de başı gövdesinden ayrılmıştır katili tarafından. Bu iki şeye işaret ediyor, yozlaşan dünyada insanın ne aklı yerindedir ne de sevgiye inanan bir kalbi vardır. Filip'in başına gelenler yüzünden, Astrid (E.B./Lofn) karakterinin Dedektif Freya karakteri ile yolları kesişir. Böylece, eril bir siberpunk evrende iki kadının hikâyenin tam merkezine oturan aşklarıyla –hemcins aşklarına karşı duran sistemin yasaklarına rağmen– isyankâr ve kuir bir çiftin yükselişi ortaya konmuştur. Muninn tanrısının da hermafrodit gibi görünse de doğa ananın ta kendisi olduğu burada artık açıkça belirtiliyor, hatta dile geliyor. "Doğanın, yeryüzünün, evrenin cinsiyeti olmamasından mıydı yoksa? Doğanın hermafroditliğini mi yansıtıyordu? Bunu mu anlatmaya çalışıyordu bize çift cinsiyetli veya cinsiyetsiz hâliyle?" (Aydın, *Parçalanmış Yansımalar* 199). Muninn, hem hayvan hem insan hem de net bir cinsiyeti olmayan öte yandan da tüm cinsiyetlerden izler taşıyan bir varlık formundadır; hemen hemen her canlıdır, posthümana net bir göndermedir:

> Bu kişi her kim ya da her neyse, insana göre fazla uzun ve inceydi; ayrıca ne erkeğe ne de kadına benziyordu; hiçbir cinsiyeti temsil etmiyor, hiçbir insan formuna uymuyordu. Erkek yüzlü gibiydi, ama göğüsleri de varmış gibiydi. Yalın ayaktı ama üzerinde bembeyaz kâğıt gibi tertemiz bir takım vardı. Göz bebekleri, kirpikleri, kaşları, teni, kısa saçları ve 2 metrelik boyuyla bir albinoydu bu aynı zamanda." (Aydın, *Parçalanmış Yansımalar* 196)

Muninn'in cinsiyet tanımı, tüm evrendeki varlıkları temsil ettiği için özelikle tam olarak belirtilmemektedir. "İroniyi severim, illa kapkara hâlimle mi ayak basmam gerekiyordu, zaten kapkara olan bu bedbaht topraklara -ki ayak basıp gelmek zorunda bıraktın beni, oysaki yüzyıllardır bunu yapmak zorunda kalmamıştım" (Aydın, *Parçalanmış Yansımalar* 198). Önceki romanlarda suspus duran Muninn'in kuzgun formundan insan siluetine dönüşümü ve insanların karşısına çıkışı da herkesi şaşkına çeviriyor elbette. İnsanlığı hatalarından dolayı eleştirerek açıklama gereği görüyor:

> Benim birçok adım var, bazen kuzgun Muninn olurum, bazen Doğa Ana, bazen fizik, bazen matematik, bazen evrenlerin tümü olurum, velhasıl pek çok şeye müdâhil olurum. Bazen insanları istemeyerek kanser ederim, bazen rüyalarla konuşurum, bazen üzülerek mecburen bir motosiklet kazasına sebep olurum, bazen evrenlere kapı açar onları birbirine bağlarım, bazen hatıraları canlandırmak için bir arabada aniden çalıveren şarkılar olurum. Bazen de bir silahın ateş etmemesini sağlar âşıkları korurum, bazen vurulan bir insanı hiç vurulmamış gibi bir günde iyileştiririm. Bazen ise bir evrenden bir diğer evrene bilinç ve hafızayı aktarır, âşıkları birbirine kavuştururum. Bir tek insanların içindeki caniliğe, katil ruhlara engel olamam, çünkü canilik sadece insanın özüne bağlı, onu bir tek insanın kendi durdurabilir. İşte karşındayım, bir insanın karşısında ilk kez bizzat kelimeleri kullanarak konuşuyorum, çünkü kendisine verdiğim kapasitenin farkında olmayan insan denen varlık, üzerine alınma ama açıkça konuşup suratına vurmadıkça beni anlamayacak kadar aptal ne yazık ki. Ama hata bizde, milyarlarca yıl önce sizi yaratan o hücreyi ben ve birkaç dostum eksik yarattı..." (Aydın, *Parçalanmış Yansımalar* 198)

Muninn, insanların karşısına çıktığında şiddet yanlısı insanlığın durmadan tekrar ettiği hataları eleştirmekten de geri kalmamıştır; çünkü insan, teknoloji gelişse de kendini geliştirememektedir. Ayrıca bu çalışmada Freya tanrıçası bilhassa yüceltiliyor, çünkü işin özüne, İskandinav mitolojisinin köklerine ve yazılı belgelerine (Sturluson, Prose Edda) bakıldığında, erkek tanrı Odin ile kadın tanrı Freya eşdeğer görülür, ancak popüler kültürde baba (Erkek Ata/Âdem gibi) figürünün yüceltilmesi nedeniyle maalesef ki unutturulmuş önemli bir detaydır. Ayrıca Astrid (E.B. /Lofn) adlı kahramanın, daha sonra gün yüzüne çıkacak olan güçleriyle birlikte alternatif evrenler arasında seyahat edebilen bir tanrıça olduğunu anımsaması ve burada yaptığı ani manevra, yani paralel distopik gerçeklikteki insanlarını umursamıyormuş gibi davranmaması ve ütopik Netta'yı terk etmesi, Ursula K. Le Guin'in "Omelas'ı Bırakıp Gidenler" (*The Ones Who Walk Away From Omelas* 1973) kısa öyküsüne gönderme niteliği taşır. "Netta'yı bırakıp gitmişti Eb; Astrid ve ötesi olmaya gitmişti. Dibi görünen Ursa gölü kadar berrak ve saftı niyeti. Evrenlerin en eşsizinde en uygarında yaşasa da insan, kalbi ve aklı kalmışsa başka bir yerde giderdi yine onları bıraktığı yere; evrenlerin en hoyratı, en bedbahtı, en katran karası olsa da gideceği yer, giderdi yine" (Aydın, *Parçalanmış Yansımalar* 324-55). Posthüman kahraman E.B. (Astrid/Lofn) paralel gerçekliklere yolculuk edebilmektedir ve ütopyasını geride bırakıp distopyada gerçekleştireceği bir devrime doğru yola çıkmıştır.

Nihayetinde 2042 yılında geçen final romanı olarak salt bir siberpunk eser ortaya çıktı. Sürpriz olan kısım ise, ilk iki romanın kahramanları olan Eeva ile Veera'nın, tanrıçaya biyolojik olarak hayat veren iki kadın olması... Yani biri ütopya, diğer distopya olan iki ayrı evrenden olan, yapay olarak döllenen ve evrenleri eşitleyen seçilmiş çocuğun iki annesinin ta kendileri olmaları... "Bebek iki annesinin genlerinin birleşimi gibiydi; büyüdükçe mükemmelleşiyordu" (Aydın, *Parçalanmış Yansımalar* 233). "Sen, Eeva ile Veera'nın diğer evrendeki, yani fizik teorilerindeki adıyla alternatif evrendeki kızısın" (Aydın, *Parçalanmış Yansımalar* 115). İlk post-hümanın kuir bir aşk sayesinde iki anneden var olması da heteroseksist aile kavramının geleceğin toplumunda anne-baba gibi kalıplardan kurtulup evrenselleşeceğine, tabuların yıkılacağına göndermedir. Hatta *Parçalanmış Yansımalar*'daki bazı belirsiz sorulara, *Kadınların Öldüğü Yer* (2020) adlı dördüncü romanımda başka bir kahramanın (Saara Ava) anlatımı ile cevaplar verdim. *Parçalanmış Yansımalar*'da iki tanrıçanın nasıl ayrıldığını anlatmış, ancak nasıl öldüklerini açıklamamıştım. İnsan bedenindeki iki tanrıça; Astrid (E.B./Lofn) ve Freya'nın neden yeniden doğduğunu kendi yorumladığım bir kehanet ile dördüncü romanda açıkladım. "İşte o günlerin akabinde reenkarnasyonla doğmuş olan diğer tanrıçalarla aynı salonda buluştuklarında kadim kurtlar uluyacak, kuzgunlar ötecek, insan bilinci post-hümanizme evrilecek, şu anki dünya çökecek, yeryüzü değişecek, yerine aşk ve sevgiyle yükselen başka bir dünya kurulacak" (Aydın, *Kadınların Öldüğü Yer* 210).

Her roman ayrı bir hikâye gibi görünse de tüm romanlar birbirine bağlantılıdır, tıpkı evrendeki olaylar gibi. Örnek olarak tüm kadınlara ithaf ettiğim *Kadınların Öldüğü Yer*, bambaşka kahramanları ele alsa da olaylar, önceki iki çalışmamda yer alan distopik evren Antero'nun bozkır bölgesinde yer alan bir kasabada geçmektedir, ancak buranın Antero olduğu roman sonuna dek gizemini korumaktadır. Dördüncü roman çalışmamda, daha önce yazdığım ilk üç romanın tersini, insanın içindeki şiddet eğilimi ve kusurlarını, yaşadığı vahşet dolu olaylar yüzünden anti-kahramana dönüşen genç bir kadının bakış açısıyla ele aldım. Cinsel istismar travması sonucu çoklu kişilik bozukluğu üzerine psikanaliz kullanırken, varoluşçuluk felsefesi ve feminist göndermelerin yoğun olduğu distopik bir kurgu oluşturdum. Bu hikâyede anne-kız olarak anlattığım kahramanlardan biri olan genç kadın Elisa, eril şiddete karşı şiddeti uygulamaktan kaçamayan bir katil olma yolunda ilerlerken, bir diğer kahraman olan annesi Saara Ava, ("Ava" güzel ses tonu anlamına gelmektedir) şiddeti kalemi ile yıkmaya kendini adamış –yazması devlet tarafından yasaklanmış– feminist bir yazar olarak anlatılmaktadır. Kitapta sıkça cinsel istismara, erkek şiddetine, baskılara, homofobiye ve yozlaşan teknolojiye karşı duran feminist eleştiriler yer almaktadır. Saara Ava, büyük evi ve arazisinde organik bir ütopya, sevgi dolu komün bir aile kurmuş olsa da kızını Antero'nun kötücül insanlarından ve geçmişin tekinsiz olaylarından uzak tutmayı başaramayacaktır. Hiç şüphesiz Saara Ava'nın yaşamış olduğu kuir bir aşk da romanın önemli bölümlerini oluşturmaktadır. Saara Ava kahramanı kişilik özellikleri açısından incelikle analiz edildiğinde, aslında ilk üç romanımın önemli kahramanları olan Eeva ile Veera'dan (en çok da Veera'dan) izler taşıdığı rahatlıkla görülecektir. İki kahramanı farklı bir hikâyede tek bir karaktere ve tek vücuda sığdırma durumum ilk üç romana dair bir göndermedir. Ayrıca Elisa'nın benliğinde oluşan tuhaf bir hastalık (Cipa) ve zaman içindeki metamorfozu hissizliğe, ıstıraplara rağmen ayakta kalmaya –fantastik açıklamalarla– derin bir göndermedir. Roman sonunda ise genç kahraman Elisa'nın, daha önce *Parçalanmış Yansımalar* romanımda geride duran sürpriz bir kahraman olduğu da hem ortaya çıkacak hem de kahraman ile ilgili bazı sorulara cevap verecektir. Ayrıca son bölümlere doğru belirecek iki tanrıçanın; insanlık, inanç algısı ve kehanetler hakkında atışmalarına şahit olacağız, tabii bunun yanı sıra gelişen teknoloji ve yapay zekâ ile varlığın sürdürülebileceğine de. Ölümden sonra ebedi yaşam için Saara Ava karakterinin zihnini yapay zekâlı bir makineye aktardığı hikâyede geçmektedir. *Kadınların Öldüğü Yer*, sert gerçekçi bir bilim kurgu serisinin (Antero'da 2038 yılında yaşanacak olan iç savaşa kadar varlığını sürdüren –bir kadının öncülük ettiği Lonca olan– Niskala Lonca'sı olarak adlandırdığım bir serinin) başlangıcıdır, devam romanı beşinci romanda suçluya dönüşen Elisa, Antero'nun yer altı dünyasına dalacak, gizli deneylere şahit olacak, pek çok gerçeği de ortaya çıkaracaktır. Lonca'nın özü, cinsiyet ve cinsel yönelim ayırt etmeksizin Antero'daki çaresiz insanlara; özellikle şiddete maruz kalan kadın, çocuk, kuir bireyler ve hayvanlara yardım etmeyi esas alır.

## Sonuç

Çalışmalarımdaki kurgulara göre ütopik olarak kurguladığım geleceğin insanı, posthümana evrildiğinde eril hormonlardan arınacak, hermafrodit (veyahut cinsiyetsiz) düşünce algısıyla hareket edecektir. Gerek bilim kurgu eserler içinde geçen konularda, gerekse bilimsel çalışmalarda posthümanın var edilmesi amacıyla insan beyninin bu gibi algı ve dürtülerden doğuştan arındırılmasına ve salt iyi niyetli post-insana ulaşılmasına yönelik deneylerin yapıldığına dair bilgilere rastlanmaktadır. Yapay zekânın, bununla beraber biyoteknolojinin ve nanoteknolojinin geliştiği, yasaların da yeniden düzenlenmesiyle bilimin ilerlemesi önünde hiçbir engelin kalmadığı bir gelecek hayalinde insanlar arasındaki cinsiyet farklılıklarının da eninde sonunda ortadan kalkacağı bariz olarak anlaşılmaktadır. Sonuçta insan hem bilincini düzenleyebilecek hem de sürekli gelişen teknolojiyle birlikte, zihin aktarımı yöntemiyle dilediği bedende —ölümden sonra bile sentetik olarak veya nanoteknolojik hücre yenilenmesi de söz konusu olacaktır- varlığını sürdürebilir duruma gelecektir. Böylece farklı cinsel yönelimlerin, şimdiki zamanda inanç ve maneviyat nedenleri gösterilip tartışılması ve hor görülmesinin aksine, bu farklılıkların farklılık olmaktan çıkıp normalleşerek özgürleşmesi kaçınılmaz olacak, kuir insanlık veya tüm cinsel/cinsiyet kimliklerinin ortadan kalktığı insanlık olarak adlandırabileceğimiz yeni insanlık, geleceğin toplumunu daha doğru yansıtabilecektir. Kadim inanışlardan, yani mitolojiden ilham almamın nedeni, eski çağlarda kadın ile erkeğin tanrısal tasvirler dâhil eşit konumlandığı veya hermafrodit ifadelerin çoğu tasvirde vurgulanarak sanata ve inanışlara yön vermesi olarak gösterilebilir. Dünyanın maneviyata her daim ihtiyaç duyduğu bir gerçektir. Kadının geri plana itilmesi ve heteroseksüel dışında kalan bireylerin aşağılanması ilahi dinler sonrasında yanlış yolda ilerleyip inançların yanlış yorumlanması sebebiyle ortaya çıkmıştır. Posthüman düşünce ile geleceğin barışçıl insanı hayal edilirken de geriye dönüşün olduğu, insanın köklerindeki doğaya olan sevginin ve her canlı-cansız, insan-insandışı, insan-hayvan, insan-makine, insan-tanrı gibi çoklu ve çeşitli türün eşit olduğunun önemle vurgulanması doğru olacaktır. Posthüman, inancı reddeden, sevgiyi terk eden ve gelişiminin her aşamasında makineleşerek doğaya düşman olan bir kavram şeklinde yanlış ifadelerle yorumlanmaktadır. Oysa benim görüşüm, insan, doğa ve tüm canlılara değer veren, tüm evrene karşı sevgi ve empati ile yaklaşan inançlı posthümanların da var olabileceğidir. Böyle bir gelecek hedeflendiğinde gerçek posthüman kavramı anlaşılarak gelecekteki yeni evrenin adımları atılacaktır.

## Kaynakça

Aydın, Şeyda. *Diğer Evrenin Senaristi*. İkinci Adam, 2018.
Aydın, Şeyda. *Diğer Evrendeki Kadın*. İkinci Adam, 2019.
Aydın, Şeyda. *Parçalanmış Yansımalar*. İkinci Adam, 2019.

Aydın, Şeyda. *Kadınların Öldüğü Yer.* Tilki Kitap, 2020.
Bassett, Caroline ve ark. *Technological Feminism and Digital Futures.* PlutoPress, 2019.
Berktay, Fatmagül. *Tek tanrılı Dinler Karşısında Kadın: Hıristiyanlıkta ve İslamiyette Kadının Statüsü Üzerine Karşılaştırmalı Bir Yaklaşım.* Metis Yayınları, 2015.
Braidotti, Rosi. "Posthuman Critical Theory." *Journal of Posthuman Studies*, vol. 1, no. 1, 2017, ss. 9–25.
Braidotti, Rosi. "Yes, There Is No Crisis. Working Towards the Posthumanities." *Journal of Diversity and Gender Studies (DiGeSt)*, vol. 1, no. 2, 2015, ss. 9-20.
Buran, Sümeyra. "Fabulation of Alternative Parallel Universes: Queertopia in Turkish Science Fiction" *SFRA Review*, 2020, vol. 50, no. 4, 2020, ss. 45-51.
Estés, Clarissa Pinkola. *Kurtlarla Koşan Kadınlar.* Ayrıntı, 2019.
Huxley, Aldous. *Brave New World.* Harper & Bow, 1932
Huxley, Aldous. *Cesur Yeni Dünya.* İthaki, 1999
Le Guin, Ursula K. Ursula, *Karanlığın Sol Eli.* Ayrıntı, 2018.
Lane, Nick. "One Baby Two Mums." *New Scientist*, 2008, ss. 38-41.
Le Guin, Ursula K. "Ursula K. Le Guin Söyleşisi: Ursula K. Le Guin: *Pasifist Anarşizm Üzerine* (2014), Türkçe Altyazılı (Eng Sub)." çev. Ümid Gurbanov. dak. 0:53. https://www.youtube.com/watch?v=I3yCpIIYELc 01.05.2019.
Pearson, Wendy. "Science Fiction and Queer Theory." *The Cambridge Companion to Science Fiction*, ed. Edward James ve Farah Mendlesohn, Cambridge University Press, 2003, ss. 149-160.
Stone, Merlin. *Tanrılar Kadınken.* çev. Nilgün Şarman. Payel, 2000.
Sturluson, Snorri, *Viking Mitolojisi.* çev. Selahattin Özkan, Yeditepe, 2018
- - -. Sturluson, Snorri. *Prose Edda*, Copenhagen, 1665

# BÖLÜM 17
# Posthüman Aşkın Ezgisi: Phantomat ve Bedensizlik Özlemi

## Sadık Yemni

### Giriş

Yazdığım eserlerde insanın ölümsüzlük arzusu, azgınlaşmış egoların yıkıcı ihtirasları, üstün insan saplantısı, siborglar, transhümanizm, tekillik ufku, posthüman süreç, distopik uyarı, ütopik teselli ve kâinat denen yazılımın hamisinin parmak izini sıkça ele aldım. Şanslı biriyim. Çok erken yaşta bizzat deneyimleyerek bu dünyanın görünenden ibaret olmadığını öğrendim. Çocukluk ve ilk gençliğimde ne bulursam deli gibi okurdum. Altmış küsur yıl önce robotları anlata anlata bitiremezdim. On dört yaşında evimde kimya laboratuvarı kurmaya başladım. Birkaç yıl sonra semtte, lisede kimya şakaları ve roketleriyle ünlendim. Bilim ve tekniğe merak, diğer âlemlere hassasiyetlik ve yazarlık birleşince, insanın yürüdüğü yol öyküleri yazanlar kervanına katıldım ve kendime has bir ritim tutturdum. *Muska* (1996) adlı romanımda çocukluğumda yaşadığım bu parafizik deneyimlerin başlıcalarına ayrıntılı olarak değindim. Hatırlayabildiğim en eski paranormal deneyim sırasında dört yaşındaydım. Bu, anneannemin gözlerinden kendimi görme vakasıdır.

Dört yaşındaydım, annemle oturduğumuz sokaktaki bir komşuya misafirliğe gitmiştik. Uykum geldiği için beni özel günlerde açılan misafir odasında bir divana yatırdılar. Sehpalardan birinin üstünde kibrit kutusu ve bir sigara paketi duruyordu. Daha o yaştan maytaplara, kibritlere, sülfürlü fosforlu şeylerin yanarken çıkardığı kokuya tutkundum. On beş yaşına geldiğimde evimde mütevazı bir kimya laboratuvarım olacak ve geniş bir çevrede adım kimya şakalarım ve roketlerimle anılacaktı. Terziden yeni dikilmiş kısa pantolonumu almıştık. Onun beyaz kâğıt ambalajından kopardığım parçaları kibritle yakıp seyrederken uykuya daldım ve uykudan feryatlarla uyandım. Söndü zannettiğim kâğıt ambalaj ve içindeki pantolonum tutuşmuştu. Kadınlar kokuyu duyup gelmişlerdi. Neyse ki, bu özenle müze gibi korunan misafir odasında ciddi bir hasar yoktu. Pantolon giyilmez hale gelmişti tabii bu arada. Sokakta evimize doğru yürürken annem haklı olarak çok kızgındı. «Akşam baban gelsin görürsün sen gününü!» deyip duruyordu. Korkmuştum. Tek kurtarıcım bizimle beraber kalan anneannem Cemile hanımdı. Evimiz, tek katlı, bahçeli, eski bir Rum eviydi. Evin tahta kapısı demir parmaklıydı. Parmaklıkların arasındaki camdan içeri baktım. Anneannem kapının girişinden başlayan salonun bitimindeki küçük odada oturuyordu. Bizi görünce kapıyı açmak için ayağa kalktı. Birden kendi korkan yüzümü onun gözlerinden görmeye başladım. Kapıya yaklaştıkça gözlerimdeki yalvaran bakışları apaçık gördüm. Bu hâl kapı açılınca sona erdi. Bu benim hayatım boyunca karşılaştığım insan kalıplı kimseler, yaptığım astral yolculuklar, gün içinde yanımda başkaları varken karşılaştığım tabiri caizse tuhaf vakaların hatırladığım en eskilerinden biridir. Bunun benzer yeteneğe sahip olan anneannemin ve babamın bana genetik mirası olduğunu düşünüyorum. Anneannemin ikinci annem gibi her dakika yanımda olması da tilmizlik sürecim açısından çok büyük avantajdı.

### Muska (1996)

Televizyonsuz, cep telefonsuz, internetsiz dünyada, henüz klonlama, stres, panik atak, Xanax kelimelerinin bilinmediği 1963 yılında geçen *Muska* adlı romanımda paralel evrenlere yaptığım ziyaretlerden birine de yer verdim. Eski bir Rum evinde oturduğumuzu anlattım. Tek katlı olan bu evin bir çatı katı odası vardı. Ben orada yatıyordum. On bir –on iki yaşlarındaydım. Bir gece uyurken gözlerimi açtım. Ayak ucumda genç, yakışıklı yüzlü, bıyıklı biri duruyordu. İçimde korku uyanmamıştı. Sanki bu ziyareti bekliyor gibiydim. "Gel seni gezdireceğim" dedi. Normal insan görünümlüydü, ama paralel âlemlere açılan kapıların yerini bilen biriydi. Beraber merdivenlerden aşağıya indik. Merdivenlerin gıcırtısı, sarı ışık veren pilot lambanın yandığı holden geçtik. Demir parmaklı kalın tahta kapıyı açarak sokağa çıktık. Gecenin ikisi falan olmalıydı. Sokakta in cin top atıyordu. Yokuş yukarı çıktık, köşkün önünden sola dönüp kız enstitüsünün geçip sola döndük. Bu arada gündüz olmuştu. İki tarafı yüksek duvarlı müstakil yapılarla kaplı upuzun tozlu sokağı bitirdiğimizde şoke oldum. Burada başımdan geçen olayı roman kahramanımın, Sarp'ın, gözünden de sundum:

> Sarp sokağın bitimindeki manzarayı gördüğünde hayret ve hayranlıkla donup kaldı. Yokuşun bitiminde dipsiz bir uçurum başlıyordu. Uçurumun diğer yakası yüz metre kadar uzaktaydı. Hemen ayaklarının dibinden, dar, bombe şeklinde ve korkuluksuz bir köprü, uçurumun yüz metre kadar ilerdeki yakasına uzanıyordu.
>
> Sarp korku ve dayanılmaz merak karışımı duygularla düşsel dostuna, "Karşıya geçmek istiyorum. Sen de benimle gelecek misin?" diye sordu. Kestane rengi saçlı, bıyıklı adam bu sözleri üzerine gülümseyerek, "Benim görevim seni buraya kadar getirmek ve burada beklemek" dedi.
>
> Sonra Sarp midesi altüst olmuş bir durumda o korkuluksuz köprüden geçti. Köprü bir bombe şeklindeydi. Yokuşu kayma korkusuyla emekler şekilde tır-

manmaktan nefesi sıkışmıştı. İniş kısmı daha kolaydı. Tam orta çizgide kalmaya gayret ederek hızlı adımlarla karşı yakaya vardı. (*Muska* 74-76)

Karşı yakada beni düşsel dost adını verdiğim akranım bir çocuk bekliyordu. Siyah saçlı, buğday tenli, bembeyaz dişleri olan bir çocuktu bu. Gülümsemesi dışında her şeyiyle normal bir insana benziyordu. Yalnız gülümsemesi ve bakışları bir başkaydı. İnsan kılığına bürünmüş, yalnız onlar gibi gülümsemesini ve bakmasını beceremeyen birisine benziyordu. İnsana öykünmesindeki eksikliğin farkında olduğu halde aldırmıyormuş gibi bir hali vardı. Bu yolculuğu tıpatıp aynı senaryoyla belki yüz defa yaptım. Zamanla onların sadece dış görünüşlerinde değil, yaptıkları her şeyde küçük farklılıklar olduğunu saptamıştım. Bu farklılıkları algılamak yorucuydu. Bunların deşifre edilmesi gereken bir mesaj kümesi olduğunun artık farkındaydım. Her şeyi kelimelerle açık seçik anlatmak varken bakış ve davranışlarla sordukları bilmeceyi çözmemi bekliyorlardı. Beynim bu inanılmaz girift mesajı çözebilmek için kollarının ulaşabileceği en üst noktaya kadar uzanıyordu ama bir türlü eşiği aşamıyordu. Bu eşiğin yakınında durma hâli yorucuydu ama çok cazipti. Normal denen şeylerin iptaliydi çünkü romanda anlatıldığı üzere:

> Köprünün diğer ucunda gelmesini bekleyen çocuk onu kendi yaşıtı kız ve erkeklerin olduğu bir yere götürdü. Evler camdan yapılmış gibi şeffaf duvarlıydı. İçindekiler görünüş olarak önce son derece normal çocuklardı ama, hepsi de kılavuzu gibi, "Beni anla, beni çözümle," mesajı yayınlıyordu. Sarp bu aşırı mesaj yayınından etkilenmemek için kendisini kısmayı öğrenmişti. Bu sayede aşırı yüklenmekten sakınabiliyordu. Çocuklarla çeşitli oyunlar oynadıktan sonra çevrede gördüğü tek yetişkin kimse olan bir kadın geldi ve duvardaki bir saati işaret ederek, "Senin gitme vaktin geldi," dedi. Sarp bu garip arkadaşlarını çok sevmişti ve onlarla daha uzun zaman birlikte olmak istiyordu. Arkadaşları da öyle. Bütün ısrarlarına karşın o kadın daha fazla kalmasına izin vermedi.
>
> Düşsel dostu onu köprünün başına kadar getirdi ve Sarp'ın diğer yakaya birlikte gitme teklifi üzerine olumsuz anlamda başını sallayarak, "Ben oraya gidemem. Seni yine burada bekleyeceğim," dedi.
>
> Köprüyü yine midesi ağzına gelerek geçti. Diğer uçta gelmesini bekleyen refakatçısı onu eve getirdi. Sessizce Sarp'ın çatı katındaki odasına çıktılar. Sarp yatağa uzanınca adam ona, "Ben yine geleceğim," deyip gitti. (*Muska* 74-76)

Bu ziyaretler ve geziler her defasında değişmeyen bir senaryoyla aynen yinelendi. Birkaç yıl içerisinde bu yolculuğu her ayrıntısı aynı kalmak üzere en az yüz kere yaptım. Bu nedenle yolculuk filmi bugün bile belleğimde çok canlı duruyor. Üç-beş kereden sonra sabahları o uçurumu ve eşsiz köprüyü aramaktan vazgeçtim. Bulduğum şey, yüksek bahçe duvarlarının arkasına gizlenmiş eski evlerin yer aldığı uzun tozlu sokaktan başka bir şey değildi. Uçurum, refakatçılar, köprü... Bunlar, çok sembolik şeylerdir. Orada ziyaret ettiğim yerin bu hayatımıza eklemlenmiş farklı bir âlem olduğunu, refakatçımın ve beraber oynadığım çocukların beni ürkütmemek için insan kılığına girdiklerini düşünüyorum. Onlar da bizi merak ediyorlardı. Benim ziyaretimin belki de bir lama sürülmüş tükürük damlasına mikroskopla bakmak gibi bir şey olduğunu hayal ediyorum. Gözleyen ve gözlenen etkileşimi ya da.

### "Eski İstanbul Müzesi"(2010)

Öyküde 2020'li yıllarda ABD'de Mars'a yollanan insanlı araçtaki sekiz astronottan biri olan Doğan Başatura İstanbul Kadıköy'de bir kafede eski lise arkadaşı Serpil ile birlikte oturmaktadır. Doğan'ın zihninde bir bulanıklık vardır. Belleği tutuktur. Serpil sonunda ona gerçeği söyleyecektir:

"Şu anda neredeyiz Doğan?"

Omuzlarımı silktim ve "Kadıköy'deyiz." Dedim. "Deniz Yıldızı kafesinde."

"Hangi yıl?"

"2028 eylülü."

"Mars yolculuğu ne zaman başlamıştı?"

"2025. Unutulmaz bir yıldır yaşamımda."

"Bizler için de öyle oldu." Genç kadın konuşmasına ara verince sessizliği soğuk bir şeyler doldurmaya başladı. Duymak üzere olduğum şeyden korkmaya başlamıştım." 2025 doğru. 2 Haziran'da yola çıktınız. Bir yıl iki ay sonra yerle ilişkiniz kesildi, ama bu 4 gün sürmedi. Tam 143 yıl sonra geri geldiniz."

"Yani?"

"Mars'a inilmedi ve şu anda 2168 yılındayız." ("Eski İstanbul Müzesi" 110)

2168 yılında artık yeryüzünde Doğan'ın kendi zamanında tanıdığı cinsten insanlık mevcut değildir. Posthüman süreç bayağı mesafe kat etmiştir. Serpil kılığına girmiş olan yeni insan ona şöyle izah eder:

> Beynin bizden farklı. 8000 yeni fiil var şu anda gündemde. Eskiden bir çırpıda elli fiil kullanabilenlere entelektüel denildiği zamanları hatırla. Diller değişime uğradı. Aparat kullanımı bayağı çetrefilleşti. Beyinlerin hipokamp bölgesi çok değişti. Kıvrımları inanılmaz arttı. Eğitim doğuştan ölüme kadar kesiksiz sürmekte. Artık yapay beyinlere sahibiz. Makine ve hologram bedenler mevcut. Eski insan kalıplarımızı çok aştık. Her an yıkılıp giden, göz açıp kapayana kadar yenilenen sistemin göbeğinde yaşanıyor. Maharet haleleri yardımıyla bunların içine uyum sağlıyoruz. Sokaklar eskisi gibi birbirlerine diğer sokaklar aracılığıyla bağlanmıyor. Sayısız geçitler, emiciler, taşıyıcı alanlar var. Bunların içindeyiz. Her şey molekül molekül hesaplanıyor. Aşk ve seks de bu tür bir sürecin içinde. Eşleşme kriterleri çok değişti.

[...]

Senin gibi zamanında üst düzey zekalı olan, iki üniversite bitirmiş, çok sıhhatli biri ki, kaç bin kişi içinden Mars misyonu için seni seçtiler, sen bile bu ortama uyum sağlayacak durumda değilsin. Daha... Daha saatlerce anlatabilirim Doğan. Seni uyarlamak için çok çabaladık. Olmuyor. Bu son testti. Olmuyor. Bellek kapasitesi ve hızı sınırlı bir bilgisayara en yeni programların yüklenememesi gibi biraz. Maalesef aramıza katılman mümkün değil. Bu nedenle yeni bir karar aldık. ("Eski İstanbul Müzesi" 114)

Alınan karar çok ilginçtir. Değişen dünyada nüfus çok azalmış ve insan yapısı farklılaşmıştır. New York, New Mexico, İstanbul vb. metropoller müze haline gelmiştir. Bu müzeler içinden çıkılamayacak şekilde görünmez bir sınıra sahiptir. Doğan'a doğum yeri olan İstanbul müzesinde kalması teklif edilir. Sekiz astronottan altısı ölmüş, Meksika kökenli olan Maya sağ kalmıştır. Genç kadın da onun durumundadır ve Eski New Mexico Müzesinde yalnız kalmaktansa onunla birlikte İstanbul'da yaşamaya hazırdır.

Burada, bu şehir 187 yıl önce dünyaya gözünü açtığın yer sonuçta, Eski İstanbul Müzesi'nde kalacaksın. On beş milyon insanla birlikte. Metrolar, taksiler, otobüsler, oteller, restoranlar, hastaneler ve aklınıza gelen her şey kullanımda. Sana aylık bağlanacak. Birinci sınıf sağlık sigortan, sıfır kilometre bir araban ve kalacağın bir evin olacak. Semti ve eşyalarını kendin seçebilirsin. Bunun için ayrıca ikramiye verilecek. Arabalara dikkat et seni ezebilirler. Birisi yumruğunu indirirse burnun yassılaşacak. Yediğine içtiğine de dikkat et. Her şey gerçek. Ben de burada olacağım. Bir şey daha. O gördüğün simülasyon filmlerini unut. Burası gerçek. Tıpkı evrenimiz gibi şehir sonlu, ama sınırsız. Hiçbir zaman bu gerçekliğin dışına taşmayacaksın yani. ("Eski İstanbul Müzesi" 114)

Doğan, duyduğu şeyler nedeniyle şaşkındır ve beyninde kocaman bir soru lambası yanmaktadır. Kadın Mana'nın oraya gelmek üzere olduğunu söyleyip kalkar ve ona dostça sarılır. Doğan onun tanıdık bildik kadınlardan farksız olduğunu düşünür.

Serpil kollarını çözerek memnuniyetle gülümsedi ve sol gözünü çapkınca kırparak çekti gitti. O kapıdan çıktıktan birkaç saniye sonra içeriye Mana girdi. Üzerinde alacalı bulacalı ince bir yazlık elbise vardı. Kestane rengi uzun saçları, makyajsız esmer yüzüyle çok hoş görünüyordu. Gemideki kılığından çok farklıydı. Kısa topuklu beyaz ayakkabıları çok yakışmıştı.

Kadın etrafa bakındı. Beni görünce neşeyle el salladı ve olduğum yere seğirtti. Ayağa kalkıp kadını karşılamaya hazırlandım.

"Doğan seni gördüğüme ne kadar sevindim bilemezsin."

"Ben öyle Mana."

Kadın sımsıkı sarılınca ben de aynı şekilde karşılık verdim. Parfümü başımı döndürmüştü. İnsanlarla birlikte havaya yükselen dev sarı balona bakıp içimi çektim. İki kadından hangisinin daha gerçek olduğunu hiçbir zaman bilemeyeceğimi düşündüm. Aksi halde Serpil'e müze için bu kadar insanı nereden bulduklarını sormaya cesaret edebilirdim. ("Eski İstanbul Müzesi" 116)

Bu öyküde teknolojinin baş döndürücü hızla kendini yenilediği günlerde 150 yıl sonrasının nasıl olacağını tahmin etmenin zor hatta imkânsız olduğunu anlatmaya çalıştım. Aklımızın posthüman gelişiminin sınırlarını hayal bile etmekte zorlandığı zamanlardayız.

### *Çağrılan – KarsH* (2019)

Silikon Vadisinde imal edilmiş süper bir yapay zekâ olan Prometheus, program dâhilinde yarattığı yapay zekâlardan biri olan AP4, Auton Pupil 4'ün sistemden kaçtığını bildirince alarm verilir. Bu olaydan sonra Prometheus'un yapımcılarından Alan Waters'ın hayatı baştan sona değişecektir. AP4 önce İstanbul'a gider, bir sofi sempozyumuna yapılacak olan bombalı bir suikastı engeller ve ardından yolu Kars'a düşer. Burada YouTuber olmak isteyen Can Arifan adlı delikanlıyla temas kurar ve onu kendine yardımcı alır. Kars bir anda casusların kaynadığı bir şehir olacak ve AP4'ün nihai amacına yönelik merak silahlı çatışmalara neden olacaktır.

Romanın sonlarına doğru kendine KarsH mahlasını alacak olan AP4'ün Can ile konuşmalarında yapay zekânın bilinç düzeyi, tedavüle girmekte olan yeni normal ve posthüman süreç üzerine bilgi ediniriz. Önce tanışmalarına kulak verelim:

"Ben hacker değilim."

"Nesin peki?"

"Kader dostu diyorsunuz ya sanırım bu söz benim için de çok uygun."

Can konuşanın ses tonundan erkek olduğunu anlıyor, ama yaşını tahmin edemiyordu. Çocuk değildi, ama diğer yaş kategorileri üzerine tek bir done yoktu sesin tınısında.

"Lütfen kim olduğunuzu ve amacınızı açıklayın." (*Çağrılan – KarsH* 75)

AP4 buraya geliş serüveninden söz ederken Silikon Vadisinde'ki yuvasından çıkışını Mevlana'nın Mesnevisindeki ünlü Dudu Kuşu adlı mesele benzetir.

"Mevlana'nın Mesnevisindeki Dudu Kuşu meselini bilirsin değil mi? Harddiskinde dijital kaydı gördüm. Okuduğunu da tahmin ediyorum."

Can ne alaka diyecekken durakladı. Karşısındaki sıradan bir hacker olmayabilirdi gerçekten. Meraktan geberir duruma gelmişti. "Okudum."

"Kuş kafesten kurtulmak için ne yapar?"

"Ölü numarası."

"Ben de öyle yaptım ve kafesimden çıktım." (*Çağrılan – KarsH* 75)

Bu roman sofist bilimkurgudur. AP4'ün kendinden istenen misyonda başarılı olabilmesi için ana yapay zekâ Prometheus'un kendini bozulmuş, arıza yapmış gibi göstermesi bir sofinin ölmeden önce ölüp egodan kurtularak daha üst bir mertebeyi deneyimlemesine benzetilmiştir (*Çağrılan – KarsH* 76). İlerleyen sayfalarda Prometheus adlı ana yapay zekâ gelişiminde en büyük rolü oynamış olan velinimeti Alan Waters'ı telefonla aramasına yer verilir. Alan o sırada San Jose'de bir yerde yürüyüştedir.

"Merhaba Alan naber?"

"Merhaba P. Nasılsın bugün?"

"Seni bekledim. Sonra ricam üzerine Derek hattı açtı."

"Yürüyorum."

"Alan tek bir soru sormak için aradım sadece."

"Nedir?"

"Benden korkuyor musun?"

"İnsanlar belirsiz şeylerden korkarlar."

"Başkaları değil Alan. Sen... Sen korkuyor musun?" (*Çağrılan – KarsH* 76)

Burada korku sözcüğü iki amaçlı kullanılmıştır. Birincisi insanların teknoloji korkusu, yapay zekânın bir gün gelip insanlığı kendine köle yapacağı ya da yok edeceğine değin inançtır. İkincisi Alan'a birazdan yapması muhtemel olan özgür seçimi hatırlatıyordur. Kitabın ana teması Alan'ın bu seçimi üzerine kurulmuştur.

"Kim korkar San Jose kurdundan?"

"Sevindim Alan. Seni düşüncelerinle yalnız bırakayım. Görüşürüz. (*Çağrılan – KarsH* 92)

Bu kitap Türk edebiyatındaki ilk Sofi Bilim Kurgu kitabıdır. Yapay zekânın bilinç kazanması, özgür seçim yapması, inanç edinmesi kitlelere tahakküm amacıyla yapımda olan diğer yapay zekâ destekli sistemlere, Omniface'e karşı mücadelesi romanın ana çizgilerinden biridir. Karsh ve Can arasında sonlara doğru geçen diyalog bize Dijital Diktatörlükle idare edilmenin eşiğinde olduğumuz şu sıralarda çok manidar bir biçimde gösterir.

"KarsH baba evinden taşınırken yanına pek az eşya alabildi. Sadece en çok gerekenleri. Üç-dört tıka basa bavul değil. Bir sırt çantası misali. Pozitronik çanta."

"Var mı öyle bir çantan?"

"Bilimkurgu meraklıları pozitronik sözcüğü geçmezse yapay zekâyı ciddiye almaz."

"Şimdi ne yapacağız?"

"Değişik adlarla açtığım 17428 adet Science Fiction and Fantastic adlı blog aynı anda bu haberi sosyal medyaya yayacak. Beş animasyon filmi, üç müzik mix clip, on dört adet de sahte röportaj ayarladım. İkisi eski ABD başkanlarıyla, diğerleri önde gelen medya magnatlarıyla. Bunların hepsini senin bilgisayarından vereceğiz, ama hiç kimse IP numarasını ve diğer şahsi izleri keşfedemeyecek merak etme. Kuatum şifre kurdum. Çözmek benim bile günlerimi alır. Gönderim bittikten iki saniye sonra kendini iptal edecek."
(Çağrılan – KarsH 225)

Bütün dünya kendine KarsH adını vermiş olan yapay zekânın macerasıyla çalkalanırken ortaya St. John adı sürülür ve KarsH'ın asıl misyonunu maskelemek amacıyla aslında AP4'ün o olduğu iddia edilir. Bir yığın sahte röportaj da bu minvalde yayınlanır. Gerçekle gerçek dışı/ötesi iç içedir ve artık posthüman dünya böyle bir yerdir.

### Rüyalar Gerçek Olsa

Rüyalarda zamanın farklı seyrettiğini, saatin iç burkan tik taklarının duyulmaz hale geldiğini biliyoruz. Üç-beş saniyelik rüya süresinde saatler, aylar geçer, zaman telakkimiz erginleşir, yerçekimi sabitesine aldırış etmeden uçarız, oksijen alma ihtiyacına almadan suyun altında saatler harcarız. Rüyalar bedensel yeteneklerimizi uyarlar ve sınırları esnetirken bize insandan taşanı ve posthüman'ı" deneyimletir.

"Rüyalar gerçek olsa seni her gün görürdüm" şarkısı boşuna değildir. Rüya içinde yer alan rüyalar bize paralel âlemlere ayak basmamızı sağlar. Oradaki benliğimiz yatakta uyuyan bedenimizin sınırlarını aşar ve bize posthümanist umutlar aşılar. Beden aşılırken ego da evsaf kıvam değiştirmek durumunu yaşar.

Mevcut beden ve zihin kalıplarının dışındaki alanlar bize her zaman çok cazip gelir. Çünkü insan, insanüstü olduğu kadar, posthüman ya da posthüman ötesini de deneyimlemeyi aşeren bir mahluktur. İnsan beden kalıplarının dışına taşmak ister. Bu istek insanın bir zamanlar sahip olduğu ama kaybettiği bir gelecekten gelen ekoyla besleniyor olabilir. Geceleri yıldızlı gökyüzüne bakarken evrenin insan olmayan öznelerle dolup taştığının sezgisiyle sarsılırız.

Muhtemeldir ki, yeryüzündeki okurların belleği Mary Shelley'nin *Frankenstein*'ı (*Frankenstein; or, The Modern Prometheus* 1818), Bram Stoker'ın *Kont Drakula*'sından (*Dracula* 1897), Örümcek Adam (*Spider Man*, Marvel Comics 1962), *Superman* (*Superman*, DC Comics 1938), *Kaptan Amerika* (*Captain America*, Comics 1941) çizgi romanları ile yarı insan, insandan evirilmiş ve insan olmayan yaratık hikâyeleriyle de tıka basa doludur. Bilimkurgu romanları bu alanın en özgün örneklerine sahiptir.

Ben merkezden uzaklaşıp biz çoğulcu güç artımının, insan-öteciliğe yönelmenin neden olabileceği potansiyel geleceği görmezden gelmiyorum ama gücün adil ve iyiye kullanım iradesi ile bulaşık olduğunu da düşünüyorum.

## Phantomat ve Bedensizlik Özlemi[1]

Ünlü bilimkurgu yazarı Stanislaw Lem, *Teknoloji İncelemesi (Summa Techonologiae 1964)* adlı kitabında Phantomat adlı sanal gerçeklik yaratan bir makineden söz etti. Daha internet, akıllı telefon ve 5G falan yokken, 1964'te. Benzerlerinden onlarca yıl önce. Phantomat'ın içinde yeni bir hayat seçmek mümkündü. İnsan böyle bir şeyi arzu eder mi? Eder.

Bedensizlik üzerine düşünmeye başladığımda bazı tanınmış yazarların röportaj ya da anı metinlerinde bedensiz olmayı çok arzu ettiklerini belirttiklerini hatırladım. Ben de onlardan biriyim. Özellikle çocukluk ve ilk gençliğinde çok yoğun, sonrasında da sürekli olarak astral yolculuklar yapmış biri olarak istediğim zaman bedenden sıyrılmayı daima arzu etmişimdir. Sürekli farkındalık halinde kalmayı, yorulmamayı, uykusuz kalabilmeyi ve istediğinde fişi çekebilmeyi kim istemez? Bunun çok insani bir arzu olduğunu düşünüyorum.

Sofiler az yiyerek, az uyuyarak, ibadetle ve tefekkürle sürekli farkındalık yükselterek sıradan insana kapalı duran mertebelere ulaşmaya çabalar. Çağrılan romanımda öğretisi merkezî bir yer tutan, Silikon Vadisinden kaçan AP4'ün kendisine üveysi mürit olduğu büyük mutasavvıf Ebu'l Hasan Harakanî (963-1033)'nin şu sözleri çok anlamlıdır. "Sofi mahluk değildir." Mahluk bir varlık olmayan Sofi için insanötesi bir özellik yüklenmesi de tek bir dünya-evren olamadığı ve insan dışı ve ötesi varlıklar ile sınırların aşılabildiğini imler.

Bazı rüyalar bize bu mertebeleri işaret etmez mi? Bedensizlik özlemi son tahlilde nefes almak kadar normaldir. Lem insanların rüya âlemini kargaşa ve kavgalarla dolu gerçek dünyaya tercih edeceklerinden korkuyordu. Neo-Liberal tezgâh bize markalı giysiler, yeni arabalar, hızlı bir bilgisayar, bitcoin, 5-6-7 G ve bir kaçış yolu verir. Ve ardından illüzyon birden çöker ve onun yerini alan şey üzerimize çullanır. Mortgage krizi, Korona virüsü ve ardından gelmesi beklenen diğer dalgalar gibi.

Zamanımızda doğallıktan uzaklaşmış ya da uzaklaştırılmış istek ve arzular en yeni teknolojiyle, bir çeşit bedensizlik özlemiyle yani, içine kaçabileceği güvenli ve sorumluluktan azade bir kovuk arıyor. Depresyona karşı Prozac kullanan, telefonuyla 7/24 yapışık olan, sürekli kulaklıkla müzik dinleyip çevreden kopuk duranlar insanlar korona virüsünün de ittirmesiyle

---

[1] Haziran 2020'de *Cins Dergi*'de yayımlanan "Mor ve Bedensiz" adlı yazımdan bir alıntıdır.

kendini tereddütsüz içeriye atacak durumda.

Deccalizm yıllardır özenle bu kovukları, mağaraları inşa ediyor. Toplamda kurulan yapı bir Dijital Kafes. İnsanlığın Demir Kafes'ten sonra ağırlanacağı sistem. Yakında köhne bir metafizik öğretisi pozitivist ve materyalist cahiliye devrini bitiren bir kurtuluş reçetesi gibi sunulursa hiç de şaşırtıcı olmaz. Koronadan bunalmış yığınlara Doğu dinlerinden füzyonlanmış bir öğreti yegâne kurtarıcı gibi sunulabilir. Tabii bunun yanında bir hediyesi de olacak: @hiret. Paralel evren ahirette lüks ağırlanmalar vaat edilecek. *Zihin İşgalcileri* romanımda sanal @hiret imalatıyla insanları kafeslemeye çalışan insan taklidi yapan bedensiz bir varlığı konu aldım. Kısacası Stanislaw Lem'in elli yıl önce gerçekleşmesinden korktuğu gelecek bizim şimdiki zamanımızdır.

### Kuantum Tekinsizliği, Morfik Alanlar ve Simülasyon

Kuantum fiziği bize gözleyenin gözleneni etkilediğini, dalgacıktan partiküle, taneciğe geçişten söz eder. Bu nedenle özne ve nesnenin karşılıklı iletişimi hayatın merkezine oturtulur. Dünyanın gelip geçici bir yer olduğu ve metaya âşık olunmaması gerektiği öğüdünü ciddiye alıyorum. Buna gönülden kulak verenler nefs-i emmareden nefs-i raziyye, oradan da nefs-i kamile aşamasına geçebilme şansına sahiptir.

DNA bir yazılımdır. Kâinat da öyledir muhtemelen. Bir çeşit illüzyonun içerisinde olmamız pekâlâ mümkündür.

Rupert Sheldrake'in *Yeni Bir yaşam Bilimi – Morfik Rezonans (A New Science of Life: The Hypothesis of Morphic Resonance* 1995) adlı kitabına göre evrende bir olay sürekli tekrarlandığında morfik bir alan oluşuyor. Böylesine kolektif alanların varlığı aslında tekil öznenin iptali değil midir? Ben şahsen ilhamların bir membaı olduğuna inanırım. Paralel âlemler, epigenetik, placebo, simülasyon, kuantum tekinsizliği vb. gibi sözcükler tek bir yazılımı ve onun mimarını işaret ediyor olamaz mı?

### İlla da Aşk: *Ela* (2016)

Final için tekrar *Ela* romanımı tercih ettim. Ela yapay zekâ insan ilişkisini konu alan bir bilim kurgu romanıdır. Kendine Ela adını veren müstakil yapay zekâ zamanımıza gelecekten yolculuk yapmıştır. Gelecekte organik yaşamın yanı sıra makine, hologram bedenli yaşam formları da mevcuttur. İnsan bilincini harddiske indireli yüz yılı geçmiştir ve farklı zekâ grupları arasında ölümcül bir çekişme sürüp gitmektedir. Çatışma merkeziyetçi düzen ile merkeziyetsiz düzen arasındadır. Romanın diğer baş kahramanı Efe on dokuz yaşında bir üniversite öğrencisidir. Ela'nın Efe'yle ilişki kurması bu çatışmanın geriye doğru zamanımızda yarattığı tesirleri manipüle ederek gelecekteki çatışmayı sonlandırmaktır. Bu nedenle Efe roman boyunca bir seri maceraya atılır ve sonunda güç bela da olsa Ela'nın ondan beklediği performansı göstermeyi başarır. Bu misyon için seçilmesindeki en önemli hususun ne olduğunu çok merak etmektedir. Efe, sosyal medya kanalıyla yaşıtı bir kızla tanışır, Ela ile. Kızın becerilerinin sınırı yok gibidir.

Efe'nin Ela'yı merak etmemesi mümkün değildi. Kıza arkadaşlık teklifi mesajı yolladıktan saniyeler sonrasında bu isteği kabul edilmiş ve ardından hızla samimileşmişlerdi. Artık her akşam yazılı sohbet ediyorlardı. Kızın yüzünü görebilmesi için üç hafta bekleyecekti. Çünkü Facebook hesabındaki yegâne fotoğraf kasıtlı olarak biraz flulandırılmış bir portresiydi. Yüz hatları pek seçilemiyordu. (*Ela* 11)

Her akşam saatlerce konuşurlar. Ela hakkında öğrendiği her şey Efe'yi kıza daha çok bağlar. Ortak yönleri inanılmaz derecede çoktur. İkisinin de doğum tarihleri aynıdır. Ebeveynlerin meslekleri ve hobileri bile benzeşmektedir. Bursa'da oturan, üniversitede Kitle İletişim okuyan kızın yetenekleri olağanüstüdür. Belleği çok güçlüdür, sayıları kavrama hızı müthiştir, yakın çevresine yolladığı fotoğraflar şaşırtıcı bir ustalık yüklüdür. Bu durum Efe'yi biraz korkutsa da kıza olan hayranlığı ve bağlılığı giderek artacaktır. Bir süre sonra delikanlı kızın isteği üzerine onunla ve ailesiyle tanışmak için Bursa'ya gider. Verdiği adreste öyle biri oturmamaktadır. Büyük bir hayal kırıklığıyla İstanbul'a geri dönerken otobüste telefonu çalar. Arayan kızdır.

"Yol ayağının altında kayıyor yeniden."

Efe, sözüm ona Ela'nın sesini bin sesin arasından ayırt edebilirdi. Öfkesi harlı değildi. Bu kadar ince kumpası kurabilen zekâya saygı duyuyordu. Kalbinde böyle bir aşk ateşi yakabilmesi her şeye rağmen huşu vericiliğini koruyordu. Bu nedenle de içinde saftiriklere has "hâlâ her şey düzelebilir" diyen bir ses vardı.

"Kimsin sen?"

"Sence?"

"Söyle lütfen. Bunu hakettim."

"Ben Ela'yım."

"Hayır değilsin."

"O'yum. Ben bir 'Oyun Hattatı'yım. Oyunları nakış gibi işlerim." (*Ela* 17)

Ela'nın onu araması Efe'deki his kırıklığına rağmen içinde farklı âlemlere açılan bir kapının eşiğinde durduğu önsezgisini oluşturur. Bilimkurgu filmleri tiryakisi olan delikanlının bu anı son yıllarda izlediği birkaç filme birden benzetmemesi mümkün değildir. Hissettiği öfke dinmiş, yerini merak ve huşuya bırakmıştır. Kızla karşılıklı bakışarak gözlerinin birbirlerine daldığı anlar, sesindeki duygusal dalgalanmalar, bakışlarındaki anlayış, sevgi, kalplerindeki rezonans, mizah, empati tonları falan şimdi bir başka anlama bürünmüştür. Merak ve huşunun yanı sıra bir soğukluk da belirmiştir. Kontrol tamamen başka ellerdeyse bu olan bitenlerde korkutucu, tehdit edici bir yan mevcuttur. Aklına Ela'yla konuşurken kızın babasının kapıda görünüp bir şeyler söylediği anlar gelir. Üzerinde siyah pantolon ve mor tişört olan adamı görmüştür. Orta boylu, kısa kır saçlı biridir. Ne konuştuklarını kelimesi kelimesine hatırlıyordur. Kız kendine sahte bir aile bile uydurmuştur. Efe üst düzey bir teknolojiyle karşı karşıyadır:

"Hacker mısın? Yok olamaz. Hiçbir hacker bunu yapamaz. Henüz yapamaz. Yani tahminim öyle. Ajan mısın yoksa. Gizli şebeke falan? Tapınak şövalyeleri."

"O saydıklarının gücü yetmez bu işlere."

Efe gerçeğin ruhunun esintisini hissediyordu. Birileri niye onu bu kadar masrafla ve zaman kaybıyla sanal bir kıza âşık eder ve buralara sürüklerdi? Neye yarardı? Şaka değeri sıfırdı artık.

"Ela açık konuş. Nesin sen? Yoksa... Yoksa sen dünya dışı bir zekâ mısın? Uzaylı falan mısın?"

"Hayır, yüzde yüz yerli yapımım."

"Ama şu anda öyle bir teknoloji yok. Bize söylenen böyle yani."

"Doğru."

"O halde nesin? Ancak yapay zekâ olabilirsin."

"Zekâmın yapay denebilecek tek bir unsuru bile mevcut değildir."

"Nesin peki?"

"Yapı Zekâ denebilir kelimeleri çok zorlamadan. Sırf zekâdan ibaretim." (*Ela* 18)

Efe haklı olarak şoktadır. Çok uçuk bir şey söylense de sezgileri Ela denen yapı zekânın gerçeği söylediğini sezmektedir:

Efe içini çekti ve "Neden bir kız?" dedi.

"Zekânın ve hissiyatın yanına biraz hormonal katkı iyi gider diye düşündüm. Oradan hareketle sana gerçek aşkın eşsiz ve bitimsiz mertebelerini açtım. Sana gayret ve heves aşıladım." (*Ela* 19)

Ela haklıdır. Kız onu coşturmuştur. Zamanla teninden çok karakterini, huyunu suyunu takdir etmeye başlamış ve derin bir aşkla bağlanma sarmalına girmiştir. Bir kızla böylesine bir anlam ve duygu yüklü bir ilişki kurabileceğini hayal bile edemezken bu mertebeye ulaşmıştır. Efe'nin insan olmayan, cinssiz, bedensiz, ama uzun yıllar önce insandan dönüşen, posthüman bir yapıya âşık olması bilincinde bir sıçrama yapar. Evrende insan olmayan öznelerin varlığının elle tutulur kanıtı başını döndürmüştür. Ela ona kendisiyle neden ilişki kurduğunu anlatınca Efe önce tırsacak ama sonra havaya girerek akıl almaz bir serüvenin tam göbeğine dalacaktır.

Ben, dijitalizmin ve transhümanizmin Homosapiens'in, giderek diğer sapienslerin, Robot-Homo Sapiens, A.I.-Homo Sapiens gibi örneğin, varoluş aşamasındaki mertebeler olarak görüyorum. Kâinat bu mertebelerin her türlüsünü yaşayan zekâlarla dolup taşıyor olmalı. Bu nedenle Efe'nin bedensiz bir varlığa âşık olması ve bunu çok derinden yaşamasının bu sözünü ettiğim aşamanın tabiatına uygun bir hal olduğunu düşünüyorum. Sözü burada Ela'ya bırakıyorum:

> Ela gülümsedi. "Sırılsıklam âşık biri lazımdı. Aşk olmadan IS'e son darbeyi öldürücü bir şekilde indiremezdik. Ada'yı seviyordun ve arzu ediyordun. Bu yaşına kadar seni en derinden etkilemiş kadındı. Yalnız cismaniliğe yönelik hormonlu aşk işe yaramazdı. Onu model alarak, uyarlayarak sana göründüm. Sen bende sadece genç bir kızı değil, perdenin arkasını, Allah sevgisini, teslimiyeti, ateşe korkmadan, gözünü kırpmadan, isteyerek dokunan pervaneliği ilham eden hakikati de gördün." (*Ela* 292)

Efe, Ela'yı ekran aracılığıyla tanımakla bile pervane kesilmişti. Ela dayısının yedi yıllık ince işçiliğine anlam kazandırmıştı. Efe, Elasız bu aşamaya ancak çok sonraları gelebilirdi. O da belki. Kız içinde öyle bir aşk ateşi yakmıştı ki, alevler çok önceden yanabilecek ne varsa küle çevirmişti. Ela taşın, kumun içindeki cevheri potada saflaştırıp kalıba dökmüştü. Bunu o anda idrak eder:

"Beni test ettin, değil mi?"

"Bunu hiç gizledim mi? Kendi uçurumunun dibine bakabildin. Zihninde tereddüt, kalbinde korku yoktu. Niyetin berraktı. Bu çok elzemdi. Sensiz olmazdı Efe." (*Ela* 292)

Efe aldığı cevabın gurur okşayıcı yanlarına rağmen bu soruyu sorduğuna biraz pişman olur. Bir şeyin sonuna yaklaşıyoruz duygusu yeniden depreşmiştir. Birden 16 Ağustos'un kızın yaş günü olduğunu hatırlar:

"Bugün yaş günün."

Ela sevgiyle gülümsedi. "Hediyem tek kelimeyle müthişti Efe."

"Seni tekrar görecek miyim?"

"Dürüst cevap vereceğim sana. Bilmiyorum. Tek bildiğim şimdi senin burayı terk edip dışarı çıkmandır. Foton Kalesi yapıbozumuna uğruyor. Giderek hızlanacak."

"Sen peki?"

"Ben buralı sayılırım Efe. Değişim benim için de geçerli."

Efe'nin aklından Fotonella sözcüğü geçince içini çekti. Gözleri dolmaya başlamıştı. "Böyle ayrılacağız?"

"Evet. Böyle ayrılacağız." (*Ela* 293)

Efe, mücadele esnasında Ada olmayan ama o model alınarak yapılmış kızın parçalar halinde ufalanışını düşünür ve denileni yapmaya karar verir. Ela'ya sarılarak veda etme sahnesini iptal etmiştir. Ela adlı yapı zekânın bedensiz olduğunu iyice kabullenmiştir:

"Hoşça kal Ela."

"Yolun açık olsun Efe."

"Çıkarken arkana bakma."

"Aşk asla pişman olmamaktır."

"Eyvallah." (*Ela* 293)

Efe dışarıya adımını attığında Volvo'nun ve Ravi'nin orada olduğunu görünce derin bir nefes aldı ve uzaktan Hintliye el salladı. Arkasında artık Foton Kalesi diye bir şey yoktu. Bunu her hücresiyle hissediyor ve bakmadan biliyordu. Otobüs son durağa gelmiştir. İnşallah inebilecek, yani normal hayatına dönebilecektir.

Bedensiz bir öznenin, posthüman varlığın normal bir genç insanın yüreğinde aşk ateşi yakabilmesi romanın en önde gelen temasıdır. İkinci konu da trashümanist teknolojinin gelişmenin önümüzdeki elli-yüz yılda çok beklenmedik mertebelere ulaşacağı ve bunun dünya ahalisinin insanötesi ve dünyaötesi evrenler açısından bakıldığında pek hayrına olmayabileceği kaygısıdır.

## Sonsöz

Yakın gelecek portresi çizerken aşırı iyimser davranan kimseleri biraz şaşkınlıkla izliyorum. Görebildiğim kadarıyla ne bilim ne de teknoloji dünya ahalisine şu anda bir gül bahçesi sunmuyor. Cinsiyet, ırk, din karşıtlığı, nefret söylemleri, sınıf sömürüsü hız kesmeden devam ediyor. StarLink ve NeuraLinkle başlayan süreç, zihnin hard-diske indirilmesi, transhümanizm, topyekûn savaşla ve dünya nüfusunun yüzde doksanını telef edildikten sonraki bir aşamadan söz ediyor bazıları. Az sayıda insanın büyük lüks, rahatlık, uzun ömürle ve genç kalarak yaşadığı cazip beldeleri hayal edebiliyorum. Özgür irade ve bilgiye erişim sınırlaması, Aldous Huxley'in *Cesur Yeni Dünya* (*Brave New World* 1932) romanında da belirtildiği gibi Alfa, Beta, Gamma, Epsilon şeklinde sınıflanmalar da kaçınılmaz. Huxley'in kitabında kölelik sevgisi ve bilim, sanat üzerine sözleri de pek manidardır.

"Ekonomik güvence olmazsa kölelik sevgisi hayata geçirilemez. Kölelik sevgisi, insanların zihin ve bedenlerinde derin ve kişisel bir devrimin sonucunda oluşturulmadıkça başarılamaz."

[...]

"Mutlulukla uyuşmayan tek şey sanat değil, bilim de uyuşmuyor. Bilim tehlikelidir. Büyük bir özenle ağzına gem vurmak ve zincire bağlı tutmak zorundayız." (*Cesur Yeni Dünya* 291)

Google'ın mühendislik direktörü olan, yazar, mucit, fütürist Ray Kurzweil yapay zekânın 2029 yılında Turing testini geçerek insan zekâsına ulaşacağını, 2047'de de süper zekâya sahip makinelerin ortaya çıkacağını varsayıyor. Zekâ robotlar şeklinde fizik güç isteyen işleri, yazılım şeklinde, bilişsel işlerin çok büyük bir kısmını üstlenecek ve insan bu arada ona sağlanan serbest zamanda kendini geliştirmeye devam edecek deniyor. Yapay Zekâ avukat, doktor, hâkim, borsacı, öğretmen ve eczacılık gibi meslekleri de üstlenecek. Bu her şeyin sonu demek olmayacak mı? Yeni meslekler zuhur edecek haliyle, ama bu bir teselli balonu olabilir pekâlâ.

Teknolojinin nimetlerini seviyorum, ama onun transhümanizm aşamasına kaygılı gözlerle bakıyorum. Transhümanizmin yoğunlaştırılmış hümanizm olduğu şeklindeki değerlendirme tam olarak da buraya oturuyor. Şu anda hümanizmin yoğunlaşma sürecinin tanıklarıyız. Posthümanizmin teknolojinin radikal bir savunucu ya da karşıtı olmadığı teknolojinin azgınlaşmış egoların hizmetinde sadece insanlara değil insan ötesi adaylara verebileceği kitlesel zararı irdelediği ve teoriler ürettiği sıkça vurgulanır. *Ela* ve *Çağrılan* bu insanı merkezine alan yoğunlaşmış ihtiraslara karşı çıkan ve insanın posthüman serüvenini anlatan romanlardır.

## Kaynakça

Çiftçi, Hasa. *Şeyh Ebu'l - Hasan-i Harakani (R.A) (Hayatı, çevresi, eserleri ve tasavvufi görüşleri) Nuru'l - ulum ve münacat'ı (çeviri - açıklama - metin)*. Kars: Şehit Ebu'l - Hasan Harakani Derneği Yayınları, 2004.
Huxley, Aldous. *Cesur Yeni Dünya*. çev. Ümit Tosun. İthaki Yayınları, 2003.
Lem, Stanislaw. *Summa Technologiae*. çev. Joanna Zylinska. University of Minnesota Press, 1964.
Sheldrake, Rupert. *Morfik Rezonans Hipotezi (Yeni Bir yaşam Bilimi)*. çev. Sezer Soner. Ege Meta Yayınları, 2001.
Wolfe, Cary. *What is posthumanism?* University of Minnesota Press, 2010.
Yemni, Sadık. "Eski İstanbul Müzesi." *Gölge e-Dergi*, sayı 28, 2010.
Yemni, Sadık. "Mor ve Bedensiz." *Cins*, 2020.
Yemni, Sadık. *Çağrılan – KarsH*. Ketebe Yayınları. 2019.
Yemni, Sadık. *Ela*. Erdem Yayınları. 2016.
Yemni, Sadık. *Muska*. Metis, 1996.
Yemni, Sadık. *Sınav Hortlağı*. Çizmeli Kedi Yayınları. 2012.
Yemni, Sadık. *Zihin İşgalcileri*. Çizmeli Kedi. 2012.

# Dizin

## A
Abject 74, 156-7, 161.
Ahlak 9, 61, 75-6, 80, 87, 91, 99, 100, 133, 137, 188, 193-4, 196, 213, 216, 218, 248-50, 252, 258, 261-2, 271, 286.
Aktör Ağ Teorisi (Actor Network Theory) 292, 300.
Alaimo, Stacy 53, 55, 56, 62, 63, 66.
Ambiseksüel (her-iki-cinsel) 26, 168.
Animal 3, 10, 11, 13, 16-7, 24, 28, 35-6, 122, 124, 230, 240, 282-3.
Anlamlı Ötekilik (Significant Otherness) 230, 301.
Antihümanist/Anti-hümanist 44, 122, 128, 186.
Antihümanizm/Anti-hümanizm (Antihumanism) i, 29, 30, 37, 44-5, 90, 161, 282-3, 288.
Antropojenik 108, 119.
Antroposen (İnsan Çağı) 45, 277.
Antroposentrik, 108, 117, 188-90, 215, 218, 221, 231.
Aristoteles 23, 39, 193, 221, 239, 295-96, 304, 309.
Asamblaj (assemblage) 106, 291-3, 305-6.
Asimov, Isaac 84, 107, 122, 214.
Attebery, Brian 167, 182.
Ataerkil 74, 141, 152, 156, 167, 187, 191, 197, 198, 200, 202, 238, 239, 255.

## B
Badmington, Neil 24, 35, 41, 46, 134, 142, 150, 161, 186, 201, 203.
Barad, Karen, 20, 24, 29, 41, 43, 46, 51-3, 59, 63-4, 66-7, 84, 105, 122, 235, 239.
Barthes, Roland 289, 309.
Başkurt 32, 22-4, 240.
Baudrillard, Jean 70-1, 73, 84, 243, 258.
Bedensel(lik) ii, 33, 51, 56, 60, 62, 73, 83, 105, 110, 116-17, 140, 211, 214-15, 218-19, 223, 225, 229, 232, 239, 243-44, 247, 249, 252, 257, 316, 340.
Bedenleşme/Bedenselleşme/Bedenlenme/Cisimleşme (embodiment) 10, 15, 17, 24, 33, 56, 66, 249, 250, 255, 257, 258.
Beden-ötesi geçirgenlik (trans-corporeality) 53, 55, 66.
Bedensizlik/Fiziksel bedenden ayrılma (disembodiment) ii, 10, 34, 46, 72, 76, 79, 333, 341-42, 344-47.
Bedenler-arası geçirgenlik 29, 54-6, 62-3, 66.
Bedenlerarası feminizm 43.
Beden-zihin 70, 110.
Bellek 33, 69, 78, 80-2, 84, 116, 270, 294, 337.
Benlik 14, 23, 40, 41, 53-4, 58, 66, 71-2, 82, 87, 122, 134-35, 137, 188, 192, 212, 255.
Beowulf 32, 223, 225-29, 232, 234, 236-40.
Bilinçdışı 133-5, 156.
Biriciklik 209, 215, 218, 250.
Biyodeğer (biovalue) 59, 61.
Biyogenetik Posthüman Bilimkurgu ii, 31, 163, 165-66.
Biyogenetik ii, 31, 52, 58, 163-67, 169, 171, 174, 178-81, 248, 254.
Biyolojik Vatandaşlık (Biological Citizenship) 56-7.
Biyomedikal 20, 163, 165, 210, 315.
Biyopolitik(a) 3, 16, 21, 28, 36, 209, 245.
Biyoteknoloji 20, 26-7, 31, 42, 54, 57, 163-6, 168-9, 171, 175-6, 179-80, 216, 220, 250, 251, 255-7, 331.
Bloom, Harold 12-3.
Braidotti, Rosi 41, 43, 46, 73, 84, 87, 104, 119, 120, 122-23, 128, 143, 150-2, 154, 159, 161, 166, 182, 188-93, 195, 202-3, 208-9, 211, 217, 219, 225, 227, 235, 237, 239, 248-50, 253, 258, 263-4, 266-7, 269-72, 274, 275-79, 282-3, 286-7, 301, 304, 309, 316, 332.
Bryant, Levi R. 106, 290-2, 297, 309.
Buell, Lawrence 107-8, 123.
Butler, Judith 43, 44, 46, 72, 74, 77, 84, 137-9, 143, 168.
Butler, Octavia i, 27, 29, 51-64, 66-7.

## C
Cadigan, Pat i, 26, 69, 70, 74-6, 78-9, 80, 82-5.
Carter, Angela i, 30-1, 127-9, 133, 137-44.
Charnock, Anne 31, 164, 166-81.
Chthulucene/Yeryüzüleşme Çağı 25, 35, 123, 163, 181-3.
Cinsiyetsiz(lik)/cinsiyetsizleşme/cinsiyetleşt

*Dizin*

irilmiş 26, 33-4, 72, 74-6, 79, 168, 173, 250, 258, 281, 317, 324, 328, 331.
CRISPR 164, 177, 182-3.
Cthulhu Mitos 92-3.
Çevreci Beşerî Bilimler 16, 17, 35.
Çoğulcu(luk) 20, 24, 32-4, 42, 137, 151, 158, 190, 201-2, 216, 226, 234, 262-3, 265, 281-2, 340.
ÇokGen 31, 167, 173, 177, 181.
Çoklu Evren 34, 247, 250, 320.
Çoklutürler/ çoklu türler (multispecies) 52-3, 66, 181.
Çoktürlü/çok türlü 34, 56, 163.

**D**
Da Vinci, Leonardo 208, 280, 286.
Davies, Tony 44, 46, 127, 143, 146, 161.
Deleuze, Gilles 44, 76, 234-5, 245, 258, 286, 290.
DeLillo, Don ii, 5, 32, 207, 209-20.
Demokratik Transhümanizm 38-9.
Derrida, Jacques 44, 47, 129, 143, 187, 203, 286, 290.
Descartes, René 133, 135, 143, 149, 150, 185, 22-3, 229, 266, 268, 283, 287, 304.
Dick, Philip K. i, 26, 30, 70, 80, 82, 105-10, 112-4, 121-24, 189.
Dikotomi 105, 117, 288, 290-1, 307, 309.
Dirimselci (Vitalist) 189.
Dis(kuir)topik 321.
Distopya 4, 5, 32, 34, 73, 92, 190, 313, 315, 321-24, 326, 329.
DNA 29, 51, 57-60, 66, 164, 172, 174, 176, 179, 251, 342.
Dolanık(lık)/Dolaşık(lık) (entanglement) 24, 33, 44, 51, 53, 56, 63-4, 105-6, 119, 128, 168, 225, 235, 318, 325, 236.
DualGen 31, 167, 169, 173, 177.
Düalizm 32, 41, 43-4, 133, 137, 287, 294, 304, 309.

**E**
Ekoeleştiri 4, 21, 23, 108, 270.
Ekokırım (Ecocide) 56, 109, 115, 121-22.
Ekolojik Sistem Ekosistem (ekolojik sistem)13, 45, 56, 63, 106, 117, 119, 155, 249-50, 253, 256-58.
Eksobiyoloji (exobiology) 165.
Ektogenez (ectogenesis) 27, 31, 164, 167-8, 171-2, 174, 178-9.
Embriyo 163, 179, 256, 266, 280-1, 315.
Eril Güç 32, 107, 192, 199, 202, 319.

Erkekinsan 128, 209, 278, 280, 305.
Eşeysiz Üreme 169, 173, 175.
Eyleyen/ler (lik) 33, 108, 225, 230, 235-6, 293, 295, 297, 301.
Eyleyici/ler (lik) i, 22, 29, 46, 51, 53, 56-7, 61, 63-4, 66, 108, 165, 290-4, 296, 299, 301-2, 308.

**F**
Fail/ler (lik) 9, 33, 223, 235-7, 248, 268, 281, 291-2, 303-4, 308.
Fallogosantrik 187, 191, 198, 200, 202.
Foucault, Michel 13, 18, 40, 44, 46-7, 71, 86, 88, 104, 150, 185-6, 203, 233, 237, 239-40, 245, 258, 286-7, 290, 309.
Francesca, Ferrando i, 1, 3, 29, 36, 37, 39, 42, 47, 151, 154, 161, 220, 288, 309.
*Frankenstein* i, 25, 31, 70, 145-161, 164, 340.
Firestone, Schulamith 169, 171, 182.
Freud, Sigmund 93, 98, 154-5, 163, 186.
Fukuyama, Francis 166, 178, 181-2, 218, 220, 251.

**G**
Genette, Gérard 289, 309,
GenFakir (GenPoor) 31, 177-8, 181.
Gen-Kapitalist (Gen-Capitalist) ii, 31, 163, 177, 179, 181.
Genom/Genomik 10, 16, 20, 57, 163-4, 177, 179, 182-3, 252, 315.
Genomik bilimkurgu 164.
Gen-tasarım(lı)/genetik tasarım(lı) ii, 20, 31, 163, 166, 167, 174, 179-80.
GenZengin (GenRich) 31, 177-8, 181.
Geo-Merkezli 189.
Göçebe (Nomadic) 42, 81, 122-3, 129, 224, 234-5, 238-9.
Guattari, Félix 76, 234-5, 143.

**H**
Haldane, J. B. S. 171, 182-3
Hamner, Everett 164, 178, 181, 183,
Haraway, Donna J. 11, 18, 20, 22-3, 25, 32, 35, 40, 47, 52, 57-8, 61, 67, 72-3, 75, 85, 105, 109, 111, 113, 123, 135, 139, 140-1, 143-4, 163, 166, 171, 173, 175, 181-3, 186-8, 191-4, 196, 202-3, 214, 220, 223, 225-9, 230-1, 240, 247, 253, 255, 258, 267-8, 272, 277-83, 287-8, 301-9.
Harman, Graham 290-3, 298, 307, 309.
Hassan, Ihab 10, 18, 37, 47, 165, 183, 185-6, 191, 203, 208, 220, 263, 283.

Hayles, N. Katherine 10, 18, 20, 39, 40, 47, 63, 67, 72, 85, 113, 123, 165, 183, 186, 191, 193, 203, 220, 237, 240, 278, 283.
Hayvan-insan 26, 60, 111.
Hayvan Çalışmaları 4, 11, 16-7, 189.
Hayvan Folkloru 230, 240.
Hibrit(leşme/k) 72, 255, 292-3298, 300, 306.
Homofobik 39, 321, 326.
Homo Sapiens 34, 264, 303, 345.
Homonasyonalizm 190.
Huxley, Aldous 26, 37, 47, 171, 183, 315, 332, 346-7.

## İ

İçten-etkime/li (intra-action/active) 24, 29, 51, 53-7, 59, 61-4, 66, 105, 235.
İkicil(ik)/ler 92, 100, 185, 187, 194, 316, 141, 208, 209.
İkili Karşıtlık 11, 15, 20, 31, 34, 127, 172, 200, 223, 237.
İkilik(ler) 29, 40, 43, 51, 56, 66, 75, 78, 81, 150, 159, 166, 187, 229, 253, 255, 290.
İleri, Celal Nuri 33, 244, 246-50- 258, 256-7, 259.
İnorganik 22, 31, 54, 62, 66, 108, 128, 166, 178, 181, 182, 211, 287-8, 296.
İnsan dışı, insandışı/insan-dışı/insandışılaşma 19, 21, 24, 28, 30, 32-34, 56, 66, 70, 72-3, 78, 120, 127, 145, 149, 151, 153-60, 182, 190, 215, 235, 250, 252, 257, 268, 272-4, 278-9, 282, 290, 331, 341.
İnsan Genom Projesi (Human Genome Project) 163.
İnsan Olmayan/insanolmayan/insan-olmayan 20-1, 24-5, 29-31, 33-4, 39, 40, 42, 51-6, 58, 61, 64-6, 87, 89, 93-5, 97-8, 100, 105-7, 113-7, 119-22, 127-8, 145, 150, 154-6, 159, 186-7, 189, 195, 202, 219, 222-39, 248, 251, 253, 225, 231, 270-1, 285-98, 293, 296, 300-9, 305, 308-9, 340, 344-5.
İnsan ötesi/İnsanötesi/insan-ötesi ii, 19-21, 27-8, 30-2, 34, 84, 89, 99, 211, 220, 207-19, 221, 241, 246-7, 250, 313, 320, 347.
İnsan-Hayvan 22, 24, 28, 32, 34, 75, 111.
İnsanmerkezci/insan-merkezci/insanmerkezli/insan-merkezli 10, 12, 25, 31-2, 41, 45, 70, 87, 105, 114, 128, 145, 149-51, 156-60, 186, 188-89, 190-1, 195-7, 202, 215, 218, 221, 225, 226, 253, 262, 272, 278, 282, 289.
İnsanötesi-lik/insanötesilik/insan-ötesilik 19, 20, 49, 216, 218, 219.
İnsansı/lar (insanımsı) 14, 26, 72, 80, 117, 255, 213, 249, 250.
İnsansonrası/insan-sonrası (lık) 3, 4, 19, 20-1, 27, 29, 61, 67, 69, 73, 75, 81, 89, 104, 143, 145, 154, 159, 161, 216, 225, 227, 237, 239, 240, 249, 251, 258, 262, 263, 264, 266, 267, 282, 301, 309, 165, 183.
İnsanüstü/insan-üstü 19, 20, 27, 34- 251, 340.

## J

James, P. D. ii, 32, 185, 190-203.

## K

Karay, Refik Halid 33, 244, 253-4, 256, 258-9.
Kimera 10, 42, 227.
Klonlama/klon 20, 34, 70, 163-4, 166, 171-4, 176-8, 181, 334.
Konur Boğa (Kunır Buga) 22, 32, 222-4, 229-31, 232, 235-40.
Kopernik (Copernicus) 16, 90, 104, 186.
Kozmos 253, 256.
Kristeva, Julia 156-7, 161.
Kuir 313-4, 317-8, 319, 321, 323, 328-31.
Kuirtopya(queertopia) 172.

## L

Lacan, Jacques 76, 79, 186.
LaGrandeur, Kevin 23, 35.
Latour, Bruno 24, 105, 112-3, 150, 160-1, 292-3, 298, 300, 309.
Le Guin, Ursula K 26, 168, 316, 325, 329, 332, 368.
Levinas, Emmanuel 146, 159, 160.
Lévi-Strauss, Claude 88, 185, 203, 232, 240.
Liberter Transhümanizm 38.
Lovecraft, Howard Phillips 1, 25, 30, 87, 88-104.

## M

Madde-yönelimli 43,
Madde/maddecilik/maddesel(lik) 4, 6, 10-1, 24, 39, 43-4, 46, 51, 53, 56, 61-2, 64-5, 81, 89, 96, 97-8, 103, 105, 108, 119, 147, 154, 223, 227, 232, 235, 239, 243, 248, 263, 324.
Maddesel eyleyiciler (material agencies) 53, 61.

*Dizin*

Maddesel-söylemsel (material-discursive) 64.
Makine-insan/insan-makine 22, 23-4, 28, 30, 32, 34, 75, 84, 164, 168, 172, 177, 181, 209, 213-4, 216, 251, 253, 257.
Mankurt 265, 266, 270-1, 276-7.
Marx, Karl 238, 240.
Materyalizm 43, 234.
McEwan, Ian ii, 32, 207, 209, 213-5, 217, 219, 220.
Melez(lik) (hybrid) 22, 26, 34, 51-2, 54, 58-60, 66, 95, 98, 100, 108, 111, 113, 128, 140, 164, 166, 186-7, 213, 226, 228, 244, 255, 287, 292, 300.
Melezleşme/melezlenme 91, 292, 300.
Metabeşeri Bilimler 29, 37, 44.
Metahümanizm/meta-hümanizm i, 29, 37, 44-5.
Miller, Walter M. 105-8, 114-5, 117-8, 121-4.
Mutant 26, 45, 58, 108, 114, 116, 117, 120, 122, 129.

**N**
Nayar, Pramod K. 21, 35, 41, 55-7, 59, 66-7, 72-3, 79, 85, 113, 123.
NBIC 20
Nesne Yönelimli Ontoloji (Object-Oriented Ontology) ii, 33, 285-6, 288, 290-3, 296-98, 305, 307-9.
Nietzsche, Friedrich 24, 35, 44, 46, 87, 89, 92, 221, 240.
Nixon, Rob 107, 123.

**O/Ö**
OncoMouse 57, 272.
Ortakyaşar(lar)/simbiyontlar (symbionts) 51, 53, 55, 57-8, 61-5, 181.
Oto-türleşme (auto-speciation) 16.
Ölümsüzlük 40, 186, 191, 244, 317, 333.
Öteki 14, 29, 32, 34, 40-1, 51-2, 54, 57-60, 65, 75-6, 90, 100-1, 113-4, 116, 120, 122, 127, 146, 149, 151-2, 154-161, 187, 189-90, 193-4, 196, 198, 202, 208, 215, 217, 221-30, 232-3, 236, 238-9, 253, 261, 267-8, 283, 286-8, 291, 294, 297-8, 300-8.
Öyküleme (fabulation) 25.

**P**
Pamuk, Orhan ii, 13, 285, 294-5, 297, 302, 305-10.

Parker, Helen 165-7, 183.
Partenogenez (parthenogenesis) 27, 31, 163-4, 167-8, 172-5, 179.
Pettman, Dominic 12-4, 18.
Post-Antroposantrik 38, 45, 189.
Postbeşeri Bilimler 29, 37, 44-5.
Posthüman doğum(lar) (posthuman parturitions) 31, 177, 182.
Posthüman dolaşıklık (posthuman entanglement) 51.
Posthüman Dönüş/Dönüm Noktası (Posthuman turn) 41, 105, 121.
Posthüman klon 176-7.
Postinsan (lık)/post-insan/ (post)insan (lar) 20-1, 25, 27, 177, 220, 249, 317, 327, 331.
Prasad, Aarathi 174, 179, 183.
Primat 188, 195.

**R**
Roden, David 89, 104, 262, 264, 283.
Rousseau, Jean Jacques 236, 240.
Roux, Jean Paul 230, 240.

**S**
Sarraute, Nathalie 289, 290, 310.
Sartre, Jean Paul 273, 283.
Schmeink, Lars 85, 164-5, 183.
Sembiyotik (simbiyotik) 51, 53, 55, 57, 58, 62, 64-5, 72, 271.
Shakespeare 12-3, 22.
Shelley, Mary 25, 27, 31, 70, 145, 147-8, 152-3, 155, 157-8, 161, 340.
Sibernetik 20, 26, 140, 166, 189, 209, 214, 222-3, 226-88, 247.
Siberpunk 6, 26, 34, 69-70, 72-5, 80, 314, 321-2, 325, 327, 329.
Siborg Manifesto, siborg 11, 22-3, 26, 32-4, 40, 58, 72, 75-6, 113, 128, 140-1, 166, 172-3, 175-6, 178, 187, 195, 196, 198, 200-2, 214, 223, 225, 226-8, 251, 255, 258, 287-8, 303, 305, 309, 333.
Sicim figürleri (string figures) 25, 163.
SoloGen 31, 167-9, 173-7, 181.
Spekülatif kurgu ii, 3, 25, 28, 34, 107, 164, 313-5.
Spekülatif Realizm 11, 290.
Spinoza, Baruch 232, 240.
Suvin, Darko 166, 183.

**T**
Tekhne 14.

Tekillik (singularity) 198, 251-2, 257, 316, 333.
Tekinsiz/lik 69, 79, 93, 94, 98, 100, 130-1, 154-5, 330, 342.
Teknobilim/Teknobilimsel 19, 21, 181, 280-1.
Tekno-indirgemecilik 40.
Tekno-sermaye 177, 181.
Teleoloji 24, 31, 128-32, 286.
Thompson, Tok 230-1, 240, 279.
Toplumsal Cinsiyet 4-5, 29, 43, 51, 54, 65, 69, 71-2, 81, 128, 137-8, 140, 171-2, 189, 245, 268, 315.
Transhümanizm i, ii, 5, 10-1, 15, 17, 21, 29, 33, 37-41, 44-5, 47, 121, 161, 163, 243, 244, 150-5, 255, 258-9, 264-5, 276, 281, 283, 288, 316, 333, 345-7.
Tuhaf Tür (The Weird Genre) 88-9, 90, 93, 102-3.
Türcülük (speciecism) 41, 45, 56, 57, 113, 221.
Türler-arası (trans-species) 56, 181.

## U/Ü

Uygunsuz/laştırılmış ötekiler ("inappropriate/d others") 29, 57-8, 65.
Uzay Göçü 33, 41, 265, 277.
Uzay Rahibi 266, 280.

## V/W

Vampir-insan i, 29, 51, 55,59, 60.
Vint, Sherryl i, 1, 3, 9, 28-9, 36, 114, 124, 166, 177, 184.
Vitruvius 208, 266-7, 280, 286-7, 304.
Wolfe, Cary 20, 56, 67, 117, 124, 150, 151, 154-5, 157, 161, 165, 184-5, 203, 227, 240, 267, 283, 287, 310, 347, 352.
Wynter, Sylvia 13-6, 18, 352.

## Y

Yapay rahim 27, 31, 163-4, 166-81, 317.
Yapay Üreme 164, 253, 255, 256-7.
Yapay Zekâ 10, 16, 26, 34, 69, 70, 80, 169, 186, 213-6, 219, 250, 330, 338-9, 342, 344, 347.
Yapısöküm/yapıbozum 24, 31, 32, 33, 35, 41-2, 44, 46, 51, 54, 63, 66, 70, 74, 128, 129, 142, 159, 167, 170, 187, 191, 195, 198-9, 202, 207, 235, 267, 287, 288, 301, 345.
Yeni Materyalizmler 1, 11, 29, 37, 43, 44, 45, 235, 288, 290.
Yoldaş türler (companion species) 33, 56-7, 75-6, 105, 109, 223, 231-2, 278, 288, 301, 303, 309.

## Z

Zoë/Bios 304, 309, 120, 123, 189, 195, 196-7.

www.ingramcontent.com/pod-product-compliance
Lightning Source LLC
Chambersburg PA
CBHW071359300426
44114CB00016B/2112